Außenwirtschaftsgesetz

Kommentar

Auszug aus Dorsch, Zollrecht –
Recht des grenzüberschreitenden Warenverkehrs

Herausgegeben von

Reinhart Rüsken
Rechtsanwalt, Richter am BFH a.D.

Kommentiert von

Dr. Roland M. Stein, LL.M. Eur., Rechtsanwalt

und

Anahita Thoms, LL.M., Rechtsanwältin

Unter Mitarbeit von

Katrin Arend, M.Jur., Rechtsanwältin

und

Dr. Hans-Joachim Prieß, LL.M., Rechtsanwalt

und

Dr. Bärbel Sachs, LL.M.. Rechtsanwältin

Bibliografische Information der Deutschen Nationalbibliothek

Die Deutsche Nationalbibliothek verzeichnet diese Publikation in der Deutschen Nationalbibliografie; detaillierte bibliografische Daten sind im Internet über http://dnb.d-nb.de abrufbar.

ISBN 978-3-08-310200-7

Stollfuß Medien GmbH & Co. KG, 2014 · Alle Rechte vorbehalten
Satz: Cicero Computer GmbH, Bonn
Druck und Verarbeitung: Bonner Universitäts-Buchdruckerei (bub)

Geleitwort

Mit diesem Werk wird dem außenwirtschaftsrechtlich interessierten Rechtsanwender eine aktuelle Kommentierung der für dieses Rechtsgebiet zentralen Vorschriften des deutschen Rechts an die Hand gegeben, welche sich bekanntlich im Außenwirtschaftsgesetz und in der dazu ergangenen, der Natur der Rechtsmaterie entsprechend wie kaum eine andere Rechtsverordnung ständigem Wandel unterworfenen Außenwirtschaftsverordnung finden. „Zentrale Vorschriften" bedeutet freilich nicht, dass in diesem Werk die für das Rechtsgebiet einschlägigen Vorschriften annähernd erschöpfend vorgestellt werden könnten. Denn abgesehen von weiteren nationalen Regelungen – wie insbesondere dem Kriegswaffenkontrollgesetz – hat die Europäische Union seit dem mittlerweile über 50 Jahre zurückliegenden Erlass des AWG die materiellrechtlichen Regelungen für den Außenwirtschaftsverkehr, insbesondere soweit sie handelspolitisch motiviert sind, übernommen. Gleichwohl bleibt das AWG mit der AWV nicht nur gleichsam als Ausführungsgesetz zum Unionsrecht von Bedeutung, sondern auch für die Verwirklichung der sicherheits- und ordnungspolitischen Interessen Deutschlands, hinsichtlich derer das Unionsrecht den Mitgliedstaaten nach wie vor bedeutsame Regelungskompetenzen und -spielräume belässt.

Das Gesetz zur Modernisierung des Außenwirtschaftsrechts von 2013 hat nicht nur dieser europäischen Rechtsentwicklung umfassend Rechnung zu tragen versucht, sondern insbesondere auch den straf- und ordnungswidrigkeitenrechtlichen Teil des Gesetzes novelliert. Es scheint deshalb jetzt der richtige Zeitpunkt, die dadurch hergestellte Neufassung des AWG zu erläutern. Die Autoren, die diese Aufgabe übernommen haben, sind durch ihre anwaltliche Praxis mit den Problemen des Außenwirtschaftsverkehrs vertraut; sie haben neben ihrer Bereitschaft zu einer fundierten Auseinandersetzung mit den Vorschriften des Gesetzes, dessen Stellung im Normenkreis und nicht zuletzt der Funktion und Entwicklung des Außenwirtschaftsrechts ihre umfassenden Erfahrungen im Umgang mit dieser Rechtsmaterie in die Kommentierung eingebracht.

Die vorliegende Kommentierung ist dem von dem Unterzeichneten herausgegebenen vierbändigen Loseblatt-Kommentar „Dorsch, Zollrecht – Recht des grenzüberschreitenden Warenverkehrs" entnommen, der in erster Linie die Wareneinfuhr nach Deutschland im Auge hat, aber einen umfangreichen Teil „Außenwirtschaftsrecht" enthält, in dem sich zahlreiche für die Warenausfuhr bedeutsame Vorschriften – z.B. die wichtige Dual-Use-Verordnung 428/2009 – erläutert finden. Wer ein solches umfassenderes Werkzeug benötigt, sei auf diese Veröffentlichung des Verlags verwiesen. Ungeachtet dessen wird auch diese schmaler angelegte, auf das deutsche AWG beschränkte Kommentierung ihre Leser finden, die meinen, auf das vorgenannte umfassende Werk verzichten zu können oder schlicht eine handlich gebundene Ausgabe nur des AWG zu schätzen wissen.

Die Abstammung dieses Werkes bringt es mit sich, dass die Kommentierung unbeschadet ihres jetzigen Erscheinens teilweise den Rechts- und Erkenntnisstand des Jahres 2013 wiedergibt. Sie berücksichtigt jedoch in allen Teilen das Gesetz zur Modernisierung des Außenwirtschaftsrechts.

Berlin, im August 2014   Reinhart Rüsken

Autorenverzeichnis

Katrin Arend, M.Jur.
Rechtsanwältin, Sozietät Freshfields Bruckhaus Deringer LLP
(§ 22 AWG)

Dr. Hans-Joachim Prieß, LL.M.
Rechtsanwalt, Sozietät Freshfields Bruckhaus Deringer LLP
(Übersicht, §§ 19, 22 AWG)

Dr. Bärbel Sachs, LL.M.
Rechtsanwältin, Noerr LLP
(§§ 10–16 AWG)

Dr. Roland M. Stein, LL.M. Eur.
Rechtsanwalt, Sozietät Freshfields Bruckhaus Deringer LLP
(Übersicht, Einführung, §§ 1–9, Vor § 17, §§ 17–21, 23 AWG)

Anahita Thoms, LL.M.
Rechtsanwältin, Sozietät Freshfields Bruckhaus Deringer LLP
(Einführung, §§ 1–9, Vor § 17, §§ 17–18, 20–23 AWG)

Abkürzungsverzeichnis

AA	Auswärtiges Amt
a.A.	anderer Ansicht
ABl.EG	Amtsblatt der Europäischen Gemeinschaften
ABl.EU	Amtsblatt der Europäischen Union
Abs.	Absatz
AdV	Aussetzung der Vollziehung
AE	Ausfuhrerklärung, auch: Ausfuhrerstattung
AECA	Waffenausfuhrkontrollgesetz (Arms Export Control Act)
AEUV	Vertrag über die Arbeitsweise der Europäischen Union
AEVO	Ausfuhrerstattungsverordnung VO (EG) Nr. 800/99
a.F.	alte Fassung
AG	Australische Gruppe
AHD	Außenhandelsdienst (*Zeitschrift*)
AKP-Staaten	Afrikanische, karibische und pazifische Staaten
ALFA	Automatisiertes Luftfracht-Abwicklungsverfahren
a.M.	anderer Meinung
AMG	Arzneimittelgesetz
ÄndG	Änderungsgesetz
ÄndVO	Änderungsverordnung
Anh.	Anhang
Anm.	Anmerkung
AO	Abgabenordnung
APS	Allgemeines Präferenzsystem
ARM	Anlieferungs- und Referenzmenge
AStBV	Anweisungen für das Straf- und Bußgeldverfahren
Asycuda	Automatisiertes System für Zolldaten (Automated System for Customs Data)
ATA	s. Carnet ATA
AtG	Atomgesetz
Ausf	Ausfuhr

Abkürzungsverzeichnis

AÜV	Automatisiertes Überwachungsverfahren bei Zollkontingenten
aV	aktive Veredelung
AWA	Ausführungsanweisung zur Außenwirtschaftsverordnung
AWD	Außenwirtschaftsdienst des Betriebsberaters (*Zeitschrift*)
AWG	Außenwirtschaftsgesetz
AW-Prax	Außenwirtschaftliche Praxis – Zeitschrift für Außenwirtschaft in Recht und Praxis (*Zeitschrift*)
AWV	Außenwirtschaftsverordnung (Verordnung zur Durchsetzung des Außenwirtschaftsgesetzes)
AZO	Allgemeine Zollordnung zum Zollgesetz 1961
BAFA	Bundesamt für Wirtschaft und Ausfuhrkontrolle
BaFin	Bundesanstalt für Finanzdienstleistungsaufsicht
BAnz	Bundesanzeiger
BayObLG	Bayerisches Oberstes Landesgericht
BB	Betriebsberater (*Zeitschrift*)
Bd.	Band
BDI	Bundesverband der Deutschen Industrie
BEF	Bundesamt für Ernährung und Forstwirtschaft
BfA	Bundesstelle für Außenhandelsinformation
Bek.	Bekanntmachung
BFH	Bundesfinanzhof
BFH/NV	Sammlung amtlich nicht veröffentlichter Entscheidungen des Bundesfinanzhofs (*Zeitschrift*)
BFHE	Entscheidungssammlung des BFH
BGB	Bürgerliches Gesetzbuch
BGBl.	Bundesgesetzblatt
BGH	Bundesgerichtshof
BGSG	Gesetz über den Bundesgrenzschutz
BImSchG	Bundes-Immissionsschutzgesetz
BLE	Bundesanstalt für Landwirtschaft und Ernährung
BMF	Bundesministerium der Finanzen
BML	Bundesministerium für Landwirtschaft und Forsten
BMVBS	Bundesministerium für Verkehr, Bau und Stadtentwicklung

Abkürzungsverzeichnis

BMVDI	Bundesministerium für Verkehr und Digitale Infrastruktur
BMWi	Bundesministerium für Wirtschaft und Energie
BNatSchG	Bundesnaturschutzgesetz
BR-Drucks.	Bundesratsdrucksache
BranntwMonG	Branntweinmonopolgesetz
BSeuchG	Bundesseuchengesetz
BSI	Bundesamt für Sicherheit in der Informationstechnik
BStatG	Bundesstatistikgesetz
BStBl	Bundessteuerblatt
BT-Drucks.	Bundestagsdrucksache
Buchst.	Buchstabe
BVerfG	Bundesverfassungsgericht
BVerwG	Bundesverwaltungsgericht
BZBl.	Bundeszollblatt
bzw.	beziehungsweise
Carnet ATA	Zollpapier für die vorübergehende abgabenfreie Einfuhr (Admission Temporaire/Temporary Admission)
Carnet TIR	Zollpapier für den Internationalen Warentransport mit Straßenfahrzeugen (Transport international de marchandises par vehicules routiers)
CCC	Handelsländerliste (Commerce Country Chart)
CCI	Internationale Handelskammer (Chambre de Commerce Internationale)
CCL	Handelskontrollliste (Commerce Control List)
CCZ	Corporate Compliance Zeitschrift (*Zeitschrift*)
CF	Kosten und Fracht (cost, freight)
CIF	Kosten, Versicherung, Fracht (cost, insurance, freight)
CIS	Zollinformationssystem (Customs Information System)
CoCom	Koordinierungsausschuss über multilaterale Exportkontrollen strategischer Güter (Coordinating Committee on multilateral strategic export controls)
Comecon	Rat für gegenseitige Wirtschaftshilfe
DA	Dienstanweisung
DB	Der Betrieb (*Zeitschrift*)
DDR	Deutsche Demokratische Republik

Abkürzungsverzeichnis

ddz	Der Deutsche Zollbeamte (*Zeitschrift*)
DepotG	Depotgesetz
DGebrZT	Deutscher Gebrauchs-Zolltarif
d.h.	das heißt
DHA	Deutsches Handelsarchiv
DIHT	Deutscher Industrie- und Handelstag
DM	Deutsche Mark
DOM	Départements d´outre-mer (französische überseeische Departements)
DOUANE	DV-orientierte Unterstützung der Abfertigung nach Einfuhr
DöV	Die öffentliche Verwaltung (*Zeitschrift*)
DStR	Deutsches Steuerrecht (*Zeitschrift*)
DStZ	Deutsche Steuerzeitung (*Zeitschrift*)
DtZ	Deutsch-Deutsche Rechtszeitschrift (Beilage zu NJW)
Dual-Use-VO	Verordnung (EG) Nr. 428/2009 über eine Gemeinschaftsregelung für die Kontrolle der Ausfuhr, der Verbringung, der Vermittlung und der Durchfuhr von Gütern mit doppeltem Verwendungszweck
DVBl	Deutsches Verwaltungsblatt (*Zeitschrift*)
DVC	Delivery Verification Certificate
DVIA	Deutsche Verwaltung für Interzonen- und Außenhandel
DVO	Durchführungsverordnung
DVOaVV	Durchführungsverordnung aktiver Veredelungsverkehr
DWD	Deutscher Wirtschaftsdienst (*Zeitschrift*)
DZB	Der Zollbeamte (*Zeitschrift*)
EA	Europa-Archiv (*Zeitschrift*)
EAA	Ausfuhrverwaltungsgesetz (Export Administration Act)
EAG	Europäische Atomgemeinschaft (auch Euratom)
EAGFL	Europäischer Ausrichtungs- und Garantiefonds für Landwirtschaft
EAR	Ausfuhrverwaltungsverordnung (Export Administration Regulations)
ECCN	Ausfuhrkontrollnummer (Export Control Classification Number)
ECE	Wirtschaftskommission der Vereinten Nationen für Europa (Economic Commission for Europe)

Abkürzungsverzeichnis

ECOFIN	Wirtschafts- und Sozialrat (Economic and Financial Council)
ECU	Europäische Währungseinheit (European Currency Unit)
EDI	Elektronischer Datenaustausch (Electronic Data Interchange)
EFG	Entscheidungen der Finanzgerichte (*Zeitschrift*)
EFTA	Europäische Freihandelszone (European Free Trade Area)
EFVO	Einreise-Freimengen-Verordnung
EG	Europäische Gemeinschaft
EGFL	Europäischen Garantiefonds für die Landwirtschaft
EGKS	Europäische Gemeinschaft für Kohle und Stahl (auch Montanunion)
EGV	Vertrag zur Gründung der Europäischen Gemeinschaft
EMRK	Europäische Menschenrechtskonvention
ERH	Europäischer Rechnungshof
Erl.	Erlass
EU	Europäische Union
EuG	Europäischer Gerichtshof Erster Instanz (auch Gericht)
EuGH	Europäischer Gerichtshof (auch Gerichtshof)
EuGRZ	Europäische Grundrechte-Zeitschrift
EuR	Europarecht
EURATOM	s. EAG
EUSt	Einfuhrumsatzsteuer
EUStBV	Einfuhrumsatzsteuer-Befreiungsverordnung
EUV	Vertrag über die Europäische Union
EuZW	Europäische Zeitschrift für Wirtschaftsrecht
EWG	Europäische Wirtschaftsgemeinschaft
EWGV	Vertrag zur Gründung der Europäischen Wirtschaftsgemeinschaft
EWR	Europäischer Wirtschaftsraum
EWS	Europäisches Währungssystem
EZT	Elektronischer Zolltarif
f./ff.	folgend(e)
FA	Finanzamt
FG	Finanzgericht

Abkürzungsverzeichnis

FGO	Finanzgerichtsordnung
FKPG	Gesetz zur Umsetzung des föderalen Konsolidierungsprogramms vom 23.6.1993
FOB	frei an Bord (free on board)
GAP	Gemeinsame Agrarpolitik
GASP	Gemeinsame Standpunkte auf dem Gebiet der Gemeinsamen Außen- und Sicherheitspolitik
GATS	Allgemeine Abkommen über den Handel mit Dienstleistungen (Ge-neral Agreement on Trade in Services)
GATT	Allgemeines Zoll- und Handelsabkommen (General Agreement on Tariffs and Trade)
GBl	Gesetzblatt
gem.	gemäß
GG	Grundgesetz
ggf.	gegebenenfalls
GMO	Gemeinsame Marktordnung
GTCF	Global Trade and Customs Journal (*Zeitschrift*)
GewO	Gewerbeordnung
GVG	Gerichtsverfassungsgesetz
GZT	Gemeinsamer Zolltarif der Europäischen Gemeinschaft
HFR	Höchstrichterliche Finanzrechtsprechung (*Zeitschrift*)
HGB	Handelsgesetzbuch
HGO	Geschäftsordnung für die Hauptzollämter und ihre Dienststellen
h.M.	herrschende Meinung
Hrsg.	Herausgeber
HS	Harmonisiertes System für die Bezeichnung und Kodierung von Waren des internationalen Handels
HVIA	Hauptverwaltung für Interzonen- und Außenhandel
HZA (HZÄ)	Hauptzollamt (Hauptzollämter)
IEEPA	Gesetz über wirtschaftliche Befugnisse bei internationalen Notlagen von 1977 (International Emergency Economic Powers Act)
ICAO	Internationale Organisation für Zivilluftfahrt (International Civil Aviation Organization)
i.d.F.	in der Fassung

Abkürzungsverzeichnis

i.d.R.	in der Regel
IHK	Internationale Handelskammer
ISA	Iran-Sanktionsgesetz von 1996 (Iran Sanctions Act 1996)
i. S. d.	im Sinne des
ISO	Internationale Standardisierungsorganisation (International Standardization Organization)
i.S.v.	im Sinne von
ITAR	Internationale Waffenverkehrsverordnung (International Traffic in Arms Regulations)
i.V.m.	in Verbindung mit
IWF	Internationaler Währungsfonds
JR	Juristische Rundschau (*Zeitschrift*)
JUS	Juristische Schulung (*Zeitschrift*)
JWT	Journal of World Trade (*Zeitschrift*)
Kap.	Kapitel
KBSt	Koordinierungs- und Beratungsstelle für Informationstechnik in der Bundesverwaltung
KN	Kombinierte Nomenklatur
KO	Kommission der Europäischen Union
KOBRA	Kontrolle bei der Ausfuhr
KOM	Dokument der Kommission der Europäischen Gemeinschaften
KultSchG	Gesetz zum Schutz deutschen Kulturgutes gegen Abwanderung
KWG	Kreditwesengesetzes
KWKG	Kriegswaffenkontrollgesetz
MAM	Ministerium für Außenhandel und Materialversorgung
m.a.W.	mit anderen Worten
MdEP	Mitglied des Europäischen Parlaments
MDR	Monatsschrift für deutsches Recht (*Zeitschrift*)
m.E.	meines Erachtens
MinöStG	Mineralölsteuergesetz
MIAM	Ministerium für Innerdeutschen Handel, Außenhandel und Materialvorsprung
MO	Marktordnung

Abkürzungsverzeichnis

MOE	Mittel- und Ost-Europäische Reformstaaten
MOG	Gesetz zur Durchführung der gemeinsamen Marktorganisationen
MTCR	Missile Technology Control Regime
m.w.N.	mit weiteren Nachweisen
MwSt	Mehrwertsteuer
MwStSystRL	Mehrwertsteuersystemrichtlinie
MZK	Modernisierter Zollkodex
NAFTA	Nordamerikanische Freihandelszone (North American Free Trade Association)
NATO	Nord-Atlantik-Pakt-Organisation (North Atlantic Treaty Organization)
n.F.	neue Fassung
NIMEXE	Warenverzeichnis für die Statistik des Außenhandels der EG und des Handels zwischen ihren Mitgliedstaaten
NJW	Neue Juristische Wochenschrift (*Zeitschrift*)
NPT	Atomwaffensperrvertrag (Treaty on the Non-Proliferation of Nuclear Weapons)
Nr.	Nummer
NSG	Nuclear Suppliers Group
NStZ	Neue Zeitschrift für Strafrecht *(Zeitschrift)*
NVwZ	Neue Zeitschrift für Verwaltungsrecht (*Zeitschrift*)
o.a.	oben angeführt
OECD früher OEEC	Organisation für wirtschaftliche Zusammenarbeit und Entwicklung (Organization for Economic Cooperation and Development), früher Organisation für Europäische wirtschaftliche Zusammenarbeit (Organization for European Economic Cooperation)
OFD	Oberfinanzdirektion
OGIL	Allgemeine Globale Einfuhrgenehmigung (Open General Import Licence)
OLAF	Office européen de lutte antifraude (Europäisches Betrugsbekämpfungsamt)
OLG	Oberlandesgericht
OSZE	Organisation für Sicherheit und Zusammenarbeit in Europa
OVG	Oberverwaltungsgericht
OWiG	Gesetz über Ordnungswidrigkeiten

PatG	Patentgesetz
PBefG	Personenbeförderungsgesetz
PflSchG	Pflanzenschutzgesetz
PSI	US-Initiative zum Schutz vor der Weiterverbreitung von Massenvernichtungswaffen (Profileration Security Initiative)
RA	Runderlass Außenwirtschaft
RG	Reichsgericht
RGBl.	Reichsgesetzblatt
RGW	Rat für gegenseitige Wirtschaftshilfe
RiVASt	Richtlinien für den Verkehr mit dem Ausland in strafrechtlichen Angelegenheiten
RIW/AWD	Recht der internationalen Wirtschaft/Außenwirtschaftsdienst des Betriebsberaters (*Zeitschrift*)
RL	Richtlinie
Rspr.	Rechtsprechung
Rz.	Randziffer
RZZ	Rat für die Zusammenarbeit auf dem Gebiet des Zollwesens (Brüsseler Zollrat)
Sigma	Bulletin der Europäischen Statistik
SMAD	Sowjetischen Militäradministration
SOFI	System zur elektronischen Behandlung internationaler Fracht (système d'ordinateurs pour le traitement du fret international)
sog.	so genannt
SprengG	Sprengstoffgesetz
SortSchG	Sortenschutzgesetz
StandOG	Standortsicherungsgesetz vom 13.9.1993
StAG	Staatsangehörigkeitsgesetz
StGB	Strafgesetzbuch
StPO	Strafprozessordnung
StuW	Steuer und Wirtschaft (*Zeitschrift*)
SRÜ	Seerechtsübereinkommen der Vereinten Nationen
SVN	Satzung der Vereinten Nationen
TARIC	Integrierter Gemeinschaftstarif (Tarif intégré communautaire)

Abkürzungsverzeichnis

TIR	s. Carnet TIR
TierSchG	Tierschutzgesetz
TierSG	Tierseuchengesetz
TKG	Textilkennzeichnungsgesetz
TRIPs	Übereinkommen über handelsbezogene Aspekte der Rechte am geistigen Eigentum (Agreement on Trade Related Aspects of Intellectual Property Rights)
TruZG	Truppenzollgesetz
TruZO	Truppenzollordnung
TWEA	Handel-mit-dem-Feind-Gesetz von 1917 (Trading with the Enemy Act)
u.a.	unter anderem
UAbs.	Unterabsatz
UASt	Umsatzausgleichsteuer
ÜD	Überseeische Departements (s. DOM)
UFS	Unabhängiger Finanzsenat
ÜLG	Überseeische Länder und Gebiete
UN	Vereinte Nationen (United Nations)
UNCTAD	Konferenz der Vereinten Nationen für Handel und Entwicklung (United Nations Conference on Trade and Development)
USA	Vereinigte Staaten von Amerika (United States of America)
USML	Kontrollliste zur Internationalen Waffenverkehrsverordnung (United States Munition List)
UStDV	Umsatzsteuer-Durchführungsverordnung
UStG	Umsatzsteuergesetz
USt.-IdNr.	Umsatzsteuer-Identifikationsnummer
UVR	Umsatzsteuer- und Verkehrsteuer-Recht (*Zeitschrift*)
UWG	Gesetz gegen den unlauteren Wettbewerb
UZwG	Gesetz über den unmittelbaren Zwang bei Ausübung öffentlicher Gewalt durch Vollzugsbeamte des Bundes
VA	Verwaltungsakt
v.a.	vor allem
vgl.	vergleiche
VO	Verordnung

Abkürzungsverzeichnis

VOaVV	Verordnung aktiver Veredelungsverkehr
VSF	Vorschriftensammlung der Bundesfinanzverwaltung
VSt	Verbrauchsteuer
VTA	Verbindliche Zolltarifauskunft
vUA	verbindliche Ursprungsauskunft
VuB	Verbote und Beschränkungen
VwGO	Verwaltungsgerichtsordnung
VwVfG	Verwaltungsverfahrensgesetz
VZTA	Verbindliche Zolltarifauskunft
WA	Wassenaar Arrangement on Export Controls for Conventional Arms and Dual-Use Goods and Technology
WaffG	Waffengesetz
WaffV	Waffenverordnung
WCO	Weltzollorganisation (World Customs Organization)
WEEB	Westeuropäisches EDIFACT-Gremium (Western European EDI-FACT-BOARD)
WTO	Welthandelsorganisation (World Trade Organization)
WZO	Weltzollorganisation (s. RZZ)
ZA	Zollamt
ZADAT	Zollanmeldung auf Datenträgern
z.B.	zum Beispiel
ZFdG	Gesetz über das Zollkriminalamt und die Zollfahndungsämter (Zollfahndungsdienstgesetz)
ZfZ	Zeitschrift für Zölle und Verbrauchsteuern
ZG	Zollgesetz
ZK	Zollkodex
ZKDVO	Durchführungsverordnung zum Zollkodex
ZnA	Zollabfertigung nach Aufzeichnung
ZollV	Zollverordnung (Durchführungsverordnung zum ZollVG)
ZollVG	Zollverwaltungsgesetz
ZPO	Zivilprozessordnung

Außenwirtschaftsgesetz (AWG)

vom 6.6.2013

(BGBl. I 2013, 1482)

(AWG)

Gesetz zur Modernisierung des Außenwirtschaftsrechts
vom 6.6.2013 (BGBl. I 2013, 1482)

Gleichzeitig Aufhebung des Außenwirtschaftsgesetzes in der Fassung der Bekanntmachung vom 27.5.2009 (BGBl. I 2009, 150), zuletzt geändert durch Art. 1 der VO vom 12.12.2012 (BAnz AT 28.12.2012, V1)

Übersicht

Die nachfolgende Übersicht der Paragraphen des AWG enthält in *kursiver Schrift* Hinweise auf die Zuordnung der Paragraphen der AWV zu den Vorschriften des AWG. Dabei beruhen in Klammern gesetzte AWV-§§ auf mehreren Ermächtigungsvorschriften und sind bei dem u.E. vorrangigen AWG-§ nochmals ohne Klammer aufgeführt. Die Kommentierung der AWV-§§ wird dementsprechend bei den zugeordneten AWG-§§ vorgenommen.

Teil 1: Rechtsgeschäfte und Handlungen

§ 1 Grundsatz
   § 7 AWV

§ 2 Begriffsbestimmungen

§ 3 Zweigniederlassungen und Betriebsstätten
   §§ 55-62 AWV

§ 4 Beschränkungen und Handlungspflichten zum Schutz der öffentlichen Sicherheit und der auswärtigen Interessen
   §§ 21-26 AWV

§ 5 Gegenstand von Beschränkungen
   § 79 AWV

§ 6 Einzeleingriff

§ 7 Einzeleingriff im Seeverkehr außerhalb des deutschen Küstenmeeres

§ 8 Erteilung von Genehmigungen
   §§ 1, 8-11, 46-53 AWV

§ 9 Erteilung von Zertifikaten
   §§ 2, 28 AWV

Teil 2: Ergänzende Vorschriften

§ 10 Deutsche Bundesbank

§ 11 Verfahrens- und Meldevorschriften
   §§ 63-73 AWV

§ 12	Erlass von Rechtsverordnungen
§ 13	Zuständigkeiten für den Erlass von Verwaltungsakten und für die Entgegennahme von Meldungen
§ 14	Verwaltungsakte
§ 15	Rechtsunwirksamkeit
§ 16	Urteil und Zwangsvollstreckung

Teil 3: Straf-, Bußgeld- und Überwachungsvorschriften

§ 17	Strafvorschriften
	§ 80 AWV
§ 18	Strafvorschriften
	§ 78 AWV
§ 19	Bußgeldvorschriften
	§§ 81, 82 AWV
§ 20	Einziehung und Erweiterter Verfall
§ 21	Aufgaben und Befugnisse der Zollbehörden
§ 22	Straf- und Bußgeldverfahren
§ 23	Allgemeine Auskunftspflicht (*nicht kommentiert*)
§ 24	Übermittlung von Informationen durch das Bundesamt für Wirtschaft und Ausfuhrkontrolle (BAFA) (*nicht kommentiert*)
§ 25	Automatisiertes Abrufverfahren (*nicht kommentiert*)
§ 26	Übermittlung personenbezogener Daten aus Strafverfahren (*nicht kommentiert*)
§ 27	Überwachung des Fracht-, Post- und Reiseverkehrs (*nicht kommentiert*)
§ 28	Kosten (*nicht kommentiert*)

Schrifttum

Kommentare/Handbücher

Achterberg/ Püttner	Besonderes Verwaltungsrecht, Bd. I: Wirtschafts-, Umwelt-, Bau-, Kultusrecht, Heidelberg, 1. Aufl. 1990;
Achterberg/ Püttner/ Würtenberger	Besonderes Verwaltungsrecht, Bd. I: Wirtschafts-, Umwelt-, Bau-, Kultusrecht, Heidelberg, 2. Aufl. 2000;
Aubin/Idiart	Export Control Law and Regulations Handbook, A practical guide to military and dual-use goods trade restrictions and compliance, Alphen aan den Rijn, 2. Aufl. 2011;
Bader/ Ronellenfitsch (Hrsg.)	Beck'scher Online-Kommentar VwVfG, München;
Bieneck	Handbuch des Außenwirtschaftsrechts, Köln u.a., 1. Aufl. 1998;
Bieneck	Handbuch des Außenwirtschaftsrechts, Köln u.a., 2. Aufl. 2005;

Bischof	Die Kunst und Antiquitäten GmbH im Bereich kommerzielle Koordinierung, Berlin 2003;
Bohnert	Kommentar zum Ordnungswidrigkeitengesetz, München, 3. Aufl. 2010;
Boos/Fischer/ Schulte-Mattler	Kreditwesengesetz: Kommentar zu KWG und Ausführungsvorschriften, Kommentar, München, 4. Aufl. 2012;
Bryde	Internationale Verhaltensregeln für Private – Völkerrechtliche und verfassungsrechtliche Aspekte, Frankfurt a.M. 1981;
Bundesamt für Wirtschaft und Ausfuhrkontrolle (BAFA)	Technologietransfer und Non-Proliferation, Leitfaden für Industrie und Wissenschaft, Stand April 2011;
Bundesamt für Wirtschaft und Ausfuhrkontrolle (BAFA)	Praxis der Exportkontrolle, Köln 1. Aufl., 2006;
Bundesamt für Wirtschaft und Ausfuhrkontrolle (BAFA)	Praxis der Exportkontrolle, Köln, 2. Aufl. 2010;
Bundesministerium für Wirtschaft und Technologie	Fakten zum deutschen Außenhandel 2011, Berlin 2012;
Callies/Ruffert	EUV/AEUV: Das Verfassungsrecht der Europäischen Union mit Europäischer Grundrechtecharta, Kommentar, München, 4. Aufl. 2011;
Cameron (Hrsg.)	EU Sanctions, Law and Poicy Issues Concerning Restrictive Measures, Cambridge 2013;
Dauses	Handbuch des EU-Wirtschaftsrechts, München (Loseblatt);
Deutsche Bundesbank	Monatsbericht April 2003, 55. Jahrgang, Nr. 4, Frankfurt a.M. 2003;
Deutsche Bundesbank	Erläuterungen der Deutschen Bundesbank zu den Meldevorschriften für den Zahlungs- und Kapitalverkehr mit dem Ausland nach §§ 56a ff. und §§ 59 ff. AWV a.F.;
Ehlers/Wolffgang	Rechtsfragen der Ausfuhrkontrolle und Ausfuhrförderung, Münster 1997;
Epping	Die Außenwirtschaftsfreiheit, Tübingen 1998;
Epping	Grundfragen des Außenwirtschaftsrechts, in: Ehlers/Wolffgang, Rechtsfragen der Ausfuhrkontrolle und Ausfuhrförderung, Münster 1997;
Epping/Hillgruber	Beck'scher Online-Kommentar Grundgesetz, München;
Erbs/Kohlhaas	Strafrechtliche Nebengesetze, München (Loseblatt);
Fischer	Strafgesetzbuch Kommentar, München, 60. Aufl. 2013;
Flume	Allgemeiner Teil des Bürgerlichen Rechts, Bd. 2: Das Rechtsgeschäft, Berlin u.a., 2. Aufl. 1975;
Follak	Internationale Wirtschaftsbeziehungen zwischen Politik und Recht, BayVBl. 1985, 227 ff.;
Franzen/Gast/ Joecks	Steuerstrafrecht, München, 7. Aufl. 2009;
Göhler	Ordnungswidrigkeitengesetz, München, 16. Aufl. 2012;
Gold	The Fund Agreement in the Courts, Vol. I, Washington, D.C. 1962;

Gold	The Fund Agreement in the Courts, Vol. II: Further jurisprudence involving the articles of agreement of the International Monetary Fund, Washington D.C. 1982;
Grabitz/Hilf/ Nettesheim	Das Recht der Europäischen Union: Kommentar, München (Loseblatt);
Graf Vitzthum	Völkerrecht, Berlin, 5. Aufl. 2010;
Gramlich	Außenwirtschaftsrecht: ein Grundriß, Köln u.a. 1991;
Gusy	Polizei- und Ordnungsrecht, Tübingen, 8. Aufl. 2011;
HADDEX – Bundesamt für Wirtschaft und Ausfuhrkontrolle	HADDEX – Handbuch der deutschen Exportkontrolle: nationales und internationales Exportkontrollrecht, Bd. 1: Kommentierungen, Köln, (Loseblatt);
Hannich	Karlsruher Kommentar zur Strafprozessordnung, München, 6. Aufl. 2008;
Hauschka (Hrsg.)	Corporate Compliance, München, 2. Aufl. 2010;
Henze	Hoheitliche Eingriffe in private Außenhandelsverträge, Heidelberg 1963;
Herzog	Geldwäschegesetz (GwG), München 2010;
Hinder	Der Ausfuhrverantwortliche im Außenwirtschafts- und Kriegswaffenkontrollrecht, Münster 1999;
Hocke/Friedrich/ Berwald/Maurer	Außenwirtschaftsrecht: Gesetze, Verordnungen und Erlasse zum Außenwirtschaftsrecht mit Kommentar, Bd. I und II, Heidelberg (Loseblatt);
Hohmann/John	Ausfuhrrecht, Kommentar, München 2002;
Hornung	Die Zulässigkeit von Einfuhrbeschränkungen nach dem Außenwirtschaftsgesetz und ihre Vereinbarkeit mit dem Europäischen Gemeinschaftsrecht, Augsburg 1982;
Hübschmann/ Hepp/Spitaler	Abgabenordnung – Finanzgerichtsordnung, Köln (Loseblatt);
Ipsen	Außenwirtschaft und Außenpolitik, Rechtsgutachten zum Rhodesien-Embargo, Stuttgart u.a. 1967;
Joecks (Hrsg.)	Münchener Kommentar zum Strafgesetzbuch, München, Bd. 6,1, 2010; Bd. 1, 2. Aufl. 2011; Bd. 3, 2. Aufl. 2012; Bd. 4 (§§ 185-262 StGB), 2. Aufl. 2012; Bd. 4 (§§ 263-358 StGB), 2006; Bd. 6,1, 2010;
Kemper/Maskow	Internationales Wirtschaftsrecht, Außenwirtschaftsrecht der DDR, Berlin 1987;
Kindhäuser/ Neumann/ Paeffgen	Strafgesetzbuch, Baden Baden, 4. Aufl. 2013;
Klein	Abgabenordnung, München, 11. Aufl. 2002;
Kohlmann	Steuerstrafrecht Kommentar, Köln (Loseblatt);
Kuss	Gesetzestechnische Mängel und Rechtsschutzlücken im Außenwirtschaftsrecht, Die Verwaltung 1989 (22), 55;
Lackner/Kühl	Strafgesetzbuch Kommentar, München, 27. Aufl. 2011;
Landmann/ Rohmer	Außenwirtschaftsrecht : Gesetze, Verordnungen und Erlasse zum Außenwirtschaftsrecht mit Kommentar, Bd. I und II, Heidelberg (Loseblatt);
Langen	Außenwirtschaftsgesetz – Kommentar, München (Loseblatt);
Laufhütte, Rissing-van Saan, Tiedemann	Leipziger Kommentar, Großkommentar zum Strafgesetzbuch, Bd. 1, Berlin, 12. Aufl. 2007;
Linde	AWG und zwischenstaatliche Vereinbarungen, Göttingen 1970;

Martinek/Semler/ Habermeier/Flohr	Handbuch des Vertriebsrechts, München, 3. Aufl. 2010;
Maunz/Dürig/ Herzog	Grundgesetz-Kommentar, München (Loseblatt);
Maurer	Allgemeines Verwaltungsrecht, München, 18. Aufl. 2011;
Murawo	Das Außenhandelsrecht in den Wirtschaftsordnungen des geteilten Deutschlands – Ein Systemvergleich, Berlin 1969;
Ott	Außenwirtschaftsrecht, Verwaltungsgericht im Wandel der Zeit: Fünfzig Jahre Verwaltungsgericht Frankfurt a.M., München 2004, 188;
Pottmeyer	Der Ausfuhrverantwortliche: Aufgaben und Haftung im exportierenden Unternehmen, Köln, 4. Aufl. 2011;
Prieß/Berrisch	WTO-Handbuch, München 2003;
Pünder/Prieß/ Arrowsmith (Hrsg.)	Self-Cleaning in Public Procurement Law, Köln, 1. Aufl. 2009;
Putzier	Die Ermächtigungen des Außenwirtschaftsgesetzes, Stuttgart 1987;
Reuter	Außenwirtschafts- und Exportkontrollrecht Deutschland/ Europäische Union: Systematische Darstellung mit Praxisschwerpunkten Exportkontrollrecht (mit neuer EG-Dual-Use-Verordnung und deutscher 1995 Umsetzung) EU-Binnenmarkt Antidumpingrecht GATT 1994 (Uruguay-Runde), München 1995;
Ricke	Präventive Maßnahmen bei der Ausfuhr von Gütern, Witten 2011;
Roth	Gutachterliche Stellungnahme im BT-Ausschuss für Wirtschaft und Technologie, Ausschussdrucksache 16(9)1376;
Ruschmeier	Außenwirtschaftsgesetz, Kommentar, in Rüsken (Hrsg.), Dorsch – Zollrecht Kommentar, Bonn 2004 (Vorauflage);
Sachs (Hrsg.)	Grundgesetz: Kommentar, München, 6. Aufl. 2011;
Säcker/Rixecker (Hrsg.)	Münchener Kommentar zum Bürgerlichen Gesetzbuch, Bd. 1, München, 6. Aufl. 2012;
Schenke	Polizei- und Ordnungsrecht, Heidelberg, 7. Aufl. 2011;
Schlüchter/ Laubenthal (Hrsg.)	Strafandrohung als Mittel zur Durchsetzung außenwirtschaftsrechtlicher Zielsetzung, Recht und Kriminalität: Festschrift für Friedrich-Wilhelm Krause zum 70. Geburtstag, Köln u.a. 1990;
Schmidt	Öffentliches Wirtschaftsrecht, Besonderer Teil 2, Berlin 1996;
Schmidt	Gewinnabschöpfung im Straf- und Bußgeldverfahren – Handbuch für die Praxis, München 2006;
Schönke/Schröder	Strafgesetzbuch Kommentar, München, 28. Aufl. 2010;
Schöppner	Wirtschaftssanktionen durch Bereitstellungsverbote, Witten 2013;
Schroth	Handbuch zum Außenwirtschaftsverkehr, Herne u.a. 1994;
Schulz	Außenwirtschaftsrecht – Kommentar, Köln u.a. 1966;
Senge	Karlsruher Kommentar zum Gesetz der Ordnungswidrigkeiten, München, 3. Aufl. 2006;
Sieg/Fahning/ Kölling	Außenwirtschaftsgesetz, Kommentar, Berlin 1963;
Sölch/Ringleb	Umsatzsteuergesetz, Kommentar, München (Loseblatt);
Statistisches Bundesamt	Export, Import, Globalisierung – Deutscher Außenhandel und Welthandel, 1990 bis 2008, Wiesbaden 2010;

Statistisches Bundesamt	Außenhandel – Gesamtentwicklung des deutschen Außenhandels ab 1950, Wiesbaden 2011;
Stenger	Das Handelsembargo im Außenwirtschaftsrecht, Praxis und Zulässigkeit, Gießen 1988;
Tervooren	Der Ausführerbegriff in der Exportkontrolle, Witten 2007;
Tietje	Internationales Wirtschaftsrecht, Berlin 2009;
Ule/Laubinger	Verwaltungsverfahrensrecht: Ein Lehrbuch für Studium und Praxis, Köln u.a., 4. Aufl. 1995;
Umnuß (Hrsg.)	Corporate Compliance Checklisten – Rechtliche Risiken im Unternehmen erkennen und vermeiden, München, 2. Aufl. 2012;
Wabnitz/Janovsky	Handbuch des Wirtschafts- u. Steuerstrafrechts, München, 3. Aufl. 2007;
Weith/Wegner/ Ehrlich	Grundzüge der Exportkontrolle: Hintergründe, System, Regelungen, Köln 2006;
Weith/Wegner/ Ehrlich	Grundzüge der Exportkontrolle: Strukturen des nationalen und internationalen Rechtssystems, Köln 2006;
Witte (Hrsg.)	Praxishandbuch Export- und Zollmanagement: Zugelassener Wirtschaftsbeteiligter; Integration und Organisation im Unternehmen, Köln, Stand: August 2012 (Loseblatt);
Witte	Zollkodex mit Durchführungsverordnung und Zollbefreiungsverordnung, Kommentar, München, 5. Aufl. 2009;
Wolf/Neuner	Allgemeiner Teil des Bürgerlichen Rechts, München, 10. Aufl. 2012;
Wolffgang/ Simonsen/Tietje	AWR-Kommentar: Kommentar für das gesamte Außenwirtschaftsrecht, Köln (Loseblatt).

Aufsätze

1969

Schenk	Die Beteiligung der Bundesrepublik Deutschland an Sanktionen der Vereinten Nationen, ZaöRV 29 (1969), 257;

1978

Tomuschat/ Schmidt	Der Verfassungsstaat im Geflecht der internationalen Beziehungen, Veröffentlichungen der Vereinigung der deutschen Staatsrechtslehrer (VVdStRL), Heft 36, Berlin 1978, 7;

1985

Follak	Internationale Wirtschaftsbeziehungen zwischen Politik und Recht, BayVBl. 1985, 227;

1988

Rummer	Die Verteilung bei knappen Kontingenten, NJW 1988, 225;

1989

Kuss	Gesetzestechnische Mängel und Rechtsschutzlücken im Außenwirtschaftsrecht, Die Verwaltung 1989 (22), 55;

1990

Lux	Europäisches Außenwirtschaftsrecht, ZfZ 1990, 194;
Weber	Grundlagen des Außenwirtschaftsrechts, JA 1990, 73;
Wimmer	Entschädigungsansprüche aus dem Irak-Embargo gegen die Bundesrepublik Deutschland, BB 1990, 1986;

1991

Dahlhoff	Der neue § 34 AWG, NJW 1991, 208;
Epping	Die Novellierungen im Bereich des Rüstungsexportrechts, RIW 1991, 461;

1992

Dolde	Zur Gesetz- und Verfassungswidrigkeit der Exportbeschränkungen für dual-use-Waren und Dienstleistungen, RIW 1992, 517;
Hantke	Die Verschärfung des Außenwirtschaftsrechts, NJW 1992, 2123;
von Bogdandy	Die außenwirtschaftsrechtliche Genehmigung – Rechtsnatur und Rechtsfolgen, VerwArch 83 (1992), 53;

1993

Krumpholz	Das Verbot von Boykott-Erklärungen, NJW 1993, 113;
Ziegenhain	Extraterritoriale Reichweite des US-amerikanischen und des reformierten deutschen Exportkontrollrechts, RIW 1993, 897;

1994

Dichtl	Faktische Grenzen der Exportkontrolle, BB 1994, 1726;
Jekewitz	Deutscher Bundestag und Rechtsverordnungen, NVwZ 1994, 956;

1995

Epping	Gemeinschaftsrechtliche Zulässigkeit nationaler Ausfuhrbeschränkungen für Dual-Use-Güter, Anmerkung zu den Urteilen des EuGH in den Vorlageverfahren Werner (Rs. 70/94) und Leifer (Rs. 83/94) vom 17. Oktober 1995, AW-Prax 1995, 437;

1996

Reuter	Nationale Exportkontrollen und EU-Recht, Anmerkung zu den EuGH-Urteilen „Werner" und „Leifer", RIW 1996, 719;
Holthausen	Verstoß gegen das Außenwirtschaftsgesetz – Tatbestandsmerkmal "besonders konstruiert", NStZ 1996, 284;
Kreuzer	Verstoß gegen das Außenwirtschaftsgesetz – Tatbestandsmerkmal "besonders konstruiert", NStZ 1996, 555;
Werner	Das Wassenaar-Arrangement – Ein neues Exportkontrollregime, AW-Prax 1996, 49;

1997

Epping	Grundfragen des Außenwirtschaftsrechts, in: Ehlers/Wolffgang, Rechtsfragen der Ausfuhrkontrolle und Ausfuhrförderung, Münster 1997;
Ruschmeier/ Busch	Ausführerbegriff bei Unternehmenskooperationen. AW-Prax 1997, 224, 263;

1998

Werner	Die neuen internationalen Grundlagen der Exportkontrolle, RIW 1998, 178;

2000

Karpenstein	Die neue Dual-use-Verordnung, EuZW 2000, 677;

2001

Monreal	Rechtsprobleme der Ausfuhrliste, AW-Prax 2001, 156 (Teil I), 234 (Teil II), 354 (Teil III);
Knieper	Elemente des internationalen Rechts grenzüberschreitenden Kapital- und Zahlungsverkehrs, WiRO 2001, 353;

Kreuzer	Keine Handfeuerwaffen nach Jemen – VG Frankfurt a.M. bestätigt Haltung des BAFA, AW-Prax 2001, 272;

2002

Külpmann	Änderungen von Rechtsverordnungen durch den Gesetzgeber, NJW 2002, 3436;

2003

Bachmann	Ausfuhrbeschränkungen für Dual-use Güter, AW-Prax 2003, 115;
Kreutz	Außenwirtschaftsgesetz und der deutsche Export, Betrieb und Wirtschaft 2003, 683;
Suntrup	Meldepflichten nach dem Außenwirtschaftsgesetz, AW-Prax 2003, 180;

2004

Dannecker/ Freitag	Zur neueren europäischen und deutschen Strafgesetzgebung im Recht der Außenwirtschaft und der Finanzsanktionen, ZStW 116 (2004), 797;

2006

Bieneck	Die Außenwirtschaftsstrafrechts-Novelle – Ein Überblick über die wichtigsten Neuerungen des 12. Gesetzes zur Änderung des Außenwirtschaftsgesetzes und der Außenwirtschaftsverordnung vom 28.03.2006, NStZ 2006, 608;
Bieneck	Mehr oder weniger Strafrecht? Einige praktische Auswirkungen der Außenwirtschaftsnovelle, AW-Prax 2006, 323;
Schmidt/Wolff	Geheimdienstliche Agententätigkeit bei illegalem Technologietransfer, NStZ 2006, 161;

2007

Schlarmann/ Spiegel	Terror und kein Ende – Konsequenzen der EG-Verordnungen zur Bekämpfung des internationalen Terrorismus für in Deutschland tätige Unternehmen, NJW 2007, 870;

2008

Bieneck	Catch-All im Strafrecht – Die Kriminalisierung der Ausfuhr ungelisteter Dual-Use-Güter im Außenwirtschaftsstrafrecht, wistra 2008, 208;
Herrmann/Michl	Grundzüge des europäischen Außenwirtschaftsrechts, Zeitschrift für europarechtliche Studien 2008, 81;
Král	National normative implementation of EC regulations. An exceptional or rather common matter?, ELRev. 33 (2008), 243;
Kreuder	Rechts- und Organisationsfragen zur Trade Compliance, CCZ 2008, 166;
Kroker	Die Überprüfbarkeit gemeinsamer Standpunkte im Rahmen der PJZS – effektiver Rechtsschutz in der dritten Säule der EU?, EuR 2008, 378;
Krolop	Schutz vor Staatsfonds und anderen ausländischen Kapitalmarktakteuren unter Ausblendung des Kapitalmarktrechts?, ZRP 2008, 40;
Krolop	Schutz vor Staatsfonds und anderen ausländischen Kapitalmarktakteuren unter Ausblendung des Kapitalmarktrechts?, ZRP 2008, 40;
Prieß/Stein	Nicht nur sauber, sondern rein: Die Wiederherstellung der Zuverlässigkeit durch Selbstreinigung, NZBau 2008, 230;

2009

Marquardt/ Pluskat	Die Kontrolle von Unternehmenserwerben nach dem novellierten AWG, DStR 2009, 1314;

Safferling	Die Gefährdung der „auswärtigen Beziehungen" der Bundesrepublik Deutschland als strafwürdiges Verhalten im Außenwirtschaftsverkehr, NStZ 2009, 604;

2010

Bieneck	Die militärische Konstruktion im Außenwirtschaftsrecht – Die Auslegungshistorie des Begriffs „besonders konstruiert für militärische Zwecke" im internationalen Kontext, wistra 2010, 10;
Dann/Mengel	Tanz auf einem Pulverfass – oder: Wie gefährlich leben Compliance-Beauftragte?, NJW 2010, 3265;
Leipold	Straftaten nach Außenwirtschaftsgesetz – Neue Tendenzen, NJW-Spezial 2010, 376;
Meyer	Globale Terrorbekämpfung und nationales Nebenstrafrecht, NJW 2010, 2397;
Schladebach	Die Verteidigungsgüterrichtlinie der Europäischen Union, Zum Umsetzungsbedarf im deutschen Außenwirtschaftsrecht, RIW 2010, 127;
Stein/Friton	Internationale Korruption, zwingender Ausschluss und Selbstreinigung, VergabeR 1/2010, 151;
Voland	Rechtsschutz gegen Maßnahmen der Investitionskontrolle im Außenwirtschaftsrecht, EuZW 2010, 132;

2011

Bachem-Niedermeier	Das US-(Re)Exportkontrollrecht – Zentrale Themen aus deutscher Sicht, Vortrag anlässlich des Exportkontrolltags am 24./25. Februar 2011 in Münster, Geschäftspraxis USA 3/2011, 10;
Bartelt	Umsetzung der Verteidigungsgüterrichtlinie, Überblick über die Neuregelungen durch das Gesetz zur Umsetzung der Verteidigungsgüterrichtlinie (2009/43/EG), AW-Prax 2011, 262;
Bieneck/Schaefer	Der Schutz der auswärtigen Beziehungen Deutschlands durch das Außenwirtschaftsstrafrecht, wistra 2011, 89;

2012

Arend	Exporte erleichtern – Gesetz des Monats: Entwurf eines Gesetzes zur Modernisierung des Außenwirtschaftsrechts, Politik und Kommunikation, November 2012, 38;
Deutscher Industrie- und Handelskammertag	Stellungnahme für den Bundestag, Ausschuss für Wirtschaft und Technologie – öffentliche Anhörung am 10. Dezember 2012 „Entwurf eines Gesetzes zur Modernisierung des Außenwirtschaftsrechts" – BT-Drucks. 17/11127, Ausschussdrucksache 17 (9)1056;
Harings	Neue Rechtsprechungsentwicklungen bei Embargos und Sanktionen, AW-Prax Service Guide 2013, 16;
Morweiser	Stellungnahme des Oberstaatsanwalts beim Bundesgerichtshof zum Gesetzentwurf der Bundesregierung zur Modernisierung des Außenwirtschaftsrechts im Ausschuss des Deutschen Bundestags für Wirtschaft und Technologie, A-Drucks. 17(9)1049;
Nestler	„Umgehungshandlungen" – Überlegungen zum Umgang mit Verweisungen von Blankettstrafgesetzen auf Unionsrecht am Beispiel des § 34 IV AWG, NStZ 2012, 672;
Rönnau/Krezer	Die Bestimmung des „erlangten Etwas" beim Verfall, Anmerkung zu BGH 3 StR 343/11, NZWiSt 2012, 147;
Triebskorn	Der deutsche Außenhandel im Jahr 2011, Statistisches Bundesamt, Wirtschaft und Statistik, April 2012, 332;

Wagner	Bestimmung des erlangten Etwas beim Verfall, Anmerkung zu BGH, Urteil 3 StR 343/11, NStZ 2012, 381;
Walter	„Nulla poena sine lege" – Sind Verstöße gegen Embargos der EU in Deutschland straflos?, RIW 2012, 763;
Wolffgang	Stellungnahme zur Novelle des Außenwirtschaftsgesetzes, Ausschuss für Wirtschaft und Technologie, Ausschussdrucksache 17(9)1057;

2013

Alexander/ Winkelbauer	Die AWG-Novelle 2013 aus straf- und ordnungswidrigkeitenrechtlicher Sicht, ZWH 2013, 341;
Haellmigk/Vulin	Chancen und Risiken der Selbstanzeige im Außenwirtschaftsrecht, AW-Prax 2013, 176;
Harings/Scheel	Das mittelbare Bereitstellungsverbot im Embargorecht der EU – eine Inhalts- und Schrankenbestimmung am Beispiel des Iran-Embargos, RdTW 2013, 185;
Hohmann	Die AWG-Novelle 2012, AW-Prax 2013, 3;
Kollmann	Das „Gesetz zur Novellierung des Außenwirtschaftsrechts" – Erläuterungen zur Novellierung des AWG, AW-Prax 2013, 267;
Krell	Anmerkung zu BGH 3 StR 295/12, NZWiSt 2013, 114;
Niestedt/Trennt	Das neue Außenwirtschaftsrecht, BB 2013, 2115;
Pelz/Hofschneider	Die Selbstanzeige im neuen Außenwirtschaftsrecht – eine Lanze für die Compliance oder doch nur eine Mogelpackung?, AW-Prax 2013, 173;
Prieß/Arend	Absolvo vos, Die Selbstanzeige im Außenwirtschaftsrecht, AW-Prax 2013, 71;
Prieß/Krause	Die bußgeldbefreiende Selbstanzeige bei fahrlässigen Verstößen im neuen Außenwirtschaftsrecht, NStZ 2013, 688;
Prieß/Thoms	Die Praxis des EU-Sanktionsrechts – Anwendungsfragen des Iran-Embargos, ZfZ 2013, 155;
Voland	„Wellnesskur" für das Außenwirtschaftsrecht: Überblick über die AWG-Novelle, GWR 2013, 264;
Walter	Das neue Außenwirtschaftsgesetz 2013, RIW 2013, 205;
Walter	Die neue Außenwirtschaftsverordnung 2013, RIW 2013, 847;
Wandt	Versicherungsverbote im Rahmen von Embargomaßnahmen, VersR 2013, 257.

Einführung Außenwirtschaftsgesetz

Inhalt

	Rz.
A. Inhalt und Bedeutung	1–3
B. Begriff des Außenwirtschaftsrechts	4–9
C. Entstehungsgeschichte des AWG	10–13
D. Änderungen des AWG	14–18
E. AWG als Rahmengesetz	19–21
F. Aufbau von AWG und AWV	22–26
I. AWG	23
II. AWV	24–26
G. Andere nationale Gesetze im Bereich des Außenwirtschaftsrechts	27–28
H. Europäische und internationale Einflüsse	29–48
I. AWG und EU-Recht	30–34
II. AWG und internationales Recht	35–48
1. Einbindung in das Welthandelsrecht	36–37
2. Völkerrechtliche Verträge und Exportkontrollregime	38–47
a) Atomwaffensperrvertrag	39
b) Biowaffenübereinkommen	40
c) Chemiewaffenübereinkommen	41
d) Vertrag über den Waffenhandel	41.1
e) Weitere Exportkontrollregime	42–47
aa) Wassenaar Arrangement	44
bb) Gruppe der Kernmaterial-Lieferländer	45
cc) Australische Gruppe	46
dd) Raketentechnologie-Kontrollregime	47
3. UN-Resolutionen	48

A. Inhalt und Bedeutung[1]

Für Deutschland ist das Außenwirtschaftsrecht von grundlegender Bedeutung, 1 denn die deutsche Wirtschaft ist in hohem Maße exportorientiert und damit auch exportabhängig. Als rohstoffarmes Land ist Deutschland gleichzeitig aber auch auf Importe – insbesondere im Energiebereich – angewiesen.[2] Das hat dazu geführt, dass Deutschland heute mit einer Exportquote von 50,6 % und einer Importquote von 44,3 % – gemessen an Ein- und Ausfuhren im Verhältnis zum Bruttoinlandsprodukt – die „außenhandels-offenste" Volkswirtschaft aller G7-Staaten ist.[3] Die Aufgabe des Außenwirtschaftsrechts, das Spannungsver-

---

1) Die Autoren bedanken sich bei Sarah Bayer und Patrick Kroker für die tatkräftige Unterstützung bei der Erstellung der Kommentierung.
2) Vgl. Statistisches Bundesamt, 2010, 31.
3) Vgl. Bundesministerium für Wirtschaft und Energie, Fakten zum deutschen Außenhandel 2013, 1, www.bmwi.de/BMWi/Redaktion/PDF/F/fakten-zum-deutschen-aussenhandel-2013.

hältnis zwischen Liberalisierungs- und Restriktionsinteressen beim Außenhandel angemessen aufzulösen, ist daher ein herausragend wichtiges Interesse Deutschlands.

2 Das Außenwirtschaftsrecht muss die nationale Wirtschaft fördern. Als wichtige Voraussetzung für Wirtschaftswachstum und Beschäftigung muss der Export daher ebenso wie der Import als Mittel nationaler Bedarfsdeckung möglichst weitgehend liberalisiert werden und bleiben. Gleichzeitig muss das Außenwirtschaftsrecht aber auch das außenwirtschaftsrechtliche Gleichgewicht erhalten und schädigende Einflüsse von außen effektiv abwehren. Darüber hinaus dient das Außenwirtschaftsrecht als Instrument der Außen- und Sicherheitspolitik auch dazu, humanitäre, sicherheits- und auch außenpolitische Interessen durchzusetzen.[1] Ebenso wie die wirtschaftliche Lage Deutschlands in der international verflochtenen Weltwirtschaft „radikal und unumkehrbar" von außenwirtschaftlichen Faktoren abhängt,[2] steht das deutsche Außenhandelsrecht in einem zunehmend engen Zusammenhang zum europäischen und internationalen Recht und wird durch dieses maßgeblich geprägt.

3 Im Folgenden wird zunächst der Begriff des Außenwirtschaftsrechts näher beleuchtet (→ Rz. 4 ff.). Sodann werden die Entstehungsgeschichte (→ Rz. 10 ff.) und die Änderungen des Außenwirtschaftsgesetzes (AWG) dargestellt (→ Rz. 14 ff.). Daran anschließend wird die Struktur des AWG als Rahmengesetz erläutert (→ Rz. 19 ff.) und ein Überblick über den Aufbau des AWG und der Außenwirtschaftsverordnung (AWV) gegeben (→ Rz. 22 ff.). Abschließend wird die Stellung des AWG im nationalen und internationalen Gefüge dargestellt (→ Rz. 27 ff.).

B. Begriff des Außenwirtschaftsrechts

4 Traditionell wird hinsichtlich des Begriffs des Außenwirtschaftsrechts zwischen dem Außenwirtschaftsrecht im engeren Sinne und dem Außenwirtschaftsrecht im weiteren Sinne unterschieden.

5 Außenwirtschaftsrecht im engeren Sinne wird definiert als der Teil des Wirtschaftsverwaltungsrechts, der den Außenwirtschaftsverkehr regelt.[3] Außenwirtschaftsverkehr soll dabei entsprechend der Definition des § 1 Abs. 1 Satz 1 AWG den Güter-, Dienstleistungs-, Kapital-, Zahlungs- und sonstigen Wirtschaftsverkehr mit dem Ausland sowie den Verkehr mit Auslandswerten und Gold zwischen Inländern umfassen.[4] Unter Bezugnahme auf die gesetzgeberische Intention, das Außenwirtschaftsrecht im Außenwirtschaftsgesetz (AWG) zu kodifizieren, wird danach unter Außenwirtschaftsrecht im engeren Sinne

---

1) Vgl. Epping, 1998, 1 f.; Bryde in Schmidt, BT 2, 1996, § 14 Rz. 5 und 6 unter Verweis auf § 1 StabilG v. 8.6.1967 (BGBl. I 1967, 582).
2) Bryde in Schmidt, BT 2, 1996, § 14 Rz. 5.
3) Haeberlin in Martinek/Semler/Habermeier/Flohr, 3. Aufl. 2010, § 44 Rz. 1; Reuter, 1995, Rz. 3; vgl. auch Simonsen in Wolffgang/Simonsen/Tietje, Bd. II, § 1 AWG Rz. 27 (November 2011).
4) Vgl. z.B. Epping, 1998, 1. Ausführlich zum Begriff des Außenwirtschaftsverkehrs → § 1 AWG Rz. 4 ff.

nur das verstanden, was im AWG und der auf diesem basierenden AWV geregelt ist.[1]

Unter Außenwirtschaftsrecht im weiteren Sinne werden überwiegend[2] alle staatlichen Regelungen gefasst, die den freien, durch seine grenzüberschreitende Komponente geprägten Außenwirtschaftsverkehr aus handels- und wirtschaftspolitischen sowie außen- und sicherheitspolitischen Gründen beschränken. Das heißt, es fallen auch Vorschriften außerhalb des AWG und der AWV unter den weiten Begriff.[3] Das betrifft neben dem Zollrecht[4] auch alle anderen Beschränkungen des grenzüberschreitenden Wirtschaftsverkehrs auf Grund von Vorschriften i.S.v. § 1 Abs. 2 AWG, z.B. Beschränkungen auf Grund des Kriegswaffenkontrollgesetzes (KWKG).[5]

6

Da das deutsche Recht in einem engen Zusammenhang mit dem EU-Recht steht und immer mehr von diesem überlagert wird (→ Rz. 30 ff.), wird zum Außenwirtschaftsrecht im engeren Sinne teilweise auch das EU-Recht gezählt, das sich mit Materien befasst, die zuvor in den Regelungsbereich des AWG und der AWV fielen.[6]

7

Zunehmend wird vor diesem Hintergrund die formelle Differenzierung zwischen Außenwirtschaftsrecht im engeren Sinne und im weiteren Sinne – wenn auch unter Anerkennung des § 1 Abs. 1 AWG als „weitgehend zutreffende Legaldefinition" – aufgegeben. Außenwirtschaftsrecht insgesamt wird definiert als Gesamtheit der internationalen, europäischen und nationalen Rechtsnormen, die nicht dem Privatrecht zugeordnet sind und die in ihrem sachlichen

8

---

1) Vgl. Friedrich in Hocke/Friedrich, Einf. AWG, 4 f. (April 2012); Bryde in Achterberg/Püttner/Würtenberger, Bd. I, 2. Aufl. 2000, § 5 Rz. 4; vgl. auch Diemer in Erbs/Kohlhaas, Strafrechtliche Nebengesetze, 194. Ergänzungslieferung 2013, AWG, Vorbem. Rz. 4 (Januar 2012), der ausführt, dass dem Außenwirtschaftsrecht mit dem AWG eine Rechtsgrundlage gegeben werden sollte. Hervorzuheben jedoch ist, dass der Ansatz des historischen Gesetzgebers vielleicht der Versuch der umfassenden Kodifizierung des Außenwirtschaftsrechts im AWG gewesen sein mag, dass er aber zahlreiche für den Außenwirtschaftsverkehr – und damit wohl auch zum Außenwirtschaftsrecht im engeren Sinne zu zählende – Sondervorschriften „aus rechtssystematischen Gründen nicht in das AWG übernommen" hat, vgl. BT-Drucks. III/1285, 232.
2) Vereinzelt wird der Begriff des Außenwirtschaftsrechts im weiteren Sinne dahingehend weiter gefasst, dass er sämtliche nationalen und internationalen Rechtsnormen, die den kommerziellen bzw. erwerbsbezogenen grenzüberschreitenden Leistungsaustausch betreffen, umfassen soll, mithin auch das Zivil- und Strafrecht, das Internationale Privatrecht sowie das Verfassungsrecht. So Schroth, 1994, Rz. 7 f. und 10 f.
3) Friedrich in Hocke/Friedrich, Einf. AWG, 5 (April 2012); vgl. auch Weith/Wegner/Ehrlich, 2006, 21.
4) Bryde in Achterberg/Püttner/Würtenberger, Bd. I, 2. Aufl. 2000, § 5 Rz. 4, der darauf hinweist, dass das Zollrecht auf Grund seines Charakters als handelspolitisches Instrument der Wirtschaftslenkung und seinem in engem Zusammenhang mit den außenwirtschaftsrechtlichen Instrumenten im engeren Sinne sogar zum Außenwirtschaftsrecht im engeren Sinne gezählt werden müsste. Neben der Sicherung der Einfuhrabgaben dient die zollamtliche Überwachung nämlich auch der Einhaltung der Verbote und Beschränkungen (VuB), die den grenzüberschreitenden Warenverkehr hindern oder hemmen, Kampf in Witte, 5. Aufl. 2009, Art. 37 ZK Rz. 16. Ausführlich hierzu → Art. 58 ZK Rz. 31 ff.; Henke in Witte, 5. Aufl. 2009, Art. 58 ZK Rz. 10 ff.
5) Näher hierzu → § 1 AWG Rz. 19.
6) So Friedrich in Hocke/Friedrich, Einf. AWG, 4 (April 2012). Ähnlich auch Weith/Wegner/Ehrlich, 2006, 21.

Anwendungsbereich eine internationale Wirtschaftstransaktion zum Gegenstand haben.[1)]

9 Dem ist zuzustimmen, denn zum einen handelt es sich bei der traditionell vorgenommenen Unterscheidung von Außenwirtschaftsrecht im engeren und im weiteren Sinne um eine sachlich nicht notwendige oder gerechtfertigte Unterscheidung ohne rechtliche Folgen.[2)] Zum anderen ist auch dem inter- und supranationalen rechtlichen Rahmen für außenwirtschaftliche Sachverhalte Rechnung zu tragen und eine umfassende Definition zu formulieren, die alle die Materie betreffenden Rechtsnormen – seien sie nationalen oder internationalen Ursprungs – einschließt. Anzumerken ist, dass der Begriff der internationalen Wirtschaftstransaktion weit zu verstehen ist, da das AWG neben seinem territorialen Ansatz auch einen personalen Ansatz verfolgt (→ § 1 Rz. 11).

C. Entstehungsgeschichte des AWG

10 Vor Verabschiedung des AWG regelte das Besatzungsrecht nach 1945 den deutschen Außenwirtschaftsverkehr.[3)] Das **Militärregierungsgesetz Nr. 53 von 1945**[4)] verfolgte das Ziel, deutsche Auslandswerte zu Reparationszwecken sicherzustellen. Es regelte den deutschen Außenwirtschaftsverkehr dergestalt, dass es unter Vorbehalt „einer von der Militärregierung ordnungsgemäß erteilten Genehmigung" sämtliche Transaktionen mit dem Ausland verbot.[5)] Das **Prinzip des Verbots mit Erlaubnisvorbehalt** wurde auch durch die besatzungsrechtlichen Neufassungen des Gesetzes Nr. 53 der Militärregierung über Devisenbewirtschaftung und Kontrolle des Güterverkehrs[6)] in den drei westlichen Besatzungszonen beibehalten.[7)] Diese inhaltlich miteinander übereinstimmen-

---

1) Tietje in Tietje, 2009, § 15, Rz. 3; Simonsen in Wolffgang/Simonsen/Tietje, Bd. II, § 1 AWG Rz. 27 (November 2011).
2) Die Unterscheidung birgt sogar die Gefahr von Missverständnissen. So könnte der Eindruck entstehen, eine nach dem AWG – und damit nach dem Außenwirtschaftsrecht im engeren Sinne – nicht verbotene Handlung sei außenwirtschaftsrechtlich zulässig.
3) Siehe hierzu auch Schulz, 1966, Einf., Rz. 18.
4) Bryde in Schmidt, BT 2, 1996, § 14 Rz. 11, Fn. 24. Das ursprüngliche Gesetz Nr. 53 wurde im Jahre 1945 im Zuge der fortschreitenden Besetzung ohne bestimmtes Datum in Kraft gesetzt; es wurde von Ort zu Ort durch öffentlichen Anschlag oder in sonstiger Weise bekannt gemacht. So auch BVerfG v. 21.3.1961, 1 BvL 3/58, 18/58, 99/58, BVerfG 12, 281.
5) Vgl. Simonsen in Wolffgang/Simonsen/Tietje, Bd. II, § 1 AWG Rz. 8 (November 2011); Reuter, 1995 Rz. 3.
6) Veröffentlicht in Amtsblatt der Militärregierung Deutschland – Amerikanisches Kontrollgebiet – Ausgabe O v. 21.9.1949, 20; Amtsblatt der Militärregierung Deutschland – Britisches Kontrollgebiet – Nr. 39 v. 8.10.1949, Teil 5 B 14. Für die französische Besatzungszone erließ der Hohe Kommissar die (gleichlautende) Verordnung Nr. 235 (Amtsblatt des französischen Oberkommandos in Deutschland Nr. 305 v. 20.9.1949, 2155). An der besatzungsrechtlichen Außenhandelshoheit änderte sich auch durch die Gründung der Bundesrepublik Deutschland am 23.5.1949, wie auch durch den Beitritt der BRD zum GATT im Jahre 1951 nichts, weil die Überwachung des Außenhandels und des Devisenverkehrs durch das Besatzungsstatut vom 12.5.1949 (ABl. der Hohen Alliierten Kommission Nr. 1 v. 23.9.1949, 13, Nr. 2 g), den Besatzungsmächten auch noch nach Gründung der Bundesrepublik Deutschland am 23.5.1949 vorbehaltenen geblieben war.
7) BVerfG v. 21.3.1961, 1 BvL 3/58, 18/58, 99/58, BVerfGE 12, 281.

den Neufassungen durch die verschiedenen Militärregierungen werden auch als Devisenbewirtschaftungsgesetze bezeichnet.

Die durch die Alliierte Hohe Kommission wahrgenommenen Befugnisse der westlichen Besatzungsmächte wurden jedoch in Durchführungsbestimmungen nach und nach fast vollständig in deutsche Hände gegeben.[1] Die Erlaubnisvorbehalte wurden zunehmend großzügig genutzt, um individuelle und allgemeine Genehmigungen zu erteilen.[2] Mit Aufhebung des Besatzungsstatuts durch den Deutschlandvertrag vom 5.5.1955 erlangte die Bundesrepublik Deutschland schließlich die alleinige Hoheit über ihren Außenwirtschaftsverkehr.[3] Das Militärregierungsgesetz Nr. 53 wurde jedoch nicht aufgehoben. Vielmehr wurde – entsprechend der bisherigen Praxis – der Außenhandel durch zahlreiche „Runderlasse Außenwirtschaft" des Bundeswirtschaftsministeriums und Allgemeine Genehmigungen der Bundesbank so weitgehend liberalisiert, dass sich in der Praxis das grundsätzliche Außenhandelsverbot mit Genehmigungsvorbehalt in sein Gegenteil verkehrte.[4] **11**

Erst 1961 – nachdem verfassungsrechtliche Bedenken gegen die Devisenbewirtschaftungsgesetze geäußert worden waren[5] – wurde die besatzungsrechtliche Rechtsgrundlage für den Außenwirtschaftsverkehr durch das **Außenwirtschaftsgesetz** ersetzt.[6] Dieses trat am 1.9.1961 in Kraft. In § 1 AWG wurde der **Grundsatz der Außenwirtschaftsfreiheit mit Beschränkungsvorbehalt** nor- **12**

---

1) Die Befugnisse wurden sukzessive auf die Bundesregierung, den Bundesminister für Wirtschaft und die Bank Deutscher Länder, später die Deutsche Bundesbank, übertragen. Vgl. BVerfG v. 21.3.1961, 1 BvL 3/58, 18/58, 99/58, BVerfGE 12, 281.
2) Vgl. Weber, JA 1990, 73; Simonsen in Wolffgang/Simonsen/Tietje, Bd. II, § 1 AWG Rz. 9 (November 2011).
3) Vgl. Bryde in Schmidt, BT 2, 1996, § 14, Rz. 12; Reuter, 1995, Rz. 3.
4) Vgl. BT-Drucks. III/1285, 229; Weber, JA 1990, 73.
5) Vgl. hierzu BT-Drucks. III/1285, 230; BVerfG v. 21.3.1961, 1 BvL 3/58, 18/58, 99/58, BVerfGE 12, 281 mit Fundstellen von Vorlagebeschlüssen verschiedener Gerichte. Nach Verabschiedung des AWG stellte das BVerfG v. 21.3.1961, 1 BvL 3/58, 18/58, 99/58, BVerfGE 12, fest, dass es sich bei den Devisenbewirtschaftungsgesetzen um mit der Verfassung zwar nicht voll in Einklang stehendes Recht handele, dass dieses aber aus besonderen, in der Sache liegenden Gründen für eine Übergangszeit hingenommen werden könne und müsse. Durch die vorläufige Aufrechterhaltung über den 5.5.1955 hinaus sei kein verfassungswidriger Zustand geschaffen worden. Die Bundesregierung habe den Entwurf eines Außenwirtschaftsgesetzes 1959 – und damit innerhalb einer bei Würdigung aller Umstände nicht als unangemessen lang zu bezeichnenden Zeit – dem Parlament vorgelegt, und die Beratungen in Bundestag und Bundesrat seien in einer angemessen Zeit von etwa 1,5 Jahren abgeschlossen worden.
6) Bryde in Schmidt, BT 2, 1996, § 14 Rz. 13. Das Besatzungsrecht ist jedoch zu keinem Zeitpunkt aufgehoben worden. § 47 Abs. 1 AWG bestimmt lediglich, dass das Besatzungsrecht auf den Außenwirtschaftsverkehr nicht mehr anzuwenden ist. Für den als „Interzonenverkehr" nicht zum Außenwirtschaftsverkehr gezählten Wirtschaftsverkehr mit der DDR galt es daher bis zur Wiedervereinigung 1990 fort. Vgl. hierzu BVerfG v. 16.2.1965, 1 BvL 15/62, BVerfGE 18, 353; BVerwG v. 30.4.1965, VII C 2/64, BVerwGE 21, 58; BVerfG v. 3.11.1982, 1 BvR 210/79, BVerfGE 62, 169, in dem das BVerfG im Hinblick auf die Verfassungsmäßigkeit der Anwendung des MRG 53 festgehalten hat, dass diese „in einer rechtlich wie politisch extrem gelagerten Ausnahmesituation" entstandene Regelung „grundsätzlich nicht auf Dauer Bestand haben" kann. Zur Frage, ob das Gesetz Nr. 53 ein Zeitgesetz i.S.v. § 2 Abs. 4 StGB darstellt und zur Frage der weiteren Verfolgbarkeit früherer Straftaten gegen das alliierte Recht s. BGH, NStZ 1995, 291 ff.; KG, NStZ 1994, 244 ff.; Diemer in Erbs/Kohlhaas, Strafrechtliche Nebengesetze, 194. Ergänzungslieferung 2013, AWG, § 33 Rz. 37 m.w.N.

miert. Hierdurch wurde die zum damaligen Zeitpunkt de facto bereits bestehende Außenwirtschaftsfreiheit festgeschrieben und der verfassungsrechtlich gebotene Systemwechsel vollzogen.[1)]

13 In der **sowjetischen Besatzungszone** lagen die Befugnisse zum Handel über die Staatsgrenzen hinaus zunächst in den Händen der Sowjetischen Militäradministration (SMAD), die sie nach und nach auf Stellen der DDR übertrug.[2)] Im Gegensatz zur Lage in den Westsektoren stand der Gewährung grundsätzlicher Außenhandelsfreiheit die schon damals einsetzende Verstaatlichungswelle entgegen.[3)] Der freie Handel einzelner Wirtschaftssubjekte über die staatlichen Grenzen hinaus war hiermit wie auch mit der Einführung zentraler staatlicher Planung und Leitung der Wirtschaft unvereinbar. Die Handelsaufgaben auf dem Außensektor wurden daher monopolistisch zusammengefasst. Der Handel wurde nicht Einzelunternehmen überlassen, sondern fiel in die Zuständigkeit einer Zentralinstanz.[4)] Auch nach der Gründung der DDR unterlag der Außenhandel nach § 1 des Gesetzes über den Außenhandel der Deutschen Demokratischen Republik[5)] sowie später nach Art. 9 der Verfassung der Deutschen Demokratischen Republik vom 6.4.1968[6)] dem staatlichen Monopol. Seine zentrale Planung blieb den Ministerien, seine operative Durchführung den volkseigenen Handelsunternehmen „Deutscher Innen- und Außenhandel" vorbehalten.[7)] Die Ermächtigung der noch verbliebenen Privatbetriebe zur Durchführung von Außenhandelsgeschäften war vom Ministerium für Außenwirtschaft abhängig und blieb die Ausnahme.[8)]

---

1) Vgl. BT-Drucks. III/1285, 230; vgl. auch Simonsen in Wolffgang/Simonsen/Tietje, Bd. II, § 1 AWG Rz. 10 f. (November 2011), der zu Recht darauf hinweist, dass in § 10 AWG die Konstruktion des Verbots mit Erlaubnisvorbehalt für den Bereich Wareneinfuhr bis zu dessen Änderung 2006 beibehalten wurde.
2) Murawo, 1969, 17.
3) Vgl. Bischof, 2003, 4. Bereits im Oktober 1945 ordnete die sowjetische Militäradministratur die Beschlagnahme des Vermögens aller am Krieg beteiligten Institutionen an und durch die Enteignungsgesetze der Länder wurden ab Juni 1946 die wichtigsten Industriebetriebe in Volkseigentum überführt, vgl. Murawo, 1969, 18, Fn. 15 m.w.N.
4) So wurden während der Besatzungszeit sämtliche Handelsoperationen, einschließlich der kaufmännischen Durchführung der Außenhandelsgeschäfte, durch die Deutsche Verwaltung für Interzonen- und Außenhandel (DVIA) sowie die Hauptverwaltung für Interzonen- und Außenhandel (HVIA) gelenkt und geregelt, Murawo, 1969, 18 ff.
5) Gesetz v. 9.1.1958, GBl. I 1958, 69.
6) GBl. I 1968, 199.
7) Nach Gründung der DDR war zunächst das Ministerium für Außenhandel und Materialversorgung (MAM) als Nachfolger der HVIA zuständig, das kurz darauf in das Ministerium für Innerdeutschen Handel, Außenhandel und Materialvorsprung (MIAM) umgestaltet wurde. Danach lag die Zuständigkeit bei dem – 1967 in Ministerium für Außenwirtschaft umbenannten – Ministerium für Außenhandel und Innerdeutschen Handel. Vgl. hierzu Murawo, 1969, 19 m.w.N.
8) Murawo, 1969, 19 f. Ausführlich zum Außenwirtschaftsrecht in der DDR vgl. auch Kemper/Maskow, 1987.

D. Änderungen des AWG

Das AWG wurde seit seinem Inkrafttreten durch zahlreiche Gesetze, darunter bislang **dreizehn Änderungsgesetze zum AWG**, modifiziert.[1] Durch das jüngst verabschiedete Gesetz zur Modernisierung des Außenwirtschaftsrechts[2] wurde das durch die zahlreichen Änderungen unübersichtlich gewordene AWG sprachlich vereinfacht, in Teilen restrukturiert und die Anzahl seiner Vorschriften nahezu halbiert. In seiner Konzeption ist es jedoch – mit Ausnahme der neu eingefügten Möglichkeit der Selbstanzeige[3] – seit seinem Inkrafttreten unangetastet geblieben.[4] Die Neuerungen betrafen neben redaktionellen Veränderungen und Überarbeitungen vorwiegend die Anpassung der Vorschriften und Begrifflichkeiten an EU-rechtliche Vorgaben.[5]

14

Einige bedeutende Änderungen wurden rückgängig gemacht. So wurde die mit dem Ersten und Zweiten Änderungsgesetz zum AWG[6] eingefügte Ermächtigung, eine Bardepotpflicht zur Abwehr stabilitätsgefährdender Geld- und Kapitalzuflüsse aus dem Ausland anzuordnen, zum 1.1.2002 aus europarechtlichen Gründen abgeschafft.[7] Durch das Siebte Änderungsgesetz wurden zeitlich befristete Vorschriften zur Beschränkung des Brief-, Post- und Fernmeldegeheimnisses durch richterliche Anordnung eingeführt, deren Geltung durch das Achte, Neunte und Zehnte Änderungsgesetz sowie das Zollfahndungsneuregelungsgesetz immer wieder verlängert wurde.[8]

15

Diese Vorschriften wurden im Jahre 2004 durch das BVerfG für verfassungswidrig erklärt und daraufhin aufgehoben.[9]

Wesentliche Änderungen des AWG erfolgten Anfang der 90er Jahre, einer „stürmischen Phase mehrmaliger Verschärfungen des Außenwirtschaftsstraf-

16

---

1) Eine Auflistung aller Änderungen des AWG bis zur Neufassung 2009 findet sich bei Diemer in Erbs/Kohlhaas, Strafrechtliche Nebengesetze, 194. Ergänzungslieferung 2013, AWG, Vorbem. Rz. 3.
2) BT-Drucks. 17/11127; BT-Drucks. 17/12101, BGBl. I 2013, 1482.
3) Mit der Gesetzesnovelle hat der Gesetzgeber außerdem eine „**strafbefreiende Selbstanzeigemöglichkeit von Ordnungswidrigkeiten**" eingeführt, § 22 Abs. 4 AWG; siehe dazu auch: Prieß/Arend, Absolvo vos. Die Selbstanzeige im Außenwirtschaftsrecht, AW-Prax 2013, 71.
4) Friedrich in Hocke/Friedrich, Einf. AWG, 50 (April 2012).
5) Vgl. z.B. BT-Drucks. 8/4118 (Gesetzesentwurf des Vierten Gesetzes zur Änderung des Außenwirtschaftsgesetzes), 4 oder BT-Drucks. 12/6911 (Gesetzesentwurf des Achten Gesetzes zur Änderung des Außenwirtschaftsgesetzes), 7.
6) Erstes ÄndG: Gesetz v. 23.12.1971, BGBl. I 1971 2141; Zweites ÄndG: Gesetz v. 23.2.1973, BGBl. I 1973, 109.
7) Der diese Ermächtigung enthaltende ehemalige § 6a AWG wurde durch das Neunte Euro-Einführungsgesetz v. 10.11.2001, BGBl. I 2001, 2992, 2997 f. aufgehoben. Vgl. hierzu BT-Drucks. 14/5937, 53, zu Nr. 2.
8) Siebtes ÄndG (Gesetz zur Änderung des Außenwirtschaftsgesetzes, des Strafgesetzbuches und anderer Gesetze) v. 28.2.1992, BGBl. I 1992, 372; Achtes ÄndG: Gesetz v. 9.8.1994, BGBl. I 1994, 2068; Neuntes ÄndG: Gesetz v. 11.12.1996, BGBl. I 1996, 1850; Zehntes ÄndG: Gesetz v. 22.12.1999, BGBl. I 1999, 2822; Zollfahndungsneuregelungsgesetz: Gesetz v. 16.8.2002, BGBl. I 2002, 3202.
9) Vgl. BVerfG v. 3.3.2004, 1 BvF 3/92, NJW 2004, 2213 ff. Die Aufhebung der ehemaligen §§ 39-41 AWG erfolgte durch das Gesetz v. 21.12.2004, BGBl. I 2004, 3603.

rechts".[1] Das Fünfte, das Sechste und das Siebte Änderungsgesetz[2] verschärften jedoch nicht nur die Bußgeld- und Strafvorschriften des AWG drastisch.[3] Neben der bereits erwähnten Eingriffsbefugnis in das Brief-, Post- und Fernmeldegeheimnis führten sie auch eine Ermächtigung des Bundeswirtschaftsministeriums ein, die Außenwirtschaftsfreiheit durch Verwaltungsakt zu beschränken. Ferner wurde die Bundesregierung ermächtigt, Beschränkungen auf im Ausland lebende Deutsche auszudehnen und schon im Vorfeld außenwirtschaftsrechtlicher Betätigung Meldungen über militärstrategisch relevante Vorgänge zu verlangen.[4]

17 Durch das Elfte und das Dreizehnte Änderungsgesetz[5] wurden Ermächtigungen zur Prüfung und Untersagung des Erwerbs von gebietsansässigen Unternehmen eingeführt (§ 7 Abs. 2 Nr. 5 und 6 AWG a.F. i.V.m. §§ 52, 53 AWV a.F., jetzt § 5 Abs. 2 und 3 AWG i.V.m. §§ 55 bis 62 AWV. Wegen der Sicherheitsinteressen Deutschlands an den Kernfähigkeiten der deutschen Rüstungsindustrie regelte man zunächst den Beteiligungserwerb an Unternehmen in den Bereichen der Rüstung und der Kryptowirtschaft.[6] Wegen der Ankündigung verschiedener Staaten – insbesondere Chinas –, Staatsfonds verstärkt für Auslandsinvestitionen nutzen zu wollen, wurde die Ermächtigung auf alle Unternehmen ausgeweitet. Dies soll ermöglichen, die Ausübung wirtschaftlichen Drucks und den Verlust technischen Vorsprungs, insbesondere bei Schlüsseltechnologien, zum Schutz der sicherheitspolitischen Interessen Deutschlands und der militärischen Sicherheitsvorsorge bereits im Vorfeld zu verhindern.[7] Das Zwölfte Änderungsgesetz[8] stellte im Bereich des Außenwirtschaftsstrafrechts eine größere Verfahrensflexibilität her und schloss Strafbarkeitslücken bei Verstößen gegen EU-Embargos und im Bereich technischer Unterstützung.[9] Darüber hinaus schrieb es die grundsätzliche Freiheit der Wareneinfuhr im AWG fest.[10]

18 Durch das im Januar 2013 verabschiedete Gesetz zur Modernisierung des Außenwirtschaftsrechts[11] wurden durch EU-Recht überlagerte und in der Praxis irrelevante Vorschriften gestrichen sowie die Terminologie von AWG und AWV

---

1) Bieneck, NStZ 2006, 608.
2) Fünftes ÄndG Gesetz v. 20.7.1990, BGBl. I 1990, 1457; Sechstes ÄndG Gesetz v. 20.7.1990, BGBl. I 1990, 1460; Siebtes ÄndG (Gesetz zur Änderung des Außenwirtschaftsgesetzes, des Strafgesetzbuches und anderer Gesetze) v. 28.2.1992, BGBl. I 1992, 372.
3) Friedrich in Hocke/Friedrich, Einf. AWG, 50 (April 2012).
4) Friedrich in Hocke/Friedrich, Einf. AWG, 50 (April 2012).
5) Elftes ÄndG: Gesetz v. 23.7.2004, BGBl. I 2004, 1859; Dreizehntes ÄndG: Gesetz v. 18.4.2009, BGBl. I 2009, 770.
6) BT-Drucks. 15/2537, 7; Wagner in Joecks, Münchener Kommentar zum StGB, 2010, § 34 AWG Rz. 58.
7) Voland, EuZW 2009, 519; Marquardt/Pluskat, DStR 2009, 1314; Krolop, ZRP 2008, 40.
8) Gesetz v. 28.3.2006, BGBl. I 2006, 574.
9) Vgl. zu den Neuerungen durch das Zwölfte ÄndG Bieneck, NStZ 2006, 608 ff.
10) Mit Erlass des AWG 1961 wurde die zu diesem Zeitpunkt de facto bereits bestehende Außenwirtschaftsfreiheit grundsätzlich gesetzlich festgeschrieben. Lediglich der Bereich der Wareneinfuhr war durch § 10 AWG a.F., der für diesen Bereich die Konstruktion des Verbots mit Erlaubnisvorbehalt beibehielt, bis zum Zwölften Änderungsgesetz von dieser Freiheit ausgenommen.
11) BT-Drucks. 17/11127; BT-Drucks. 17/12101.

vereinheitlicht und an europarechtliche Begriffe angepasst. Eine wichtige Veränderung betrifft die Vorschriften zum Unternehmenserwerb. Darüber hinaus wurden v.a. die Straf- und Bußgeldvorschriften umfassend novelliert: Zugunsten von mehr Rechtssicherheit verzichtet das neue AWG weitgehend auf früher mit Recht vielfach kritisierte unbestimmte Rechtsbegriffe. Die Straf- und Bußgeldbewehrungen sind nun stärker am Grad der Vorwerfbarkeit ausgerichtet. Vorsätzliche Verstöße gegen zentrale Verbote und Genehmigungserfordernisse werden nunmehr als Straftat verfolgt, während fahrlässige Verstöße – mit Ausnahme von leichtfertigen Verstößen gegen Waffenembargos – lediglich bußgeldbewehrt sind. Zudem wurde die Möglichkeit einer bußgeldbefreienden Selbstanzeige bei Ordnungswidrigkeiten eingeführt.[1] Die Möglichkeit, fahrlässige Pflichtverstöße offenzulegen und durch das Ergreifen von Compliance-Maßnahmen Ahndungsfreiheit zu erlangen, zählt zu den wichtigsten Neuheiten des novellierten AWG. Leider hat der Gesetzgeber es versäumt, eine einfache und klare Regelung zu treffen. Die bestehenden Unsicherheiten lassen sich aber im Wege der Auslegung beseitigen (→ § 19 AWG Rz. 7).

E. AWG als Rahmengesetz

Das AWG versucht den Spannungsbogen zu schlagen zwischen den Postulaten der dem Einzelnen zukommenden Außenwirtschaftsfreiheit und der Außen- und Wirtschaftspolitik: Einerseits soll die Freiheit des Außenwirtschaftsverkehrs als Ausprägung der in Deutschland „herrschenden Grundsätze der freien Marktwirtschaft"[2] möglichst verlässlich verbürgt werden. Anderseits müssen schnelle und flexible Instrumentarien bereitgestellt werden, um unverzüglich auf die sich fortwährend ändernden wirtschaftlichen und politischen Erfordernisse reagieren zu können.[3] Aus diesen Gründen wurde das AWG weitgehend als Rahmen- bzw. Ermächtigungsgesetz ausgestaltet.[4]

Während das AWG den Grundsatz der Freiheit des Außenwirtschaftsverkehrs in § 1 Abs. 1 Satz 1 festschreibt, ordnet es Beschränkungen nicht selbst an.[5] Vielmehr ermächtigt es im Interesse der Schnelligkeit die Bundesregierung bzw. das Bundeswirtschaftsministerium, durch Rechtsverordnung respektive

---

1) Zur Novelle 2013 insgesamt vgl. Arend, politik & kommunikation, 11/2012, 38 f.; Pottmeyer, AW-Prax 2013, 1; Hohmann, AW-Prax 2013, 3; ausführlich zur Möglichkeit der strafbefreienden Selbstanzeige s. Prieß/Arend, AW-Prax, 2013, 71.
2) BT-Drucks. III/1285, 229.
3) Reuter, 1995, Rz. 597.
4) Bezeichnung als „Rahmengesetz" bei Diemer in Erbs/Kohlhaas, Strafrechtliche Nebengesetze, 194. Ergänzungslieferung 2013, AWG, Vorbem. Rz. 5; Weber, JA 1990, 73, 74; Ott in Verwaltungsgericht im Wandel der Zeit, 2004, 188, 189; Bezeichnung als „Ermächtigungsgesetz" bei Bryde in Achterberg/Püttner/Würtenberger, Bd. I, 2. Aufl. 2000, § 5 Rz. 13; Reuter, 1995 Rz. 597. Beide Begriffe sind wegen ihrer historischen Belegung unglücklich. Im Folgenden wird der Begriff des Rahmengesetzes verwandt.
5) Einzige Ausnahme war bislang, § 10 Abs. 1 AWG a.F. i.V.m. der ursprünglich als Anlage und damit als Teil des AWG ergangenen und durch Verordnung fortgeschriebenen Einfuhrliste. Diese Vorschrift wurde im Rahmen der Modernisierung des Außenwirtschaftsrechts jedoch – ebenso wie die Einfuhrliste – im „Interesse der Übersichtlichkeit" in die AWV überführt, vgl. BT-Drucks. 17/11127, 22. Zur problematischen Frage der Zulässigkeit gesetzesändernder Verordnungen vgl. Bryde in Achterberg/Püttner/Würtenberger, Bd. I, 2. Aufl. 2000, § 5 Rz. 53.

Verwaltungsakt den Außenwirtschaftsverkehr nach den jeweilig aktuellen politischen und wirtschaftlichen Bedürfnissen des Staats zu regeln.[1)]

21 Als Rahmengesetz ist das AWG an den **Anforderungen des Art. 80 GG** zu messen. Es muss daher Inhalt und Zweck sowie das Ausmaß entsprechender Regelungen des Verordnungsgebers selbst enthalten und insbesondere dem Bestimmtheitsgebot genügen. Wo Verstöße Bußgeld- und Strafsanktionen zur Folge haben, hat das AWG ferner dem noch strengeren **Bestimmtheitsgebot des Art. 103 Abs. 2 GG** zu entsprechen.[2)] Während die Rechtsprechung diese Voraussetzungen als erfüllt ansieht,[3)] wird die Verfassungsmäßigkeit der AWG-Ermächtigungsnormen in der Literatur vielfach in Zweifel gezogen.[4)]

F. Aufbau von AWG und AWV

22 Die Ausgestaltung des AWG als Rahmengesetz hat zur Folge, dass sich der konkrete Inhalt der Freiheit des Außenwirtschaftsverkehrs nur aus der Zusammenschau des AWG und der auf Grund seiner Ermächtigungsnormen erlassenen Beschränkungen ergibt. Diese Beschränkungen finden sich in der Außenwirtschaftsverordnung (AWV) → Rz. 25 f.) und den Runderlassen Außenwirtschaft des Bundeswirtschaftsministeriums.[5)]

I. AWG

23 Seit der Reform 2013 gliedert sich das AWG in drei Teile.[6)] Der erste Teil betrifft Rechtsgeschäfte und -handlungen, also die eigentliche Regelungsmaterie.[7)] Er beinhaltet allgemeine Vorschriften und regelt die Beschränkungsmöglichkeiten der Außenwirtschaftsfreiheit. Der zweite und dritte Abschnitt des AWG enthalten ergänzende Vorschriften und in der Praxis ebenfalls sehr wichtige Straf-, Bußgeld- und Überwachungsbestimmungen.

II. AWV

24 Die Außenwirtschaftsverordnung (AWV) folgt dem Aufbau des AWG. Gemäß dem Zitiergebot des Art. 80 Abs. 1 Satz 3 GG zitiert sie grundsätzlich für jede in ihr angeordnete Beschränkung die ermächtigende AWG-Vorschrift in der jeweiligen Paragraphenüberschrift, in der Titelüberschrift oder im Untertitel.

---

1) Vgl. auch Reuter, 1995, Rz. 597; Diemer in Erbs/Kohlhaas, Strafrechtliche Nebengesetze, 194. Ergänzungslieferung 2013, AWG, Vorbem. Rz. 5.
2) Reuter, 1995 Rz. 605.
3) Vgl. z.B. BVerfG v. 11.10.1994, 1 BvR 337/92, NJW 1995, 1537; BVerwG v. 17.10.1991, 3 C 45/90 (Kassel), NJW 1992, 2648.
4) So z.B. Epping, 1998, 474 f., 626 f., 636 ff. Ausführlich zur Problematik der Bestimmtheit der AWG-Ermächtigungsnormen: Simonsen in Wolffgang/Simonsen/Tietje, Bd. II, § 1 AWG Rz. 58a-62 (November 2011).
5) Vgl. Diemer in Erbs/Kohlhaas, Strafrechtliche Nebengesetze, 194. Ergänzungslieferung 2013, AWG, Vorbem. Rz. 5; Weber, JA 1990, 73, 74.
6) Vor der Reform waren die Vorschriften des AWG in vier Teile untergliedert. Zudem enthielt das Gesetz bisher auch eine Anlage, die Einfuhrliste, die nunmehr in die AWV überführt wurde, s. BT-Drucks. 17/11127, 22.
7) Friedrich in Hocke/Friedrich/Berwald/Maurer, Bd. I, Einf. AWG, 31 (April 2012).

Dadurch erlaubt sie eine schnelle Orientierung darüber, von welcher der nach dem AWG abstrakt bestehenden Möglichkeiten zur Ausfuhrbeschränkung durch Rechtsverordnung Gebrauch gemacht wurde.[1] Diesem Ansatz folgend werden die Vorschriften der AWV direkt bei der Kommentierung der ermächtigenden AWG-Vorschrift in der gebotenen Kürze mit besprochen. In der Über-

(Fortsetzung Seite 11)

---

[1] Bryde in Schmidt, BT 2, 1996, § 14, Rz. 21.

sicht zum AWG finden Sie eine Zuordnung der AWV-Vorschriften zu den maßgebenden AWG-Vorschriften.

Die AWV ist deutlich umfangreicher als das AWG und enthält eine Vielzahl von Anlagen, unter denen die Einfuhrliste und die Ausfuhrliste die bedeutendsten sind. Die Ausfuhrliste bestimmt den Umfang der nationalen Genehmigungspflichten bei Exporten. Sie wird durch Änderungsverordnungen regelmäßig der technischen Entwicklung, geänderten Kontrollbedürfnissen und internationalen Absprachen der Kontrollregimes angepasst.[1] Teil I der Ausfuhrliste besteht aus drei Abschnitten, von denen Abschn. A Rüstungsgüter enthält. Abschn. B wurde aufgehoben, da die dort ehemals aufgeführten Güter jetzt durch die Anti-Folter-VO (EG) Nr. 1236/2005 erfasst werden.[2] Abschn. C besteht aus der gemeinsamen Dual-Use-Liste der EU (Anhang I)[3] sowie den nationalen Dual-Use-Sonderpositionen, wobei jeweils Buchstaben in eckigen Klammern auf deren internationale Ursprungs-Exportkontrollregime (→ Rz. 36 ff.) verweisen.[4] Teil II der Ausfuhrliste (Waren pflanzlichen Ursprungs) ist nur für die Genehmigungspflicht nach § 10 AWV (§ 6a AWV a.F.) von Belang, die sicherstellen soll, dass bestimmte Agrarerzeugnisse nur ausgeführt werden, wenn sie den für sie geltenden EU-Qualitätsnormen bzw. Mindestanforderungen entsprechen.[5]

25

Die Einfuhrliste ordnet Beschränkungen hinsichtlich der Wareneinfuhr an. Sie wurde erst durch die AWG-Novelle 2013 in die AWV überführt.[6] Zuvor beinhaltete sie als ursprünglich zum AWG ergangene und durch Verordnung lediglich fortgeschriebene Anlage die einzigen durch das AWG selbst angeordneten Beschränkungen.[7] Nach den in ihrem Abschn. I enthaltenen Hinweisen zu ihrer Anwendung listet sie in ihrem Abschn. II die Waren, deren Einfuhr genehmigungspflichtig ist oder besonderen Verfahrensvorschriften unterliegt. Dabei wird, neben den jeweiligen Warennummern und -bezeichnungen in Spalte 1 und 2, in Spalte 3 auch die jeweils für die Waren zuständige Behörde angegeben.

26

G. Andere nationale Gesetze im Bereich des Außenwirtschaftsrechts

Neben den Bestimmungen des AWG ergeben sich Beschränkungen der Ein- und Ausfuhr auch aus anderen nationalen Gesetzen, mit denen insbesondere der Schutz der öffentlichen Sicherheit und Ordnung verfolgt wird. Dies sind z.B.

27

---

1) HADDEX, Bd. 1 (Dezember 2011), Teil 1, Kap. 3, Rz. 22.
2) HADDEX, Bd. 1 (Dezember 2011), Teil 1, Kap. 3 Rz. 24.
3) Grundlage ist die EU-Dual-Use-VO, VO (EG) Nr. 428/2009, ABl.EU 2009 Nr. L 134, 1.
4) Vgl. Spalte 3 der Ausfuhrliste. So verweist z.B. das [M] unter der Erfassungsnummer 5A101 in Teil I, Abschn. C der Ausfuhrliste – die „Fernmess- und Fernsteuerungsausrüstung, einschließlich Bodenausrüstung konstruiert oder geändert für ‚Flugkörper'" erfasst – auf deren Ursprung im Missile Technology Control Regime.
5) Friedrich in Hocke/Friedrich, § 6a AWV Rz. 1 (April 2012).
6) BT-Drucks. 17/11127, 22.
7) Die übrigen Beschränkungen erfolgten lediglich auf Grund des AWG, → Rz. 19 f. Zur problematischen Frage der Zulässigkeit gesetzesändernder Verordnungen vgl. Bryde in Achterberg/Püttner/Würtenberger, Bd. I, 2. Aufl. 2000, § 5 Rz. 53.

- das Waffengesetz,
- das Atomgesetz,
- das Fleischbeschaugesetz oder
- das Pflanzenschutzgesetz[1)] sowie
- sonstige Verbote und Beschränkungen (VuB) gem. Art. 58 ZK i.V.m. Spezialgesetzen.[2)]

Eine Sonderstellung nimmt insoweit das **Kriegswaffenkontrollgesetz (KWKG)** ein: Dieses wird als Ausführungsgesetz zu Art. 26 Abs. 2 GG dem Verfassungsrecht im materiellen Sinne zugerechnet.[3)] Ziel des KWKG ist neben der Umsetzung des verfassungsrechtlichen Friedensgebots aus Art. 26 GG jedoch auch der Schutz der inneren Sicherheit Deutschlands sowie des deutschen Ansehens im Ausland.[4)] Es unterwirft Kriegswaffen einem besonderen, über das des AWG und der AWV hinausgehenden Kontrollregime.[5)]

28 Die die Ein- und Ausfuhr betreffenden Vorschriften in den genannten und den übrigen nationalen Gesetzen gelten gem. § 1 Abs. 2 AWG neben den Regelungen des AWG.[6)]

H. Europäische und internationale Einflüsse

29 Angesichts seines Auslandsbezugs und der dadurch berührten Interessen anderer Staaten lassen sich Tragweite und Wirkweise des AWG nicht ohne Berücksichtigung des europäischen und internationalen Rechts verstehen.[7)]

I. AWG und EU-Recht

30 Seit Errichtung des Gemeinsamen Marktes der Europäischen Gemeinschaften, und damit bereits seit Inkrafttreten des AWG, werden dessen Normen in zunehmendem Maße durch EU-Recht ersetzt bzw. auf Grund dessen Anwendungsvorrangs von diesem überlagert.[8)] Mittlerweile ist deshalb ein Großteil des in Deutschland geltenden Außenwirtschaftsrechts EU-Recht.[9)] Innerhalb der EU wird der Binnenmarkt nach Art. 26 ff. AEUV durch die EU reguliert und gewährleistet. Nach Art. 206 ff. AEUV hat die EU zudem im Verhältnis zu Drittstaaten die ausschließliche Kompetenz zur Steuerung des Außenhandels inne. Diese umfasst nicht nur die autonome Rechtsetzung, inklusive EU-rechtl-

---

1) Vgl. Haeberlin in Martinek/Semler/Habermeier/Flohr, 3. Aufl. 2010, § 44 Rz. 2, Fn. 6; Reuter, 1995 Rz. 764.
2) Henke in Witte, 5. Aufl. 2009, Art. 58 ZK Rz. 55 (VuB-ABC).
3) Weith/Wegner/Ehrlich, 2006, 102.
4) Reuter, 1995 Rz. 762.
5) Vgl. auch Weith/Wegner/Ehrlich, 2006, 102; von Heinegg in Epping/Hillgruber, Beck'scher Online-Kommentar, Art. 26 GG Rz. 30 (Stand 1.1.2012). Näher zum KWKG → § 1 AWG Rz. 19.
6) Ausführlich hierzu → § 1 AWG Rz. 17 ff.
7) So auch Reuter, 1995, Rz. 5; Haeberlin in Martinek/Semler/Habermeier/Flohr, 3. Aufl. 2010, § 44 Rz. 3 f.
8) Bryde in Schmidt, BT 2, 1996, § 14 Rz. 15.
9) So schon Ott in Verwaltungsgericht im Wandel der Zeit, 2004, 188, 189.

licher Embargomaßnahmen, sondern auch den Abschluss völkerrechtlicher Verträge.[1]

Im nationalen Recht kommt daher neben den Aufgaben der Umsetzung und Vollzugs des EU-Rechts lediglich ein **Restbestand an Eigenaufgaben** zu. Regelungen spielen in der Praxis nur noch eine eigenständige Rolle, ...Recht Schutzklauseln zu Gunsten der Mitgliedstaaten enthält,[2] ... Regelungskompetenz noch keinen Gebrauch gemacht oder ... nationalen Maßnahmen ermächtigt hat.[3] Auch im Rahmen ... gelungen haben die Mitgliedstaaten dabei nach der ... immer einen sich aus Art. 4 Abs. 3 EUV ergebenden Verpflichtungen zu beachten.[4] 31

... WG 1961 abzeichnenden Konflikt zwischen ... und EU-Recht versuchte der Gesetzgeber zu lösen, indem er einerseits in § 5 und § 8 Abs. 3 AWG a.F., die im jetzigen § 4 Abs. 2 AWG aufgehen, die Erfüllung zwischenstaatlicher Verpflichtungen in den Kreis der Beschränkungsgründe aufnahm und andererseits in § 1 Abs. 2 AWG den Vorrang supranationaler Rechtsvorschriften anordnete.[5] 32

Nach der Rechtsprechung des EuGH ist jedoch nicht nur erforderlich, dass das nationale Recht inhaltlich mit dem Europarecht übereinstimmt. Vielmehr sind dem EU-Recht formal entgegenstehende nationale Vorschriften zu beseitigen[6] und der europarechtliche Ursprung einer Rechtsnorm kenntlich zu machen.[7] Vor diesem Hintergrund wird die Vereinbarkeit des AWG und der AWV mit dem Europarecht in der Literatur vielfach in Frage gestellt.[8] Die als europarechtswidrig eingestufte Praxis, unmittelbar geltende EU-Rechtsnormen im AWG bzw. der AWV zu wiederholen, wurde mittlerweile aufgegeben bzw. europarechtskonform ausgestaltet.[9] 33

---

1) Diemer in Erbs/Kohlhaas, Strafrechtliche Nebengesetze, 194. Ergänzungslieferung 2013, AWG, Vorbem. Rz. 7 . Ausführlich hierzu Weiß in Grabitz/Hilf/Nettesheim, Art. 206 ff. AEUV (Oktober 2011); Hahn in Calliess/Ruffert, 4. Aufl. 2011, Art. 206 ff. AEUV.
2) Dies betrifft insbesondere die Bereiche der Landesverteidigung und der nationalen Sicherheit, Art. 346-348 AEUV, vgl. hierzu Wegener in Calliess/Ruffert, 4. Aufl. 2011, Art. 346 AEUV Rz. 6 ff. Darüber hinaus existieren z.B. Schutzklauseln zum Schutz der Rechtsgüter gem. Art. 36 AEUV und nach der Cassis de Dijon-Rechtsprechung des EuGH.
3) Vgl. Haeberlin in Martinek/Semler/Habermeier/Flohr, 3. Aufl. 2010, § 44 Rz. 6; Simonsen in Wolffgang/Simonsen/Tietje, Bd. II, § 1 AWG Rz. 52 (November 2011).
4) Vgl. EuGH v. 10.12.1969, Kommission/Frankreich, verb. Rs. 6/69 und 11/69, EuGHE 1969, 561 Rz. 14/17; EuGH v. 25.7.1991, Factortame u.a., C-221/89, EuGHE 1991, I-3905 Rz. 14; EuGH v. 14.1.1997, CentroCom, C-124/95, EuGHE 1997, I-81 Rz. 25.
5) Bryde in Achterberg/Püttner/Würtenberger, Bd. I, 2. Aufl. 2000, § 5 Rz. 15.
6) Vgl. EuGH v. 7.2.1973, Kommission/Italien, 39/72, EuGHE 1073, 101 Rz. 16 f.; EuGH v. 2.2.1977, Amsterdam Bulb, 50/76, EuGHE 1977, 137 Rz. 4/7, 9; Bryde in Achterberg/Püttner/Würtenberger, Bd. I, 2. Aufl. 2000, § 5 Rz. 15.
7) EuGH v. 10.10.1973, Variola, 34/73, EuGHE 1973, 931 Rz. 11.
8) Vgl. z.B. Reuter, 1995, Rz. 35 und 622.
9) AWG und AWV wurden insoweit durch entsprechende Gesetzesanpassungen bereinigt, vgl. Simonsen in Wolffgang/Simonsen/Tietje, Bd. II, § 1 AWG Rz. 73 f. (November 2011) – auch zu dem noch heute problematischen Fall des in die deutsche Ausfuhrliste aufgenommenen Anhangs I der Dual-Use-VO und der diesbezüglichen BGH-Rechtsprechung (BGHSt v. 19.1.2010, StB 27/09, BeckRS 2010, 10962 Rz. 123), die den europarechtlichen Ursprung der Normen als hinreichend deutlich kenntlich gemacht bewertet.

34 Weiterhin in Frage gestellt wurde bislang noch die EU-Rechtsvereinbarkeit einiger AWG-Verordnungsermächtigungen, von denen auf Grund des Anwendungsvorrangs des EU-Rechts nicht in dem vom Gesetz vorgesehenen Umfang Gebrauch gemacht werden durfte.[1] Aus der Rechtsprechung des EuGH folgt, dass parallele oder „bestätigende" nationale Vorschriften unzulässig sind, wenn dadurch die EU-rechtliche Natur einer Rechtsvorschrift und die sich daraus ergebenden Wirkungen dem Einzelnen verborgen bleiben.[2] Diese Diskussion dürfte sich jedoch nach der AWG-Novelle 2013, durch die diverse Beschränkungsermächtigungen gestrichen wurden, denen in der Praxis wegen überlagerndem EU-Recht keine oder nur noch geringe Relevanz zukam,[3] erledigt haben.

II. AWG und internationales Recht

35 Neben den immer umfassenderen EU-rechtlichen Regelungen ist auch eine zunehmende Globalisierung des Wirtschaftsrechts zu verzeichnen. Hierdurch wird die Rolle des nationalen Außenwirtschaftsrechts noch mehr auf die bloße Ergänzung, Umsetzung, Ausführung und Durchsetzung internationaler Normen begrenzt.[4]

1. Einbindung in das Welthandelsrecht

36 Durch die WTO-Mitgliedschaft Deutschlands und der EU sind sowohl das deutsche als auch das EU-rechtliche Außenwirtschaftsrecht in das Welthandelsrecht eingebunden.[5] Die 1995 aus dem Allgemeinen Zoll- und Handelsabkommen (General Agreement on Tariffs and Trade, **GATT**) fortentwickelte Welthandelsorganisation (**WTO**) bildet u.a. den institutionellen Rahmen für das modifizierte GATT 1994, das Allgemeine Abkommen über den Handel mit Dienstleistungen (General Agreement on Trade in Services, GATS) und das Übereinkommen über handelsbezogene Aspekte der Rechte am geistigen Eigentum (Agreement on Trade-Related Aspects of Intellectual Property Rights, TRIPs).[6] Das WTO-System ist die **völkerrechtliche Grundlage der weltweiten Liberalisierung der Wirtschaftsbeziehungen**.[7] Es enthält rechtlich verbindliche Vorschriften für den internationalen Handel, die das Prinzip des liberalisierten und freien Wirtschaftsverkehrs für den Güter- und Dienstleistungsbereich sowie den des geistigen Eigentums absichern. Einschränkungen lässt es nur zum Schutz bestimm-

---

1) Vgl. Bryde in Achterberg/Püttner/Würtenberger, Bd. I, 2. Aufl. 2000, § 5 Rz. 15; Simonsen in Wolffgang/Simonsen/Tietje, Bd. II, § 1 AWG Rz. 72 f. (November 2011), der konstatiert, dass die Legitimation des deutschen Außenwirtschaftsrechts besonders dann in Frage zu stellen sei, wenn die AWG-Verordnungsermächtigungen lediglich zur inhaltsgleichen Wiedergabe von EU-Verordnungen genutzt würden oder materiell gleichlautendem EU-Recht entsprächen. Als Beispiele führt er §§ 8 und 10 AWG a.F. an.
2) EuGH v. 31.1.1978, Zerbone, 94/77, EuGHE 1978, 99 Rz. 22/27; Hohmann in Hohmann/John, 2002, § 8 AWG Rz. 9.
3) BT-Drucks. 17/11127, 22.
4) Vgl. auch Kreutz, Betrieb und Wirtschaft 2003, 683.
5) Wolffgang in Bieneck, 2. Aufl. 2005, 10.
6) Daneben umfasst es weitere Übereinkommen, die spezielle Regelungen für bestimmte Sektoren und Komplexe enthalten, wie z.B. den Agar- oder Textilbereich, Subventionen oder Anti-Dumping. Ausführlich hierzu Prieß/Berrisch, 2003, 71 ff.
7) Bryde in Achterberg/Püttner/Würtenberger, Bd. I, 2. Aufl. 2000, § 5 Rz. 23.

ter hochrangiger Rechtsgüter zu.[1] Am Maßstab dieser Vorschriften müssen sich sowohl völkerrechtliche als auch EU-rechtliche und nationale Beschränkungen des Außenhandels messen lassen.[2]

Darüber hinaus sind hinsichtlich der Einschränkungen des Kapital- und Zahlungsverkehr die Vorgaben des **IWF-Abkommens** zu beachten.[3] Dieses dient – wie das WTO-System – der Erleichterung des Waren-, Dienstleistungs- und Kapitalverkehrs zwischen den Ländern und der Aufrechterhaltung eines gesunden Wirtschaftswachstums.[4] Ansatzpunkt des IWF ist dabei die **Liberalisierung des Zahlungsverkehrs**. Das Abkommen statuiert ein grundsätzliches Liberalisierungsgebot für Leistungstransaktionen. Derartige Transaktionen sind Zahlungen für laufende Geschäfte und die Übertragung von Mitteln zur Erfüllung von Verbindlichkeiten.[5] Beschränkungen des Zahlungsverkehrs für sog. laufende Zahlungen sind grundsätzlich nur mit Zustimmung des IWF zulässig.[6] Der Begriff der laufenden Zahlungen umfasst alle nicht der Übertragung von Kapital dienenden Zahlungen, insbesondere alle Zahlungen im Zusammenhang mit Außenhandelsgeschäften.[7]

2. Völkerrechtliche Verträge und Exportkontrollregime

Zudem gibt es im Bereich der Exportkontrolle sog. internationale Exportkontrollregime, die dazu dienen, die Weiterverbreitung von Massenvernichtungswaffen und konventioneller Rüstungsgüter zu verhindern.[8] Sie prägen das nationale bzw. europäische[9] Außenwirtschaftsrecht insofern, als sie ihre Mit-

37

38

---

1) Vgl. z.B. Art. XX und XXI GATT, Art. XIV und XIV bis GATS. Vgl. auch Wolffgang in Bieneck, 2. Aufl. 2005, 52 ff.
2) Henke in Bieneck, 1. Aufl. 1998, 47.
3) Die EU-Mitgliedstaaten müssen bei Einschränkungen des Kapital- und Zahlungsverkehrs die Bestimmungen des IWF-Abkommens berücksichtigen, vgl. Ress/Ukrow in Grabitz/Hilf/Nettesheim, Art. 63 EUV Rz. 39 (Oktober 2011). Durch den Übergang der Währungssouveränität auf die EU sind zwar die finanzpolitischen Instrumente für die nationale Währungspolitik auf die EU übergegangen. Die Verpflichtungen der Mitgliedstaaten gegenüber dem IWF bestehen jedoch nach Art. 351 AEUV fort. Vgl. auch Herdegen in Maunz/Dürig/Herzog, Art. 88 GG Rz. 52 (Januar 2012).
4) Art. VI Abschn. 1 des IWF-Abkommens.
5) Art. VI Abschn. 3 des IWF-Abkommens; vgl. auch Ress/Ukrow in Grabitz/Hilf/Nettesheim, Art. 63 EUV Rz. 38 (Oktober 2011).
6) Art. VIII, Abschn. 2 des IWF-Abkommens. Ausnahmen von diesem Grundsatz bestehen nur für den heute praktisch bedeutungslosen Fall des Art. VII Abschn. 3 Buchst. b (knappe Währungen) sowie für Länder, die gem. Art. XIV Abs. 2 von ihrem Recht der „Übergangsregelungen" Gebrauch gemacht haben. Diese Länder haben ihre bei Beginn der Mitgliedschaft bestehenden Zahlungs- und Überweisungsbeschränkungen aufrechterhalten. Das ist inzwischen nur noch für eine kleine Minderheit von Ländern der Fall; vgl. Knieper, WiRO 2001, 353, 356; vgl. auch Gold, Vol. I, 1962, und II, 1982.
7) Legaldefinition der laufenden Zahlungen in Art. XXX Buchst. d IWF-Abkommen.
8) Ehrlich in Bieneck, 2. Aufl. 2005, 22. Ausführlich Werner, RIW 1998, 178 ff.
9) Denn wegen der ausschließlichen Kompetenz der EU im Bereich des Außenhandels erfolgt die Umsetzung von – außer in den Mitgliedstaaten verbliebenen Kompetenzbereichen – durch die EU, vgl. EuGH v. 3.9.2008, Kadi u.a., C-402/05 und C-415/05, EuGHE 2008, I-0635, Rz. 293 ff. So setzt die EU-Dual-Use-Güterliste (→ § 1 AWG Rz. 42 ff.) die Verpflichtungen um, die die EU-Mitgliedstaaten als Mitglieder der internationalen Nichtverbreitungsregime und Ausfuhrkontrollvereinbarungen (Australische Gruppe, Chemiewaffenübereinkommen, Missile Technology Control Regime, Nuclear Suppliers Group, Wassenaar Arrangement) übernommen haben, vgl. ABl.EU 2009 Nr. L 134, 12.

glieds- und Teilnahmestaaten rechtlich bzw. politisch verpflichten, die festgelegten einheitlichen **Definitionen für zu kontrollierende Güter und Kontrollverfahren** in nationales Recht zu übernehmen und umzusetzen.[1] Die wichtigsten völkerrechtlich verbindlichen Nichtverbreitungsverträge sind der Atomwaffensperrvertrag, das Biowaffenübereinkommen und das Chemiewaffenübereinkommen:

a) Atomwaffensperrvertrag

39 Der Atomwaffensperrvertrag (Treaty on the Non-Proliferation of Nuclear Weapons, **NPT**), auch Nichtverbreitungsvertrag genannt, untersagt den Kernwaffen-Mitgliedstaaten, Kernwaffen und sonstige Kernsprengkörper oder die Verfügungsgewalt darüber weiterzugeben sowie Nichtkernwaffenstaaten zu unterstützen, Verfügungsgewalt darüber zu erlangen.[2] Den übrigen Mitgliedstaaten, d. h. den Nichtkernwaffen-Mitgliedstaaten, ist untersagt, Kernwaffen oder sonstige Kernsprengkörper oder die Verfügungsgewalt darüber anzunehmen, herzustellen oder sonstwie zu erwerben sowie Unterstützung zur Herstellung von Kernwaffen oder sonstigen Kernsprengkörpern zu suchen oder anzunehmen.[3] In der Bundesrepublik Deutschland wurde der NPT durch das Gesetz zum Vertrag vom 1.6.1968 über die Nichtverbreitung von Kernwaffen umgesetzt.[4] Sein Inhalt gilt damit gem. § 1 Abs. 2 Nr. 2 AWG neben den Vorschriften des AWG-/AWV-Systems (→ § 1 AWG Rz. 25 f.).

b) Biowaffenübereinkommen

40 Das Biowaffenübereinkommen (Übereinkommen über das Verbot der Entwicklung, Herstellung und Lagerung bakteriologischer (biologischer) Waffen und von Toxinwaffen sowie über die Vernichtung solcher Waffen) verbietet, bakteriologische und toxische Waffen zu entwickeln, herzustellen, zu lagern oder in anderer Weise zu erwerben oder zurückzubehalten.[5] Darüber hinaus fordert es, dass derartige Waffen der Mitgliedstaaten vernichtet oder friedlichen Zwecken zugeführt und an niemanden unmittelbar oder mittelbar weitergegeben werden dürfen.[6] Das Übereinkommen wurde durch das Gesetz zum Übereinkommen vom 10.4.1972 über das Verbot der Entwicklung, Herstellung und Lagerung bakteriologischer (biologischer) Waffen und von Toxinwaffen sowie über die Vernichtung solcher Waffen in deutsches Recht umgesetzt.[7] Da es u.a. grundsätzlich verbietet, (mikro-)biologische Agenzien und Toxine sowie für die Verwendung solcher bestimmte Waffen, Ausrüstungen oder Einsatzmittel – auch grenzüberschreitend – zu erwerben oder weiterzugeben, enthält es auch für den Außenwirtschaftsverkehr relevante Verbote, die gem. § 1 Abs. 2 Nr. 2 AWG neben den AWG-Vorschriften gelten.

---

1) Vgl. Werner, RIW 1998, 178.
2) Art. I Atomwaffensperrvertrag v. 1.6.1968. Als Kernwaffenstaat gilt dabei nach Art. IX Abs. 3 jeder Staat, der vor dem 1.1.1967 eine Kernwaffe oder einen sonstigen Kernsprengkörper hergestellt und gezündet hat.
3) Art. II Atomwaffensperrvertrag.
4) BGBl. II 1974, 785.
5) Art. I Biowaffenübereinkommen.
6) Art. II und III Biowaffenübereinkommen.
7) BGBl. II 1983, 132.

gime) – auch Trägertechnologie-Kontrollregime genannt – und die **Gruppe der Kernmaterial-Lieferländer** (Nuclear Suppliers Group) (→ Rz. 44 ff.).[1] Ihre Wirkkraft ist abhängig von der politischen Bereitschaft der Teilnehmerstaaten, die getroffenen Regelungen umzusetzen.[2]

43 Durch die Erarbeitung gemeinsamer Güterlisten als Grundlage für Exportkontrollen und Genehmigungsleitlinien, den ständigen Informationsaustausch über sensitive Endempfänger und Produkte sowie gegenseitige Konsultationen zu technischen Verfahrens- und Genehmigungsfragen zwischen ihren Mitgliedern haben sie eine **große praktische Bedeutung** und starken Einfluss auf die europäische und nationale Exportkontrolle.[3] In Deutschland respektive der EU werden die Regelungen der Regime mit ihren Anhängen und Listen zur Umsetzung in die europäischen und nationalen Listen aufgenommen, namentlich in den Anhang I zur Dual-Use-VO und die Ausfuhrliste zur AWV.[4]

aa) Wassenaar Arrangement

44 Das Wassenaar Arrangement on Export Controls for Conventional Arms and Dual-Use Goods and Technology (WA), benannt nach dem niederländischen Ort der Verhandlungen, wurde 1996 als Nachfolgeregelung des nach dem Ende des kalten Kriegs obsolet gewordenen Coordinating Committee on Multilateral Export Controls (CoCom) gegründet. Es dient der Kontrolle des Exports konventioneller Rüstungs- und Dual-Use-Güter.[5] Dabei ist das WA – anders als sein Vorgänger CoCom, der die Belieferung des ehemaligen Ostblocks mit strategisch wichtigen Gütern zu verhindern suchte[6] – nicht auf bestimmte Länder ausgerichtet. Es zielt vielmehr darauf ab, destabilisierende Anhäufungen von konventionellen Waffen und dafür relevanten Dual-Use-Gütern und deren Technologien mittels koordinierter Ausfuhrkontrollen zu verhindern.[7] Hierzu enthält es in den Regimeanhängen zwei Kontrolllisten – eine Rüstungsliste und eine Dual-Use-Liste – mit rüstungsrelevanten Gütern und Technologien, die die Teilnehmerstaaten der Ausfuhrkontrolle unterwerfen wollen. Die Teilnehmerstaaten entscheiden eigenständig über die Ausfuhr. Auf freiwilliger Basis informieren sie sich gegenseitig über Drittstaat-Ausfuhrbewilligungen und -ablehnungen. Derzeit gehören dem Arrangement 41 Teilnehmerstaaten an, zu denen neben den früheren CoCom-Ländern auch Russland und andere Staaten des ehemaligen Ostblocks zählen.[8] Im Dezember 2013 haben die Vertragsstaaten des Wassenaar Arrangements erstmals Software und technische Komponenten, die zu Spionage- und Überwachungszwecken genutzt werden können, in die Liste aufgenommen. Das lässt erkennen, dass zukünftig verstärkt auch sensitive Cybertechnologie der Ausfuhrkontrolle unterliegen wird.

---

1) Ausführlich hierzu s. auch Werner, RIW 1998, 179 ff.; Werner, AW-Prax 1996, 49 ff.
2) Vgl. Ehrlich in Bieneck, 2. Aufl. 2005, 22.
3) Vgl. HADDEX, Bd. 1, Teil 1, Kap. 3, Rz. 17 (Dezember 2011); Weith/Wegner/Ehrlich, 2006, 49.
4) Vgl. Ehrlich in Bieneck, 2. Aufl. 2005, 22.
5) Der Begriff Dual-Use-Güter bezeichnet Güter mit einem möglichen doppelten Verwendungszweck dahingehend, dass sie sowohl zivilen als auch militärischen Zwecken dienen können. Zur Dual-Use-Definition vgl. Reuter, 1995, Rz. 184; Weith/Wegner/Ehrlich, 2006, 23. Vgl. zum EU-rechtlichen Dual-Use-Gut-Begriff auch Art. 2 Nr. 1 VO (EG) Nr. 428/2009 v. 5.5.2009 (Dual-Use-VO).
6) Vgl. Bieneck/Schaefer, wistra 2011, 89.
7) Weith/Wegner/Ehrlich, 2006, 54.
8) www.wassenaar.org.

c) Chemiewaffenübereinkommen

Das Chemiewaffenübereinkommen (Übereinkommen über das Verbot der Entwicklung, Herstellung, Lagerung und des Einsatzes chemischer Waffen und über die Vernichtung solcher Waffen) verbietet insbesondere, chemische Waffen zu entwickeln, herzustellen, auf andere Weise zu erwerben, zu lagern oder zurückzubehalten oder an irgendjemanden unmittelbar oder mittelbar weiterzugeben.[1] Weiterhin fordert es, dass die Mitgliedstaaten derartige Waffen sowie Einrichtungen zu deren Herstellung vernichten.[2] Durch das Gesetz zum Übereinkommen vom 13.1.1993 über das Verbot der Entwicklung, Herstellung, Lagerung und des Einsatzes chemischer Waffen und über die Vernichtung solcher Waffen – Gesetz zum Chemiewaffenübereinkommen – wurde das Übereinkommen in deutsches Recht umgesetzt.[3] Zur Ausführung des Chemiewaffenübereinkommens wurden zudem ein Ausführungsgesetz[4] sowie eine Ausführungsverordnung[5] erlassen, die Verbote, Genehmigungs- und Meldepflichten sowie Straf- und Ordnungswidrigkeitentatbestände enthalten. Verboten ist danach u.a., in Liste 1 oder 2 des Anhangs 1 der Ausführungsverordnung genannte Chemikalien in Nichtvertragsstaaten ein- oder aus diesen auszuführen.[6]

41

d) Vertrag über den Waffenhandel

Im April 2013 wurde der Vertrag über den Waffenhandel (Arms Trade Treaty, ATT) durch die UN-Generalversammlung angenommen.[7] Er setzt rechtlich bindende, einheitliche Mindeststandards für den internationalen Handel mit konventionellen Rüstungsgütern fest, die damit erstmalig einem weltweiten Ausfuhrkontrollregime unterworfen werden. Der ATT stellt insofern einen Meilenstein der internationalen Ausfuhrkontrolle zum Zwecke der Stärkung von Frieden und Sicherheit dar. Er erfasst auch kleinere Waffen und Bauteile für vom Vertrag abgedeckte Waffen. Er wurde von 116 Staaten unterzeichnet und tritt in Kraft, wenn 50 Staaten ihn ratifiziert haben. Hinter den bestehenden ausfuhrrechtlichen Regelungen nach deutschem und europäischem Recht bleibt der Vertrag jedoch zurück. Er wird daher keine Änderung des geltenden Rechts erforderlich machen.

41.1

e) Weitere Exportkontrollregime

Zu den als sog. „**Gentlemen's Agreements**" völkerrechtlich formal nicht verbindlichen Exportkontrollregimen gehören das **Wassenaar Arrangement** für Exportkontrollen von konventionellen Waffen und doppelverwendungsfähigen Gütern und Technologien (Wassenaar Arrangement on Export Controls for Conventional Arms and Dual-Use Goods and Technologie), die **Australische Gruppe** (Australia Group) zur Kontrolle chemischer und biologischer Waffen, das **Raketentechnologie-Kontrollregime** (Missile Technology Control Re-

42

---

1) Art. I Abs. 1 Chemiewaffenübereinkommen.
2) Art. I Abs. 2 und 4 Chemiewaffenübereinkommen.
3) BGBl. II 1994, 806.
4) BGBl. I 1994, 1954.
5) BGBl. I 1996, 1794.
6) Die Chemikalienlisten in Anhang 1 der Ausführungsverordnung geben dabei die Chemikalienlisten des Chemiewaffenübereinkommens wieder. Letztere wurden auch in die Dual-Use-Güterliste der EU aufgenommen, vgl. ABl.EG 1997 Nr. L 34, 1 ff.
7) http://www.un.org/disarmament/ATT/

bb) Gruppe der Kernmaterial-Lieferländer

Die 1976 gegründete Nuclear Suppliers Group (NSG) ist ein Zusammenschluss von Lieferländern nuklearen Materials, dem derzeit 46 Staaten angehören, darunter auch Deutschland, Russland und China.[1] Ziel der Gruppe ist es, die Verbreitung von Gütern, die der Entwicklung und Herstellung von Atomwaffen dienen können, zu verhindern. Zu diesem Zweck hat die NSG Richtlinien für den Export von nuklearen und Dual-Use-Gütern aufgestellt. Nach diesen sollen die gelisteten Waren nur unter Einhaltung bestimmter Sicherheitsgarantien geliefert werden.[2] Die Teilnehmerstaaten haben sich politisch verpflichtet, die Richtlinien in ihr nationales Recht zu übernehmen.

cc) Australische Gruppe

Die auf australische Initiative 1985 gegründete Australische Gruppe (AG) hat sich nach Bekanntwerden des Einsatzes chemischer Waffen im Ersten Golfkrieg 1984 zum Ziel gesetzt, die Verbreitung chemischer Waffen zu verhindern. Seit 1990 engagiert sie sich zudem gegen biologische Waffen. Hierzu hat sie Richtlinien und Kontrolllisten mit Chemieanlagen und deren Bestandteilen sowie mit Ausrüstung zur Handhabung biologischer Stoffe, Erregern etc. aufgestellt. Zu deren Umsetzung haben sich ihre Mitglieder verpflichtet. Die AG hat derzeit 41 Teilnehmer, zu denen auch die Europäische Kommission zählt. Sie alle sind Vertragsstaaten des Biowaffen- sowie des Chemiewaffenübereinkommens, deren Umsetzung und weltweite Einhaltung sie mit ihrem Zusammenschluss unterstützen wollen.[3]

dd) Raketentechnologie-Kontrollregime

Ziel des 1987 von den Teilnehmern des Weltwirtschaftsgipfels (G7) gegründeten Missile Technology Control Regime (MTCR) ist es, die Verbreitung von Flugkörpern zu kontrollieren, mit denen Massenvernichtungswaffen befördert werden können. Mittlerweile zählt das MTCR 34 Teilnehmerstaaten.[4] Der Kontrollansatz erfolgt über Richtlinien sowie eine Kontrollliste mit zwei Kategorien. Kategorie I umfasst als hochsensibel eingestufte komplette Träger- und Untersysteme, zu denen neben ballistischen Raketen und unbemannten Flugkörpern mit einer Reichweite ab 300 km und einer Nutzlast ab 500 kg auch deren Untersysteme (z.B. Antriebe) und Anlagen zur Herstellung solcher Raketen gehören. Die Mitgliedstaaten haben sich verpflichtet, auf die Ausfuhr dieser Waren grundsätzlich zu verzichten.[5] Kategorie II, für die eine restriktive Genehmigungspolitik verfolgt wird, enthält für derartige Flugkörper wichtige Dual-Use-Güter.

---

1) www.nuclearsuppliersgroup.org.
2) HADDEX, Bd. 1, Teil 1, Kap. 3 Rz. 19 (Dezember 2011); Ehrlich in Bieneck, 2. Aufl. 2005, 23.
3) www.australiagroup.net.
4) www.mtcr.info.
5) Vgl. auch HADDEX, Bd. 1, Teil 1, Kap. 3 Rz. 21 (Dezember 2011).

3. UN-Resolutionen

48 Die Resolutionen des UN-Sicherheitsrats sind für Deutschland gem. Art. 25 und 48 der UN-Charta völkerrechtlich verbindlich und damit umzusetzen.[1] Deshalb ergeben sich Beschränkungen der Außenwirtschaftsfreiheit Deutschlands auch aus UN-Embargos[2] sowie aus personenbezogenen embargoähnlichen Maßnahmen des UN-Sicherheitsrats zur Terrorismusbekämpfung. Aktuelle Beispiele sind die den Iran betreffenden Resolutionen[3] oder die Resolution 1988 (2011) mit Sanktionen gegen die Taliban und mit ihr verbundene Einrichtungen und Personen.

---

1) Vgl. Reuter, 1995 Rz. 5. Die Umsetzung erfolgt dabei wegen der ausschließlichen Kompetenz der EU im Bereich des Außenhandels nicht durch die unmittelbar verpflichteten EU-Mitgliedstaaten, sondern vielmehr durch die EU, die insoweit wohl ihre eigene Bindung an die UN-Resolutionen bejaht. Vgl. hierzu EuGH v. 3.9.2008, Kadi u.a., C-402/05 und C-415/05, EuGHE 2008, I-635, Rz. 293 ff.; Dörr in Grabitz/Hilf/Nettesheim, Art. 47 AEUV Rz. 51 (Oktober 2011).

2) Unter Embargos versteht man Verbote von oder Genehmigungspflichten für Handlungen und Rechtsgeschäfte(n) im Außenwirtschaftsverkehr gegenüber einem bestimmten Land. Dabei unterscheidet man zwischen Totalembargos, die für alle Wirtschaftsbereiche gelten, Teilembargos, die auf bestimmte Wirtschaftsbereiche beschränkt sind, und Waffenembargos, die sich nur auf Waffen, Munition und Rüstungsmaterial beziehen. Wirksam angeordnete Embargos haben Vorrang gegenüber erteilten Ausfuhrgenehmigungen und anderen außenwirtschaftsrechtlichen Verwaltungsakten, so dass von ihnen nach Inkrafttreten eines Embargos kein Gebrauch mehr gemacht werden darf. Vgl. Ehrlich in Bieneck, 2. Aufl. 2005, 24.

3) Vgl. insbesondere Resolutionen 1737 (2006), 1747 (2007), 1803 (2008) and 1929 (2010).

Erster Teil
Rechtsgeschäfte und Handlungen

Erster Abschnitt
Allgemeine Vorschriften

§ 1
Grundsatz

(1) ¹Der Güter-, Dienstleistungs-, Kapital-, Zahlungs- und sonstige Wirtschaftsverkehr mit dem Ausland sowie der Verkehr mit Auslandswerten und Gold zwischen Inländern (Außenwirtschaftsverkehr) ist grundsätzlich frei. ²Er unterliegt den Einschränkungen, die dieses Gesetz enthält oder die durch Rechtsverordnung auf Grund dieses Gesetzes vorgeschrieben werden.

(2) Unberührt bleiben

1. Vorschriften in anderen Gesetzen und Rechtsverordnungen,

2. zwischenstaatliche Vereinbarungen, denen die gesetzgebenden Körperschaften in der Form eines Bundesgesetzes zugestimmt haben, und

3. Rechtsvorschriften der Organe zwischenstaatlicher Einrichtungen, denen die Bundesrepublik Deutschland Hoheitsrechte übertragen hat.

Inhalt

	Rz.
A. Inhalt und Bedeutung	1
B. Grundsatz der Liberalität des Außenwirtschaftsverkehrs im AWG	2–3
C. Geltungsbereich des AWG	4–12
I. Güterverkehr	5
II. Dienstleistungsverkehr	6–7
III. Kapital- und Zahlungsverkehr	8
IV. Sonstiger Wirtschaftsverkehr	9
V. Ausland	10–11
VI. Verkehr mit Auslandswerten und Gold	12
D. Einschränkungen des Grundsatzes der Außenwirtschaftsfreiheit (Abs. 1 Satz 2)	13–16
I. Beschränkungen durch und auf Grund des AWG	14
II. Beschränkungsmöglichkeiten auf Grund des AWG	15–16
E. Verhältnis zu anderen Regelungen (Abs. 2)	17–33
I. Vorschriften in anderen Gesetzen und Rechtsverordnungen (§ 1 Abs. 2 Nr. 1 AWG)	18–24
II. Zwischenstaatliche Vereinbarungen (§ 1 Abs. 2 Nr. 2 AWG)	25–26
III. Rechtsvorschriften zwischenstaatlicher Einrichtungen, auf die Hoheitsrechte übertragen worden sind (§ 1 Abs. 2 Nr. 3 AWG)	27–29
IV. Keine Konzentrationswirkung	30–31
V. Sonderproblem: Exportkontrollvorschriften anderer Staaten/Reexport	32–33

	Rz.
F. Außenwirtschaftsfreiheit im EU-Recht	34–46
I. Verordnung (EG) Nr. 260/2009 – Gemeinsame Einfuhrregelung	36–38
II. Verordnung (EG) Nr. 1061/2009 – Gemeinsame Ausfuhrregelung	39–41
III. Verordnung (EG) Nr. 428/2009 – Dual-Use-Verordnung	42–46
G. Außenwirtschaftsfreiheit im Ausland	47–61
I. Vereinigtes Königreich	47–52
1. Ausfuhrbestimmungen	49–51
2. Einfuhrbestimmungen	52
II. USA	53–61

A. Inhalt und Bedeutung

1 § 1 Abs. 1 Satz 1 AWG legt den zentralen Grundsatz des deutschen Außenwirtschaftsrechts nieder und schreibt dort die Freiheit des Außenwirtschaftsverkehrs fest, um sogleich in Satz 2 festzuhalten, dass Einschränkungen dieses Grundsatzes möglich sind. Ferner bestimmt diese erste Grundsatzvorschrift des AWG dessen Anwendungsbereich und regelt das Verhältnis des AWG zu Vorschriften in anderen Gesetzen und Verordnungen, zwischenstaatlichen Vereinbarungen sowie Rechtsvorschriften zwischenstaatlicher Einrichtungen, d.h. der EU.

B. Grundsatz der Liberalität des Außenwirtschaftsverkehrs im AWG

2 § 1 Abs. 1 Satz 1 AWG, der in seinem Wortlaut seit Inkrafttreten des AWG 1961 nahezu unverändert geblieben ist,[1] statuiert die grundsätzliche Freiheit des Außenwirtschaftsverkehrs. Grund für die prominente Stellung dieses sog. Liberalitätsgrundsatzes an der „Spitze des Gesetzes" ist der historische Hintergrund des AWG:[2] Durch § 1 Abs. 1 AWG sollte die Periode des besatzungsrechtlichen Verbots der Außenwirtschaft endgültig beendet und der Übergang zur grundsätzlichen Freiheit des Außenwirtschaftsverkehrs auch positivrechtlich zum Ausdruck gebracht werden.[3] Als Komplementärvorschrift zur Gewerbefreiheit gem. § 1 GewO legt § 1 Abs. 1 Satz 1 AWG die Freiheit der wirtschaftlichen Betätigung mit dem Ausland als leitenden Grundsatz des deutschen Außen-

---

[1] Vgl. Simonsen in Wolffgang/Simonsen/Tietje, Bd. II, § 1 AWG Rz. 2 (November 2011), der darauf hinweist, dass sich jedoch das AWG und die Jurisdiktionshoheit der Bundesrepublik insgesamt seither grundlegend verändert haben. – Erst durch die Novelle 2013 wurde die Terminologie des § 1 AWG modernisiert und an die etablierten Begrifflichkeiten des EU-Rechts angepasst; inhaltlich hat das zu keinen Änderungen geführt, vgl. BT-Drucks. 17/11127, 19 f.
[2] Ausführlich zum historischen Hintergrund → Einführung AWG Rz. 10 ff.
[3] Vgl. BT-Drucks. III/1285, 231; Friedrich in Hocke/Friedrich, § 1 AWG Rz. 1 (April 2012).

wirtschaftsrechts fest.[1)] Das bedeutet, dass Im- und Export i.d.R. frei sind und keinen Beschränkungen unterliegen. Nur in Ausnahmefällen dürfen sie verboten oder von einer vorherigen Genehmigung abhängig gemacht werden. Dieser Grundsatz wird durch § 4 Abs. 4 und § 8 AWG noch verstärkt.[2)]

Das Liberalitätsprinzip ist auch **verfassungsrechtlich garantiert**:[3)] Art. 12, 14, 2 Abs. 1 und 3 Abs. 1 GG, die die Freiheit wirtschaftlichen Handelns verfassungsrechtlich absichern, gelten auch für grenzüberschreitende Aktivitäten.[4)] Teilweise wird daher § 1 Abs. 1 Satz 1 AWG ein über eine deklaratorische Bedeutung hinausgehender Gehalt abgesprochen.[5)] Der einfachgesetzlich kodifizierten Außenwirtschaftsfreiheit kommt jedoch zumindest insoweit eine eigenständige und freiheitssichernde Bedeutung zu, als § 1 Abs. 1 AWG kein rein gesetzestechnisches Regel-Ausnahme-Verhältnis von Außenwirtschaftsfreiheit und Einschränkungen statuiert.[6)] Vielmehr legt Abs. 1 Satz 1 als „in-dubio-pro-libertate-Auslegungsregel" darüber hinaus einen Zweifelssatz zu Gunsten der Außenwirtschaftsfreiheit fest.[7)]

3

---

1) BT-Drucks. III/1285, 231; Epping, 1998, 285, Fn. 1; Bryde in Schmidt, 1996, BT 2, § 14 Rz. 29. Einziges Relikt des vormaligen umfassenden besatzungsrechtlichen Verbotsgrundsatzes war § 10 AWG, der für den Bereich Wareneinfuhr die Konstruktion des Verbots mit Erlaubnisvorbehalt beibehielt, bis er 2006 durch das 12. Gesetz zur Änderung des AWG und der AWV (BGBl. I 2006, 574 f.) aus europarechtlichen Gründen abgeschafft wurde, vgl. BT-Drucks. 16/33 11. Vgl. auch Simonsen in Wolffgang/Simonsen/Tietje, Bd. II, § 1 AWG Rz. 11 sowie Rz. 1 Fn. 3 (November 2011).
2) Epping, 1998, 556, der noch § 2 Abs. 3 und 4, § 3 Abs. 1 und § 10 Abs. 3 AWG a.F. nennt.
3) Diemer in Erbs/Kohlhaas, Strafrechtliche Nebengesetze, 194. Ergänzungslieferung 2013, § 1 AWG Rz. 1.
4) Vgl. BVerfG v. 21.3.1961, 1 BvL 3/58, 1 BvL 18/58, 1 BvL 99/58, BVerfGE 12, 281; Simonsen in Wolffgang/Simonsen/Tietje, Bd. II, § 1 AWG Rz. 23 (November 2011); Bryde in Schmidt, 1996, BT 2, § 14, Rz. 30; s. auch Tomuschat/Schmidt, VVdStRL 36 (1978), 7, 19; Ipsen, 1967, 52 f.; Bryde, 1981, 43 ff. Ausführlich zu den wirtschaftsrelevanten Grundrechten Epping, 1998, 10 ff.
5) So z.B. Simonsen in Wolffgang/Simonsen/Tietje, Bd. II, § 1 AWG Rz. 23 (November 2011); wohl auch Tietje in Tietje, 2009, § 15 Rz. 52. Friedrich in Hocke/Friedrich, § 1 AWG Rz. 1 (April 2012), ebenso wie Voland (EuZW 2010, 132, 134) sprechen der Bekundung deswegen „mehr programmatische als rechtliche Bedeutung" zu.
6) So auch Bryde in Schmidt, 1996, BT 2, § 14 Rz. 29 und Epping, 1998, 285, 635, nach dessen Auffassung die einfach gesetzlich kodifizierte Außenwirtschaftsfreiheit auch mit Blick auf den Bereich der Freiheitsträger über die grundgesetzlichen Garantien hinausgeht, da ausländischen juristischen Personen der Schutz der grundrechtlich gewährleisteten Außenwirtschaftsfreiheit nicht zukomme.
7) Dies entspricht auch der gesetzgeberischen Absicht, s. BT-Drucks. III/1285, 231; vgl. auch Langen, § 1 AWG 7 (Januar 1968); Epping, 1998, 285, 635; Hohmann in Hohmann/John, 2002, § 1 AWG Rz. 8 f. Dementsprechend hat z.B. das OLG Köln (v. 20.1.2000, 7 U 84/99 Rz. 29, NVwZ 2000, 594 ff.) im Rahmen eines Amtshaftungsprozesses unter Heranziehung der gesetzgeberischen Wertentscheidung in § 1 Abs. 1 Satz 1 AWG klargestellt, dass die Darlegungs- und Beweislast hinsichtlich der Rechtmäßigkeit der Unterbindung der Ausfuhr (in diesem Falle von Maschinen nach Libyen gem. § 5c AWV) der Bundesrepublik obliegt.

C. Geltungsbereich des AWG

4 Der Grundsatz der Außenwirtschaftsfreiheit gilt für den gesamten Außenwirtschaftsverkehr, der nach der Legaldefinition des § 1 Abs. 1 Satz 1 AWG[1] den Güter-, Dienstleistungs-, Kapital-, Zahlungs- und sonstigen Wirtschaftsverkehr des Inlands mit dem Ausland sowie den Verkehr von Inländern mit Auslandswerten und Gold umfasst.[2] Damit umschreibt § 1 Abs. 1 Satz 1 AWG den Geltungsbereich des AWG.[3] Den **sachlichen Geltungsbereich** des AWG legen die verschiedenen Verkehrsbegriffe des § 1 Abs. 1 AWG fest:

I. Güterverkehr

5 Der außenwirtschaftsrechtliche Begriff des Güterverkehrs, der seit der AWG-Novelle 2013 den veralteten Terminus des Warenverkehrs ersetzt,[4] ergibt sich aus den Legaldefinitionen des AWG. Danach umfasst er die Ein-, Aus- und Durchfuhr sowie die Verbringung von Gütern i.S.v. § 2 AWG. Darüber hinaus wird auch der Transithandel i.S.v. § 2 Abs. 17 AWG, der vormals in § 4c Nr. 8 AWV a.F. definiert war, erfasst, d.h. Geschäfte, bei denen im Ausland befindliche Güter oder in das Inland verbrachte, jedoch einfuhrrechtlich noch nicht abgefertigte Güter durch Inländer von Ausländern erworben und an Ausländer veräußert werden.[5]

II. Dienstleistungsverkehr

6 Der Dienstleistungsverkehr ist nicht legaldefiniert. Herkömmlich wird er negativ abgegrenzt als Leistungen, die im geschäftlichen Verkehr mit dem Ausland erbracht werden und die nicht unter den Güter-, Kapital- und Zahlungsverkehr fallen.[6] Vor dem Hintergrund, dass es sich bei dem ebenfalls in der Legaldefinition des Außenwirtschaftsverkehrs genannten Begriff des sonstigen Wirtschaftsverkehrs (→ Rz. 9) um einen Auffangtatbestand handelt, ist jedoch eine positive Abgrenzung geboten.

7 Der Begriff des Dienstleistungsverkehrs ist außenwirtschaftsrechtlich autonom und weit auszulegen. Er umfasst sämtliche entgeltlichen Tätigkeiten mit Bezug auf das Ausland. Unter den Begriff des Dienstleistungsverkehrs fallen damit insbesondere alle Leistungen gewerblicher, kaufmännischer, handwerklicher oder freiberuflicher Art. Dabei ist nicht nur der aktive Verkehr mit dem Ausland

---

1) Simonsen in Wolffgang/Simonsen/Tietje, Bd. II, § 1 AWG Rz. 40 (November 2011), gibt zu bedenken, dass die Definition des Außenwirtschaftsverkehrs in § 1 Abs. 1 AWG zwar noch immer gültig sei, sie aber die schleichende Überlagerung des nationalen Rechtssystems durch supranationale und internationale Regelungen sowie die Tatsache verschleiere, dass das Außenwirtschaftsrecht nur noch in einem Mehrebenensystem sich gegenseitig ergänzender und erweiternder Regelungen verständlich und anwendbar sei.
2) Ob es sich dabei bei dem Verkehr mit Auslandswerten und Gold um eine eigenständige Verkehrsart oder eine Unterkategorie des Kapital- und Zahlungsverkehrs handelt, ist für die Praxis irrelevant und kann daher offen bleiben.
3) Vgl. BT-Drucks. III/1285, 232.
4) BT-Drucks. 17/11127, 19 f.
5) Vgl. Reuter, 1995 Rz. 592.
6) Vgl. z.B. Haeberlin in Martinek/Semler/Habermeier/Flohr, 2010, § 44 Rz. 12.

erfasst, sondern auch der passive Dienstleistungsverkehr, d.h. die Inanspruchnahme von ausländischen Dienstleistungen.

III. Kapital- und Zahlungsverkehr

Auch der Begriff des Kapital- und Zahlungsverkehrs ist nicht legaldefiniert. Er umfasst jede Bewegung von Geld, Geldwerten und Vermögenswerten zu Zwecken der Anlage oder der Erlangung von Betriebsmitteln sowie jede Tätigkeit, die bei der Verwahrung und Verwaltung dieser Güter entfaltet wird.[1]

8

IV. Sonstiger Wirtschaftsverkehr

Die Nennung des sonstigen Wirtschaftsverkehrs neben dem Güter-, Dienstleistungs-, Kapital- und Zahlungsverkehr soll nach der gesetzgeberischen Intention sicherstellen, dass Rechtsgeschäfte und Handlungen, deren Einordnung in eine der herkömmlichen Gruppen Schwierigkeiten bereiten könnte, auch an der Freiheit des Außenwirtschaftsverkehrs teilhaben.[2] Es handelt sich um einen Auffangtatbestand. Erfasst werden alle mit den übrigen in § 1 AWG genannten Verkehrsarten vergleichbaren Geschäfte und Handlungen.[3] Ein Beispiel hierfür sind **Boykott-Erklärungen**, die im Handel mit einigen Staaten von Firmen verlangt werden und durch die sich diese an den Boykotten dieser Staaten gegen andere Staaten beteiligen.[4] Die Abgabe von Boykott-Erklärungen wurde 1992 durch die Einführung des § 4a AWV a.F. verboten.[5]

9

V. Ausland

Der Begriff des Auslands legt zunächst den **territorialen Geltungsbereich** des AWG fest. Nach allgemeinem Sprachverständnis sind unter Ausland in Abgrenzung zum Begriff des Inlands die Hoheitsgebiete anderer Staaten zu verstehen. Eine Legaldefinition hielt der Gesetzgeber daher für entbehrlich.[6]

10

Zu beachten ist, dass der Begriff des Auslands auch einen **personalen Ansatz** für den Geltungsbereich des AWG beinhaltet, der alternativ zum territorialen gilt, denn nach der Gesetzesbegründung zum AWG von 1961 liegt Wirtschaftsverkehr mit dem Ausland auch bei Rechtsgeschäften mit Ausländern vor, die sich vorübergehend im Inland aufhalten. Es sollte unerheblich sein, ob sich beim Abschluss genehmigungsbedürftiger Einfuhrverträge der ausländische Vertragsteil im In- oder Ausland befindet.[7] Auch im Bereich des Dienstleis-

11

---

1) Vgl. z.B. Diemer in Erbs/Kohlhaas, Strafrechtliche Nebengesetze, 194. Ergänzungslieferung 2013, § 1 AWG Rz. 2; Ausführlich zu den Begriffen des Kapital- und des Zahlungsverkehrs s. auch Haug/Häge in Bieneck, 2. Aufl. 2005, 263 ff.
2) Vgl. BT-Drucks. III/1285, 232.
3) Vgl. z.B. Haeberlin in Martinek/Semler/Habermeier/Flohr, 3. Aufl. 2010, § 44 Rz. 12; Simonsen in Wolffgang/Simonsen/Tietje, Bd. II, § 1 AWG Rz. 40 (November 2011).
4) Simonsen in Wolffgang/Simonsen/Tietje, Bd. II, § 1 AWG Rz. 41 (November 2011). Ausführlich zum Boykottverbot nach § 4a AWV s. Krumpholz, NJW 1993, 113 f.
5) Eingeführt durch die Verordnung zur Änderung der Außenwirtschaftsverordnung (AWV) v. 23.7.1992, BAnz Nr. 139 v. 29.7.1992, 6141.
6) BT-Drucks. 17/11127, 20.
7) BT-Drucks. III/1285, 232.

tungs-, Kapital- und Zahlungsverkehrs sollte nur relevant sein, ob der wirtschaftliche Austausch zwischen In- und Ausländern erfolgt, und nicht, ob dieser zu grenzüberschreitenden Transaktionen führt.[1] Dieser auch personale Ansatz sollte durch die Novelle 2013 ausweislich der Gesetzesbegründung nicht aufgegeben werden.[2] Lediglich Wirtschaftsverkehr, der sich innerhalb Deutschlands zwischen Inländern vollzieht, fällt demnach nicht unter das Gesetz. Auch insoweit gilt jedoch eine Ausnahme für den Verkehr mit Auslandswerten, die in der Praxis aber keine Relevanz mehr hat (→ Rz. 12).[3]

VI. Verkehr mit Auslandswerten und Gold

12 Der Begriff des Verkehrs mit Auslandswerten und Gold umfasst alle Rechtsgeschäfte und Handlungen, die den Verkehr mit Auslandswerten und Gold zum Gegenstand haben. Dies gilt ohne Rücksicht darauf, ob hieran nur Ausländer oder nur Inländer oder beide Personenkreise beteiligt sind.[4] Der Begriff der Auslandswerte ist in § 2 Abs. 6 AWG legaldefiniert. Neben dem Begriff des Kapital- und Zahlungsverkehrs kommt dem Begriff des Verkehrs mit Auslandswerten und Gold aber in der Praxis keine eigenständige Bedeutung mehr zu.[5]

D. Einschränkungen des Grundsatzes der Außenwirtschaftsfreiheit (Abs. 1 Satz 2)

13 Den Inhalt der Außenwirtschaftsfreiheit regelt das AWG nicht explizit. Er ergibt sich vielmehr im Gegenschluss aus den Beschränkungen des Außenwirtschaftsverkehrs bzw. den Möglichkeiten seiner Beschränkung.[6] § 1 Abs. 1 Satz 2 AWG enthält daher „den notwendigen Ergänzungshinweis zu der grundsätzlichen Bestimmung des Satz 1":[7] Nach Satz 2 unterliegt der in § 1 Abs. 1 Satz 1 AWG postulierte Grundsatz der Außenwirtschaftsfreiheit den Ein-

---

1) Vgl. Friedrich in Hocke/Friedrich, Einf. AWG, 26 (April 2012), der als Beispiel die Beschränkung der Kreditaufnahme bei Ausländern nennt, bei der es unerheblich ist, ob die Überweisung von einem in- oder ausländischen Konto des Kreditgebers und auf ein in- oder ausländisches Konto des Kreditnehmers erfolgt, solange der Inländer Verfügungsgewalt über den Kreditbetrag erhält.
2) Durch die Novelle sollten lediglich die Begrifflichkeiten modernisiert und die außenwirtschaftspolitisch bedeutungslos gewordenen Sonderregelungen für Jungholz, Mittelberg und Büsingen aus § 4 Absatz 1 Nr. 1 und 2 AWG a.F. wegfallen, vgl. BT-Drucks. 17/11127, 20.
3) Vgl. BT-Drucks. III/1285, 232.
4) Vgl. BT-Drucks. III/1285, 232.
5) Durch den Begriff „Verkehr" wollte der historische Gesetzgebers klarstellen, dass der bloße Besitz von Auslandswerten nicht durch das AWG erfasst wird und damit keine Rechtsgrundlage für einen sog. Aufruf von Devisen und eine entsprechende Anbietungspflicht besteht, vgl. BT-Drucks. III/1285, 232. Unter einem Aufruf von Devisen versteht man die Anordnung, der Zentralbank vorhandene Devisen oder bestimmte (ausländische) Wertpapiere zum Kauf anzubieten.
6) Vgl. Simonsen in Wolffgang/Simonsen/Tietje, Bd. II, § 1 AWG Rz. 24 (November 2011), der die Freiheit deswegen als „inhaltslos" moniert.
7) BT-Drucks. III/1285, 232.

schränkungen, die dieses Gesetz enthält oder die durch Rechtsverordnung auf Grund dieses Gesetzes vorgeschrieben werden.[1]

I. Beschränkungen durch und auf Grund des AWG

Das AWG ist als Rahmengesetz ausgestaltet und ordnet Beschränkungen nicht selbst an.[2] Vielmehr enthält es Einzelermächtigungen, die der Bundesregierung bzw. dem Bundeswirtschaftsministerium erlauben, den Außenwirtschaftsverkehr nach den jeweilig aktuellen politischen und wirtschaftlichen Bedürfnissen Deutschlands durch Rechtsverordnung respektive Verwaltungsakt zu regeln. Beschränkungen der Außenwirtschaftsfreiheit werden damit nicht im, sondern auf Grund des AWG vorgeschrieben. Die Beschränkungen durch Rechtsverordnung sind in der Außenwirtschaftsverordnung zusammengefasst und kodifiziert.

14

II. Beschränkungsmöglichkeiten auf Grund des AWG

Die Beschränkungen auf Grund des AWG können nach § 4 Abs. 3 AWG in Form von **Genehmigungspflichten** oder **Verboten** ergehen. Dabei waren in der Verordnungspraxis bislang die Genehmigungserfordernisse die Regel, weil sie eine flexiblere und wirtschaftsfreundlichere Handhabung der Regelungen erlauben als die ohne Ausnahmemöglichkeit geltenden Verbote.[3] Im internationalen Kontext häufen sich in jüngerer Zeit jedoch im Rahmen von UN- und EU-Sanktionen Verbotsvorschriften.[4]

15

Hinsichtlich der Verordnungsermächtigungen zur Einschränkung der Außenwirtschaftsfreiheit unterschied das AWG bislang zwischen allgemeinen und besonderen Beschränkungsmöglichkeiten. Von den allgemeinen Beschränkungsmöglichkeiten konnte für den gesamten Außenwirtschaftsverkehr, von den besonderen nur in Bezug auf eine bestimmte Art des Außenwirtschaftsverkehrs Gebrauch gemacht werden. Durch die Novelle 2013 wurde ein Großteil der besonderen Beschränkungsermächtigungen mangels Praxisrelevanz aufgehoben und die Unterscheidung zwischen allgemeinen und besonderen Ermächtigungsgrundlagen aufgegeben.[5] Die nunmehr in den §§ 4 bis 7 AWG

16

---

1) Langen (§ 1 AWG Rz. 11 [Januar 1968]) führt hierzu aus: „Der Außenwirtschaftsverkehr ist grundsätzlich frei, sagt unser Gesetz. Diesen fünf Worten stehen jedoch die übrigen rund 3 900 Gesetzesworte gegenüber, die sich mit den Freiheitsbeschränkungen und Verpflichtungen befassen, darin allein rund 1 800 Worte im Strafrecht."
2) Zu den Gründen hierfür → Einführung AWG Rz. 19 f. – Die einzige im AWG selbst enthaltene Beschränkung der Außenwirtschaftsfreiheit war bislang § 10 Abs. 1 AWG a.F. i.V.m. der als Anlage und damit als Teil des AWG ergangenen und durch Verordnung fortgeschriebenen **Einfuhrliste** (hierzu auch → Einführung AWG Rz. 20, Fn. 58). Diese Vorschrift wurde im Rahmen der Modernisierung des Außenwirtschaftsrecht 2013 jedoch – ebenso wie die Einfuhrliste – im „Interesse der Übersichtlichkeit" in die AWV überführt, BT-Drucks. 17/11127, 22.
3) Ott in Verwaltungsgericht im Wandel der Zeit, 2004, 188, 189. Das lange Zeit einzige (und historisch bedingte) Verbot war das zur Sicherung des Londoner Schuldenabkommens in § 51 AWV. Vgl. Bryde in Schmidt, 1996, BT 2, § 14 Rz. 19.
4) Bryde in Achterberg/Püttner/Würtenberger, Bd. I, 2. Aufl. 2000, § 5 Rz. 13.
5) Vgl. BT-Drucks. 17/11127, 21 f.

zusammengefassten Beschränkungsgründe können nebeneinander stehen und Beschränkungen dürfen auch auf mehrere Gründe gestützt werden.[1]

E. Verhältnis zu anderen Regelungen (Abs. 2)

17 § 1 Abs. 2 AWG regelt das Verhältnis der AWG- und AWV-Vorschriften zu anderen Rechtsvorschriften außenwirtschaftsrechtlichen Inhalts.[2] Unberührt bleiben danach Vorschriften in anderen Gesetzen und Rechtsverordnungen (Nr. 1), zwischenstaatlichen Vereinbarungen, denen die gesetzgebenden Körperschaften in Form eines Bundesgesetzes zugestimmt haben (Nr. 2), sowie Rechtsvorschriften der Organe zwischenstaatlicher Einrichtungen, denen die Bundesrepublik Deutschland Hoheitsrechte übertragen hat (Nr. 3). Zusätzlich zu den in AWG und AWV enthaltenen Vorschriften sind daher auch die Vorschriften dieser Gesetze und Vereinbarungen zu beachten, so dass der Grundsatz der Außenwirtschaftsfreiheit des § 1 Abs. 1 Satz 1 AWG insoweit weitere Einschränkungen erfährt.[3]

I. Vorschriften in anderen Gesetzen und Rechtsverordnungen (§ 1 Abs. 2 Nr. 1 AWG)

18 Bei den Vorschriften in anderen Gesetzen und Rechtsverordnungen i.S.v. § 1 Abs. 2 Nr. 1 AWG handelt es sich um nationale Sondervorschriften, die – wie das AWG – den Außenwirtschaftsverkehr betreffen. Aus rechtssystematischen Gründen wollte der Gesetzgeber sie jedoch nicht in das AWG aufnehmen.[4] In erster Linie handelt es sich dabei um Vorschriften, die dem Schutz der Gesundheit, der Umwelt oder der öffentlichen Sicherheit und Ordnung dienen.[5] Beispiele für vom AWG unberührt bleibende Gesetze und Rechtsverordnungen i.S.d. § 1 Abs. 2 Nr. 1 AWG sind die folgenden:[6]

19 Das **Kriegswaffenkontrollgesetz** (KWKG)[7] nimmt als Ausführungsgesetz zu Art. 26 Abs. 2 GG („Verfassungsrecht im materiellen Sinne")[8] eine Sonderstellung ein.[9] Entsprechend seiner grundgesetzlichen Vorgabe eines Genehmigungsvorbehalts für Kriegswaffen sieht es ein repressives Verbot mit Befreiungsvorbehalt vor. Nach § 2 KWKG bedürfen Herstellung, Erwerb und

---

1) Simonsen in Wolffgang/Simonsen/Tietje, Bd. II, § 1 AWG Rz. 45 (November 2011) zu den Beschränkungsermächtigungen des AWG a.F., der zu Recht darauf hinweist, dass bzgl. der wirtschaftspolitischen Gründe die Beschränkungsbefugnis grundsätzlich nach Art. 207 AEUV auf EU übergegangen ist und eine mitgliedstaatliche Beschränkung aus diesen Gründen nur noch in Ausnahmefällen erfolgen kann. Hierzu → Einführung AWG Rz. 30 f.
2) Vgl. Friedrich in Hocke/Friedrich, § 1 AWG Rz. 5 (April 2012).
3) Vgl. Friedrich in Hocke/Friedrich, § 1 AWG Rz. 5 (April 2012); Diemer in Erbs/Kohlhaas, Strafrechtliche Nebengesetze, 194. Ergänzungslieferung 2013, § 1 AWG Rz. 3; Bryde in Achterberg/Püttner/Würtenberger, Bd. I, 2. Aufl. 2000, § 5 Rz. 16.
4) Vgl. BT-Drucks. III/1285, 232.
5) Vgl. Bryde in Achterberg/Püttner/Würtenberger, Bd. I, 2. Aufl. 2000, § 5 Rz. 16; Friedrich in Hocke/Friedrich, § 1 AWG Rz. 5 (April 2012).
6) Weitere Beispiele bei Reuter, 1995 Rz. 764 ff.
7) Z.B. Reuter, 1995, Rz. 762, aber auch schon BT-Drucks. III/1285, 233.
8) Weith/Wegner/Ehrlich, 2006, 102.
9) Hierzu → Einführung AWG Rz. 27.

Überlassung von Kriegswaffen der Genehmigung. Ferner ist für deren Beförderung innerhalb Deutschlands sowie deren Ein-, Aus- und Durchfuhr durch das Bundesgebiet ebenfalls eine Genehmigung erforderlich (§ 3 KWKG). Dabei bestimmt die Kriegswaffenliste (Anlage zum KWKG) abschließend, welche Gegenstände, Stoffe und Organismen als Kriegswaffe i.S.d. KWKG anzusehen sind.

Auch das vornehmlich in ZK und ZKDVO geregelte **Zollrecht** gilt unabhängig von dem AWG-/AWV-System.[1] Es legt besondere Regelungen für Zollverfahren fest. Der Zollbeteiligte muss für die Ein- und Ausfuhr von Waren eine Zollanmeldung abgeben; zudem werden Ein- oder Ausfuhrabgaben erhoben.[2] Über die Erhebung von Zöllen hinaus setzt die Zollverwaltung auch nach Art. 58 ZK die sonstigen Verbote und Beschränkungen (VuB) der Ein- und Ausfuhr zum Schutz bestimmter Rechtsgüter, wie der Gesundheit und des Lebens von Menschen oder Tieren, durch.[3]

In Bezug auf das Außenwirtschaftsrecht kommt dem Zollrecht zudem insoweit eine Sonderstellung zu, als außenwirtschaftsrechtliche Regelungen teilweise an die zollrechtlichen Verfahrensvorschriften für die Ein- und Ausfuhr anknüpfen.[4]

Zu den Regelungen i.S.v. § 1 Abs. 2 Nr. 1 AWG gehören auch die Regelungen des **Kreditwesengesetzes** (KWG), soweit sie Beschränkungen enthalten, die nicht nur Inländer, sondern auch in Deutschland tätige Ausländer betreffen.[5] Dies gilt etwa für den Erlaubnisvorbehalt nach § 32 Abs. 1 Satz 1 KWG. Dieser erfasst jedes – auch grenzüberschreitende – Betreiben von Bankgeschäften und jedes Erbringen von Finanzdienstleistungen im Inland, gleich ob durch in- oder ausländische Institute.[6] Ebenfalls durch das AWG unberührt bleiben Beschränkungen des Kapital- und Zahlungsverkehrs durch die Bundesanstalt für Finanzdienstleistungsaufsicht (BaFin) nach § 6a KWG.[7] Dieser ermächtigt die BaFin zur Verhinderung und Bekämpfung der Finanzierung von Terrorismus u.a., Verfügungen über Konten oder Depots und die Durchführung sonstiger Finanztransaktionen zu untersagen.

---

1) Vgl. BT-Drucks. III/1285, 232; Diemer in Erbs/Kohlhaas, Strafrechtliche Nebengesetze, 194. Ergänzungslieferung 2013, § 1 AWG Rz. 3.
2) Einfuhrabgaben sind dabei Zölle und Abgaben gleicher Wirkung, Agrarabgaben bei der Einfuhr von Waren sowie die EUSt und andere für eingeführte Waren zu entrichtende Verbrauchsteuern. Ausfuhrabgaben werden nur vereinzelt, zumeist bei landwirtschaftlichen Produkten erhoben, → Art. 4 ZK Rz. 18 ff.
3) Vgl. Henke in Witte, 5. Aufl. 2009, Art. 58 ZK Rz. 55 (VuB-ABC).
4) Vgl. Friedrich in Hocke/Friedrich, Einführung AWG, 6 (April 2012), der konstatiert, dass die den Warenverkehr betreffenden Kap. II bis IV der AWV geradezu durchsetzt seien mit Bezugnahmen auf das Zollrecht.
5) BVerwG v. 22.4.2009, 8 C 2/09, BVerwGE 133, 358, juris, Rz. 52 f., für den Erlaubnisvorbehalt für das Betreiben von Bankgeschäften im Inland nach § 32 Abs. 1 Satz 1 KWG.
6) BVerwG v. 22.4.2009, 8 C 2/09, BVerwGE 133, 358, juris, Rz. 52 f., für den Erlaubnisvorbehalt für das Betreiben von Bankgeschäften im Inland nach § 32 Abs. 1 Satz 1 KWG.
7) Vgl. § 6a Abs. 6 KWG. Die Einfügung des § 6a in das KWG wurde wegen der damit verbundenen Zersplitterung bestehender Ämter- und Behördenzuständigkeiten und Erhöhung des bürokratischen Aufwands kritisiert und trotz des – zumindest innerdeutschen Sachverhalten – fehlenden außenwirtschaftlichen Bezugs eine Integration in das AWG gefordert, vgl. Achtelik in Boos/Fischer/Schulte-Mattler, 4. Aufl. 2012, § 6a KWG Rz. 15 f.; Deutsche Bundesbank, Monatsbericht April 2003, 79 f.; Achtelik in Herzog, 2010, § 6a KWG Rz. 8.

22 Für die Ein- und Ausfuhr von Marktordnungswaren gilt vorrangig das Gesetz zur Durchführung der **gemeinsamen Marktorganisation** (MOG).[1)] Marktorganisationswaren sind Erzeugnisse, die den gemeinsamen Marktorganisationen unterliegen, sowie Erzeugnisse, für die in Ergänzung oder zur Sicherung einer gemeinsamen Marktorganisation EU-rechtliche Regelungen bestehen (§§ 2, 1 Abs. 2 MOG). Im Einzelnen sind dies Erzeugnisse des Bodens, der Viehzucht und der Fischerei.

23 § 1 Abs. 4 des Gesetzes zum Schutz deutschen Kulturgutes gegen Abwanderung (**KultSchG**)[2)] unterwirft die Ausfuhr eingetragenen Kulturguts ebenso wie das sonstige Verbringen aus dem Geltungsbereich des KultSchG einer Genehmigungspflicht. Die Genehmigung kann dabei an Bedingungen geknüpft werden. Sie ist zu versagen, wenn bei Abwägung der Umstände des Einzelfalls wesentliche Belange des deutschen Kulturbesitzes überwiegen.

24 Weitere Beispiele für vom AWG unberührt bleibende Vorschriften sind das Gesetz zur Überwachung strafrechtlicher und anderer Verbringungsverbote, das Gesetz zum Washingtoner Artenschutzübereinkommen oder die Betäubungsmittel-Außenhandelsverordnung.[3)]

II. Zwischenstaatliche Vereinbarungen (§ 1 Abs. 2 Nr. 2 AWG)

25 Bei den zwischenstaatlichen Vereinbarungen i.S.v. § 1 Abs. 2 Nr. 2 AWG handelt es sich um bi- oder multilaterale Vereinbarungen, die die politischen Beziehungen des Bundes regeln oder sich auf Gegenstände der Bundesgesetzgebung beziehen. Diese bedürfen gem. Art. 59 Abs. 2 GG der Zustimmung der für die Bundesgesetzgebung zuständigen Körperschaften in der Form eines Bundesgesetzes. Deutschland ist völkerrechtlich an diese Vereinbarungen gebunden. Daher sollen deren normative Bestimmungen – deren Inhalt durch das Zustimmungsgesetz zu innerstaatlichem Recht geworden ist – nicht durch das AWG beeinträchtigt werden.[4)] Zu den maßgeblichen Vereinbarungen zählen in erster Linie die Verträge über die Europäische Union und sonstige Verträge Deutschlands mit anderen Staaten auf dem Gebiet des Handels- und Zahlungsverkehrs.[5)] Zu Letzteren gehören insbesondere die WTO-Verträge[6)] und das

---

1) Vgl. BT-Drucks. III/1285, 232 („übergeordneter Rahmen" des Marktorganisationssystems); Diemer in Erbs/Kohlhaas, Strafrechtliche Nebengesetze, 194. Ergänzungslieferung 2013, Vorbem. AWG Rz. 8. Die Gemeinsame Marktorganisation der EU, die ursprünglich zur Erreichung der Ziele der Gemeinsamen Agrarpolitik geschaffen wurde (Art. 40 Abs. 1 AEUV, ex-Art. 34 Abs. 1 EGV) und sich mittlerweile auf die meisten EU-Erzeugnisse erstreckt, ist eine einheitliche, gemeinschaftlich geregelte Organisation. 2007 wurden die ursprünglich für die einzelnen Erzeugnisse oder Erzeugnisgruppen gesonderten Gemeinsamen Marktorganisationen in einer einheitlichen Gemeinsamen Marktorganisation gebündelt, vgl. hierzu Norer/Bloch in Dauses, Agrarrecht, Rz. 86 f. (Februar 2012).
2) Schon in BT-Drucks. III/1285, 233 als Beispiel für vom AWG unberührt bleibende Gesetze und Rechtsverordnungen i.S.d. § 1 Abs. 2 Var. 1 AWG genannt.
3) Vgl. BGBl. I 1961, 607 f.; BGBl. II 1975, 773 ff.; BGBl. I 1981, 1420 ff.
4) Vgl. BT-Drucks. III/1285, 233.
5) BT-Drucks. III/1285, 233.
6) Vgl. Zustimmungsgesetze zum GATT, BGBl. II 1968, 1183 ff.; zum GATS, BGBl. II 1997, 1990 ff. und zum TRIPS, BGBl. II 1994, 1730 ff.

Abkommen über den Internationalen Währungsfonds,[1] die Grenzen für die Beschränkung des zwischenstaatlichen Güter- und Dienstleistungsverkehrs und des nicht der Übertragung von Kapital dienenden Zahlungsverkehrs enthalten.[2]

Weitere Beispiele für transformierte zwischenstaatliche Vereinbarungen, die normative Bestimmungen enthalten, sind der Atomwaffensperrvertrag, das Chemiewaffenübereinkommen, Biowaffenübereinkommen oder das Washingtoner Artenschutzübereinkommen. Sie setzen – anders als die WTO-Verträge und das IWF-Abkommen – keine Grenzen für die Beschränkung des Außenwirtschaftsverkehrs, sondern verpflichten vielmehr zur Beschränkung desselben.[3] **26**

III. Rechtsvorschriften zwischenstaatlicher Einrichtungen, auf die Hoheitsrechte übertragen worden sind (§ 1 Abs. 2 Nr. 3 AWG)

Weiterhin vom AWG unberührt bleiben Rechtsvorschriften der Organe zwischenstaatlicher Einrichtungen, auf die Deutschland Hoheitsrechte übertragen hat. Dabei sollen nach der gesetzgeberischen Intention nur die Rechtsvorschriften erfasst werden, denen unmittelbare Rechtswirkung gegenüber den Staatsbürgern zukommt.[4] Erfasst werden sollen also Vorschriften, die nicht auf Grund eines jeweils zu erlassenden Zustimmungsgesetzes für jeden Staatsbürger verbindlich sind, sondern die infolge der Zugehörigkeit Deutschlands zu der „zwischenstaatlichen Einrichtung" gelten.[5] Gemeint sind die **unmittelbar geltenden Verordnungen** des **sekundären EU-Rechts**.[6] **27**

Die wichtigsten EU-Verordnungen zur Ein- und Ausfuhr sind in diesem Zusammenhang die **Verordnung (EG) Nr. 260/2009** des Rates vom 26.2.2009 über die gemeinsame Einfuhrregelung[7] und die **Verordnung (EG) Nr. 1061/2009** des Rates vom 19.10.2009 zur Festlegung einer gemeinsamen Ausfuhrregelung.[8] Beide gehen in ihrem Art. 1, wie das AWG, vom Grundsatz der Freiheit des Außenwirtschaftsverkehrs aus und enthalten die Voraussetzungen für die Einführung von Beschränkungen (→ Rz. 36 ff. und 39 ff.). Für den Bereich der Ausfuhr ist zudem die Verordnung (EG) Nr. 428/2009 des Rates vom 5.5.2009 über eine Gemeinschaftsregelung für die Kontrolle der Ausfuhr, der Verbringung, **28**

---

1) Vgl. Zustimmungsgesetze, BGBl. II 1952, 638 ff.; BGBl. II 1968, 1227 ff.; BGBl. II 1978, 13 ff. und BGBl. II 1991, 814 ff.
2) Zur Bedeutung der WTO-Verträge und des IWF-Abkommens → Einführung AWG Rz. 36 f.
3) Zu Atomwaffensperrvertrag, Chemie- und Biowaffenübereinkommen sowie den im Bereich Außenwirtschaftsrechts bedeutenden Gentlemen's Agreements, die als völkerrechtlich nicht bindende Vereinbarung nicht unter § 1 Abs. 2 Var. 2 AWG fallen, → Einführung AWG Rz. 38 ff.
4) Vgl. BT-Drucks. III/1285, 233.
5) Vgl. Schulz, 1966, § 1 AWG Rz. 29.
6) Friedrich in Hocke/Friedrich, § 1 AWG Rz. 5 (April 2012). Dessen Vorrang vor dem nationalen Recht ergibt sich auch schon aus der Grundkonzeption des Unionsrechts, vgl. EuGH v. 15.7.1964, Costas/ENEL, 6/64, EuGHE 1964, 1251; EuGH v. 25.7.1991, Factortame u.a., C-221/89, EuGHE 1991, I-3905.
7) ABl.EU 2009 Nr. L 84, 1.
8) ABl.EU 2009 Nr. L 291, 1; vgl. Ott in Verwaltungsgericht im Wandel der Zeit, 2004, 188, 190.

der Vermittlung und der Durchfuhr von Gütern mit doppeltem Verwendungszweck (**Dual-Use-VO**)[1]) von Bedeutung (→ Rz. 42 ff.). Trotz der mitgliedstaatlichen Kompetenz nach Art. 346 AEUV[2]) trifft sie Regelungen für den sicherheitspolitischen Bereich.[3])

29 Zu beachten ist, dass – anders als für die unmittelbar geltenden EU-Verordnungen – § 1 Abs. 2 Nr. 3 AWG für die den Erlass eines nationalen Umsetzungsaktes erfordernden **EU-Richtlinien** keine Anwendung findet.[4]) Für sie soll „die notwendige Rechtsgrundlage [...] vielmehr durch § 5 [AWG] geschaffen werden".[5]) Dasselbe gilt grundsätzlich auch für **Resolutionen des UN-Sicherheitsrats** nach Art. 25, 41 SVN;[6]) Mangels unmittelbarer Wirkung fallen sie nicht unter § 1 Abs. 2 Nr. 3 AWG.[7]) § 1 Abs. 2 Nr. 3 AWG findet auf sie jedoch dann (indirekte) Anwendung, wenn ihre Umsetzung – wie i.d.R. – im Wege der EU-Verordnung erfolgt.[8])

IV. Keine Konzentrationswirkung

30 Zu beachten ist, dass das AWG keine Konzentrationsvorschrift wie z.B. nach dem Muster des § 4 BImSchG kennt, wonach eine Genehmigung alle auch nach anderen Vorschriften erforderlichen Genehmigungen umfasst.[9]) Das gilt im Verhältnis der Vorschriften des AWG zueinander ebenso wie gegenüber etwaig einzuhaltenden Genehmigungserfordernissen nach anderen Gesetzen.[10]) Einzige Ausnahme ist insoweit § 46 Abs. 2 AWV (§ 40 Abs. 2 AWV a.F.), nach dem eine Transithandelsgenehmigung bei genehmigungspflichtiger Ausfuhr nicht erforderlich ist.

---

1) ABl.EU 2009 Nr. L 134, 1.
2) Der EuGH hat in den Grundsatz-Urteilen Werner (C-70/94, EuGHE 1995, I-3189, Rz. 12) und Leifer (C-83/94, EuGHE 1995, I-3231, Rz. 12 f.) festgehalten, dass der Gemeinschaft die ausschließliche Kompetenz für den Bereich der Dual-Use-Güter zukommt. Vgl. zu dieser EuGH-Rechtsprechung auch die Anmerkungen von Epping, AW-Prax, 437 ff.; Reuter, RIW 1996, 719 ff.
3) Den Mitgliedstaaten verbleibt jedoch auf Grund der in Art. 8 und 22 der VO normierten Ermächtigungsgrundlagen eine Kompetenz für zusätzliche nationale Maßnahmen im Bereich der Ausfuhr und der innergemeinschaftlichen Verbringung. Vgl. Simonsen in Wolffgang/Simonsen/Tietje, Bd. II, § 1 AWG Rz. 51 (November 2011).
4) Vgl. Friedrich in Hocke/Friedrich, § 1 AWG Rz. 5 (April 2012).
5) BT-Drucks. III/1285, 233.
6) Vgl. Diemer in Erbs/Kohlhaas, Strafrechtliche Nebengesetze, 194. Ergänzungslieferung 2013, § 5 Rz. 2.
7) Vgl. Klein/Schmahl in Graf Vitzthum, 5. Aufl. 2010, 334 f.
8) Innerhalb der EU erfolgt die Umsetzung von UN-Resolutionen zunächst in Form von durch den Rat aufgestellten Gemeinsamen Standpunkten auf dem Gebiet der Gemeinsamen Außen- und Sicherheitspolitik (GASP), die für die Mitgliedstaaten völkerrechtlich verbindlich sind. Zur Umsetzung dieser in unmittelbar geltendes Recht bedarf es einer weiteren Konkretisierung und Umsetzung, die i.d.R. durch unmittelbar geltende EU-Verordnungen erfolgt, aber auch durch nationale Rechtsakte möglich ist. Vgl. Röben in Grabitz/Hilf/Nettesheim, Art. 75 AEUV Rz. 52 ff. (Oktober 2011); www.ausfuhrkontrolle.info/ausfuhrkontrolle/de/embargos/index.html.
9) Reuter, 1995, Rz. 593.
10) Reuter, 1995, Rz. 593; Haeberlin in Martinek/Semler/Habermeier/Flohr, 3. Aufl. 2010, § 44 Rz. 13.

Sehen verschiedene Tatbestände für dasselbe Rechtsgeschäft Genehmigungspflichten vor, so sind also demnach mehrere Genehmigungen einzuholen.[1] Das wird selbst für AWG und KWKG nicht in Frage gestellt, obwohl beide Gesetze die Ausfuhr von Kriegswaffen und Kriegswaffenteilen zum Schutz des Völkerfriedens beschränken und damit denselben Schutzzweck verfolgen.[2] So kann beispielsweise neben einer Ausfuhrgenehmigung nach dem AWG i.V.m. der AWV und einer Ausfuhranmeldung beim Zoll eine Genehmigung nach dem KWKG erforderlich sein.[3]

31

V. Sonderproblem: Exportkontrollvorschriften anderer Staaten/Reexport

Außer aus dem nationalen und europäischen Recht sind bei der Ausfuhr teilweise auch Beschränkungen des Außenwirtschaftsverkehrs aus nationalen Vorschriften anderer Staaten zu beachten. Das ist darauf zurückzuführen, dass es den Ursprungs- bzw. Ausfuhrländern bei der Erteilung von Ausfuhrgenehmigungen regelmäßig um den Endverbleib der ausgeführten Güter geht. Dementsprechend sehen sie vielfach auch eine Genehmigungspflicht für eine weitere Ausfuhr aus dem jeweiligen Bestimmungsland (**Reexport**) vor.[4]

32

Am weitesten geht dabei das **US-amerikanische Exportkontrollrecht** (→ Rz. 53 ff.). Es beansprucht weltweite Geltung und umfasst neben Ausfuhren aus den USA auch Lieferungen von US-Gütern von anderen Staaten in Drittstaaten sowie in einem anderen Staat hergestellte Güter, die US-Komponenten enthalten oder auf Basis von US-Technologie oder Software hergestellt wurden.[5] Die amerikanischen Exportkontrollvorschriften können zwar in Deutschland nicht zwangsweise durchgesetzt werden (keine sog. jurisdiction to enforce). Ihre Einhaltung ist für deutsche Exporteure dennoch von großer Bedeutung, da Verstöße u.a. Geld- und Freiheitsstrafen sowie die Nennung auf einer amerikanischen „black list" zur Folge haben können, wodurch ausländischen Unternehmen der Zugang zum US-Markt versagt wird.[6]

33

---

1) A.A. hinsichtlich konkurrierender AWG-/AWV-Vorschriften Friedrich in Hocke/Friedrich, § 2 AWG Rz. 14 (April 2012), der sich aus Gründen der Effizienz (unnötige Beantragung und Erteilung mehrerer Genehmigungen für ein und denselben Vorgang) für eine Konsumption ausspricht.
2) § 6 Abs. 4 KWKG bestätigt § 1 Abs. 2 AWG. Haeberlin in Martinek/Semler/Habermeier/Flohr, 3. Aufl. 2010, § 44 Rz. 13.
3) Seit dem 1.7.2006 gibt es für nach dem KWKG und dem AWG genehmigungspflichtige Güter eine Verfahrenserleichterung in Form der sog. Komplementärgenehmigung. Diese kann für einen Zeitraum von drei Jahren für alle Ausfuhren und Verbringungen, die mit der Ausfuhr bzw. Verbringung von Kriegswaffen in eindeutigem Zusammenhang stehen, beantragt werden und macht die akzessorische Beantragung von Ausfuhr- und Verbringungsgenehmigungen nach der AWV entbehrlich. Dies bedeutet jedoch keinen Wegfall der Genehmigungspflicht. Vgl. www.ausfuhrkontrolle.info/ausfuhrkontrolle/de/arbeitshilfen/merkblaetter/merkblatt_information_komplementaergenehmigung.pdf, 3.
4) Vgl. auch HADDEX, Bd. 1, Teil 6 Rz. 411 (Dezember 2011); Ziegenhain, RIW 1993, 897, 906; Haeberlin in Martinek/Semler/Habermeier/Flohr, 3. Aufl. 2010, § 45 Rz. 61.
5) Weith/Wegner/Ehrlich, 2006, 260; Merz in Hauschka, 2. Aufl. 2010, § 33 Rz. 94.
6) Bachem-Niedermeier, Geschäftspraxis USA 3/2011, 10, 11.

F. Außenwirtschaftsfreiheit im EU-Recht

34 Auch das EU-Außenwirtschaftsrecht kennt den Grundsatz des freien Außenwirtschaftsverkehrs.[1] Wie in Deutschland ist er abgesichert durch die EU-Grundrechte der Berufsfreiheit und des Eigentums (Art. 15 und 17 EU-Grundrechte-Charta). Diese Rechte gelten jedoch nicht schrankenlos. Der EuGH lässt Einschränkungen beider Grundrechte regelmäßig zu, wenn „diese Beschränkungen tatsächlich dem Gemeinwohl dienenden Zielen der Gemeinschaft entsprechen und nicht einen im Hinblick auf den verfolgten Zweck unverhältnismäßigen, nicht tragbaren Eingriff darstellen, der die so gewährleisteten Rechte in ihrem Wesensgehalt antastet."[2] Innerhalb der Europäischen Union ist die Wirtschaftsverkehrsfreiheit zudem durch die **vier EU-Grundfreiheiten** gewährleistet. Sie gewähren EU-Bürgern einen unmittelbaren Anspruch auf Beseitigung ungerechtfertigter Beschränkungen des EU-internen Wirtschaftsverkehrs.[3]

35 In Bezug auf den Wirtschaftsverkehr mit Drittstaaten enthält Art. 206 AEUV eine Absichtserklärung zur schrittweisen Beseitigung der Beschränkungen im internationalen Handelsverkehr und bei den ausländischen Direktinvestitionen sowie zum Abbau der Zollschranken und anderer Schranken.[4] Demgemäß schreiben auch die außenwirtschaftsrechtlichen EU-Grundverordnungen, die Verordnung (EG) Nr. 260/2009 des Rates vom 26.2.2009 über die gemeinsame Einfuhrregelung[5] (→ Rz. 36 ff.) und die Verordnung (EG) Nr. 1061/2009 des Rates vom 19.10.2009 zur Festlegung einer gemeinsamen Ausfuhrregelung[6] (→ Rz. 39 ff.) in ihrem Art. 1 den Grundsatz der Freiheit des Außenwirtschaftsverkehrs für die Ein- und Ausfuhr fest.[7] Beide Verordnungen ermöglichen jedoch Schutzmaßnahmen und damit Ausnahmen vom Grundsatz der freien Ein- und Ausfuhr. Zudem unterliegen eine Vielzahl politisch sensibler Güter einem besonderen Regime, so Kulturgüter,[8] Abfälle,[9] Chemikalien[10] und Güter mit doppeltem Verwendungszweck (→ Rz. 42 ff.).[11]

---

1) Diemer in Erbs/Kohlhaas, Strafrechtliche Nebengesetze, 194. Ergänzungslieferung 2013, § 1 AWG Rz. 1.
2) EuGH v. 10.1.1992, Kühn/Landwirtschaftskammer Weser-Ems, C-177/90, EuGHE 1992, I-35 Rz. 16; EuGH v. 5.10.1994, Bundesrepublik Deutschland/Rat der Europäischen Union, C-280/93, EuGHE 1994, I-4973, Rz. 78.
3) So z.B. für die Warenverkehrsfreiheit EuGH v. 20.2.1979, Cassis de Dijon, 120/78, EuGHE 1979, 649; für die Dienstleistungsfreiheit EuGH v. 13.10.2011, Waypoint Aviation SA, C-9/11, noch n.v.; s. auch Bryde in Schmidt, 1996, BT 2, § 14 Rz. 37.
4) Vgl. Bryde in Schmidt, 1996, BT 2, § 14 Rz. 38. Die rechtliche Reichweite dieser Grundsatzerklärung ist allerdings umstritten, s. hierzu Hahn in Calliess/Ruffert, 4. Aufl. 2011, Art. 206 AEUV Rz. 5 ff.
5) ABl.EU 2009 Nr. L 84, 1.
6) ABl.EU 2009 Nr. L 291, 1.
7) Vgl. Ott in Verwaltungsgericht im Wandel der Zeit, 2004, 188, 190.
8) VO (EWG) Nr. 3911/92 des Rates über die Ausfuhr von Kulturgütern v. 9.12.1992, ABl.EG 1992 Nr. L 395.
9) VO (EG) Nr. 1013/2006 des Europäischen Parlaments und des Rates über die Verbringung von Abfällen v. 14.6.2006, ABl.EU 2006 Nr. L 190, 1.
10) VO (EG) Nr. 689/2008 des Europäischen Parlaments und des Rates über die Aus- und Einfuhr gefährlicher Chemikalien v. 17.6.2008, ABl.EU 2008 Nr. L 204, 1.
11) VO (EG) Nr. 428/2009 des Rates über eine Gemeinschaftsregelung für die Kontrolle der Ausfuhr, der Verbringung, der Vermittlung und der Durchfuhr von Gütern mit doppeltem Verwendungszweck v. 5.5.2009, ABl.EU 2009 Nr. L 134, 1.

I. Verordnung (EG) Nr. 260/2009 – Gemeinsame Einfuhrregelung

Die Verordnung (EG) Nr. 260/2009 des Rates vom 26.2.2009 trifft eine gemeinsame Einfuhrregelung für die Europäische Union.[1)] Sie gilt für die Einfuhren von Waren mit Ursprung in Drittländern in die EU.[2)] Art. 1 Abs. 2 der VO (EG) Nr. 260/2009 schreibt den Grundsatz der freien Einfuhr von Waren mit Ursprung in Drittländern fest, Kapitel V der VO (EG) Nr. 260/2009 sieht jedoch die Möglichkeit von Schutzmaßnahmen vor. Um notwendige Schutzmaßnahmen zu prüfen und zu beraten, legen Kapitel II und III der VO (EG) Nr. 260/2009 ein Informations- und Konsultationsverfahren sowie ein Untersuchungsverfahren fest. Darüber hinaus sieht Kapitel IV der VO (EG) Nr. 260/2009 zu diesem Zweck die Möglichkeit vor, nachträgliche oder vorherige Überwachungsmaßnahmen einzuführen.[3)]

Die nach Kapitel V der VO (EG) Nr. 260/2009 möglichen Schutzmaßnahmen beinhalten insbesondere die Einführung einer Einfuhrgenehmigungspflicht und die Kontingentierung von Einfuhren. Voraussetzung für Schutzmaßnahmen ist nach Art. 16 Abs. 1 der VO (EG) Nr. 260/2009 grundsätzlich, dass eine Ware in derart erhöhten Mengen oder unter Bedingungen in die EU eingeführt wird, dass den EU-Herstellern eine bedeutende Schädigung entsteht oder zu entstehen droht.[4)] Die Schutzmaßnahmen kann entweder die Kommission (auf Antrag eines Mitgliedstaats oder von sich aus) treffen oder der Rat nach Maßgabe eines Vorschlags der Kommission.[5)] Gemäß Art. 16 Abs. 5 der VO (EG) Nr. 260/2009 gelten Schutzmaßnahmen grundsätzlich für alle nach ihrem Inkrafttreten zum zollrechtlich freien Verkehr abgefertigten Waren und können

---

1) Ausführlich zur VO (EG) Nr. 260/2009, vgl. die Kommentierung → C 1 VO gemeinsame Einfuhrregelung.
2) Für Textilwaren und Waren aus bestimmten Drittländern gelten jedoch spezifische Einfuhrregelungen, vgl. Art. 1 Abs. 1 der Verordnung, die für Textilwaren auf die VO (EG) Nr. 517/94 und für Waren mit Ursprung in bestimmten Drittländern auf die VO (EG) Nr. 519/94 verweist.
3) Die nachträgliche Überwachung erfolgt in Form einer statistischen Überwachung. Bei der vorherigen Überwachung wird die Abfertigung von Waren zum zollrechtlich freien Verkehr von der Vorlage eines Einfuhrdokuments abhängig gemacht, das jeweils gebührenfrei von den EU-Mitgliedstaaten für alle beantragten Mengen ausgestellt wird.
4) Dabei erfordern Maßnahmen gegenüber WTO-Mitgliedern nach Abs. 2 das Vorliegen beider Voraussetzungen. Noch strenger sind die Voraussetzungen für Maßnahmen bezüglich Waren mit Ursprung in Entwicklungsländern, die der WTO angehören: Gemäß Art. 19 der Verordnung dürfen Schutzmaßnahmen auf sie nicht angewandt werden, solange der Anteil der betreffenden Ware an den EU-Einfuhren 3 % nicht übersteigt und auf die WTO-Entwicklungsländer mit einem Einfuhranteil von weniger als 3 % zusammen nicht mehr als 9 % der Gesamteinfuhren der betreffenden Ware in die EU entfallen.
5) Vgl. Art. 16 und 17 der Verordnung. Ein Beispiel sind die vorläufigen Schutzmaßnahmen der Gemeinschaft im sog. „Stahlfall" im Jahre 2002 (VO (EG) Nr. 560/2002, ABl.EG 2002 Nr. L 85, 1; noch gestützt auf die VO (EG) Nr. 3285/94, die Vorgänger-VO der VO (EG) Nr. 260/2009, die jedoch materiell-rechtlich mit dieser übereinstimmt): Die USA hatten als größter Stahlmarkt der Welt durch das Einführen von Schutzzöllen auf Stahlprodukte von bis zu 30 % ihren Markt für Einfuhren so gut wie geschlossen. Die Gemeinschaft befürchtete, dass ihr Stahlmarkt (der zweitgrößte Stahlmarkt der Welt) durch eine Flut von Einfuhren aus Drittstaaten betroffen werden könnte, da letztere ihre Waren nicht mehr auf dem US-Stahlmarkt absetzen konnten, vgl. Jakob/Mueller/Schultheiß in Grabitz/Hilf/Nettesheim, Vorbem. Rz. 8 (Oktober 2009). 2009 wurden die Schutzmaßnahmen durch die VO (EG) Nr. 1241/2009, ABl.EU 2009 Nr. L 332, 54 (gestützt auf die VO (EG) Nr. 260/2009) aufrechterhalten und hinsichtlich ihres Umfangs aktualisiert.

auch auf eine oder mehrere Regionen der EU beschränkt werden. Der Anwendungszeitraum einer Schutzmaßnahme beträgt gem. Art. 20 Abs. 5 der VO (EG) Nr. 260/2009 maximal acht Jahre.[1]

38 Art. 24 Abs. 2 Buchst. a der VO (EG) Nr. 260/2009 enthält eine Ermächtigungsgrundlage zu Gunsten der Mitgliedstaaten. Danach können diese aus Gründen der öffentlichen Sittlichkeit, der öffentlichen Sicherheit und Ordnung, des Schutzes der Gesundheit und des Lebens von Menschen oder Tieren oder des Schutzes von Pflanzen, des nationalen Kulturguts von künstlerischem, geschichtlichem oder archäologischem Wert oder des gewerblichen oder kommerziellen Eigentums einzelstaatliche Maßnahmen erlassen und anwenden.[2]

II. Verordnung (EG) Nr. 1061/2009 – Gemeinsame Ausfuhrregelung

39 Die Verordnung (EG) Nr. 1061/2009 des Rates vom 19.10.2009 legt eine gemeinsame Ausfuhrregelung für die Europäische Union fest.[3] Art. 1 der VO (EG) Nr. 1061/2009 schreibt den Grundsatz der freien Ausfuhr von Waren in Drittländern fest, sieht jedoch die Möglichkeit mengenmäßiger Beschränkungen zu Schutzzwecken vor. Ähnlich der VO (EG) Nr. 260/2009 beinhaltet die VO (EG) Nr. 1061/2009 in ihrem Kapitel II Vorschriften für ein Informations- und Konsultationsverfahren, um notwendige Schutzmaßnahmen zu beraten und zu prüfen. Die Kommission kann zudem die Mitgliedstaaten ersuchen, statistische Angaben über ihre jeweilige Marktlage vorzulegen und ihre Ausfuhren gemäß den einzelstaatlichen Rechtsvorschriften und nach den von ihr angegebenen Modalitäten zu überwachen. Soweit ein unverzügliches Eingreifen geboten ist, kann die Kommission nach Art. 6 die Ausfuhr eines Erzeugnisses von der Vorlage einer Ausfuhrgenehmigung abhängig machen. In diesem Falle legt sie bis zu einem Beschluss des Rates auch die Modalitäten und die Grenzen für die Erteilung der entsprechenden Ausfuhrgenehmigungen fest.

40 Nach Art. 7 der VO (EG) Nr. 1061/2009 kann der Rat Schutzmaßnahmen hinsichtlich der Ausfuhr treffen, um einer durch einen Mangel an lebenswichtigen Gütern bedingten Krisenlage vorzubeugen oder entgegenzuwirken oder um internationale Verpflichtungen der EU oder aller Mitgliedstaaten zu erfüllen. Das gilt insbesondere für den Handel mit Grundstoffen. Die Maßnahmen, bei denen es sich i.d.R. um mengenmäßige Beschränkungen handelt, können dabei auf gewisse Bestimmungsländer und auf die Ausfuhr aus bestimmten Gebieten der EU beschränkt werden.

---

1) Die Geltungsdauer der Schutzmaßnahmen ist gem. Art. 20 Abs. 1 auf den erforderlichen Zeitraum zu beschränken. Die Höchstdauer von Schutzmaßnahmen soll i.d.R. vier Jahre nicht überschreiten. Unter den Voraussetzungen des Art. 20 Abs. 2 ist jedoch eine Verlängerung grundsätzlich möglich.

2) Einzelstaatliche Maßnahmen finden sich hier insbesondere im Bereich des Gesundheitsschutzes, so z.B. das 1990 wegen der BSE-Seuche durch die Bundesrepublik verhängte Importverbot für Lebendrinder und Rindfleisch aus Großbritannien oder das 2011 infolge der EHEC-Epidemie verhängte Einfuhrverbot für spanische Gurken. Auch nach dem Reaktorunfall von Fukushima 2011 wurden in Deutschland Importverbote für Lebens- und Futtermittel aus Japan diskutiert. Die diesbezüglich erlassene Durchführungsverordnung (EU) Nr. 297/2011 der EU wurde jedoch als ausreichend befunden.

3) Ausführlich zur VO (EG) Nr. 1061/2009 vgl. die Kommentierung → C 2 VO gemeinsame Ausfuhrregeulung.

Auch die Verordnung (EG) Nr. 1061/2009 enthält eine Ermächtigungsgrundlage zu Gunsten der Mitgliedstaaten: Aus den in Art. 10 der VO (EG) Nr. 1061/2009 genannten Gründen können sie mengenmäßige Ausfuhrbeschränkungen einführen. **41**

III. Verordnung (EG) Nr. 428/2009 – Dual-Use-Verordnung

Um die internationalen und EU-Verpflichtungen und Verantwortlichkeiten der Mitgliedstaaten einzuhalten und um den freien Verkehr von Gütern mit doppeltem Verwendungszweck innerhalb der EU zu ermöglichen,[1] hat die Europäische Union in der sog. Dual-Use-Verordnung (Verordnung (EG) Nr. 428/2009)[2] eine EU-Regelung für die Kontrolle der Ausfuhr, der Verbringung, der Vermittlung und der Durchfuhr von Gütern mit doppeltem Verwendungszweck festgelegt.[3] **42**

Für die Ausfuhr der in Anhang I Dual-Use-VO aufgeführten Güter mit doppeltem Verwendungszweck sieht Art. 3 eine **grundsätzliche Genehmigungspflicht** vor. Dabei gilt allerdings für einen Teil der in Anhang I aufgeführten Güter durch Art. 9 i.V.m. Anhang IIa bis IIg Dual-Use-VO eine Allgemeine Ausfuhrgenehmigung für die Ausfuhr in gewisse Bestimmungsländer als erteilt.[4] Unabhängig von den Listen besteht nach Art. 4 Dual-Use-VO eine Genehmigungspflicht für die Ausfuhr von Dual-Use-Gütern, die für chemische, biologische oder atomare Waffen verwendet werden können (Abs. 1 Dual-Use-VO), gegen deren Käufer- oder Bestimmungsland ein Waffenembargo besteht (Abs. 2 Dual-Use-VO) oder die Bestandteile von in der nationalen Militärliste aufgeführten, militärischen Gütern sein könnten (Abs. 3 Dual-Use-VO). Dies gilt jedoch nur, wenn der Ausführer von den zuständigen mitgliedstaatlichen Behörden hierüber unterrichtet worden ist. Den Ausführer trifft bei entsprechender Kenntnis nach Art. 4 Abs. 4 Dual-Use-VO eine entsprechende Informationspflicht. **43**

Vermittlungstätigkeiten sind nach Art. 5 Dual-Use-VO genehmigungspflichtig, wenn sie sich auf in Anhang I Dual-Use-VO aufgeführte Dual-Use-Güter beziehen und der Vermittler durch die zuständigen mitgliedstaatlichen Behörden über eine mögliche Verwendung i.S.v. Art. 4 Abs. 1 Dual-Use-VO unterrichtet worden ist.[5] Auch hier gilt spiegelbildlich eine Informationspflicht des Vermitt- **44**

---

1) Vgl. Erwägungsgründe (3) und (4) Dual-Use-VO.
2) ABl.EU 2009 Nr. L 134, 1.
3) Güter mit doppeltem Verwendungszweck sind nach der Legaldefinition in Art. 2 Nr. 1 der Verordnung alle Güter, einschließlich Datenverarbeitungsprogrammen und Technologie, die sowohl für zivile als auch für militärische Zwecke verwendet werden können. Dabei sollen alle Waren eingeschlossen sein, die sowohl für nichtexplosive Zwecke als auch für jedwede Form der Unterstützung bei der Herstellung von Kernwaffen oder sonstigen Kernsprengkörpern verwendet werden können. Mit der VO (EU) Nr. 388/2012 (ABl.EU 2012 Nr. L 129) wurde der Anhang I der Dual-Use-VO neu gefasst. Er ist am 15.6.2012 in Kraft getreten. Ausführlich zur Dual-Use-VO vgl. die Kommentierung → C5; sowie Friedrich in Hocke/Friedrich, zweiter Band, Teil 1 (April 2012).
4) Vgl. jeweils Teil 2 der Anhänge IIa bis IIf i.d.F. der Änderung durch die VO (EU) Nr. 1232/2011, ABl.EU 2011 Nr. L 326.
5) Nach Art. 5 Abs. 2 der Verordnung können die Mitgliedstaaten den Umfang der Genehmigungspflicht für Vermittlungstätigkeiten u.a. auch auf Verwendungszwecke i.S.v. Art. 4 Abs. 2 erweitern,→ Art. 5 ZK Rz. 5 und 6.

lers bei entsprechender Kenntnis. Hinsichtlich der Durchfuhr von Dual-Use-Gütern können die zuständigen mitgliedstaatlichen Behörden gem. Art. 6 Dual-Use-VO Genehmigungspflichten und Verbote bei möglichen Verwendungen i.S.v. Art. 4 Abs. 1 oder 2 Dual-Use-VO erlassen.

45 Für die Verbringung von in Anhang IV Dual-Use-VO aufgeführten Gütern ist nach Art. 22 Dual-Use-VO auch innerhalb der EU eine Genehmigung erforderlich.

46 Einzelstaatliche Rechtsvorschriften sind nach Art. 4 Abs. 5, Art. 5 Abs. 3 und Art. 22 Abs. 2 sowie nach Art. 8 Dual-Use-VO zulässig. Sie sind den übrigen Mitgliedstaaten bzw. der Kommission anzuzeigen.

G. Außenwirtschaftsfreiheit im Ausland

I. Vereinigtes Königreich

47 Ähnlich wie das deutsche nationale Außenwirtschaftsrecht besteht auch das britische Außenwirtschaftsrecht aus einem Mehrebenensystem aus Gesetzen und Verordnungen.[1] Einen dem Postulat des § 1 Abs. 1 Satz 1 AWG entsprechenden, gesetzlich kodifizierten Grundsatz der Freiheit des Außenwirtschaftsverkehrs gibt es im Vereinigten Königreich jedoch nicht. Wie in Deutschland steht und stand in Großbritannien der Grundsatz des Freihandels in einem Spannungsverhältnis zu dem vom Gedanken des Protektionismus geprägten Merkantilismus. Die (Außen-)Handelsfreiheit besteht in Großbritannien auf Grund des Common Law, nach dem dem Einzelnen alles erlaubt ist, was nicht durch Gesetz verboten oder beschränkend geregelt ist.[2]

48 Bis zum Jahre 2004 wurde das britische nationale Außenhandelsrecht durch das Einfuhr-, Ausfuhr- und Zoll-Ermächtigungsgesetz (zur Verteidigung) 1939 geregelt.[3] Dieses ursprünglich als vorübergehendes gesetzliches Regelungswerk gedachte Gesetz übertrug der Regierung umfassende Kompetenzen zur Kontrolle der Einfuhr in und der Ausfuhr aus dem Vereinigten Königreich.[4]

1. Ausfuhrbestimmungen

49 Für britische Ausfuhrbestimmungen ist das 2004 in Kraft getretene **Exportkontrollgesetz 2002** die Rechtsgrundlage.[5] Dieses Gesetz enthält Ermächtigungsgrundlagen zur Beschränkung der Warenausfuhr, des Transfers von Technolo-

---

1) Diese Darstellung des britischen Außenwirtschaftsrechts beschränkt sich auf die nationalen britischen Ein- und Ausfuhrbestimmungen. Es ist jedoch zu beachten, dass das nationale britische Außenwirtschaftsrecht ebenso wie das nationale deutsche Außenwirtschaftsrecht in weiten Teilen durch Unionsrecht verdrängt wird.
2) Vgl. High Court von England and Wales (King's Bench Division) v. 2.11.1765, Entick v Carrington [1765] EWHC KB J98.
3) Import, Export and Customs Power (Defence) Act 1939. Vgl. Saeed/Gelbard in Aubin/Idiart, 2. Aufl. 2011, 319; www.bis.gov.uk/policies/export-control-organisation/eco-policy-consultations/history-export-controls.
4) Vgl. Art. 1 des Import, Export and Customs Power (Defence) Act 1939.
5) Export Control Act 2002. Vgl. dazu Saeed/Gelbard in Aubin/Idiart, 2. Aufl. 2011, 317, www.bis.gov.uk/policies/export-control-organisation/eco-policy-consultations/history-export-controls.

gie, der technischen Unterstützung im Ausland und von Tätigkeiten im Zusammenhang mit dem Handel mit der Kontrolle unterliegenden Gütern sowie hiermit zusammenhängende weitere Vorschriften.

Auf Grund dieser Ermächtigungsgrundlage wurde das Exportkontrollgesetz 2002 ab dem Jahre 2003 sukzessive durch verschiedene Verordnungen des Außenministeriums ergänzt und ausgeformt.[1] Aus Übersichtlichkeitsgründen wurden dann im Jahre 2008 alle sekundärrechtlichen Ausfuhrbestimmungen – mit Ausnahme der Strahlungsquellen(kontroll)verordnung 2006 – in der **Exportkontrollverordnung 2008**[2] zusammengefasst und zugleich aktualisiert. Die Exportkontrollverordnung 2008 trat im April 2009 in Kraft und stellt seitdem die wichtigste sekundärrechtliche Rechtsquelle des britischen Ausfuhrkontrollsystems dar.[3] Sie legt Ausfuhrverbote und -beschränkungen sowie im Zusammenhang mit den in ihren Anhängen gelisteten Gütern zu beachtende Verfahren und etwaige Ausnahmen fest. In ihrem Anhang 1 enthält die Exportkontrollverordnung 2008 eine Liste mit Kategorie A-Gütern (Teil 1) und eine Liste mit Kategorie B-Gütern (Teil 2),[4] die einer strengeren Ausfuhr- und Handelskontrolle nach Art. 21 und 22 Exportkontrollverordnung 2008 unterliegen. Anhang 2 Exportkontrollverordnung 2008 enthält die sog. UK National Military List. Die in dieser Liste genannte militärische Ausrüstung, Software und Technologie unterliegt den in Teil 2 Exportkontrollverordnung 2008 festgelegten Ausfuhr- und Transferkontrollen. Anhang 3 Exportkontrollverordnung 2008 ergänzt die EU-Dual-Use-Güter-Liste um nationale Positionen,[5] die den in Art. 4 bis 8 Exportkontrollverordnung 2008 festgelegten Ausfuhr- und Transferkontrollen unterfallen. Anhang 4 Exportkontrollverordnung 2008 enthält Bestimmungsländer und -ziele, die strengeren Ausfuhr- und Transferkontrollen unterliegen.[6]

---

1) Im Einzelnen handelte es sich hierbei um die Verordnung betreffend den Güterexport, den Technologietransfer und die Bereitstellung technischer Unterstützung 2003 (Export of Goods, Transfer of Technology and Provision of Technical Assistance Order 2003), die Güterhandels(kontroll)verordnung 2003 (Trade in Goods [Control] Order 2003), die Verordnung betreffenden den Handel mit der Kontrolle unterliegenden Gütern (Embargoländer) 2004 (Trade in Controlled Goods [Embargoed Destinations] Order 2004), die Technische-Unterstützungs-Kontrollverordnung 2006 (Technical Assistance Control Regulations 2006) und die Strahlungsquellen(kontroll)verordnung 2006 (Radioactive Sources [Control] Order 2006), die zuletzt 2009 geändert wurde.
2) Export Control Order 2008.
3) Vgl. Saeed/Gelbard in Aubin/Idiart, 2. Aufl. 2011, 322 f., www.bis.gov.uk/policies/export-control-organisation/eco-policy-consultations/history-export-controls.
4) Die Liste in Teil 1 erfasst dabei in erster Linie Sicherheits- und para-militärische Polizeiausrüstung, Streumunition, explosive Submunitionen und explosive Kleinstbomben, tragbare Luftabwehrsysteme sowie entsprechendes Zubehör und Komponenten. Die Liste in Teil 2 enthält dagegen Kleinfeuerwaffen sowie deren Zubehör, Munition und spezielle Komponenten.
5) Hierbei handelt es sich um sowohl für zivile als auch für militärische Zwecke einsetzbare (s. Art. 1 des Order) Werkstoffe, Materialien, Chemikalien, Mikro-Organismen und Toxine, Telekommunikation, Wasserfahrzeuge, mit diesen in Zusammenhang stehende Software und Technologie, Fluggeräte und damit in Zusammenhang stehende Technologie.
6) Im Einzelnen sind dies einem Embargo unterliegende Länder und Bestimmungsziele (Teil 1 und 2 des Anhangs 4), einer Transitkontrolle für militärische Güter unterliegende Länder und Bestimmungsziele (Teil 3 des Anhangs 4) sowie einer Transitkontrolle für Kategorie B-Güter unterliegende Länder und Bestimmungsziele (Teil 4 des Anhangs 4).

51 Darüber hinaus enthält die Exportkontrollverordnung 2008 Vorschriften zur Führung von Aufzeichnungen (Teil 5) sowie Strafvorschriften (Teil 6). Zu Informationszwecken sind alle für den Export aus dem Vereinigten Königreich relevanten Exportkontrolllisten – inklusive der EU-Listen – in der Strategischen Exportkontrollliste des Vereinigten Königreichs (ohne rechtliche Bindungswirkung) zusammengefasst; lediglich Anhang 1 Exportkontrollverordnung 2008 wurde nicht aufgenommen.[1] Darüber hinaus hat das Britische Ministerium für Gewerbe, Innovation und Qualifikation eine Internetsuchmaschine eingerichtet, die britischen Ausführern helfen soll, festzustellen, ob sie nationale und/ oder EU-Exportkontrollbestimmungen zu beachten haben.[2]

2. Einfuhrbestimmungen

52 Die britischen Einfuhrbestimmungen enthält das Einfuhr-, Ausfuhr- und Zoll-Ermächtigungsgesetz (zur Verteidigung) 1939.[3] Auf seiner Grundlage wurde die Güterimport(kontroll)verordnung 1954[4] erlassen, nach deren Art. 1 die Einfuhr aller Güter in das Vereinigte Königreich grundsätzlich verboten ist. Nach der auf Grund von Art. 2 und 5 dieser Verordnung erlassenen Allgemeinen Globalen Einfuhrgenehmigung vom 1.5.2009 (Open General Import Licence, OGIL) ist jedoch die Einfuhr aller nicht in deren Anhang 1 oder 2[5] gelisteten Güter frei. Auch die in den Anhängen gelisteten Güter unterliegen unter bestimmten Voraussetzungen keinen nationalen Einfuhrbeschränkungen. Das ist beispielsweise der Fall, wenn die entsprechenden Güter aus einem der in Spalte 5 zu der jeweiligen Position genannten Länder, Gebiete oder Bezirke stammen.[6]

II. USA

53 Der in den Vereinigten Staaten verfassungsrechtlich zur Regelung des Außenhandels und zur Erhebung von Steuern, Zöllen, Abgaben und Verbrauchsteuern ermächtigte[7] Kongress hat betont, dass es eines der Hauptanliegen amerikanischer Politik ist, US-Bürgern zu ermöglichen, sich im internationalen Handel zu betätigen.[8] Zudem hat dieser erklärt, den Handel mit allen Ländern fördern zu wollen, mit denen die USA diplomatische und wirtschaftliche Bezie-

---

1) UK Strategic Export Control List, sie enthält Anhang 2 des Export Control Order 2008 (die UK Military List), Anhang 3 des Export Control Order 2008 (die UK-Dual-Use-Liste), Annex II und III der VO (EG) Nr. 1236/2005 (EU-Menschenrechtsliste), Art. 9 des ECO 2008 (UK Security and Paramilitary List), den Anhang des Export of Radioactive Sources (Control) Order 2006 (UK Radioactive Source List) sowie die Annexe I und IV der VO (EG) Nr. 428/2009 (EU-Dual-Use-Liste). Bei einem Kontrollregime entstammenden Posten zeigt ein Buchstabe nach den jeweiligen Posten deren Ursprungsregime an.
2) Diese Suchmaschine ist verfügbar unter www.ecochecker.co.uk/industry.
3) www.bis.gov.uk/importlicensing.
4) Import of Goods (Control) Order 1954.
5) Bei Anhang 1 handelt es sich dabei um eine UK-autonome Liste von Gütern, während Anhang 2 den Annex des Chemiewaffenübereinkommens wiedergibt.
6) Vgl. hierzu auch die Erläuternden Anmerkung (Explanatory Note) in der Anlage zur Open General Import Licence v. 1.5.2009.
7) US Const., Art. I, § 8 cl. 3 („regulate Commerce with foreign Nations"); Art. I, § 8 cl. 1 („collect taxes, duties, imposts, and excises").
8) 50 U.S.C. app. § 2401(1).

hungen hat.[1] Einen dem Postulat des § 1 Abs. 1 Satz 1 AWG entsprechenden, gesetzlich kodifizierten Grundsatz der Freiheit des Außenwirtschaftsverkehrs gibt es in den USA jedoch nicht.

Der Kongress hat u.a. das Zollgesetz von 1930 (Tariff Act), das Handelsgesetz von 1974 (Trade Act) und das Handelsabkommengesetz von 1979 (Trade Agreements Act) erlassen. Diese setzen Zolltarife fest, verbieten den Handel mit bestimmten Gütern und enthalten gewisse Schutzmaßnahmen.

54

Die wichtigsten Ermächtigungsgrundlagen für **Ausfuhrbeschränkungen** sind das Ausfuhrverwaltungsgesetz von 1979 (Export Administration Act, **EAA**)[2] und das Waffenausfuhrkontrollgesetz von 1976 (Arms Export Control Act, **AECA**).[3] Sie wurden erlassen, um möglichen Gefährdungen der nationalen Sicherheit der Vereinigten Staaten durch Ausfuhren von militärisch nutzbaren Gütern und Technologien in einzelne oder mehrere Ländern begegnen zu können.[4]

55

Das EAA ermächtigt den Präsidenten, die Ausfuhr bestimmter gelisteter Güter in bestimmte Länder von Ausfuhrkontrollen und Genehmigungen (government-issued approvals) abhängig zu machen.[5] Die Ausführungsvorschriften zum EAA finden sich in der Ausfuhrverwaltungsverordnung (Export Administration Regulations, **EAR**),[6] die die Ausfuhr und Wiederausfuhr der meisten US-Güter regeln.[7] Welche Güter der EAR unterfallen, ergibt sich dabei aus der Handelskontrollliste (Commerce Control List, **CCL**). Diese ist Bestandteil der

56

---

1) 50 U.S.C. app. § 2402(1) („It is the policy of the United States to minimize uncertainties in export control policy and to encourage trade with all countries with which the United States has diplomatic or trading relations, except those countries with which such trade has been determined by the President to be against the national interest."); vgl. auch 50 U.S.C. app. § 2401(2) („Exports contribute significantly to the economic well-being of the United States and the stability of the world economy by increasing employment and production in the United States, and by earning foreign exchange, thereby contributing favorably to the trade balance. The restriction of exports from the United States can have serious adverse effects on the balance of payments and on domestic employment, particularly when restrictions applied by the United States are more extensive than those imposed by other countries.").
2) 50 U.S.C. app. §§ 2401-2420. Der EAA, und dementsprechend auch seine Ausführungsregularien, waren ursprünglich bis zum 20.8.2001 befristet (50 USC App 2419), werden seitdem jedoch durch jährliche Anordnungen des Präsidenten auf Grund des Internationnal Emergency Economic Powers Act (IEEPA, → Rz. 60) mit der Begründung verlängert, ihr Auslaufen stelle einen nationalen Notstand dar. Zuletzt wurde die Geltung mit der Anordnung 76 FR 50661 v. 12.8.2011 verlängert.
3) 22 U.S.C. § 2278.
4) 50 U.S.C. app. § 2401(5) („Exports of goods or technology without regard to whether they make a significant contribution to the military potential of individual countries or combinations of countries may adversely affect the national security of the United States.") Vgl. auch 50 U.S.C. app. § 2402(2), nach dem es Hauptanliegen der Exportkontrolle ist, „to restrict the export of goods and technology which would make a significant contribution to the military potential of any other country or combination of countries which would prove detrimental to the national security of the United States".
5) Vgl. auch 50 U.S.C. app. § 2404(a)(1) („[T]he President may, in accordance with the provisions of this section, prohibit or curtail the export of any goods or technology subject to the jurisdiction of the United States or exported by any person subject to the jurisdiction of the United States.").
6) 15 CFR Parts 730-774 = Parts 730-774 EAR.
7) HADDEX, Bd. 1, Teil 12, 13.

EAR und ähnelt in ihrer Struktur der deutschen Ausfuhrliste und der EU-Dual-Use-Güterliste, weil die USA Mitglied in denselben Kontrollregimen sind.[1] Die CCL ist in zehn Kategorien unterteilt, die in jeweils fünf Produktgattungen aufgegliedert sind. Jedem gelisteten Gut ist eine fünfstellige Ausfuhrkontrollnummer (sog. Export Control Classification Number, ECCN) zugeordnet, aus der sich Kategorie, Gattung, einschlägige Exportkontrollen und ggf. anwendbare Ausnahmen (sog. License Exceptions) ablesen lassen.[2]

57 Zu beachten ist, dass die Kontrollvorschriften bei vielen Güterpositionen nur für Lieferungen in bestimmte Länder gelten. Daher ist je nach Grund oder Gründen der Beschränkung[3] zusätzlich die Handelsländerliste (Commerce Country Chart, **CCC**) in Anlage 1 der EAR zu konsultieren: Nur wenn sich in dieser alphabetisch geordneten Ländertabelle für das jeweilige Bestimmungsland ein Kreuz in der entsprechenden Spalte des Kürzels des Beschränkungsgrundes findet, unterliegt die Ausfuhr des Gutes in dieses Land – vorbehaltlich einer Allgemeinen Genehmigung (License Exception) – der Kontrolle.[4]

58 Die Kontrollvorschriften erfassen nicht nur Ausfuhren aus den USA, sondern auch **Reexporte**. Sie gelten zudem für alle Waren, die mehr als einen Mindestanteil (de minimis) von 10–25 % an US-Komponenten enthalten, deren Ausfuhr nach dem Kontrollgrund i.V.m. der Einstufung in der CCC genehmigungspflichtig ist. Dasselbe gilt grundsätzlich für mit kontrollierter US-Software oder US-Technologie verbundene Waren, Software oder Technologie.[5]

59 Das AECA räumt dem Präsidenten die Befugnis ein, die **Ein- und Ausfuhr von Verteidigungsgütern** und Verteidigungsdienstleistungen zu kontrollieren.[6] Die hier zu beachtenden Genehmigungsvorbehalte ergeben sich aus der Internationalen Waffenverkehrsverordnung (International Traffic in Arms Regulations, **ITAR**)[7] und deren Kontrollliste, der United States Munition List (**USML**).[8] Letztere unterscheidet zwischen klassifizierten und nicht-klassifizierten Gütern und enthält in 21 Kategorien konventionelle Verteidigungsgüter, Dienstleistungen und technische Daten.[9] Dabei ist zu beachten, dass der ITAR auch im Ausland hergestellte Güter unterfallen, sobald sie einen gelisteten Bestandteil enthalten. Eine Mindestgrenze wie bei der EAR gilt hier nicht.

60 Über die ihm durch das EAA und das AECA verliehenen Kompetenzen hinaus sind dem Präsidenten durch das Gesetz über wirtschaftliche Befugnisse bei internationalen Notlagen von 1977 (International Emergency Economic Powers

---

1) Zu den Kontrollregimen → Einführung AWG Rz. 38 ff.
2) HADDEX, Bd. 1, Teil 12, 17.
3) Der Grund bzw. die Gründe der Beschränkung ergeben sich dabei aus den Kürzeln bei den jeweiligen Posten in der CCL, „NS" bedeutet z.B. eine Beschränkung aus dem Grund der „National Security".
4) Vgl. Burnett in Aubin/Idiart, 2. Aufl. 2011, 414 f.
5) § 734.4 (c), (d) EAR; HADDEX, Bd. 1, Teil 12, 45. Dabei ist zu beachten, dass sowohl die Verantwortung für die Berechnung des Wertanteils i.S.d. de minimis-Regel als auch die Klassifizierung des Endproduktes nach der EAR dem betroffenen Unternehmen obliegt und dieses nach den Grundsätzen des McDonnell Douglas-Falls für Fehler verschuldensunabhängig haftet, s. Bachem-Niedermeier, Geschäftspraxis USA 3/2011, 10, 12 f.
6) 22 U.S.C. § 2778(a).
7) 22 CFR 120-130.
8) Part 121 ITAR = 22 CFR Part 212.
9) HADDEX, Bd. 1, Teil 12, 18.

Act, **IEEPA**)[1] sowie das Handel-mit-dem-Feind-Gesetz von 1917 (Trading with the Enemy Act, **TWEA**)[2] weitreichende Notstandskompetenzen zur Einschränkung des Außenhandels eingeräumt. Auf ihrer Grundlagen wurden in der Vergangenheit verschiedene Embargos und Sanktionen verhängt, die durch Verordnungen umgesetzt wurden.[3]

Über die genannten allgemeinen Ermächtigungsgrundlagen für Beschränkungen hinaus sind auch spezialgesetzliche Regelungen und die auf ihnen beruhenden Beschränkungen zu beachten. Zu ihnen zählen das Iran-Sanktionsgesetz von 1996 (Iran Sanctions Act 1996, **ISA**)[4] und Verfügung Nr. 13590 des US-Präsidenten (**Executive Order (EO) No. 13590**).[5] Mit dem Ziel, nuklearer Bedrohung durch den Iran zu begegnen, beschränken sie die Ausfuhr von Gütern und Technologien sowie Dienstleistungen im Energiesektor. Die Verbote richten sich auch an Nicht-US-Bürger, die mit Nicht-US-Gütern handeln.

---

1) 50 U.S.C. §§ 1701 ff.
2) 50 U.S.C. App. §§ 1 ff.
3) So z.B. auf Grund des IEEPA Embargos gegen Nicaragua, Kuwait, Libyen, Serbien-Montenegro und gegen die UNITA in Angola und auf Grund des TWEA Embargos gegen Nordkorea und Kuba, HADDEX, Bd. 1, Teil 12, 15 f. Vgl. Übersicht der aktuellen Sanktionsprogramme auf der Seite des U.S. Department of the Treasury, www.treasury.gov/resource-center/sanctions/Programs/Pages/Programs.aspx.
4) 50 U.S.C. 1701 note, i.d.F. des Iran Refined Petroleum Sanctions Act of 2009.
5) Abrufbar auf der Internetseite des US-Finanzministeriums: www.treasury.gov/resource-center/sanctions/Documents/13590.pdf.

§ 2
Begriffsbestimmungen

(1) Für dieses Gesetz und die auf Grund dieses Gesetzes erlassenen Rechtsverordnungen gelten die Begriffsbestimmungen der Absätze 2 bis 25, soweit in diesem Gesetz oder einer solchen Rechtsverordnung nichts anderes bestimmt ist.

(2) Ausführer ist jede natürliche oder juristische Person oder Personengesellschaft, die zum Zeitpunkt der Ausfuhr Vertragspartner des Empfängers in einem Drittland ist und

1. über die Lieferung von Waren aus dem Inland in ein Drittland bestimmt oder

2. im Fall von Software oder Technologie über deren Übertragung aus dem Inland in ein Drittland einschließlich ihrer Bereitstellung auf elektronischem Weg in einem Drittland bestimmt.

Stehen nach dem Ausfuhrvertrag die Verfügungsrechte über die Güter einem Ausländer zu, so gilt als Ausführer die inländische Vertragspartei. Wurde kein Ausfuhrvertrag geschlossen oder handelt der Vertragspartner nicht für sich selbst, so gilt als Ausführer, wer über die Ausfuhr tatsächlich bestimmt.

(3) Ausfuhr ist

1. die Lieferung von Waren aus dem Inland in ein Drittland und

2. die Übertragung von Software und Technologie aus dem Inland in ein Drittland einschließlich ihrer Bereitstellung auf elektronischem Weg für natürliche und juristische Personen in Drittländern.

(4) Ausfuhrsendung umfasst die Waren, die ein Ausführer gleichzeitig über dieselbe Ausgangszollstelle nach demselben Bestimmungsland ausführt.

(5) Ausländer sind alle Personen und Personengesellschaften, die keine Inländer sind.

(6) Auslandswerte sind

1. unbewegliche Vermögenswerte im Ausland,

2. Forderungen in Euro gegen Ausländer und

3. auf andere Währungen als Euro lautende Zahlungsmittel, Forderungen und Wertpapiere.

(7) Bestimmungsland ist das Land, in dem die Güter gebraucht oder verbraucht, bearbeitet oder verarbeitet werden sollen oder, wenn dieses Land nicht bekannt ist, das letzte bekannte Land, in das die Güter geliefert werden sollen.

(8) Drittländer sind die Gebiete außerhalb des Zollgebiets der Europäischen Union mit Ausnahme von Helgoland.

(9) Durchfuhr ist

1. die Beförderung von Waren aus dem Ausland durch das Inland, ohne dass die Waren im Inland in den zollrechtlich freien Verkehr gelangen, und

(AWG) 2. die Beförderung von Waren des zollrechtlich freien Verkehrs aus einem anderen Mitgliedstaat der Europäischen Union durch das Inland.

(10) Einführer ist jede natürliche oder juristische Person oder Personengesellschaft, die

1. Waren aus Drittländern ins Inland liefert oder liefern lässt und über die Lieferung der Waren bestimmt oder

2. im Fall von Software oder Technologie über deren Übertragung aus Drittländern ins Inland einschließlich ihrer Bereitstellung auf elektronischem Weg im Inland bestimmt.

Liegt der Einfuhr ein Vertrag mit einem Unionsfremden über den Erwerb von Gütern zum Zweck der Einfuhr zugrunde, so ist nur der inländische Vertragspartner Einführer.

(11) Einfuhr ist

1. die Lieferung von Waren aus Drittländern in das Inland und

2. die Übertragung von Software oder Technologie einschließlich ihrer Bereitstellung auf elektronischem Weg für natürliche und juristische Personen im Inland.

Werden Waren aus Drittländern in eine Freizone geliefert oder in ein Nichterhebungsverfahren übergeführt, so liegt eine Einfuhr erst vor, wenn die Waren

1. in der Freizone gebraucht, verbraucht, bearbeitet oder verarbeitet werden oder

2. in den zollrechtlich freien Verkehr überführt werden.

(12) Einkaufsland ist das Land, in dem der Unionsfremde ansässig ist, von dem der Unionsansässige die Güter erwirbt. Dieses Land gilt auch dann als Einkaufsland, wenn die Güter an einen anderen Unionsansässigen weiterveräußert werden. Liegt kein Rechtsgeschäft über den Erwerb von Gütern zwischen einem Unionsansässigen und einem Unionsfremden vor, so gilt als Einkaufsland das Land, in dem die verfügungsberechtigte Person ansässig ist, die die Güter in das Zollgebiet der Europäischen Union einführt. Ist die verfügungsberechtigte Person, die die Güter in das Zollgebiet der Europäischen Union einführt, im Zollgebiet der Europäischen Union ansässig, so gilt als Einkaufsland das Versendungsland.

(13) Güter sind Waren, Software und Technologie. Technologie umfasst auch Unterlagen zur Fertigung von Waren oder von Teilen dieser Waren.

(14) Handels- und Vermittlungsgeschäft ist

1. das Vermitteln eines Vertrags über den Erwerb oder das Überlassen von Gütern,

2. der Nachweis einer Gelegenheit zum Abschluss eines solchen Vertrags oder

3. der Abschluss eines Vertrags über das Überlassen von Gütern.

Kein Handels- und Vermittlungsgeschäft ist die ausschließliche Erbringung von Hilfsleistungen. Als Hilfsleistungen gelten Beförderung, Finanzdienstleistungen, Versicherung oder Rückversicherung oder allgemeine Werbung oder Verkaufsförderung.

(15) Inländer sind

1. natürliche Personen mit Wohnsitz oder gewöhnlichem Aufenthalt im Inland,
2. juristische Personen und Personengesellschaften mit Sitz oder Ort der Leitung im Inland,
3. Zweigniederlassungen ausländischer juristischer Personen oder Personengesellschaften, wenn die Zweigniederlassungen ihre Leitung im Inland haben und es für sie eine gesonderte Buchführung gibt, und
4. Betriebsstätten ausländischer juristischer Personen oder Personengesellschaften im Inland, wenn die Betriebsstätten ihre Verwaltung im Inland haben.

(16) Technische Unterstützung ist jede technische Hilfe in Verbindung mit der Reparatur, der Entwicklung, der Herstellung, der Montage, der Erprobung, der Wartung oder jeder anderen technischen Dienstleistung. Technische Unterstützung kann in Form von Unterweisung, Ausbildung, Weitergabe von praktischen Kenntnissen oder Fähigkeiten oder in Form von Beratungsleistungen erfolgen. Sie umfasst auch mündliche, fernmündliche und elektronische Formen der Unterstützung.

(17) Transithandel ist jedes Geschäft, bei dem Inländer im Ausland befindliche Waren oder in das Inland gelieferte, jedoch einfuhrrechtlich noch nicht abgefertigte Waren von Ausländern erwerben und an Ausländer veräußern. Dem Transithandel stehen Rechtsgeschäfte gleich, bei denen diese Waren mit dem Ziel der Veräußerung an Ausländer an andere Inländer veräußert werden.

(18) Unionsansässige sind

1. natürliche Personen mit Wohnsitz oder gewöhnlichem Aufenthalt in der Europäischen Union,
2. juristische Personen oder Personengesellschaften mit Sitz oder Ort der Leitung in der Europäischen Union,
3. Zweigniederlassungen juristischer Personen, deren Sitz oder Ort der Leitung in einem Drittland liegt, wenn die Zweigniederlassungen ihre Leitung in der Europäischen Union haben und es für sie eine gesonderte Buchführung gibt, und
4. Betriebsstätten juristischer Personen aus Drittländern, wenn die Betriebsstätten ihre Verwaltung in der Europäischen Union haben.

(19) Unionsfremde sind alle Personen und Personengesellschaften, die keine Unionsansässigen sind.

(20) Verbringer ist jede natürliche oder juristische Person oder Personengesellschaft, die über die Verbringung von Gütern bestimmt und im Zeitpunkt der Verbringung

1. im Fall des Absatzes 21 Nummer 1 Vertragspartner des Empfängers im Zollgebiet der Europäischen Union ist oder

(AWG) 2. im Fall des Absatzes 21 Nummer 2 Vertragspartner des Empfängers im Inland ist.

Stehen nach dem Verbringungsvertrag die Verfügungsrechte über die Güter einem Ausländer zu, so gilt als Verbringer die inländische Vertragspartei. Wurde kein Verbringungsvertrag geschlossen oder handelt der Vertragspartner nicht für sich selbst, so ist ausschlaggebend, wer über die Verbringung tatsächlich bestimmt.

(21) Verbringung ist

1. die Lieferung von Waren oder die Übertragung von Software oder Technologie aus dem Inland in das übrige Zollgebiet der Europäischen Union einschließlich ihrer Bereitstellung auf elektronischem Weg für natürliche und juristische Personen in dem übrigen Zollgebiet der Europäischen Union und

2. die Lieferung von Waren oder die Übertragung von Software oder Technologie aus dem übrigen Zollgebiet der Europäischen Union in das Inland einschließlich ihrer Bereitstellung auf elektronischem Weg für natürliche und juristische Personen im Inland.

(22) Waren sind bewegliche Sachen, die Gegenstand des Handelsverkehrs sein können, und Elektrizität. Wertpapiere und Zahlungsmittel sind keine Waren.

(23) Wert eines Gutes ist das dem Empfänger in Rechnung gestellte Entgelt oder, in Ermangelung eines Empfängers oder eines feststellbaren Entgelts, der statistische Wert im Sinne der Vorschriften über die Statistik des grenzüberschreitenden Warenverkehrs. Stellt sich ein Rechtsgeschäft oder eine Handlung als Teil eines einheitlichen wirtschaftlichen Gesamtvorgangs dar, so ist bei der Anwendung der Wertgrenzen dieses Gesetzes oder einer Rechtsverordnung auf Grund dieses Gesetzes der Wert des Gesamtvorgangs zugrunde zu legen.

(24) Wertpapiere sind

1. Wertpapiere im Sinne des § 1 Absatz 1 des Depotgesetzes,

2. Anteile an einem Wertpapiersammelbestand oder an einer Sammelschuldbuchforderung,

3. Rechte auf Lieferung oder Zuteilung von Wertpapieren im Sinne der Nummern 1 und 2.

Inländische Wertpapiere sind Wertpapiere, die ein Inländer oder, vor dem 9. Mai 1945, eine Person mit Wohnsitz oder Sitz im Gebiet des Deutschen Reichs nach dem Stand vom 31. Dezember 1937 ausgestellt hat. Ausländische Wertpapiere sind Wertpapiere, die ein Ausländer ausgestellt hat, soweit sie nicht inländische Wertpapiere sind.

(25) Zollgebiet der Europäischen Union ist das Zollgebiet der Europäischen Gemeinschaft nach Artikel 3 der Verordnung (EWG) Nr. 2913/92 des Rates vom 12. Oktober 1992 zur Festlegung des Zollkodex der Gemeinschaften (ABl. L 302 vom 19.10.1992, S. 1) in der jeweils geltenden Fassung.

Inhalt

	Rz.
A. Entstehungsgeschichte	1
B. Inhalt und Bedeutung	2–3
C. Grundsatz und Abweichungsmöglichkeiten (§ 2 Abs. 1 AWG)	4
D. Ausführer (§ 2 Abs. 2 AWG)	5–11
I. Norminhalt/Verhältnis zu anderen Regelungen	6
II. Ausführerbegriff	7–11
E. Ausfuhr (§ 2 Abs. 3 AWG)	12–16
I. Norminhalt/Verhältnis zu anderen Regelungen	12–13
II. Lieferung von Waren	14–15
III. Übertragung von Software und Technologie	16
F. Ausfuhrsendung (§ 2 Abs. 4 AWG)	17–19
G. Ausländer, § 2 Abs. 5 AWG	20–22
I. Historische Entwicklung	20–21
II. Negativdefinition	22
H. Auslandswerte (§ 2 Abs. 6 AWG)	23–27
I. Norminhalt/Verhältnis zu anderen Regelungen	23
II. Unbewegliche Vermögenswerte im Ausland (§ 2 Abs. 6 Nr. 1 AWG)	24–25
III. Forderungen in Euro gegen Ausländer (§ 2 Abs. 6 Nr. 2 AWG)	26
IV. Auf andere Währungen als Euro lautende Zahlungsmittel, Forderungen und Wertpapiere (§ 2 Abs. 6 Nr. 3 AWG)	27
I. Bestimmungsland (§ 2 Abs. 7 AWG)	28–33
I. Gebrauch	29
II. Verbrauch	30
III. Be- oder Verarbeitung	31–32
IV. Dual-Use-Verordnung	33
J. Drittländer (§ 2 Abs. 8 AWG)	34–35
K. Durchfuhr (§ 2 Abs. 9 AWG)	36–40
I. Historische Entwicklung	37
II. Durchfuhrbegriff	38–40
L. Einführer (§ 2 Abs. 10 AWG)	41–44
I. Norminhalt/Verhältnis zu anderen Regelungen	42
II. Lieferung und Übertragung	43
III. Einfuhrvertrag mit Unionsfremdem	44
M. Einfuhr (§ 2 Abs. 11 AWG)	45–48
I. Norminhalt/Verhältnis zu anderen Regelungen	46

	Rz.
II. Lieferung/Übertragung	47
III. Lieferung in eine Freizone/ Überführung in ein Nichterhebungsverfahren	48
N. Einkaufsland (§ 2 Abs. 12 AWG)	**49–51**
O. Güter (§ 2 Abs. 13 AWG)	**52–53.2**
I. Norminhalt/Historische Entwicklung	52
II. Güterbegriff	53–53.2
1. Waren	53
2. Software	53.1
3. Technologie	53.2
P. Handels- und Vermittlungsgeschäft (§ 2 Abs. 14 AWG)	**54**
Q. Inländer (§ 2 Abs. 15 AWG)	**55–59**
I. Norminhalt	56
II. Natürliche Personen (Nr. 1)	57
III. Juristische Personen und Personengesellschaften (Nr. 2)	58
IV. Zweigniederlassungen und Betriebsstätten (Nr. 3)	59
R. Technische Unterstützung (§ 2 Abs. 16 AWG)	**60–62**
I. Norminhalt/Verhältnis zu anderen Vorschriften	60
II. Begriff der technischen Unterstützung	61–62
S. Transithandel (§ 2 Abs. 17 AWG)	**63–65**
I. Norminhalt/ Verhältnis zu anderen Vorschriften	63
II. Begriff des Transithandels	64–65
T. Unionsansässige und Unionsfremde (§ 2 Abs. 18 und 19 AWG)	**66–68**
I. Norminhalt/Verhältnis zu anderen Vorschriften	66
II. Begriffe	67–68
U. Verbringer und Verbringung (§ 2 Abs. 20 und 21 AWG)	**69–71**
I. Norminhalt/Verhältnis zu anderen Vorschriften	69
II. Begriffe	70–71
V. Waren (§ 2 Abs. 22 AWG)	**72–73**
W. Wert eines Gutes (§ 2 Abs. 23 AWG)	**74–77**
I. Norminhalt/Verhältnis zu anderen Vorschriften	74
II. Bemessungskriterien	75–77
X. Wertpapiere (§ 2 Abs. 24 AWG9	**78–81**
Y. Zollgebiet der Europäischen Union (§ 2 Abs. 25 AWG)	**82**

A. Entstehungsgeschichte

Die im Jahr 2013 erfolgte Neufassung des AWG und der AWV setzt das im Koalitionsvertrag vorgegebene **Ziel** um, unter Beibehaltung der bisherigen Grundstrukturen das Außenwirtschaftsrecht zu entschlacken, zu vereinfachen sowie an den europäischen Rechtsrahmen anzupassen. In diesem Zusammenhang ist auch die Neuregelung der außenwirtschaftsrechtlichen Definitionen zu sehen. Die Terminologie des seit 1961 bestehenden AWG sollte an die heute in der Europäischen Union gebräuchlichen Begrifflichkeiten angeglichen werden. Durch die Neustrukturierung wurden die Begriffsbestimmungen des § 4 AWG a.f. und der AWV – insbesondere § 4c AWV a.f. – systematisch „vor die Klammer" gezogen und konsolidiert, um dem Rechtsanwender einen Überblick über alle für das AWG und die AWV maßgeblichen Definitionen zu bieten.[1]

B. Inhalt und Bedeutung

§ 2 AWG ersetzt insbesondere § 4 AWG a.f. sowie § 4c AWV a.f. und enthält Legaldefinitionen, die für die Rechtsanwendung im nationalen Außenwirtschaftsrecht unerlässlich sind.[2]

Die Definitionen sind bei der Anwendung des Gesetzes **verbindlich**. Die Begriffsbestimmungen des deutschen Außenwirtschaftsrechts sind bislang über die §§ 4, 4a AWG a.f. und §§ 4c, 21b und 23 AWV a.f. verstreut gewesen; § 2 AWG fasst die Definitionen nunmehr in einer Norm zusammen.[3] Dies ermöglicht es den Normadressaten, schnell überprüfen zu können, ob und wie ein Begriff legaldefiniert ist.[4] Die Norm ist trotz der 24 definierten Begriffe durch die alphabetische Auflistung in Einzelabsätzen übersichtlich.

Der Gesetzgeber wollte im Hinblick auf die Neuregelung der Begriffsbestimmungen zweierlei erreichen: einerseits wollte er die Aufsplitterung der Definitionen in verschiedene Bestimmungen des AWG und der AWV beseitigen; andererseits wollte der Gesetzgeber die im deutschen Außenwirtschaftsrecht verwendeten Begriffe an die Begriffe des europäischen Außenwirtschaftsrechts anpassen und somit modernisieren.

Beispielsweise wurde in § 2 AWG auf eine Definition der überholten Begriffe „Wirtschaftsgebiet" und „fremde Wirtschaftsgebiete" nach § 4 Abs.1 Nr. 1 und 2 AWG a.f. verzichtet. Diese Bezeichnungen trugen der Teilung Deutschlands Rechnung. Der Wirtschaftsverkehr der Bundesrepublik Deutschland mit der Deutschen Demokratischen Republik konnte weder dem Binnenwirtschafts- noch dem Außenwirtschaftsverkehr zugeordnet werden. In jüngeren Gesetzen werden die gängigen Begriffe „In- und Ausland" verwendet, die nach allgemeinem Sprachverständnis auf das Hoheitsgebiet eines Staates Bezug nehmen und keiner eigenen Definition mehr bedürfen.[5]

---

1) BT-Drucks. 17/11127, 19.
2) Wolffgang in Wolffgang/Simonsen/Tietje, Bd. II, § 4 AWG a.f. Rz. 3.
3) BT-Drucks. 17/11127, 20.
4) Walter, Das neue Außenwirtschaftsgesetz 2013, RIW 2013, 206.
5) Vgl. z.B. die Definitionskataloge des Grundstoffüberwachungsgesetzes oder des Ausführungsgesetzes zum Chemiewaffenübereinkommen.

Darüber hinaus wurde der Begriff der „Datenverarbeitungsprogramme" durchgängig durch den mittlerweile im allgemeinen Sprachgebrauch üblicheren Begriff der „Software" ersetzt. Die Definitionen „Gold" (§ 4 Abs. 2 Nr. 8 AWG a.f.) und „Käuferland" (§ 4c Nr. 4 AWV a.f.) wurden nicht übernommen.

C. Grundsatz und Abweichungsmöglichkeiten (§ 2 Abs. 1 AWG)

4   Bisher enthielt nur § 4 Abs. 2 Nr. 4, Nr. 6, Nr. 7 AWG a.F. eine **Ermächtigung**, von den Begriffsbestimmungen im AWG oder einer zum AWG erlassenen Rechtsverordnung abzuweichen. Die im Zuge der Novelle erfolgte Ausweitung dieser Ermächtigungsgrundlage in § 2 Abs. 1 AWG ermöglicht demgegenüber abweichende Definitionen für alle von § 2 AWG erfassten Begriffe. Hiervon wird bei den Meldepflichten des Kapital- und Zahlungsverkehrs Gebrauch (vgl. Kapitel 7 AWV-Entwurf) gemacht.[1]

D. Ausführer (§ 2 Abs. 2 AWG)

5   Die Definition des **Ausführers** in § 2 Abs. 2 AWG entspricht weitgehend § 4c Nr. 1 AWV a.f. mit Ausnahme der folgenden Änderung: Der Begriff „Personenhandelsgesellschaft" wird in § 2 AWG durch den Begriff „Personengesellschaft" ersetzt, um auch Gesellschaften bürgerlichen Rechts i.S.d. §§ 705 ff. BGB erfassen zu können.[2]

I. Norminhalt/Verhältnis zu anderen Regelungen

6   Der Begriff des Ausführers nach dem Außenwirtschaftsrecht ist der Definition des Ausführers in Art. 2 Nr. 3 Dual-Use-VO sehr ähnlich, nimmt jedoch nur auf Ausfuhren in Drittländer Bezug. Eine weitere Abweichung von dieser Definition liegt darin, dass § 2 Abs. 2 AWG nicht auf eine Ausfuhranmeldung im formellen Sinne abstellt. Die Auslassung dieses Tatbestandsmerkmals ist richtig, da es ansonsten keine Ausfuhren ohne Ausfuhranmeldung geben könnte.[3] Ausführer i.S.d. AWG ist demnach jede natürliche, juristische Person oder Personengesellschaft, die zum Zeitpunkt der Ausfuhr Vertragspartner des Empfängers in einem Drittland ist und über die Lieferung von Waren aus dem Inland in ein Drittland bestimmt oder im Fall von Software oder Technologie über deren Übertragung aus dem Inland in ein Drittland einschließlich ihrer Bereitstellung auf elektronischem Weg in einem Drittland bestimmt.

Maßgeblich stellt das Gesetz also darauf ab, wer für den betreffenden Ausfuhrvorgang die **Verantwortung** trägt. Er hat für die Einhaltung der gesetzlichen Bestimmungen zu sorgen und wird bei Verstößen gegen diese entsprechend belangt.[4] Die ursprünglich aufgestellte Trennung zwischen einem formellen

---

1) BT-Drucks. 17/11127, 20.
2) BT-Drucks. 17/11127, 20.
3) Tervooren/Mrozek in Wolfgang/Siemonsen/Tietje, § 4c AWV Rz. 5.
4) Friedrich in Hocke/Friedrich, § 4 AWG Rz. 47 (April 2012).

(AWV) und einem materiellen (AWG) Ausführerbegriff wurde durch die Aufnahme der Definition in das neue AWG obsolet.

II. Ausführerbegriff

1. Person des Ausführers

Natürliche Personen sind Menschen. **Juristische Personen** sind solche Zusammenschlüsse von Personen oder auch Sachen, denen nach deutschem Recht eine eigene Rechtspersönlichkeit verliehen worden ist, insbesondere Aktiengesellschaften und Gesellschaften mit beschränkter Haftung. Hinsichtlich der **Personenvereinigungen** ist zu sagen: Der frühere Begriff „Personenhandelsgesellschaft" erfasste nur die offene Handelsgesellschaft und deren Ausformungen nach §§ 105 ff. HGB. Dieser wurde in § 2 AWG durch den Begriff „Personengesellschaft" ersetzt, um nun auch Gesellschaften bürgerlichen Rechts i.S.d. §§ 705 ff. BGB erfassen zu können.[1] 7

2. Ausfuhrhandlungen

Der Ausführer ist die Person, die zum Zeitpunkt der Ausfuhr Vertragspartner des Empfängers in einem Drittland ist und über die Versendung der Güter **bestimmt**. Diese Definition zielt auf den **Geschäftsherrn** der Ausfuhr ab. Im Gegensatz dazu bezieht sich der Ausführerbegriff nicht auf den **tatsächlichen Beförderer der Güter**. Dieser ist bloß als dessen **Erfüllungsgehilfe** zu qualifizieren.[2] 8

Da der Begriff der Ausfuhr auch die Übermittlung von **Software** oder Technologie im Wege der Datenübertragung umfasst, ist auch derjenige, der eine solche Übertragung veranlasst, Ausführer i.S.d. § 2 Abs. 2 AWG. 9

Als Ausführer gilt immer die **inländische Vertragspartei**, selbst wenn die eigentlichen Verfügungsrechte über die auszuführenden Güter bei einem Drittländer liegen, § 2 Abs. 2 Satz 2 AWG.[3] Die Vorschrift entspricht der Regelung in Art. 2 Nr. 3 Unterabs. 3 Dual-Use-VO. Die Vorschrift will verhindern, dass ein drittländisches Unternehmen als Ausführer auftritt. Bei diesen Unternehmen sind die Kontroll- und Zugriffsmöglichkeiten deutscher Stellen i.d.R. sehr eingeschränkt.[4] 10

§ 2 Abs. 2 Satz 3 AWG konkretisiert den Begriff des Bestimmens in der Weise, dass in Fällen, in denen der Vertragspartner des Drittländers nicht für sich selbst handelt, etwa als Vermittler oder Strohmann tätig wird, der Hintermann als Ausführer gilt, welcher tatsächlich über die Ausfuhr bestimmt hat. Relevanz hat diese Vorschrift insbesondere für Ausfuhren über **Subunternehmer**. Gleiches gilt für Ausfuhren, denen kein Ausfuhrvertrag zu Grunde liegt. 11

---

1) Friedrich in Hocke/Friedrich, Art. 2 Dual-Use-VO Rz. 45 (April 2012); Zur Frage der Ausführereigenschaft bei transnationalen Unternehmenskooperationen: Ruschmeier/Busch, AW-Prax 1997, 224 f., 263 f.
2) Tervooren, Der Ausführerbegriff in der Exportkontrolle, 72.
3) Tervooren, Der Ausführerbegriff in der Exportkontrolle, 72.
4) Friedrich in Hocke/Friedrich, Art. 2 Dual-Use-VO Rz. 50 (April 2012).

E. Ausfuhr (§ 2 Abs. 3 AWG)

I. Norminhalt/Verhältnis zu anderen Regelungen

12 Die Definition der **Ausfuhr** in § 2 Abs. 3 AWG ersetzt § 4 Abs. 2 Nr. 4 AWG a.F. Die Definition wird an Art. 2 Nr. 2 Dual-Use-VO angeglichen und auf die Ausfuhr in Drittländer beschränkt. Die Verweise auf „Sachen", „Elektrizität" und „Datenverarbeitungsprogramme" in § 4 Abs. 2 Nr. 4 AWG a.F. werden gestrichen, da diese bereits vom Güterbegriff erfasst sind, der durch das 12. Gesetz zur Änderung des Außenwirtschaftsgesetzes und der Außenwirtschaftsverordnung vom 7.4.2006[1)] eingeführt wurde. Im Interesse einer klaren Abgrenzung zur Definition der Verbringung wird der Begriff „**Verbringen**" durch „**Lieferung**" ersetzt. § 2 Abs. 3 Nr. 2 AWG entspricht Art. 2 Nr. 2 (iii) zweiter Halbsatz Dual-Use-VO.[2)]

13 Die Ausfuhr wird nach § 2 Abs. 3 AWG definiert als Lieferung von Waren aus dem Inland in ein Drittland. Im AWG a.F. war die genaue Abgrenzung zwischen Verbringung und Ausfuhr unklar. Während der Begriff der „Ausfuhr" in § 4 Abs. 2 Nr. 4 AWG a.F. definiert war als „das Verbringen von Sachen, Gütern und Elektrizität aus dem Wirtschaftsgebiet nach fremden Wirtschaftsgebieten (...)", definierte § 4 Abs. 2 Nr. 5 AWG a.F. wiederum die „Verbringung" als „Ausfuhr aus dem Wirtschaftsgebiet in andere Mitgliedstaaten der Europäischen Union". Dies führte zu der Friktion, dass ein Begriff wechselseitig für die Definition des jeweils anderen herangezogen werden musste. Die Verbringung wurde demnach nach § 4 Abs.2 Nr. 5 AWG a.F. als ein Unterfall der Ausfuhr angesehen.

Die Dual-Use-Verordnung sieht Ausfuhr und Verbringung hingegen als ein **aliud** an: Art. 2 Nr. 2 Dual-Use-VO meint mit Ausfuhr, dass Waren oder Technologie das Zollgebiet der Europäischen Union verlassen, während Verbringung gem. Art. 22 Dual-Use-VO den Waren- und Technologietransfer zwischen Mitgliedstaaten erfasst.

II. Lieferung von Waren

1. Lieferung

14 Der Begriff der **Lieferung** wurde in das AWG aufgenommen, um eine klare Abgrenzung zum Begriff der Verbringung in § 2 Abs. 21 AWG zu ermöglichen. Diese neutrale Formulierung wird im neuen AWG nun sowohl zur Definition der „Ausfuhr" als auch zur Definition der „Verbringung" herangezogen. Als Unterscheidungsmerkmal fungiert nur noch das Kriterium, ob sich der Liefervorgang auf einen außerhalb (Ausfuhr) oder innerhalb (Verbringung) des Zollgebiets der Europäischen Union liegenden Staat bezieht.

Im Sinne der alten Fassung bezog sich „Verbringen" auf jede vom menschlichen Willen getragene Ortsveränderung einer Sache. Es handelt sich dabei um einen **rein tatsächlichen Vorgang** und nicht etwa um ein Rechtsgeschäft.[3)]

---

1) BGBl. I 2006, 574.
2) BT-Drucks. 17/11127, 20.
3) Wolffgang in Wolffgang/Simonsen/Tietje, Bd. II, § 4 AWG a.F. Rz. 44; Friedrich in Hocke/Friedrich, § 4 AWG Rz. 44 (April 2012).

Diese Grundsätze lassen sich auf die Auslegung des neu eingefügten Begriffs der Lieferung übertragen. Insbesondere ist davon auszugehen, dass, wie zuvor beim „Verbringen", der Vorgang mit dem Grenzübertritt abgeschlossen ist.[1]

2. Waren

Der Begriff der **Ware** hat in § 2 Abs. 22 AWG eine eigenständige Definition erfahren (→ Rz. 72).

III. Übertragung von Software und Technologie

§ 2 Abs. 3 Nr. 2 AWG entspricht Art. 2 Nr. 2 (iii) zweiter Halbsatz Dual-Use-VO. Die Regelung ist dem Umstand geschuldet, dass moderne Kommunikations- und Datenübertragungswege die Möglichkeit eröffnen, Technologie und Datenmaterial auch auf anderen Wegen als der herkömmlichen, gegenständlichen Ausfuhr an andere Personen zu übertragen.[2]

Nach der Vorschrift unterfallen die Übertragung von Software und Technologie über Medieneinrichtungen ebenfalls dem Ausfuhrbegriff.[3] Auf Grund der besonderen Umstände der elektronischen Übermittlung ist diese Art der Ausfuhr nur schwer mit herkömmlichen Warenbewegungen zu vergleichen. Anerkannt ist jedoch, dass sich der technische Ausgangspunkt der Übermittlung im Zollgebiet befindet. Bei einer Übertragung über das Internet muss sich beispielsweise der Computer mit Speichermedium im Zollgebiet befinden.[4] Zugleich wird man fordern müssen, dass auch das Dienstleistungsunternehmen, auf dessen Server die Inhalte platziert werden, diesen innerhalb des Zollgebiets betreibt.[5]

Eine **Übertragung** i.S.d. Vorschrift liegt nur dann vor, wenn die Übermittlung des betreffenden Datums über eine beliebige Entfernung unter Ausnutzung elektromagnetischer Wellen erfolgt.[6] Darunter fallen etwa Email, Internet, sonstige elektronische Medien, Fax und Telefon. Gegenstand der Übertragung kann nur eine Information sein. Wird ein Trägermedium ausgeführt, auf dem die relevanten Informationen gespeichert sind, etwa in Form einer Daten CD, wäre dieses sogleich eine Ware und würde der ersten Tatbestandsvariante unterfallen.[7]

Das **Bestimmungsziel** der Daten muss außerhalb der Union liegen.[8] Die Feststellung des Bestimmungsziels bringt auf Grund des dezentralen Aufbaus des Internets gewisse Schwierigkeiten mit sich.[9] Eine Ausfuhr dürfte immer nur

---
1) Just in Hohmann/John, 2002, § 4 AWG Rz. 38.
2) Wolffgang in Wolffgang/Simonsen/Tietje, Bd. II, § 4 AWG a.F. Rz. 44; Friedrich in Hocke/Friedrich, § 4 AWG Rz. 45 (April 2012).
3) Friedrich in Hocke/Friedrich, Art. 2 Dual-Use VO Rz. 24 (April 2012).
4) Friedrich Hocke/Friedrich, Art. 2 Dual-Use VO Rz. 25 (April 2012).
5) Tervooren/Mrozek in Wolffgang/Simonsen/Tietje, § 2 Dual-Use-VO, Fn. zu Rz. 28 (November 2011).
6) Friedrich in Hocke/Friedrich, Art. 2 Dual-Use-VO Rz. 26 (April 2012).
7) Tervooren/Mrozek in Wolffgang/Simonsen/Tietje, § 2 Dual-Use-VO Rz. 28 (November 2011).
8) Tervooren/Mrozek in Wolffgang/Simonsen/Tietje, § 2 Dual-Use-VO, Fn. zu Rz. 30 (November 2011).
9) Dichtl, BB 1994, 1726; Egger, Dual-Use-Waren, Exportkontrolle und EG-Vertrag, 79.

dann anzunehmen sein, wenn der Sender die Daten auf einen im Zollgebiet gelegenen Server geladen und der Empfänger diese außerhalb des Zollgebiets abgerufen, d.h. zumindest in irgendeiner Form lesbar gemacht hat.[1]

Die zweite Tatbestandsvariante, die das **Bereitstellen** an natürliche und juristische Personen in Drittländer umfasst, ist ebenfalls der Dual-Use-Verordnung entlehnt und stellt einen Spezialfall der Übertragung dar.[2] Die Formulierung der Vorschrift weist darauf hin, dass die genannten Personen ihren Sitz in einem Drittland haben müssen.

F. Ausfuhrsendung (§ 2 Abs. 4 AWG)

17 **Ausfuhrsendung** wird in § 2 Abs. 4 AWG – entsprechend § 4c Nr. 3 AWV a.F. – definiert als die Warenmenge, die ein Ausführer gleichzeitig über dieselbe Ausgangszollstelle für dasselbe Käuferland nach demselben Bestimmungsland ausführt.

Der Begriff der Ausfuhrsendung ist im Zusammenhang mit dem Begriff der Ausfuhranmeldung zu sehen. Eine Ausfuhrsendung ist – sofern die anderen Tatbestandsmerkmale des Abs. 4 erfüllt sind – dasjenige, was mit einer Ausfuhranmeldung ausgeführt wird.

18 Eine Folge davon ist, dass Ausfuhren, die mehrere Ausfuhranmeldungen beinhalten, nicht zu einer Ausfuhrsendung zusammengefasst werden können, auch wenn die Ausfuhr gleichzeitig bei derselben Ausgangszollstelle für dasselbe Käufer- bzw. Bestimmungsland abgewickelt wird. Das gilt sogar dann, wenn es sich um denselben Ausführer handelt.[3] Hingegen kann eine Ausfuhrsendung auch aus mehreren Packstücken, Warenarten oder sogar Containern bestehen, wenn die übrigen Tatbestandsmerkmale gegeben sind.[4]

19 Zum Vorliegen einer Ausfuhrsendung ist weiter erforderlich, dass der Ausführer die Warenmenge **gleichzeitig** über dieselbe Ausgangszollstelle ausführt. Wann eine solche Gleichzeitigkeit vorliegt, ist einzelfallabhängig. Eine zeitliche Parallelität ist wohl insofern nicht zu fordern. Gleichzeitigkeit in diesem Sinne kann sogar dann noch gegeben sein, wenn die zur Warenmenge gehörenden Waren hintereinander gestellt werden und sich die Abwicklung des Vorgangs über Stunden hinzieht.[5]

G. Ausländer (§ 2 Abs. 5 AWG)

I. Historische Entwicklung

20 Die überkommenen Begriffe **„Wirtschaftsgebiet"** (§ 2 Abs. 1 Nr. 1 AWG a.F.) und **„fremde Wirtschaftsgebiete"** wurden im Zuge der Reform durch die Begriffe **„Inland"** und **„Ausland"** ersetzt.

---

1) Tervooren/Mrozek in Wolffgang/Siemonsen/Tietje, § 2 Dual-Use-VO, Fn. zu Rz. 30 (November 2011).
2) Tervooren/Mrozek in Wolffgang/Siemonsen/Tietje, § 2 Dual-Use-VO, Fn. zu Rz. 33 (November 2011).
3) Friedrich in Hocke/Friedrich, § 4c AWV Rz. 6 (April 2012).
4) Friedrich in Hocke/Friedrich, § 4c AWV Rz. 7 (April 2012).
5) Friedrich in Hocke/Friedrich, § 4c AWV Rz. 8 (April 2012).

Die Begriffe „Wirtschaftsgebiet" und „fremde Wirtschaftsgebiete" stammten noch aus der Zeit der Teilung der Bundesrepublik Deutschland. Die Bundesrepublik sah die **Deutsche Demokratische Republik** nicht als Ausland an.[1] Gleichzeitig konnte die DDR jedoch auch nicht als Inland bezeichnet werden. Für den Wirtschaftsverkehr zwischen beiden Staaten hatte das zur Folge, dass dieser weder als Binnenmarktverkehr galt, noch als Außenwirtschaftsverkehr mit einem Drittland angesehen werden sollte.[2] Um der Besonderheit der deutsch-deutschen Beziehungen Rechnung zu tragen, musste ein neuer Begriff – eben der des „Wirtschaftsgebiets" – zur Abgrenzung der Territorien geschaffen werden.

Die österreichischen Gebiete **Jungholz und Mittelberg** (Kleines Walsertal) waren Teil des Wirtschaftsgebiets. Durch zwischenstaatliche Verträge vom 3.5.1868 (Jungholz) bzw. 1.12.1890 (Mittelberg) wurden beide Gebiete in das deutsche Zollgebiet miteinbezogen. Beide Gebiete sind sog. funktionelle Exklaven, die zwar geografisch im gleichen (dem österreichischen) Staatsgebiet liegen, aber auf Grund der Geländeverhältnisse nur über das Gebiet eines anderen (des deutschen) Staats verkehrstechnisch leicht erreichbar sind. Eine zollrechtliche Kontrolle dieser Gebiete gestaltete sich daher von deutscher Seite einfacher. 21

Durch die Novelle entfallen diese außenwirtschaftspolitisch bedeutungslos gewordenen Sonderregelungen für Jungholz und Mittelberg aus § 4 Abs. 1 Nr. 1 und 2 AWG a.F.[3]

II. Negativdefinition

Die Definition des Ausländers in § 2 Abs. 5 AWG ersetzt § 4 Abs. 1 Nr. 7 AWG a.F. Sie folgt der Systematik des § 4 Abs. 1 Nr. 6 und 8 AWG a.F. Danach ist der Begriff des „Ausländers" im Umkehrschluss zur Definition des Inländers zu ermitteln. Ausländer sind alle Personen und Personengesellschaften, die keine Inländer sind. Insofern wird dort auf die Voraussetzungen einzugehen sein (→ Rz. 55). Im Übrigen wird der inzwischen überholte Begriff des „Gebietsfremden" durch den sprachlich gebräuchlicheren Begriff des „Ausländers" ersetzt, ohne an die Staatsangehörigkeit anzuknüpfen. 22

H. Auslandswerte (§ 2 Abs. 6 AWG)

I. Norminhalt/Verhältnis zu anderen Regelungen

Auslandswerte sind Vermögensgegenstände, die im Ausland liegen oder Bezug zum Ausland haben und deren Inhaber Inländer sind.[4] Die Definition der Auslandswerte in § 2 Abs. 6 AWG entspricht § 4 Abs. 2 Nr. 1 AWG a.F. Die Aufzählung der in § 2 Abs. 6 AWG als Auslandswerte bezeichneten Vermögensgegenstände ist abschließend.[5] § 1 Abs. 1 AWG stellt klar, dass Geschäfts- 23

---

1) Friedrich in Hocke/Friedrich, § 4 AWG Rz. 4 (April 2012).
2) Tervooren, Der Ausführerbegriff in der Exportkontrolle, 59.
3) BT-Drucks. 17/11127, 20.
4) Wolffgang in Wolffgang/Simonsen/Tietje, Bd II, § 4 AWG Rz. 29 (November 2011).
5) Just in Hohmann/John, 2002, § 4 Rz. 28.

tätigkeiten mit Auslandswerten unter Inländern auch dem Außenwirtschaftsverkehr und somit den Beschränkungen des AWG und der AWV unterfallen. Im Umkehrschluss folgt daraus aber, dass Geschäfte unter Inländern, die andere als die in § 2 Abs. 6 AWG aufgezählten Vermögensgegenstände betreffen, nicht dem Außenwirtschaftsverkehr unterfallen und deshalb auch nicht außenwirtschaftsrechtlich verboten oder genehmigungspflichtig sind.[1] Die Vorschrift enthält drei Varianten, namentlich unbewegliche Vermögenswerte im Ausland (Nr. 1), Forderungen in Euro gegen Ausländer (Nr. 2) und auf andere Währungen als Euro lautende Zahlungsmittel, Forderungen und Wertpapiere (Nr. 3).

II. Unbewegliche Vermögenswerte im Ausland (§ 2 Abs. 6 Nr. 1 AWG)

24 Die erste Variante des § 2 Abs. 6 AWG betrifft unbewegliche Vermögenswerte im Ausland. Das deutsche Recht sieht keine allgemeine Definition unbeweglicher Vermögenswerte vor. Eine Unterscheidung im Hinblick auf die Mobilität wird im deutschen Recht nur im Hinblick auf Sachen gemacht. Im Übrigen werden einzelne Rechte jeweils nur in gewissen Beziehungen als beweglich oder unbeweglich behandelt. Nach allgemeiner Ansicht sind von dieser Variante in erster Linie **Grundstücke** und **dingliche Rechte** an Grundstücken (Erbbaurechte, Abbauberechtigungen, Vorkaufsrechte) erfasst.

25 Hinsichtlich **beschränkter dinglicher Rechte** an Grundstücken (Hypotheken, Grundschulden und Rentenschulden) ist die Einordnung umstritten. Während die überwiegende Literaturansicht diese eindeutig unter den Begriff der unbeweglichen Vermögenswerte fasst,[2] lehnen andere das mit Hinweis auf eine enge Auslegung der Vorschrift im Sinne einer besonders intensiven räumlichen Beziehung zum Ausland ab.[3]

Nicht erfasst sind jedenfalls **Schiffe** und **Luftfahrzeuge**, und zwar unabhängig davon ob sie registriert sind oder nicht. Diese Vermögensgegenstände sind nur register- und vollstreckungsrechtlich den Grundstücken angenähert; eine außenwirtschaftsrechtliche Behandlung als unbewegliches Vermögen rechtfertigt das nicht.

III. Forderungen in Euro gegen Ausländer (§ 2 Abs. 6 Nr. 2 AWG)

26 Die zweite Variante der Auslandswerte betrifft Forderungen in Euro gegen Ausländer. Erste Voraussetzung dieser Variante ist, dass es sich um eine **Geldforderung** handelt. Waren-[4] oder Dienstleistungsansprüche fallen ebenso wie sonstige immaterielle Forderungen nicht unter die Vorschrift. Eine Geldforderung in Euro ist zweitens nur dann ein Auslandswert, wenn sie sich gegen einen Ausländer richtet.

Diese Forderungen wurden voraussichtlich nur deshalb zu den Auslandswerten gezählt, um in Krisenzeiten zu verhindern, dass deutsche Exporteure ihre Ex-

---

1) Sieg/Fahning/Kölling, Aussenwirtschaftsgesetz, § 4 AWG III Rz. 10.
2) Wolffgang in Wolffgang/ Simonsen/ Tietje, Bd. II, § 4 AWG Rz. 30 (November 2011); Just in Hohmann/John, 2002, § 4 Rz.29; Friedrich in Hocke/Friedrich, § 4 AWG Rz. 31 (April 2012).
3) Sieg/Fahning/Kölling, Aussenwirtschaftsgesetz, § 4 AWG III Rz. 11.
4) Sieg/Fahning/Kölling, Aussenwirtschaftsgesetz, § 4 AWG III Rz. 12.

portforderungen vermehrt an Banken oder andere Forfaiteure im Inland verkaufen und die Käufer die Forderungsbeträge im ihnen sicher erscheinenden Ausland stehen lassen.[1]

IV. Auf andere Währungen als Euro lautende Zahlungsmittel, Forderungen und Wertpapiere (§ 2 Abs. 6 Nr. 3 AWG)

Die dritte Variante der Auslandswerte umfasst auf andere Währungen als Euro lautende Zahlungsmittel, Forderungen und Wertpapiere. Eine andere Währung i.S.d § 4 Abs. 2 Nr. 1 AWG ist jede andere als der Euro. Zahlungsmittel sind alle Werte, die im Wirtschaftsverkehr Geldfunktionen erfüllen, z.B. Münzgeld, Banknoten, Wechsel, Schecks, Akkreditive, Kreditbriefe, Reisechecks, Hotel- und Benzingutscheine.[2] Bei den genannten Forderungen muss es sich um Geldforderungen handeln (→ Rz. 26). Der Begriff der Wertpapiere ist eigens in § 2 Abs. 24 AWG definiert (→ Rz. 78).

27

I. Bestimmungsland (§ 2 Abs. 7 AWG)

Die Definition des Bestimmungslands in § 2 Abs. 7 AWG entspricht dem bisherigen § 4c Nr. 5 AWV a.F. Es handelt sich dabei um die Bezeichnung desjenigen Landes, in dem die ausgeführten Waren gebraucht, verbraucht, bearbeitet oder verarbeitet werden sollen.

28

I. Gebrauch

Gebrauch meint die **Benutzung des Gegenstands als solchem**. Der bloße Handel mit einer Sache stellt keinen Gebrauch der Sache dar, weshalb die Rechtsprechung einschränkend von „bestimmungsgemäßem" Gebrauch spricht.[3] Auch die zweckwidrige physische Verwendung genügt nicht.

29

II. Verbrauch

Verbrauch ist der **völlige oder partielle physische Verbrauch** einer Sache. Insofern ist auch vorstellbar, dass ein ursprünglicher Gebrauch einer Sache später in einen vollständigen Verbrauch umschlägt. Die Vernichtung einer Ware ist kein Verbrauch, sondern wird als „zweckwidrige Verwendung" anzusehen sein.[4]

30

III. Be- oder Verarbeitung

Bearbeitung ist Einwirkung auf ein Gut, ohne dessen kennzeichnende Beschaffenheitsmerkmale wesentlich zu ändern. **Verarbeitung** ist die Einwirkung auf ein Gut mit Änderung der wesentlichen Merkmale dieses Guts. Auf eine sog.

31

---

1) Friedrich in Hocke/Friedrich, § 4 AWG Rz. 32 (April 2012).
2) Schulz, Außenwirtschaftsrecht, Kommentar, § 4 AWG Rz. 14.
3) BGH v. 19.2.1985, 5 StR 780/84 und 5 StR 796/84, NStZ 1985, 368.
4) Friedrich in Hocke/Friedrich, § 4c AWV Rz. 18 (April 2012).

„Nationalisierung", also auf die Frage, ob mit der Be- oder Verarbeitung nach einer gewissen Ursprungsregelung Ursprung in dem betreffenden Land erworben wird, kommt es nicht an. Ebenso wenig eine Rolle spielt die Frage, ob mit der Be- oder Verarbeitung ein Eigentumswechsel nach den §§ 946 ff. BGB einhergeht.[1]

32 § 2 Abs. 7 Halbsatz 2 AWG fingiert für den Fall, dass das Land des Ge- oder Verbrauchs bzw. der Be- oder Verarbeitung nicht bekannt ist, das **letzte bekannte Land**, in das die Güter geliefert werden sollen, als Bestimmungsland.

IV. Dual-Use-Verordnung

33 Auch die **Dual-Use-Verordnung** verwendet den Begriff „Bestimmungsland", Art. 4 Abs. 2 Satz 1 Dual-Use-VO, ohne ihn jedoch zu definieren. Für das deutsche Recht ist allein die in § 2 Abs. 7 AWG enthaltene Definition maßgeblich.[2]

J. Drittländer (§ 2 Abs. 8 AWG)

34 § 2 Abs. 8 AWG mit der Definition des Drittlands entspricht § 4 Abs. 1 Nr. 4 AWG a.F. wobei eine Präzisierung vorgenommen wird, indem nicht mehr auf das „Gemeinschaftsgebiet", sondern auf das **Zollgebiet der Europäischen Union** verwiesen wird. Drittländer sind sämtliche Gebiete außerhalb des Zollgebiets der Europäischen Union.

35 Eine Ausnahmeregelung besteht für **Helgoland**; diese dient der Klarstellung. Zwar ist Helgoland gem. Art. 3 Abs. 1 der Verordnung (EWG) 2913/92 des Rates vom 12.10.1992 zur Festlegung des Zollkodex der Gemeinschaften[3] nicht zum Zollgebiet der Europäischen Union zu rechnen, jedoch wird Helgoland exportkontrollrechtlich wie das deutsche Zollgebiet behandelt. So gelten beispielsweise gem. Art. 161 Abs. 3 ZK nach Helgoland versandte Waren nicht als aus dem Zollgebiet der EU ausgeführt.[4]

Auch die **hohe See** ist Drittland i.S.d. Vorschrift.[5]

K. Durchfuhr (§ 2 Abs. 9 AWG)

36 Die Definition der Durchfuhr in § 2 Abs. 9 AWG entspricht § 4 Abs. 2 Nr. 7 AWG a.F.

I. Historische Entwicklung

37 Der durch das 8. ÄnderungsG eingefügte **Änderungsvorbehalt**, wonach der Durchfuhrbegriff ebenso wie bei der Einfuhr und Ausfuhr durch eine Rechts-

---

1) Friedrich in Hocke/Friedrich, § 4c AWV Rz. 19 (April 2012).
2) Friedrich in Hocke/Friedrich, Art. 4 Dual-Use-VO Rz. 10 (April 2012).
3) ABl.EG 1992 Nr. L 302, 1.
4) BT-Drucks. 17/11127, 21.
5) Wolffgang in Wolffgang/Simonsen/Tietje, Bd. II, § 4 AWG Rz. 9 (November 2011); Friedrich in Hocke/Friedrich, § 4 AWG Rz. 11 (April 2012).

verordnung anders bestimmt werden kann, ist nun im Interesse einer einheitlichen Auslegung abgeschafft worden.

Beibehalten wurde der Teil der Definition, welcher vorschreibt, dass eine Überführung in den zollrechtlich freien Verkehr wegen des Binnenmarkts in der EU nur für Sachen aus Drittländern in Betracht kommt. Dabei geht es um Sachen, die unmittelbar aus Drittländern oder über andere Mitgliedstaaten der EU über das Wirtschaftsgebiet der Bundesrepublik Deutschland befördert werden, ohne dass sie in den Mitgliedstaaten in den zollrechtlich freien Verkehr überführt wurden.[1]

II. Durchfuhrbegriff

Durchfuhr meint einerseits die Beförderung von Sachen **aus dem Ausland** **durch das Inland**, ohne dass diese in den zollrechtlich freien Verkehr gelangen (Nr. 1), andererseits die Beförderung von Waren des zollrechtlich freien Verkehrs **aus einem anderen Mitgliedstaat der Europäischen Union durch das Inland** (Nr. 2). **Befördern** meint dabei den tatsächlichen Vorgang des Herein- und wieder Herausschaffens in Form einer Einfuhr und einer sich umgehend anschließenden Ausfuhr.[2] Ein „Befördern" i.S.d. Definition liegt nur dann vor, wenn bereits zum Zeitpunkt der Einfuhr feststeht, dass die Sache „ohne Umwege" an einen ausländischen Zielort gelangen soll.[3] Die Sache darf nicht länger im Inland verbleiben, als dies zu ihrer Beförderung erforderlich ist.[4]

38

Durch die Nr. 2 wird klargestellt, dass der Begriff „Durchfuhr" auch die Sachen im zollrechtlich freien Verkehr erfasst, die von Mitgliedstaaten der EU über die Bundesrepublik Deutschland in ein Drittland befördert werden.

39

Dieser Durchgangshandel, der auch zwischen mehreren Händlern erfolgen kann, verliert seinen Durchgangscharakter in zwei Fällen. Einerseits, wenn die Sache in den zollrechtlich freien Verkehr, also in den nicht beschränkten Verkehr innerhalb des Zollgebiets gelangt und dort für jedermann zugänglich gemacht worden ist. Andererseits, wenn die Ware in ein Zolllagerverfahren oder in ein Freilagerverfahren überführt wird. Der entscheidende Unterschied zur Einfuhr liegt darin, dass bei der Durchfuhr die Ware während des Transports durch das Inland zu keiner Zeit zur Disposition des Durchführenden oder einer anderen Person steht und der zur Beförderung notwendige Aufenthalt im Inland auf die Zeit beschränkt ist, die zur Durchfuhr erforderlich ist.[5]

Kann der Durchführende über die Ware im Inland verfügen, liegt zunächst eine Einfuhr und bei der anschließenden Verbringung über die Grenze eine Ausfuhr vor.[6]

---

1) Diemer in Erbs/Kohlhaas Strafrechtliche Nebengesetze, 194. Ergänzungslieferung 2013, § 4 AWG Rz. 16; BT-Drucks. 12/6911, 8.
2) Wolffgang in Wolffgang/Simonsen/Tietje, § 4 AWG Rz. 60 (November 2011).
3) Wolffgang in Wolffgang/Simonsen/Tietje, § 4 AWG Rz. 61 (November 2011).
4) BGH v. 22.7.1993, 4 StR 322/93, NJW 1994, 61; BGH v. 28.11.1973, 3 StR 225/73, NJW 1974, 429.
5) BGH v. 4.5.1983, 2 StR 661/82, BGHSt 31, 374, 375; 34, 180, 183; BGH v. 28.11.1973, 3 StR 225/73, NJW 1974, 429, 430; Diemer in Erbs/Kohlhaas, Strafrechtliche Nebengesetze, 194. Ergänzungslieferung 2013, § 4 AWG Rz. 17.
6) BGH v. 28.5.1995, 4 StR 68/95, NStZ 1996, 90, 92.

40 Eine Durchfuhr i.S.d. Vorschrift liegt nicht mehr vor, wenn die Merkmale einer Einfuhr gegeben sind.[1)]

L. Einführer (§ 2 Abs. 10 AWG)

41 Die Definition des Einführers in § 2 Abs. 10 AWG entspricht § 21b Abs. 1, § 23 AWV a.f.; dabei wird der Einfuhrbegriff auf Lieferungen aus einem Drittland beschränkt (vgl. dazu § 2 Abs. 11 AWG).

I. Norminhalt/Verhältnis zu anderen Regelungen

42 Bis zur Neufassung des AWG bzw. der AWV war streitig, ob es sich bei § 21b Abs. 1, § 23 AWV a.f um eine materiellrechtliche[2)] oder verfahrensrechtliche[3)] Definition des Einführerbegriffs handelte. Dieser Streit dürfte nun hinfällig sein. § 2 Abs. 10 AWG enthält eine sowohl in materiell- als auch verfahrensrechtlicher Hinsicht verbindliche Definition für das **gesamte Außenwirtschaftsrecht**. Das liegt auch im Interesse einer besseren Übersichtlichkeit.

II. Lieferung und Übertragung

43 Aus bereits dargelegten Gründen (→ Rz. 13) wurde der Begriff des „Verbringens" durch den der „Lieferung" ersetzt.

Lieferung ist jede vom menschlichen Willen getragene Ortsveränderung einer Sache im Sinne eines rein tatsächlichen Vorgangs (→ Rz. 14).[4)] Eine **Übertragung von Software und Technologie** i.S.d. Vorschrift liegt vor, wenn die Datenübermittlung über eine beliebige Entfernung unter Ausnutzung elektromagnetischer Wellen erfolgt (→ Rz. 16).[5)]

III. Einfuhrvertrag mit Unionsfremdem

44 Im Handelsverkehr beruht die Einfuhr oft auf einem **Vertrag** zwischen einem Inländer und einem Unionsfremden. Dann ist nach § 2 Abs. 10 Satz 2 AWG nur der inländische Vertragspartner als Einführer anzusehen, auch wenn sich der andere Vertragspartner vollständig und um den Liefervorgang kümmert. **Sinn und Zweck** dieser Regelung ist es, zu gewährleisten, dass sich Unionsfremde im Falle der Übernahme der Lieferpflichten schwieriger der außenwirtschaftsrechtlichen Überwachung und Ahndungsmaßnahmen entziehen können.[6)]

---

1) BGH v. 16.1.1974, 2 StR 514/73, BeckRS 1974 30382411.
2) Dünnewerber in Bieneck, § 19 Rz. 13,14.
3) Friedrich in Hocke/Friedrich, § 21b AWV Rz. 2 (November 2011).
4) Wolffgang in Wolffgang/Simonsen/Tietje, Bd.II, § 4 AWG a.F., Rz.44 (November 2011); Friedrich in Hocke/Friedrich, § 4 AWG Rz. 44 (April 2012).
5) Friedrich in Hocke/Friedrich, Art. 2 Dual-Use-VO Rz. 26 (April 2012).
6) Friedrich in Hocke/Friedrich, § 21b AWV Rz. 8 (April 2012).

M. Einfuhr (§ 2 Abs. 11 AWG)

Eine Einfuhr nach dem neuen AWG liegt vor bei einer Lieferung von Waren aus Drittländern in das Inland oder einer Übertragung von Software oder Technologie einschließlich ihrer Bereitstellung auf elektronischem Weg für natürliche und juristische Personen im Inland.

I. Norminhalt/Verhältnis zu anderen Regelungen

Die Definition der Einfuhr in § 2 Abs. 11 AWG ersetzt § 4 Abs. 2 Nr. 6 AWG a.F. Die neue Vorschrift beschränkt die Definition auf Einfuhren aus einem Drittland und öffnet die Definition für Software und Technologie. Damit wird die Definition an die Begrifflichkeiten des Zollkodex angeglichen und in Einklang mit den Definitionen der Ausfuhr und der Verbringung in § 2 AWG gebracht. Grundsätzlich bezieht sich die Definition der Einfuhr auf einen umfassenden Güterbegriff, d.h. auf Waren, Software und Technologie. Einzig für den Spezialfall der Lieferung in eine Freizone oder Überführung in ein Nichterhebungsverfahren sind Software und Technologie von der Definition ausgeklammert.

II. Lieferung/Übertragung

Definierte die Vorgängernorm noch die Einfuhr als das Verbringen von Sachen aus fremden Wirtschaftsgebieten in das Wirtschaftsgebiet, wurde § 2 Nr. 11 AWG nun durch die Verwendung der Begriffe „Lieferung", „Übertragung" sowie des Begriffspaares „In-/Drittland" an die Terminologie bei der Ausfuhr (→ Rz. 12) angepasst und modernisiert. Einfuhr liegt demnach vor, wenn Waren aus Drittländern in das Inland geliefert werden (Nr. 1) oder Software oder Technologie einschließlich ihrer Bereitstellung auf elektronischem Weg für natürliche und juristische Personen im Inland übertragen wird (Nr. 2).

III. Lieferung in eine Freizone/Überführung in ein Nichterhebungsverfahren

§ 2 Abs. 11 Satz 2 AWG regelt den Fall der Lieferung von Waren aus Drittländern in eine **Freizone** oder deren **Überführung in ein Nichterhebungsverfahren**. Eine Einfuhr liegt in diesen Fällen erst vor, wenn die Waren in der Freizone gebraucht, verbraucht, bearbeitet oder verarbeitet (Nr. 1) oder in den zollrechtlich freien Verkehr (Nr. 2) überführt werden. Diese Ausnahmeregelung betrifft nur Waren, nicht aber Software und Technologie.[1]

N. Einkaufsland (§ 2 Abs. 12 AWG)

Die Definition des Einkaufslands in § 2 Abs. 12 AWG entspricht § 23 Abs. 2 AWV a.F. Die Definition des § 21b Abs. 2 AWV a.F., welche sich auf den Warenverkehr unter Gebietsansässigen bezieht, ist wegen der Beschränkung des neuen Einfuhrbegriffs auf die Lieferung aus Drittländern entbehrlich.[2]

---

1) BT-Drucks. 17/11127, 20.
2) BT-Drucks. 17/11127, 20.

Einkaufsland ist demnach das Land, in dem der Unionsfremde ansässig ist, von dem der Unionsansässige die Güter erwirbt. Dieses Land gilt auch dann als Einkaufsland, wenn die Güter an einen anderen Unionsansässigen weiterveräußert werden.

50 Der Begriff des Einkaufslands ist rein faktisch zu verstehen und bedeutet nicht, dass der Einfuhr ein Kaufvertrag gem. § 433 BGB zu Grunde zu liegen braucht. Der Warenerwerb kann auch auf jeder anderen **Rechtsgrundlage** beruhen.[1] Dafür spricht auch § 2 Abs. 12 Satz 3 AWG, welcher sogar den Fall erfasst, dass dem Erwerb von Gütern überhaupt kein Rechtsgeschäft (etwa wegen Nichtigkeit des Einfuhrvertrags) zu Grunde liegt.

Hat ein Land einmal den Status als Einkaufsland erworben, so behält es diesen im Gesetzessinne auf den konkreten Fall bezogen fort. So ändert eine spätere Weiterveräußerung im Rahmen eines Kettengeschäfts an einen Unionsfremden nichts an dem einmal erworbenen Status eines Lands als Einkaufsland.

51 Für den Fall, dass kein Rechtsgeschäft über den Erwerb von Gütern zwischen einem Unionsansässigen und einem Unionsfremden vorliegt, gilt das Land als Einkaufsland, in dem die verfügungsberechtigte Person ansässig ist, die die Güter in das Zollgebiet der Europäischen Union einführt (§ 2 Abs. 12 Satz 3 AWG). Ist die verfügungsberechtigte Person, die die Güter in das Zollgebiet der Europäischen Union einführt, im Zollgebiet der Europäischen Union ansässig, so gilt als Einkaufsland das Versendungsland.

O. Güter (§ 2 Abs. 13 AWG)

I. Norminhalt/Historische Entwicklung

52 Der Güterbegriff in § 2 Abs. 13 AWG entspricht § 4 Abs. 2 Nr. 3 AWG a.F. Er entstammt der Dual-Use-Verordnung und wurde durch die 51. Änderungsverordnung zur AWV Teil der AWV a.F. Später wurde er aus der AWV entfernt und in § 4 Abs. 2 Nr. 3 AWG a.F. implementiert.[2]

Güter sind körperliche Waren, Technologie und Software. Der Güterbegriff hat letztlich die Funktion eines Oberbegriffs für körperliche und unkörperliche Gegenstände und ist damit weit gefasst.

II. Güterbegriff

1. Waren

53 Der Begriff der **Ware** hat in § 2 Abs. 22 AWG eine eigene Definition erfahren (→ Rz. 72).

2. Software

53.1 Der Begriff der **Software** ersetzt den inzwischen überkommenen Begriff der „Datenverarbeitungsprogramme". Darunter versteht man – unter Hinzuzie-

---

1) Friedrich in Hocke/Friedrich, § 21b AWV Rz. 13 (April 2012).
2) Wolffgang in Wolffgang/Simonsen/Tietje, Bd. II § 4 AWG Rz. 39 (November 2011).

hung der Begriffsbestimmungen zur Ausfuhrliste – eine Sammlung eines oder mehrerer „Programme" oder „Mikroprogramme", die auf einem beliebigen greifbaren (Ausdrucks-) Medium fixiert sind.

Ein Mikroprogramm ist eine in einem speziellen Speicherbereich dauerhaft gespeicherte Folge von elementaren Befehlen, deren Ausführung durch das Einbringen des Referenzbefehls in ein Befehlsregister eingeleitet wird.

3. Technologie

Technologie ist nach den Begriffsbestimmungen zur Ausfuhrliste spezifisches technisches Wissen, das für die „Entwicklung", „Herstellung" oder „Verwendung" eines Produkts nötig ist. Das technische Wissen wird in der Form von ‚technischen Unterlagen' oder ‚technischer Unterstützung' verkörpert. Gemäß § 2 Abs. 12 Satz 2 AWG sind vom Begriff der Technologie auch Fertigungsunterlagen erfasst, die lediglich eine Fertigung von Waren oder Teilen davon ermöglichen.

53.2

P. Handels- und Vermittlungsgeschäft (§ 2 Abs. 14 AWG)

Die Definition des Handels- und Vermittlungsgeschäfts in § 2 Abs. 14 AWG entspricht § 4c Nr. 6 AWV a.f. Handels- und Vermittlungsgeschäfte erfassen **Maklergeschäfte**, sofern der gemakelte Vertrag „Güter" i.S.d. § 2 Abs. 13 AWG erfasst und den Erwerb oder die Gebrauchsüberlassung dieser Güter betrifft. Die Vorschrift betrifft nicht nur die **Mitwirkung** am Abschluss eines solchen Rechtsgeschäfts, sondern auch Nachweise von Personen, die zum Abschluss derartiger Verträge bereit sind. Insbesondere müssen die Verhandlungen nicht zwingend zu einem Vertragsabschluss führen.[1]

54

Explizit vom Anwendungsbereich der Vorschrift ausgenommen sind die ausschließliche Erbringung von **Hilfsleistungen**. Als Hilfsleistungen gelten Beförderung, Finanzdienstleistungen, Versicherung oder Rückversicherung oder allgemeine Werbung oder Verkaufsförderung. Diese Ausnahme war in der Vorgängervorschrift nicht enthalten und wurde im Zuge der Neufassung des AWG eingefügt.

Q. Inländer (§ 2 Abs. 15 AWG)

Die Definition der Inländer in § 2 Abs. 15 Satz 1 AWG entspricht § 4 Abs. 1 Nr. 5 AWG a.F. und ersetzt den Begriff des „Gebietsansässigen".[2]

55

I. Norminhalt

Mit „Inländer" stellt das Gesetz allein auf die **räumliche Zugehörigkeit** zu dem einen oder anderen Wirtschaftsgebiet ab. Die räumliche Beziehung ist nicht

56

---

1) Friedrich in Hocke/Friedrich, § 4c AWV Rz. 26 (April 2012).
2) BT-Drucks. 17/11127, 21.

nur dann gegeben, wenn eine natürliche Person ihren Wohnsitz oder eine juristische Person ihren Sitz in dem einen oder anderen Wirtschaftsgebiet hat. Vielmehr reichen bestimmte räumliche Beziehungen, wie gewöhnlicher Aufenthalt und Leitung des Betriebs von einem Ort in dem einen oder anderen Gebiet aus.

II. Natürliche Personen (Nr. 1)

57 Ob eine natürliche Person als Inländer i.S.d. AWG bezeichnet werden kann, hängt von deren **Wohnsitz** oder dem **gewöhnlichen Aufenthalt** ab. Die Staatsangehörigkeit der Person hat keine Bewandnis.[1] Entscheidend ist allein ihre wirtschaftlich-räumliche Beziehung zum Wirtschaftsgebiet.[2] Anerkannt ist auch, dass bei der Beurteilung, an welchem Ort die Person ihren Wohnort oder gewöhnlichen Aufenthalt hat, auf die §§ 8, 9 AO zurückgegriffen werden kann.[3] Danach hat eine Person ihren Wohnsitz dort, wo sie eine Wohnung unter tatsächlichen Umständen innehat, die darauf schließen lassen, dass sie die Wohnung beibehalten und benutzen wird. Ihren gewöhnlichen Aufenthalt hat eine Person, wo sie sich unter tatsächlichen Umständen aufhält, die erkennen lassen, dass sie an diesem Ort oder diesem Gebiet nicht nur vorübergehend verweilt. Kurzfristige Unterbrechungen spielen bei der Beurteilung keine Rolle.

III. Juristische Personen und Personengesellschaften (Nr. 2)

58 Entscheidende Beurteilungskriterien für die Inländereigenschaft von juristischen Personen und Personengesellschaften sind einerseits der **Sitz der Gesellschaft**, andererseits der **Ort ihrer Leitung** im Inland. Bisher war die Vorschrift auf Personenhandelsgesellschaften begrenzt, im Zuge der Novelle wurde durch die Einfügung des Begriffs „Personengesellschaft" nun unmissverständlich klargestellt, dass auch die Gesellschaft bürgerlichen Rechts gem. §§ 705 ff. BGB vom Anwendungsbereich erfasst sein soll (→ Rz. 7).

Der Sitz einer juristischen Person oder Personengesellschaft ist i.d.R. in ihrem zu Grunde liegenden **Gesellschaftsvertrag** oder ihrer **Satzung** niedergelegt.[4] Fehlt eine solche Regelung, wird der Sitz durch das jeweilige sich auf die Gesellschaftsform beziehende Gesetz bestimmt. Das kann nachrangig sein, wenn ein rein formeller Geschäftssitz besteht.[5] Dann ist der Ort der Leitung maßgeblich, welcher gem. § 10 AO analog der Mittelpunkt der geschäftlichen Oberleitung ist, mithin der Ort an dem die wichtigsten geschäftsführer- und vorstandstypischen Handlungen tatsächlich ausgeübt werden.[6]

IV. Zweigniederlassungen und Betriebsstätten (Nr. 3)

59 Die Inländereigenschaft von Zweigniederlassungen und Betriebsstätten findet ihre Rechtfertigung in der wirtschaftlichen **Selbstständigkeit** derselben. Daraus

---

1) Wolffgang in Wolffgang/Simonsen/Tietje, Bd. II, § 4 AWG a.F. Rz. 11 (November 2011).
2) Just in Hohmann/John, 2002, § 4 AWG Rz. 9.
3) Runderlass Nr. 7 des Bundesministeriums für Wirtschaft und Technologie; Wolffgang in Wolffgang/Simonsen/Tietje, Bd. II, § 4 AWG a.F. Rz. 11 (November 2011).
4) Wolffgang in Wolffgang/Simonsen/Tietje, Bd. II, § 4 AWG a.F. Rz. 16 (November 2011).
5) Sieg/Fahnig/Kölling, Aussenwirtschaftsgesetz, § 4 AWG III Rz. 7.
6) Just in Hohmann/John, 2002, § 4 AWG Rz. 13.

folgt, dass deren Handlungen auch dem deutschen Außenwirtschaftsrecht unterliegen sollen. Es handelt sich dabei um eine **Ausnahme** zur oben beschriebenen Grundregel, nach der sich die Inländereigenschaft nach dem Sitz des betreffenden Unternehmens richtet.

Obwohl Zweigniederlassungen an sich Teil des Hauptunternehmens sind – sich also eigentlich nach dessen Zugehörigkeit zu einem der Gebiete richten müssten – werden sie dem Gebiet, in dem sie sich räumlich befinden, dann zugezählt, wenn durch organisatorische Maßnahmen gesichert ist, dass sie wirtschaftlich weitgehend selbständig sind.

Eine **Zweigniederlassung** i.S.d. Vorschrift liegt vor, wenn sie ihre Leitung im Inland hat und gesondert Buch führt. Es handelt sich um eine rechtlich unselbständige Niederlassung eines Unternehmens, die in räumlich-organisatorischer Hinsicht von der Hauptniederlassung getrennt ist.

Der Begriff der **Betriebsstätte** entstammt ursprünglich § 12 AO. Es handelt sich dabei um eine feste örtliche Anlage oder Einrichtung, die der Tätigkeit des Unternehmens dient. Entscheidend ist, dass diese im Inland verwaltet wird. Eine gesonderte Buchführung wird nicht verlangt. Indizien für eine eigene Verwaltung im Inland sind eigene Personal- und Materialbeschaffung, selbständige Korrespondenz und Zahlungsverkehr.[1]

R. Technische Unterstützung (§ 2 Abs. 16 AWG)

I. Norminhalt/Verhältnis zu anderen Vorschriften

Die Definition der **technischen Unterstützung** in § 2 Abs. 16 AWG entspricht § 4c Nr. 7 AWV a.F.; jedoch wird der Terminus „Unterstützung" durch „Hilfe" ersetzt, um eine Tautologie in der Definition zu vermeiden. Ein Widerspruch zum Wortlaut der Gemeinsamen Aktion 2000/401/GASP ist hiermit nicht verbunden.

In einem weitesten Sinne ließe sich auch die Ausfuhr von Waren – die als Realakt stets auch eine Handlung bzw. Tätigkeit ist – als technische Unterstützung begreifen. Die Ausfuhr von Dual-Use-Gütern unterfällt jedoch regelmäßig der Dual-Use-Verordnung, die in diesem Fall Vorrang genießt.[2] Insbesondere bezieht die Dual-Use-Verordnung in den Begriff der Ausfuhr auch die Übertragung von Technologie mittels elektronischer Medien, Art. 2 Buchst. b (iii) Dual-Use-VO ein.

II. Begriff der technischen Unterstützung

Die Begriffsbestimmungen zur Ausfuhrliste definieren technische Unterstützung nicht, sondern nennen exemplarisch Unterweisung, Vermittlung von Fertigkeiten, Schulung, Arbeitshilfe, Beratungsdienste. Sie weisen auch darauf hin, dass der Begriff die Weitergabe von „technischen Unterlagen" umfassen kann.

---

1) Wolffgang in Wolffgang/Simonsen/Tietje, Bd. II, § 4 AWG Rz. 19 (November 2011).
2) Friedrich in Hocke/Friedrich, § 4c AWV Rz. 29 (April 2012).

Die Wissensübertragung muss stets von einer Person auf eine andere erfolgen, wobei sämtliche Medien, auch schlichte Mündlichkeit, erfasst werden, vgl. § 2 Abs. 16 Satz 3 AWG.

62 Gegenstand des Wissenstransfers muss ein Verhalten sein, das Bezug zu einem körperlichen Gegenstand hat (Herstellung, Reparatur, Wartung, Betrieb, vgl. § 2 Abs. 16 Satz 1 AWG).[1] Dem Empfänger der Unterstützung muss ein **spezifisches technisches Wissen** bezüglich der Produktion oder Verwendung eines Produkts vermittelt werden. „Spezifisch" heißt, dass es erkennbar auf einem höheren Niveau liegen muss als allgemein abrufbares bzw. vorhandenes Wissen.

Eine technische Unterstützung ist bereits dann gegeben, wenn sie die Handhabung eines Gutes fördert. Dienstleistungen ohne den konkreten Bezug zu einer Sache werden von der Vorschrift hingegen nicht erfasst.

S. Transithandel (§ 2 Abs. 17 AWG)

I. Norminhalt/ Verhältnis zu anderen Vorschriften

63 Die Definition des **Transithandels** in § 2 Abs. 17 AWG entspricht weitgehend der Definition von „Transithandelsgeschäft" in § 4c Nr. 8 AWV a.F. Sie wird jedoch im Einklang mit Anhang II, Punkt 2.1 der Verordnung Nr. 555/2012 der Kommission vom 22.6.2012 zur Änderung der Verordnung (EG) Nr. 184/2005 des Europäischen Parlaments und des Rates betreffend die gemeinschaftliche Statistik der Zahlungsbilanz, des internationalen Dienstleistungsverkehrs und der Direktinvestitionen im Hinblick auf die Aktualisierung der Datenanforderungen und Definitionen[2] auf **Waren** begrenzt. Die Terminologie wird überdies an den etablierten Begriff „Transithandel" angepasst.[3]

II. Begriff des Transithandels

64 Unter Transithandel versteht man ein **Rechtsgeschäft**, welches grundsätzlich deutschem Außenhandelsrecht unterliegt, auch wenn das deutsche Internationale Privatrecht dieses einem fremden Zivilrechtsgebiet zuordnet.[4] § 2 Abs. 17 AWG spricht von „erwerben" und „veräußern". Dies legt den Schluss nahe, dass von der Definition Rechtsgeschäfte erfasst werden, die nach den §§ 929 ff. BGB im deutschen Recht als Verfügungsgeschäfte behandelt werden, Verpflichtungsgeschäfte jedoch vom Anwendungsbereich ausgenommen sind.

Im Übrigen handelt es sich beim Transithandel immer um ein **Dreiecksgeschäft**, dessen Gegenstand, das „Gut", entweder nicht im Inland befindlich ist oder dieses nur im Wege der Durchfuhr berührt.

65 Durch Transithandel verursachte Warenbewegungen sind als **Aus-, Ein-, oder Durchfuhr** zu behandeln, weshalb es für den Transithandel auch kein eigenes

---

1) Friedrich in Hocke/Friedrich, § 4c AWV Rz. 32 (April 2012).
2) ABl.EU 2012 Nr. L 166, 22.
3) BT-Drucks. 17/11127, 21.
4) Friedrich in Hocke/Friedrich, § 4c AWV Rz. 37 (April 2012).

zollbehördliches Verfahren gibt, sondern die jeweiligen Verfahrensvorschriften zur Aus-, Ein-, oder Durchfuhr zur Anwendung kommen.[1]

T. Unionsansässige und Unionsfremde (§ 2 Abs. 18 und 19 AWG)

I. Norminhalt/Verhältnis zu anderen Vorschriften

Die Definition der Unionsansässigen in § 2 Abs. 18 AWG ersetzt § 4 Abs. 1 Nr. 6 AWG a.F. Der Verweis auf Art. 4 Nr. 2 ZK wird entsprechend § 4 Abs.1 Nr. 6 AWG a.f. durch eine Definition ersetzt, die sich inhaltlich an die Definition des Inländers in § 2 Abs. 15 AWG anlehnt. Damit wird ein möglicher Wertungswiderspruch zwischen den Definitionen des „Inländers" und des „Unionsansässigen" in Bezug auf dauerhafte Zweigniederlassungen vermieden.

Nach Art. 4 Nr. 2 ZK haben Niederlassungen keinen eigenen zollrechtlichen (außenwirtschaftlichen) Status, vielmehr richtet sich dieser nach der Gebietsansässigkeit des Hauptunternehmens. § 2 Abs. 15 AWG verleiht demgegenüber der Niederlassung außenwirtschaftsrechtlich einen eigenen Status, ohne den des Hauptunternehmens zu ändern. Überdies erfasst Art. 4 Nr. 2 ZK nur Niederlassungen von juristischen Personen oder Personengesellschaften, während sich § 2 Abs. 15 AWG auch auf Niederlassungen natürlicher Personen bezieht.[2]

Die Definition der Unionsfremden in § 2 Abs. 19 AWG entspricht § 4 Abs. 1 Nr. 8 AWG a.F.

II. Begriffe

Unionsansässig sind nach § 2 Abs. 18 Nr. 1 bis 4 AWG **natürliche Personen** mit Wohnsitz oder gewöhnlichem Aufenthalt in der Europäischen Union, **juristische Personen oder Personengesellschaften** mit Sitz oder Ort der Leitung in der Europäischen Union, **Zweigniederlassungen** juristischer Personen, deren Sitz oder Ort der Leitung in einem Drittland liegt, wenn die Zweigniederlassungen ihre Leitung in der Europäischen Union haben und es für sie eine gesonderte Buchführung gibt und **Betriebsstätten** juristischer Personen aus Drittländern, wenn die Betriebsstätten ihre Verwaltung in der Europäischen Union haben. Insoweit kann auf die Ausführungen zur Inländereigenschaft Bezug genommen werden, mit der Modifikation, dass sie sich auf das Gebiet der Europäischen Union beziehen (→ Rz. 54).

Unionsfremd ist jede natürliche oder juristische Person sowie jede Personenvereinigung, die nicht unionsansässig sind. Es handelt sich folglich bei der Unionsfremdheit um eine **Negativdefinition.**

Eine **Doppelansässigkeit** kommt – wie bei der Frage nach der Inländer-/Ausländereigenschaft – nicht in Betracht.[3]

---

1) Dünnweber in Bieneck, § 14 Rz. 56.
2) BT-Drucks. 17/11127, 21.
3) Friedrich in Hocke/Friedrich, § 4 AWG Rz. 29 (April 2012).

U. Verbringer und Verbringung
(§ 2 Abs. 20 und 21 AWG)

I. Norminhalt/Verhältnis zu anderen Vorschriften

69 Die Definitionen des Verbringers und der Verbringung in § 2 Abs. 20 und Abs. 21 AWG ersetzen § 4c Nr. 2 AWV a.F. und § 4 Abs. 2 Nr. 5 AWG a.F. Bislang wurde die Verbringung als Unterfall der Ausfuhr angesehen.

Durch die Neufassung des Ausfuhrbegriffs in § 2 Abs. 3 AWG wird die Verbringung zum **aliud** der Ausfuhr.

Auf Grund der Beschränkung des Einfuhrbegriffs auf Lieferungen aus Drittländern (vgl. § 2 Abs. 11 AWG) wird der Verbringungsbegriff zudem erweitert, um Lieferungen von Waren oder die Übertragung von Datenprogrammen und Technologie aus dem Zollgebiet der Europäischen Union in das Inland zu erfassen.[1]

II. Begriffe

70 Während das Begriffspaar „Ausfuhr/Einfuhr" auf Lieferungen aus einem oder in ein Drittland Bezug nimmt, erfasst der Begriff der „Verbringung" nur solche Vorgänge, die sich zwischen dem **Inland** und dem **übrigen Zollgebiet der Europäischen Union** vollziehen.

Verbringer ist dabei jede natürliche oder juristische Person oder Personengesellschaft, die über die Verbringung von Gütern bestimmt und im Zeitpunkt der Verbringung Vertragspartner des Empfängers ist. Je nach Variante (§ 2 Abs. 21 Nr. 1 oder Nr. 2 AWG) befindet sich der Empfänger bei diesem Vorgang entweder im Inland oder im übrigen Zollgebiet der Europäischen Union. Entscheidend ist, dass der Verbringer in beiden Fällen der Vertragspartner des Empfängers ist.

§ 2 Abs. 20 Satz 2 und Satz 3 AWG modifizieren diese Grundregel in zweierlei Hinsicht. Stehen dem Verbringungsvertrag die Verfügungsrechte über die Güter einem **Ausländer** zu, so gilt als Verbringer die inländische Vertragspartei (§ 2 Abs. 20 Satz 2 AWG). Wurde **kein Verbringungsvertrag** geschlossen oder handelt der Vertragspartner nicht für sich selbst, so ist ausschlaggebend, wer über die Verbringung tatsächlich bestimmt (§ 2 Abs. 20 Satz 3 AWG).

71 Die Definition des Begriffs der Verbringung als solcher ist den Definitionen zur Aus- und Einfuhr entlehnt (→ Rz. 8 und Rz. 40 ff.). **Verbringung** ist die Lieferung von Waren oder die Übertragung von Software oder Technologie aus dem Inland in das übrige Zollgebiet der Europäischen Union einschließlich ihrer Bereitstellung auf elektronischem Weg für natürliche und juristische Personen in dem übrigen Zollgebiet der Europäischen Union (§ 2 Abs. 21 Nr. 1 AWG) und die Lieferung von Waren oder die Übertragung von Software oder Technologie aus dem übrigen Zollgebiet der Europäischen Union in das Inland einschließlich ihrer Bereitstellung auf elektronischem Weg für natürliche und juristische Personen im Inland (§ 2 Abs. 21 Nr. 2 AWG). Hinsichtlich der einzelnen

---

1) BT-Drucks. 17/11127, 21.

weiteren Tatbestandsmerkmale wird auf die Kommentierung zur Aus- und Einfuhr verwiesen (→ Rz. 8 und Rz. 40 ff.).

V. Waren (§ 2 Abs. 22 AWG)

Die Definition von **Waren** in § 2 Abs. 22 AWG entspricht der bisherigen Definition in § 4 Abs. 2 Nr. 2 AWG a.F. 72

Unter den weiten Begriff der Waren fallen alle **beweglichen Sachen**, die Gegenstand des Handelsverkehrs sein können. Entscheidend ist, dass die beweglichen Sachen als Gegenstand des Handelsverkehrs **potenziell** in Betracht kommen; Gegenstand eines entsprechenden Verkehrs brauchen sie noch nicht gewesen zu sein. Der Warenbegriff des AWG ist mit dem des früheren Warenzeichengesetzes vergleichbar. Unter ihn fallen alle beweglichen körperlichen Gegenstände des Handels- und Geschäftsverkehrs einschließlich landwirtschaftlicher, forstwirtschaftlicher und bergbaulicher Erzeugnisse, d.h. jedes Gut, das im Verkehr wie eine Ware behandelt wird.

Anders als im Wettbewerbsrecht (vgl. § 16 UWG) fallen unter diesen Begriff **keine Grundstücke oder grundstücksgleichen Rechte.** Unter den Begriff fallen aber Kunstwerte und Sammler-Briefmarken.

Die unter den Warenbegriff des AWG fallenden Gegenstände sind im Warenverzeichnis für die Außenhandelsstatistik durch Benennung der Ware und eine entsprechende Nummer gekennzeichnet. Dieses Verzeichnis enthält jedoch keine abschließende Kennzeichnung. Die Benennung ist lediglich ein Indiz dafür, dass es sich bei dem Gegenstand um eine Ware handelt.[1]

Auch **Geldmünzen oder Geldscheine** können unter den Warenbegriff dieses Gesetzes fallen. Dies ist aber nur dann der Fall, wenn die Münzen oder Scheine nicht als vertragliche Gegenleistung Zahlungsmittel sind, sondern allein deshalb eingeführt oder ausgeführt werden, um im Zielland gegen die dortige Währung umgetauscht zu werden.[2] 73

W. Wert eines Gutes (§ 2 Abs. 23 AWG)

I. Norminhalt/Verhältnis zu anderen Vorschriften

Anders als im Zollrecht, ist die außenwirtschaftsrechtliche Bedeutung des sog. **Warenwerts** relativ gering, was sich auch an der Kürze der betreffenden Vorschrift ablesen lässt.[3] Die Definition des Wertes eines Guts in § 2 Abs. 23 AWG entspricht der bisherigen Definition in § 4 AWV a.F. 74

II. Bemessungskriterien

Nach § 2 Abs. 23 Satz 1 1. Var. AWG entspricht der Wert eines Guts dem **Entgelt**, das dem Empfänger für die betreffende Ware in Rechnung gestellt wurde. 75

---

1) Sieg/Fahning/Kölling, Aussenwirtschaftsgesetz, § 4 AWG III Anm. 18.
2) BGH v. 19.12.2001, 2 StR 358/01, NJW 2002, 1357.
3) Friedrich in Hocke/Friedrich, § 4 AWV Rz. 1 (April 2012).

Üblicherweise ergibt sich das Entgelt aus dem der Transaktion zu Grunde liegenden Kaufvertrag. Die Vorschrift verlangt jedoch nicht, dass das Entgelt in einem solchen Vertrag schriftlich festgeschrieben worden ist. Da Scheingeschäfte nach § 117 BGB ohnehin nichtig sind, ist auch eine Falschausweisung des Kaufpreises unbeachtlich. Steht hingegen fest, dass ein Entgelt ernstlich vereinbart wurde, so ist unerheblich, ob dieses dem üblichen Preis entspricht oder nicht.[1)]

76 Nicht geregelt ist, ob **Transport-, Versicherungs-, und sonstige Kosten** zum Entgelt gehören oder nicht. Oft machen diese einen großen Anteil am Rechnungsbetrag aus. Nach dem Freiheitsgrundsatz des AWG, nach dem am Außenhandel Beteiligten die maximale Ausnutzung der Freistellungsbeträge nicht unnötig erschwert werden sollte, scheint es zulässig, wenn die Parteien diese Kosten aus dem Rechnungsbetrag ausgliedern und jeweils für den Warenwert einerseits, für die Nebenkosten andererseits, getrennte Rechnungen ausstellen.[2)]

§ 2 Abs. 23 Satz 1 2. Var. AWG ist nur dann anwendbar, wenn das Entgelt nicht feststellbar ist oder ein Empfänger fehlt. Dann kommen die Vorschriften über den statistischen Warenwert zur Anwendung.[3)]

77 Nach § 2 Abs. 23 Satz 2 AWG schreibt das sog. **„Stückelungsverbot"** fest. Durch die Vorschrift soll verhindert werden, dass bestimmte Beschränkungen oder Verfahrens- und Meldepflichten dadurch umgangen werden, dass ein die Wertgrenzen übersteigender einheitlicher Gesamtvorgang in Einzelstücke zerlegt wird, um das Erreichen der Wertgrenzen zu vermeiden.

X. Wertpapiere (§ 2 Abs. 24 AWG)

78 Die Definition der Wertpapiere in § 2 Abs. 24 AWG entspricht dem bisherigen § 4 Abs. 2 Nr. 9 bis 11 AWG a.F.

Unter diesen Begriff fallen alle **Wertpapiere nach § 1 DepotG**. Das sind im Wesentlichen Aktien, Kuxe, Zwischenscheine, Zins-, Gewinn- und Erneuerungsscheine sowie auf den Inhaber lautende oder durch Indossament übertragbare Schuldverschreibungen.[4)]

79 Wertpapiere sind auch **obligatorische Ansprüche**.[5)] Vorstellbar sind etwa Ansprüche an einem Wertpapiersammelbestand, einer Sammelschuldbuchforderung oder Rechte auf Lieferung oder Zuteilung von Wertpapieren. Gemeint sind damit allerdings nur Bezugsrechte gegen den Wertpapieraussteller oder Surrogatsrechte gegen ein Zeichenkonsortium, sowie Auslieferungsrechte bei der Sammel- und Tauschverwahrung nach §§ 7, 10 DepotG, nicht dagegen

---

1) Friedrich in Hocke/Friedrich, § 4 AWV Rz. 4 (April 2012).
2) Friedrich in Hocke/Friedrich, § 4 AWV Rz. 8 (April 2012).
3) § 8 AHStatDV: Dort wird zwischen dem Rechnungspreis und dem statistischen Wert unterschieden. Statistischer Wert ist der Rechnungspreis inklusive der in § 8 Abs. 2 Satz 1 AHStatDV genannten Vertriebskosten. Andere Kosten dürfen nicht miteinbezogen werden.
4) Diemer in Erbs/Kohlhaas, Strafrechtliche Nebengesetze, 194. Ergänzungslieferung 2013, § 4 AWG Rz. 19.
5) Langen, § 4 Rz. 39.

schuldrechtliche Ansprüche auf Übertragung von Aktien im gewöhnlichen Publikumsverkehr.[1]

Inländische Wertpapiere nach § 2 Abs. 24 Satz 2 AWG sind solche, die ein Inländer oder, vor dem 9.5.1945, eine Person mit Wohnsitz oder Sitz im Gebiet des Deutschen Reichs nach dem Stand vom 31.12.1937 ausgestellt hat. Maßgebend ist nicht die Währung, in der das Papier ausgestellt ist, sondern allein die Ortsansässigkeit des Ausstellers. **80**

Ausländische Wertpapiere sind alle Wertpapiere, die nicht inländisch sind. Dazu gehören auch Wertpapiere, die in Österreich, Sudetenland, Danzig und Memel während der formellen Zugehörigkeit zum Deutschen Reich nach dem Stand vom 31.12.1937 ausgestellt worden sind.[2] **81**

Y. Zollgebiet der Europäischen Union (§ 2 Abs. 25 AWG)

Das Zollgebiet der Europäischen Union ist in § 2 Abs. 25 AWG entsprechend § 4 Abs.1 Nr. 3 AWG a.F. definiert, wobei auf **Art. 3 der VO (EG) Nr. 2913/92** des Rates vom 12.10.1992 zur Festlegung des Zollkodex der Gemeinschaften Bezug genommen wird, in dem im Einzelnen die in Betracht kommenden Hoheitsgebiete der Mitgliedstaaten angeführt werden. **82**

---

1) Sieg/Fahning/Kölling, Aussenwirtschaftsgesetz, § 4 AWG III Rz. 36.
2) Diemer in Erbs/Kohlhaas, Strafrechtliche Nebengesetze, 194. Ergänzungslieferung 2013, § 4 AWG Rz. 21.

§ 3
Zweigniederlassungen und Betriebsstätten

(1) Inländische Zweigniederlassungen und Betriebsstätten von Ausländern und ausländische Zweigniederlassungen und Betriebsstätten von Inländern gelten als rechtlich selbständig. Mehrere inländische Zweigniederlassungen und Betriebsstätten desselben Ausländers gelten als eine inländische Zweigniederlassung oder Betriebsstätte.

(2) Handlungen, die von oder gegenüber Zweigniederlassungen oder Betriebsstätten im Sinne des Absatzes 1 vorgenommen werden, gelten als Rechtsgeschäfte, soweit solche Handlungen im Verhältnis zwischen natürlichen oder juristischen Personen oder Personengesellschaften Rechtsgeschäfte wären.

(3) Durch Rechtsverordnung auf Grund dieses Gesetzes oder durch vollziehbare Anordnung gemäß § 6 kann vorgesehen werden, dass

1. mehrere ausländische Zweigniederlassungen und Betriebsstätten desselben Inländers abweichend von Absatz 1 Satz 1 als ein Ausländer gelten,

2. inländische Zweigniederlassungen und Betriebsstätten desselben Ausländers abweichend von Absatz 1 Satz 2 jeweils für sich als Inländer gelten,

3. Zweigniederlassungen und Betriebsstätten abweichend von § 2 Absatz 5 und 15 nicht als Ausländer oder Inländer gelten oder

4. Zweigniederlassungen und Betriebsstätten abweichend von § 2 Absatz 18 und 19 nicht als Unionsansässige oder Unionsfremde gelten.

AWV

§ 55
Anwendungsbereich der sektorübergreifenden Prüfung

(1) Das Bundesministerium für Wirtschaft und Technologie kann prüfen, ob es die öffentliche Ordnung oder Sicherheit der Bundesrepublik Deutschland gefährdet, wenn ein Unionsfremder ein inländisches Unternehmen oder eine unmittelbare oder mittelbare Beteiligung im Sinne des § 56 an einem inländischen Unternehmen erwirbt.

(2) Der Prüfung nach Absatz 1 unterliegen auch Erwerbe durch Unionsansässige, wenn es Anzeichen dafür gibt, dass eine missbräuchliche Gestaltung oder ein Umgehungsgeschäft vorgenommen wurde, um eine Prüfung nach Absatz 1 zu unterlaufen. Zweigniederlassungen und Betriebsstätten eines unionsfremden Erwerbers gelten nicht als unionsansässig. Erwerber aus den Mitgliedstaaten der Europäischen Freihandelsassoziation stehen Unionsansässigen gleich.

(3) Das Bundesministerium für Wirtschaft und Technologie kann das Prüfrecht nach Absatz 1 nur ausüben, wenn es dem unmittelbaren Erwerber die Eröffnung des Prüfverfahrens innerhalb von drei Monaten nach dem Abschluss des schuldrechtlichen Vertrags über den Erwerb mitteilt. Im Fall eines Angebots im Sinne des Wertpapiererwerbs- und Übernahmegesetzes beginnt die Frist nach Satz 1 mit der Veröffentlichung der Entscheidung zur Abgabe des Angebots oder der Veröffentlichung der Kontrollerlangung.

§ 56
Stimmrechtsanteile

(1) Der unmittelbare oder mittelbare Stimmrechtsanteil des Erwerbers an dem inländischen Unternehmen muss nach dem Erwerb 25 Prozent der Stimmrechte erreichen oder überschreiten.

(2) Bei der Berechnung der Stimmrechtsanteile sind dem Erwerber die Stimmrechte Dritter an dem inländischen Unternehmen zuzurechnen,
1. *an denen der Erwerber mindestens 25 Prozent der Stimmrechte hält, oder*
2. *mit denen der Erwerber eine Vereinbarung über die gemeinsame Ausübung von Stimmrechten abgeschlossen hat.*

(3) Im Fall eines mittelbaren Erwerbs beträgt der Stimmrechtsanteil des Erwerbers an dem inländischen Unternehmen mindestens 25 Prozent, wenn der Erwerber und der jeweilige Zwischengesellschafter unter entsprechender Anwendung der Zurechnungsgrundsätze nach Absatz 2 mindestens 25 Prozent der Stimmrechte an der jeweiligen Tochtergesellschaft halten.

§ 57
Unterlagen über den Erwerb

Der unmittelbare Erwerber ist verpflichtet, dem Bundesministerium für Wirtschaft und Technologie im Fall einer Prüfung nach § 55 Unterlagen über den Erwerb einzureichen. Die einzureichenden Unterlagen bestimmt das Bundesministerium für Wirtschaft und Technologie durch Allgemeinverfügung, die im Bundesanzeiger bekannt zu machen ist.

§ 58
Unbedenklichkeitserscheinung

(1) Das Bundesministerium für Wirtschaft und Technologie bescheinigt dem Erwerber auf schriftlichen Antrag die Unbedenklichkeit eines Erwerbs im Sinne des § 55, wenn dem Erwerb keine Bedenken im Hinblick auf die öffentliche Ordnung oder Sicherheit der Bundesrepublik Deutschland entgegenstehen (Unbedenklichkeitsbescheinigung). In dem Antrag sind der Erwerb, der Erwerber und das zu erwerbende inländische Unternehmen anzugeben sowie die Geschäftsfelder des Erwerbers und des zu erwerbenden inländischen Unternehmens in den Grundzügen darzustellen.

(2) Die Unbedenklichkeitsbescheinigung gilt als erteilt, wenn das Bundesministerium für Wirtschaft und Technologie nicht innerhalb eines Monats nach Eingang des Antrags ein Prüfverfahren nach § 55 eröffnet.

§ 59
Untersagung oder Anordnung

(1) Das Bundesministerium für Wirtschaft und Technologie kann einen Erwerb im Sinne des § 55 bis zum Ablauf von zwei Monaten nach Eingang der vollständigen Unterlagen gemäß § 57 gegenüber dem unmittelbaren Erwerber untersagen oder Anordnungen erlassen, um die öffentliche Ordnung oder Sicherheit der Bundesrepublik Deutschland zu gewährleisten. Für die Untersagung oder den Erlass von Anordnungen ist die Zustimmung der Bundesregierung erforderlich.

(2) Zur Durchsetzung einer Untersagung kann das Bundesministerium für Wirtschaft und Technologie insbesondere

1. *die Ausübung der Stimmrechte an dem erworbenen Unternehmen, die einem unionsfremden Erwerber gehören oder ihm zuzurechnen sind, untersagen oder einschränken oder*
2. *einen Treuhänder bestellen, der die Rückabwicklung eines vollzogenen Erwerbs herbeiführt.*

§ 60
Anwendungsbereich der sektorspezifischen Prüfung

(1) Das Bundesministerium für Wirtschaft und Technologie kann prüfen, ob der Erwerb eines inländischen Unternehmens oder einer unmittelbaren oder mittelbaren Beteiligung im Sinne des § 56 an einem inländischen Unternehmen durch einen Ausländer wesentliche Sicherheitsinteressen der Bundesrepublik Deutschland gefährdet, wenn das Unternehmen:

1. *Güter im Sinne des Teils B der Kriegswaffenliste herstellt oder entwickelt,*
2. *besonders konstruierte Motoren oder Getriebe zum Antrieb von Kampfpanzern oder anderen gepanzerten militärischen Kettenfahrzeugen herstellt oder entwickelt oder*
3. *Produkte mit IT-Sicherheitsfunktionen zur Verarbeitung von staatlichen Verschlusssachen oder für die IT-Sicherheitsfunktion wesentliche Komponenten solcher Produkte herstellt oder hergestellt hat und noch über die Technologie verfügt, wenn das Gesamtprodukt mit Wissen des Unternehmens von dem Bundesamt für Sicherheit in der Informationstechnik zugelassen wurde.*

(2) Zweigniederlassungen und Betriebsstätten eines ausländischen Erwerbers gelten nicht als inländisch.

(3) Der Erwerb ist dem Bundesministerium für Wirtschaft und Technologie schriftlich zu melden. § 58 Absatz 1 Satz 2 gilt entsprechend. Die Meldung erfolgt ausschließlich durch den unmittelbaren Erwerber, auch wenn in dessen Person die Voraussetzungen des Absatzes 1 nicht vorliegen.

§ 61
Freigabe eines Erwerbs nach § 60

Das Bundesministerium für Wirtschaft und Technologie gibt den Erwerb gegenüber dem Meldepflichtigen nach § 60 Absatz 3 Satz 3 schriftlich frei, wenn dem Erwerb keine Bedenken im Hinblick auf wesentliche Sicherheitsinteressen der Bundesrepublik Deutschland entgegenstehen. Die Freigabe gilt als erteilt, wenn das Bundesministerium für Wirtschaft und Technologie nicht innerhalb eines Monats nach Eingang der Meldung nach § 60 Absatz 3 ein Prüfverfahren gemäß § 60 Absatz 1 gegenüber dem Meldepflichtigen eröffnet. Im Falle der Eröffnung eines Prüfverfahrens gilt § 57 für den Meldepflichtigen entsprechend.

§ 62
Untersagung oder Anordnungen

Das Bundesministerium für Wirtschaft und Technologie kann gegenüber dem Meldepflichtigen bis zum Ablauf von einem Monat nach Eingang der vollstän-

(AWV) *digen Unterlagen gemäß § 57 einen Erwerb im Sinne des § 60 Absatz 1 untersagen oder Anordnungen erlassen, um wesentliche Sicherheitsinteressen der Bundesrepublik Deutschland zu gewährleisten.*

Inhalt

	Rz.
A. Inhalt und Bedeutung	1–4
I. Norminhalt und Normzusammenhänge/Verhältnis zu anderen Regelungen	1–2
II. Zeitlicher Anwendungsbereich und historische Entwicklung	3–4
B. Fiktionen der Abs. 1 und 2	5–7
I. Fiktionen des Abs. 1	6
II. Fiktion des Abs. 2	7
C. Abweichungsermächtigung von den Fiktionen, Abs. 3	8–11

A. Inhalt und Bedeutung

I. Norminhalt und Normzusammenhänge/Verhältnis zu anderen Regelungen

1 § 3 AWG regelt für den Anwendungsbereich des AWG mittels Fiktionen die Rechtsstellung von Zweigniederlassungen und Betriebsstätten und die Zurechenbarkeit von Handlungen von und gegenüber diesen. Er ergänzt die Begriffsbestimmungen des § 2 Abs. 5 und 15 AWG, die festlegen, unter welchen Voraussetzungen Zweigniederlassungen und Betriebsstätten als Inländer oder Ausländer gelten. Der außenwirtschaftsrechtliche Status als inländisch bzw. ausländisch ist insofern von Bedeutung, als dass viele außenwirtschaftliche Beschränkungen an eben diesen Status anknüpfen.[1]

2 Um weiterhin eine Offenheit des Außenhandels zu gewährleisten, lässt § 3 Abs. 3 AWG Abweichungen von den Fiktionen des § 3 Abs. 1 und des § 2 Abs. 5, 15, 18 und 19 AWG zu.[2]

II. Zeitlicher Anwendungsbereich und historische Entwicklung

3 § 3 AWG wurde ursprünglich 1976 mit dem Dritten Gesetz zur Änderung des Außenwirtschaftsgesetzes[3] als § 4a AWG a.F. eingefügt, um die bis dahin bestehende Rechtsunsicherheit bei der außenwirtschaftsrechtlichen Beurteilung

---

1) Vgl. z.B. §§ 45, 52, 53 AWV.
2) BT-Drucks 7/4323, 9.
3) Gesetz vom 29.3.1976, BGBl. I 1976, 869.

von Transaktionen von und zwischen rechtlich unselbständigen Unternehmensteilen im In- und Ausland zu beenden.[1]

2009 wurde mit dem 13. Gesetz zur Änderung des Außenwirtschaftsgesetzes[2] die Ermächtigung des § 4a Abs. 2 AWG a.f. über Rechtsverordnungen hinaus auf vollziehbare Anordnungen nach dem jetzigen § 6 AWG erweitert, um die zeitnahe Umsetzung völkerrechtlicher Verpflichtungen zu gewährleisten.[3] Zudem wurde die Ermächtigung zu Abweichungen von den Begriffsbestimmungen des jetzigen § 2 AWG auch auf die Unionsansässigkeit i.S.v. § 2 Abs. 18 und 19 AWG erstreckt.

4

B. Fiktionen der Abs. 1 und 2

§ 3 Abs. 1 und 2 AWG enthalten drei auf das Außenwirtschaftsrecht beschränkte[4] gesetzliche Fiktionen, die in engem Zusammenhang miteinander stehen.

5

I. Fiktionen des Abs. 1

§ 3 Abs. 1 Satz 1 AWG legt fest, dass inländische Zweigniederlassungen und Betriebsstätten von Ausländern sowie ausländische Zweigniederlassungen und Betriebsstätten von Inländern als rechtlich selbständig anzusehen sind. Die Vorschrift fingiert damit die rechtliche Selbständigkeit von Unternehmensteilen mit eigenem außenwirtschaftsrechtlich Gebietsstatus i.S.v. § 2 Abs. 5 und 15 AWG. Das hat zur Folge, dass außenwirtschaftliche Beschränkungen auch auf Handlungen von und gegenüber diesen Anwendung finden können.[5] Mehrere inländische Zweigniederlassungen und Betriebsstätten desselben Ausländers gelten jedoch nach der Fiktion des § 3 Abs. 1 Satz 2 AWG als *eine* inländische Zweigniederlassung oder Betriebsstätte. Verfügt daher ein Ausländer über mehrere Zweigniederlassungen oder Betriebsstätten innerhalb Deutschlands, sind diese Unternehmensteile als ein einheitlicher (rechtlich selbständiger) Inländer zu behandeln.

6

II. Fiktion des Abs. 2

§ 3 Abs. 2 AWG stellt Handlungen, die von oder gegenüber Zweigniederlassungen oder Betriebsstätten vorgenommen werden, Rechtsgeschäften gleich – je-

7

---

1) Vor Einfügung des § 4a AWG a.f. stand zwar unter zivilrechtlichen Gesichtspunkten die rechtliche Unselbständigkeit von Zweigniederlassungen und Betriebsstätten fest. Unklar war jedoch, ob nicht die Rechtsstellung von Unternehmensteilen im Außenwirtschaftsrecht wegen dessen Aufgabe, „im Konfliktfalle die Inlandswirtschaft von der Auslandswirtschaft isolieren zu können", abweichend vom Zivilrecht beurteilt werden müsse, um so auch Transaktionen von und zwischen Unternehmensteilen als Rechtsgeschäfte i.S.d. heutigen § 4 Abs. 1, Halbsatz 1 AWG beschränken zu können. Vgl. BT-Drucks 7/4323, 8; Friedrich in Hocke/Friedrich, § 4a Rz. 1 (April 2012).
2) Gesetz v. 18.4.2009, BGBl. I 2009, 770.
3) BT-Drucks. 16/10730, 12; Diemer in Erbs/Kohlhaas, AWG, § 4a Rz. 1; Friedrich in Hocke/Friedrich, Bd. 1, § 4a Rz. 1.
4) BT-Drucks. 7/4323, 8.
5) Hierdurch sollen Umgehungen außenwirtschaftsrechtlicher Beschränkungen, bspw. durch Treuhandabsprachen, unterbunden werden.

doch nur dann, wenn diese auch im Geschäftsverkehr zwischen Rechtspersonen als Rechtsgeschäfte anzusehen wären.[1] Transaktionen von und zwischen rechtlich unselbständigen Unternehmensteilen können somit nicht nur außenwirtschaftsrechtlichen Beschränkungen unterliegen, die an die Ansässigkeit im In- oder Ausland anknüpfen, sondern auch solchen, die an das Vorliegen von Rechtsgeschäften anknüpfen.[2] Die Fiktion gilt dabei nicht nur im Hinblick auf Unternehmensteile, sondern findet auch im Verhältnis dieser zu Dritten Anwendung.[3]

C. Abweichungsermächtigung von den Fiktionen, Abs. 3

8 § 3 Abs. 3 AWG ermächtigt die Exekutive, durch Rechtsverordnung auf Grund des AWG[4] oder vollziehbare Anordnungen gem. § 6 AWG die Anwendung der Fiktionen des § 3 Abs. 1 und des § 2 Abs. 5, 15, 18 und 19 AWG zu suspendieren. Das erlaubt der Exekutive, Zweigniederlassungen und Betriebsstätten – abweichend von den Fiktionen – vom Anwendungsbereich bestimmter außenwirtschaftlicher Beschränkungen auszunehmen bzw. in diesen einzubeziehen.

9 Nach § 3 Abs. 3 Nr. 1 AWG dürfen entgegen § 3 Abs. 1 Satz 1 AWG auch mehrere ausländische Unternehmensteile desselben Inländers als ein Ausländer behandelt werden. Gemäß § 3 Abs. 3 Nr. 2 AWG darf abweichend von § 3 Abs. 1 Satz 2 AWG jede inländische Zweigniederlassung oder Betriebsstätte desselben Ausländers als rechtlich selbständig fingiert werden. § 3 Abs. 3 Nr. 3 AWG gestattet Abweichungen von den in § 2 Abs. 5 und 15 AWG enthaltenen Vorschriften zur Einordnung von Unternehmensteilen als in- bzw. ausländisch. Der durch das 13. Änderungsgesetz aufgenommene jetzige § 3 Abs. 3 Nr. 4 AWG sieht ähnliche Durchbrechungen in Bezug auf die Unionsansässigkeit bzw. Unionsfremdheit nach § 2 Abs. 18 und 19 AWG vor.

10 Von der Ermächtigungsgrundlage des heutigen § 3 Abs. 3 AWG wurde bislang nur einmal – und zwar im Rahmen der §§ 55 ff. AWV – Gebrauch gemacht. Dieser wurde 2009 auf Grundlage der §§ 2 Abs. 1, 7 und 27 Abs. 1 AWG a.F., die den heutigen §§ 4 Abs. 1 und 12 AWG entsprechen, durch das 13. AWG-Änderungsgesetz erlassen.[5]

11 **§§ 51 ff. AWV** sehen ein Prüfverfahren für den unmittelbaren und mittelbaren ausländischen Erwerb deutscher Unternehmen vor.[6] Um sicherzustellen, dass

---

1) BT-Drucks 7/4323, 8 f. Just in Hohmann/John, 2002, § 4a AWG Rz. 5, weist daher zu Recht darauf hin, dass bei grenzüberschreitenden Vorgängen mit Beteiligung von Unternehmensteilen immer genau darauf zu achten ist, dass die außenwirtschaftsrechtliche Bewertung nicht immer der zivilrechtlichen Situation entspricht.
2) Just in Hohmann/John, 2002, § 4a AWG Rz. 2; Friedrich in Hocke/Friedrich, § 4a AWG Rz. 1 (April 2012).
3) Vgl. Just in Hohmann/John, 2002, § 4a AWG Rz. 4.
4) Die durch die Novellierung neu eingefügte Formulierung „Rechtsverordnung *auf Grund dieses Gesetzes*", die sich auch in § 9 AWG findet, soll ausweislich der Gesetzesbegründung keinen Einfluss auf die Qualität der Vorschrift als Ermächtigungsgrundlage haben, zu § 3 Abs. 3 AWG vgl. BT-Drucks. 17/11127, 21.
5) Gesetz v. 18.4.2009, BGBl. I 2009, 771. Zur Problematik der Änderung der AWV durch förmliches Gesetz → § 9 AWG Rz. 7.
6) BT-Drucks 16/10730, 13.

möglicherweise unter das AWG fallende Unternehmenserwerbe durch Erwerber aus Ländern außerhalb des Unionsgebiets von §§ 5 ff. AWV erfasst werden, hat der Verordnungsgeber von der Ermächtigung des heutigen § 3 Abs. 3 Nr. 4 AWG Gebrauch gemacht und in § 55 Abs. 2 Satz 2 AWV bestimmt, dass Zweigniederlassungen und Betriebsstätten des Erwerbers – abweichend von § 2 Abs. 18 AWG – nicht als unionsansässig gelten.[1] Da weltweit operierende Unternehmen häufig eine dauerhafte Niederlassung im Unionsgebiet unterhalten, wären ansonsten wegen des weiten außenwirtschaftsrechtlichen Begriffs der Unionsansässigkeit[2] so gut wie alle größeren Unternehmen als unionsansässig zu qualifizieren gewesen und würden damit nicht dem Prüfverfahren der §§ 55 ff. AWV unterfallen.[3]

---

1) BT-Drucks 16/10730, 14.
2) Vgl. den heutigen § 2 Abs. 18 AWG. Die Vorgängervorschrift, § 4 Abs. 1 Nr. 6 AWG a.F., verwies bzgl. der Unionsansässigkeit auf Art. 4 Nr. 2 der Verordnung (EWG) Nr. 2913/92 des Rates vom 12.10.1992 zur Festlegung des Zollkodexes der Gemeinschaften (ABl.EG 1992 Nr. L 302, 1), nach dem alle juristischen Personen oder Personenvereinigungen, die in der Union ihren satzungsmäßigen Sitz, ihre Hauptverwaltung oder eine dauernde Niederlassung haben, als unionsansässig gelten.
3) BT-Drucks 16/10730, 14.

§ 4
Beschränkungen und Handlungspflichten zum Schutz der öffentlichen Sicherheit und der auswärtigen Interessen

(1) Im Außenwirtschaftsverkehr können durch Rechtsverordnung Rechtsgeschäfte und Handlungen beschränkt oder Handlungspflichten angeordnet werden, um

1. die wesentlichen Sicherheitsinteressen der Bundesrepublik Deutschland zu gewährleisten,

2. eine Störung des friedlichen Zusammenlebens der Völker zu verhüten,

3. eine erhebliche Störung der auswärtigen Beziehungen der Bundesrepublik Deutschland zu verhüten,

4. die öffentliche Ordnung oder Sicherheit der Bundesrepublik Deutschland im Sinne der Artikel 36, 52 Absatz 1 und Artikel 65 Absatz 1 des Vertrags über die Arbeitsweise der Europäischen Union zu gewährleisten oder

5. einer Gefährdung der Deckung des lebenswichtigen Bedarfs im Inland oder in Teilen des Inlands entgegenzuwirken und dadurch im Einklang mit Artikel 36 des Vertrags über die Arbeitsweise der Europäischen Union die Gesundheit und das Leben von Menschen zu schützen.

(2) Ferner können im Außenwirtschaftsverkehr durch Rechtsverordnung Rechtsgeschäfte und Handlungen beschränkt oder Handlungspflichten angeordnet werden, um

1. Beschlüsse des Rates der Europäischen Union über wirtschaftliche Sanktionsmaßnahmen im Bereich der Gemeinsamen Außen- und Sicherheitspolitik umzusetzen,

2. Verpflichtungen der Mitgliedstaaten der Europäischen Union durchzuführen, die in unmittelbar geltenden Rechtsakten der Europäischen Union zur Durchführung wirtschaftlicher Sanktionsmaßnahmen im Bereich der Gemeinsamen Außen- und Sicherheitspolitik vorgesehen sind,

3. Resolutionen des Sicherheitsrates der Vereinten Nationen umzusetzen, oder

4. zwischenstaatliche Vereinbarungen umzusetzen, denen die gesetzgebenden Körperschaften in der Form eines Bundesgesetzes zugestimmt haben.

(3) Als Beschränkung nach den Absätzen 1 und 2 gilt die Anordnung von Genehmigungserfordernissen oder von Verboten.

(4) Beschränkungen und Handlungspflichten sind nach Art und Umfang auf das Maß zu begrenzen, das notwendig ist, um den in der Ermächtigung angegebenen Zweck zu erreichen. Sie sind so zu gestalten, dass in die Freiheit der wirtschaftlichen Betätigung so wenig wie möglich eingegriffen wird. Beschränkungen und Handlungspflichten dürfen abgeschlossene Verträge nur berühren, wenn der in der Ermächtigung angegebene Zweck erheblich gefährdet wird. Sie sind aufzuheben, sobald und soweit die Gründe, die ihre Anordnung rechtfertigten, nicht mehr vorliegen.

AWV

§ 21
Ausfuhrgenehmigung

(1) Eine Ausfuhrgenehmigung kann nur der Ausführer beantragen.

(2) Dem Antrag auf Genehmigung der Ausfuhr von Gütern, die in Teil I der Ausfuhrliste genannt sind, sind Dokumente zum Nachweis des Endempfängers, des Endverbleibs und des Verwendungszwecks beizufügen. Das Bundesamt für Wirtschaft und Ausfuhrkontrolle (BAFA) kann auf die Vorlage dieser Dokumente verzichten oder andere als die in Satz 1 genannten Dokumente zum Nachweis des Verbleibs der Güter verlangen.

(3) Bei bestimmten Ländern kann das Bundesamt für Wirtschaft und Ausfuhrkontrolle (BAFA) eine Internationale Einfuhrbescheinigung (International Import Certificate) des Bestimmungslandes anerkennen.

(4) Das Nähere bestimmt das Bundesamt für Wirtschaft und Ausfuhrkontrolle (BAFA) durch Allgemeinverfügung, die im Bundesanzeiger bekannt zu machen ist.

§ 22
Informations- und Buchführungspflichten

(1) Ausführer der in Teil I Abschnitt A der Ausfuhrliste genannten Güter sind verpflichtet, den Empfänger spätestens bei der Ausfuhr über die Beschränkungen zu informieren, die hinsichtlich einer Ausfuhr aus dem Bestimmungsland in der erteilten Ausfuhrgenehmigung festgelegt sind.

(2) Der Ausführer ist unbeschadet anderer Rechtsvorschriften verpflichtet, ausführliche Register oder Aufzeichnungen über seine Ausfuhren der in Teil I Abschnitt A der Ausfuhrliste genannten Güter zu führen. Diese müssen geschäftliche Unterlagen mit den folgenden Angaben enthalten:

1. *die Bezeichnung des Gutes und dessen Listenposition in der Ausfuhrliste,*
2. *die Menge und der Wert des Gutes,*
3. *das Datum der Ausfuhr oder einzelner Teilausfuhren,*
4. *den Namen und die Anschrift des Ausführers und des Empfängers,*
5. *soweit bekannt, die Endverwendung und der Endverwender des Gutes und*
6. *die Angabe, dass der Empfänger entsprechend Absatz 1 informiert wurde.*

(3) Die Register oder Aufzeichnungen nach Absatz 2 Satz 1 sind nach Ende des Kalenderjahres, in dem die Ausfuhr erfolgt ist, für die Dauer von fünf Jahren aufzubewahren.

§ 23
Ausfuhrabfertigung

(1) Erfolgt die Ausfuhrabfertigung aufgrund einer elektronischen Ausfuhranmeldung nach § 12 Absatz 3 Satz 1, ist die Vorlage der Ausfuhrgenehmigung in Papierform bei der Ausfuhrabfertigung grundsätzlich nicht erforderlich. Der Ausführer hat jedoch sicherzustellen, dass die Ausfuhrgenehmigung im Zeitpunkt der Beantragung der Ausfuhrabfertigung bei ihm oder seinem Vertreter vorhanden ist. Im Fall des § 12 Absatz 3 Satz 3 hat der Anmelder der zuständi-

gen Zollstelle die Ausfuhrgenehmigung mit der schriftlichen Ausfuhranmeldung zu übermitteln.

(2) Zur Ausfuhrabfertigung hat der Anmelder in der elektronischen Ausfuhranmeldung hinsichtlich der Ausfuhrgenehmigung Folgendes anzugeben:
1. die Genehmigungscodierung,
2. die Listenposition in der Ausfuhrliste oder in Anhang I der Verordnung (EG) Nr. 428/2009,
3. die Referenznummer,
4. das Ausstellungsdatum und
5. das Gültigkeitsende.

(3) Bei Ausfuhren auf Grund von Genehmigungen in Form von Allgemeinverfügungen sind die Angaben nach Absatz 2 Nummer 3 bis 5 nicht erforderlich.

(4) Wenn der Anmelder vom Bundesamt für Wirtschaft und Ausfuhrkontrolle (BAFA) eine Bescheinigung erhalten hat, dass die Ausfuhr keiner Genehmigung bedarf, hat er zur Ausfuhrabfertigung in der elektronischen Ausfuhranmeldung hinsichtlich der Bescheinigung Folgendes anzugeben:
1. die Codierung der Bescheinigung,
2. die Referenznummer,
3. das Ausstellungsdatum und
4. das Gültigkeitsende.

(5) Die vom Bundesamt für Wirtschaft und Ausfuhrkontrolle (BAFA) erteilten Ausfuhrgenehmigungen werden durch die Zollstellen elektronisch abgeschrieben. Ausfuhrgenehmigungen zur wiederholten vorübergehenden Ausfuhr oder in anderen Mitgliedstaaten der Europäischen Union erteilte Ausfuhrgenehmigungen sind vom Anmelder bei der elektronischen Ausfuhrabfertigung in Papierform vorzulegen und werden von der Zollstelle manuell abgeschrieben.

(6) Falls eine Abschreibung erforderlich ist, hat der Anmelder zusätzlich zu den Angaben nach Absatz 2 Folgendes anzugeben:
1. den Wert und, soweit die Ausfuhrgenehmigung dazu Angaben enthält, die Menge der auszuführenden Waren und
2. die Nummer der laufenden Güterposition der Genehmigung.

§ 24
Datenaustausch

(1) Zum Zweck der Ausfuhrabfertigung ausfuhrgenehmigungspflichtiger Waren ruft die zuständige Zollstelle die Daten der vom Bundesamt für Wirtschaft und Ausfuhrkontrolle (BAFA) erteilten Ausfuhrgenehmigungen über das Zentrum für Informationsverarbeitung und Informationstechnik (ZIVIT) vom Bundesamt für Wirtschaft und Ausfuhrkontrolle (BAFA) ab. Hat das Bundesamt für Wirtschaft und Ausfuhrkontrolle (BAFA) eine Bescheinigung erteilt, dass die Ausfuhr keiner Genehmigung bedarf, so tritt diese Bescheinigung an die Stelle der Ausfuhrgenehmigung nach Satz 1.

(2) Das Zentrum für Informationsverarbeitung und Informationstechnik (ZIVIT) leitet im Auftrag der zuständigen Zollstelle zum Zweck der Nachverfolgung

(AWV) der Ausnutzung erteilter Ausfuhrgenehmigungen folgende Daten an das Bundesamt für Wirtschaft und Ausfuhrkontrolle (BAFA) weiter:
1. den Wert der ausgeführten Waren,
2. den Zeitpunkt des Ausgangs,
3. die Nummer der Ausfuhrgenehmigung,
4. die Listenposition in der Ausfuhrliste oder in Anhang I der Verordnung (EG) Nr. 428/2009 und
5. soweit angegeben, die Menge der ausgeführten Waren und die Nummer der laufenden Güterposition der Genehmigung.

(3) Die zuständige Zollstelle und das Bundesamt für Wirtschaft und Ausfuhrkontrolle (BAFA) löschen die nach den Absätzen 1 und 2 übermittelten Daten spätestens nach Ablauf von fünf Jahren, soweit sie nicht nach anderen Vorschriften aufzubewahren sind. Die Frist beginnt jeweils mit dem Ende des Jahres, in dem die Daten an die zuständige Zollstelle oder das Bundesamt für Wirtschaft und Ausfuhrkontrolle (BAFA) übermittelt worden sind.

§ 25
Ausfuhrabfertigung in einem anderen Mitgliedstaat

(1) Wenn der Ausführer eine vom Bundesamt für Wirtschaft und Ausfuhrkontrolle (BAFA) erteilte Ausfuhrgenehmigung zur Ausfuhrabfertigung in einem anderen Mitgliedstaat der Europäischen Union verwenden will, so hat er die Ausfuhrgenehmigung zusammen mit dem Ausfuhrbegleitdokument oder einem vergleichbaren zollrechtlichen Ausfuhrdokument der für ihn oder seinen Firmensitz zuständigen Zollstelle innerhalb eines Monats nach Ausgang der Waren aus dem Zollgebiet der Europäischen Union vorzulegen.

(2) Nach elektronischer Nacherfassung der Ausfuhrgenehmigung durch die zuständige Zollstelle leitet das Zentrum für Informationsverarbeitung und Informationstechnik (ZIVIT) folgende Daten im Auftrag der zuständigen Zollstelle zum Zweck der Nachverfolgung der Ausnutzung erteilter Ausfuhrgenehmigungen an das Bundesamt für Wirtschaft und Ausfuhrkontrolle (BAFA) weiter:
1. die in § 24 Absatz 2 Nummer 1 und 3 bis 5 genannten Daten und
2. den Zeitpunkt der Nacherfassung.

(3) § 24 Absatz 3 gilt entsprechend.

§ 26
Aufzeichnungspflichten

(1) Der Ausführer ist verpflichtet, für jede von einer Zollstelle vorgenommene Abschreibung gemäß § 23 oder § 25 unter Bezugnahme auf die Ausfuhranmeldung ausführliche Register oder Aufzeichnungen zu führen. Diese müssen folgende Angaben enthalten:
1. die Registriernummer der Ausfuhranmeldung,
2. das Datum der Annahme der Ausfuhranmeldung,
3. die Bezeichnung der Zollstelle, bei der die Abschreibung vorgenommen wurde,
4. die Antragsnummer der Genehmigung,

5. die Menge oder den Wert der abgeschriebenen Waren und (AWV)
6. die Restmenge oder den Restwert der Waren.

(2) Die Register oder Aufzeichnungen sind für die Dauer von fünf Jahren aufzubewahren.

Inhalt

		Rz.
A.	**Inhalt und Bedeutung**	1–3
	I. Norminhalt/ Zeitlicher Anwendungsbereich und historische Entwicklung	1–2
	II. Normzusammenhänge/Verhältnis zu anderen Regelungen	3
B.	**§ 4 Abs. 1 AWG**	4–16
	I. Nr. 1	4
	II. Nr. 2	5
	III. Nr. 3	6–8
	IV. Nr. 4	9
	V. Nr. 5	10–16
C.	**§ 4 Abs. 2 AWG**	17–28
	I. Nr. 1	18
	II. Nr. 2	19
	III. Nr. 3	20
	IV. Nr. 4	21–28
	1. Zwischenstaatliche Vereinbarungen	22–25
	2. „Umsetzung"	26–27
	3. Verhältnis zu anderen Vorschriften	28
D.	**§ 4 Abs. 3 AWG**	29–33
E.	**§ 4 Abs. 4 AWG**	34–52
	I. Konkretisierung des Verhältnismäßigkeitsgrundsatzes	35–38
	II. Beschränkung laufender Verträge	39–52
	1. Anwendungsbereich	40
	2. Begriff der erheblichen Gefährdung	41
	3. Konsequenzen für die Praxis	42–44
	4. Verfassungsmäßigkeit der Altvertragsregelung	45–49
	a) Zulässigkeit der unechten Rückwirkung	46
	b) Entschädigungspflicht nach Art. 14 GG	47–49
	5. Zeitliche Konkretisierung des Verhältnismäßigkeitsgrundsatzes	50–52

A. Inhalt und Bedeutung

I. Norminhalt/Zeitlicher Anwendungsbereich und historische Entwicklung

1 In den §§ 4 bis 7 AWG finden sich **Ermächtigungsgrundlagen** für Beschränkungen des Außenwirtschaftsverkehrs. Sie sind von zentraler Bedeutung. Die Bestimmungen der §§ 2 Abs. 1, 3 bis 5 AWG a.F. und der §§ 5 ff. AWG a.F. bestanden im alten AWG nebeneinander. Während § 2 AWG a.f. die Ermächtigung zur Anordnung außenwirtschaftlicher Beschränkungen durch Rechtsverordnung und deren Ausmaß enthielt, ohne deren Inhalt und Zweck zu präzisieren[1], gaben die §§ 5 ff. AWG a.f. Inhalt und Zweck der Beschränkungen vor. Systematisch war dies unbefriedigend. Diese Bestimmungen werden daher nun in §§ 4 und 5 AWG zusammengefasst.

Die Beschränkungsmöglichkeiten des § 7 AWG a.F., der § 4 Abs. 1 und § 5 AWG vollumfänglich entspricht, werden beibehalten. Die Beschränkungsgründe des § 7 Abs. 1 AWG a.F. (jetzt § 4 Abs. 1 Nr. 1 bis 4 AWG) bieten das notwendige Instrumentarium, um bei Bedarf auf die vielfältigen und komplexen Fallkonstellationen des Außenwirtschaftsverkehrs angemessen reagieren und den Außenwirtschaftsverkehr beschränken zu können.

2 Die Vorschrift enthält eine **gesetzliche Ermächtigung zum Erlass von Rechtsverordnungen**, durch die Rechtsgeschäfte und Handlungen im Außenwirtschaftsverkehr beschränkt werden können.[2] Der Zweck und die Gründe, die für die in § 4 AWG aufgeführten Beschränkungsmöglichkeiten entscheidend waren, sind außenpolitischer Art: so werden Beschränkungen zugelassen, um die staatliche Sicherheit Deutschlands zu gewährleisten, eine Störung des friedlichen Zusammenlebens der Völker zu verhüten und um zu verhüten, dass die auswärtigen Beziehungen der Bundesrepublik erheblich gefährdet werden.[3]

II. Normzusammenhänge/Verhältnis zu anderen Regelungen

3 Im Gegensatz zu den anderen im AWG enthaltenen Beschränkungsmöglichkeiten ist der Anwendungsbereich des § 4 Abs. 1 AWG nicht auf die Verordnungsebene begrenzt.[4] Unter Durchbrechung des Charakters des AWG als sog. Mantel- bzw. Rahmengesetz räumt § 6 AWG dem Bundeswirtschaftsministerium (BMWi) im Einvernehmen mit dem Auswärtigen Amt (AA) und dem Bundesfinanzministerium (BMF) eine zeitlich befristete VA-Ermächtigung zur Abwendung einer im einzelnen Fall bestehenden Gefahr für die in § 4 Abs. 1 AWG genannten Rechtsgüter ein.[5]

Die Vorschrift wird auch von § 5 AWG in Bezug genommen. Dieser nennt beispielhaft mögliche Beschränkungen des Außenwirtschaftsverkehrs nach § 4 Abs. 1 AWG.

---

1) BR-Drucks. 519/12, 57.
2) Contag in Schulz, 1966, § 7 AWG Rz. 1.
3) Contag in Schulz, 1966, § 7 AWG Rz. 1.
4) Epping, 1998, 340.
5) Epping, 1998, 340.

Nach § 17 Abs. 1 AWG ist ein Verstoß gegen eine nach § 4 Abs. 1 AWG erlassene Rechtsverordnung strafbar, wenn diese der Durchführung einer vom Sicherheitsrat der Vereinten Nationen nach Kapitel VII der Charta der Vereinten Nationen (Nr. 1) oder einer vom Rat der Europäischen Union im Bereich der Gemeinsamen Außen- und Sicherheitspolitik beschlossenen wirtschaftlichen Sanktionsmaßnahme dient.

Nach § 18 Abs. 1 Nr. 1 Buchst. a AWG handelt ordnungswidrig, wer vorsätzlich oder fahrlässig einer Rechtsverordnung nach § 4 Abs. 1 AWG zuwiderhandelt.

B. § 4 Abs. 1 AWG

§ 4 Abs. 1 AWG nennt in Nr. 1 bis 4 vier Zielsetzungen, auf Grund derer der Außenwirtschaftsverkehr beschränkt werden darf.[1]

I. Nr. 1

§ 4 Abs. 1 Nr. 1 AWG erlaubt, den Außenwirtschaftsverkehr zu beschränken, soweit es die Sicherheit der Bundesrepublik Deutschland verlangt.[2] Dahinter steht der Gedanke, dass die Sicherheit der staatlichen Gemeinschaft ein dem wirtschaftlichen Einzelinteresse übergeordnetes Rechtsgut darstellt.[3]

Durch das 11. AWG-Änderungsgesetz wurde der Beschränkungszweck des § 4 Abs. 1 Nr. 1 AWG (damals § 7 Abs. 1 Nr. 1 AWG a.F.) von **„Sicherheit"** auf **„wesentliche Sicherheitsinteressen"** erweitert und damit dem europarechtlichen Sicherheitsbegriff in Art. 65 und 346 AEUV angepasst.[4] Zusätzlich zur äußeren und inneren Sicherheit Deutschlands, d.h. zur Sicherheit des Staats vor militärischen Angriffen von außen und Bedrohungen von innen, z.B. durch einen drohenden (Bürger-)Krieg,[5] umfasst er seither auch die ebenfalls zu den Kernaufgaben des Staats zählenden sicherheitspolitischen Interessen und die militärische Versorgungssicherheit Deutschlands.[6] Der weite Wortlaut („um zu gewährleisten") des § 4 Abs. 1 Nr. 1 AWG erlaubt dabei auch vorsorgliche Beschränkungen.[7]

---

1) Dabei gehen die Ermächtigungszwecke ineinander über, BVerfG v. 25.10.1991, 2 BvR 374/90, NJW 1992, 2624.
2) BT-Drucks. III/1285, 238.
3) Dieser Schutzgedanke ist auch international anerkannt, vgl. z.B. Art. XXI GATT. BT-Drucks. III/1285, 238; BVerfG v. 25.10.1991, 2 BvR 374/90, NJW 1992, 2624.
4) Vgl. Gesetz v. 23.7.2004, BGBl. I 2004, 1859; BT-Drucks. 15/2537, 5 und 7, der noch auf Art. 58 und 296 EG-Vertrag verweist. Vgl. auch EuGH v. 17.10.1995, Werner, C-70/94, EuGHE 1995 I-3189, Rz. 16 ff.
5) Sieg/Fahning/Kölling, Außenwirtschaftsgesetz, § 7 AWG Anm. III. 3.; BT-Drucks. 15/2537, 7.
6) Dabei betrifft letzteres insbesondere die Ausstattung der Streitkräfte mit dem für einen Militäreinsatz erforderlichen Material und Gerät (Sicherheitsvorsorge), vgl. BT-Drucks. 15/2537, 7.
7) Sieg/Fahning/Kölling, Außenwirtschaftsgesetz, § 7 AWG Anm. III. 4.; Langen, § 7 AWG Rz. 8; Sauer in Hohmann/John, 2002, § 7 AWG Rz. 9.

II. Nr. 2

5 § 4 Abs. 1 Nr. 2 AWG ermöglicht Beschränkungen von Rechtsgeschäften und Handlungen, um eine Störung des friedlichen Zusammenlebens der Völker zu verhüten. Ein friedenstörendes Geschäft kann auch dann beschränkt werden, wenn von ihm keine Gefahr für durch § 4 Abs. 1 Nr. 1 AWG geschützte wesentliche Sicherheitsinteressen Deutschlands ausgeht. Hierdurch soll der Leitgedanke des friedlichen Zusammenlebens der Völker, der in Art. 26 Abs. 1 GG festgeschrieben und auch in Art. 2 Nr. 4 der Charta der Vereinten Nationen enthalten ist, auf dem Gebiet des Außenwirtschaftsrechts durchgesetzt werden.[1] Die Auslegung des Ermächtigungszwecks orientiert sich an diesen Vorschriften.[2] Eine **Störung des friedlichen Zusammenlebens der Völker** ist jede Handlung, die nicht völkerrechtlich als Verteidigung gegen einen Angriff oder als Kollektivmaßnahme der Vereinten Nationen gerechtfertigt ist[3] und zu schwerwiegenden, ernsten und nachhaltigen Beeinträchtigungen im zwischenstaatlichen Verkehr führen kann.[4] Das kann bei der Durchführung sowie der Vorbereitung und Förderung militärischer Aktionen, z.B. durch die Lieferung von Waffen, aber auch schon bei deren ernsthafter Androhung der Fall sein.[5] Erfasst werden wegen des weiten Wortlauts neben zwischenstaatlichen Konflikten auch innerstaatliche Auseinandersetzungen zwischen verschiedenen Völkern.[6]

III. Nr. 3

6 Nach § 4 Abs. 1 Nr. 3 AWG kann der Außenwirtschaftsverkehr beschränkt werden, um erhebliche Störungen der auswärtigen Beziehungen Deutschlands zu verhüten. Hierdurch soll das den privatwirtschaftlichen Interessen übergeordnete Rechtsgut der auswärtigen Beziehungen – das nach Art. 32 Abs. 1 GG in der Obhut des Bundes steht[7] – auch dann geschützt werden können, wenn weder die wesentlichen Sicherheitsinteressen Deutschlands noch der Völkerfrieden gefährdet sind.[8]

---

1) BT-Drucks. III/1285, 238 f.; BVerfG v. 25.10.1991, 2 BvR 374/90, NJW 1992, 2624.
2) Reuter, 1995, Rz. 665; Bast in Hocke/Friedrich, § 7 AWG Rz. 5 (April 2012).
3) VG Frankfurt v. 15.5.1997, 1 E 3692/94 (V), ZfZ 1998, 424 (427); Schäfer, AW-Prax 1998, 205 (207); Simonsen/Beutel in Wolffgang/Simonsen/Tietje, Bd. II, § 7 AWG Rz. 27 (November 2011); Sauer in Hohmann/John, 2002, § 7 AWG Rz. 11; Reuter, 1995, Rz. 665.
4) BVerwG v. 23.6.1981, 1 C 61/76 (Mannheim), NJW 1982, 194 (195); Bast in Hocke/Friedrich, § 7 AWG Rz. 6 (April 2012).
5) Sauer in Hohmann/John, 2002, § 7 AWG Rz. 11; Simonsen/Beutel in Wolffgang/Simonsen/Tietje, Bd. II, § 7 AWG Rz. 27 (November 2011). Ähnlich auch VG Frankfurt v. 15.5.1997, 1 E 3692/94 (V), ZfZ 1998, 424, 427; Reuter, 1995, Rz. 665. – Bast in Hocke/Friedrich, § 7 AWG Rz. 6 (April 2012) will wegen der auf Kapitel VII der UN-Charta (Maßnahmen bei Bedrohung oder Bruch des Friedens und bei Angriffshandlungen) gestützten Resolution 1373 (2001) des UN-Sicherheitsrats vom 28.9.2001 zur effektiveren Terrorismusbekämpfung, auch den internationalen Terrorismus als Störung des Völkerfriedens angesehen wissen.
6) Simonsen/Beutel in Wolffgang/Simonsen/Tietje, Bd. II, § 7 AWG Rz. 27 (November 2011); Sauer in Hohmann/John, 2002, § 7 AWG Rz. 11; a.A. Sieg/Fahning/Kölling, Außenwirtschaftsgesetz, § 7 Anm. III. 5. – Ausführlich zum Begriff Störung des friedlichen Zusammenlebens der Völker vgl. von Heinegg in Epping/Hillgruber, Beck'scher Online-Kommentar GG (Stand 1.1.2012), Art. 26 GG Rz. 6 ff.
7) BVerfG v. 25.20.1991, 2 BvR 374/90, NJW 1992, 2624.
8) BT-Drucks. III/1285, 239.

Der **Begriff der auswärtigen Beziehungen** geht über den der diplomatischen Beziehungen i.S.d. herkömmlichen diplomatischen Verkehrs hinaus[1] und umfasst alle Beziehungen Deutschlands zu anderen Staaten und internationalen Organisationen.[2] Geschützt sind daher alle gemeinsamen Interessen, die Deutschland mit befreundeten Staaten oder internationalen Organisationen verbinden und die es ihm ermöglichen, die eigenen Interessen im Verkehr mit anderen Staaten durchzusetzen.[3]

Eine erhebliche Störung der auswärtigen Beziehungen ist anzunehmen, wenn Deutschland durch außenwirtschaftliche Rechtsgeschäfte und Handlungen in eine Lage gebracht wird, die es unmöglich macht oder ernsthaft erschwert, seinen Interessen an diesen Beziehungen gerecht zu werden.[4] Typische Fälle solcher erheblichen Störungen sind der Abbruch diplomatischer Beziehungen, der Rückruf eines Botschafters oder vergleichbare Schritte, die Verurteilung Deutschlands in inter- oder supranationalen Gremien (z.B. durch eine nach Formulierung und Mehrheitsverhältnissen schwerwiegende Resolution der Vereinten Nationen), nachdrückliche diplomatische Beschwerden oder feindselige Kampagnen führender Medien eines für die Außenpolitik wichtigen Landes.[5] Die Schwelle der Erheblichkeit hängt dabei von der Beziehung Deutschlands zu dem jeweils betroffenen Staat bzw. der jeweils betroffenen internationalen Organisation sowie der Sensitivität des betroffenen Bereichs ab.[6] Ausgelöst werden kann eine erhebliche Störung insbesondere dadurch, dass bei politischen oder bewaffneten Auseinandersetzungen zwischen fremden Staaten oder innerhalb eines fremden Staats eine der Parteien durch den (privaten) Außenwirtschaftsverkehr mit Deutschland begünstigt wird.[7] Eine erhebliche Störung liegt auch vor, wenn von Deutschland ausgehende Rechtsgeschäfte oder Handlungen gegen (rechtliche oder politische) zwischenstaatliche Verpflichtungen Deutschlands verstoßen.[8] So ist insbesondere die Achtung der **Menschenrechte** über § 4 Abs. 1 Nr. 3 AWG berücksichtigungsfähig, denn Deutschland hat sich in zahlreichen internationalen Übereinkommen, wie z.B. der Allgemeinen Erklärung der Menschenrechte der Generalversammlung der Vereinten Nationen vom 10.12.1948, zur Einhaltung und zum Schutz der Men-

---

1) Diemer in Erbs/Kohlhaas, Strafrechtliche Nebengesetze, 194. Ergänzungslieferung 2013, § 34 AWG Rz. 19.
2) Bast in Hocke/Friedrich, § 7 AWG Rz. 9 (April 2012).
3) Vgl. Erster Schriftlicher Bericht des Außenhandelsausschusses, zu BT-Drucks. III/2386, 5; BVerfG v. 25.20.1991, 2 BvR 374/90, NJW 1992, 2624; OLG Hamm v. 12.5.1992, 3 Ws 212/92, ZfZ 1992, 291, 292; LG Düsseldorf v. 27.5.1986, X 64/83, NStZ 1988, 231, 233; Diemer in Erbs/Kohlhaas, Strafrechtliche Nebengesetze, 194. Ergänzungslieferung 2013, § 34 AWG Rz. 19.
4) Simonsen/Beutel in Wolffgang/Simonsen/Tietje, Bd. II, § 7 AWG Rz. 28 (November 2011).
5) Vgl. OLG Hamm, v. 12.5.1992, 3 Ws 212/92, ZfZ 1992, 291, 292 unter Verweis auf OLG Hamm v. 10.4.1989, 1 Ws 140/98, n.v.; LG Bochum v. 21.9.1992, 12 Kls 35 Js 365/90, n.v.; Dahlhoff, NJW 1991, 208, 211; Diemer in Erbs/Kohlhaas, Strafrechtliche Nebengesetze, 194. Ergänzungslieferung 2013, § 34 AWG Rz. 20.
6) LG Bochum v. 21.9.1992, 12 Kls 35 Js 365/90, n.v.; Simonsen/Beutel in Wolffgang/Simonsen/Tietje, Bd. II, § 7 AWG Rz. 29 (November 2011); Bast in Hocke/Friedrich, § 7 AWG Rz. 9 (April 2012).
7) BT-Drucks. III/1285, 239; Putzier, S. 58; Contag in Schulz, 1966, § 7 AWG Rz. 5; Bast in Hocke/Friedrich/, § 7 AWG Rz. 8 (April 2012).
8) Diemer in Erbs/Kohlhaas, Strafrechtliche Nebengesetze, 194. Ergänzungslieferung 2013 § 34 AWG Rz. 20.

schenrechte verpflichtet.[1)] Hervorzuheben ist in diesem Zusammenhang die Verpflichtung aus dem Gemeinsamen Standpunkt 2008/944/GASP des Rates vom 8.12.2008 betreffend gemeinsame Regeln für die Kontrolle der Ausfuhr von Militärtechnologie und Militärgütern,[2)] der durch die politischen Grundsätze der Bundesregierung für den Export von Kriegswaffen und sonstigen Rüstungsgütern aus dem Jahr 2000 umgesetzt ist[3)] und nach dem u.a. bei jeder Entscheidung über die Ausfuhr von Rüstungsgütern die Achtung der Menschenrechte durch das Endbestimmungsland zu berücksichtigen ist.[4)]

8 Dem mit § 4 Abs. 1 Nr. 3 AWG wortgleichen § 7 Abs. 1 Nr. 3 AWG a.F. ist in der Literatur teilweise die von Art. 80 Abs. 1 Satz 2 GG geforderte **Bestimmtheit** abgesprochen worden.[5)] Die Rechtsprechung und die überwiegende Meinung in der Literatur bejahen jedoch die Verfassungsmäßigkeit der Vorschrift.[6)] Als Argumente hierfür führen sie insbesondere an, dass sich die Tatbestandsvoraussetzungen wegen der Komplexität der internationalen Beziehungen kaum in konkreter, ausführlicher Weise ausgestalten lassen und die Ermächtigung durch die allgemeinen Grundsätze des AWG, insb. § 4 Abs. 4 AWG, begrenzt wird. Teilweise wurde auch in § 7 Abs. 2 AWG a.F., der im Wesentlichen § 5 Abs. 1 bis 3 und 5 AWG entspricht, eine Konkretisierung der Beschränkungsgegenstände gesehen.

IV. Nr. 4

9 Nach § 4 Abs. 1 Nr. 4 AWG kann der Außenwirtschaftsverkehr ferner beschränkt werden, um die öffentliche Ordnung oder Sicherheit Deutschlands i.S.d. Art. 36, 52 Abs. 1 und Art. 65 Abs. 1 AEUV zu gewährleisten. Dieser Beschränkungszweck wurde 2009 durch das 13. AWG-Änderungsgesetz[7)] aufgenommen, um die nunmehr in § 53 AWV vorgesehene Prüfung von Unterneh-

---

1) Simonsen/Beutel in Wolffgang/Simonsen/Tietje, Bd. II, § 7 AWG Rz. 33 (November 2011); s. auch BR-Drucks. 519/12, S. 58.
2) ABl.EU 2008 Nr. L 355, 99.
3) Vgl. BR-Drucks. 519/12, 58. Die Grundsätze sind im Internet über die Seite des BAFA abrufbar.
4) Zur Umsetzung des gemeinsamen Standpunktes 2008/944/GASP vgl. den Vierzehnten Jahresbericht des Rates gem. Art. 8 Abs. 2 des gemeinsamen Standpunkts (2012/C 386/01); vgl. auch Beschluss 2012/711/GASP des Rates vom 19.11.2012 über die Unterstützung für Maßnahmen der Union zur Förderung der Waffenausfuhrkontrolle und Anwendung der Grundsätze und Kriterien des gemeinsamen Standpunkts 2008/944/GASP in Drittländern, durch den auch in Drittstaaten die Anwendung der im gemeinsamen Standpunkt aufgestellten Kriterien gefördert werden soll.
5) So z.B. Ipsen, Rhodesien-Embargo (1967), 35, 41, 43f.; Sieg/Fahning/Kölling, Außenwirtschaftsgesetz, § 7 AWG II b); Epping in Ehlers/Wolffgang, Rechtsfragen der Ausfuhrkontrolle und Ausfuhrförderung (1997), 5, 15 ff., mit der Begründung, dass die Ermächtigung lediglich auf die politische Zweckmäßigkeitserwägungen der jeweiligen Bundesregierung verweise und damit deren Ermessen an die Stelle objektiv nachprüfbarer Eingriffsvoraussetzungen setze. Ähnlich auch Putzier, 1987, 60 f., der jedoch die Möglichkeit einer verfassungskonformen Auslegung annimmt. Vgl. auch Dolde, RIW 1992, 517, 523 f.
6) BVerfG v. 25.10.1991, 2 BvR 374/90, NJW 1992, 2624; BVerwG v. 17.10.1991, 3 C 45/90 (Kassel), NJW 1992, 2648, 2650 f.; OLG Hamburg v. 17.11.1975, 2 Ss 45/74 OWi, NJW 1976, 1046 f.; von Schenck, ZaöRV 29 (1969), 257, 289 ff.; Bast in Hocke/Friedrich/, § 7 AWG Rz. 10 (April 2012); Simonsen/Beutel in Wolffgang/Simonsen/Tietje, Bd. II, § 7 AWG Rz. 32 (November 2011).
7) 13. ÄndG: Gesetz v. 18.4.2009, BGBl. I 2009, 770.

menserwerben durch Unionsfremde aus Gründen der öffentlichen Ordnung oder Sicherheit einführen zu können.[1] Nach der Gesetzesbegründung sind die Termini der **öffentlichen Sicherheit und Ordnung** als unionsrechtliche Begriffe zu verstehen[2] und damit entsprechend der **Rechtsprechung des EuGH** zu definieren.[3] Sie sind, insbesondere wenn sie eine Ausnahme von den Grundfreiheiten rechtfertigen, eng auszulegen.[4] Öffentliche Ordnung und Sicherheit können nur geltend gemacht werden, wenn eine tatsächliche und hinreichend schwere Gefährdung vorliegt, die ein Grundinteresse der Gesellschaft berührt.[5] Darüber hinaus müssen Beschränkungen aus Gründen der öffentlichen Ordnung und Sicherheit verhältnismäßig sein und dürfen nicht gegen den Grundsatz der Rechtssicherheit verstoßen.[6] Weiterhin muss jedem, der von einer derartigen einschränkenden Maßnahme betroffen ist, der Rechtsweg zu stehen.[7]

Ausdrücklich anerkannt ist, dass zu den **Grundinteressen der Gesellschaft** die Mindestversorgung in den Bereichen Erdöl, Telekommunikation und Elektrizität zählen kann.[8] Darüber hinaus sollen je nach den Umständen des Einzelfalls auch Beschränkungen anderer Dienstleistungen von allgemeinem Interesse oder von strategischer Bedeutung erfasst sein.[9] Gründe der öffentlichen Ordnung und Sicherheit dürfen jedoch nicht für rein wirtschaftliche, wirtschaftspolitische oder finanzielle Motive geltend gemacht werden.[10]

V. Nr. 5

Der § 8 Abs. 1 AWG a.F. ersetzende und auf Einfuhrbeschränkungen erweiterte[11] § 4 Abs. 1 Nr. 5 AWG erlaubt Beschränkungen des Außenwirtschaftsver-

---

1) Vgl. BT-Drucks. 16/10730, 12.
2) BT-Drucks. 16/10730, 10 f.
3) Kollmann, AW-Prax 2009, 205, 208; Bast in Hocke/Friedrich, § 7 AWG Rz. 10b (April 2012); Simonsen/Beutel in Wolffgang/Simonsen/Tietje, Bd. II, § 7 AWG Rz. 35 (November 2011).
4) EuGH v. 14.3.2000, Église de Scientologie, C-54/99, EuGHE 2000, I-1335, Rz. 17; EuGH v. 4.6.2002, Kommission/Portugal, C-367/98, EuGH 2002, I-04731, Rz. 47; EuGH v. 4.6.2002, Kommission/Frankreich (Elf-Aquitaine), C-483/99, EuGHE 2002, I-04781, Rz. 48; EuGH v. 4.6.2002, Kommission/Belgien, C-503/99, EuGHE 2002, I-04809, Rz. 46.
5) EuGH v. 14.3.2000, Église de Scientologie, C-54/99, EuGHE 2000, I-1335, Rz. 17; EuGH v. 4.6.2002, Kommission/Portugal, C-367/98, EuGH 2002, I-04731, Rz. 47; EuGH v. 4.6.2002, Kommission/Frankreich (Elf-Aquitaine), C-483/99, EuGHE 2002, I-04781, Rz. 48; EuGH v. 4.6.2002, Kommission/Belgien, C-503/99, EuGHE 2002, I-04809, Rz. 47; EuGH v. 13.5.2003, Kommission/Spanien, C-463/00, EuGHE 2003, I-4581, Rz. 72.
6) D.h., Beschränkungen müssen auf objektiven und nicht diskriminierenden Kriterien beruhen, die den Betroffenen im Voraus bekannt sind.
7) EuGH v. 4.6.2002, Kommission/Portugal, C-367/98, EuGH 2002, I-04731, Rz. 50; EuGH v. 14.3.2000, Église de Scientologie, C-54/99, EuGHE 2000, I-1335, Rz. 17 f, 21 f.; EuGH v. 13.5.2003, Kommission/Spanien, C-463/00, EuGHE 2003, I-4581, Rz. 73 ff.
8) EuGH v. 4.6.2002, Kommission/Belgien, C-503/99, EuGHE 2002, I-04809, Rz. 43, 46; EuGH v. 13.5.2003, Kommission/Spanien, C-463/00, EuGHE 2003, I-4581, Rz. 71.
9) EuGH v. 4.6.2002, Kommission/Portugal, C-367/98, EuGH 2002, I-04731, Rz. 47; EuGH v. 28.9.2006, Kommission/Niederlande, verb. Rs C- 282/04 und C-283/04, EuGHE 2006, I-09141, Rz. 39, wo als Beispiel einer Dienstleistung von allgemeinem Interesse eines postalischen Universaldienstes genannt wird.
10) EuGH v. 4.6.2002, Kommission/Portugal, C-367/98, EuGH 2002, I-04731, Rz. 52; EuGH v. 14.3.2000, Église de Scientologie, C-54/99, EuGHE 2000, I-1335, Rz. 17.
11) BR-Drucks. 519/12, 60.

kehrs, um einer Gefährdung der Deckung des lebenswichtigen Bedarfs im Inland oder in Teilen des Inlands entgegenzuwirken und dadurch im Einklang mit Art. 36 AEUV die Gesundheit und das Leben von Menschen zu schützen. Der Ermächtigung liegt der Schutzgedanke der lebenswichtigen Bedarfsdeckung zu Grunde, der auch im EU-Recht (Art. 6 und 7 der Gemeinsamen Ausfuhrregelung [VO (EG) Nr. 1061/2009]) und im Welthandelsrecht (Art. XI Abs. 2 Buchst.. a GATT) verankert ist.[1]

11 Der **Begriff des lebenswichtigen Bedarfs** umfasst über den lebensnotwendigen Bedarf hinaus alle Güter, die unmittelbar oder mittelbar für die „berechtigten Bedürfnisse" von Konsumenten und Produzenten erforderlich sind.[2] Hierzu zählen all jene Güter, die zur Aufrechterhaltung der laufenden Produktion und eines der wirtschaftlichen Situation angemessenen Lebensstandards notwendig sind. Das sind neben Fertigprodukten auch Verarbeitungsmaterial wie Grund-, Roh- oder Hilfsstoffe.[3]

Als Maßstab der Gefährdung dient der polizei- und ordnungsrechtliche Gefahrenbegriff. Dabei folgt aus der Streichung des in der Vorgängerregelung enthaltenen Beschränkungszwecks der Vorbeugung *(„... um einer Gefährdung [...] vorzubeugen oder entgegenzuwirken..."),* dass eine drohende Gefährdung nicht ausreicht, sondern eine **tatsächliche Gefährdung** der Bedarfsdeckung vorliegen muss.[4] Diese muss nicht im gesamten Inland bestehen; ausreichend ist eine Gefährdung in einem geographischen Teil des Landes.[5]

Eine Beschränkung nach § 4 Abs. 1 Nr. 5 AWG muss darüber hinaus dem Ziel dienen, im Einklang mit Art. 36 AEUV die Gesundheit und das Leben von Menschen zu schützen.

12 Die Vorgängervorschrift § 8 Abs. 1 AWG a.F. hat somit zwei Änderungen erfahren. Einerseits wurde durch das oben genannte Kriterium der tatsächlichen Gefährdung der Anwendungsbereich der Ermächtigungsgrundlage verengt.[6] Andererseits wurde die Beschränkungsmöglichkeit auf die Einfuhr erweitert.

13 Die Änderungen dürften jedoch für die Praxis keine allzu weitreichenden Folgen haben. Denn die Anwendbarkeit des § 8 Abs. 1 AWG a.F. war wegen des vorrangigen EU-Rechts, welches nationale EU-interne Warenverkehrsbe-

---

1) Vgl. BT-Drucks. III/1285, 239; Haase in Hocke/Friedrich, § 8 AWG Rz. 1 (April 2012); Reuter, 1995 Rz. 652.
2) BT-Drucks. III/1285, 239; Erster Schriftlicher Bericht des Außenhandelsausschusses, zu BT-Drucks. III/2386, 6; Streinz/Hohmann in Hohmann/John, 2002, § 8 AWG Rz. 14; Diemer in Erbs/Kohlhaas, Strafrechtliche Nebengesetze, 194. Ergänzungslieferung 2013, § 8 AWG Rz. 2.
3) Schulz, 1966, § 8 AWG Rz. 17; Sieg/Fahning/Kölling, Außenwirtschaftsgesetz, § 8 AWG III 4; Erster Schriftlicher Bericht des Außenhandelsausschusses, zu BT-Drucks. III/2386, 6; Haase in Hocke/Friedrich, § 8 AWG Rz. 2 (April 2012).
4) BR-Drucks. 519/12, 61.
5) BT-Drucks. III/1285, 240, wo das Land Berlin als Beispiel eines Teils des Inlands genannt wird; vgl. auch Langen, § 8 AWG Rz. 12 (Januar 1968), der (noch zu § 8 AWG a.F.) zu Recht darauf hinweist, dass Gefährdungen der Bedarfsdeckung einzelner Wirtschaftszweige Beschränkungen auf dieser Grundlage nur dann rechtfertigen können, wenn sie, wie z.B. der Hopfen- oder Weinbau oder Kohle- oder Erzbergbau, für einen örtlichen Teil des Inlands grundlegend sind.
6) § 8 Abs. 1 AWG a.F. erlaubte Beschränkungen – wenn auch nur in Bezug auf die Warenausfuhr – schon wenn diese einem gesamtwirtschaftlichen Interesse, d.h. nicht (nur) Sonderinteressen dienten und keine anderen (verhältnismäßigen) Mittel zur Bedarfsdeckung vorhanden waren, vgl. z.B. Reuter, 1995, Rz. 651; Putzier, 1987, 64 f.

schränkungen nur noch nach Maßgabe des Art. 36 AEUV und EU-externe – d.h. auf Drittstaaten bezogene –Warenverkehrsbeschränkungen nur noch nach Art. 10 der Gemeinsamen Ausfuhrregelung VO (EG) Nr. 1061/2009 und Art. 24 Abs. 2 Buchst. a der Gemeinsamen Einfuhrregelung VO (EG) Nr. 260/2009, zulässt, weitgehend eingeschränkt.[1)]

§ 4 Abs. 1 Nr. 5 AWG trägt den europarechtlichen Vorgaben durch die Bezugnahme auf Art. 36 AEUV und den Schutz der Gesundheit und des Lebens von Menschen Rechnung.[2)] Dass § 4 Abs. 1 Nr. 5 AWG neben der Gesundheit und des Lebens von Menschen nicht auch die übrigen europarechtlichen Ermächtigungsgründe für mitgliedstaatliche Warenverkehrsbeschränkungen nennt, ist darauf zurückzuführen, dass diese entweder über andere Vorschriften abgedeckt sind oder nur geringe Praxisrelevanz in Bezug auf die nationale Bedarfsdeckung besitzen.[3)]

Wie sich aus der Gesetzesbegründung ergibt, ist die Nennung des Art. 36 AEUV nicht als abschließender Verweis zu verstehen; erfasst sein soll vielmehr auch der gleich auszulegende Rechtfertigungsgrund der Gesundheit und des Lebens von Menschen in anderen europarechtlichen Schutzklauseln und Ermächtigungen der Mitgliedstaaten, insbesondere in Art. 10 der Gemeinsamen Ausfuhrregelung und Art. 24 Abs. 2 Buchst. a der Gemeinsamen Einfuhrregelung.[4)]

Die Gesundheit und das Leben von Menschen nehmen den „ersten Rang"[5)] unter den in Art. 36 AEUV genannten Gütern und Interessen ein. Eine europarechtliche Definition des Rechtfertigungsgrunds der Gesundheit und des Lebens von Menschen gibt es jedoch nicht. Vielmehr ist es nach der ständigen Rechtsprechung des EuGH „Sache der Mitgliedstaaten, in den durch den Vertrag gesetzten Grenzen zu bestimmen, in welchem Umfang sie deren Schutz gewährleisten wollen".[6)] Aus dem Art. 36 Satz 2 AEUV zu Grunde liegenden Verhältnismäßigkeitsgrundsatz ergibt sich jedoch, dass die nationale Regelung oder Praxis für einen wirksamen Schutz der Gesundheit und des Lebens von Menschen notwendig sein muss. Sie sind also mit dem EU-Recht unvereinbar,

---

1) Haase in Hocke/Friedrich, § 8 AWG Rz. 1 (April 2012); Streinz/Hohmann in Hohmann/John, 2002, § 8 AWG Rz. 4, 19 f. Reuter, 1995, Rz. 652; Putzier, 1987, 66. – Aus diesem Grunde wurde teilweise auch die Vereinbarkeit der Norm mit dem Europarecht in Frage gestellt.
2) Vgl. BR-Drucks. 519/12, 60 f.
3) Bei den übrigen europarechtlichen Ermächtigungsgründen handelt es sich um Gründe der öffentlichen Sittlichkeit, Ordnung und Sicherheit, den Schutz der Gesundheit und des Lebens von Tieren oder Pflanzen, des nationalen Kulturguts von künstlerischem, geschichtlichem oder archäologischem Wert und des gewerblichen und kommerziellen Eigentums. – Durch § 4 Abs. 1 Nr. 4 AWG (i.V.m. § 6 AWG) ist die Bundesregierung bzw. das Bundeswirtschaftsministerium bereits allgemein ermächtigt, Beschränkungen aus Gründen der öffentlichen Ordnung und Sicherheit anzuordnen. Beschränkungen zum Schutz des deutschen Kulturguts hat der Gesetzgeber selbst im KultSchG geregelt.
4) BR-Drucks. 519/12, 60 f.
5) Ständige Rechtsprechung, vgl. z.B. EuGH v. 14.7.1983, Sandoz, 174/82, EuGHE 1983, 2445, Rz. 16; EuGH v. 11.7.2000, Toolex, C-473/98, EuGHE 2000, I-5681, Rz. 38.
6) Z.B. EuGH v. 25.5.1993, Kommission/Italien, C-228/91, EuGHE 1993, I-2701, Rz. 16; EuGH v. 11.12.2003, Deutscher Apothekerverband/Doc Morris, C-322/01, EuGHE 2003, I-14887, Rz. 103.

soweit Gesundheit und Leben wirksam durch weniger beschränkende Maßnahmen geschützt werden können.[1]

16 Da Art. 36 AEUV eine Ausnahme vom Grundsatz des freien Warenverkehrs darstellt, obliegt es nach ständiger Rechtsprechung des EuGH den Mitgliedstaaten, im Einzelfall die Notwendigkeit ihrer Maßnahmen darzutun.[2] Hierzu ist das Bestehen einer Gefahr für die menschliche Gesundheit nicht anhand allgemeiner Überlegungen, sondern anhand relevanter wissenschaftlicher Untersuchungen darzulegen.[3] Nach der insoweit nicht ganz eindeutigen Rechtsprechung des EuGH scheint ein sicherer Nachweis des konkreten Ausmaßes der Gefahr nicht erforderlich zu sein; vielmehr scheint EuGH den wissenschaftlichen Nachweis möglicher Gefahren bzw. Risiken ausreichen zu lassen.[4]

C. § 4 Abs. 2 AWG

17 § 4 Abs. 2 AWG soll ermöglichen, in zwischenstaatlichen Vereinbarungen enthaltene und von Organen zwischenstaatlicher Einrichtungen erlassene Normen, die in Deutschland nicht unmittelbar gelten, durch Rechtsverordnung in nationales Recht umzusetzen.[5] Auf diese Weise soll die Vorschrift eine wirkungsvolle und vertragstreue Beteiligung Deutschlands an der internationalen Zusammenarbeit gewährleisten.[6]

Materiellrechtlich sind mit der Novelle keine Änderungen einhergegangen. Der Wortlaut wurde jedoch durch die ausdrückliche Bezeichnung der einzelnen Vereinbarungen an § 23c LuftVG angelehnt. Dadurch konnte den teilweise gegen § 5 AWG a.F. bestehenden verfassungsrechtlichen Bedenken Rechnung getragen werden.[7]

---

1) EuGH v. 20.5.1976, De Peijper, 104/75, EuGHE 1976, 613, Rz. 14/18; EuGH v. 12.3.1987, Kommission/Deutschland, 178/84, EuGHE 1987, 1227, Rz. 44; EuGH v. 11.12.2003, Deutscher Apothekerverband/Doc Morris, C-322/01, EuGHE 2003, I-14887, Rz. 104.
2) EuGH v. 19.6.2003, Kommission/Italien, C-420/01, EuGHE 2003, I-6445, Rz. 30.
3) EuGH v. 14.7.1994, Van der Veldt, C-17/93, EuGHE 1994, I-3537, Rz. 17.
4) Vgl. EuGH v. 14.7.1983, Sandoz, 174/82, EuGHE 1983, 2445, Rz. 17 f.; EuGH v. 12.3.1987, Kommission/Deutschland, 178/84, EuGHE 1987, 1227, Rz. 41 ff. – Ausführlicher zu dieser Problematik Dauses/Brigola in Dauses, C. I. Warenverkehr – Grundregeln, Rz. 243 (Juli 2012); Schroeder in Streinz, 2. Aufl. 2012, Art. 36 AEUV Rz.14.
5) BT-Drucks III/1285, 237; Sieg/Fahning/Kölling, Außenwirtschaftsgesetz, § 5, II.; Beutel in Wolffgang/Simonsen/Tietje, Bd. II, § 5 AWG Rz. 3.
6) 1. Schriftlicher Bericht des Außenhandelsausschusses, zu BT-Drucks. III/2386, 5; Contag, in H.F. Schulz, § 5, Rz. 1. Vgl. auch Bryde in Schmidt, BT 2, § 14 Rz. 57, der darauf hinweist, dass Implementationsdefizite oft auf der Notwendigkeit einer zeitaufwendigen gesetzlichen Umsetzung beruhen.
7) Mit Blick darauf, dass § 5 AWG a.F. erst i.V.m. der jeweilig zu erfüllenden zwischenstaatlichen Vereinbarung einen vollständigen Ermächtigungstatbestand ergab, wurde die Bestimmtheit dieser Ermächtigungsgrundlage teilweise verneint. Denn die künftige Verordnungstätigkeit müsse sich aus dem die Ermächtigungsnorm enthaltenden Gesetz, d.h. dem AWG, ableiten lassen. Mithilfe der AWG-Grundsätze ließen sich zwar Fallgruppen der von § 5 AWG erfassten zwischenstaatlichen Vereinbarungen bilden, angesichts der Vielgestaltigkeit der Verpflichtungen und des Fehlens materieller Begrenzungen durch § 5 AWG sei die künftige Verordnungsgebung jedoch so wenig berechenbar und vorhersehbar, dass „insoweit verfassungsrechtliche Bedenken nicht zurückgewiesen werden" könnten, Stenger, 145 ff.

Die Vorschrift nennt nun ausdrücklich Beschlüsse des Rates der Europäischen Union über wirtschaftliche Sanktionsmaßnahmen (Nr. 1), Verpflichtungen der Mitgliedstaaten der Europäischen Union, die in unmittelbar geltenden Rechtsakten der Europäischen Union zur Durchführung wirtschaftlicher Sanktionsmaßnahmen vorgesehen sind (Nr. 2), Resolutionen des Sicherheitsrates der Vereinten Nationen (Nr. 3) sowie zwischenstaatliche Vereinbarungen, denen die gesetzgebenden Körperschaften in Form eines Bundesgesetzes zugestimmt haben (Nr. 4).

I. Nr. 1

Nach § 4 Abs. 2 Nr. 1 AWG können im Außenwirtschaftsverkehr durch Rechtsverordnung Rechtsgeschäfte und Handlungen beschränkt oder Handlungspflichten angeordnet werden, um Beschlüsse des Rates der Europäischen Union über wirtschaftliche Sanktionsmaßnahmen im Bereich der Gemeinsamen Außen- und Sicherheitspolitik umzusetzen.

Im Anwendungsbereich des § 5 AWG a.F. handelte es sich bei dieser Konstellation des EU-Sekundärrechts um den häufigsten Anwendungsfall einer Verordnungsermächtigung zur Erfüllung zwischenstaatlicher Verpflichtungen.

EU-Verordnungen fallen grundsätzlich nicht unter § 4 Abs. 2 Nr. 1 AWG.[1] Sie gelten nach § 1 Abs. 2, 3. Var. AWG vielmehr neben dem AWG.

II. Nr. 2

§ 4 Abs. 2 Nr. 2 AWG enthält eine Verordnungsermächtigung, um Verpflichtungen der Mitgliedstaaten der Europäischen Union zur **Durchführung wirtschaftlicher Sanktionsmaßnahmen** im Bereich der Gemeinsamen Außen- und Sicherheitspolitik vorgesehen sind, durchzuführen.

Die Vorschrift trägt der Tatsache Rechnung, dass die Sanktionsmaßnahmen der Europäischen Union häufig Verpflichtungen der Mitgliedstaaten der Europäischen Union vorsehen, die diese durch eigene Rechtsakte umsetzen müssen (vgl. z.B. Art. 47 der Verordnung (EU) Nr. 267/2012 des Rates vom 23.3.2012 über restriktive Maßnahmen gegen Iran und zur Aufhebung der Verordnung (EU) Nr. 961/2010).[2]

III. Nr. 3

§ 4 Abs. 2 Nr. 3 AWG enthält eine Ermächtigung zum Erlass von Verordnungen zur Umsetzung von **Resolutionen des Sicherheitsrats der Vereinten Nationen.** Der Gesetzgeber hat durch die explizite Erwähnung dieser Fallgestaltung im Gesetzestext noch einmal unterstrichen, dass es sich schon zur Zeit der Geltung des § 5 AWG a.F. um einen der Hauptanwendungsfälle des § 5 AWG a.F. handelte. Die Vorschrift erfasst die Umsetzung von Verpflichtungen aus Resolutio-

---

1) BGHZ 125, 27; Hohmann in Hohmann/John, 2002, § 5 Rz. 6. Eine Anwendbarkeit des § 5 AWG a.F. kommt aber in Betracht, wenn eine Verordnung innerstaatliche Durchführungs- oder Umsetzungsmaßnahmen erfordert, vgl. Art. 291 AEUV. Vgl. Ruffert in Calliess/Ruffert, Aufl. 2011, Art. 288 AEUV Rz. 21 und Art. 291 AEUV Rz. 4; Král, ELRev. 33 (2008), 243 ff.
2) BR-Drucks. 519/12, 61; ABl.EU 2012 Nr. L 88, 1.

nen des Sicherheitsrats nach Kapitel VII der Charta der Vereinten Nationen, insb. Sanktionsbeschlüsse des Sicherheitsrats nach Art. 41 der Charta der Vereinten Nationen[1)]

IV. Nr. 4

21 Nach § 4 Abs. 2 Nr. 4 AWG können zur **Umsetzung zwischenstaatlicher Vereinbarungen, denen die gesetzgebenden Körperschaften in der Form eines Bundesgesetzes zugestimmt haben**, Rechtsgeschäfte und Handlungen im Außenwirtschaftsverkehr beschränkt und bestehende Beschränkungen aufgehoben werden. Die Vorschrift ist an den früheren Wortlaut des § 5 AWG a.F. angelehnt und hat nunmehr den Charakter eines Auffangtatbestands. Dennoch besteht auf Grund der Offenheit des Wortlauts hier der größte Auslegungsbedarf.

1. Zwischenstaatliche Vereinbarungen

22 Unter zwischenstaatlichen Vereinbarungen versteht man völkerrechtliche Verträge, d.h. Übereinkünfte zwischen zwei oder mehr Völkerrechtssubjekten, durch die die zwischen ihnen bestehende Rechtslage verändert werden soll.[2)]

23 In **sachlicher Hinsicht** erfasst § 4 Abs. 2 Nr. 4 AWG alle Vereinbarungen, die außenwirtschaftliche Umsetzungspflichten Deutschlands mit sich bringen. Die Vorschrift erlaubt daher auch solche zwischenstaatliche Vereinbarungen umzusetzen, die Deutschland aus anderen als wirtschaftlichen – z.B. aus außenpolitischen oder humanitären – Gründen verpflichten, in den Außenwirtschaftsverkehr einzugreifen.[3)] § 4 Abs. 2 Nr. 4 AWG selbst enthält somit keinen eigenen Schutzzweck.[4)] Schutzgut und Beschränkungszweck ergeben sich vielmehr erst aus der jeweiligen zwischenstaatlichen Vereinbarung, die auf der Grundlage von § 4 Abs. 2 AWG umgesetzt werden soll.[5)]

24 In **formeller Hinsicht** ist § 4 Abs. 2 Nr. 4 AWG auf zwischenstaatliche Vereinbarungen begrenzt, denen die gesetzgebenden Körperschaften in der Form eines Bundesgesetzes zugestimmt haben. Er gilt somit für solche völkerrechtlichen

---

1) BGH v. 27.1.1994, III ZR 42/92 BGHZ 125, 27; OLG Düsseldorf, Beschl. v. 8.9.1993, 3 Ws 504-505/93, NJW 1994, 1079, 1080; Diemer in Erbs/Kohlhaas, AWG, § 5 Rz. 2; Reuter, Rz. 657.
2) Vgl. BVerfG v. 12.7.1994, 2 BvE 3/92, 2 BvE 5/93, 2 BvE 7/93, 2 BvE 8/93, Rz. 265, BVerfGE 90, 286; Hohmann in Hohmann/John, 2002, § 5 Rz. 6.
3) Bryde in Schmidt, BT 2, § 14 Rz. 55; Bast in Hocke/Friedrich, § 5 Rz. 1 (April 2012); a.A. Langen, § 5 Rz. 4, der auf die vermeintliche Intention bei Erlass des Gesetzes verweist und aus dem Zusammenhang des § 5 AWG a.F. mit den §§ 6 und 7 AWG a.F. schließt, dass die Anwendbarkeit des § 5 a.F. AWG auf Vereinbarungen wirtschaftlicher Art zu begrenzen sei. Jedoch enthält weder der Wortlaut der Norm materielle Begrenzungen auf zwischenstaatliche Verpflichtungen bestimmter sachlicher Natur, noch weisen die Begründungen des Gesetzgebers auf die Intention entsprechender Einschränkungen hin, vgl. BT-Drucks. III/1285, 237. Im 1. Schriftl. Bericht des Außenhandelsausschusses (zu BT-Drucks III/2386, 5) wird zwar betont, dass § 5 AWG a.F. „der wachsenden Bedeutung der internationalen wirtschaftlichen Zusammenarbeit und den Bestrebungen Deutschlands nach wirkungsvoller Beteiligung an dieser Zusammenarbeit Rechnung" trägt. Als Ziel der Vorschrift wird jedoch ohne Einschränkung die „Erfüllung von Verpflichtungen aus zwischenstaatlichen Vereinbarungen" genannt. Vgl. auch Stenger, 145 f.
4) Bast in Hocke/Friedrich, § 5 Rz. 1 (April 2012).
5) Beutel in Wolffgang/Simonsen/Tietje, Bd. II, § 5 AWG Rz. 4 (November 2011).

Verträge, zu denen ein Zustimmungsgesetz i.S.d. Art. 59 Abs. 1 GG ergangen ist.[1]

Einfache **zwischenstaatliche Verwaltungsabkommen** i.S.d. Art. 59 Abs. 2 Satz 2 GG sind aus verfassungsrechtlichen Gründen von der Ermächtigung des § 4 Abs. 2 Nr. 4 AWG ausgenommen.[2] Denn ansonsten könnte die Exekutive den Ermächtigungstatbestand – der selbst keine inhaltlichen Vorgaben enthält – ohne Zustimmung der Legislative durch den Abschluss entsprechender Verwaltungsabkommen eigenhändig vervollständigen.[3] Hierdurch würde der verfassungsrechtliche Grundsatz der Gewaltenteilung durchbrochen.[4]

2. „Umsetzung"

Die Vorschrift erlaubt Beschränkungen des Außenwirtschaftsverkehrs nur zur Umsetzung zwischenstaatlicher Vereinbarungen. „Umsetzung zwischenstaatlicher Vereinbarungen" bedeutet dabei die **Erfüllung von Verpflichtungen aus zwischenstaatlichen Vereinbarungen**. Das ergibt sich eindeutig aus der bis zum Jahre 1990 geltenden Fassung des § 5 AWG, die Beschränkungen erlaubte, „um die Erfüllung von Verpflichtungen aus zwischenstaatlichen Vereinbarungen zu ermöglichen".[5]

Nicht erfasst werden von § 4 Abs. 2 AWG insbesondere

- Gentlemen's Agreements (→ Einführung Rz. 42 ff.),[6] wie z.b. das Wassenaar Arrangement,
- bloße Empfehlungen und Ratschläge,[7] wie z.b. EU-Importverbotsempfehlungen im Bereich des Gesundheitsschutzes im Vorfeld von EU-Maßnahmen sowie
- bloße Ermächtigungen zu beschränkenden Maßnahmen,[8] wie z.b. die europarechtliche Ermächtigung zu nationalen Ausfuhrbeschränkungen zum Schutz der öffentlichen Ordnung und Sicherheit nach Art. 10 der Gemeinsamen Ausfuhrverordnung VO (EG) Nr. 1061/2009.

Denn diese enthalten keine völkerrechtliche Bindungswirkung und begründen damit keine Verpflichtungen Deutschlands.

---

1) Epping, Außenwirtschaftsfreiheit, 319; Reuter, Rz. 657; Contag in H.F. Schulz, § 5 Rz. 3.
2) Vgl. BT-Drucks. III/1285, 237; 1. Schriftl. Bericht des Außenhandelsausschusses zu BT-Drucks III/2386, 5. Hinsichtlich solcher Verwaltungsabkommen unterscheidet man zwischen Regierungsabkommen, die durch die Bundesregierung abgeschlossen werden, und Ressortabkommen, die durch die Fachressorts der Bundesministerien abgeschlossen werden, vgl. Pieper in Epping/Hillgruber, Beck'scher Online-Kommentar, Art. 59 GG Rz. 43.
3) Vgl. Putzier, 47, 49, der zu Recht darauf hinweist, dass außenwirtschaftliche Verpflichtungen aus Verwaltungsabkommen wegen der Beschränkung des § 5 AWG auf zwischenstaatliche Vereinbarungen i.S.d. Art. 59 Abs. 1 GG nur auf Grund der Ermächtigungen der §§ 6 bis 24 AWG umgesetzt werden können.
4) Ausführlich hierzu vgl. Linde, 70 ff.
5) Vgl. die bis zum Inkrafttreten des 5. AWG-ÄndG (Gesetz v. 20.7.1990, BGBl. I 1990, 1457) am 6.8.1990 geltende Fassung des § 5 AWG; vgl. auch Hohmann in Hohmann/John, 2002, § 5 Rz. 6.
6) Beutel in Wolffgang/Simonsen/Tietje, Bd. II, § 5 Rz. 9 (November 2011); Bast in Hocke/Friedrich, § 5 Rz. 9 (April 2012).
7) Putzier, 48; Bast in Hocke/Friedrich, § 5 AWG Rz. 13 (April 2012); Reuter, Rz. 657.
8) BT-Drucks. III/1285, 237. Beispiele hierfür sind Art. XX und XXI GATT, Art. XIV und XIV bis GATS.

3. Verhältnis zu anderen Vorschriften

28 § 4 Abs. 2 AWG ist neben den übrigen Ermächtigungsnormen des AWG anwendbar. Der Verordnungsgeber ist nicht verpflichtet, Beschränkungen auf Grund zwischenstaatlicher Vereinbarungen auf § 4 Abs. 2 AWG zu stützen.[1] § 4 Abs. 2 AWG ist auch nicht – mangels präzisen Schutzguts in der Norm selbst – als subsidiär gegenüber den übrigen Ermächtigungsgrundlagen des AWG anzusehen.[2] Denn für den Erlass von Verordnungen nach § 4 Abs. 2 AWG ist nach § 12 Abs. 1 Satz 2 AWG das Bundeswirtschaftsministerium (im Einvernehmen mit dem AA und dem BMF) zuständig, während Verordnungen nach den übrigen AWG-Ermächtigungen nur von der Bundesregierung erlassen werden dürfen (§ 12 Abs. 1 Satz 1 AWG). Hierin kommt die gesetzgeberische Intention zum Ausdruck, mit § 4 Abs. 2 AWG eine spezielle Ermächtigungsgrundlage zur schnellstmöglichen Umsetzung der für Deutschland verbindlichen Rechtsakte bereitzustellen.[3] Dem liefe eine Einordnung des § 4 Abs. 2 AWG als subsidiär zuwider.[4]

D. § 4 Abs. 3 AWG

29 Nach § 4 Abs. 3 AWG gilt die Anordnung von Genehmigungserfordernissen oder Verboten als Beschränkung. Die Vorschrift präzisiert den Beschränkungsbegriff des § 4 Abs. 1 und 2 AWG.

30 Ein **Verbot** ist die Anordnung, ein Rechtsgeschäft oder eine Handlung zu unterlassen.[5] Es wirkt absolut, d.h., es kennt keine Ausnahmen.[6] Im Gegensatz dazu bedeutet die Auferlegung eines **Genehmigungserfordernisses** ein bedingtes, sog. präventives Verbot mit Erlaubnisvorbehalt: Die betroffenen Rechtsgeschäfte und Handlungen sind nicht generell verboten, sondern bedürfen lediglich vorab der Genehmigung.[7] Nur wenn diese im Einzelfall versagt wird, wirkt die Genehmigungspflicht für den entsprechenden Vorgang – aber auch nur für diesen – wie ein Verbot.[8]

---

1) Beutel in Wolffgang/Simonsen/Tietje, Bd. II, § 5 AWG Rz. 6 (November 2011).
2) So aber Hohmann in: Hohmann/John, 2002, § 5 Rz. 3 und 10.
3) Vgl. hierzu BT-Drucks. 8/4118, 4 f.
4) Vgl. mit ähnlicher Argumentation auch Beutel in Wolffgang/Simonsen/Tietje, Bd. II, § 5 AWG Rz. 7 (November 2011).
5) Beutel in Wolffgang/Simonsen/Tietje, Bd. II, § 2 AWG Rz. 6 (November 2011).
6) Gramlich, 1991, 151; Sieg/Fahning/Kölling, Außenwirtschaftsgesetz, § 2 AWG III 4; vgl. auch Friedrich in Hocke/Friedrich, § 2 AWG Rz. 7 (April 2012), der zu Recht klarstellt, dass der Geltungsbereich eines Verbots selbstverständlich so begrenzt werden kann, dass bestimmte Sachverhalte von vornherein nicht darunter fallen.
7) Beutel in Wolffgang/Simonsen/Tietje, Bd. II, § 2 AWG Rz. 6 (November 2011); Schulz, 1966, § 2 Rz. 9. Vgl. allgemein zur Genehmigung im öffentlichen Recht auch Maurer, 18. Aufl. 2011, § 9 Rz. 51 ff.
8) Vgl. Friedrich in Hocke/Friedrich, § 2 AWG Rz. 8 (April 2012). In strafrechtlicher Hinsicht besteht kein Unterschied zwischen Verbot und Genehmigungsvorbehalt, wohl aber in zivilrechtlicher: Während Rechtsgeschäfte bei ersterem von Anfang an nach § 134 BGB nichtig sind, sind sie bei letzterem gem. § 31 AWG a.F. lediglich schwebend unwirksam und können nach § 184 BGB rückwirkend genehmigt werden, vgl. Sieg/Fahning/Kölling, Außenwirtschaftsgesetz, § 2 AWG III 4; Schulz, 1966, § 2 AWG Rz. 9.

Weder durch Verbote noch durch Genehmigungsvorbehalte können **positive** **31**
Handlungspflichten für die Betroffenen begründet werden.[1] Das ergibt sich
aus dem Wortlaut des § 4 Abs. 3 AWG, der Gebote nicht als mögliche Beschränkungsart nennt. Ferner folgt dies aus der Tatsache, dass es sich sowohl beim
Verbot als auch beim Genehmigungsvorbehalt um negative Regelungsinstrumente handelt. Außerdem folgt dies auch aus dem liberalen Zweck und Gesamtkonzept des AWG, die auf größtmögliche Freiheit außenwirtschaftlicher
Betätigung gerichtet sind.

Genehmigungserfordernisse sind in der Verordnungspraxis auf Grund ihrer **32**
Flexibilität und geringen Eingriffsintensität bislang die Regel. Nationale Verbote sind selten. Im internationalen Kontext nimmt ihre Zahl jedoch insbesondere durch Embargos auf Grund von EU- oder UN-Vorschriften zu.[2]

Genehmigungserfordernisse und Verbote sollen nach der Intention des Gesetz- **33**
gebers auch nebeneinander stehen und miteinander verbunden werden können.[3] Deshalb ist es z.b. zulässig, dass die Ausfuhr bestimmter Waren generell
verboten oder allgemein für genehmigungsbedürftig erklärt wird oder dass
sie bis zu einer bestimmten Menge genehmigungsfrei, darüber hinaus jedoch
genehmigungsbedürftig oder verboten ist.[4] Wird eine Handlung oder ein
Rechtsgeschäft von mehreren Beschränkungsvorschriften erfasst, geht ein Verbot als weiterreichende Maßnahme der Regulierung einer Genehmigungspflicht grundsätzlich vor.[5]

E. § 4 Abs. 4 AWG

§ 4 Abs. 4 AWG soll nach dem Willen des Gesetzgebers Ausmaß und Qualität **34**
der Beschränkungen des Außenwirtschaftsverkehrs i.S.d. Art. 80 GG näher eingrenzen.[6]

I. Konkretisierung des Verhältnismäßigkeitsgrundsatzes

Nach § 4 Abs. 4 Satz 1 und 2 AWG sind Beschränkungen nach Art und Umfang **35**
auf das Maß zu begrenzen, das notwendig ist, um den in der Ermächtigung
angegebenen Zweck zu erreichen. Die Beschränkungen sind so zu gestalten,
dass in die Freiheit der außenwirtschaftlichen Betätigung so wenig wie möglich
eingegriffen wird. Damit konkretisieren § 4 Abs. 4 Satz 1 und 2 AWG den in § 1
AWG festgeschriebenen Grundsatz der (größtmöglichen) Freiheit des Außenwirtschaftsverkehrs und unterstreichen den allgemeinen Grundsatz der Ver-

---

1) Schulz, 1966, § 2 AWG Rz. 8; s. auch Friedrich in Hocke/Friedrich, § 2 AWG Rz. 9 (April 2012), der das AWG aus diesem Grunde als „Schönwettergesetz" betitelt.
2) Vgl. §§ 69a–69s AWV. Vgl. auch Bryde in Achterberg/Püttner/Würtenberger, 2. Aufl. 2000, Bd. I, § 5 Rz. 13; Friedrich in Hocke/Friedrich, § 2 AWG Rz. 7 (April 2012).
3) Vgl. BT-Drucks. III/1285, 233; vgl. auch Reuter, 1995, Rz. 601; Diemer in Erbs/Kohlhaas, Strafrechtliche Nebengesetze, 194. Ergänzungslieferung 2013 § 2 AWG Rz. 2.
4) BT-Drucks. III/1285, 233.
5) Beutel in Wolffgang/Simonsen/Tietje, Bd. II, § 2 AWG Rz. 6 (November 2011).
6) Vgl. BT-Drucks. III/1285, 233, wo wegen des erst später eingefügten jetzigen Abs. 2 noch von Abs. 2 die Rede ist.

hältnismäßigkeit.[1)] Sie geben den allgemeinen Grundsatz der Erforderlichkeit wieder und postulieren zugleich den Geeignetheitsgrundsatz für das AWG, denn erforderlich kann nur eine Beschränkung sein, die auch zur Zweckförderung geeignet ist.[2)]

36 Hinsichtlich der Qualität der Beschränkungen ergibt sich daraus, dass ein Verbot wegen seiner absoluten Geltung nur ausnahmsweise und als **ultima ratio** ergehen kann. Ein Verbot kommt somit nur in Betracht, wenn jeder denkbar von ihm erfasste Fall den damit verfolgten Schutzzweck gefährden würde.[3)]

37 Hinsichtlich des Beschränkungsausmaßes ergibt sich aus § 4 Abs. 4 AWG das Gebot, den Umfang der Genehmigungspflichten und insbesondere der Verbote dadurch zu minimieren, dass diese an möglichst **enge tatbestandliche Voraussetzungen** geknüpft werden. Je nach Schutzzweck der entsprechenden Eingriffe in die Außenwirtschaftsfreiheit sind diese auf bestimmte Güter, bestimmte Länder und bestimmte Personen zu begrenzen. Darüber hinaus sind bei nicht anzunehmender Gefährdung des Schutzzwecks Waren geringer Menge oder geringen Werts ebenso von Beschränkungen auszunehmen wie Waren für ungefährliche Verwendungszwecke.[4)] Hinsichtlich der zeitlichen Geltung einer Beschränkung findet sich eine Spezialregelung in § 4 Abs. 4 Satz 4 AWG. Danach sind Beschränkungen aufzuheben, sobald und soweit die Gründe, die ihre Anordnung rechtfertigen, nicht mehr vorliegen (→ Rz. 50).

38 § 4 Abs. 4 AWG gebietet, die Beschränkungstatbestände in Rechtsverordnungen möglichst weitgehend auszudifferenzieren und so die unbedenklichen Fälle möglichst weitgehend von Beschränkungen freizustellen.[5)] Wegen des generell-abstrakten Charakters von Rechtsverordnungen ist es jedoch ausreichend, dass die erfassten Rechtsgeschäfte und Handlungen für die zu schützenden Interessen generell gefährlich sind. Von einem Genehmigungsvorbehalt erfasste, im Einzelfall ungefährliche Fälle hat die Verwaltung im Wege der Genehmigungserteilung von den Beschränkungen auszunehmen.[6)]

II. Beschränkung laufender Verträge

39 § 4 Abs. 4 Satz 3 AWG stellt bereits abgeschlossene Verträge unter besonderen Schutz. Er legt fest, dass Beschränkungen diese nur berühren dürfen, wenn

---

1) Vgl. BT-Drucks. III/1285, 233; Diemer in Erbs/Kohlhaas, Strafrechtliche Nebengesetze, 194. Ergänzungslieferung 2013, § 2 AWG Rz. 3; Sieg/Fahning/Kölling, 1963, § 2 AWG III 5.
2) Vgl. Putzier, 1987, 30; Sieg/Fahning/Kölling, Außenwirtschaftsgesetz, § 2 AWG 5 c cc.
3) Vgl. BT-Drucks. III/1285, 233; Putzier, 1987, 30; Friedrich in Hocke/Friedrich, § 2 AWG Rz. 19 (April 2012).
4) So auch Schulz, 1966, § 2 AWG Rz. 3; Beutel in Wolffgang/Simonsen/Tietje, Bd. II, § 2 AWG Rz. 14 (November 2011); Friedrich in Hocke/Friedrich, § 2 AWG Rz. 19 (April 2012).
5) Vgl. Sieg/Fahning/Kölling, Außenwirtschaftsgesetz, § 2 AWG III 5 c, die darauf hinweisen, dass sich das Differenzierungsgebot auch bereits aus der Ausgestaltung als Verordnungsermächtigung ergibt, die Unterscheidungen, die der Gesetzgeber selbst – vermeintlich oder tatsächlich – noch nicht treffen konnte, ermöglichen soll.
6) Vgl. Sieg/Fahning/Kölling, Außenwirtschaftsgesetz, § 2 AWG III 5 c, die diesbezüglich auch auf § 3 Abs. 1 AWG verweisen, der eine Genehmigungserteilung für in concreto unbedenkliche Fälle vorsieht.

der angestrebte Zweck erheblich gefährdet wird.[1] Von der Vorschrift erfasst werden dabei sog. **Altverträge**, die bereits abgeschlossen, aber noch nicht (vollständig) erfüllt worden sind.[2]

1. Anwendungsbereich

„Berührt" werden Verträge durch eine Beschränkung, wenn die Beschränkung die Vertragserfüllung ganz oder teilweise unmöglich macht oder diese erheblich erschwert. Das ist bei Verboten vom Zeitpunkt ihres Inkrafttretens an der Fall. Bei Genehmigungsvorbehalten wird das grundsätzlich erst bei Versagung der Genehmigung anzunehmen sein.[3] Der für die Qualifikation als Altvertrag maßgebliche Zeitpunkt dürfte – ausgehend vom Sinn und Zweck der Regelung sowie dem ihr zugrundeliegenden Gesichtspunkt des Vertrauensschutzes[4] – bei Rechtsverordnungen die Verkündung, bei Verwaltungsakten die Bekanntgabe an den Betroffenen sein, denn von diesen Zeitpunkten an kann eine Kenntnis der Vertragsparteien von der etwaigen Beschränkung angenommen werden.[5] Die erhöhte Anforderung des § 4 Abs. 4 Satz 3 AWG für den Erlass von Beschränkungen gilt damit für alle Verträge, die vor Verkündung der entsprechenden Rechtsverordnung bzw. vor Bekanntgabe des entsprechenden Verwaltungsakts abgeschlossen und noch nicht (vollständig) erfüllt worden sind.

40

2. Begriff der erheblichen Gefährdung

Eine erhebliche Gefährdung i.S.d. § 4 Abs. 4 Satz 3 AWG ist anzunehmen, wenn der mit der Beschränkung verfolgte Zweck ohne Einbeziehung der Altverträge nicht erreicht werden könnte.[6] Dabei ist die bloße Möglichkeit, dass sich die Freistellung schädlich auf den Beschränkungszweck auswirken

41

---

1) Die Vorschrift begründet nicht etwa die Zulässigkeit des Eingriffs in laufende Verträge (so aber wohl Sieg/Fahning/Kölling, Außenwirtschaftsgesetz, § 2 AWG III 6 a, b; Schulz, 1966, § 2 AWG Rz. 10). Dies ergibt sich vielmehr schon daraus, dass sich Einschränkungen des Außenwirtschaftsverkehrs nicht nur auf Verpflichtungs-, sondern auch auf Verfügungsgeschäfte beziehen können (→ Rz. 5), vgl. auch Putzier, 1987, 34. Zum Vertrauensschutz allgemein in der EU vgl. EuGH v. 26.6.1990, Sofrimport/Kommission, C-152/88, EuGHE 1990, 1-2477.
2) Friedrich in Hocke/Friedrich, § 2 AWG Rz. 23 (April 2012); Gramlich, 1991, 145. Zum Umgang mit Altverträgen auf EU-Ebene vgl. z.B. die jüngste Iran-Verordnung, VO (EU) Nr. 267/2012, ABl.EU 2012, Nr. L 88, 1; vgl. hierzu auch BAFA, Merkblatt Außenwirtschaftsverkehr mit dem Iran, Eschborn, Stand: 4.7.2012, www.ausfuhrkontrolle.info/ausfuhrkontrolle/de/arbeitshilfen/merkblaetter/merkblatt_iran_2012_07.pdf.
3) Nur wenn die Genehmigung so spät erfolgt, dass die Erfüllung aus rechtlichen oder tatsächlichen Gründen nicht mehr möglich ist oder erheblich erschwert wird, kommt ein früherer Zeitpunkt in Betracht. Friedrich in Hocke/Friedrich, § 2 AWG Rz. 24 (April 2012); Hohmann in Hohmann/John, 2002, § 2 AWG Rz. 16.
4) Vgl. Diemer in Erbs/Kohlhaas, Strafrechtliche Nebengesetze, 194. Ergänzungslieferung 2013, § 2 AWG Rz. 3; Beutel in Wolffgang/Simonsen/Tietje, Bd. II, § 2 AWG Rz. 15 (November 2011).
5) Vgl. Hohmann in Hohmann/John, 2002, § 2 AWG Rz. 16; Friedrich in Hocke/Friedrich, § 2 AWG Rz. 23 (April 2012), der jedoch darüber hinausgehend bei öffentlicher Ankündigung einer Beschränkung den maßgeblichen Zeitpunkt entsprechend vorverlegt wissen will. Eine solche Vorverlegung ist jedoch aus Gründen der Rechtssicherheit abzulehnen.
6) Friedrich in Hocke/Friedrich, § 2 AWG Rz. 26 (April 2012). Vgl. auch Sieg/Fahning/Kölling, Außenwirtschaftsgesetz, § 2 AWG III 6 b, nach denen die Durchführung der „berührten" Verträge im Hinblick auf den Beschränkungszweck untragbar sein muss.

könnte, nicht ausreichend. Vielmehr muss sich die Besorgnis der Gefährdung auf konkrete Umstände stützen, insbesondere auf das bekannte oder vermutete Volumen der Altverträge und auf die zu erwartenden wirtschafts-, sicherheits- oder außenpolitischen Folgen ihrer Freistellung von der Beschränkung.[1]

3. Konsequenzen für die Praxis

42 Enthält eine Beschränkung keine Aussage über ihre Anwendbarkeit auf Altverträge, so werden diese von ihr nicht umfasst.[2] Das heißt, die Erfüllung der Altvertragsverpflichtungen ist – vorbehaltlich expliziter oder impliziter Regelung[3] – nicht verboten oder von der Genehmigungspflicht erfasst. Das ergibt sich aus dem Wortlaut des § 4 Abs. 4 Satz 3 AWG, demgemäß die Beschränkung abgeschlossener Verträge ein Ausnahmefall bleiben soll. Bringt der Verordnungsgeber nicht zum Ausdruck, dass die Durchführung bereits abgeschlossener Verträge eine erhebliche Gefährdung des angestrebten Zwecks darstellen würde und diese daher – ausnahmsweise – von den Beschränkungen umfasst sein sollen, finden die Beschränkungen daher auf Altverträge keine Anwendung.[4]

43 Bei auch auf Altverträge erstreckten Beschränkungen in Form von Genehmigungsvorbehalten erfolgt die Begünstigung von Altverträgen in der Praxis vielfach im Rahmen des Genehmigungsverfahrens.[5]

44 Vor dem Hintergrund der Regelung des § 4 Abs. 4 Satz 3 AWG empfiehlt sich für den Außenhandelskaufmann schon aus Gründen der Rechtssicherheit, Verträge unter dem Vorbehalt einer etwa erforderlichen Genehmigung abzuschließen. Auch für den Fall eines etwaigen Verbots sollten Vorkehrungen getroffen und etwa eine entsprechende auflösende Bedingung in den Vertrag aufgenommen werden. Auf diese Weise kann die Geltendmachung zivilrechtlicher Schadensersatzansprüche wegen Nichterfüllung und Verzugs (bei späterer Genehmigung) nach dem dem Vertrag zu Grunde liegenden Recht von vornherein vermieden werden.[6]

4. Verfassungsmäßigkeit der Altvertragsregelung

45 Wie schon zur Vorgängervorschrift des § 2 Abs. 3 Satz 3 AWG a.F. stellt sich hinsichtlich der Verfassungsmäßigkeit des § 4 Abs. 4 Satz 3 AWG zum einen

---

1) Friedrich in Hocke/Friedrich, § 2 AWG Rz. 26 (April 2012).
2) So auch Sieg/Fahning/Kölling, Außenwirtschaftsgesetz, § 2 AWG III 6 b; a.A. Hohmann in Hohmann/John, 2002, § 2 AWG Rz. 16; Schulz, 1966, § 2 AWG Rz. 10; Friedrich in Hocke/Friedrich, § 2 AWG Rz. 25 (April 2012).
3) Insoweit ist auf den genauen Wortlaut der Vorschrift abzustellen, die die Beschränkung enthält.
4) Vgl. auch Sieg/Fahning/Kölling, Außenwirtschaftsgesetz, § 2 AWG III 6 b.
5) Vgl. Putzier, 1987, 36; Friedrich in Hocke/Friedrich/Berwald/Maurer, Bd. I, § 2 AWG Rz. 25 (April 2012), der darauf hinweist, dass in der AWV durchgehend auf Altvertragsregelungen verzichtet und damit die Entscheidung nach § 2 Abs. 3 Satz 3 AWG der Genehmigungsbehörde überlassen wurde. Er ist trotz rechtssystematischer Bedenken der Auffassung, dass das Genehmigungsverfahren hierfür besser geeignet sei, weil die Genehmigungsbehörde anders als der Verordnungsgeber durch die Genehmigungsanträge Umfang und Inhalt der Altverträge kenne und auf dieser Grundlage beurteilen könne, ob und inwieweit die aus diesen Verträgen resultierenden Rechtsgeschäfte/Handlungen den Beschränkungszweck erheblich gefährden.
6) So auch Schulz, 1966, § 2 AWG Rz. 10.

die Frage der Zulässigkeit der unechten Rückwirkung (→ Rz. 46 f.) und zum anderen die Frage der Entschädigungspflicht nach Art. 14 GG (→ Rz. 48 f.).

a) Zulässigkeit der unechten Rückwirkung

Beschränkungen in Bezug auf Altverträge stellen sog. Eingriffe mit unechter Rückwirkung i.S.d. Rechtsprechung des BVerfG dar:[1] Sie greifen zwar unmittelbar nur für die Zukunft in gegenwärtige, noch nicht abgeschlossene Sachverhalte ein. Sie entwerten aber zugleich die betroffenen Rechtspositionen nachträglich im Ganzen, indem sie zwar die Altverträge als solche unberührt lassen, aber die noch ausstehende Vertragserfüllung verhindern.[2] **46**

b) Entschädigungspflicht nach Art. 14 GG

Nach der Rechtsprechung des BVerfG verstößt eine solche unechte Rückwirkung erst dann gegen die Gebote der Rechtssicherheit und des Vertrauensschutzes, wenn in einer Abwägung zwischen dem Wohl der Allgemeinheit und dem Vertrauen des Einzelnen letzteres den Vorrang verdient.[3] Zu beachten ist dabei, dass ein Vertrauenstatbestand nicht aus dem Grund abgelehnt werden kann, dass im Bereich der Außenwirtschaft jederzeit mit Eingriffen gerechnet werden müsste, denn angesichts der nachdrücklichen Betonung des Freiheitsgrundsatzes im AWG müssen Kaufleute grundsätzlich darauf vertrauen können, dass einmal abgeschlossene Verträge auch tatsächlich durchgeführt werden können.[4] Im Rahmen der Abwägung wird angesichts des hohen Werts der Schutzgüter des AWG und der allgemeinen Voraussehbarkeit von Beschränkungen in der Außenwirtschaft ein Überwiegen des Vertrauens des Einzelnen jedoch regelmäßig verneint.[5] **47**

Der Gesetzgeber hat es bewusst unterlassen, in § 4 Abs. 4 Satz 3 AWG eine Entschädigungsregelung gem. Art. 14 Abs. 3 Satz 2 und 3 GG aufzunehmen. Damit hat er implizit bestimmt, dass eine Entschädigung der von Eingriffen in Altverträge Betroffenen auch aus Billigkeitsgründen nicht erfolgen soll.[6] **48**

---

1) So auch Friedrich in Hocke/Friedrich, § 2 AWG Rz. 28 (April 2012); Dolde, RIW 1992, 517, 521; Reuter, 1995, Rz. 759; Putzier, 1987, 35 unter Verweis auf VGH Mannheim, NJW 1974, 2252, 2253, zur unechten Rückwirkung der Bardepotpflicht.
2) So die Definition der unechten Rückwirkung nach der st. Rechtsprechung des BVerfG, vgl. z.B. BVerfG v. 3.10.1973, 1 BvL 30/71, BVerfGE 36, 73; BVerfG v. 11.10.1962, 1 BvL 22/57, BVerfGE 14, 288.
3) Vgl. BVerfG v. 9.3.1971, 2 BvR 326/69, 341/69, 342/69, 343/69, 344/69, 345/69, 327/69, BVerfGE 30, 250; BVerfG v. 3.10.1973, 1 BvL 30/71, BVerfGE 36, 73; BVerfG v. 11.10.1962, 1 BvL 22/57, BVerfGE 14, 288; s. auch Friedrich in Hocke/Friedrich, § 2 AWG Rz. 28 (April 2012); Reuter, 1995 Rz. 759; Putzier, 1987, 35.
4) Putzier, 1987, 36; vgl. auch Henze, 1963, 38.
5) Vgl. Reuter, 1995, Rz. 759; Friedrich in Hocke/Friedrich, § 2 AWG Rz. 28 (April 2012); Putzier, 1987, 35 f.
6) Vgl. 1. Schriftlicher Bericht des Außenhandelsausschusses zu BT-Drucks. III/2386, 3, zu § 2, nach dem die Notwendigkeit einer Entschädigung nach Art. 14 GG mangels Enteignung durch Eingriffe in laufende Verträge abgelehnt wurde. Wegen der Gefahr von Scheinverträgen wurde auch eine Entschädigung aus Billigkeitsgründen nicht vorgesehen. Vgl. auch Langen, § 2 AWG Rz. 7 (Januar 1968); Gramlich, 1991, 146; Hantke, NJW 1992, 2123, 2124; Diemer in Erbs/Kohlhaas, Strafrechtliche Nebengesetze, 194. Ergänzungslieferung 2013, § 2 AWG Rz. 3.

49 Die Vereinbarkeit mit Art. 14 GG ist zwar nicht unumstritten,[1] die Ansicht des Gesetzgebers wird jedoch überwiegend[2] und zu Recht aus den folgenden Erwägungen heraus von Rechtsprechung und Literatur geteilt:[3] Zwar unterfallen auch der eingerichtete und ausgeübte Gewerbebetrieb sowie zivilrechtliche (vertragliche) Ansprüche und Forderungen als eigentumskräftige Positionen dem Schutzbereich des Art. 14 GG. Eingriffe in diese Positionen durch außenwirtschaftliche Beschränkungen sind jedoch als zulässige Inhalts- und Schrankenbestimmungen zu qualifizieren und als Ausfluss der Sozialgebundenheit des Eigentums grundsätzlich entschädigungslos hinzunehmen, wenn sie nicht ausnahmsweise zu einem Sonderopfer der Betroffenen führen.[4]

5. Zeitliche Konkretisierung des Verhältnismäßigkeitsgrundsatzes

50 § 4 Abs. 4 Satz 4 AWG schreibt vor, dass Beschränkungen aufzuheben sind, sobald und soweit die Gründe, die ihre Anordnung rechtfertigen, nicht mehr vorliegen, und stellt in zeitlicher Hinsicht eine nähere Ausgestaltung des Grundsatzes der Verhältnismäßigkeit und des Prinzips der Freiheit des Außenhandels dar.[5] Dementsprechend sollen Beschränkungen auch zeitlich minimiert und die Außenwirtschaftsfreiheit möglichst bald in möglichst weitem Umfang wiederhergestellt werden.[6] Aus der Formulierung „soweit" in § 4 Abs. 4 Satz 4 AWG ergibt sich, dass nicht nur eine vollständige Aufhebung der Beschränkung in Betracht kommt, sondern dass bei teilweisem Wegfall der Anordnungsgründe auch eine teilweise Aufhebung bzw. Anpassung der Beschränkung geboten ist.[7] § 4 Abs. 4 Satz 4 AWG erlegt dem Verordnungsgeber und den Anordnungen erlassenden Stellen daher die Pflicht auf, **fortlaufend zu prüfen**, ob und inwieweit Beschränkungen weiterhin gerechtfertigt oder ganz oder teilweise aufzuheben sind.[8]

---

1) Putzier, 1987, 37; Gramlich, 1991, 146, spricht sogar von „überaus problematisch".
2) Vgl. VG Köln v. 11.11.1999, 1 K 6937/96, BeckRS 2009, 42251, das schon den Schutzbereich des Art. 14 Abs. 1 GG als nicht berührt ansieht, weil eine auf einem Außenhandelsvertrag beruhende Forderung, dessen Durchführung eine Gefahr für ein Rechtsgut nach § 7 Abs. 1 Nr. 3 AWG darstelle, von vornherein unter Verbotsvorbehalt stehe und somit nicht in ihrem Bestand geschützt sei.
3) LG Frankfurt a.M. v. 22.11.1991, 2/4 O 70/91 und 2/4 O 130/91, n.v., zitiert bei Friedrich in Hocke/Friedrich, § 2 AWG Rz. 29 (April 2012), und Hantke, NJW 1992, 2123, 2124; BGH v. 27.1.1994, NJW 1994, 858, 861; Friedrich in Hocke/Friedrich, § 2 AWG Rz. 29 (April 2012); Fahning/Kölling, 1963, § 2 AWG 6 c; Beutel in Wolffgang/Simonsen/Tietje, Bd. II, § 2 AWG Rz. 15 (November 2011); Putzier, 1987, 38 f.; Gramlich, 1991, 146, bejaht die Ansicht der Legislative wegen des mangelnden Übergangs von Eigentum auf einen Enteignungsbegünstigten.
4) Vgl. Diemer in Erbs/Kohlhaas, Strafrechtliche Nebengesetze, 194. Ergänzungslieferung 2013, § 2 AWG Rz. 2; Schulz, 1966, Rz. 13; i.E. wohl auch Putzier, 1987, 38 f., Sieg/Fahning/Kölling, Außenwirtschaftsgesetz, § 2 AWG 6 c; Wimmer, BB 1990, 1986, 1990 f., der darauf hinweist, dass Embargos im Einzelfall, insbesondere für kleine Firmen, deren Schwerpunkt auf dem vom Embargo berührten Geschäft liegt, eine erdrosselnde Wirkung haben können, die die Substanz des Gewerbebetriebs verletzen und damit ein Sonderopfer darstellen können.
5) Vgl. BT-Drucks. III/1285, 233; Beutel in Wolffgang/Simonsen/Tietje, Bd. II, § 2 AWG Rz. 16 (November 2011); Diemer in Erbs/Kohlhaas, Strafrechtliche Nebengesetze, 194. Ergänzungslieferung 2013, § 2 AWG Rz. 3.
6) Vgl. Putzier, 1987, 33; Friedrich in Hocke/Friedrich, § 2 AWG Rz. 21 (April 2012).
7) Ähnlich auch Schulz, 1966, § 2 AWG Rz. 19.
8) Beutel in Wolffgang/Simonsen/Tietje, Bd. II, § 2 AWG Rz. 16 (November 2011); Sieg/Fahning/Kölling, Außenwirtschaftsgesetz, § 2 AWG III 8; Schulz, 1966, § 2 AWG Rz. 18.

51 Für die Prüfung ist der Exekutive jedoch eine ausreichende Beobachtungsfrist zuzugestehen. Innerhalb dieser Frist muss eine sorgfältige Abwägung aller wirtschaftlichen Gegebenheiten vorgenommen und beurteilt werden können, ob nur mit einem vorübergehenden oder einem dauerhaften Wegfall der Beschränkungsgründe zu rechnen ist.[1] Diese Frist kann je nach Umfang und Bedeutung der einzelnen Beschränkung sehr unterschiedlich sein. Eine unverzügliche Aufhebung ist nur geboten, wenn die Ermächtigungsgrundlage der Beschränkung entfällt oder die Beschränkung aus anderen Gründen klar unverhältnismäßig geworden ist.[2] Soll im Falle einer Rechtsverordnung bei Wegfall der ursprünglichen Anordnungsgründe die Ermächtigungsgrundlage ausgetauscht werden, weil die Beschränkung aus anderen Gründen weiterhin geboten ist, so setzt dies wegen des Zitiergebots aus Art. 80 Abs. 1 Satz 3 GG eine neue Rechtsverordnung voraus.[3]

52 Zu beachten ist, dass aus § 4 Abs. 4 Satz 4 AWG nicht etwa der gesetzgeberische Wille abzuleiten ist, dass Beschränkungen durch Rechtsverordnung allein durch einen actus contrarius des Verordnungsgebers aufgehoben werden können. Schon aus dem Sinn und Zweck des § 4 Abs. 4 Satz 4 AWG, die Außenwirtschaftsfreiheit möglichst umfassend zu gewährleisten, folgt, dass das richterliche Prüfungsrecht durch § 4 Abs. 4 Satz 4 AWG nicht eingeschränkt werden sollte.[4] Bei Wegfall der Beschränkungsvoraussetzungen steht daher dem Verordnungsgeber zwar ein gewisser Beurteilungsspielraum zu. Die Gerichte können Einschränkungen der Außenwirtschaftsfreiheit jedoch für rechtswidrig und damit nichtig erklären, wenn die Anordnungsvoraussetzungen – nach einer entsprechenden Beobachtungsfrist – offensichtlich nicht mehr vorliegen.[5]

---

1) Vgl. Friedrich in Hocke/Friedrich, § 2 AWG Rz. 22 (April 2012). Vgl. auch Schulz, 1966, § 2 AWG Rz. 19, der darauf hinweist, dass während des Prüfungszeitraums Änderungen der Lage im Falle eines Genehmigungserfordernisses durch erleichterte Erteilung von Genehmigungen Rechnung getragen werden kann.
2) Friedrich in Hocke/Friedrich, § 2 AWG Rz. 22 (April 2012).
3) Vgl. Friedrich in Hocke/Friedrich, § 2 AWG Rz. 22 (April 2012); Schulz, 1966, § 2 AWG Rz. 19, der unterstreicht, dass es in der Praxis dennoch nicht zu einer Unterbrechung in der Geltung der Beschränkung kommt, weil die Aufhebung und die auf den neuen Grund gestützte Anordnung in einer einzigen Rechtsverordnung, d.h. zum selben Zeitpunkt ergehen können.
4) Vgl. Sieg/Fahning/Kölling, Außenwirtschaftsgesetz, § 2 AWG III 8; Putzier, 1987, 33; Beutel in Wolffgang/Simonsen/Tietje, Bd. II, § 2 AWG Rz. 16 (November 2011).
5) Putzier, 1987, 33; Sieg/Fahning/Kölling, Außenwirtschaftsgesetz, § 2 AWG III 8; s. auch Schulz, 1966, § 2 AWG Rz. 26.

§ 5
Gegenstand von Beschränkungen

(1) Beschränkungen oder Handlungspflichten nach § 4 Absatz 1 können insbesondere angeordnet werden für Rechtsgeschäfte oder Handlungen in Bezug auf

1. Waffen, Munition und sonstige Rüstungsgüter sowie Güter für die Entwicklung, Herstellung oder den Einsatz von Waffen, Munition und Rüstungsgütern; dies gilt insbesondere dann, wenn die Beschränkung dazu dient, in internationaler Zusammenarbeit vereinbarte Ausfuhrkontrollen durchzuführen,

2. Güter, die zur Durchführung militärischer Aktionen bestimmt sind.

(2) ¹Beschränkungen oder Handlungspflichten nach § 4 Absatz 1 Nummer 4 können insbesondere angeordnet werden in Bezug auf den Erwerb inländischer Unternehmen oder von Anteilen an solchen Unternehmen durch unionsfremde Erwerber, wenn infolge des Erwerbs die öffentliche Ordnung oder Sicherheit der Bundesrepublik Deutschland gemäß § 4 Absatz 1 Nummer 4 gefährdet ist. ²Dies setzt voraus, dass eine tatsächliche und hinreichend schwere Gefährdung vorliegt, die ein Grundinteresse der Gesellschaft berührt. ³Unionsfremde Erwerber aus den Mitgliedstaaten der Europäischen Freihandelsassoziation stehen unionsansässigen Erwerbern gleich.

(3) ¹Beschränkungen oder Handlungspflichten nach § 4 Absatz 1 Nummer 1 können insbesondere angeordnet werden in Bezug auf den Erwerb inländischer Unternehmen oder von Anteilen an solchen Unternehmen durch Ausländer, um wesentliche Sicherheitsinteressen der Bundesrepublik Deutschland zu gewährleisten, wenn die inländischen Unternehmen

1. Kriegswaffen oder andere Rüstungsgüter herstellen oder entwickeln oder

2. Produkte mit IT-Sicherheitsfunktionen zur Verarbeitung von staatlichen Verschlusssachen oder für die IT-Sicherheitsfunktion wesentliche Komponenten solcher Produkte herstellen oder hergestellt haben und noch über die Technologie verfügen, wenn das Gesamtprodukt mit Wissen des Unternehmens vom Bundesamt für Sicherheit in der Informationstechnik (BSI) zugelassen wurde.

²Dies gilt insbesondere dann, wenn infolge des Erwerbs die sicherheitspolitischen Interessen der Bundesrepublik Deutschland oder die militärische Sicherheitsvorsorge gefährdet sind.

(4) ¹Beschränkungen oder Handlungspflichten nach § 4 Absatz 1 Nummer 5 können auch angeordnet werden in Bezug auf Güter, die nicht in Absatz 1 genannt sind. ²Dies setzt voraus, dass eine tatsächliche und hinreichend schwere Gefährdung vorliegt, die ein Grundinteresse der Gesellschaft berührt.

(5) Beschränkungen oder Handlungspflichten nach § 4 Absatz 1 können auch angeordnet werden in Bezug auf Rechtsgeschäfte oder Handlungen Deutscher im Ausland, die sich auf Güter im Sinne des Absatzes 1 einschließlich ihrer Entwicklung und Herstellung beziehen.

AWV

§ 79
Beschränkung nach § 5 Absatz 5 des Außenwirtschaftsgesetzes
Die §§ 74 bis 77 gelten auch für Deutsche im Ausland.

Inhalt

	Rz.
A. Inhalt und Bedeutung	1–2
I. Norminhalt und Normzusammenhänge/Verhältnis zu anderen Regelungen	1
II. Zeitlicher Anwendungsbereich und historische Entwicklung	2
B. § 5 Abs. 1 AWG	3–5
I. Nr. 1	4
II. Nr. 2	5
C. § 5 Abs. 2 AWG	6
D. § 5 Abs. 3 AWG	7–8
E. § 5 Abs. 4 AWG	9
F. § 5 Abs. 5 AWG	10

A. Inhalt und Bedeutung

I. Norminhalt und Normzusammenhänge/ Verhältnis zu anderen Regelungen

1 § 5 Abs. 1 bis 4 AWG zählen – entsprechend § 7 Abs. 2 AWG a.F. – Fälle auf, in denen „insbesondere" Beschränkungen des Außenwirtschaftsverkehrs nach § 4 Abs. 1 AWG angeordnet werden können. Dieser Aufzählung wird teilweise ein lediglich beispielhafter Charakter ohne jegliche einschränkende Wirkung zugemessen.[1] Überwiegend wird sie jedoch zu Recht als eine Konkretisierung des jetzigen § 4 Abs. 1 AWG angesehen, die – wie strafrechtliche Regelbeispiele – die Tendenz vorgibt, in der von den in diesem enthaltenen Ermächtigungsgrundlagen Gebrauch gemacht werden kann.[2] Gestützt wird diese Ansicht zum einen auf die ansonsten fehlende rechtliche Bedeutung der Aufzählung und zum anderen auf den Gesetzgebungsprozess, im Rahmen des-

---

1) Bryde in Achterberg/Püttner/Würtenberger, Bd. I, 2. Aufl. 2000, § 7 Rz. 29.
2) VG Kassel v. 14.12.1984, 7 K 427/84, NJW 1985, 1726, 1728; VG Darmstadt v. 14.1.1988, III/1 E 652/86, NJW 1988, 2198, 2199; so wohl auch Diemer in Erbs/Kohlhaas, Strafrechtliche Nebengesetze, 194. Ergänzungslieferung 2013, § 7 AWG Rz. 3 („regelmäßig geeignet"); von Schenck, ZaöRV 29 (1969), 257, 287, die wie bei strafrechtlichen Regelbeispielen eine besondere Begründung fordern, wenn andere als die in § 5 Abs. 1 bis 4 AWG genannten Rechtsgeschäfte und Handlungen nach § 4 Abs. 1 AWG beschränkt werden. – a.A. Kuss, Die Verwaltung 22 (1989), 55, 64, der mit Blick auf die Bestimmtheit der Ermächtigungsgrundlagen eine Auslegung des „insbesondere" als „nur" für verfassungsrechtlich geboten hält.

sen die Bedeutung des § 7 Abs. 2 AWG a.F. für die Umschreibung des Ermächtigungsinhalts im Hinblick auf Art. 80 Abs. 1 Satz 2 GG hervorgehoben worden war.[1] Für diese Ansicht spricht im Übrigen auch der neue – ansonsten sinnlose – § 5 Abs. 4 Satz 1 AWG, der im Rahmen des § 4 Abs. 1 Nr. 5 AWG ausdrücklich Beschränkungen und Handlungspflichten in Bezug auf nicht in § 5 Abs. 1 AWG genannte Güter zulässt.

§ 5 Abs. 5 AWG enthält eine – vormals in § 7 Abs. 3 AWG a.F. enthaltene – Sonderregelung. Diese erlaubt, die Beschränkung von Rechtsgeschäften und Handlungen nach § 4 Abs. 1 AWG über das Inland hinaus auch auf Deutsche im Ausland zu erstrecken.

II. Zeitlicher Anwendungsbereich und historische Entwicklung

Der durch die Novelle 2013 eingeführte § 5 AWG fasst die früheren Vorschriften §§ 7 Abs. 2 und 3 sowie § 8 Abs. 1 AWG a.F. zusammen.[2] 2

§ 5 Abs. 1 AWG, der im Wesentlichen § 7 Abs. 2 Nr. 1 bis 3 AWG a.F. entspricht, besteht in ähnlicher Fassung bereits seit Inkrafttreten des AWG.[3] Durch das Fünfte Änderungsgesetz[4] wurde der dem heutigen § 4 Abs. 1 Nr. 1 AWG zugrundeliegende § 7 Abs. 1 Nr. 1 AWG a.F. klarstellend umformuliert.[5] Mit der Novelle 2013 hat der Gesetzgeber die Begrifflichkeiten modernisiert.[6] Die seit dem ersten AWG unverändert gebliebene Vorschrift des § 7 Abs. 2 Nr. 4 AWG a.F., die Rechtsgeschäfte über bestimmte gewerbliche Schutzrechte und Erfindungen als Regel-Beschränkungsgegenstand aufführte, wurde 2013 mangels Praxisrelevanz gestrichen.[7]

2009 wurde mit dem 13. Änderungsgesetz zum Schutz der sicherheitspolitischen Interessen Deutschlands und der militärischen Sicherheitsvorsorge § 7 Abs. 2 Nr. 6 AWG a.F. eingeführt.[8] Diese Vorschrift wurde durch die Novelle 2013 als § 5 Abs. 2 AWG dem spezielleren heutigen § 5 Abs. 3 AWG vorangestellt.[9]

§ 5 Abs. 3 AWG wurde erst 2004 als § 7 Abs. 2 Nr. 5 AWG a.F. eingeführt, um die Sicherheitsinteressen Deutschlands an den Kernfähigkeiten der deutschen

---

1) VG Kassel v. 14.12.1984, 7 K 427/84, NJW 1985, 1726, 1728; VG Darmstadt v. 14.1.1988, III/1 E 652/86, NJW 1988, 2198, 2199; Putzier, 1987, 59.
2) BR-Drucks. 519/12, 61 f.
3) Langen, § 7 AWG (Januar 1968).
4) Gesetz v. 20.7.1990, BGBl. I 1990, 1457.
5) Ausführlich hierzu vgl. BT-Drucks 11/4230, 3 und 5.
6) BR-Drucks. 519/12, 62.
7) BR-Drucks. 519/12, 61.
8) Gesetz v. 18.4.2009, BGBl. I 2009, 770. Hintergrund der Einführung dieser Vorschrift war Ankündigung verschiedener Staaten – insbesondere Chinas –, Staatsfonds verstärkt für Auslandsinvestitionen nutzen zu wollen. Die Ausweitung der Ermächtigung des § 7 Abs. 2 Nr. 5 AWG a.F. auf alle Unternehmenserwerbe sollte ermöglichen, die Ausübung wirtschaftlichen Drucks und den Verlust technischen Vorsprungs, insbesondere bei Schlüsseltechnologien, bereits im Vorfeld zu verhindern, Voland, EuZW 2009, 519; Marquardt/Pluskat, DStR 2009, 1314; Krolop, ZRP 2008, 40.
9) BR-Drucks 519/12, 61.

Rüstungsindustrie zu schützen.[1] Durch die Novelle 2013 passte der Gesetzgeber die Terminologie der Vorschrift an die heute gebräuchlichen Begriffe an.[2] § 5 Abs. 4 AWG, der – der Systematik des § 7 Abs. 1 und 2 AWG a.f. folgend – § 4 Abs. 1 Nr. 5 AWG konkretisiert, ersetzt zusammen mit § 4 Abs.1 Nr. 5 AWG die Vorschrift des § 8 Abs. 1 AWG a.f.[3] § 5 Abs. 5 AWG wurde 1990 als § 7 Abs. 3 AWG a.F. eingefügt, um die Beteiligung Deutscher an Auslandsprojekten im Rüstungsbereich und speziell bei der Raketentechnologie im Wege der Rechtsverordnung unter Genehmigungspflicht stellen zu können.[4] Durch die Novelle 2013 wurde die Vorschrift neu gefasst. Die der – zum Zeitpunkt ihrer Einführung noch bestehenden – DDR Rechnung tragende Terminologie wurde angepasst und der deklaratorische Hinweis auf die internationale Zusammenarbeit gestrichen.[5]

B. § 5 Abs. 1 AWG

3 Nach § 5 Abs. 1 AWG können sich Beschränkungen und Handlungspflichten nach § 4 Abs. 1 AWG insbesondere auf Rechtsgeschäfte und Handlungen in Bezug auf Waffen, Munition und sonstige Rüstungsgüter sowie Güter für deren Entwicklung, Herstellung oder Einsatz beziehen – insbesondere dann, wenn die Beschränkung dazu dient, international vereinbarte Ausfuhrkontrollen durchzuführen (Nr. 1). Darüber hinaus sollen sie sich insbesondere auf Rechtsgeschäfte und Handlungen in Bezug auf Güter beziehen können, die zur Durchführung militärischer Aktionen bestimmt sind (Nr. 2). Anders als nach § 7 Abs. 2 Nr. 1 bis 3 AWG a.f. entsprechen damit die Regelbeispiele für Einfuhrbeschränkungen nunmehr denen für Aus- und Durchfuhrbeschränkungen.

I. Nr. 1

4 **Waffen** sind neben Kriegswaffen i.S.d. Kriegswaffenliste (Anlage zum KWKG) auch alle sonstigen Waffen und der Gewaltanwendung dienenden Gegenstände.[6] Unter **Munition** versteht man Ladungen, die zum Verschießen aus

---

1) 11. Änderungsgesetz, Gesetz v. 23.7.2004, BGBl. I 2004, 1859; BT-Drucks. 15/2537, 7; Wagner in Joecks, Münchener Kommentar zum StGB, 2010, § 34 AWG Rz. 58. – Hintergrund der Einführung waren die Übernahme der Kieler Howaldtswerke-Deutsche Werft AG (HDW) durch eine sog. Heuschrecke, den Finanzinvestor One Equity Partner, 2002 sowie die Übernahme des deutschen Triebwerkeherstellers MTU Aero Engines durch den amerikanischen Finanzinvestor Kohlberg Kravis Roberts (KKR), vgl. hierzu Stenographischer Bericht der 94. Sitzung des Deutschen Bundestages, Plenarprotokoll 15/94 v. 4.3.2004; Simonsen/Beutel in Wolffgang/Simonsen/Tietje, Bd. II, § 7 AWG Rz. 3 (November 2011).
2) BR-Drucks 519/12, 62.
3) BR-Drucks 519/12, 62; BT-Drucks 17/11127, 22 f.
4) Hintergrund dieser Regelung war, dass es durch das Bekanntwerden der Beteiligung deutscher Techniker an Projekten der Raketentechnologie in Ägypten, Argentinien und Irak zu einer erheblichen Störung der auswärtigen Beziehungen Deutschlands gekommen war, vgl. BT-Drucks, 11/7218, 6.
5) BR-Drucks. 519/12, 62.
6) Sieg/Fahning/Kölling, Außenwirtschaftsgesetz, § 7 AWG III 11.

Schusswaffen bestimmt sind.[1] Der Begriff **Rüstungsgüter**, der seit der Novelle 2013 den überholten Terminus Kriegsgerät ersetzt,[2] umfasst jede speziell für militärische Zwecke konzipierte Ausrüstung, also außer Waffen und Munition z.B. auch Spezialfahrzeuge, Nachrichten- und Erkundungsmittel.[3] Erfasst sind damit alle in Teil I Abschnitt A der Ausfuhrliste **(Anlage AL zur AWV)** genannten Güter.[4]

Zu den **Gütern für die Entwicklung, Herstellung oder den Einsatz** von Waffen, Munition und Rüstungsgütern sind nach der gesetzgeberischen Intention[5] nicht nur Gegenstände, wie Grundstoffe, Geräte und Werkzeuge, sondern auch Fertigungsunterlagen, d.h. schriftlich festgehaltenes Know-how zu Konzeption, Produktion und Gebrauch von Waffen, Munition und Rüstungsgütern zu zählen.[6] Der Gesetzgeber wollte nicht vom Inhalt der Vorgängerregelung in § 7 Abs. 1 Nr. 1b AWG a.F. abweichen. Der Wortlaut des § 5 Abs. 1 Nr. 1 AWG ist insoweit uneindeutig. Entsprechend dem früheren Wortlaut der Regelung könnte man die bloße Nützlichkeit für diese Zwecke als ausreichend ansehen. Der Gesetzgeber hat im Zuge der Novelle eine Präzisierung vorgenommen. Der aktuelle Wortlaut („für") legt nun nahe – wenn schon keine direkte und unmittelbare Kausalität – zumindest einen engen kausalen Zusammenhang zwischen dem Rechtsgeschäft über die Güter und der Entwicklung, Herstellung oder den Einsatz von Waffen, Munition und Rüstungsgütern zu fordern.

Aus dem nur in § 5 Abs. 1 Nr. 1 AWG enthaltenen Verweis auf international vereinbarte Ausfuhrkontrollen folgt, dass – zumindest hinsichtlich der Ausfuhr der in § 5 Abs. 1 Nr. 1 AWG genannten Güter – nationale Alleingänge nur in Ausnahmefällen erfolgen sollen.[7]

II. Nr. 2

§ 5 Abs. 1 Nr. 2 AWG erfasst – über die in Nr. 1 genannten Güter und Zwecke hinaus und ohne Rücksicht auf eine etwaige internationale Zusammenarbeit[8] – insbesondere solche Güter, die unabhängig von ihrer gewöhnlichen Zweckbestimmung im konkreten Fall de facto zur Durchführung militärischer Aktionen

---

1) Vgl. § 1 Abs. 4 und Anlage 1 WaffG. Bast in Hocke/Friedrich, § 7 AWG Rz. 13 (April 2012).
2) BR-Drucks. 519/12, 62.
3) Vgl. Merz in Hauschka, 2. Aufl. 2010, § 33 Rz. 19; Bast in Hocke/Friedrich, § 7 AWG Rz. 13 (April 2012).
4) Vgl. Simonsen/Beutel in Wolffgang/Simonsen/Tietje, Bd. II, § 7 AWG Rz. 42 (November 2011).
5) Danach soll der Inhalt des § 4 Abs. 1 AWG dem des § 7 Abs. 2 Nr. 1 bis 3 AWG a.F. entsprechen, Vgl. BR-Drucks. 519/12, 61.
6) Vgl. Bast in Hocke/Friedrich, § 7 AWG Rz. 15 (April 2012).
7) Gestützt wird das auch durch die Gesetzesbegründung zur Neufassung des § 7 Abs. 2 Nr. 1 AWG a.F. (BT-Drucks. 11/4230, 5): Danach ist die internationale Zusammenarbeit nach Möglichkeit immer anzustreben. Nur im Einzelfall soll die Bundesregierung die Möglichkeit haben, alleine eine Beschränkung anzuordnen, um eine Gefahr für die Rechtsgüter des § 7 Abs. 1 abzuwenden. Vgl. auch Erster Schriftlicher Bericht des Außenhandelsausschusses, zu BT-Drucks. III/2386, 5 sowie Bast in Hocke/Friedrich, § 7 AWG Rz. 12 (April 2012), der bei Ausnahmefällen eine besondere Begründung fordert.
8) 1. Schriftlicher Bericht des Außenhandelsausschusses, zu BT-Drucks. III/2386, 5.

eingesetzt werden sollen.[1] Unter militärischer Aktion versteht man eine auf den Bruch des gegnerischen Widerstands gerichtete Gewaltanwendung mit Kampfmitteln, wobei begrenzte Aktionen und militärische Drohgebärden ausreichen.[2] Über § 5 Abs. 1 Nr. 2 AWG erfasst sein können demnach z.B. zivile Transportmittel, Treibstoffe, Nachrichten- oder Brückenbaugeräte.[3]

C. § 5 Abs. 2 AWG

6 Beschränkungen und Handlungspflichten zur Gewährleistung der öffentlichen Ordnung und Sicherheit i.S.d. § 4 Abs. 1 Nr. 4 AWG können nach § 5 Abs. 2 AWG, der § 7 Abs. 2 Nr. 6 a.F. entspricht, insbesondere in Bezug auf den **Erwerb von inländischen Unternehmen** („asset deal") oder von **Anteilen an solchen** („share deal") durch Unionsfremde angeordnet werden. Dabei wird der Begriff der öffentlichen Ordnung und Sicherheit in § 5 Abs. 2 Satz 2 AWG entsprechend der EuGH-Rechtsprechung präzisiert.[4] In Bezug auf Unternehmens- oder Anteilserwerben durch Käufer aus den Mitgliedstaaten der Europäischen Freihandelszone (EFTA), d.h. aus Island, Liechtenstein, Norwegen und der Schweiz, können wegen der Gleichstellung dieser mit unionsansässigen Erwerbern durch § 5 Abs. 2 Satz 3 AWG keine Beschränkungen oder Handlungspflichten auferlegt werden.[5]

Der Begriff Unternehmen ist rechtsformneutral[6] und erfasst damit alle Formen von Kapital- und Personengesellschaften. Beim Unternehmenskauf wird zu verlangen sein, dass die Verfügungs- und Entscheidungsbefugnisse und -möglichkeiten für ein unternehmerisches Tätigkeitsfeld, inklusive des Direktionsrechts über die Mitarbeiter, der Beziehungen zu Kunden und/oder Lieferanten sowie zu Märkten oder Finanzierungsinstrumenten, vollständig auf den Erwerber übergehen.[7] Ein Anteilskauf wird nach dem Sinn und Zweck der Vorschrift außer beim Erwerb von Anteilen – je nach den Umständen des Einzelfalls, insb. je nach den dem Berechtigten eingeräumten Mitbestimmungsbefugnissen – auch beim Erwerb gewisser dinglicher Rechte und bei Stimmrechtsvereinbarungen anzunehmen sein.[8] Zu den Begriffen inländisches Unternehmen und Unionsfremde → § 2 Abs. 15, 19 i.V.m. Abs. 18 AWG.

---

1) Sieg/Fahning/Kölling, Außenwirtschaftsgesetz, § 7 AWG III 16.; Sauer in Hohmann/John, 2002, § 7 AWG Rz. 24.
2) Vgl. Bast in Hocke/Friedrich, § 7 AWG Rz. 16 (April 2012); Sauer in Hohmann/John, 2002, § 7 AWG Rz. 24.
3) Sauer in Hohmann/John, 2002, § 7 AWG Rz. 24.
4) Bast in Hocke/Friedrich, § 7 AWG Rz. 27b (April 2012).
5) Dabei wird die Begünstigung der Schweiz, die weder der EU noch dem Europäischen Wirtschaftsraum angehört, teilweise als mit den wirtschaftsvölkerrechtlichen Regeln der OECD und des GATS unvereinbar angesehen, vgl. Roth (Gutachterliche Stellungnahme im BT-Ausschuss für Wirtschaft und Technologie, Ausschussdrucksache 16(9)1376, 2 und 27 ff.); vgl. auch Bast in Hocke/Friedrich, § 7 AWG Rz. 10d und 27c (April 2012).
6) Bast in Hocke/Friedrich, § 7 AWG Rz. 20 (April 2012).
7) Westermann in Münchener Kommentar zum BGB, Bd. 3, § 453 Rz. 22 (2012); vgl. auch BGH v. 25.3.1998, VIII ZR 185/96 (Frankfurt a.M.), NJW 1998, 2360; BGH v. 28.11.2001, VIII ZR 37/01 (Oldenburg), NJW 2002, 1042, 1043.
8) Vgl. Bast in Hocke/Friedrich, § 7 AWG Rz. 22 (April 2012).

D. § 5 Abs. 3 AWG

§ 5 Abs. 3 AWG, der § 7 Abs. 2 Nr. 5 AWG a.f. entspricht, ist lex specialis zu § 5 Abs. 2 AWG.[1] Um die wesentlichen Sicherheitsinteressen Deutschlands nach § 4 Abs. 1 Nr. 1 AWG zu gewährleisten, erlaubt diese Vorschrift, den Erwerb von inländischen Unternehmen der Rüstungs- und der Informations- und Kommunikationssicherheitsbranche sowie Anteile an solchen zu beschränken. So sollen die Kernfähigkeiten der deutschen Wirtschaft in diesen Bereichen bewahrt und der technische Vorsprung Deutschlands insbesondere bei Schlüsseltechnologien gesichert werden.[2]

Im Unterschied zu § 5 Abs. 2 AWG auf Erwerberseite erfasst § 5 Abs. 3 AWG nicht nur unionsfremde, sondern auch Unternehmen aus den übrigen EU-Mitgliedstaaten.[3]

§ 5 Abs. 3 Nr. 1 AWG erlaubt, den Erwerb von Unternehmen, die **Kriegswaffen** oder andere **Rüstungsgüter** herstellen oder entwickeln, zu beschränken. Der Begriff Kriegswaffen ist in diesem Zusammenhang als Hinweis auf § 1 Abs. 1 KWKG i.V.m. der Kriegswaffenliste zu verstehen.[4]

§ 5 Abs. 3 Nr. 2 AWG erfasst zudem solche Unternehmen, die Produkte mit **IT-Sicherheitsfunktionen** zur Verarbeitung von staatlichen Verschlusssachen i.S.d. Sicherheitsüberprüfungsgesetzes[5] oder wesentliche Komponenten solcher Produkte herstellen. Nach dem Wortlaut der Vorschrift sind dabei Unternehmen, die solche Produkte hergestellt haben und noch über die Technologie verfügen, miterfasst, – im Gegensatz zu § 5 Abs. 3 Nr. 1 AWG – nicht aber Unternehmen, die solche Produkte lediglich entwickeln.

Unter IT-Sicherheitsfunktionen versteht man mit IT realisierte Sicherheitsvorkehrungen, insbesondere zur Kryptierung, d.h. zur Ent- und Verschlüsselung von Daten,[6] zur Abstrahlsicherheit, Zugangs-/Zugriffskontrolle, Beweissicherung, Protokollauswertung, Wiederaufbereitung oder Wahrung der Unverfälschtheit von Software.[7] Voraussetzung für eine Beschränkung nach § 5 Abs. 2 i.V.m. § 4 Abs. 1 Nr. 4 AWG ist, dass das Gesamtprodukt mit Wissen des Unternehmens nach § 3 Abs. 1 Nr. 7 BSIG vom Bundesamt für Sicherheit in der Informationstechnik zugelassen wurde.[8]

---

1) BR-Drucks. 519/12, 61.
2) Vgl. BT-Drucks. 15/2537, 8; Diemer in Erbs/Kohlhaas, Strafrechtliche Nebengesetze, 194. Ergänzungslieferung 2013, § 7 AWG Rz. 4.
3) Da gem. Art. 65 Abs. 1 AEUV nationale Kapitalverkehrsbeschränkungen aus Gründen der öffentlichen Sicherheit und Ordnung zulässig sind, ist insoweit kein Verstoß gegen diese Ausformung des allgemeinen Diskriminierungsverbotes anzunehmen, Bast in Hocke/Friedrich, § 7 AWG Rz. 24 (April 2012).
4) Vgl. Bast in Hocke/Friedrich, § 7 AWG Rz. 25 (April 2012).
5) Gesetz über die Voraussetzungen und das Verfahren von Sicherheitsüberprüfungen des Bundes v. 20.4.1994, BGBl. I 1994, 867, vgl. BT-Drucks. 15/2537, 8.
6) Vgl. Bast in Hocke/Friedrich, § 7 AWG Rz. 26 (April 2012).
7) Vgl. z.B. § 2 der Richtlinien zum Geheimschutz von Verschlusssachen beim Einsatz von Informationstechnik in Unternehmen (VS-IT-Richtlinien / U - VSITR/U) in Anl. 37 zu BMWi, Handbuch für den Geheimschutz in der Wirtschaft (Geheimschutzhandbuch), 2004 – Stand: 12.11.2012, abrufbar unter: https://bmwi-sicherheitsforum.de/handbuch/367,0,0,1,0.html?fk_menu=0.
8) Gesetz über das Bundesamt für Sicherheit in der Informationstechnik v. 14.8.2009, BGBl. I 2009, 2821; vgl. Bast in Hocke/Friedrich, § 7 AWG Rz. 26 (April 2012).

E. § 5 Abs. 4 AWG

9 Nach § 5 Abs. 4 Satz 1 AWG können Beschränkungen und Handlungspflichten zur Sicherstellung der nationalen Bedarfsdeckung zum Schutz der Gesundheit und des Lebens von Menschen i.S.d. § 4 Abs. 1 Nr. 5 AWG ausdrücklich auch in Bezug auf nicht in § 5 Abs. 1 AWG genannte Güter angeordnet werden. Diese Beschränkungen und Handlungspflichten sind damit ohne Einschränkung in Bezug auf alle Güter zulässig.

§ 5 Abs. 4 Satz 2 AWG konkretisiert die Anforderungen an Beschränkungen und Handlungspflichten nach § 4 Abs. 1 Nr. 5 AWG entsprechend der Rechtsprechung des EuGH zum Begriff der öffentlichen Sicherheit und Ordnung.

F. § 5 Abs. 5 AWG

10 Mit § 5 Abs. 5 AWG wird § 4 Abs. 1 AWG dahingehend erweitert, dass der Verordnungsgeber Rechtsgeschäfte und Handlungen in Bezug auf die in § 5 Abs. 1 AWG genannten Güter auch dann beschränken kann, wenn diese von Deutschen im Ausland vorgenommen werden. Die für den Außenwirtschaftsverkehr i.S.d. § 1 AWG charakteristische Beziehung zwischen In- und Ausland bzw. In- und Ausländer (→ § 1 Rz. 4 ff., insb. Rz. 10 f.) fehlt in diesem Fall; einzig maßgeblicher Anknüpfungspunkt ist die Tatsache, dass sich eine deutsche Person im Ausland befindet.[1] Erfasst werden daher z.B. auch Rechtsgeschäfte zwischen Deutschen im Ausland, Lieferungen innerhalb eines anderen Staats oder außerhalb von Staatsgebieten.[2] Hinter dieser Erweiterung des § 4 Abs. 1 AWG steht die Befürchtung, dass problematische militärische und rüstungswirtschaftliche Aktivitäten „Auslandsdeutscher" politisch Deutschland zugerechnet werden könnten.[3]

Deutscher ist, wer deutscher Staatsangehöriger i.S.d. Staatsangehörigkeitsgesetzes (StAG) ist.[4]

---

1) Bast in Hocke/Friedrich, § 7 AWG Rz. 28 (April 2012) geht deshalb von einem Annexcharakter des dem § 5 Abs. 5 AWG inhaltsgleichen § 7 Abs. 3 AWG a.F. aus; Simonsen/Beutel in Wolffgang/Simonsen/Tietje, Bd. II, § 7 AWG Rz. 45 (November 2011) spricht von einer Aufgabe des alleinigen Bezugs auf das deutsche Wirtschaftsgebiet. Epping, 1998, 479 f. ist dagegen der Auffassung, dass die Vorschrift nicht mehr mit dem vom Gesetzgeber selbst in Anspruch genommenen Regelungsbereich des AWG kompatibel ist; zweifelnd auch Sauer in Hohmann/John, 2002, Teil 3, § 7 AWG Rz. 27. – Wegen der extraterritorialen Wirkung der Vorschrift wird teilweise auch deren völkerrechtliche Zulässigkeit angezweifelt, vgl. hierzu Epping, RIW 1991, 461, 468; Epping, 1998, 489; Sauer in Hohmann/John, 2002, § 7 AWG Rz. 27; Bast in Hocke/Friedrich, § 7 AWG Rz. 30 (April 2012).
2) Bast in Hocke/Friedrich, § 7 AWG Rz. 31 (April 2012).
3) Vgl. BT-Drucks. 11 /7218, 6. Vgl. auch Sauer in Hohmann/John, 2002, § 7 AWG Rz. 26; Simonsen/Beutel in Wolffgang/Simonsen/Tietje, Bd. II, § 7 AWG Rz. 45 (November 2011); Bast in Hocke/Friedrich, § 7 AWG Rz. 28 (April 2012).
4) BR-Drucks. 519/12, 62. Irrelevant ist, ob neben der deutschen eine weitere Staatsangehörigkeit besteht, Bast in Hocke/Friedrich, § 7 AWG Rz. 29 (April 2012). – Dass der dem § 5 Abs. 5 AWG inhaltsgleiche § 7 Abs. 3 AWG a.F. den Besitz eines deutschen Personaldokuments bzw. die Verpflichtung zum Besitz eines solchen forderte, ist darauf zurückzuführen, dass es bei Erlass dieser Vorschrift noch die Staatsangehörigkeit der DDR gab, BR-Drucks. 519/12, 62; Bast in Hocke/Friedrich, § 7 AWG Rz. 29 (April 2012).

§ 6
Einzeleingriff

(1) Im Außenwirtschaftsverkehr können auch durch Verwaltungsakt Rechtsgeschäfte oder Handlungen beschränkt oder Handlungspflichten angeordnet werden, um eine im Einzelfall bestehende Gefahr für die in § 4 Absatz 1 genannten Rechtsgüter abzuwenden.

(2) Die Anordnung tritt sechs Monate nach ihrem Erlass außer Kraft, sofern die Beschränkung oder Handlungspflicht nicht durch Rechtsverordnung vorgeschrieben wird.

(3) § 4 Absatz 3 und 4 und § 5 Absatz 5 gelten entsprechend.

Inhalt

		Rz.
A.	Inhalt und Bedeutung	1–2
	I. Norminhalt und Normzusammenhänge	1
	II. Zeitlicher Anwendungsbereich und historische Entwicklung	2
B.	Anordnungsvoraussetzungen (Abs. 1)	3–11
	I. Gefahrenbegriff	4
	II. Form der Anordnung und Problem der Formtypik hoheitlichen Handelns	5–8
	III. § 6 Abs. 1 widerspricht § 1 Abs. 1 AWG	9–11
C.	Automatisches Außerkrafttreten (Abs. 2)	12
D.	Entsprechend geltende Vorschriften (Abs. 3)	13

A. Inhalt und Bedeutung

I. Norminhalt und Normzusammenhänge

Die Einzeleingriffsermächtigung des § 6 Abs. 1 AWG (i.V.m. der Zuständigkeitsnorm § 13 Abs. 2 Nr. 1a AWG) ermöglicht es dem Bundesministerium für Wirtschaft und Technologie (BMWi) im Einvernehmen mit dem Auswärtigen Amt (AA) und dem BMF sowie ggf. im Benehmen mit der Deutschen Bundesbank (Bundesbank),[1] in anderer Weise als im Wege der Rechtsverordnung die notwendigen außenwirtschaftsrechtlichen Beschränkungen und Handlungs-

---

[1] Hintergrund für das erforderliche Einvernehmen mit den beiden Ministerien ist die besondere politische Verantwortung des AA für den internationalen Bereich und die Zuständigkeit des BMF bei der Durchführung der Verordnungen, vgl. BT-Drucks. 8/4118, 5 zum Einvernehmen mit dem BMF im Rahmen des § 27 Abs. 1 Halbs. 2 AWG. Durch das mit der Bundesbank herzustellende Benehmen soll gewährleistet werden, dass diese bei außenwirtschaftlichen Beschränkungen mit potenziellen Auswirkungen auf ihre Kernaufgabe der Sicherung der Währung möglichst weitgehend mitwirken kann, BT-Drucks. III/1285, 250, zu § 26, 2. Nach dem Willen des Gesetzgebers soll das Benehmen eine Form der Beteiligung und Zusammenarbeit darstellen, die über die bloße Anhörung hinausgeht und de facto einem aus verfassungsrechtlichen Gründen nicht möglichen Einvernehmen nachkommt, vgl. BT-Drucks. III/1285, 250, zu § 26, 2.

pflichten anzuordnen, um eine im einzelnen Fall bestehende Gefahr für die in § 4 Abs. 1 AWG genannten Rechtsgüter abzuwenden.[1]

II. Zeitlicher Anwendungsbereich und historische Entwicklung

2   Vor 1992 kannte das AWG nur Beschränkungen des Außenwirtschaftsverkehrs durch Rechtsverordnungen. Eine Ermächtigung zu behördlichen Einzelfallregelungen fehlte.[2] Für mehrere dringende Einzelfälle mussten daher Rechtsverordnungen erlassen werden, um die außen- und sicherheitspolitischen Belange Deutschlands zu schützen.[3] Daraufhin wurde durch das 7. Änderungsgesetz zum AWG § 2 Abs. 2 AWG a.F. eingefügt, der inhaltlich im Wesentlichen § 6 AWG entsprach.[4] Dadurch sollte zum einen die Nutzung von Rechtsverordnungen zur Regelung von Einzelfällen verhindert werden.[5] Zum anderen sollte die Zeit bis zum Inkrafttreten von Beschränkungen in eiligen Fällen verkürzt werden.[6] Durch die Novelle 2013 wurde die Einzelermächtigung in einen eigenen Paragraphen (§ 6 AWG) aufgenommen und auf die mögliche Anordnung von Handlungspflichten erweitert. Die bislang in derselben Vorschrift geregelte Zuständigkeitsregelung findet sich nunmehr in § 13 Abs. 2 Nr. 2a AWG.[7]

B. Anordnungsvoraussetzungen (Abs. 1)

3   Nach der gesetzgeberischen Intention ist die Einzelaktermächtigung des § 6 Abs. 1 AWG nur für besondere Ausnahmefälle gedacht.[8] Das ergibt sich aus der Entstehungsgeschichte der Vorschrift sowie aus § 6 Abs. 2 AWG, demzu-

---

1) Als aktuelle Beispiele solcher Einzeleingriffe sind die Sperrungen libyscher Konten im Zusammenhang mit den internationalen Sanktionen gegen die Gaddafi-Familie im März 2011 zu nennen: So wurde am 1.3.2011 das Vermögen eines Sohnes Gaddafis bei einer deutschen Geschäftsbank eingefroren, vgl. Pressemitteilung des BMWi v. 1.3.2011. Weitere Einzelfallmaßnahmen zur vorläufigen Sperrung libyschen Vermögens in Deutschland wurden am 9.3.2011 getroffen, vgl. Pressemitteilung des BMWi v. 10.3.2011. Nach Medienberichten sollen hiervon insgesamt 193 Konten bei 14 Kreditinstituten mit Sitz in Deutschland sowie ein Konto der libyschen Zentralbank bei der Deutschen Bundesbank betroffen gewesen sein.
2) Vgl. BT-Drucks. 12/1134, 7.
3) Im Einzelnen handelte es sich hierbei um die Ergänzung der in §§ 5b und § 45a AWV a.F. enthaltenen Verbote wegen eines Flugzeug-Luftbetankungsprojekts in Libyen; die Einführung einer Genehmigungspflicht zunächst für die Ausfuhr, später auch die Durchfuhr von Hängeleitern nach dem Libanon, Libyen und Syrien, bei denen Grund zur Annahme bestand, dass sie zu terroristischen Einsätzen gegen das Land Israel benutzt werden sollten (§ 38 Abs. 2 AWV a.F.); die Beschränkung der Durchfuhr von Waren und Fertigungsunterlagen im Zusammenhang mit einem iranischen Ferngeschütz-Vorhaben (§ 38 Abs. 4 AWV a.F.) sowie die Einführung einer weiteren Durchfuhrbeschränkung in den Irak oder nach Kuwait, vgl. BT-Drucks. 12/1134, 7; Hantke, NJW 1992, 2123, 2124.
4) Gesetz zur Änderung des Außenwirtschaftsgesetzes, des Strafgesetzbuches und anderer Gesetze v. 28.2.1992, BGBl. I 1992, 372.
5) BT-Drucks. 12/1134, 7.
6) Vfl. BT-Drucks. 12/1134, 8. Vgl. auch Diemer in Erbs/Kohlhaas, Strafrechtliche Nebengesetze, 194. Ergänzungslieferung 2013, § 2 AWG Rz. 6.
7) BT-Drucks. 17/11127, 23.
8) So BT-Drucks. 12/1134, 8 zu § 2 Abs. 2 AWG a.F. Vgl. auch Beutel in Wolffgang/Simonsen/Tietje, Bd. II, § 2 AWG Rz. 9 (November 2011).

folge die Geltung einer Anordnung nach § 6 Abs. 1 AWG auf sechs Monate befristet ist.[1]

I. Gefahrenbegriff

Zulässig ist die Beschränkung des Außenwirtschaftsverkehrs mittels Verwaltungsakt nach § 6 Abs. 1 AWG „um eine im Einzelfall bestehende Gefahr für die in § 4 Abs. 1 genannten Rechtsgüter abzuwenden." Ausweislich der Gesetzesbegründung zu der Vorgängervorschrift § 2 Abs. 2 AWG a.f.[2] wurde der Wortlaut der Eingriffsermächtigung bewusst an den Wortlaut der Polizeigesetze der Länder angelehnt, so dass der Regelung der **polizeirechtliche Gefahrenbegriff** zu Grunde liegt.[3] Nach diesem liegt eine Gefahr dann vor, wenn eine Sachlage oder ein Verhalten bei ungehindertem Ablauf des objektiv zu erwartenden Geschehens mit hinreichender Wahrscheinlichkeit ein geschütztes Rechtsgut schädigt, d.h. im Falle des § 6 Abs. 1 AWG ein Rechtsgut des § 4 Abs. 1 AWG.[4] Eine hinreichende Wahrscheinlichkeit ist dabei anzunehmen, wenn nach den objektiven Umständen und der allgemeinen Lebenserfahrung die Befürchtung eines Schadens im Einzelfall begründet ist. Dabei sind umso geringere Anforderungen an den Grad der Wahrscheinlichkeit zu stellen, je höherrangig das Rechtsgut und je größer der ihm drohende Schaden sind.[5] Eine Anordnung nach § 6 Abs. 1 AWG setzt also den Nachweis einer konkreten Gefahr voraus.[6]

4

---

1) Diemer in Erbs/Kohlhaas, Strafrechtliche Nebengesetze, 194. Ergänzungslieferung 2013, § 2 AWG Rz. 7. Daraus wird auch abgeleitet, dass eine wiederholende Einzelfallanordnung nach Ablauf der Sechsmonatsfrist nach § 6 Abs. 1 AWG unzulässig ist. Ausführlich hierzu Epping, 1998, 464 f. noch zu § 2 Abs. 2 AWG a.F.
2) Vgl. BT-Drucks. 12/1134, 8: „Als Eingriffsermächtigung ist wie in den Eingriffsermächtigungen der Polizeigesetze der Länder (vgl. § 8 PolG NRW), eine im Einzelnen Fall bestehende Gefahr für die in § 7 Abs. 1 AWG genannten Rechtsgüter erforderlich".
3) So z.B. auch Hohmann in Hohmann/John, 2002, § 2 AWG Rz. 8; Friedrich in Hocke/Friedrich, § 2 AWG Rz. 15 f. (April 2012).
4) Zum polizeirechtlichen Gefahrenbegriff vgl. z.B. Gusy, 8. Aufl. 2011, 54; Schenke, 7. Aufl. 2011, 37. Vgl. auch Diemer in Erbs/Kohlhaas, Strafrechtliche Nebengesetze, 194. Ergänzungslieferung 2013, § 2 AWG Rz. 6.
5) Vgl. Schenke, 7. Aufl. 2011, 37 f., 41; Diemer in Erbs/Kohlhaas, Strafrechtliche Nebengesetze, 194. Ergänzungslieferung 2013, § 2 AWG Rz. 6; Gusy, 8. Aufl. 2011, 58 ff.
6) Vgl. Schenke, 7. Aufl. 2011, 37 f.; Gusy, 8. Aufl. 2011, 59, 62; Beutel in Wolfgang/Simonsen/Tietje, Bd. II, 2009, § 2 AWG Rz. 10 (November 2011). Vgl. auch Hohmann in Hohmann/John, 2002, § 2 AWG Rz. 8 f., der darüber hinaus unter Hinweis auf das Verhältnismäßigkeitsgebot und die Flexibilitätsargumente des historischen Gesetzgebers noch für § 2 Abs. 2 AWG a.F. eine tatbestandliche Reduktion dahingehend fordert, dass Einzelakteingriffe nur zulässig sein sollen, wenn der Gefährdung wegen der Größe der Gefahr und Dringlichkeit nicht mit einer entsprechenden Rechtsverordnung begegnet werden kann. Ähnlich wohl auch Friedrich in Hocke/Friedrich, § 2 AWG Rz. 15 f. (April 2012).

II. Form der Anordnung und Problem der Formtypik hoheitlichen Handelns

5 Nach § 6 Abs. 1, Halbsatz 1 AWG erfolgt die Anordnung in Form eines **Verwaltungsakts** i.S.d. § 35 VwVfG.[1] Möglich sind somit Einzelverwaltungsakte und Allgemeinverfügungen, wobei erstere i.d.R. nach § 41 Abs. 1 Satz 1 VwVfG individuell, letztere dagegen nach § 41 Abs. 3 VwVfG öffentlich bekannt gegeben werden. In Abgrenzung zur Rechtsverordnung, die sich als abstrakt-generelle Regelung auf eine Vielzahl von Fällen bezieht und sich an einen unbestimmten Adressatenkreis richtet,[2] erfordert eine Anordnung nach § 6 Abs. 1 AWG damit das Vorliegen eines Einzelfalls im Hinblick auf den Regelungsgegenstand (ein konkreter Sachverhalt) und/oder in Bezug auf den Adressatenkreis (ein bestimmter oder zumindest bestimmbarer Personenkreis).[3]

6 Bei Anordnungen, die einer oder mehreren natürlichen oder juristischen Personen die Ein-, Aus- oder Durchfuhr bestimmter Waren untersagen, liegen die Merkmale eines Verwaltungsakts unproblematisch vor. In der Praxis wurden Anordnungen nach der Vorgängervorschrift des § 2 Abs. 2 AWG a.F. jedoch regelmäßig dazu genutzt, Rechtsgeschäfte und Handlungen eines größeren, **unbestimmten Adressatenkreises** zu regeln, insbesondere wenn es darum ging, UN-Embargos schnell in nationales Recht umzusetzen.[4] Bei derartigen Anordnungen handelt es sich weder im Hinblick auf ihren Regelungsgegenstand noch in Bezug auf ihren Adressatenkreis um die Regelung eines Einzelfalls, denn die Regelung bezieht sich nicht nur auf eine unübersehbare Vielzahl bestimmter außenwirtschaftlicher Rechtsgeschäfte und Handlungen. Darüber hinaus betrifft sie auch eine im Zeitpunkt des Erlasses unübersehbare Anzahl von Teilnehmern bestimmter Arten des Außenwirtschaftsverkehrs.[5] Damit handelt es sich lediglich der Form nach um Verwaltungsakte, dem Inhalt nach aber um **Rechtsverordnungen**.[6]

---

1) In der Vorgängervorschrift des § 2 Abs. 2 AWG a.F. war das nicht explizit geregelt. Die gesetzgeberische Intention des Verwaltungsakt-Charakters der Anordnungen ergab sich jedoch aus dem Tatbestandsmerkmal „im einzelnen Falle", vgl. BT-Drucks. 12/1134, 8; vgl. z.B. auch Friedrich in Hocke/Friedrich, § 2 AWG Rz. 15 f. (April 2012).
2) Vgl. Wolff/Brink in Bader/Ronellenfitsch, Beck'scher Online-Kommentar, § 35 VwVfG Rz. 160.
3) Vgl. Wolff/Brink in Bader/Ronellenfitsch, Beck'scher Online-Kommentar, § 35 VwVfG Rz. 161 f.
4) Vgl. Friedrich in Hocke/Friedrich, § 2 AWG Rz. 15 f. (April 2012), der als Beispiele für die Praxis in Bezug auf § 2 Abs. 2 AWG a.F. embargobedingte Anordnungen zur Beschränkung des Kapital- und Zahlungsverkehrs gegenüber Serbien und Montenegro von Juni 1992 und April 1993 (BAnz. Nr. 103 v. 4.6.1992, 4493; BAnz. Nr. 79 v. 28.4.1992, 3953 f.) sowie gegenüber Haiti von Oktober 1993 (BAnz. Nr. 205 v. 29.10.1993, 9777 f.) anführt, mit denen eine Genehmigungspflicht alle Verfügungen über Vermögenswerte von juristischen Personen mit Sitz in den genannten Ländern und für alle Zahlungen zu Gunsten von Empfängern in diesen Ländern eingeführt wurde. Diese Art der Nutzung der Ermächtigung des § 2 Abs. 2 AWG a.F. hatte wohl auch die Gesetzesbegründung (BT-Drucks. 12/1134, 7 f.) im Blick, wenn sie darauf hinweist, dass Sanktionen der EG und UN gegen den Irak vor der Gesetzesänderung im Wege des Rechtsverordnung umgesetzt werden mussten, und feststellt, dass der Erlass einer Rechtsverordnung bis zu ihrer Verkündung i.d.R. zwar rasch erfolgen kann, in jedem Falle aber eine zeitliche Verzögerung von mindestens zwei bis drei Wochen bedeutet.
5) So auch Friedrich in Hocke/Friedrich, § 2 AWG Rz. 15 f. (April 2012). Ausführlich vgl. auch Epping, 1998, 460 ff.
6) So auch Hohmann in Hohmann/John, 2002, § 2 AWG Rz. 14; Reuter, 1995, Rz. 609.

Solche sog. **verordnungsvertretenden Verwaltungsakte**, denen trotz ihres verordnungsentsprechenden Inhalts Verwaltungsaktcharakter zukäme, sind dem deutschen Recht unbekannt und damit unzulässig. Die gesetzlich durch § 35 VwVfG und Art. 80 GG vorgegebene Formtypik kennt keine Zwischenformen, sondern nur Verwaltungsakte und Rechtsverordnungen.[1] Die Zulässigkeit einer solchen Zwischenform wurde auch nicht durch die Einführung des § 2 Abs. 2 AWG a.F. begründet, denn nach der Intention des Gesetzgebers soll die „Ermächtigung zum Erlass von Verwaltungsakten [...] selbständig neben der Verordnungsermächtigung steh[en]"[2]. Eine andere rechtliche Bewertung ergibt sich auch nicht aus § 6 Abs. 2 AWG, nach dem die Anordnung sechs Monate nach ihrem Erlass außer Kraft tritt, sofern die Beschränkung nicht durch Rechtsverordnung vorgeschrieben wird.[3] Denn diese Regelung bedeutet keinesfalls, dass der betroffene Verwaltungsakt einen rechtsverordnungsfähigen Inhalt haben müsste. § 6 Abs. 2 AWG regelt nicht die Fortgeltung von Verwaltungsakten nach § 6 Abs. 1 AWG, sondern vielmehr deren Erweiterung vom Einzelfall auf eine Vielzahl von Fällen.[4]

Der Exekutive ist daher für generell-abstrakte Regelungen der Weg über die Einzelfallermächtigung des § 6 Abs. 1 AWG verschlossen. Lediglich der zeitraubende[5] Weg der Verordnungsgebung steht ihr für diese Fälle offen.[6] 7

Zwar hat sich das Problem wegen der umfassenden Außenhandelskompetenz der EU (→ Einführung AWG Rz. 30 f. und → Einführung AWG Rz. 39, Fn. 105) mittlerweile entschärft. Im Rahmen der den Mitgliedstaaten verbliebenen außenwirtschaftsrechtlichen Restkompetenzen sind jedoch durchaus noch Fälle denkbar, die eine sofortige Umsetzung durch Rechtsverordnung erfordern. Insoweit wäre eine entsprechende Erweiterung der Rechtsverordnungskompetenz des BMWi nach § 12 Abs. 1 Satz 2 AWG um die Fälle des § 4 Abs. 1 Nr. 1 bis 4 AWG und die Einfügung einer Vorschrift nach dem Vorbild des § 73 PflSchG oder § 55 WeinG denkbar. Diese sehen anstelle der langwierigen Rechtsverordnungsverkündung im Bundesgesetzblatt die deutliche schnellere Möglichkeit der Veröffentlichung im Bundesanzeiger vor. 8

III. § 6 Abs. 1 widerspricht § 1 Abs. 1 AWG

Aus der nachträglichen Einfügung des § 2 Abs. 2 AWG a.F. – jetzt § 6 Abs. 1 AWG – hat sich zudem ein Anpassungsbedürfnis in Bezug auf § 1 AWG ergeben, das auch im Rahmen der Novelle 2013 nicht erfüllt wurde. Beutel weist zu Recht darauf hin, dass die Regelung im Widerspruch zu § 1 Abs. 1 Satz 2 AWG steht, nach dem der freie Außenwirtschaftsverkehr nur den Einschrän- 9

---

1) Epping, 1998, 462.
2) BT-Drucks. 12/1134, 8. Vgl. auch Epping, 1998, 462.
3) So i.E. aber wohl Friedrich in Hocke/Friedrich, § 2 AWG Rz. 15 f. (April 2012); zweifelnd Reuter, 1995, Rz. 609.
4) Denn wie sich eindeutig aus der Gesetzesbegründung ergibt, kommt eine „Ersetzung" des Verwaltungsakts durch eine Rechtsverordnung nur in den Fällen in Betracht, in denen „über den Einzelfall hinaus Bedarf an einer generellen Regelung durch Rechtsverordnung" besteht, BT-Drucks. 12/1134, 8. Vgl. auch Epping, 1998, 462.
5) Vgl. BT-Drucks. 12/1134, 8, wo festgestellt wird: „Der Erlass einer Rechtsverordnung bis zu ihrer Verkündung kann i.d.R. zwar rasch erfolgen, bedeutet aber in jedem Fall eine Verzögerung von mindestens zwei bis drei Wochen."
6) Epping, 1998, 463.

kungen unterliegt, die das AWG enthält oder die durch Rechtsverordnungen auf Grund des AWG vorgeschrieben werden.[1] § 6 Abs. 1 AWG sieht dagegen eine Einschränkung des freien Außenwirtschaftsverkehrs im Wege des Verwaltungsakts vor. Dieser Widerspruch ist jedoch entgegen Beutel nicht nur scheinbar, denn die Ermächtigung zur Beschränkung durch Gesetz und Verordnung beinhaltet nicht etwa, wie dieser meint, als Minus auch die Beschränkung durch Verwaltungsakt. Das folgt schon daraus, dass durch § 2 Abs. 1 AWG a.F. erst die Möglichkeit geschaffen werden sollte, Beschränkungen für die Zeiträume auszusprechen, in denen die Zeit zum Erlass einer beschränkenden Rechtsverordnung nicht ausreicht.[2]

10 Entgegen der Begründung des Gesetzgebers[3] berührt aber die Regelung des § 6 Abs. 1 AWG trotz ihres Ausnahmecharakters den in § 1 AWG kodifizierten Grundsatz des freien Außenwirtschaftsverkehrs. Das ergibt sich bereits aus dem Wortlaut des § 6 Abs. 1 AWG, nach dem „[i]m Außenwirtschaftsverkehr [...] auch durch Verwaltungsakt Rechtsgeschäfte oder Handlungen beschränkt oder Handlungspflichten angeordnet werden [können]". Auch die Gesetzesbegründung zu § 2 Abs. 2 AWG a.f. spricht von einer „Ermächtigung zu behördlichen gezielten Eingriffen".[4]

11 Aus Gründen der Rechtssicherheit und -klarheit und um die rechtliche Angreifbarkeit von Anordnungen nach § 6 Abs. 1 AWG zu minimieren, sollte § 1 Abs. 1 Satz 2 AWG daher um die Möglichkeit der Beschränkung nach § 6 Abs. 1 AWG ergänzt werden.

C. Automatisches Außerkrafttreten (Abs. 2)

12 Nach § 6 Abs. 2 AWG treten Anordnungen nach § 6 Abs. 1 AWG automatisch sechs Monate nach ihrem Erlass außer Kraft, wenn die Beschränkung oder Handlungspflicht nicht durch Rechtsverordnung vorgeschrieben wird. Dabei ist zu beachten, dass eine „Ersetzung" des Verwaltungsakts durch eine Rechtsverordnung nur in den Fällen in Betracht kommt, in denen „über den Einzelfall hinaus Bedarf an einer generellen Regelung durch Rechtsverordnung" besteht.[5] § 6 Abs. 2 AWG regelt also nicht die Fortgeltung von Verwaltungsakten nach § 6 Abs. 1 AWG als Rechtsverordnung, sondern vielmehr deren Erweiterung vom Einzelfall auf eine Vielzahl von Fällen.

D. Entsprechend geltende Vorschriften (Abs. 3)

13 Nach § 6 Abs. 3 AWG gelten § 4 Abs. 3 und 4 sowie § 5 Abs. 5 AWG entsprechend. Siehe hierzu → § 4 Rz. 29 ff. sowie → § 5 Rz. 10.

---

1) Beutel in Wolffgang/Simonsen/Tietje, Bd. II, § 2 AWG Rz. 11 (November 2011).
2) Vgl. BT-Drucks. 12/1134, 8.
3) BT-Drucks. 12/1134, 8.
4) BT-Drucks. 12/1134, 7.
5) BT-Drucks. 12/1134, 8. Vgl. auch Epping, 1998, 462.

§ 7
Einzeleingriff im Seeverkehr außerhalb des deutschen Küstenmeeres

(1) Um eine im Einzelfall bestehende Gefahr für die in § 4 Absatz 1 genannten Rechtsgüter abzuwenden, welche seewärts der Grenze des deutschen Küstenmeeres durch die Beförderung von Gütern an Bord eines die Bundesflagge führenden Seeschiffes verursacht wird, können nach § 6 Absatz 1 insbesondere notwendige Maßnahmen zur Lenkung, Beschleunigung und Beschränkung der Beförderung der Güter sowie des Umschlags und der Entladung der Güter angeordnet werden.

(2) Die Maßnahmen nach Absatz 1 können gegen den Eigentümer, den Ausrüster, den Charterer, den Schiffsführer oder den sonstigen Inhaber der tatsächlichen Gewalt gerichtet werden.

(3) Der Eigentümer, Ausrüster, Charterer, Schiffsführer oder der sonstige Inhaber der tatsächlichen Gewalt ist verpflichtet, auf Verlangen unverzüglich Angaben zu machen über

1. Art und Umfang der Ladung,
2. den seit dem letzten Auslaufen zurückgelegten und den beabsichtigten Reiseweg,
3. die voraussichtliche Reisezeit sowie
4. den Bestimmungshafen.

(4) Der Eigentümer eines in der Seeschifffahrt unter ausländischer Flagge betriebenen Schiffs, das in ein deutsches Schiffsregister eingetragen ist, stellt sicher, dass zur Abwehr einer Gefahr für die in § 4 Absatz 1 genannten Rechtsgüter auf Verlangen die erforderlichen Angaben unverzüglich und im gleichen Umfang übermittelt werden, wie dies nach Absatz 3 für Schiffe unter der Bundesflagge vorgesehen ist.

(5) § 4 Absatz 3 und 4, § 5 Absatz 5 und § 6 Absatz 2 gelten entsprechend.

Inhalt

	Rz.
A. Inhalt und Bedeutung	1–4
I. Norminhalt/Historische Entwicklung	1–3
II. Normzusammenhänge/ Verhältnis zu anderen Regelungen	4
B. Eingriffsbefugnis (Abs. 1)	5–12
I. Gefahrbegriff	6
II. Seewärts der Grenze des deutschen Küstenmeers	7
III. Notwendige Maßnahmen nach § 6 Abs. 1 AWG	8–9
IV. Zweckbestimmung	10–12
C. Adressaten (Abs. 2)	13–18
I. Eigentümer	14
II. Ausrüster	15
III. Charterer	16
IV. Schiffsführer	17

	Rz.
V. Sonstige Inhaber der tatsächlichen Gewalt	18
D. Informationspflichten (Abs. 3 und 4)	19–20
E. Anwendbare Vorschriften (Abs. 5)	21

A. Inhalt und Bedeutung

I. Norminhalt/Historische Entwicklung

1 § 7 AWG wurde durch die Reform 2013 neu in das AWG eingefügt. Er präzisiert die Eingriffs- und Beschränkungsmöglichkeiten, die im Zusammenhang mit **der Beförderung von Gütern an Bord von Seeschiffen** unter **deutscher Flagge** bestehen. Er wurde als Ergänzung zu § 6 Abs. 1 AWG eingefügt, welcher generell die Einzeleingriffsbefugnis regelt. Die Norm trägt Erfahrungen aus einer Reihe von Einzeleingriffen gem. § 2 Abs. 2 AWG a.F. Rechnung, die in den vergangenen Jahren zur Verhinderung der **Proliferation** von Massenvernichtungswaffen erlassen wurden.[1] Der Einzeleingriff ist ein wichtiges Instrument für die Bundesregierung, um ihre Aktivitäten im Rahmen der **Profileration Security Initiative (PSI)**[2] gestalten zu können.

2 Die Einzeleingriffsermächtigung nach § 2 Abs. 2 AWG a.F. war mit dem 7. Gesetz zur Änderung des AWG vom 28.2.1992 eingeführt worden. Vor Einführung der Einzeleingriffsermächtigung musste bei entsprechender Gefahrenlage vom Verordnungsgeber die AWV oder die Ausfuhrliste geändert werden.

3 Maßgebend für das Verständnis des § 7 AWG ist das sog. **Flaggenstaatsprinzip**, wonach ein Schiff auf hoher See grundsätzlich nur der Hoheitsgewalt des Flaggenstaats untersteht.[3] Die Flaggenhoheit ist neben der Gebiets- und der Personalhoheit die dritte Form originärer staatlicher Hoheitsgewalt. Aus dem Flaggenstaatsprinzip folgt, dass Maßnahmen nach § 7 Abs. 1 bis 3 AWG n.F. zulässig sind, um Gefahren auf Grund der Beförderung von Gütern an Bord eines die Bundesflagge führenden Seeschiffes abzuwenden.

II. Normzusammenhänge/ Verhältnis zu anderen Regelungen

4 Die Norm ist im Zusammenhang mit **§ 6 Abs. 1 AWG** zu lesen. Nach dieser Vorschrift können im Außenwirtschaftsverkehr auch durch Verwaltungsakt Rechtsgeschäfte oder Handlungen beschränkt oder Handlungspflichten angeordnet werden, um eine im Einzelfall bestehende Gefahr für die in § 4 Abs. 1

---

1) BT-Drucks. 17/11127, 23.
2) PSI wurde am 31.5.2003 von US Präsident George W. Bush in Krakau verkündet. Ziel ist die Unterbindung des Transports von Gütern für die Entwicklung und Herstellung von Massenvernichtungswaffen und Flugkörpern. Die PSI ist keine Organisation und kein völkerrechtlicher Vertrag, sondern ein Informationsnetzwerk aus interessierten Staaten. Derzeit wirken 19 Staaten aktiv an der US-Initiative mit: Australien, Dänemark, Deutschland, Frankreich, Griechenland, Großbritannien, Italien, Japan, Kanada, Neuseeland, die Niederlande, Norwegen, Polen, Portugal, Russland, Singapur, Spanien und die Türkei. Die EU erklärte 2004 ihre Unterstützung für die Initiative.
3) Art. 92 Abs. 1 Seerechtsübereinkommen der Vereinten Nationen (SRÜ).

AWG genannten Rechtsgüter abzuwenden. § 7 Abs. 1 AWG verweist ausdrücklich auf § 6 Abs. 1 AWG. Es handelt sich um eine **lex specialis** („insbesondere"). Im Anwendungsbereich des § 7 AWG ist diese Vorschrift vorrangig und verdrängt die allgemeinen Voraussetzungen des § 6 Abs. 1 AWG. Die Anordnung eines Einzeleingriffs gem. § 6 Abs. 1 AWG ist aber grundsätzlich weiterhin möglich, wenn das Schiff unter deutscher Flagge fährt und andere Maßnahmen als die in § 7 AWG genannten getroffen werden sollen.[1] In diesem Fall ist der Anwendungsbereich von § 7 AWG nicht eröffnet und es bleibt bei der allgemeinen Regel des § 6 AWG.

B. Eingriffsbefugnis (Abs. 1)

§ 7 Abs. 1 AWG n.F. betrifft die Beförderung von Gütern an Bord eines Seeschiffes, das die deutsche Flagge führt und auf dem daher unmittelbar deutsches Recht anzuwenden ist. Die Maßnahmen, die angeordnet werden können, um eine für die Rechtsgüter des § 4 Abs. 1 AWG drohende Gefahr abzuwehren, sind u.a. das Verbot, einen bestimmten Hafen anzulaufen, oder die Anordnung, einen bestimmten Container abweichend von der geplanten Route in einem bestimmten Hafen abzuladen, oder einer Untersuchung eines an Bord befindlichen Containers zu dulden oder zu ermöglichen.[2]

5

I. Gefahrbegriff

Zulässig ist die Beschränkung des Außenwirtschaftsverkehrs mittels Verwaltungsakt nach § 7 Abs. 1 i.V.m. § 6 Abs. 1 AWG, „um eine im Einzelfall bestehende Gefahr für die in § 4 Abs. 1 genannten Rechtsgüter abzuwenden." Wie bereits bei § 6 Abs. 1 AWG erörtert, liegt der Vorschrift der **polizeirechtliche Gefahrenbegriff** zu Grunde (→ § 6 Rz. 4).[3]

6

II. Seewärts der Grenze des deutschen Küstenmeers

Als **Küstenmeer** wird nach dem **Seerechtsübereinkommen der Vereinten Nationen (SRÜ)** ein an die Landfläche eines Küstenstaats angrenzender Meeresstreifen bezeichnet, in dem der Küstenstaat volle Souveränität ausübt. Das Küstenmeer zählt somit zum Staatsgebiet des Küstenstaats (Art. 2, 3 SRÜ). Die seewärtige Grenze des Küstenmeers entspricht auch der Seezollgrenze.

7

Die Breite des Küstenmeers darf jeder Staat bis zu einer Grenze von höchstens zwölf Seemeilen von der Basislinie festlegen.[4] **Seewärts** befindet sich der jen-

---

1) BT-Drucks. 17/11127, 23.
2) BT-Drucks. 17/11127, 23.
3) BT-Drucks. 12/1134, 8: „Als Eingriffsermächtigung ist wie in den Eingriffsermächtigungen der Polizeigesetze der Länder (vgl. § 8 PolG NRW), eine im Einzelnen Falle bestehende Gefahr für die in § 7 Abs. 1 AWG genannten Rechtsgüter erforderlich."; s.a. Friedrich in Hocke/Friedrich, § 2 AWG Rz. 15 f. (April 2012).
4) Das am 29.4.1958 geschlossene Übereinkommen über das Küstenmeer und die Anschlusszone regelte die Materie, ohne sich auf eine Breite festzulegen, begrenzte allerdings die Anschlusszone auf maximal 12 sm von der Basislinie. Eine völkerrechtliche Regelung brachte erst das Seerechtsübereinkommen (SRÜ) der UN vom 10.12.1982; hier wird festgelegt, dass Küstenstaaten das Recht haben, ihre Hoheitsgewässer auf bis zu 12 sm auszudehnen.

seits dieser Grenze liegende Teil des Meers. Mit Proklamation vom 11.11.1994 hat die Bundesrepublik die Breite des Küstenmeers in der Nordsee auf zwölf Seemeilen festgelegt.[1]

III. Notwendige Maßnahmen nach § 6 Abs. 1 AWG

8 Die Gesetzesbegründung zu § 7 AWG sieht beispielhaft **Maßnahmen** vor, die angeordnet werden können, um eine für die Rechtsgüter des § 4 Abs. 1 AWG n.f. drohende Gefahr abzuwehren.

9 Das Tatbestandsmerkmal der **Notwendigkeit** einer Maßnahme hat einschränkenden Charakter und beinhaltet eine Erhöhung der Anforderungen an die vorzunehmende Verhältnismäßigkeitsprüfung

IV. Zweckbestimmung

10 Die abschließende Aufzählung der für den Einzeleingriff nach § 7 Abs. 1 AWG zulässigen Zwecke hat der Gesetzgeber aus der zu § 2 Abs. 2 AWG a.f. ergangenen Praxis entnommen. Die Vorschrift erlaubt notwendige Maßnahmen zur **Lenkung, Beschleunigung, Beschränkung der Beförderung, Umschlag und Entladung** anzuordnen. Diese sind u.a. das Verbot, einen bestimmten Hafen anzulaufen, oder die Anordnung, einen bestimmten Container abweichend von der geplanten Route in einem bestimmten Hafen abzuladen, oder einer Untersuchung eines an Bord befindlichen Containers zu dulden oder zu ermöglichen.[2]

11 Beispielsweise erhielten deutsche Behörden im September 2003 die Information, dass auf das von einer deutschen Reederei betriebene Containerschiff „BBC China" im Hafen von Dubai Container geladen worden seien, die Teile von Gasultrazentrifugen enthalten sollten, die für Libyen bestimmt seien. Als nächsten Hafen würde die BBC China einen libyschen Hafen anlaufen, was verhindert werden sollte.

Die Behörden setzten sich mit der deutschen Reederei in Verbindung, schilderten den Sachverhalt und baten darum, festzustellen, ob sich die besagten Container tatsächlich an Bord befanden. Als dies bestätigt wurde, erließ das BMWi den Einzeleingriff. Zur näheren Untersuchung der Container wurde die Reederei aufgefordert, zu veranlassen, dass das Schiff einen italienischen Hafen anläuft. Reederei und Kapitän leisteten dieser Anordnung Folge. Im Hafen von Taranto wurden die Container am 4.10.2003 ausgeladen und untersucht. Die Container enthielten tausende verschiedener Teile von Gasultrazentrifugen.[3]

12 In einem vergleichbaren Fall lagen der Bundesregierung Anfang Mai 2005 Informationen vor, dass auf dem iranischen Schiff „MS Iran Adalat" aus der Bundesrepublik Deutschland stammende Aluminiumbleche und Rohre in den Iran transportiert werden sollten. Diese sollten im iranischen Trägertechnologieprogramm zur Herstellung von Raketen verwendet werden. Die Ausfuhrab-

---

1) Bekanntmachung der Proklamation der Bundesregierung über die Ausweitung des deutschen Küstenmeeres vom 11.11.1994, BGBl. I 1994, 3428.
2) BT-Drucks. 17/11127, 23.
3) Ricke, Präventive Maßnahmen bei der Ausfuhr von Gütern, S. 186.

fertigung fand im Hamburger Hafen statt. Der Frachter hatte bereits deutsche Gewässer verlassen. Der nächste europäische Hafen war Antwerpen. Durch Einzeleingriff untersagte das BMWi dem Ausführer die Entladung oder Umladung in einem Hafen außerhalb der EU.[1] Das BMWi führte zur Begründung die vertraglichen Verpflichtungen der Bundesrepublik Deutschland aus der Mitgliedschaft in der Proliferation Security Initiative (PSI) an.

C. Adressaten (Abs. 2)

§ 7 Abs. 2 AWG führt die möglichen **Adressaten** auf, an die eine Anordnung einer Maßnahme nach § 7 Abs. 1 AWG gerichtet werden kann.[2]   13

I. Eigentümer

Der Schiffseigentümer wird in der seerechtlichen und wirtschaftlichen Terminologie auch **Reeder** genannt. Es handelt sich um den Eigentümer eines ihm zum Erwerb dienenden Schiffes gem. § 476 HGB. Der Reeder ist auch Ist-Kaufmann gem. § 1 HGB. Der Wortlaut des § 7 Abs. 2 AWG legt nahe, dass sich die Maßnahme primär gegen den Reeder richten soll und erst sekundär gegen die danach genannten Personen.   14

II. Ausrüster

Ausrüster i.S.d. § 477 HGB ist, wer ein ihm nicht gehörendes Schiff zum Erwerb durch Seefahrt betreibt. Der Ausrüster wird im Verhältnis zu Dritten als Reeder angesehen (§ 477 Abs. 2 HGB). Wird der Eigentümer eines Schiffes von einem Dritten als Reeder in Anspruch genommen, so kann er sich dem Dritten gegenüber nur dann darauf berufen, dass nicht er, sondern ein Ausrüster das Schiff zum Erwerb durch Seefahrt betreibt, wenn er dem Dritten unverzüglich nach Geltendmachung des Anspruchs den Namen und die Anschrift des Ausrüsters mitteilt.   15

III. Charterer

Die **Charter** bezeichnet die zeitweilige Überlassung eines Gegenstands gegen die Entrichtung einer Nutzungsgebühr. Die Bedingungen der Überlassung werden in einem *Chartervertrag* geregelt. Insbesondere in der Schifffahrt und in der Luftfahrt wird der Begriff verwendet, wenn Fahrzeuge für eine bestimmte Zeit von anderen als den Eigentümern genutzt werden sollen.   16

Von einem Chartervertrag wird bei unterschiedlichen Gestaltungen gesprochen. Der Begriff stammt aus dem Seerecht.[3] Man unterscheidet etwa Miet- und Frachtcharter; im ersten Fall wird nur ein Transportmittel (einschließlich Besatzung) zur Verfügung gestellt; bei der zweitgenannten Form verpflichtet

---

1) Ricke, Präventive Maßnahmen bei der Ausfuhr von Gütern, S. 187, vgl. auch das daraus folgende Verfahren VG Berlin, VG 25 A 76.05 (die Klage wurde zurückgenommen).
2) BT-Drucks. 17/11127, 23.
3) Bydlinski in Münchener Kommentar zum HGB, 2. Aufl. 2009, § 453 HGB Rz. 65.

sich der Vercharterer zur Erbringung von Transportleistungen.[1] **Charterer** ist derjenige, dem die Nutzung des Gegenstands vertraglich eingeräumt wurde.

IV. Schiffsführer

17 Der Begriff des **Schiffsführers** ist in den Landesschifffahrtsverordnungen und in der Binnenschifffahrtsstraßenverordnung (BinSchStrO, dort in § 1.02) legaldefiniert. Er wird dort als Person definiert, die einen Schwimmkörper führen darf und dazu durch entsprechende Eignung befugt ist. Seine Eignung gilt als vorhanden, wenn er ein Befähigungszeugnis oder eine sonstige Erlaubnis zum Führen von Fahrzeugen für die Fahrzeugart und die zu befahrende Strecke besitzt sowie körperlich und geistig zur Führung des Fahrzeugs geeignet ist. Sind mehrere Personen an Bord eines Fahrzeugs, die die Anforderungen erfüllen, ist der Schiffsführer rechtzeitig zu bestimmen.

V. Sonstige Inhaber der tatsächlichen Gewalt

18 Auch die Rechtsfigur des **Inhabers der tatsächlichen** Gewalt ist den Polizeigesetzen der Länder entlehnt. Die einleitende Formulierung des „sonstigen" Inhabers der tatsächlichen Gewalt legt nahe, dass die Variante gegenüber den unter I.–IV. aufgezeigten subsidiär ist und einen Auffangcharakter hat. Es ist bei der Feststellung der Inhaberschaft der tatsächlichen Gewalt nicht auf die zivilrechtlichen Besitzverhältnisse, sondern allein auf die tatsächliche Einwirkungsmöglichkeit auf die Sache selbst abzustellen.

D. Informationspflichten (Abs. 3 und 4)

19 § 7 Abs. 3 AWG nennt bestimmte Informationen über Ladung und Route des Seeschiffes, welche die Adressaten auf Verlangen den zuständigen Behörden übermitteln müssen. Diese **Informationspflichten** sind erforderlich, damit die zuständigen Behörden entscheiden können, ob – und wenn ja, welche – Maßnahmen i.S.v. § 7 Abs. 1 AWG angeordnet werden müssen.[2] Nach der Vorschrift haben die dort genannten Personen **unverzüglich** Angaben zu machen über **Art und Umfang der Ladung,** den zurückgelegten und beabsichtigten **Reiseweg,** die voraussichtliche **Reisezeit** und den **Bestimmungshafen.** Die Informationspflichten flankieren die in § 7 Abs. 1 AWG enthaltenen Eingriffsbefugnisse und geben diesen erst ihre volle Wirksamkeit und Durchsetzbarkeit.

20 § 7 Abs. 4 AWG erstreckt die Informationspflichten des § 7 Abs. 3 AWG auf die **in Deutschland ansässigen Schiffseigner,** die ein Seeschiff unter **ausländischer Flagge** betreiben. Auf Grund des oben beschriebenen **Flaggenstaatsprinzips** sind unter ausländischer Flagge fahrende Schiffe der deutschen Hoheitsgewalt entzogen. Es besteht aber ein Bedarf, die Informationen nach § 7 Abs. 3 AWG zu erhalten, um damit gegebenenfalls auf diplomatischem Wege an Flaggenstaaten heranzutreten, damit diese die notwendigen Maßnahmen zur Abwehr von außen- und sicherheitspolitischen Gefahren, wie etwa zur Bekämpfung

---

1) Bydlinski in Münchener Kommentar zum HGB, 2. Aufl. 2009, § 453 HGB Rz. 65.
2) BT-Drucks. 17/11127, 23.

der **Proliferation** von Massenvernichtungswaffen einschließlich ihrer Trägersysteme, ergreifen.[1] Dieser Notwendigkeit trägt die Vorschrift Rechnung.

E. Anwendbare Vorschriften (Abs. 5)

Nach § 7 Abs. 5 AWG sind die Voraussetzungen, die für die Anordnung von Einzeleingriffen gem. § 6 AWG gelten, ebenfalls für die Anordnung von Maßnahmen nach § 7 Abs. 1 AWG zu beachten. Die Vorschrift erklärt § 4 Abs. 3 und 4 AWG, § 5 Abs. 5 AWG und § 6 Abs. 2 AWG für entsprechend anwendbar. (→ § 4 Rz. 29 ff., § 5 Rz. 10, § 6 Rz. 12 ff.) **21**

---

1) BT-Drucks. 17/11127, 23.

§ 8
Erteilung von Genehmigungen

(1) Bedürfen Rechtsgeschäfte oder Handlungen nach einer Vorschrift dieses Gesetzes oder einer Rechtsverordnung auf Grund dieses Gesetzes einer Genehmigung, so ist die Genehmigung zu erteilen, wenn zu erwarten ist, dass die Vornahme des Rechtsgeschäfts oder der Handlung den Zweck der Vorschrift nicht oder nur unwesentlich gefährdet. In anderen Fällen kann die Genehmigung erteilt werden, wenn das volkswirtschaftliche Interesse an der Vornahme des Rechtsgeschäfts oder der Handlung die damit verbundene Beeinträchtigung des in der Ermächtigung angegebenen Zwecks überwiegt.

(2) Die Erteilung der Genehmigung kann von sachlichen und persönlichen Voraussetzungen, insbesondere der Zuverlässigkeit des Antragstellers, abhängig gemacht werden. Dasselbe gilt bei der Erteilung von Bescheinigungen des Bundesamtes für Wirtschaft und Ausfuhrkontrolle (BAFA), dass eine Ausfuhr keiner Genehmigung bedarf.

(3) Ist im Hinblick auf den Zweck, dem die Vorschrift dient, die Erteilung von Genehmigungen nur in beschränktem Umfang möglich, so sind die Genehmigungen in der Weise zu erteilen, dass die gegebenen Möglichkeiten volkswirtschaftlich zweckmäßig ausgenutzt werden können.

(4) Unionsansässige, die durch eine Beschränkung nach Absatz 3 in der Ausübung ihres Gewerbes besonders betroffen werden, können bevorzugt berücksichtigt werden.

(5) Der Antragsteller hat bei der Beantragung einer Genehmigung nach Absatz 1 Satz 1 oder einer Bescheinigung nach Absatz 2 Satz 2 vollständige und richtige Angaben zu machen oder zu benutzen.

AWV

§ 1
Beantragung von Genehmigungen

(1) Anträge auf Erteilung einer Genehmigung können, wenn im Folgenden nichts anderes bestimmt ist, von jedem gestellt werden, der das genehmigungsbedürftige Rechtsgeschäft oder die genehmigungsbedürftige Handlung vornimmt. Antragsberechtigt ist auch, wer einen Anspruch aus dem Rechtsgeschäft herleitet oder einen Anspruch auf Vornahme der Handlung geltend macht.

(2) Genehmigungen in der Form der Allgemeinverfügung (§ 35 Satz 2 des Verwaltungsverfahrensgesetzes) werden von Amts wegen erteilt.

§ 8
Genehmigungserfordernisse für die Ausfuhr von Gütern des Teils I der Ausfuhrliste

(1) Die Ausfuhr der folgenden Güter bedarf der Genehmigung:
1. *der in Teil I Abschnitt A der Ausfuhrliste genannten Güter und*
2. *der in Teil I Abschnitt B der Ausfuhrliste genannten Güter.*

(AWV) (2) Eine Genehmigung nach Absatz 1 Nummer 1 ist nicht erforderlich für die Ausfuhr der folgenden Güter in die Schweiz, nach Norwegen und Island:

1. Feuerwaffen im Sinne des § 1 Absatz 4 des Waffengesetzes in Verbindung mit Abschnitt 1 Unterabschnitt 1 Nummer 2 und Abschnitt 3 der Anlage 1 zum Waffengesetz, soweit das Waffengesetz und die auf Grund des Waffengesetzes erlassenen waffenrechtlichen Verordnungen für diese gelten, einschließlich unwesentlicher Teile und Zubehör,

2. Munition im Sinne des § 1 Absatz 4 des Waffengesetzes in Verbindung mit Abschnitt 1 Unterabschnitt 3 Nummer 1 und 2 der Anlage 1 zum Waffengesetz, soweit sie für Feuerwaffen im Sinne von Nummer 1 bestimmt ist, einschließlich Munitionsteile, und

3. Wiederladegeräte, soweit sie für die Munition im Sinne der Nummer 2 bestimmt sind.

(3) Eine Genehmigung nach Absatz 1 Nummer 2 ist nicht erforderlich, wenn nach dem der Ausfuhr zugrunde liegenden Vertrag derartige Güter im Wert von nicht mehr als 5 000 Euro geliefert werden sollen. Die Ausfuhr von Software und Technologie ist abweichend von Satz 1 stets genehmigungspflichtig.

§ 9
Genehmigungserfordernisse für die Ausfuhr von Gütern mit einem bestimmten Verwendungszweck

(1) Die Ausfuhr von Gütern, die nicht in der Ausfuhrliste oder in Anhang I der Verordnung (EG) Nr. 428/2009 des Rates vom 5. Mai 2009 über eine Gemeinschaftsregelung für die Kontrolle der Ausfuhr, der Verbringung, der Vermittlung und der Durchfuhr von Gütern mit doppeltem Verwendungszweck (ABl. L 134 vom 29.5.2009, S. 1), die zuletzt durch die Verordnung (EU) Nr. 388/2012 (ABl. L 129 vom 16.5.2012, S. 12) geändert worden ist, genannt sind, bedarf der Genehmigung, wenn der Ausführer vom Bundesamt für Wirtschaft und Ausfuhrkontrolle (BAFA) darüber unterrichtet worden ist, dass

1. diese Güter ganz oder teilweise für die Errichtung oder den Betrieb einer Anlage für kerntechnische Zwecke im Sinne der Kategorie 0 des Anhangs I der Verordnung (EG) Nr. 428/2009 oder zum Einbau in eine solche Anlage bestimmt sind oder bestimmt sein können und

2. das Bestimmungsland Algerien, Irak, Iran, Israel, Jordanien, Libyen, die Demokratische Volksrepublik Korea, Pakistan oder Syrien ist.

Soweit in Satz 1 und im Folgenden auf einen Anhang der VO (EG) Nr. 428/2009 Bezug genommen wird, ist die jeweils geltende Fassung dieses Anhangs maßgebend.

(2) Ist dem Ausführer bekannt, dass Güter, die er ausführen möchte und die nicht in der Ausfuhrliste oder in Anhang I der Verordnung (EG) Nr. 428/2009 genannt sind, für einen in Absatz 1 genannten Zweck bestimmt sind und es sich um ein in Absatz 1 genanntes Bestimmungsland handelt, so hat er das Bundesamt für Wirtschaft und Ausfuhrkontrolle (BAFA) darüber zu unterrichten. Dieses entscheidet, ob die Ausfuhr genehmigungspflichtig ist. Die Güter dürfen erst ausgeführt werden, wenn das Bundesamt für Wirtschaft und Ausfuhrkontrolle (BAFA) die Ausfuhr genehmigt hat oder entschieden hat, dass es keiner Genehmigung bedarf.

(3) Die Absätze 1 und 2 gelten nicht

1. im Regelungsbereich des Artikels 4 der Verordnung (EG) Nr. 428/2009,
2. in Fällen, in denen nach dem der Ausfuhr zugrunde liegenden Vertrag derartige Güter im Wert von nicht mehr als 5 000 Euro geliefert werden sollen; die Ausfuhr von Software und Technologie ist unabhängig von ihrem Wert stets genehmigungspflichtig.

§ 10
Genehmigungserfordernisse für die Ausfuhr von Gütern
des Teils II der Ausfuhrliste

(1) Die Ausfuhr der in Teil II Spalte 3 der Ausfuhrliste mit „G" gekennzeichneten Waren bedarf der Genehmigung. Dies gilt nicht, wenn die Waren den im Amtsblatt der Europäischen Union veröffentlichten Vermarktungsnormen oder Mindestanforderungen entsprechen, die in der Verordnung (EG) Nr. 1234/2007 des Rates vom 22. Oktober 2007 über eine gemeinsame Organisation der Agrarmärkte und mit Sondervorschriften für bestimmte landwirtschaftliche Erzeugnisse (Verordnung über die einheitliche GMO; ABl. L 299 vom 16.11.2007, S. 1), die zuletzt durch die Verordnung (EU) Nr. 52/2013 (ABl. L 20 vom 23.1.2013, S. 44) geändert worden ist, in der jeweils geltenden Fassung festgelegt worden sind. Satz 2 ist nicht anzuwenden, soweit in der Verordnung (EG) Nr. 1234/2007 Ausnahmen hinsichtlich der Beachtung der Vermarktungsnormen oder Mindestanforderungen vorgesehen sind.

(2) Die Ausfuhr der in Teil II Spalte 3 der Ausfuhrliste mit „G 1" gekennzeichneten Waren bedarf der Genehmigung. Dies gilt nicht, wenn die Preise der Waren die auf Grund der Verordnung (EG) Nr. 1234/2007 durch Verordnungen der Kommission festgesetzten Mindestpreise nicht unterschreiten oder wenn keine Mindestpreise festgesetzt sind.

§ 11
Genehmigungserfordernisse für die Verbringung von Gütern

(1) Die Verbringung der in Teil I Abschnitt A der Ausfuhrliste genannten Güter bedarf der Genehmigung. Dies gilt nicht für

1. Feuerwaffen im Sinne des § 1 Absatz 4 des Waffengesetzes in Verbindung mit Abschnitt 1 Unterabschnitt 1 Nummer 2 und Abschnitt 3 der Anlage 1 zum Waffengesetz, soweit das Waffengesetz und die auf Grund des Waffengesetzes erlassenen waffenrechtlichen Verordnungen für diese gelten, einschließlich unwesentlicher Teile und Zubehör,
2. Munition im Sinne des § 1 Absatz 4 des Waffengesetzes in Verbindung mit Abschnitt 1 Unterabschnitt 3 Nummer 1 und 2 der Anlage 1 zum Waffengesetz, soweit sie für Feuerwaffen im Sinne von Nummer 1 bestimmt ist, einschließlich Munitionsteile, und
3. Wiederladegeräte, soweit sie für Munition im Sinne der Nummer 2 bestimmt sind.

(2) Die Verbringung der in Teil I Abschnitt B der Ausfuhrliste genannten Güter bedarf der Genehmigung, wenn dem Verbringer bekannt ist, dass das endgültige Bestimmungsziel der Güter außerhalb der Europäischen Union liegt.

(AWV) *(3) Die Verbringung von Gütern, die nicht in der Ausfuhrliste oder in Anhang I der Verordnung (EG) Nr. 428/2009 genannt sind, bedarf der Genehmigung, wenn das endgültige Bestimmungsziel der Güter außerhalb der Europäischen Union liegt und der Verbringer vom Bundesamt für Wirtschaft und Ausfuhrkontrolle (BAFA) darüber unterrichtet worden ist, dass diese Güter ganz oder teilweise für die Errichtung oder den Betrieb einer Anlage für kerntechnische Zwecke im Sinne der Kategorie 0 des Anhangs I der Verordnung (EG) Nr. 428/ 2009 oder zum Einbau in eine solche Anlage bestimmt sind oder bestimmt sein können und es sich um ein in § 9 Absatz 1 Satz 1 Nummer 2 genanntes Bestimmungsland handelt.*

(4) Ist dem Verbringer bekannt, dass Güter im Sinne des Absatzes 3, die er verbringen möchte und deren endgültiges Bestimmungsziel außerhalb der Europäischen Union liegt, für einen in Absatz 3 genannten Zweck bestimmt sind und es sich um ein in § 9 Absatz 1 Satz 1 Nummer 2 genanntes Bestimmungsland handelt, so hat er das Bundesamt für Wirtschaft und Ausfuhrkontrolle (BAFA) darüber zu unterrichten. Dieses entscheidet, ob die Verbringung genehmigungspflichtig ist. Die Güter dürfen erst verbracht werden, wenn das Bundesamt für Wirtschaft und Ausfuhrkontrolle (BAFA) die Verbringung genehmigt hat oder entschieden hat, dass es keiner Genehmigung bedarf.

(5) Die Absätze 2 bis 4 gelten nicht, wenn

1. *die Ausfuhr der Güter gemäß § 8 oder § 9 einer Genehmigung bedarf und für eine derartige Ausfuhr eine Allgemeingenehmigung vorliegt,*

2. *die Güter in dem Mitgliedstaat, in den sie verbracht werden sollen, einer Verarbeitung oder Bearbeitung im Sinne des Artikels 24 der Verordnung (EWG) Nr. 2913/92 des Rates vom 12. Oktober 1992 zur Festlegung des Zollkodex der Gemeinschaften (ABl. L 302 vom 19.10.1992, S. 1, L 79 vom 1.4.1993, S. 84, L 97 vom 18.4.1996, S. 38), die zuletzt durch die Verordnung (EG) Nr. 1186/2009 (ABl. L 324 vom 10.12.2009, S. 23) geändert worden ist, unterzogen werden sollen oder*

3. *Güter im Wert von nicht mehr als 5 000 Euro geliefert werden sollen; die Ausfuhr von Software und Technologie ist unabhängig von ihrem Wert stets genehmigungspflichtig.*

§ 46
Genehmigungserfordernisse für Handels- und Vermittlungsgeschäfte über Güter des Teils I Abschnitt A der Ausfuhrliste

(1) Handels- und Vermittlungsgeschäfte über Güter des Teils I Abschnitt A der Ausfuhrliste bedürfen der Genehmigung, wenn

1. *die Güter sich*

   a) *in einem Drittland befinden oder*

   b) *im Inland befinden und noch nicht einfuhrrechtlich abgefertigt sind und*

2. *die Güter in ein anderes Drittland geliefert werden sollen.*

(2) Eine Genehmigung nach Absatz 1 ist nicht erforderlich, wenn das Handels- und Vermittlungsgeschäft nach § 4a des Gesetzes über die Kontrolle von Kriegswaffen genehmigungspflichtig ist.

§ 47 (AWV)
Genehmigungserfordernisse für Handels- und Vermittlungsgeschäfte in einem Drittland

(1) § 46 gilt auch für Handels- und Vermittlungsgeschäfte, die in einem Drittland durch Deutsche mit Wohnsitz oder gewöhnlichem Aufenthalt im Inland vorgenommen werden, wenn sich das Handels- und Vermittlungsgeschäft auf folgende Kriegswaffen bezieht:

1. Kriegswaffen nach Teil B I. Nummer 7 bis 11, V. Nummer 29, 30 oder 32, VI. Nummer 37 oder 38, VIII. Nummer 50 oder 51 der Anlage zu § 1 Absatz 1 des Gesetzes über die Kontrolle von Kriegswaffen (Kriegswaffenliste),
2. Rohre oder Verschlüsse für Kriegswaffen nach Teil B V. Nummer 29 oder 32 der Kriegswaffenliste,
3. Munition oder Geschosse oder Treibladungen für Munition für Kriegswaffen nach Teil B V. Nummer 32 oder VI. Nummer 37 der Kriegswaffenliste,
4. Mörser mit einem Kaliber von unter 100 Millimetern oder
5. Rohre, Verschlüsse, Munition oder Geschosse oder Treibladungen für Munition für Mörser mit einem Kaliber unter 100 Millimetern.

(2) Handels- und Vermittlungsgeschäfte über die in Anhang I der Verordnung (EG) Nr. 428/2009 erfassten Güter bedürfen der Genehmigung, wenn

1. sich die Güter
   a) in einem Drittland befinden oder
   b) im Inland befinden und noch nicht einfuhrrechtlich abgefertigt sind,
2. die Güter in ein anderes Drittland geliefert werden sollen und
3. der Deutsche, der das Handels- und Vermittlungsgeschäft in einem Drittland vornehmen will, vom Bundesamt für Wirtschaft und Ausfuhrkontrolle (BAFA) darüber unterrichtet worden ist, dass diese Güter ganz oder teilweise für einen der Verwendungszwecke des Artikels 4 Absatz 1 der Verordnung (EG) Nr. 428/2009 bestimmt sind oder sein können.

(3) Ist einem Deutschen mit Wohnsitz oder gewöhnlichem Aufenthalt im Inland, der ein Handels- und Vermittlungsgeschäft in einem Drittland vornehmen will, bekannt, dass die in Anhang I der Verordnung (EG) Nr. 428/2009 erfassten Güter, die sich in einem Drittland oder im Inland befinden und noch nicht einfuhrrechtlich abgefertigt sind und die von dort in ein anderes Drittland geliefert werden sollen, ganz oder teilweise für einen der Verwendungszwecke des Artikels 4 Absatz 1 der Verordnung (EG) Nr. 428/2009 bestimmt sind, so hat er das Bundesamt für Wirtschaft und Ausfuhrkontrolle (BAFA) zu unterrichten. Dieses entscheidet, ob das Handels- und Vermittlungsgeschäft genehmigungspflichtig ist. Das Handels- und Vermittlungsgeschäft darf erst vorgenommen werden, wenn das Bundesamt für Wirtschaft und Ausfuhrkontrolle (BAFA) das Handels- und Vermittlungsgeschäft genehmigt hat oder entschieden hat, dass es keiner Genehmigung bedarf.

§ 48
Einfuhrdokumente für Handels- und Vermittlungsgeschäfte

Wer für Handels- und Vermittlungsgeschäfte eine Internationale Einfuhrbescheinigung oder eine Wareneingangsbescheinigung benötigt, hat diese beim Bundesamt für Wirtschaft und Ausfuhrkontrolle (BAFA) zu beantragen. § 30 gilt

(AWV) entsprechend mit der Maßgabe, dass die Einfuhr in das im Antrag bezeichnete Bestimmungsland nachzuweisen ist.

§ 49
Genehmigungserfordernisse für technische Unterstützung im Zusammenhang mit chemischen oder biologischen Waffen oder Kernwaffen

(1) Technische Unterstützung in Drittländern durch einen Deutschen oder einen Inländer im Sinne des § 2 Absatz 15 Nummer 2 bis 4 des Außenwirtschaftsgesetzes bedarf der Genehmigung, wenn der Deutsche oder der Inländer vom Bundesamt für Wirtschaft und Ausfuhrkontrolle (BAFA) darüber unterrichtet worden ist, dass die technische Unterstützung bestimmt ist zur Verwendung im Zusammenhang mit

1. der Entwicklung, der Herstellung, der Handhabung, dem Betrieb, der Wartung, der Lagerung, der Ortung, der Identifizierung oder der Verbreitung von

    a) chemischen oder biologischen Waffen oder

    b) Kernwaffen oder sonstigen Kernsprengkörpern oder

2. der Entwicklung, der Herstellung, der Wartung oder der Lagerung von Flugkörpern, die für die Ausbringung derartiger Waffen geeignet sind.

(2) Ist einem Deutschen oder einem Inländer im Sinne des § 2 Absatz 15 Nummer 2 bis 4 des Außenwirtschaftsgesetzes bekannt, dass technische Unterstützung, die er in Drittländern erbringen will, für einen in Absatz 1 genannten Zweck bestimmt ist, so hat er das Bundesamt für Wirtschaft und Ausfuhrkontrolle (BAFA) zu unterrichten. Dieses entscheidet, ob die technische Unterstützung genehmigungspflichtig ist. Die technische Unterstützung darf erst erbracht werden, wenn das Bundesamt für Wirtschaft und Ausfuhrkontrolle (BAFA) die technische Unterstützung genehmigt hat oder entschieden hat, dass sie keiner Genehmigung bedarf.

(3) Die Absätze 1 und 2 gelten nicht, wenn die technische Unterstützung

1. in einem Land erbracht wird, das in Anhang IIa Teil 2 der Verordnung (EG) Nr. 428/2009 aufgeführt ist,

2. durch die Weitergabe von Informationen erfolgt, die im Sinne der Allgemeinen Technologie-Anmerkung zu Teil I der Ausfuhrliste oder zu Anhang I der Verordnung (EG) Nr. 428/2009 allgemein zugänglich oder Teil der Grundlagenforschung sind, oder

3. mündlich erfolgt und keine Technologie betrifft, die in Teil I Abschnitt A Nummer 0022 oder Teil I Abschnitt B Nummern der Gattung E der Ausfuhrliste oder Nummern der Gattung E des Anhangs I der Verordnung (EG) Nr. 428/2009 genannt ist.

§ 50
Genehmigungserfordernisse für technische Unterstützung im Zusammenhang mit einer militärischen Endverwendung

(1) Technische Unterstützung in Drittländern durch einen Deutschen oder einen Inländer im Sinne des § 2 Absatz 15 Nummer 2 bis 4 des Außenwirtschaftsgesetzes, die nicht von § 49 Absatz 1 erfasst ist, bedarf der Genehmigung, wenn der Deutsche oder der Inländer im Sinne des § 2 Absatz 15 Nummer 2 bis 4 des Außenwirtschaftsgesetzes vom Bundesamt für Wirtschaft und Ausfuhrkontrolle

(BAFA) darüber unterrichtet worden ist, dass die technische Unterstützung im Zusammenhang mit einer militärischen Endverwendung steht und in einem Land im Sinne des Artikels 4 Absatz 2 der Verordnung (EG) Nr. 428/2009 erbracht wird.

(AWV)

(2) Ist einem Deutschen oder einem Inländer im Sinne des § 2 Absatz 15 Nummer 2 bis 4 des Außenwirtschaftsgesetzes bekannt, dass technische Unterstützung, die er in einem Drittland erbringen will, für einen in Absatz 1 genannten Zweck bestimmt ist, so hat er das Bundesamt für Wirtschaft und Ausfuhrkontrolle (BAFA) zu unterrichten. Dieses entscheidet, ob die technische Unterstützung genehmigungspflichtig ist. Die technische Unterstützung darf erst erbracht werden, wenn das Bundesamt für Wirtschaft und Ausfuhrkontrolle (BAFA) die technische Unterstützung genehmigt hat oder entschieden hat, dass sie keiner Genehmigung bedarf.

(3) Die Absätze 1 und 2 gelten nicht, wenn die technische Unterstützung

1. durch die Weitergabe von Informationen erfolgt, die im Sinne der Allgemeinen Technologie-Anmerkung zu Teil I der Ausfuhrliste oder zu Anhang I der Verordnung (EG) Nr. 428/2009 allgemein zugänglich oder Teil der Grundlagenforschung sind, oder

2. mündlich erfolgt und keine Technologie betrifft, die in Teil I Abschnitt A Nummer 0022 oder Teil I Abschnitt B Nummern der Gattung E der Ausfuhrliste oder Nummern der Gattung E des Anhangs I der Verordnung (EG) Nr. 428/2009 genannt ist.

§ 51
Genehmigungserfordernisse für technische Unterstützung im Inland

(1) Technische Unterstützung im Inland durch einen Inländer bedarf der Genehmigung, wenn der Inländer vom Bundesamt für Wirtschaft und Ausfuhrkontrolle (BAFA) darüber unterrichtet worden ist, dass die technische Unterstützung

1. bestimmt ist zur Verwendung

  a) im Zusammenhang mit der Entwicklung, der Herstellung, der Handhabung, dem Betrieb, der Wartung, der Lagerung, der Ortung, der Identifizierung oder der Verbreitung von

   aa) chemischen oder biologischen Waffen,

   bb) Kernwaffen oder sonstigen Kernsprengkörpern oder

  b) im Zusammenhang mit der Entwicklung, der Herstellung, der Wartung oder der Lagerung von Flugkörpern, die für die Ausbringung derartiger Waffen geeignet sind, und

2. gegenüber Ausländern erbracht wird, die nicht in einem Land ansässig sind, das in Anhang IIa Teil 2 der Verordnung (EG) Nr. 428/2009 genannt ist oder Mitglied der Europäischen Union ist.

(2) Technische Unterstützung im Inland durch einen Inländer bedarf der Genehmigung, wenn der Inländer vom Bundesamt für Wirtschaft und Ausfuhrkontrolle (BAFA) darüber unterrichtet worden ist, dass die technische Unterstützung im Zusammenhang mit einer militärischen Endverwendung steht, die nicht von Absatz 1 erfasst ist, und gegenüber Ausländern erbracht wird, die in

(AWV) einem Land im Sinne des Artikels 4 Absatz 2 der Verordnung (EG) Nr. 428/ 2009 ansässig sind.

(3) Ist einem Inländer bekannt, dass technische Unterstützung, die er im Inland erbringen möchte, für eine in Absatz 1 oder 2 genannte Verwendung bestimmt ist, so hat er das Bundesamt für Wirtschaft und Ausfuhrkontrolle (BAFA) zu unterrichten. Dieses entscheidet, ob die technische Unterstützung genehmigungspflichtig ist. Die technische Unterstützung darf erst erbracht werden, wenn das Bundesamt für Wirtschaft und Ausfuhrkontrolle (BAFA) die technische Unterstützung genehmigt hat oder entschieden hat, dass es keiner Genehmigung bedarf.

(4) Die Absätze 1 bis 3 gelten nicht, wenn die technische Unterstützung

1. *durch die Weitergabe von Informationen erfolgt, die im Sinne der Allgemeinen Technologie-Anmerkung zu Teil I der Ausfuhrliste oder zu Anhang I der Verordnung (EG) Nr. 428/2009 allgemein zugänglich oder Teil der Grundlagenforschung sind, oder*

2. *keine Technologie betrifft, die in Teil I Abschnitt A Nummer 0022 der Ausfuhrliste, Nummern der Gattung E des Anhangs I der Verordnung (EG)Nr. 428/2009 oder Teil I Abschnitt B Nummern der Gattung E der Ausfuhrliste genannt ist.*

(5) Als Ausländer im Sinne der Absätze 1 und 2 sind auch solche natürlichen Personen anzusehen, deren Wohnsitz oder gewöhnlicher Aufenthalt im Inland auf höchstens fünf Jahre befristet ist.

§ 52
Genehmigungserfordernisse für technische Unterstützung im Zusammenhang mit der Errichtung oder dem Betrieb kerntechnischer Anlagen

(1) Technische Unterstützung durch einen Deutschen oder einen Inländer bedarf der Genehmigung, wenn der Deutsche oder der Inländer vom Bundesamt für Wirtschaft und Ausfuhrkontrolle (BAFA) darüber unterrichtet worden ist, dass die technische Unterstützung im Zusammenhang mit der Errichtung oder dem Betrieb von Anlagen für kerntechnische Zwecke im Sinne der Kategorie 0 des Anhangs I der Verordnung (EG) Nr. 428/2009 in den in § 9 Absatz 1 Satz 1 Nummer 2 genannten Ländern steht.

(2) Ist einem Deutschen oder einem Inländer bekannt, dass die technische Unterstützung, die er erbringen will, für einen in Absatz 1 genannten Zweck bestimmt ist, so hat er das Bundesamt für Wirtschaft und Ausfuhrkontrolle (BAFA) zu unterrichten. Dieses entscheidet, ob die technische Unterstützung genehmigungspflichtig ist. Die technische Unterstützung darf erst erbracht werden, wenn das Bundesamt für Wirtschaft und Ausfuhrkontrolle (BAFA) die technische Unterstützung genehmigt hat oder entschieden hat, dass sie keiner Genehmigung bedarf.

(3) Die Absätze 1 und 2 gelten nicht, wenn die technische Unterstützung

1. *durch die Weitergabe von Informationen erfolgt, die im Sinne der Nukleartechnologie-Anmerkung zu Anhang I der Verordnung (EG) Nr. 428/2009 allgemein zugänglich oder Teil der Grundlagenforschung sind, oder*

2. *keine Technologie betrifft, die in Nummern der Gattung E in der Kategorie 0 des Anhangs I der Verordnung (EG) Nr. 428/2009 genannt ist.*

(4) Das Verfahren nach dieser Vorschrift kann über eine einheitliche Stelle nach den Vorschriften des Verwaltungsverfahrensgesetzes abgewickelt werden. (AWV)

§ 53
Befreiungen von der Genehmigungspflicht

Die §§ 49 bis 52 gelten nicht in den Fällen der

1. *technischen Unterstützung durch Behörden und Dienststellen der Bundesrepublik Deutschland im Rahmen ihrer dienstlichen Aufgaben,*
2. *technischen Unterstützung, die für die Bundeswehr auf Grund der von ihr erteilten Aufträge erbracht wird,*
3. *technischen Unterstützung, die zu einem Zweck erbracht wird, der in den Ausnahmen für Güter der vom Raketentechnologie-Kontrollregime erfassten Technologie (MTCR-Technologie) in Anhang IV der Verordnung (EG) Nr. 428/2009 genannt ist,*
4. *technischen Unterstützung, die das unbedingt notwendige Minimum für Aufbau, Betrieb, Wartung und Reparatur derjenigen Güter darstellt, für die eine Ausfuhrgenehmigung erteilt wurde.*

Inhalt

	Rz.
A. Inhalt und Bedeutung	1–4
I. Historische Entwicklung	2
II. Norminhalt	3
III. Normzusammenhänge	4
B. „Ob" der Genehmigungserteilung (Abs. 1)	5–16
I. „Gebundene Erlaubnis" (Abs. 1 Satz 1)	6–12
1. Beschränkungszwecke	8
2. Gefahrenbegriff	9
3. Amtsermittlungsgrundsatz und Beweislast bei non liquet	10–12
II. „Freie Erlaubnis" (Abs. 1 Satz 2)	13–16
1. Volkswirtschaftliches Interesse	14–15
2. Ermessensausübung	16
C. „Wie" der Genehmigungserteilung	17–57
I. Sachliche und persönliche Voraussetzungen (Abs. 2 Satz 1)	19–45
1. Zuverlässigkeit	23–26
2. Grundsätze der Bundesregierung im Bereich der Rüstungsgüter und Ausfuhrverantwortlicher	27–30
3. Bestellung des Ausfuhrverantwortlichen	31–38
a) Person des Ausfuhrverantwortlichen	32–34
b) Anzahl des Ausfuhrverantwortlichen	35–36
c) Bestellung und Benennung des Ausfuhrverantwortlichen	37–38
4. Aufgaben des Ausfuhrverantwortlichen	39–45
a) Organisationspflicht	40–41
b) Personalauswahl und -weiterbildungspflicht	42–43
c) Überwachungspflicht	44
d) Mitwirkung an Ausfuhrgenehmigungsanträgen	45

	Rz.
II. Sachliche und persönliche Voraussetzungen bei BAFA-Bescheinigungen (Abs. 2 Satz 2)	46–52
III. Genehmigungserteilung bei Kontingentierung (Abs. 3 und 4)	53–57
D. Pflicht zu richtigen und vollständigen Angaben (Abs. 5)	58–60

A. Inhalt und Bedeutung

1 § 8 AWG ist eine Zentralvorschrift des deutschen Außenwirtschaftsrechts. Als allgemeine Vorschrift erfasst und steuert sie den gesamten, deutschem Recht unterliegenden Außenwirtschaftsverkehr: Nach ihr richtet sich die Genehmigungserteilung für alle im AWG vorgesehenen und auf Grund des AWG erlassenen Genehmigungsvorbehalte.[1]

I. Historische Entwicklung

2 § 3 Abs. 1 AWG a.F., der inhaltlich dem § 8 Abs. 1 AWG entspricht, war bereits im Regierungsentwurf vom 15.10.1959 enthalten und ist bis heute unverändert geblieben.[2] Die erste Fassung des § 3 Abs. 2 AWG a.F., die den heutigen § 8 Abs. 3 und 4 sowie im Wesentlichen § 8 Abs. 2 Satz 1 AWG umfasste, stammt aus § 12 Abs. 2 des ersten Regierungsentwurfs und wurde erst auf Vorschlag des Bundesrats vom Außenhandelsausschuss als allgemeiner Grundsatz in § 3 Abs. 2 AWG a.F. verankert.[3] Im Jahre 1992 wurde im heutigen § 8 Abs. 2 Satz 1 AWG klargestellt, dass zu den persönlichen Voraussetzungen der Genehmigungserteilung insbesondere die Zuverlässigkeit des Antragstellers gehört.[4] 1994 wurde der in der ursprünglichen Fassung des heutigen § 8 Abs. 4 AWG verwendete Begriff „Gebietsansässige" aus europarechtlichen Gründen zunächst durch den Begriff „Gemeinschaftsansässige", später durch den Begriff „Unionsansässige" ersetzt.[5] Der heutige § 8 Abs. 2 Satz 2 AWG wurde 1996 aufgenommen.[6] § 8 Abs. 5 AWG wurde erst durch die Novelle 2013 eingeführt.[7]

II. Norminhalt

3 § 8 AWG ist darauf ausgerichtet, die am Außenwirtschaftsverkehr beteiligten Kreise in ihrer Betätigungsfreiheit so wenig wie möglich zu beeinträchtigen.[8] Er enthält Maßstäbe für die Erteilung von Genehmigungen und legt allgemein

---

1) Friedrich in Hocke/Friedrich, § 3 AWG Rz. 1 (April 2012); Ehrlich in Wolffgang/Simonsen/Tietje, Bd. II, § 3 AWG Rz. 5 und 1 (November 2011).
2) Hohmann in Hohmann/John, 2002, § 3 AWG Rz. 1.
3) Vgl. Stellungnahme des Bundesrates zum Regierungsentwurf, BR-Drucks. III/1285, Anlage 2, 266 und 268.
4) Gesetz zur Änderung des Außenwirtschaftsgesetzes, des Strafgesetzbuches und anderer Gesetze v. 28.2.1992, BGBl. I 1992, 372; s. auch BT-Drucks. 12/1134, 8.
5) Gesetz v. 9.8.1994, BGBl. I 1994, 2068; BT-Drucks. 12/1134, 8; Gesetz v. 6.6.2013, BGBl. I 2013, 1482.
6) Gesetz v. 11.12.1996, BGBl. I 1996, 1850; BT-Drucks. 13/4774, 4.
7) Gesetz v. 6.6.2013, BGBl. I 2013, 1482; BT-Drucks. 17/11127, 9.
8) BT-Drucks. III/1285, 234 zu § 3 AWG a.F.

fest, unter welchen Voraussetzungen eine Beschränkung im Einzelfall durch Erteilung einer Genehmigung zu beseitigen ist.[1] Während § 8 Abs. 1 AWG die Frage regelt, wann eine Genehmigung erteilt werden muss (Satz 1) und wann sie erteilt werden kann (Satz 2), also das „Ob" der Genehmigungserteilung betrifft, gehen Abs. 2 bis 4 auf die Genehmigungsmodalitäten ein, treffen also Aussagen über das „Wie" der Genehmigungserteilung.[2] § 8 Abs. 5 AWG kodifiziert die Pflicht des Antragstellers, vollständige und richtige Angaben zu machen oder zu benutzen.

III. Normzusammenhänge

Wegen der Überlagerung des nationalen Außenwirtschaftsrechts durch das EU-Recht hat § 8 AWG an Bedeutung verloren.[3] Das betrifft insbesondere den Ausfuhrbereich, für den mit Art. 9, 12 und 13 der Verordnung (EG) Nr. 428/2009 des Rates vom 5.5.2009 (Dual-Use-VO) für die Ausfuhr von Gütern und Technologien mit doppeltem Verwendungszweck vorrangige Parallelvorschriften zu § 8 AWG bestehen.[4] Auch im Bereich der Ausfuhr von Dual-Use-Gütern bleibt § 8 AWG jedoch insoweit anwendbar, als Deutschland von den Ermächtigungsgrundlagen der Dual-Use-VO zum Erlass einzelstaatlicher Rechtsvorschriften Gebrauch gemacht hat (zu den Ermächtigungsgrundlagen → § 1 Rz. 46). Hinsichtlich § 8 Abs. 3 und 4 AWG ist zudem die VO (EG) Nr. 520/94 (KontingentsVO) nebst DurchführungsVO zu beachten.[5]

4

B. „Ob" der Genehmigungserteilung (Abs. 1)

§ 8 Abs. 1 AWG unterscheidet zwei Fälle: In seinem Satz 1 regelt er, wann eine Genehmigung zu erteilen ist (sog. gebundene Erlaubnis), und in seinem Satz 2, wann eine solche erteilt werden kann (sog. freie Erlaubnis).[6]

5

I. „Gebundene Erlaubnis" (Abs. 1 Satz 1)

Nach § 8 Abs. 1 Satz 1 AWG ist die Genehmigung für genehmigungspflichtige Rechtsgeschäfte und Handlungen zu erteilen, wenn zu erwarten ist, dass die Vornahme des Rechtsgeschäfts oder der Handlung den Zweck, dem der Genehmigungsvorbehalt dient, nicht oder nur unwesentlich gefährdet. Bei Vorliegen der tatbestandlichen Voraussetzungen verpflichtet § 8 Abs. 1 Satz 1 AWG die Behörde somit, die Genehmigung zu erteilen, und vermittelt dem Antrag-

6

---

1) Vgl. BT-Drucks. III/1285, 234 zu § 3 AWG a.F.
2) Friedrich in Hocke/Friedrich, § 3 AWG Rz. 8 (April 2012); Hohmann in Hohmann/John, 2002, Teil 3, § 3 AWG Rz. 2.
3) Friedrich in Hocke/Friedrich, § 3 AWG Rz. 3 und 38 (April 2012); Hohmann in Hohmann/John, 2002, § 3 AWG Rz. 2.
4) Vgl. zur Vorgänger-Dual-Use-VO (Verordnung [EG] Nr. 1334/2000 des Rates v. 22.7.2000) Ehrlich in Wolffgang/Simonsen/Tietje, Bd. II, § 3 AWG Rz. 4 (November 2011); Diemer in Erbs/Kohlhaas, Strafrechtliche Nebengesetze, 194. Ergänzungslieferung 2013, § 3 AWG Rz. 2.
5) Ausführlich hierzu vgl. Kommentierung C3 → KontingentsVO.
6) Vgl. Sieg/Fahning/Kölling, Außenwirtschaftsgesetz, § 3 AWG III 3 und § 3 AWG III 9.

steller **einen Rechtsanspruch** auf Genehmigung.[1] Liegen die tatbestandlichen Voraussetzungen des § 8 Abs. 1 Satz 1 AWG nicht vor, kommt eine Genehmigungserteilung nach § 8 Abs. 1 Satz 2 AWG als behördliche Ermessensentscheidung in Betracht.

7 § 8 Abs. 1 Satz 1 AWG setzt eine **Gefährdungsprognose** voraus, d.h. eine Einschätzung, ob eine zu erteilende Genehmigung voraussichtlich den Zweck des Genehmigungsvorbehalts nicht oder nur unwesentlich gefährden wird.[2] Ob diese Einschätzung sich später als richtig oder falsch erweist, ist unerheblich.[3]

1. Beschränkungszwecke

8 Die Zwecke der Genehmigungsvorbehalte ergeben sich aus dem AWG bzw. genauer aus der jeweiligen Ermächtigungsgrundlage des AWG. Ist ein Vorhaben z.B. nach § 8 AWV (§ 5 AWV a.f.) genehmigungspflichtig, ergibt sich der Beschränkungszweck aus § 4 Abs. 1 AWG, der die Ermächtigungsgrundlage für § 8 AWV bildet. Nicht oder nur unwesentlich gefährdet sein dürfen daher in diesem Falle die Schutzzwecke des § 4 Abs. 1 AWG.

2. Gefahrenbegriff

9 Wann der Zweck einer Vorschrift i.S.d. § 8 Abs. 1 Satz 1 AWG als nicht mehr nur unwesentlich gefährdet anzusehen ist, ist im AWG nicht geregelt. Als Maßstab für das Vorliegen einer solchen Gefahr wird – wie im Rahmen des § 6 Abs. 1 AWG – auf den polizei- und ordnungsrechtlichen Gefahrenbegriff zurückgegriffen werden können (→ § 6 Rz. 4).[4]

3. Amtsermittlungsgrundsatz und Beweislast bei non liquet

10 Bei der Gefährdungsprognose, d.h. der hypothetischen Betrachtung der zukünftigen Entwicklung, hat die Behörde alle ihr im Entscheidungszeitpunkt zugänglichen Erkenntnisquellen zu nutzen und alle bei ihr vorhandenen Erfahrungen zu verwerten.[5] Nach der Untersuchungsmaxime des § 24 Abs. 1 Satz 1 VwVfG hat die Behörde den relevanten Sachverhalt von Amts wegen zu ermitteln.[6] Dabei stehen ihr die Beweismittel des § 26 VwVfG und die Auskunftspflichten aus § 44 VwVfG zur Verfügung. Beteiligte, insbesondere die Antragsteller, sollen nach § 26 Abs. 2 VwVfG bei der Ermittlung des Sachverhalts

---

1) BGH v. 12.12.1974, III ZR 76/70, NJW 1975, 491 ff.; Ehrlich in Wolffgang/Simonsen/Tietje, Bd. II, § 3 AWG Rz. 8 (November 2011); von Bogdandy, VerwArch 83 (1992), 53, 67. – Unstreitige Ansicht; die von manchen Autoren (Hohmann in Hohmann/John, 2002, § 3 AWG Rz. 21; Ehrlich in Wolffgang/Simonsen/Tietje, Bd. II, § 3 AWG Rz. 9 [November 2011]; Ehrlich in Bieneck, 2. Aufl. 2005, § 16 Rz. 17) als a.A. angeführte Darstellung (etwa bei Zeidler in Schulz, 1966, § 3 AWG Rz. 7) ist lediglich auf eine vom heutigen juristischen Sprachgebrauch abweichende Verwendung des Wortes „Ermessen" zurückzuführen und weicht inhaltlich nicht von der allgemeinen Ansicht ab.
2) Friedrich in Hocke/Friedrich, § 3 AWG Rz. 9 (April 2012).
3) Hohmann in Hohmann/John, 2002, § 3 AWG Rz. 9.
4) So etwa VG Frankfurt a.M. v. 25.1.1996, 1 E 1218/93 (3), 8; VG Frankfurt a.M. v. 14.3.1996, 1 E 1772/93 (3), 18; VG Frankfurt a.M. v. 23.5.1996, 1 E 3661/93 (3), 12; VG Frankfurt a.M. v. 10.10.1996, 1 E 251/94 (3), 15 – alle n.v; von Bogdandy, VerwArch 83 (1992), 53, 69; a.A.: Hohmann in Hohmann/John, 2002, § 3 AWG Rz. 10.
5) Sieg/Fahning/Kölling, Außenwirtschaftsgesetz, § 3 AWG III 4.
6) Hohmann in Hohmann/John, 2002, § 3 AWG Rz. 11; Hesshaus in Bader/Ronellenfitsch, Beck'scher Online-Kommentar, § 24 VwVfG Rz. 1.

mitwirken und die ihnen bekannten Tatsachen und Beweismittel angeben.[1] Flankierend besteht nach § 8 Abs. 5 AWG die Pflicht des Antragstellers, bei der Beantragung einer Genehmigung nach Abs. 1 Satz 1 oder einer Bescheinigung nach Abs. 2 Satz 2 vollständige und richtige Angaben zu machen oder zu benutzen.

Kann der Sachverhalt in entscheidungserheblichen Punkten nicht aufgeklärt werden (sog. *non liquet*), obliegt der Behörde die Beweislast.[2] Das ergibt sich aus dem Sinn und Zweck des § 8 AWG, der sicherstellen soll, *„dass nur eine wesentliche Beeinträchtigung der Schutzzwecke die Aufrechterhaltung von Beschränkungen durch Versagung einer Genehmigung rechtfertigt."*[3]

Dafür spricht, dass durch eine behördliche Ablehnung eines Genehmigungsantrags aus dem zunächst nur vorläufigen Verbot in Form des Genehmigungsvorbehalts ein endgültiges Verbot wird. In der Genehmigungsversagung liegt materiell betrachtet ein Eingriff in die Außenwirtschaftsfreiheit des Antragstellers.[4] Diese Implikation wird durch die Beweislastverteilung abgemildert. Weiterhin spricht für dieses Ergebnis auch § 1 Abs. 1 Satz 1 AWG, der nach dem Willen des Gesetzgebers *„als Auslegungsmaßstab bei allen Zweifelsfragen sich zugunsten einer freiheitlichen Auffassung auswirken muss."*[5]

II. „Freie Erlaubnis" (Abs. 1 Satz 2)

Nach § 8 Abs. 1 Satz 2 AWG kann „in anderen Fällen" eine Genehmigung erteilt werden, wenn das volkswirtschaftliche Interesse an der Vornahme des Rechtsgeschäfts oder der Handlung die damit verbundene Beeinträchtigung des Beschränkungszwecks überwiegt. „Andere Fälle" sind dabei solche, in denen der Beschränkungszweck i.S.v. § 8 Abs. 1 Satz 1 AWG mehr als nur unwesentlich gefährdet ist.[6] § 8 Abs. 1 Satz 2 AWG liegt die gesetzgeberische Erwägung zu Grunde, dass der Verordnungsgeber nicht in der Lage ist, bereits bei der Anordnung von Beschränkungen alle volkswirtschaftlichen Interessen, die sich aus den besonderen Umständen des Einzelfalls ergeben können, vorauszusehen und zu berücksichtigen.[7]

---

1) Hohmann in Hohmann/John, 2002, § 3 AWG Rz. 11.
2) Diemer in Erbs/Kohlhaas, Strafrechtliche Nebengesetze, 194. Ergänzungslieferung 2013, § 3 AWG Rz. 2; Langen, § 3 AWG Rz. 2 (Januar 1968); Reuter, 1995, Rz. 715; von Bogdandy, VerwArch 83 (1992), 53, 69; OLG Köln v. 20.1.2000, 7 U 84/99, NVwZ 2000, 594 ff.; a.A. Ehrlich in Wolffgang/Simonsen/Tietje, Bd. II, § 3 AWG Rz. 11 (November 2011); Sieg/Fahning/Kölling, Außenwirtschaftsgesetz, § 3 AWG II a; Kreuzer, AW-Prax 2001, 272, 273 nimmt insoweit eine (antragsbezogene) Mitwirkungspflicht an.
3) BT-Drucks. III/1285, 234 zu § 3 AWG a.F.
4) Maurer, 2011, § 9 Rz. 51; i.E. auch von Bogdandy, VerwArch 83, 1992, 53, 67 f.
5) BT-Drucks. III/1285, 231. So (in Bezug auf § 5c AWV) auch OLG Köln v. 20.1.2000, 7 U 84/99, NVwZ 2000, 594 ff.
6) Ehrlich in Wolffgang/Simonsen/Tietje, Bd. II, § 3 AWG Rz. 16 (November 2011); Hohmann in Hohmann/John, 2002, § 3 AWG Rz. 12.
7) BT-Drucks. III/1285, 234 zu § 3 AWG a.F.

1. Volkswirtschaftliches Interesse

14 Das Abwägungskriterium des volkswirtschaftlichen Interesses i.S.d. § 8 Abs. 1 Satz 2 AWG ist als **gesamtwirtschaftliches Interesse** zu verstehen.[1] Wie sich aus der Bezugnahme auf die Volkswirtschaft ergibt, soll nicht auf die wirtschaftlichen Interessen eines einzelnen die Genehmigung beantragenden Unternehmens abgestellt werden, sondern auf die Gesamtheit des deutschen Wirtschaftsgebiets. Wirtschaftliche Einzelinteressen können jedoch als Teil dieser Gesamtwirtschaft eine Rolle spielen.

15 Zur Konkretisierung des volkswirtschaftlichen Interesses ist auf die Kriterien des gesamtwirtschaftlichen Gleichgewichts gem. § 1 des Gesetzes zur Förderung der Stabilität und des Wachstums der Wirtschaft vom 8.6.1967[2] zurückzugreifen, nämlich Stabilität des Preisniveaus, hoher Beschäftigungsstand, außenwirtschaftliches Gleichgewicht sowie stetiges und angemessenes Wirtschaftswachstum.[3]

2. Ermessensausübung

16 Die Vorschrift des § 8 Abs. 1 Satz 2 AWG ist bewusst als Kann-Vorschrift ausgestaltet.[4] Im Gegensatz zur gebundenen Erlaubnis nach Satz 1, auf die ein einklagbarer Rechtsanspruch besteht, handelt es sich hier um eine sog. freie Erlaubnis.[5] Der Anspruch des einzelnen beschränkt sich auf eine **ermessensfehlerfreie Entscheidung**.[6] Bei der Entscheidung hat die Behörde nach § 40 VwVfG von ihrem Ermessen entsprechend dem Zweck der Ermächtigung Gebrauch zu machen und dabei die gesetzlichen Grenzen des Ermessens zu beachten.[7]

C. „Wie" der Genehmigungserteilung

17 § 8 Abs. 2 bis 4 AWG betreffen die Genehmigungsmodalitäten, d.h. das „Wie" der Genehmigungserteilung. Sie sehen zum einen vor, dass die Erteilung von Genehmigungen und von Bescheinigungen des Bundesamtes für Wirtschaft und Ausfuhrkontrolle (BAFA) von sachlichen und persönlichen Voraussetzungen abhängig gemacht werden kann (Abs. 2). § 8 Abs. 3 AWG legt fest, dass die Genehmigungserteilung bei knappen Kontingenten volkswirtschaftlich zweckmäßig zu erfolgen hat. Dabei können Unionsansässige bei besonderer Betroffenheit bevorzugt berücksichtigt werden (§ 8 Abs. 4 AWG).

---

1) Vgl. etwa VG Frankfurt v. 15.5.1997, 1 E 3692/94 (V), 5. Orientierungssatz, ZfZ 1998, 424 ff.; Ehrlich in Bieneck, 2. Aufl. 2005, § 16 Rz. 18; Hohmann in Hohmann/John, 2002, § 3 AWG Rz. 13. – alle noch unter Verweis auf § 3 Abs. 1 Satz 1 AWG a.F.
2) BGBl. I 1967, 582.
3) Ehrlich in Wolffgang/Simonsen/Tietje, Bd. II, § 3 AWG Rz. 17 (November 2011); VG Frankfurt v. 15.5.1997, 1 E 3692/94 (V), 5. Orientierungssatz, ZfZ 1998, 424 ff.
4) Vgl. BT-Drucks. III/1285, 234 zu § 3 AWG a.F.
5) Sieg/Fahning/Kölling, Außenwirtschaftsgesetz, § 3 AWG III 9.
6) Diemer in Erbs/Kohlhaas, Strafrechtliche Nebengesetze, 194. Ergänzungslieferung 2013, § 3 AWG Rz. 2.
7) Hohmann in Hohmann/John, 2002, § 3 AWG Rz. 12; s. auch BT-Drucks. III/1285, 234.

18 Die Regelungen des § 8 Abs. 2 bis 4 AWG beziehen sich sowohl auf Genehmigungserteilungen nach § 8 Abs. 1 Satz 1 AWG als auch auf Genehmigungserteilungen nach Abs. 1 Satz 2.[1)]

I. Sachliche und persönliche Voraussetzungen Abs. 2 Satz 1)

19 Nach § 8 Abs. 2 Satz 1 AWG kann die Erteilung der Genehmigung von sachlichen und persönlichen Voraussetzungen, insbesondere der **Zuverlässigkeit** des Antragstellers, abhängig gemacht werden. Hierdurch wird der Genehmigungsverwaltung erlaubt, bei ihren Erwägungen auch dann nach sachlichen oder persönlichen Kriterien zu differenzieren, wenn dies in der einschlägigen Beschränkungsvorschrift nicht (ausdrücklich) vorgesehen ist.

20 Die Genehmigungserteilung ist dann von den sachlichen und persönlichen Voraussetzungen i.S.v. § 8 Abs. 2 AWG abhängig, d.h. eine Aus- oder Einfuhr darf nur bei ihrem Vorliegen genehmigt werden. Hierin liegt der wesentliche Unterschied zu Nebenbestimmungen, mit denen eine erteilte Genehmigung nach § 30 AWG verbunden werden darf.[2)]

21 **Sachliche Voraussetzungen** sind objektive Gegebenheiten außerhalb der Sphäre des Antragstellers. Sie betreffen die Gestaltung des außenwirtschaftlichen Vorgangs, unabhängig von den persönlichen Verhältnissen des Antragstellers. Beispiele sind etwa der Zeitpunkt der Abwicklung des Geschäfts oder der Verwendungszweck.[3)]

22 **Persönliche Voraussetzungen** sind solche, die den einzelnen Antragsteller kennzeichnen bzw. in seiner Sphäre liegen.[4)] Beispiele sind die persönliche Zuverlässigkeit, spezielle Fachkenntnisse und Geschäftserfahrungen, Verfügung über Lager-, Transport- und Verarbeitungsmöglichkeiten, aber auch die Staatsangehörigkeit des Antragstellers, seine Ansässigkeit im Wirtschaftsgebiet, seine Zugehörigkeit zu bestimmten Berufszweigen oder vorhandene Geschäftsbeziehungen.[5)]

1. Zuverlässigkeit

23 Durch das 7. Änderungsgesetz haben die persönlichen Voraussetzungen i.S.d. heutigen § 8 Abs. 2 Satz 1 AWG eine besondere Prägung erfahren: Durch die Hervorhebung der Zuverlässigkeit als persönliche Voraussetzung hat der Gesetzgeber zu erkennen gegeben, dass er dieses Entscheidungskriterium für besonders bedeutsam hält.[6)]

---

1) Sieg/Fahning/Kölling, Außenwirtschaftsgesetz, § 3 AWG III 11.
2) Friedrich in Hocke/Friedrich, § 3 AWG Rz. 24 (April 2012).
3) Vgl. Sieg/Fahning/Kölling, Außenwirtschaftsgesetz, § 3 AWG III 13.
4) Vgl. Friedrich in Hocke/Friedrich, § 3 AWG Rz. 25 (April 2012).
5) Vgl. Sieg/Fahning/Kölling, Außenwirtschaftsgesetz, § 3 AWG III 14.
6) BT-Drucks. 12/1134, 8 zu § 3 AWG a.F.; Hohmann in Hohmann/John, 2002, § 3 AWG Rz. 15; Ehrlich in Wolffgang/Simonsen/Tietje, Bd. II, § 3 AWG Rz. 19 (November 2011).

24 Der Begriff der Zuverlässigkeit wird in Anlehnung an die Rechtsprechung zu dem Begriff in anderen Gesetzen des öffentlichen Wirtschaftsrechts definiert:[1] Zuverlässig ist ein Antragsteller, wenn er die Gewähr dafür bietet, dass er die maßgeblichen exportkontrollrechtlichen Vorschriften einhalten wird.[2]

25 Eine Unzuverlässigkeit muss sich dabei nicht zwingend aus außenwirtschaftsrechtlichen Verstößen ergeben, sie muss aber außenwirtschaftsrechtlich relevant sein.[3] Sie ist daher nicht nur dann anzunehmen, wenn etwa der Antragsteller gegen Genehmigungspflichten verstoßen oder andere Pflichten des Außenhandelsrechts verletzt, d.h. z.B. Auflagen, Meldepflichten oder Aufbewahrungs- und Hinweispflichten nicht beachtet hat.[4] Vielmehr kann sich eine Unzuverlässigkeit auch aus Verstößen gegen Vorschriften aus verwandten Gebieten wie dem Waffenrecht, dem Zollrecht, dem Gewerberecht, aber auch dem Strafrecht (z.B. §§ 129, 129a, 263, 267 ff. StGB etc.) ergeben.[5] Dabei darf die Genehmigungsbehörde wegen der ihr zukommenden Einschätzungsprärogative – je nach Schwere des Verdachts und Bedeutung des zu genehmigenden Vorgangs – schon bei (sachlich begründetem und nachvollziehbar aus belegten Tatsachen abgeleitetem) **Verdacht der Unzuverlässigkeit** die Genehmigung versagen.[6]

26 Bei dem Beurteilungskriterium der außenwirtschaftsrechtlichen Zuverlässigkeit geht es um die zukünftige Zuverlässigkeit des Antragstellers. In der Vergangenheit liegende Verstöße sind hierfür nur insoweit relevant, als sie eine zukünftige Wiederholung erwarten lassen. Bei Verstößen sollten Unternehmen daher Zweifel an ihrer außenwirtschaftsrechtlichen Zuverlässigkeit durch sog. „**Maßnahmen der Selbstreinigung**"[7] für die Zukunft ausräumen. Die Selbstreinigung setzt neben einer umfassenden Sachverhaltsaufklärung voraus, dass Schäden behoben und alle organisatorischen und personellen Maßnahmen ergriffen werden, die erforderlich sind, um erneute Verstöße in der Zukunft zu vermeiden. Um die Behörde zu überzeugen, dass zukünftige Verstöße nicht zu erwarten sind, müssen konkrete Maßnahmen beschlossen und unverzüglich umgesetzt werden.

---

1) Vgl. etwa zum gewerberechtlichen Begriff der Unzuverlässigkeit BVerwG v. 19.3.1970, I C 6/69, VerwRspr 1971, 223, 224: „*Gewerberechtlich unzuverlässig ist nach ständiger Rechtsprechung, wer keine Gewähr dafür bietet, dass er in Zukunft sein Gewerbe ordnungsgemäß ausüben werde.*" S. auch Marcks in Landmann/Rohmer, § 35 GewO Rz. 29 m.w.N. (Februar 2012); Langen, § 3 AWG Rz. 14 (Januar 1968). – Vergaberechtlich zuverlässig ist nach der Rspr. (OLG Celle v. 13.12.2007, 13 Verg 10/07; OLG Düsseldorf v. 8.5.2002, VII-VERG 8-15/01), wer unter Berücksichtigung aller in Betracht kommenden Umstände eine ordnungsgemäße und vertragsgerechte Ausführung der ausgeschriebenen Leistung einschließlich der Erbringung von Gewährleistungen erwarten lässt.
2) Ehrlich in Wolffgang/Simonsen/Tietje, Bd. II, § 3 AWG Rz. 19 (November 2011).
3) Friedrich in Hocke/Friedrich, § 3 AWG Rz. 27 (April 2012).
4) Hohmann in Hohmann/John, 2002, § 3 AWG Rz. 16.
5) Vgl. HADDEX, Bd. 1 (Februar 2012), Teil 6, Kap. 7 Rz. 344.
6) Friedrich in Hocke/Friedrich, § 3 AWG Rz. 28 (April 2012).
7) Zum Begriff der Selbstreinigung, der aus dem Vergaberecht stammt, vgl. Prieß/Stein, NZBau 2008, 230; Prieß/Pünder/Stein in Püder/Prieß/Arrowsmith, 2009, 51, 79 ff.; Stein/Friton, VergabeR 2/2010, 151 ff.

2. Grundsätze der Bundesregierung im Bereich der Rüstungsgüter und Ausfuhrverantwortlicher

Bereits bevor die Zuverlässigkeit ausdrücklich als persönliche Voraussetzung aufgenommen wurde, hat die Bundesregierung auf der Grundlage des § 3 Abs. 2 Satz 1 AWG a.F. (und § 6 Abs. 3 Nr. 3 KWKG) die Grundsätze zur Prüfung der Zuverlässigkeit von Exporteuren von Kriegswaffen und rüstungsrelevanten Gütern geregelt.[1] Durch diese und die dazugehörige Bekanntmachung, die heute in überarbeiteter Fassung gilt,[2] wurde die Rechtsfigur des **Ausfuhrverantwortlichen** als Garant der außenwirtschaftsrechtlichen Zuverlässigkeit geschaffen:[3] Für besonders sensible Güter machen die Grundsätze der Bundesregierung die Erteilung einer Ausfuhrgenehmigung von der Benennung eines Ausfuhrverantwortlichen abhängig.[4]

Die Grundsätze gelten nach deren Nr. 1 nicht für das gesamte AWG: Erfasst wird zwar die Ausfuhr aller in Anhang I der EU-Dual-Use-VO sowie in der Ausfuhrliste (Anhang zur AWV) und im KWKG gelisteten Güter. Keine Anwendung finden die Grundsätze jedoch in Bezug auf nicht gelistete Güter, d.h. etwa Ausfuhren in den Fällen des § 9 AWV, sowie Fälle der technischen Unterstützung oder des Transithandels. Für Verbringungen (→ § 2 Rz. 69) gelten die Grundsätze nur für Güter des Teils I Abschnitt A der AL (oder des KWKG); für Verbringungen von Dual-Use-Gütern gelten sie nicht.[5]

Sinn und Zweck der Grundsätze ist es, die staatliche Exportkontrolle durch eine professionelle unternehmensinterne Kontrolle zu ergänzen.[6] Als Verwaltungsvorschriften lenken sie die Ermessensausübung und wirken im Wege der Selbstbindung der Verwaltung nach außen.[7] Sie bestimmen im Wesentlichen, dass

- Antragsteller ein für die Durchführung der Ausfuhr verantwortliches Mitglied der Unternehmensleitung als Ausfuhrverantwortlichen (→ Rz. 31 ff.) benennen müssen, der grundsätzlich die Genehmigungsanträge des Unternehmens zu zeichnen hat und dem die Organisationspflicht, die Personalauswahl und Personalweiterbildungspflicht sowie die Überwachungspflicht hinsichtlich der Ausfuhr obliegen (Nr. 2 der Grundsätze);

---

1) Bekanntmachung der Grundsätze zur Prüfung der Zuverlässigkeit von Exporteuren von Kriegswaffen und rüstungsrelevanten Gütern v. 29.11.1990, BAnz Nr. 255, 6406 f.; vgl. auch Reuter, 1995, Rz. 748.
2) Bekanntmachung über die Benennung des Ausfuhrverantwortlichen und über die Beantragung von Ausfuhrgenehmigungen nach den Bestimmungen des Außenwirtschaftsgesetzes (AWG) gem. den Grundsätzen der Bundesregierung zur Prüfung der Zuverlässigkeit von Exporteuren von Kriegswaffen und rüstungsrelevanten Gütern v. 30.1.1991, BAnz Nr. 27, 653. Derzeit gilt die Bekanntmachung der Grundsätze der Bundesregierung zur Prüfung von Exporteuren von Kriegswaffen und rüstungsrelevanten Gütern v. 25.7.2001, BAnz Nr. 148, 17177. Vgl. auch die Bekanntmachung zu der Neufassung der Grundsätze der Bundesregierung zur Prüfung der Zuverlässigkeit von Exporteuren von Kriegswaffen und rüstungsrelevanten Gütern v. 1.8.2001, BAnz. Nr. 149, 17281.
3) Friedrich in Hocke/Friedrich, § 3 AWG Rz. 29 f. (April 2012).
4) Friedrich in Hocke/Friedrich, § 3 AWG Rz. 30 (April 2012).
5) Vgl. Bekanntmachung der Grundsätze zur Prüfung der Zuverlässigkeit von Exporteuren von Kriegswaffen und rüstungsrelevanten Gütern v. 29.11.1990, BAnz Nr. 255, 6406 f.
6) Vgl. Reuter, 1995, Rz. 750.
7) Reuter, 1995, Rz. 750.

- bei tatsächlichen Anhaltspunkten für Verstöße des Ausfuhrverantwortlichen gegen einschlägige Exportkontrollvorschriften grundsätzlich bis zur Klärung des Sachverhalts von einer Entscheidung über anhängige Genehmigungsanträge des Unternehmens abgesehen werden soll, sog. Stoppfunktion (Nr. 3 der Grundsätze) (→ Rz. 40) und

- bei berechtigter Annahme der Unzuverlässigkeit der Antrag wegen mangelnder Zuverlässigkeit des Antragstellers abzulehnen ist (Nr. 4 der Grundsätze).

30 Von diesen Schritten soll nur dann abgesehen werden können, wenn das betroffene Unternehmen durch Austausch des Ausfuhrverantwortlichen und organisatorische Maßnahmen sicherstellt, dass die ausfuhrrechtlichen Bestimmungen in Zukunft eingehalten werden (Nr. 5 der Grundsätze) (→ Rz. 26).

3. Bestellung des Ausfuhrverantwortlichen

31 Ausfuhrgenehmigungen werden nur an zuverlässige Unternehmen erteilt. Weil nach den Grundsätzen der Bundesregierung Unternehmen nur zuverlässig sind, wenn sie einen zuverlässigen Ausfuhrverantwortlichen benannt haben, sind sie faktisch gezwungen, einen solchen zu benennen.[1] Für seine Benennung gilt das Folgende:

a) Person des Ausfuhrverantwortlichen

32 Nach Nr. 2 der Grundsätze der Bundesregierung zur Prüfung der Zuverlässigkeit von Exporteuren von Kriegswaffen und rüstungsrelevanten Gütern muss je nach Rechtsform des Antragstellers ein für die Durchführung der Ausfuhr verantwortliches Mitglied des Vorstands, ein Geschäftsführer oder ein vertretungsberechtigter Gesellschafter als „Ausfuhrverantwortlicher" benannt werden. Als Ausfuhrverantwortliche kommen somit nur Mitglieder des vertretungsbefugten, **höchsten operativen Organs** des jeweiligen Unternehmens in Betracht.[2] Eine Delegation der Verantwortlichkeit auf eine Person außerhalb dieses höchsten Organs – wie das bei zahlreichen Beauftragten in anderen Bereichen möglich ist – schließt die Fassung der Nr. 2 der Grundsätze aus.

33 Dabei ist aus der Formulierung *„ein für die Durchführung der Ausfuhr verantwortliches Mitglied"* nicht etwa zu folgern, dass dem Ausfuhrverantwortlichen eine gewisse Export-Ressortzuständigkeit zukommen oder zumindest eine gewisse Nähe zu den genehmigungspflichtigen Vorgängen bestehen muss.[3] Denn der Wortlaut bezieht sich nicht auf einen bereits bestehenden Verantwortungsbereich des auszuwählenden Ausfuhrverantwortlichen.[4] Auch enthalten weder die Exportgrundsätze eine Aussage über besondere Tätigkeitsschwerpunkte des Ausfuhrverantwortlichen noch sind bei der amtlichen Meldung des Ausfuhrverantwortlichen (→ Rz. 38) fachliche oder tätigkeitsbezogene Nach-

---

1) Kreuder, CCZ 2008, 166, 167.
2) Ehrlich in Wolffgang/Simonsen/Tietje, Bd. II, § 3 AWG Rz. 22 (November 2011). Beim in Nr. 2 der Grundsätze nicht erwähnten einzelkaufmännisch geführten Unternehmen ist der Inhaber als Ausfuhrverantwortlicher zu bestellen und gegenüber dem BAFA zu benennen, HADDEX, Bd. 1 (Februar 2012), Teil 6, Kap. 7 Rz. 350; Ehrlich in Wolffgang/Simonsen/Tietje, Bd. II, § 3 AWG Rz. 22 (November 2011); Pottmeyer, 2011, 56.
3) So aber Ehrlich in Wolffgang/Simonsen/Tietje, Bd. II, § 3 AWG Rz. 23 (November 2011); Kreuder, CCZ 2008, 166, 167.
4) Vgl. Hinder, 1999, 82 ff. mit weiteren Argumenten.

weise einzureichen. Darauf kann es daher für seine Bestellung nicht ankommen.

Wichtiger als die bei Ernennung bereits bestehende Sachkunde im Exportgeschäft wiegt die Unabhängigkeit des Ausfuhrverantwortlichen gegenüber geschäftspolitischen Exportinteressen im Unternehmen. Vor diesem Hintergrund ist ein Vorstandsmitglied, dessen Verantwortung nicht im Exportgeschäft liegt und der daher nicht einer Kollision von Umsatzinteressen und dem Interesse an der Einhaltung außenwirtschaftlicher Rechtsvorschriften ausgesetzt ist, für die Position des Ausfuhrverantwortlichen mitunter vorzugswürdig. Es ist deshalb richtigerweise nicht zu beanstanden, wenn ein Unternehmen diese Sachgründe höher gewichtet als eine Verantwortlichkeit für Exportvorgänge. Die für die Stellung eines Ausfuhrverantwortlichen notwendigen Weisungs- und Überwachungsbefugnisse folgen in diesem Fall aus der Aufgabenzuweisung für den Ausfuhrverantwortlichen.[1] Entscheidend ist, dass der Ausfuhrverantwortliche mit seiner Ernennung die ihm obliegenden Pflichten beachtet (Personalauswahl-, Weiterbildungs-, Organisations- und Überwachungspflicht). 34

b) Anzahl des Ausfuhrverantwortlichen

Grundsätzlich ist in **Konzernen** für jede eigenständige juristische Person, die genehmigungspflichtige Ausfuhren durchführt, ein Ausfuhrverantwortlicher zu bestellen.[2] Nur ausnahmsweise, wenn die gesellschaftsrechtlichen Durchgriffsrechte und die Organisation der betriebsinternen Exportkontrolle dem Ausfuhrverantwortlichen die gleichen Einwirkungsmöglichkeiten einräumen, die er als Mitglied des vertretungsberechtigten Organs der einzelnen juristischen Personen hätte, kann ein gemeinsamer Ausfuhrverantwortlicher für mehrere juristische Personen bestellt werden.[3] 35

Zulässig ist es aber auch, dass Unternehmen mit deutlich voneinander abgetrennten Geschäftsbereichen mehrere Ausfuhrverantwortliche mit ausschließlicher Zuständigkeit für jeweils einen der Geschäftsbereiche bestellen.[4] Das setzt voraus, dass für diese Geschäftsbereiche jeweils eine eigene Zollnummer beantragt und bewilligt wurde.[5] 36

c) Bestellung und Benennung des Ausfuhrverantwortlichen

Die unternehmensinterne Bestellung des Ausfuhrverantwortlichen erfolgt nach dem für das jeweilige Unternehmen einschlägigen gesellschaftsrechtlichen Verfahren der Beschlussfassung.[6] 37

Die Benennung gegenüber dem BAFA, die die Pflichten des Ausfuhrverantwortlichen begründet, erfolgt mittels des Formblatts „Benennung der/des ‚Aus- 38

---

1) Ähnlich auch Hinder, 1999, 83.
2) Kreuder, CCZ 2008, 166, 167.
3) HADDEX, Bd. 1 (Februar 2012), Teil 6, Kap. 7 Rz. 351.
4) HADDEX, Bd. 1 (Februar 2012), Teil 6, Kap. 7 Rz. 351; kritisch: Hinder, 1999, 84 f.
5) Kreuder, CCZ 2008, 166 (167); Pottmeyer, 2011, 59.
6) HADDEX, Bd. 1 (Februar 2012), Teil 6, Kap. 7 Rz. 353; Kreuder, CCZ 2008, 166, 167.

fuhrverantwortlichen'".[1] Dabei ist die Mitgliedschaft des Ausfuhrverantwortlichen in der Unternehmensleitung durch die Angaben im Briefkopf des Firmenbogens oder die Vorlage eines Handelsregisterauszugs nachzuweisen.[2] Das Formblatt ist von dem vertretungsberechtigten Organ bzw. dessen Mitgliedern sowie vom Ausfuhrverantwortlichen selbst, der dadurch die persönliche Verantwortung für die Einhaltung der außenwirtschaftsrechtlichen Vorschriften übernimmt, zu unterschreiben.[3]

4. Aufgaben des Ausfuhrverantwortlichen

39 Nach Nr. 2 der Grundsätze ist der Ausfuhrverantwortliche zur Organisation, zur Personalauswahl und -weiterbildung sowie zur Überwachung verpflichtet. Darüber hinaus hat er im Rahmen des Genehmigungsverfahrens grundsätzlich die Aufgabe, Genehmigungsanträge eigenhändig zu unterzeichnen.

a) Organisationspflicht

40 Die Organisationspflicht betrifft die Ausgestaltung der unternehmensinternen Exportkontrolle, die sicherstellen muss, dass Verstöße gegen das Außenwirtschaftsrecht vermieden werden.[4] Sie erfordert zunächst, dass die Exportkontrolle sachgerecht und transparent in die **Aufbauorganisation** des Unternehmens eingebunden ist.[5] Wie die Aufbauorganisation zu gestalten ist, hängt von den jeweiligen Gegebenheiten und den spezifischen Gesetzmäßigkeiten innerhalb des Unternehmens ab.[6] Eine sachgerechte Einbindung setzt eine hinreichend unabhängige Exportkontrollabteilung. Diese muss mit ausreichender Durchsetzungskraft gegenüber den anderen Bereichen des Unternehmens ausgestattet sein, um Exporte ggf. bis zur Entscheidung der Geschäftsführung aufhalten zu können (sog. **Stoppfunktion** → Rz. 29).[7] Der Exportkontrollabteilung sollte zudem ein unmittelbares **Berichtsrecht** an den Vorstand bzw. die Geschäftsführung und ein ausschließliches fachliches Weisungsrecht in Bezug auf Exporte zustehen.[8] Sie sollte schließlich ausdrücklich im Organigramm des Unternehmens ausgewiesen werden.[9]

41 Der Ausfuhrverantwortliche hat die Arbeitsabläufe im Unternehmen durch geeignete Mittel so zu organisieren, dass Verstöße gegen das Außenwirtschafts-

---

1) Ehrlich in Wolffgang/Simonsen/Tietje, Bd. II, § 3 AWG Rz. 23 (November 2011); HADDEX, Bd. 1 (Februar 2012), Teil 6, Kap. 7 Rz. 349. Diese Anlage AV 1 der BAFA-Bekanntmachung vom 6.8.2001 ist über die Internetseite des BAFA abrufbar. Die Benennung erfolgt gegenüber dem Referat 221 des BAFA. Im Bereich des KWKG ist zumeist das Bundesministerium für Wirtschaft und Technologie nach § 11 II Nr. 4 KWKG zuständige Genehmigungsbehörde. Ein spezielles Benennungsformular gibt es hier nicht; die Schriftform genügt. Allerdings ist der Benennung eine Unterschriftsprobe des Ausfuhrverantwortlichen beizufügen, vgl. HADDEX, Bd. 1 (Februar 2012), Teil 6, Kap. 7 Rz. 353; Kreuder, CCZ 2008, 166, 167. Antragsteller, die eine Genehmigung des BAFA und der zuständigen Genehmigungsbehörde für das KWKG brauchen, müssen den Ausfuhrverantwortlichen gegenüber beiden Behörden benennen, HADDEX, Bd. 1 (Februar 2012), Teil 6, Kap. 7 Rz. 353.
2) HADDEX, Bd. 1 (Februar 2012), Teil 6, Kap. 7 Rz. 353.
3) Kreuder, CCZ 2008, 166, 167; HADDEX, Bd. 1 (Februar 2012), Teil 6, Kap. 7 Rz. 349.
4) Vgl. Schlegel/Cammerer in Umnuß, 2012, Kap. 4 Rz. 24.
5) Merz in Hauschka, 2. Aufl. 2010, § 33 Rz. 61.
6) Pottmeyer, 2011, 73.
7) Merz in Hauschka, 2. Aufl. 2010, § 33 Rz. 61; Pottmeyer, 2011, 73.
8) Pottmeyer, 2011, 73; Merz in Hauschka, 2. Aufl. 2010, § 33 Rz. 61.
9) Vgl. Merz in Hauschka, 2. Aufl. 2010, § 33 Rz. 61; Pottmeyer, 2011, 72 f.

recht möglichst ausgeschlossen sind (**Ablauforganisation**).[1] In welcher Weise der Ausfuhrverantwortliche diesen Pflichten nachkommen muss, ist eine Frage des Einzelfalls.[2] In jedem Falle aber sollte ein Ablaufplan – auch bei kleinen und mittelständischen Unternehmen – schriftlich fixiert und dokumentiert sein, um so bei etwaigen Verstößen die sachgerechte Ablauforganisation nachweisen zu können.[3] Dieser Ablaufplan sollte möglichst übersichtlich gestaltet (Diagramme, Kurzfassungen und Stichwortverzeichnis erleichtern die Benutzerfreundlichkeit), laufend aktualisiert und für alle betroffenen Mitarbeiter einsehbar sein. Bei größeren Unternehmen ist zudem eine auf den Ablaufplan bezogene, firmeninterne Kontaktliste sinnvoll, um Klarheit zu schaffen, wer zu welchen Zeitpunkten hinsichtlich der Exportkontrolle zu kontaktieren ist. Zudem sollte die Befolgung des Ablaufplans durch entsprechende Checklisten systematisiert und für jeden Exportvorgang dokumentiert werden.

b) Personalauswahl und -weiterbildungspflicht

Der Ausfuhrverantwortliche hat dafür zu sorgen, dass nur sachkundige und persönlich zuverlässige Mitarbeiter in der Exportkontrollstelle beschäftigt werden.[4] Die Zuverlässigkeit einzustellender Mitarbeiter sollte durch Vorlage entsprechender Zeugnisse bzw. polizeilichem Führungszeugnis sowie durch Einholung von Auskünften aus Abteilungen oder Unternehmen, in denen der Mitarbeiter zuvor beschäftigt war, geprüft werden.[5]

Sodann hat der Ausfuhrverantwortliche dafür Sorge zu tragen, dass die Mitarbeiter aller außenwirtschaftsrechtlich relevanten Bereiche über die zur Erfüllung ihrer Aufgaben notwendige Sach- und Fachkenntnis verfügen.[6] Weil das Außenwirtschaftsrecht mit seinen vielfältigen internationalen und politischen Bezügen häufigen gesetzlichen Änderungen unterworfen ist, kann das nur gewährleistet werden, wenn sich die Mitarbeiter der relevanten Bereiche regelmäßig fortbilden.[7] Die Fortbildung kann z.B. in Form von Seminarveranstaltungen, In-House-Schulungen oder durch externe Berater erfolgen.[8] Darüber hinaus ist sicherzustellen, dass die Exportmitarbeiter Zugriff auf Gesetzestexte – die sich auf dem neuesten Stand befinden – und aktuelle Literatur haben.[9] Die praktische Durchführung und Organisation der Weiterbildung kann der Ausfuhrverantwortliche delegieren. Er selbst sollte jedenfalls in groben Zügen über die neuesten Entwicklungen im Außenwirtschaftsrecht unterrichtet werden.[10] Die durchgeführten Weiterbildungsmaßen sind zu dokumentieren.

c) Überwachungspflicht

Im Rahmen der Überwachungspflicht hat der Ausfuhrverantwortliche die Einhaltung der im Rahmen der Organisationspflicht festgelegten Arbeitsabläufe

---

1) Schlegel/Cammerer in Umnuß, 2012, Kap. 4 Rz. 24.
2) Pottmeyer, 2011, 79.
3) Pottmeyer, 2011, 79.
4) Schlegel/Cammerer in Umnuß, 2012, Kap. 4 Rz. 20.
5) Ehrlich in Wolffgang/Simonsen/Tietje, Bd. II, § 3 AWG Rz. 25 (November 2011).
6) Merz in Hauschka, 2. Aufl. 2010, § 33 Rz. 60.
7) Ehrlich in Wolffgang/Simonsen/Tietje, Bd. II, § 3 AWG Rz. 30 (November 2011).
8) Merz in Hauschka, 2. Aufl. 2010, § 33 Rz. 60 und 63.
9) Ehrlich in Wolffgang/Simonsen/Tietje, Bd. II, § 3 AWG Rz. 30 (November 2011).
10) Pottmeyer, in Witte, Praxishandbuch Export- und Zollmanagement, Bd. 2, Teil 5, A 8 (August 2012); Pottmeyer, 2011, 100.

zu überwachen.[1] Diese Überwachung kann er selbst wahrnehmen; er kann sie aber auch auf andere Unternehmensbereiche sowie interne oder externe Personen, z.b. die Innenrevision, Rechtsanwälte, Steuerberater oder Wirtschaftsprüfungsgesellschaften[2] übertragen.[3] Die Größe und Besonderheiten des einzelnen Unternehmens bestimmen die Anforderungen an die Überwachung.[4] Regelmäßig sind stichprobenartige, überraschende Kontrollen ausreichend, wenn dadurch mit einer Aufdeckung von Zuwiderhandlungen zu rechnen ist. Nur wenn das nicht gewährleistet ist, müssen nach der Rechtsprechung auch überraschend angeordnete umfassende Geschäftsprüfungen vorgenommen werden.[5] Sinnvoll erscheint es also, regelmäßige interne Audits und stichprobenartig detailliertere Untersuchungen durchzuführen. Bei Verdacht auf Verstöße sollte eine umfassende Prüfung eingeleitet werden. Zudem sollten die durchgeführten Kontrollen zu Nachweiszwecken protokolliert und ebenso wie die beantragten, erteilten und laufenden Genehmigungen und Genehmigungsversagungen dokumentiert werden.[6] Erkannte Mängel sind abzustellen.

d) Mitwirkung an Ausfuhrgenehmigungsanträgen

45 Nach Nr. 2 der Grundsätze hat der Ausfuhrverantwortliche Genehmigungsanträge grundsätzlich eigenhändig zu unterzeichnen. Außer im Bereich des KWKG kann er diese Aufgabe jedoch mithilfe des Formblatts „Erklärung der/ des ‚Ausfuhrverantwortlichen' zur Verantwortungsübernahme" für die Dauer eines Jahres auf andere Mitarbeiter im Unternehmen oder Dritte delegieren.[7] Auch in diesem Fall trägt er aber weiterhin die volle Verantwortung für die Richtigkeit der Anträge, d.h., er kann die verwaltungs- und strafrechtlichen Folgen eines fehlerhaften Antrags nicht mit der Begründung zurückweisen, er habe den Antrag nicht unterzeichnet.[8]

II. Sachliche und persönliche Voraussetzungen bei BAFA-Bescheinigungen (Abs. 2 Satz 2)

46 Nach § 8 Abs. 2 Satz 2 AWG kann auch die Erteilung von Bescheinigungen des BAFA, dass eine Ausfuhr keiner Genehmigung bedarf, von sachlichen und

---

1) Merz in Hauschka, 2. Aufl. 2010, § 33 Rz. 62.
2) BayObLG v. 10.8.2001, 3 ObOWi 51/2001, NJW 2002, 766 f.
3) Merz in Hauschka, 2. Aufl. 2010, § 33 Rz. 62.
4) Vgl. BayObLG v. 10.8.2001, 3 ObOWi 51/2001, NJW 2002, 766 f.; Ehrlich in Wolffgang/ Simonsen/Tietje, Bd. II, § 3 AWG Rz. 29 (November 2011).
5) Vgl. BGH v. 25.6.1985, KRB 2/85 (KG), NStZ 1986, 34; Schlegel/Cammerer in Umnuß, 2012, Kap. 4 Rz. 21; Ehrlich in Wolffgang/Simonsen/Tietje, Bd. II, § 3 AWG Rz. 29 (November 2011). Feste Vorgaben, wie oft Kontrollen stattzufinden haben, gibt es nicht; die Rechtsprechung ist insoweit uneinheitlich (vgl. z.B. BayObLG v. 10.8.2001, 3 ObOWi 51/ 01, NJW 2002, 766 f.; BGH v. 21.10.1986, wistra 1987, 148 f.).
6) Merz in Hauschka, 2. Aufl. 2010, § 33 Rz. 62. Zu beachten ist, dass die Prüfungsergebnisse interner Untersuchungen nicht beschlagnahmefrei und zu Beweiszwecken verwertet werden können. Zur Beschlagnahmefreiheit solcher Unterlagen bei Rechtsanwälten vgl. LG Mannheim v. 3.7.2012, 24 Qs 1/12, 24 Qs 2/12, www.stotax-first.de; LG Gießen v. 25.6.2012, 7 Qs 100/12, www.stotax-first.de.
7) Diese Anlage AV 2 der BAFA-Bekanntmachung v. 6.8.2001 ist über die Internetseite des BAFA abrufbar.
8) HADDEX, Bd. 1 (Februar 2012), Teil 6, Kap. 7 Rz. 354; Merz in Hauschka, 2. Aufl. 2010, § 33 Rz. 56.

persönlichen Voraussetzungen, insbesondere von der Zuverlässigkeit des Antragstellers, abhängig gemacht werden.

Diese Vorschrift ist nur vor dem Hintergrund der Wirkung solcher Bescheinigungen zu verstehen. Denn die BAFA-Bescheinigungen kommen Ausfuhrgenehmigungen gleich, weil sie als Beweismittel i.s.d. § 14 Abs. 1 Satz 2 AWV (→ § 10 Abs. 1 Satz 2 AWVa.F.) dazu dienen, der Zollbehörde in Zweifelsfällen Gewissheit über die Zulässigkeit der Ausfuhr zu verschaffen.[1] Der Gesetzgeber hielt es daher für geboten, die Erteilung solcher Bescheide an dieselben Voraussetzungen zu knüpfen wie die Erteilung von Ausfuhrgenehmigungen.[2] Zudem sollte – im Hinblick auf die zunehmende Bedeutung von Anfragen zur Ausfuhrgenehmigungspflicht – durch § 8 Abs. 2 Satz 2 AWG das Rechtsinstitut dieser BAFA-Bescheide ausdrücklich kodifiziert werden.[3] 47

Es existieren drei Arten von BAFA-Bescheiden, mit denen sich Zollbehörden und Exporteure Klarheit über das Bestehen von Genehmigungspflichten und Genehmigungsfähigkeit von Exportvorhaben verschaffen können, nämlich der individuelle Nullbescheid (→ Rz. 49), die Auskunft zur Güterliste (→ Rz. 50) und die Voranfrage (→ Rz. 51).[4] 48

Mit einem **individuellen Nullbescheid** erklärt das BAFA gegenüber dem Antragsteller verbindlich, dass für ein bestimmtes, nach Warenmenge, Warenart, Empfänger und Empfangsland konkretisiertes Vorhaben keine Genehmigung nach der Dual-Use-VO oder der AWV erforderlich ist.[5] Er dient v.a. der Vorlage bei den Zollbehörden als Beweismittel i.S.v. § 14 Abs. 1 AWV (§ 10 Abs. 1 Satz 2 AWV a.F.). Mit ihm erbringt der Ausführer den umfassenden Nachweis, dass die Ausfuhr bzw. Verbringung keiner Genehmigung im Zuständigkeitsbereich des BAFA bedarf.[6] 49

Im Gegensatz zum Nullbescheid enthält die **Auskunft zur Güterliste** keine abschließende Aussage über die etwaig bestehende Genehmigungspflicht für ein bestimmtes Vorhaben.[7] Sie ist ein rein warenbezogenes, technisches Gutachten, mit dem der Nachweis gegenüber dem Zoll nach § 14 Abs. 1 Satz 2 AWV (→ § 10 Abs. 1 Satz 2 AWV a.F.) erbracht werden kann, dass ein bestimmtes Ausfuhrgut weder von der Ausfuhrliste noch von Anhang I der Dual-Use-VO erfasst wird.[8] 50

Mit Hilfe einer **Voranfrage** kann der Antragsteller vorab klären lassen, ob ein konkretes Vorhaben genehmigungsbedürftig und -fähig ist.[9] Besteht für das Vorhaben keine Genehmigungspflicht und greift kein Verbotstatbestand ein, erhält der Antragsteller eine dem Nullbescheid (→ Rz. 49) vergleichbare Bescheinigung.[10] Bei Vorliegen einer Genehmigungspflicht prüft das BAFA die Genehmigungsfähigkeit des Vorhabens und teilt dem Antragsteller mit, ob bei 51

---

1) Vgl. BT-Drucks. 13/4774, 5 zu § 3 AWG a.F.; HADDEX, Bd. 1 (Februar 2012), Teil 9, Kap. 3 Rz. 634.
2) BT-Drucks. 13/4774, 5 zu § 3 AWG a.F.
3) Vgl. BT-Drucks. 13/4774, 5 zu § 3 AWG a.F.
4) Vgl. HADDEX, Bd. 1 (Februar 2012), Teil 9, Kap. 1 Rz. 625.
5) Vgl. Hohmann in Hohmann/John, 2002, § 3 AWG Rz. 18.
6) Vgl. HADDEX, Bd. 1 (Februar 2012), Teil 9, Kap. 3 Rz. 633.
7) HADDEX, Bd. 1 (Februar 2012), Teil 9, Kap. 3 Rz. 634.
8) Hohmann in Hohmann/John, 2002, § 3 AWG Rz. 19.
9) Vgl. Ehrlich in Wolffgang/Simonsen/Tietje, Bd. II, § 3 AWG Rz. 32 (November 2011).
10) Hohmann in Hohmann/John, 2002, § 3 AWG Rz. 20.

entsprechender späterer Antragstellung und unveränderter Sach- und Rechtslage eine Genehmigung erteilt werden wird.[1)]

52 In der Gesetzesbegründung werden als Bescheide, deren Erteilung von sachlichen und persönlichen Voraussetzungen abhängig gemacht werden kann, zwar lediglich der sog. Negativattest (frühere Bezeichnung für die Auskunft zur Güterliste)[2)] und der Nullbescheid genannt.[3)] Auch die Voranfrage ist jedoch wegen ihrer Wirkung, die jedenfalls im Fall des Nichtbestehens einer Genehmigungspflicht der eines Nullbescheids gleichkommt, ebenfalls als von § 8 Abs. 2 Satz 2 AWG erfasst anzusehen.[4)]

III. Genehmigungserteilung bei Kontingentierung (Abs. 3 und 4)

53 Nach § 8 Abs. 3 AWG sind Genehmigungen, wenn die Genehmigungsmöglichkeiten wegen des Beschränkungszwecks auf ein bestimmtes Volumen begrenzt sind (Kontingente), in der Weise zu erteilen, dass die gegebenen Möglichkeiten volkswirtschaftlich zweckmäßig ausgenutzt werden können. Hierdurch wird die Verwaltung angewiesen, den Kreis der Bewerber so abzustimmen, dass dem Einzelnen eine **wirtschaftlich sinnvolle Verwertungsmöglichkeit** verbleibt.[5)] Nicht der Fall ist das etwa bei sog. Zwergquoten, durch die das Volumen der einzelnen Genehmigungen so klein wird, dass es eine rentable Durchführung der beantragten Geschäfte nicht mehr zulässt.[6)]

54 Über die einzelwirtschaftliche Rentabilität hinaus sind Genehmigungen in der Weise zu erteilen, dass der volkswirtschaftliche Kreislauf so wenig wie möglich gestört wird.[7)] So können bestimmte Gruppen von Antragstellern zwar eine besonders günstige einzelwirtschaftliche Rentabilität bei der Durchführung der beantragten Geschäfte erwarten lassen. Dennoch könnte aus volkswirtschaftlichen Gründen durch eine entsprechende Auswahl sachlicher Voraussetzungen die Antragsberechtigung dieser Gruppe beschränkt werden.[8)] Insbesondere können Antragsteller zum Schutz des volkswirtschaftlichen Kreislaufs bevorzugt werden, die von Berufs wegen auf die einzuführende Ware besonders angewiesen sind, namentlich traditionelle Importeure, Fachhändler und Produzenten, die die Ware verarbeiten.[9)]

55 Bei der Wertung der volkswirtschaftlichen Zweckmäßigkeit kommt der Verwaltung ein Beurteilungsspielraum zu.[10)] Dieser befreit sie jedoch nicht von der Beachtung des Gleichbehandlungsgrundsatzes und der allgemeinen Grund-

---

1) Hohmann in Hohmann/John, 2002, § 3 AWG Rz. 20.
2) HADDEX, Bd. 1 (Februar 2012), Teil 9, Kap. 4 Schaubild nach Rz. 645.
3) BT-Drucks 13/4774, 5 zu § 3 AWG a.F.
4) Hohmann in Hohmann/John, 2002, § 3 AWG Rz. 17 ff.; a.A. Friedrich in Hocke/Friedrich, § 3 AWG Rz. 36 (April 2012), nach dem (ohne nähere Begründung) nur der Nullbescheid von § 8 Abs. 2 Satz 2 AWG erfasst sein soll.
5) Zeidler in Schulz, 1966, § 3 AWG Rz. 21; Sieg/Fahning/Kölling, 1963, § 3 AWG III 18.
6) Von Bogdandy, VerwArch 83 (1992), 53 (71); Zeidler in Schulz, 1966, § 3 AWG Rz. 21.
7) Friedrich in Hocke/Friedrich/Berwald/Maurer, Bd. I, § 3 AWG Rz. 40 (April 2012).
8) Zeidler in Schulz, 1966, § 3 AWG Rz. 21.
9) Vgl. Friedrich in Hocke/Friedrich/Berwald/Maurer, Bd. I, § 3 AWG Rz. 40 (April 2012).
10) Sieg/Fahning/Kölling, Außenwirtschaftsgesetz, § 3 AWG III 17; Diemer in Erbs/Kohlhaas, Strafrechtliche Nebengesetze, 194. Ergänzungslieferung 2013, § 3 AWG Rz. 4.

sätze des Verwaltungsrechts.[1] Insbesondere ist die Verwaltung durch § 1 AWG angehalten, jede Verteilung so zu organisieren, dass bei notwendigen Beschränkungen der Antragsteller schonend behandelt wird und nur soweit eingeschränkt wird, wie es für eine gerechte und sinnvolle Verteilung unerlässlich ist.[2]

Das gilt ebenso für Entscheidungen der Behörde nach § 8 Abs. 4 AWG, der es erlaubt, Unionsansässige, die durch eine Beschränkung in der Ausübung ihres Gewerbes besonders betroffen werden, bevorzugt zu berücksichtigen. Auch hier muss die Verwaltung nach einleuchtenden, aus der Natur der Sache folgenden Erwägungen verfahren. Insbesondere muss die Bevorzugung in einem inneren Zusammenhang mit den auf der anderen Seite angefallenen Nachteilen stehen.[3]

§ 8 Abs. 3 und 4 haben für Ausfuhren derzeit, soweit ersichtlich, keine praktische Bedeutung.[4] Im Einfuhrbereich werden sie heute weitgehend von EU-Recht überlagert (→ Rz. 4).

D. Pflicht zu richtigen und vollständigen Angaben (Abs. 5)

Der durch die Novelle 2013 neu aufgenommene § 8 Abs 5 AWG kodifiziert die auch bisher schon bestehende Pflicht des Antragstellers, bei der Beantragung einer Genehmigung nach § 8 Abs. 1 AWG oder einer Bescheinigung nach § 8 Abs. 2 Satz 2 AWG vollständige und richtige Angaben zu machen.[5]

Unrichtige oder unvollständige Angaben macht ein Antragsteller, wenn er einen Sachverhalt objektiv falsch darstellt oder wesentliche Umstände, zu deren Offenbarung er verpflichtet ist, verschweigt.[6] Ein Benutzen falscher Angaben liegt dann vor, wenn der Antragsteller die falschen Angaben eines anderen gegenüber der Behörde verwendet oder wenn bei der Behörde vorhandene, ursprünglich richtige Angaben vor der Erteilung der Genehmigung oder der Bescheinigung unzutreffend werden.[7]

Verstöße gegen die Pflicht zu richtigen und vollständigen Angaben sind nach § 19 Abs. 2 AWG bußgeldbewehrt.

---

1) Sieg/Fahning/Kölling, Außenwirtschaftsgesetz, § 3 AWG III 18; Diemer in Erbs/Kohlhaas, Strafrechtliche Nebengesetze, 194. Ergänzungslieferung 2013, § 3 AWG Rz. 4; a.A. Langen, § 3 AWG Rz. 17 (Januar 1968).
2) Vgl. Rummer, NJW 1988, 225, 226, wo sich im Folgenden auch eine Darstellung der möglichen Verteilungsverfahren findet.
3) Sieg/Fahning/Kölling, Außenwirtschaftsgesetz, § 3 AWG III 21.
4) Friedrich in Hocke/Friedrich, § 3 AWG Rz. 39 (April 2012).
5) Bereits vor der Novelle 2013 war es nach § 33 Abs. 5 Nr. 1 AWG a.F. bußgeldbewehrt, unrichtige oder unvollständige Angaben tatsächlicher Art zu machen oder zu benutzen, um eine Genehmigung oder Bescheinigung i.S.d. AWG zu erlangen.
6) Diemer in Erbs/Kohlhaas, Strafrechtliche Nebengesetze, 194. Ergänzungslieferung 2013, § 33 AWG Rz. 24; Morweiser in Wolffgang/Simonsen/Tietje, Bd. II, § 33 AWG Rz. 46 (November 2011).
7) John in Hohmann/John, 2002, § 33 AWG Rz. 54.

§ 9
Erteilung von Zertifikaten

Durch Rechtsverordnung auf Grund dieses Gesetzes kann die Erteilung von Zertifikaten vorgesehen werden, soweit dies zur Zertifizierung nach Artikel 9 der Richtlinie 2009/43/EG des Europäischen Parlaments und des Rates vom 6. Mai 2009 zur Vereinfachung der Bedingungen für die innergemeinschaftliche Verbringung von Verteidigungsgütern (ABl. L 146 vom 10.6.2009, S. 1) erforderlich ist. § 8 Absatz 5 gilt entsprechend.

AWV

§ 2
Zertifikate nach Artikel 9 der Richtlinie 2009/43/EG

(1) Das Bundesamt für Wirtschaft und Ausfuhrkontrolle (BAFA) erteilt einem Teilnehmer am Außenwirtschaftsverkehr auf Antrag ein Zertifikat, das ihm Zuverlässigkeit bescheinigt, insbesondere in Bezug auf seine Fähigkeit, die Ausfuhrbestimmungen für in Teil I Abschnitt A der Ausfuhrliste (Anlage AL) genannte Güter einzuhalten, die er im Rahmen einer Genehmigung aus einem anderen Mitgliedstaat der Europäischen Union bezieht.

(2) Für die Bescheinigung der Zuverlässigkeit des Antragstellers sind in der Regel erforderlich:

1. *nachgewiesene Erfahrung im Bereich Verteidigung, insbesondere unter Berücksichtigung der Einhaltung von Ausfuhrbeschränkungen durch den Antragsteller, etwaiger einschlägiger Gerichtsurteile und der Beschäftigung erfahrener Führungskräfte;*

2. *einschlägige industrielle Tätigkeit mit Bezug auf in Teil I Abschnitt A der Ausfuhrliste genannte Güter im Inland, insbesondere Fähigkeit zur System- oder Teilsystemintegration;*

3. *die Ernennung eines leitenden Mitarbeiters zum persönlich Verantwortlichen für Verbringungen und Ausfuhren, der persönlich für das interne Programm zur Einhaltung der Ausfuhrkontrollverfahren oder das Verbringungs- und Ausfuhrverwaltungssystem des Antragstellers sowie für das Ausfuhr- und Verbringungskontrollpersonal verantwortlich ist und Mitglied des geschäftsführenden Organs des Antragstellers ist;*

4. *eine von dem in Nummer 3 genannten leitenden Mitarbeiter unterzeichnete schriftliche Verpflichtungserklärung des Antragstellers, dass er alle notwendigen Vorkehrungen trifft, um sämtliche Bedingungen für die Endverwendung und Ausfuhr eines ihm gelieferten in Teil I Abschnitt A der Ausfuhrliste genannten Gutes einzuhalten und durchzusetzen;*

5. *eine von dem in Nummer 3 genannten leitenden Mitarbeiter unterzeichnete schriftliche Verpflichtungserklärung des Antragstellers, dass er gegenüber den zuständigen Behörden bei Anfragen und Untersuchungen die erforderlichen Angaben über die Endverwender oder die Endverwendung aller Güter macht, die er ausführt, verbringt oder im Rahmen einer Genehmigung eines anderen Mitgliedstaats der Europäischen Union erhält;*

6. *eine von dem in Nummer 3 genannten leitenden Mitarbeiter gegengezeichnete Beschreibung des internen Programms zur Einhaltung der Ausfuhrkontrollverfahren oder des Verbringungs- und Ausfuhrverwaltungssystems des*

(AWV) *Antragstellers, aus der sich eindeutig ergibt, dass der in Nummer 3 genannte leitende Mitarbeiter die Aufsicht über das Personal der für die Ausfuhr- und Verbringungskontrolle des Antragstellers zuständigen Abteilungen führt; diese Beschreibung enthält Angaben über*

    a) die organisatorischen, personellen und technischen Mittel für die Verwaltung von Verbringungen und Ausfuhren,

    b) die Verteilung der Zuständigkeiten beim Antragsteller,

    c) die internen Prüfverfahren,

    d) die Maßnahmen zur Sensibilisierung und Schulung des Personals,

    e) die Maßnahmen zur Gewährleistung der physischen und technischen Sicherheit,

    f) das Führen von Aufzeichnungen,

    g) die Rückverfolgbarkeit von Verbringungen und Ausfuhren,

    h) die Adresse, unter der die zuständigen Behörden gemäß § 23 des Außenwirtschaftsgesetzes die Aufzeichnungen über die in Teil I Abschnitt A der Ausfuhrliste genannten Güter einsehen können;

7. *eine Erklärung des Antragstellers, dass er*

    a) die in Teil I Abschnitt A der Ausfuhrliste genannten Güter, die er auf der Grundlage einer Allgemeinverfügung erhält, welche auf die Erteilung des Zertifikats Bezug nimmt, für seine eigene Produktion verwendet und

    b) die betreffenden Güter außer zum Zweck der Wartung oder Reparatur nicht als solche einem Dritten endgültig überlässt, zu ihm verbringt oder an ihn ausführt.

(3) Die Gültigkeitsdauer des Zertifikats darf höchstens fünf Jahre betragen.

§ 28
Zertifizierungsverfahren

(1) Das Bundesamt für Wirtschaft und Ausfuhrkontrolle (BAFA) bestimmt durch Allgemeinverfügung, die im Bundesanzeiger bekannt zu machen ist, die dem Antrag auf Erteilung eines Zertifikats nach § 2 beizufügenden Unterlagen.

(2) § 6 Absatz 1 ist auf Zertifikate entsprechend anzuwenden.

(3) Das Bundesamt für Wirtschaft und Ausfuhrkontrolle (BAFA) veröffentlicht und aktualisiert regelmäßig eine Liste der zertifizierten Empfänger und teilt deren Inhalt dem Europäischen Parlament, den anderen Mitgliedstaaten der Europäischen Union und der Europäischen Kommission mit, damit diese auf ihrer Webseite ein Zentralregister der von den Mitgliedstaaten zertifizierten Empfänger veröffentlichen kann.

Inhalt

	Rz.
A. Inhalt und Bedeutung	1–3
I. Norminhalt	1
II. Zeitlicher Anwendungsbereich und historische Entwicklung	2
III. Normzusammenhänge/Verhältnis zu anderen Regelungen	3

	Rz.
B. Ermächtigung	4–6
C. Verhältnis zu § 2 AWV	7
D. Zertifizierung in der Praxis	8–11

A. Inhalt und Bedeutung

I. Norminhalt

§ 9 AWG dient der Umsetzung der Richtlinie 2009/43/EG des Europäischen Parlaments und des Rates vom 6.5.2009 zur Vereinfachung der Bedingungen für die innergemeinschaftliche Verbringung von Verteidigungsgütern (Verteidigungsgüterrichtlinie)[1] und führt das darin vorgesehene Zertifizierungsverfahren in das deutsche Recht ein.   **1**

II. Zeitlicher Anwendungsbereich und historische Entwicklung

§ 9 AWG wurde als § 2a AWG a.F. durch Art. 1 Nr. 1 des Gesetzes zur Umsetzung der Verteidigungsgüterrichtlinie eingeführt und ist am 4.8.2011 in Kraft getreten.[2]   **2**

III. Normzusammenhänge/Verhältnis zu anderen Regelungen

Die **Verteidigungsgüterrichtlinie** soll die Vorschriften und Verfahren für die innergemeinschaftliche Verbringung von Verteidigungsgütern vereinfachen und so das reibungslose Funktionieren des Binnenmarkts sicherstellen.[3] Gleichzeitig soll sie in diesem wirtschafts- und militärpolitisch hochsensiblen Bereich das gegenseitige Vertrauen der Mitgliedstaaten zueinander fördern.[4] Diesem Vertrauensaspekt trägt das in Art. 9 Verteidigungsgüterrichtlinie vorgesehene – und in § 9 AWG umgesetzte – Zertifizierungsverfahren Rechnung. Nach Art. 5 Verteidigungsgüterrichtlinie sollen die EU-Mitgliedstaaten verfahrensvereinfachend **Allgemeingenehmigungen** für die in ihrem Hoheitsgebiet ansässigen Lieferanten erteilen.[5] Die Verbringung von Verteidigungsgütern im Rahmen solcher Allgemeingenehmigungen darf nur an Empfänger erfolgen, die in ihrem jeweiligen Mitgliedstaat gem. Art. 9 Verteidigungsgüterrichtlinie   **3**

---

1) ABl.EU 2009, Nr. L 146, 1; BT-Drucks. 17/5262, 1, 12 und 14; BR-Drucks. 62/11, 15 und 17.
2) BGBl. I 2011, 1595 ff.
3) Art. 1 Verteidigungsgüterrichtlinie.
4) Vgl. Erwägungsgründe 29, 31, 33, 34, 38 und 40 Verteidigungsgüterrichtlinie.
5) Für Deutschland ist eine solche Allgemeine Genehmigung für die Verbringung von Rüstungsgütern mit der Allgemeinen Genehmigung Nr. 27 (Zertifizierte Empfänger) am 5.6.2012 erlassen worden und am 21.6.2012 in Kraft getreten (BAnz. AT 20.6.2012 B3).

nach den dort festgelegten Kriterien zertifiziert sind.[1] Das bedeutet: Die Verteidigungsgüterrichtlinie sieht Verfahrenserleichterungen zur Verbringung von Verteidigungsgütern von einem EU-Mitgliedstaat in einen anderen vor. Dafür sind jedoch strenge Vorgaben einzuhalten. So wird insbesondere die Zuverlässigkeit der Empfänger von Verteidigungsgütern geprüft.

B. Ermächtigung

4 Nach § 9 Satz 1 AWG kann durch Rechtsverordnung auf Grund des AWG[2] die Erteilung von Zertifikaten vorgesehen werden, soweit dies zur Zertifizierung nach Art. 9 Verteidigungsgüterrichtlinie erforderlich ist. Hinsichtlich der Voraussetzungen der Ermächtigung verweist § 9 Satz 1 AWG damit auf Art. 9 Verteidigungsgüterrichtlinie, der insoweit den Rahmen vorgibt.[3]

5 Art. 9 Verteidigungsgüterrichtlinie sieht ein Verfahren zur Zertifizierung von Empfängern von Verteidigungsgütern vor. Die Zertifizierung soll das Vertrauen zu deren Fähigkeit fördern, die Ausfuhrbeschränkungen für die wirtschafts- und militärpolitisch hochsensiblen Verteidigungsgüter einzuhalten, die im Rahmen einer Genehmigung aus einem anderen Mitgliedstaat empfangen werden.[4] Der dem AWG unbekannte Begriff des *„Verteidigungsguts"* wird dabei in Art. 3 Nr. 1 Verteidigungsgüterrichtlinie definiert als „jedes im Anhang der Verteidigungsgüterrichtlinie aufgeführte Gut."

6 Der Inhalt der dem AWG ebenfalls unbekannten **Zertifizierung**[5] ergibt sich aus Art. 9 Abs. 2 Verteidigungsgüterrichtlinie: Die Zertifizierung bescheinigt dem Empfängerunternehmen **Zuverlässigkeit**, insbesondere hinsichtlich seiner Fähigkeit, Ausfuhrbeschränkungen für Verteidigungsgüter einzuhalten, die es im Rahmen einer Genehmigung aus einem anderen Mitgliedstaat bezieht. Zuständig für die Zertifizierung ist der Mitgliedstaat, in dessen Hoheitsgebiet das jeweilige Empfängerunternehmen ansässig ist (Art. 9 Abs. 1 Verteidigungsgü-

---

1) Eine Ausnahme kann insoweit bestehen, als Mitgliedstaaten von der Ermächtigung in Art. 4 Abs. 2 der Verteidigungsgüterrichtlinie Gebrauch gemacht und dort genannte Lieferanten oder Empfänger auch ohne Zertifizierung von der Genehmigungspflicht ausgenommen haben. Deutschland hat auf der Grundlage des Art. 4 Abs. 2 Buchst. a der Verteidigungsgüterrichtlinie am 5.6.2012 die Allgemeine Genehmigung Nr. 26 (Streitkräfte) erlassen (BAnz. AT 20.6.2012 B2). Diese gilt – unabhängig von einer Zertifizierung – für die Verbringung von Verteidigungsgütern an Empfänger, die den Streitkräften – eines Mitgliedstaates angehören oder die als Auftraggeber im Bereich der Verteidigung handeln und den Erwerb für die ausschließliche Verwendung durch die Streitkräfte eines Mitgliedstaats tätigen. Ausführlich zur Verteidigungsgüterrichtlinie und ihrer Umsetzung in Deutschland Schladebach, RIW 2010, 127 ff.; Bartelt, AW-Prax 2011, 262 ff.
2) Die durch die Novellierung neu eingefügte Formulierung *„Rechtsverordnung auf Grund dieses Gesetzes"*, die sich auch in § 3 AWG findet, soll ausweislich der Gesetzesbegründung keinen Einfluss auf die Qualität der Vorschrift als Ermächtigungsgrundlage haben, zu § 9 AWG s. BT-Drucks. 17/11127, 23.
3) Die bei Friedrich in Hocke/Friedrich, § 2a AWG Rz. 1 (April 2012), durchklingende Kritik an der Verwendung dem AWG unbekannter Begriffe ist insofern ungerechtfertigt, als dass die Begriffe entweder in der Verteidigungsgüterrichtlinie definiert werden oder sich deren Inhalt aus dieser ergibt.
4) Vgl. Erwägungsgrund 33 Verteidigungsgüterrichtlinie.
5) Schladebach, RIW 2010, 127, 129, schlug aus diesem Grunde die Aufnahme einer Legaldefinition des Begriffs des Zertifikats in den Katalog der Begriffsbestimmungen des § 4 Abs. 2 AWG vor.

terrichtlinie). Die Kriterien zur Bewertung der Zuverlässigkeit eines Empfängerunternehmens sind in Art. 9 Abs. 2 Buchst. a bis f Verteidigungsgüterrichtlinie festgelegt. Diese Kriterien umfassen insbesondere:
- nachgewiesene Erfahrung im Bereich der Verteidigung,
- industrielle Tätigkeit mit Bezug auf Verteidigungsgüter in der EU und
- die Ernennung eines leitenden Mitarbeiters zum persönlich Verantwortlichen für Verbringungen und Ausfuhr.

Nach dem durch die Novellierung 2013 neu eingefügten Satz 2 gilt § 8 Abs. 5 AWG entsprechend, d.h. der Antragsteller hat bei der Beantragung der Zertifizierung vollständige und richtige Angaben zu machen (→ § 8 Rz. 58 ff.). Verstöße sind nach § 19 Abs. 2 AWG bußgeldbewehrt.

C. Verhältnis zu § 2 AWV

Die materiellen Vorgaben der Verteidigungsgüterrichtlinie zur Zertifizierung wurden in § 2 AWV (§ 2a AWV a.F.) aufgenommen.[1] Diese untypische Form der Änderung einer bestehenden Rechtsverordnung durch ein vom Bundestag beschlossenes – und damit formelles – Gesetz ist nach der Rechtsprechung des BVerfG unter bestimmten Voraussetzungen verfassungsgemäß.[2] Wegen der Gebote der Normen- und Rechtsmittelklarheit ist dann jedoch das dadurch entstandene Normgebilde insgesamt als Rechtsverordnung zu qualifizieren.[3] Als Bestandteil der Rechtsverordnung AWV ist ihr § 2 AWV demnach trotz seines formal-gesetzlichen Ursprungs als Rechtsverordnung zu qualifizieren. Entgegen Friedrich hat das keine Auswirkung auf die rechtliche Einordnung des jetzigen § 9 AWG als formelle Gesetzesnorm.[4]

7

D. Zertifizierung in der Praxis

Die Zertifizierung eröffnet den betroffenen Rüstungsunternehmen eine Möglichkeit, das Einfuhr- und Ausfuhrverfahren zu erleichtern, denn für Lieferun-

8

---

1) BT-Drucks. 17/5262, 15.
2) Zu den konkreten Voraussetzungen s. BVerfG v. 13.9.2005, 2 BvF 2/03, BVerfGE 114, 196, Rz. 206.
3) BVerfG v. 13.9.2005, 2 BvF 2/03, BVerfGE 114, 196, Rz. 695, 199-203; BVerfG v. 27.9.2005, 2 BvL 11/02, BVerfGE 114, 303.
4) Friedrich in Hocke/Friedrich, § 2a AWG Rz. 2 (April 2012), meint – und bezeichnet dies zu Recht als „eigenartige Rechtsfolge" –, dass neben § 2a AWV a.F. auch § 2a AWG a.F. als Rechtsverordnung zu qualifizieren wäre. Hierbei übersieht er, dass das BVerfG mit „Normengebilde" nicht die dem Rechtsanwender (i.d.R.) gar nicht begegnenden Artikelgesetze meint, mit denen die Änderungen von Rechtsverordnung und Gesetz erlassen werden. Einheitlich zu qualifizieren sind nach der bundesverfassungsgerichtlichen Rechtsprechung vielmehr die betroffenen bereits bestehenden Gesetze und Verordnungen, die (bei ihrer Neubekanntmachung) die Änderungen als integralen Bestandteil ihres Normtextes enthalten, vgl. Jekewitz, NVwZ 1994, 956, 957; Külpmann, NJW 2002, 3436, 3439; Mann in Sachs, 6. Aufl. 2011, Art. 80 GG Rz. 9; vgl. auch BVerfG v. 27.9.2005, 2 BvL 11/02, NVwZ 2006, 322, 323. Die Qualifikation einer Norm eines formellen Gesetzes wie des § 2a AWG a.F. als Rechtsverordnung widerspricht daher gerade den die einheitliche Qualifikation gebietenden Postulaten der Normen- und Rechtsmittelklarheit.

gen an zertifizierte Unternehmen gelten die Allgemeinen Genehmigungen für die Verbringung von Rüstungsgütern.[1] Der Gesetzgeber ist der Auffassung, dass der für die Unternehmen mit der Zertifizierung verbundene Verwaltungsaufwand durch die damit einhergehende Erleichterung beim Bezug bestimmter Verteidigungsgüter zumindest kompensiert wird. Das zertifizierte Unternehmen erlangt nämlich größere Rechts- und Planungssicherheit, wenn es Verteidigungsgüter bezieht, und wird von Mitwirkungsobliegenheiten im Einzel- und Sammelausfuhrgenehmigungsverfahren entlastet.[2]

9 Die in Deutschland seit dem 21.6.2012 geltende **Allgemeine Genehmigung Nr. 27** erlaubt, die in Ziff. 4.1 der Allgemeinen Genehmigung abschließend aufgezählten Rüstungsgüter an zertifizierte Empfänger in alle anderen EU-Mitgliedstaaten zu verbringen.[3] Erfasst sind z.B. bestimmte Landfahrzeuge und deren Bestandteile, bestimmte Arten von Munition und Zündervorrichtungen sowie bestimmte Spezialpanzer- und Schutzausrüstungen, aber auch gewisse Technologien und Software. Von der Allgemeinen Genehmigung nicht erfasst sind insbesondere die Güter der Kriegswaffenliste (Anlage zum KWKG).

10 Um die Allgemeine Genehmigung Nr. 27 zu nutzen, ist eine **Registrierung** beim BAFA erforderlich. Die Registrierung kann vor der ersten Verbringung oder binnen 30 Tagen danach elektronisch über das hierfür auf der BAFA-Internetseite zur Verfügung stehende Portal erfolgen.[4] Nach Ziffer 6.2 der Allgemeinen Genehmigung sind über dieses Portal auch die auf Grund der Allgemeinen Genehmigung getätigten Verbringungen **halbjährlich zu melden**. Hat das Unternehmen trotz Registrierung von der Allgemeinen Genehmigung keinen Gebrauch gemacht, so muss es eine sog. Nullmeldung abgeben.

11 Gemäß Art. 9 Abs. 8 Verteidigungsgüterrichtlinie haben die Mitgliedstaaten aktuelle Listen der durch sie zertifizierten Empfänger zu veröffentlichen. Eine Liste der in Deutschland niedergelassenen zertifizierten Empfänger von Rüstungsgütern veröffentlicht die Europäische Kommission auf ihrer Internetseite.[5] Bislang wurden drei Produktionsstätten der Diehl BGT Defence GmbH & Co. KG, zwei der Cassidian Optronics GmbH, eine der Raytheon Deutschland GmbH sowie eine Produktionsstätte der Northrop Grumman LITEF GmbH zertifiziert. Damit ist Deutschland das europäische Land mit den bisher meisten Zertifizierungen.

---

1) Vgl. Allgemeine Genehmigung Nr. 27 (Zertifizierte Empfänger), BAnz. AT 20.6.2012 B3.
2) BT-Drucks. 17/5262, 13; BR-Drucks. 62/11, 18 f.
3) Vgl. Fußnoten zu → Rz. 1 und 7.
4) Informationen zum Portal ELAN-K2 sowie der Zugang zu diesem sind abrufbar unter www.ausfuhrkontrolle.info/ausfuhrkontrolle/de/antragstellung/elank2/index.html.
5) Die Veröffentlichung zertifizierter deutscher Unternehmen erfolgt gem. Art. 9 Abs. 8 der Verteidigungsgüterrichtlinie i.V.m. § 28 Abs. 3 AWV (§ 21a Abs. 3 AWV a.F.) im Online-Register der zertifizierten Rüstungsunternehmen der Europäischen Kommission, im Internet abrufbar unter http://ec.europa.eu/enterprise/sectors/defence/certider/index.cfm?fuseaction=undertakings.countries.

§ 10
Deutsche Bundesbank

Beschränkungen nach einer Vorschrift dieses Gesetzes oder nach einer auf Grund dieses Gesetzes erlassenen Rechtsverordnung oder vollziehbaren Anordnung gelten nicht für Rechtsgeschäfte und Handlungen, welche die Deutsche Bundesbank im Rahmen ihres Geschäftskreises vornimmt oder welche ihr gegenüber vorgenommen werden.

Inhalt

	Rz.
A. Inhalt und Bedeutung	1–3
B. Die Bundesbank im Außenwirtschaftsverkehr	4–8
C. Gegenstand/Umfang der Ausnahme	9–14
I. Rechtsgeschäfte und Handlungen im Geschäftskreis der Bundesbank	11–12
II. Geschäftspartner der Bundesbank	13
III. Grenzen der Ausnahme	14

A. Inhalt und Bedeutung

Die Vorschrift des § 10 AWG nimmt die Deutsche Bundesbank von Beschränkungen des Außenwirtschaftsrechts aus. Bei den relevanten Beschränkungen handelt es sich namentlich um solche, die den Kapital- und Zahlungsverkehr sowie den Verkehr mit Auslandswerten und Gold betreffen.[1] Zweck dieser Freistellung ist es, die Erledigung der Hauptaufgaben der Bundesbank zu gewährleisten.[2] Die besondere Stellung der Bundesbank im Rechtsleben ergibt sich aus Art. 88 GG. Art. 88 Satz 1 GG enthält die institutionelle Garantie der Bundesbank als Währungs- und Notenbank. Art. 88 Satz 2 GG erklärt es für möglich, Aufgaben an die Europäische Zentralbank zu übertragen. Die Europäische Zentralbank wird darin als unabhängig und dem Ziel der Preisstabilität verpflichtet beschrieben. Hieraus lässt sich auch die Unabhängigkeit der Deutschen Bundesbank und ihre Verpflichtung, für Preisstabilität zu sorgen, ableiten.[3] 1

Die nähere Ausgestaltung im einfachgesetzlichen Recht erfolgt im Bundesbankgesetz (BBankG). In § 3 Satz 1 BBankG wird die Teilnahme am System Europäischer Zentralbanken (ESZB) festgeschrieben. Die Ziele des ESZB sind nach Art. 127 Abs. 2 AEUV, die Geldpolitik der Union festzulegen und auszuführen, Devisengeschäfte durchzuführen, Währungsreserven zu verwalten und das Funktionieren des Zahlungssystems zu fördern. 2

Nach Art. 131 AEUV müssen Regelungen zur Bundesbank mit Verträgen der Europäischen Union und der Satzung des ESZB vereinbar sein. Dies gilt auch für Aufgaben, die über die Erfüllung der Aufgaben im Rahmen des ESZB hinausgehen. Gemäß Art. 14.4 der Satzung des ESZB können nationale Zent- 3

---

1) BT-Drucks. III/1285, zu § 23.
2) Gramlich in Hohmann/John, 2002, § 25 AWG Rz. 5.
3) Herdegen in Maunz/Dürig, Art. 88 GG Rz. 2 (Oktober 2010).

ralbanken auch Aufgaben wahrnehmen, die nicht in der Satzung bezeichnet sind. Im nationalen Recht ergibt sich die Möglichkeit, der Bundesbank weitere Aufgaben zu übertragen, aus § 3 Satz 3 BBankG.

B. Die Bundesbank im Außenwirtschaftsverkehr

4   Die Bundesbank erfüllt verschiedene Funktionen im Außenwirtschaftsverkehr. Zunächst ist sie zuständige Stelle für den Erlass verbindlicher Entscheidungen. Diese berühren regelmäßig den Bereich des Kapital- und Zahlungsverkehrs, den Verkehr mit Auslandswerten und Gold. Nach § 13 Abs. 2 Nr. 1 AWG ist die Bundesbank ausschließlich zuständig, Verwaltungsakte (z.b. Genehmigungen) zu erlassen und Meldungen in diesem Bereich entgegenzunehmen.

5   Gemäß § 12 Abs. 3 AWG muss beim Erlass von Vorschriften in Rechtsverordnungen, die den Kapital- und Zahlungsverkehr oder den Verkehr mit Auslandswerten und Gold betreffen, das Benehmen mit der Bundesbank hergestellt werden. In § 23 Abs. 1 und 2 AWG werden der Bundesbank Auskunfts-, Vorlegungs- und Prüfungsrechte eingeräumt. Danach kann die Bundesbank Auskünfte, die zur Überprüfung der Einhaltung des AWG erforderlich sind, einfordern. Zudem kann sie beim Auskunftspflichtigen Prüfungen durchführen.

6   Die Zuständigkeit als Meldestelle ist in § 72 Abs. 1 AWV konkretisiert. Danach ist die Bundesbank zuständige Meldestelle für nach §§ 64 ff. AWV erforderliche Meldungen im Kapital-[1] und nach §§ 67 AWV erforderliche Meldungen im Zahlungsverkehr.[2] Dabei unterscheidet die AWV zwischen allgemeinen Meldevorschriften in §§ 64-69 AWV und besonderen Meldevorschriften für Geldinstitute in § 70 AWV.[3] Adressaten der allgemeinen Meldevorschriften sind Inländer, inländische Unternehmen, Zweigniederlassungen oder Betriebsstätten. Der Begriff des „Inländers" wird gem. § 63 Nr. 2 AWV abweichend von § 2 Abs. 15 AWG definiert als *„institutionelle Einheit im Inland im Sinne von Kapitel 2 des Anhangs A der Verordnung (EG) Nr. 2223/96"*.

7   Die Meldungen werden von der Bundesbank als Grundlage genutzt, die Zahlungsbilanz zu erstellen.[4] Gemäß § 73 AWV kann die Bundesbank vereinfachte Meldungen zulassen oder bei Vorliegen besonderer Gründe von einer Meldepflicht freistellen.

8   Darüber hinaus ist die Deutsche Bundesbank oftmals zuständig für die Durchführung von Embargos auf dem Gebiet des Kapital- und Zahlungsverkehrs.[5] In der Regel beruhen die Sanktionsmaßnahmen auf Resolutionen des Sicherheitsrats der Vereinten Nationen. Sie richten sich an Staaten und bedürfen der Umsetzung in den jeweiligen Rechtsordnungen. In der Europäischen Union erfolgt die Umsetzung zunächst durch einen Beschluss des Rates gem. Art. 29 EUV, der wiederum nicht unmittelbar in den Mitgliedstaaten gilt, sondern der

---

1) Vgl. § 11 AWG Rz. 21 ff.
2) Vgl. § 11 AWG Rz. 24 ff.
3) Zu letzteren vgl. § 11 AWG Rz. 24 ff.
4) http://www.bundesbank.de/Redaktion/DE/Standardartikel/Statistiken/zahlungsbilanz.html.
5) http://www.bundesbank.de/finanzsanktionen/finanzsanktione.php.

Umsetzung bedarf. Diese erfolgt der Regel durch eine EU-Verordnung gem. Art. 215 AEUV.
Sanktionsmaßnahmen der europäischen Union sind jedoch auch ohne zu Grunde liegende Maßnahmen der Vereinten Nationen möglich und üblich. Daneben können auch die Mitgliedstaaten in Ausnahmefällen bei Vorliegen schwerwiegender politischer Umstände aus Gründen der Dringlichkeit einseitige Maßnahmen auf dem Gebiet des Kapital- und Zahlungsverkehrs treffen. Hiervon wird regelmäßig dann Gebrauch gemacht, um kurzfristig agieren zu können und bereits vor Erlass von Maßnahmen durch die EU Beschränkungen auf dem Kapital- und Zahlungsverkehr zu treffen. Zuständige nationale Behörde für die Umsetzung der EU-Verordnungen auf dem Gebiet des Kapital- und Zahlungsverkehrs ist die Bundesbank. So ist die Bundesbank zuständig für die Entgegennahme von Meldungen bzw. die Erteilung von Genehmigungen für Geldtransfers[1] oder für die Freigabe eingefrorener Gelder oder wirtschaftlicher Ressourcen.[2]

C. Gegenstand/Umfang der Ausnahme

§ 10 AWG ist keine Kompetenznorm, sondern eine Einschränkung des persönlichen Anwendungsbereiches außenwirtschaftsrechtlicher Beschränkungen. Diese Vorschrift ist konsequent im Hinblick auf die aufgezeigten Kompetenzen der Bundesbank. Es wäre nicht sinnvoll, die Bundesbank einem Genehmigungserfordernis unterzuordnen, in einem Bereich in dem sie selbst zum Erlass der Genehmigung zuständige Stelle ist.[3]

Die Freistellung gilt laut Wortlaut für Beschränkungen, die das AWG enthält, und solche, die durch Rechtsverordnung vorgeschrieben werden. Beschränkungen innerhalb des Gesetzes berühren den Außenwirtschaftsverkehr nicht.[4] Mit der AWG-Novelle wurde der Anwendungsbereich von § 10 auch auf vollziehbare Anordnungen gem. § 6 AWG erweitert. Damit wurde ein zuvor bestehendes Redaktionsversehen beseitigt.[5]

I. Rechtsgeschäfte und Handlungen im Geschäftskreis der Bundesbank

Die Freistellung erstreckt sich auf Rechtsgeschäfte und Handlungen im Geschäftskreis der Bundesbank. Rechtsgeschäfte sind dabei i.d.R. privatrechtliche Geschäfte.[6] Für die Erfüllung der Rechtsgeschäfte können Handlungen erforderlich werden. Der Rahmen für Geschäfte der nationalen Zentralbanken wird in Art. 23 der ESZB-Satzung bestimmt.

Im 5. Abschnitt des BBankG werden Geschäfte der Bundesbank in §§ 19-25 aufgeführt. Dies sind im Einzelnen Geschäfte mit Kreditinstituten (§ 19 BBankG) und öffentlichen Verwaltungen (§ 20 BBankG) und Geschäfte am of-

---
1) Vgl. im Falle des Iran-Embargos etwa Art. 30, 30a der Verordnung (EU) Nr. 267/2012.
2) Vgl. im Falle des Iran-Embargos etwa Art. 24 ff. der Verordnung (EU) Nr. 267/2012.
3) Friedrich in Hocke/Berwald/Maurer/Friedrich, § 25 AWG (Dezember 2012).
4) Gramlich in Hohmann/John, 2002, § 25 AWG Rz. 5.
5) Gramlich in Hohmann/John, 2002, § 25 AWG Rz. 5.
6) Gramlich in Hohmann/John, 2002, § 25 AWG Rz. 10.

fenen Markt (§ 21 BBankG). Nach § 22 BBankG können Geschäfte i.S.d. § 19 Abs. 1 Nr. 4-9 auch mit natürlichen und juristischen Personen im Ausland vorgenommen werden. Diese Jedermanngeschäfte sind für den Außenwirtschaftsverkehr von besonderer Bedeutung.[1] Für den Außenwirtschaftsverkehr sind insbesondere Bankgeschäfte im Verkehr mit dem Ausland, An- und Verkauf ausländischer Zahlungsmittel, Forderungen und Edelmetallen (Gold) wichtig. Regelungen zum Warenverkehr fallen in aller Regel nicht in den Geschäftskreis der Bundesbank.[2]

II. Geschäftspartner der Bundesbank

13   Die Bereichsausnahme des § 10 AWG erstreckt sich auch auf Geschäftspartner der Bundesbank. Die Begünstigung der Geschäftspartner dient als Gegenstück zur Begünstigung der Bundesbank. Rechtsgeschäfte der Bundesbank sind i.d.R. Verträge. Um diese von Beschränkungen zu befreien, muss auch der Geschäftspartner der Bundesbank ausgenommen sein. Dies betrifft sowohl gebietsansässige als auch gebietsfremde Geschäftspartner der Deutschen Bundesbank.[3]

III. Grenzen der Ausnahme

14   Die Freistellung gilt nicht für sonstige Geschäfte der Bundesbank i.S.d. § 10 AWG.[4] Zudem wird nur von nationalen Rechtsvorschriften freigestellt. Von europarechtlichen Beschränkungen müsste auf Ebene des Europarechts freigestellt werden.[5]

---

1) Schad in Schulz, 1965, § 25 AWG Rz. 7.
2) Wolffgang/Simonsen/Tietje, § 25 AWG Rz. 33 (2007).
3) BT-Drucks. III/1285, 249.
4) Schad in Schulz, 1965, § 25 AWG Rz. 8.
5) Gramlich in Simonsen/Wolffgang, AWR Kommentar, § 25 Rz. 32.

§ 11
Verfahrens- und Meldevorschriften

(1) Durch Rechtsverordnung können Verfahrensvorschriften erlassen werden

1. zur Durchführung dieses Gesetzes und von Rechtsverordnungen auf Grund dieses Gesetzes,
2. zur Überprüfung der Rechtmäßigkeit von Rechtsgeschäften oder Handlungen im Außenwirtschaftsverkehr und
3. zur Durchführung
   a) der Bestimmungen der Europäischen Verträge, einschließlich der zu ihnen gehörigen Protokolle,
   b) der Abkommen der Europäischen Union und
   c) der Rechtsakte der Europäischen Union auf Grund der in den Buchstaben a und b genannten Verträge und Abkommen.

(2) Durch Rechtsverordnung kann angeordnet werden, dass Rechtsgeschäfte und Handlungen im Außenwirtschaftsverkehr, insbesondere aus ihnen erwachsende Forderungen und Verbindlichkeiten sowie Vermögensanlagen und die Leistung und Entgegennahme von Zahlungen, unter Angabe des Rechtsgrundes zu melden sind, damit

1. festgestellt werden kann, ob die Voraussetzungen für die Aufhebung, Erleichterung oder Anordnung von Beschränkungen vorliegen,
2. zu jedem Zeitpunkt die Zahlungsbilanz der Bundesrepublik Deutschland erstellt werden kann,
3. die Wahrnehmung der außenwirtschaftspolitischen Interessen gewährleistet wird oder
4. Verpflichtungen aus zwischenstaatlichen Vereinbarungen oder internationalen Exportkontrollregimen erfüllt werden können.

(3) [1]Zur Gewährleistung der Zwecke des Absatzes 2 Nummer 1 bis 4 kann durch Rechtsverordnung angeordnet werden, dass der Stand und ausgewählte Positionen der Zusammensetzung des Vermögens von Inländern im Ausland und von Ausländern im Inland zu melden sind. [2]Gehört zu dem meldepflichtigen Vermögen eine unmittelbare oder mittelbare Beteiligung an einem Unternehmen, kann angeordnet werden, dass auch der Stand und ausgewählte Positionen der Zusammensetzung des Vermögens des Unternehmens zu melden sind, an dem die Beteiligung besteht.

(4) Durch Rechtsverordnung können ferner Aufzeichnungs- und Aufbewahrungspflichten zur Ermöglichung der Überprüfung nach Absatz 1 Nummer 2 oder zur Erfüllung von Meldepflichten nach den Absätzen 2 und 3 vorgeschrieben werden.

(5) Die §§ 9, 15 und 16 des Bundesstatistikgesetzes sind in den Fällen der Absätze 2 und 3 entsprechend anzuwenden.

BStatG

§ 9
Regelungsumfang bundesstatistischer Rechtsvorschriften

(1) Die eine Bundesstatistik anordnende Rechtsvorschrift muß die Erhebungsmerkmale, die Hilfsmerkmale, die Art der Erhebung, den Berichtszeitraum oder den Berichtszeitpunkt, die Periodizität und den Kreis der zu Befragenden bestimmen.

(2) Laufende Nummern und Ordnungsnummern zur Durchführung von Bundesstatistiken bedürfen einer Bestimmung in der eine Bundesstatistik anordnenden Rechtsvorschrift nur insoweit, als sie Angaben über persönliche oder sachliche Verhältnisse enthalten, die über die Erhebungs- und Hilfsmerkmale hinausgehen.

§ 15
Auskunftspflicht

(1) Die eine Bundesstatistik anordnende Rechtsvorschrift hat festzulegen, ob und in welchem Umfang die Erhebung mit oder ohne Auskunftspflicht erfolgen soll. Ist eine Auskunftspflicht festgelegt, sind alle natürlichen und juristischen Personen des privaten und öffentlichen Rechts, Personenvereinigungen, Behörden des Bundes und der Länder sowie Gemeinden und Gemeindeverbände zur Beantwortung der ordnungsgemäß gestellten Fragen verpflichtet.

(2) Die Auskunftspflicht besteht gegenüber den mit der Durchführung der Bundesstatistiken amtlich betrauten Stellen und Personen.

(3) Die Antwort ist wahrheitsgemäß, vollständig und innerhalb der von den statistischen Ämtern des Bundes und der Länder gesetzten Fristen zu erteilen. Die Antwort ist erteilt, wenn die ordnungsgemäß ausgefüllten Erhebungsvordrucke

1. bei Übermittlung in schriftlicher Form der Erhebungsstelle zugegangen sind,

2. bei Übermittlung in elektronischer Form von der für den Empfang bestimmten Einrichtung in für die Erhebungsstelle bearbeitbarer Weise aufgezeichnet worden sind.

Die Antwort ist, soweit in einer Rechtsvorschrift nichts anderes bestimmt ist, für den Empfänger kosten- und portofrei zu erteilen.

(4) Werden Erhebungsbeauftragte eingesetzt, können die in den Erhebungsvordrucken enthaltenen Fragen mündlich, schriftlich oder elektronisch beantwortet werden.

(5) Wird in den Fällen des Absatzes 4 die Auskunft schriftlich oder elektronisch erteilt, sind die ausgefüllten Erhebungsvordrucke den Erhebungsbeauftragten auszuhändigen oder in verschlossenem Umschlag zu übergeben oder bei der Erhebungsstelle abzugeben, dorthin zu übersenden oder elektronisch zu übermitteln.

(6) Widerspruch und Anfechtungsklage gegen die Aufforderung zur Auskunftserteilung haben keine aufschiebende Wirkung.

§ 16
Geheimhaltung

(1) Einzelangaben über persönliche und sachliche Verhältnisse, die für eine Bundesstatistik gemacht werden, sind von den Amtsträgern und für den öffentlichen Dienst besonders Verpflichteten, die mit der Durchführung von Bundesstatistiken betraut sind, geheimzuhalten, soweit durch besondere Rechtsvorschrift nichts anderes bestimmt ist. Dies gilt nicht für

1. Einzelangaben, in deren Übermittlung oder Veröffentlichung der Befragte schriftlich eingewilligt hat,

2. Einzelangaben aus allgemein zugänglichen Quellen, wenn sie sich auf die in § 15 Abs. 1 genannten öffentlichen Stellen beziehen, auch soweit eine Auskunftspflicht aufgrund einer eine Bundesstatistik anordnenden Rechtsvorschrift besteht,

3. Einzelangaben, die vom Statistischen Bundesamt oder den statistischen Ämtern der Länder mit den Einzelangaben anderer Befragter zusammengefaßt und in statistischen Ergebnissen dargestellt sind,

4. Einzelangaben, wenn sie dem Befragten oder Betroffenen nicht zuzuordnen sind.

Die §§ 93, 97, 105 Abs. 1, § 111 Abs. 5 in Verbindung mit § 105 Abs. 1 sowie § 116 Abs. 1 der Abgabenordnung vom 16. März 1976 (BGBl. I S. 613; 1977 I S. 269), zuletzt geändert durch Artikel 1 des Gesetzes vom 19. Dezember 1985 (BGBl. I S. 2436), gelten nicht für Personen und Stellen, soweit sie mit der Durchführung von Bundes-, Landes- oder Kommunalstatistiken betraut sind.

(2) Die Übermittlung von Einzelangaben zwischen den mit der Durchführung einer Bundesstatistik betrauten Personen und Stellen ist zulässig, soweit dies zur Erstellung der Bundesstatistik erforderlich ist. Darüber hinaus ist die Übermittlung von Einzelangaben zwischen den an einer Zusammenarbeit nach § 3a beteiligten statistischen Ämtern und die zentrale Verarbeitung und Nutzung dieser Einzelangaben in einem oder mehreren statistischen Ämtern zulässig.

(3) Das Statistische Bundesamt darf an die statistischen Ämter der Länder die ihren jeweiligen Erhebungsbereich betreffenden Einzelangaben für Sonderaufbereitungen auf regionaler Ebene übermitteln. Für die Erstellung der Volkswirtschaftlichen Gesamtrechnungen des Bundes und der Länder dürfen sich das Statistische Bundesamt und die statistischen Ämter der Länder untereinander Einzelangaben aus Bundesstatistiken übermitteln.

(4) Für die Verwendung gegenüber den gesetzgebenden Körperschaften und für Zwecke der Planung, jedoch nicht für die Regelung von Einzelfällen, dürfen den obersten Bundes- oder Landesbehörden vom Statistischen Bundesamt und den statistischen Ämtern der Länder Tabellen mit statistischen Ergebnissen übermittelt werden, auch soweit Tabellenfelder nur einen einzigen Fall ausweisen. Die Übermittlung nach Satz 1 ist nur zulässig, soweit in den eine Bundesstatistik anordnenden Rechtsvorschriften die Übermittlung von Einzelangaben an oberste Bundes- oder Landesbehörden zugelassen ist.

(5) Für ausschließlich statistische Zwecke dürfen vom Statistischen Bundesamt und den statistischen Ämtern der Länder Einzelangaben an die zur Durchführung statistischer Aufgaben zuständigen Stellen der Gemeinden und Gemeindeverbände übermittelt werden, wenn die Übermittlung in einem eine Bundesstatistik anordnenden Gesetz vorgesehen ist sowie Art und Umfang der zu

AWG
§ 11 § 16 BStatG, § 63 AWV

(BStatG) übermittelnden Einzelangaben bestimmt sind. Die Übermittlung ist nur zulässig, wenn durch Landesgesetz eine Trennung dieser Stellen von anderen kommunalen Verwaltungsstellen sichergestellt und das Statistikgeheimnis durch Organisation und Verfahren gewährleistet ist.

(6) Für die Durchführung wissenschaftlicher Vorhaben dürfen vom Statistischen Bundesamt und den statistischen Ämtern der Länder Einzelangaben an Hochschulen oder sonstige Einrichtungen mit der Aufgabe unabhängiger wissenschaftlicher Forschung übermittelt werden, wenn die Einzelangaben nur mit einem unverhältnismäßig großen Aufwand an Zeit, Kosten und Arbeitskraft zugeordnet werden können und die Empfänger Amtsträger, für den öffentlichen Dienst besonders Verpflichtete oder Verpflichtete nach Absatz 7 sind.

(7) Personen, die Einzelangaben nach Absatz 6 erhalten sollen, sind vor der Übermittlung zur Geheimhaltung zu verpflichten, soweit sie nicht Amtsträger oder für den öffentlichen Dienst besonders Verpflichtete sind. § 1 Abs. 2, 3 und 4 Nr. 2 des Verpflichtungsgesetzes vom 2. März 1974 (BGBl. I S. 469, Artikel 42), das durch Gesetz vom 15. August 1974 (BGBl. I S. 1942) geändert worden ist, gilt entsprechend.

(8) Die aufgrund einer besonderen Rechtsvorschrift oder der Absätze 4, 5 oder 6 übermittelten Einzelangaben dürfen nur für die Zwecke verwendet werden, für die sie übermittelt wurden. In den Fällen des Absatzes 6 sind sie zu löschen, sobald das wissenschaftliche Vorhaben durchgeführt ist. Bei den Stellen, denen Einzelangaben übermittelt werden, muß durch organisatorische und technische Maßnahmen sichergestellt sein, daß nur Amtsträger, für den öffentlichen Dienst besonders Verpflichtete oder Verpflichtete nach Absatz 7 Satz 1 Empfänger von Einzelangaben sind.

(9) Die Übermittlung aufgrund einer besonderen Rechtsvorschrift oder nach den Absätzen 4, 5 oder 6 ist nach Inhalt, Stelle, der übermittelt wird, Datum und Zweck der Weitergabe von den statistischen Ämtern aufzuzeichnen. Die Aufzeichnungen sind mindestens fünf Jahre aufzubewahren.

(10) Die Pflicht zur Geheimhaltung nach Absatz 1 besteht auch für die Personen, die Empfänger von Einzelangaben aufgrund einer besonderen Rechtsvorschrift, nach den Absätzen 5, 6 oder von Tabellen nach Absatz 4 sind. Dies gilt nicht für offenkundige Tatsachen bei einer Übermittlung nach Absatz 4.

AWV

AWV

Kapitel 7
Meldevorschriften im Kapital- und Zahlungsverkehr

Abschnitt 1
Begriffsbestimmungen

§ 63
Begriffsbestimmungen

Für Zwecke der Meldungen nach diesem Kapitel ist

1. Inland das deutsche Wirtschaftsgebiet im Sinne des Kapitels 2 Nummer 2.05. des Anhangs A der Verordnung (EG) Nr. 2223/96 des Rates vom 25. Juni 1996 zum Europäischen System Volkswirtschaftlicher Gesamtrechnungen auf nationaler und regionaler Ebene in der Europäischen Gemeinschaft

(ABl. L 310 vom 30.11.1996, S. 1), die zuletzt durch die Verordnung (EU) Nr. 715/2010 (ABl. L 210 vom 11.8.2010, S. 1) geändert worden ist,

2. *Inländer* jede institutionelle Einheit im Inland im Sinne des Kapitels 2 Nummer 2.12. und 2.13. in Verbindung mit Nummer 2.07. des Anhangs A der Verordnung (EG) Nr. 2223/96 und

3. *Ausländer* jede institutionelle Einheit im Ausland im Sinne des Kapitels 2 Nummer 2.12. und 2.13. in Verbindung mit Nummer 2.07. des Anhangs A der Verordnung (EG) Nr. 2223/96.

Ausländer im Sinne dieses Kapitels sind auch Unternehmen, Zweigniederlassungen, Betriebsstätten und Banken, deren Sitz sich im Ausland befindet.

Abschnitt 2
Meldevorschriften im Kapitalverkehr

§ 64
Meldung von Vermögen von Inländern im Ausland

(1) Der Meldepflichtige nach Absatz 6 hat der Deutschen Bundesbank in der Frist des § 71 Absatz 1 den Stand und ausgewählte Positionen der Zusammensetzung folgenden Vermögens im Ausland gemäß Absatz 4 oder Absatz 5 zu melden:

1. des Vermögens eines ausländischen Unternehmens, wenn dem Inländer mindestens 10 Prozent der Anteile oder der Stimmrechte an dem Unternehmen zuzurechnen sind,

2. des Vermögens eines ausländischen Unternehmens, wenn mehr als 50 Prozent der Anteile oder der Stimmrechte an diesem Unternehmen einem oder mehreren von dem Inländer abhängigen ausländischen Unternehmen allein oder gemeinsam mit dem Inländer zuzurechnen sind, und

3. des Vermögens, das ausländischen Zweigniederlassungen und auf Dauer angelegten Betriebsstätten eines inländischen Unternehmens zugeordnet ist, sowie des Vermögens, das ausländischen Zweigniederlassungen und auf Dauer angelegten Betriebsstätten eines ausländischen Unternehmens zugeordnet ist, das die Bedingungen nach Nummer 2 erfüllt.

(2) Ein ausländisches Unternehmen gilt im Sinne des Absatzes 1 Nummer 2 als von einem Inländer abhängig, wenn dem Inländer mehr als 50 Prozent der Anteile oder Stimmrechte an dem ausländischen Unternehmen zuzurechnen sind. Wenn einem oder mehreren von einem Inländer abhängigen ausländischen Unternehmen oder diesem Unternehmen gemeinsam mit dem Inländer mehr als 50 Prozent der Anteile oder Stimmrechte an einem anderen ausländischen Unternehmen zuzurechnen sind, so ist auch das andere ausländische Unternehmen und unter denselben Voraussetzungen jedes weitere Unternehmen im Sinne des Absatzes 1 Nummer 2 als von einem Inländer abhängig anzusehen.

(3) Die Meldepflicht nach Absatz 1 entfällt,

1. wenn die Bilanzsumme des ausländischen Unternehmens, an dem der Inländer oder ein anderes von ihm abhängiges ausländisches Unternehmen beteiligt ist, 3 Millionen Euro nicht überschreitet,

(AWV) 2. wenn das Betriebsvermögen, das der ausländischen Zweigniederlassung oder Betriebsstätte nach Absatz 1 Nummer 3 zugeordnet ist, 3 Millionen Euro nicht überschreitet oder

3. soweit dem Inländer Unterlagen, die er zur Erfüllung seiner Meldepflicht benötigt, aus tatsächlichen oder rechtlichen Gründen nicht zugänglich sind.

(4) Die Meldungen sind nach dem Stand des Bilanzstichtags des Meldepflichtigen oder, wenn der Meldepflichtige nicht bilanziert, nach dem Stand des 31. Dezember zu erstatten, wobei die Angaben gemäß Anlage K3 „Vermögen von Inländern im Ausland" enthalten sein müssen.

(5) Stimmt der Bilanzstichtag eines ausländischen Unternehmens, an dem der Meldepflichtige oder ein anderes von ihm abhängiges ausländisches Unternehmen beteiligt ist, nicht mit dem Bilanzstichtag des Meldepflichtigen überein, so ist die Meldung des Vermögens gemäß Anlage K3 nach der Bilanz, deren Bilanzstichtag unmittelbar vor dem des Meldepflichtigen liegt, zu erstatten. Wenn der Meldepflichtige nicht bilanziert und der Bilanzstichtag eines ausländischen Unternehmens, an dem der Meldepflichtige oder ein anderes von ihm abhängiges Unternehmen beteiligt ist, nicht mit dem 31. Dezember übereinstimmt, so ist die Meldung des Vermögens gemäß Anlage K3 nach der Bilanz zu erstatten, deren Bilanzstichtag unmittelbar vor dem 31. Dezember liegt.

(6) Meldepflichtig ist der Inländer, dem das Vermögen unmittelbar oder über ein abhängiges ausländisches Unternehmen am Bilanzstichtag des Inländers oder, soweit er nicht bilanziert, am 31. Dezember zuzurechnen ist.

§ 65
Meldung von Vermögen von Ausländern im Inland

(1) Der Meldepflichtige nach Absatz 6 hat der Deutschen Bundesbank in der Frist des § 71 Absatz 2 den Stand und ausgewählte Positionen der Zusammensetzung folgenden Vermögens im Inland gemäß Absatz 5 zu melden:

1. des Vermögens eines inländischen Unternehmens, wenn einem Ausländer oder mehreren wirtschaftlich verbundenen Ausländern zusammen mindestens 10 Prozent der Anteile oder Stimmrechte an dem inländischen Unternehmen zuzurechnen sind,

2. des Vermögens eines inländischen Unternehmens, wenn mehr als 50 Prozent der Anteile oder Stimmrechte an diesem Unternehmen einem von einem Ausländer oder einem von mehreren wirtschaftlich verbundenen Ausländern abhängigen inländischen Unternehmen zuzurechnen sind, und

3. des Vermögens, das inländischen Zweigniederlassungen und auf Dauer angelegten Betriebsstätten eines ausländischen Unternehmens zugeordnet ist, sowie des Vermögens, das inländischen Zweigniederlassungen und auf Dauer angelegten Betriebsstätten eines inländischen Unternehmens zugeordnet ist, das die Bedingungen nach Nummer 2 erfüllt.

(2) Ausländer sind als wirtschaftlich verbunden anzusehen, wenn sie gemeinsame wirtschaftliche Interessen verfolgen. Dies gilt auch, wenn sie gemeinsame wirtschaftliche Interessen zusammen mit Inländern verfolgen. Als solche wirtschaftlich verbundene Ausländer gelten insbesondere:

1. natürliche und juristische ausländische Personen, die sich zum Zweck der Gründung oder des Erwerbs eines inländischen Unternehmens, des Erwerbs von Beteiligungen an einem solchen Unternehmen oder zur gemeinsamen

Ausübung ihrer Anteilsrechte an einem solchen Unternehmen zusammengeschlossen haben, (AWV)

2. natürliche und juristische ausländische Personen, die gemeinsam wirtschaftliche Interessen verfolgen, indem sie an einem oder mehreren Unternehmen Beteiligungen halten,

3. natürliche ausländische Personen, die miteinander verheiratet sind, eine Lebenspartnerschaft führen oder in gerader Linie verwandt, verschwägert oder durch Adoption verbunden oder in der Seitenlinie bis zum dritten Grad verwandt oder bis zum zweiten Grad verschwägert sind, und

4. juristische ausländische Personen, die im Sinne des § 15 des Aktiengesetzes miteinander verbunden sind.

(3) Ein inländisches Unternehmen gilt im Sinne des Absatzes 1 Nummer 2 als von einem Ausländer oder von mehreren wirtschaftlich verbundenen Ausländern abhängig, wenn dem Ausländer oder den wirtschaftlich verbundenen Ausländern zusammen mehr als 50 Prozent der Anteile oder Stimmrechte an dem inländischen Unternehmen zuzurechnen sind. Wenn einem von einem Ausländer oder von mehreren wirtschaftlich verbundenen Ausländern abhängigen inländischen Unternehmen allein oder gemeinsam mit einem oder mehreren weiteren von diesem inländischen Unternehmen abhängigen inländischen Unternehmen mehr als 50 Prozent der Anteile oder Stimmrechte an einem anderen inländischen Unternehmen zuzurechnen sind, so ist auch das andere inländische Unternehmen und unter denselben Voraussetzungen jedes weitere Unternehmen im Sinne des Absatzes 1 Nummer 2 als von einem Ausländer oder von mehreren wirtschaftlich verbundenen Ausländern abhängig anzusehen.

(4) Die Meldepflicht nach Absatz 1 entfällt,

1. wenn die Bilanzsumme des inländischen Unternehmens, an dem der Ausländer, die wirtschaftlich verbundenen Ausländer oder ein anderes von dem Ausländer oder von den wirtschaftlich verbundenen Ausländern abhängiges inländisches Unternehmen beteiligt sind, 3 Millionen Euro nicht überschreitet,

2. wenn das Betriebsvermögen, das der inländischen Zweigniederlassung oder Betriebsstätte nach Absatz 1 Nummer 3 zugeordnet ist, 3 Millionen Euro nicht überschreitet,

3. soweit dem Inländer Unterlagen, die er zur Erfüllung seiner Meldepflicht benötigt, aus tatsächlichen oder rechtlichen Gründen nicht zugänglich sind, oder

4. wenn das inländische oder das abhängige inländische Unternehmen, an dem wirtschaftlich verbundene Ausländer beteiligt sind, nicht erkennen kann, dass es sich bei den Ausländern im Sinne des Absatzes 2 um wirtschaftlich verbundene Ausländer handelt.

(5) Die Meldungen sind nach dem Stand des Bilanzstichtags des Meldepflichtigen oder, wenn es sich bei dem Meldepflichtigen um eine nicht bilanzierende inländische Zweigniederlassung oder Betriebsstätte eines ausländischen Unternehmens handelt, nach dem Stand des Bilanzstichtages des ausländischen Unternehmens zu erstatten, wobei die Angaben gemäß Anlage K4 „Vermögen von Ausländern im Inland" enthalten sein müssen.

(6) Meldepflichtig ist

(AWV) 1. im Fall des Absatzes 1 Nummer 1 das inländische Unternehmen,
2. im Fall des Absatzes 1 Nummer 2 das abhängige inländische Unternehmen,
3. im Fall des Absatzes 1 Nummer 3 die inländische Zweigniederlassung oder Betriebsstätte.

§ 66
Meldungen von Forderungen und Verbindlichkeiten

(1) Inländer, ausgenommen natürliche Personen, monetäre Finanzinstitute gemäß Artikel 1 erster Gedankenstrich der Verordnung (EG) Nr. 25/2009 der Europäischen Zentralbank vom 19. Dezember 2008 über die Bilanz des Sektors der monetären Finanzinstitute (ABl. L 15 vom 20.1.2009, S. 14), die zuletzt durch die Verordnung (EU) Nr. 883/2011 (ABl. L 228 vom 3.9.2011, S. 13) geändert worden ist, und Investmentaktiengesellschaften sowie Kapitalverwaltungsgesellschaften bezüglich der Forderungen und Verbindlichkeiten ihrer Investmentfonds, haben ihre Forderungen und Verbindlichkeiten gegenüber Ausländern der Deutschen Bundesbank gemäß der Absätze 2 und 3 in den Fristen des § 71 Absatz 3 und 4 zu melden, wenn diese Forderungen oder Verbindlichkeiten bei Ablauf eines Monats jeweils zusammengerechnet mehr als 5 Millionen Euro betragen.

(2) Die zu meldenden Forderungen und Verbindlichkeiten gegenüber ausländischen Banken müssen die Angaben gemäß Anlage Z5 „Forderungen und Verbindlichkeiten aus Finanzbeziehungen mit ausländischen Banken" enthalten.

(3) Die zu meldenden Forderungen und Verbindlichkeiten gegenüber ausländischen Nichtbanken müssen die Angaben gemäß der Anlage Z5a Blatt 1/1 „Forderungen und Verbindlichkeiten aus Finanzbeziehungen mit verbundenen ausländischen Nichtbanken", Anlage Z5a Blatt 1/2 „Forderungen und Verbindlichkeiten aus Finanzbeziehungen mit sonstigen ausländischen Nichtbanken", Anlage Z5a Blatt 2/1 „Forderungen und Verbindlichkeiten gegenüber verbundenen ausländischen Nichtbanken aus dem Waren- und Dienstleistungsverkehr" und Anlage Z5a Blatt 2/2 „Forderungen und Verbindlichkeiten gegenüber sonstigen ausländischen Nichtbanken aus dem Waren- und Dienstleistungsverkehr" enthalten.

(4) Inländer, die der Meldepflicht nach Absatz 1 unterliegen und deren Forderungen oder Verbindlichkeiten aus Finanzbeziehungen mit Ausländern bei Ablauf eines Quartals mehr als 500 Millionen Euro betragen, haben ihre Forderungen und Verbindlichkeiten gegenüber Ausländern aus derivativen Finanzinstrumenten nach dem Stand vom Quartalsende in der Frist des § 71 Absatz 5 zu melden, wobei die Angaben gemäß der Anlage Z5b „Forderungen und Verbindlichkeiten gegenüber Ausländern aus derivativen Finanzinstrumenten" enthalten sein müssen. Die Bestände sind grundsätzlich mit ihrem beizulegenden Zeitwert zu bewerten.

(5) Entfällt für einen Inländer, der für einen vorangegangenen Meldestichtag meldepflichtig war, wegen Unterschreitens der in den Absätzen 1 und 4 genannten Betragsgrenzen die Meldepflicht, so hat er dies schriftlich anzuzeigen.

Abschnitt 3
Meldung von Zahlungen

§ 67
Meldung von Zahlungen

(1) Inländer haben der Deutschen Bundesbank in den Fristen des § 71 Absatz 7 und 8 Zahlungen gemäß Absatz 4 zu melden, die sie

1. *von Ausländern oder für deren Rechnung von Inländern entgegennehmen (eingehende Zahlungen) oder*
2. *an Ausländer oder für deren Rechnung an Inländer leisten (ausgehende Zahlungen).*

(2) Nicht zu melden sind

1. *Zahlungen, die den Betrag von 12 500 Euro oder den Gegenwert in anderer Währung nicht übersteigen,*
2. *Zahlungen für die Einfuhr, Ausfuhr oder Verbringung von Waren und*
3. *Zahlungen, die die Gewährung, Aufnahme oder Rückzahlung von Krediten, einschließlich der Begründung und Rückzahlung von Guthaben, mit einer ursprünglich vereinbarten Laufzeit oder Kündigungsfrist von nicht mehr als zwölf Monaten zum Gegenstand haben.*

(3) Zahlungen im Sinne dieses Abschnitts sind auch die Aufrechnung und die Verrechnung sowie Zahlungen, die mittels Lastschriftverfahren abgewickelt werden. Als Zahlung gilt ferner das Einbringen von Sachen und Rechten in Unternehmen, Zweigniederlassungen und Betriebsstätten.

(4) In den Meldungen ein- und ausgehender Zahlungen müssen die Angaben gemäß Anlage Z4 „Zahlungen im Außenwirtschaftsverkehr" enthalten sein. Im Fall von Zahlungen im Zusammenhang mit Wertpapiergeschäften und Finanzderivaten müssen die Angaben gemäß Anlage Z10 „Wertpapiergeschäfte und Finanzderivate im Außenwirtschaftsverkehr" enthalten sein.

(5) In den Meldungen sind aussagefähige Angaben zu den zugrunde liegenden Leistungen oder zum Grundgeschäft zu machen und die entsprechenden Kennzahlen der Anlage LV „Leistungsverzeichnis der Deutschen Bundesbank für die Zahlungsbilanz", bei Zahlungen für in Aktien verbriefte Direktinvestitionen zusätzlich die internationale Wertpapierkennnummer und Nennbetrag oder Stückzahl anzugeben. Im Fall von Zahlungen im Zusammenhang mit Wertpapieren und Finanzderivaten sind anstelle der Angaben zum Grundgeschäft die Bezeichnungen der Wertpapiere, die internationale Wertpapierkennnummer sowie Nennbetrag oder Stückzahl anzugeben.

§ 68
Meldung von Zahlungen im Transithandel

(1) Sind Meldungen nach § 67 Absatz 1 aufgrund von Transithandelsgeschäften abzugeben, sind zusätzlich zu § 67 Absatz 4 noch folgende Angaben zu machen:

1. *die Benennung der Ware,*
2. *die zweistellige Kapitelnummer des Warenverzeichnisses für die Außenhandelsstatistik und*
3. *das Land, in dem der ausländische Vertragspartner seinen Sitz hat.*

(AWV) *(2) Der Meldepflichtige gemäß § 67 Absatz 1, der eine ausgehende Zahlung im Transithandel gemeldet hat und die Transithandelsware danach in das Inland einführt oder verbringt, hat den ursprünglich gemeldeten Betrag als „Stornierung im Transithandel" der Deutschen Bundesbank in der Frist des § 71 Absatz 7 anzuzeigen.*

§ 69
Meldung von Zahlungen der Seeschifffahrtsunternehmen

Inländer, die ein Seeschifffahrtsunternehmen betreiben, haben abweichend von § 67 Zahlungen, die sie im Zusammenhang mit dem Betrieb der Seeschifffahrt entgegennehmen oder leisten, der Deutschen Bundesbank in der Frist des § 71 Absatz 7 zu melden. In der Meldung müssen die Angaben gemäß Anlage Z8 „Einnahmen und Ausgaben der Seeschifffahrt" enthalten sein.

§ 70
Meldungen der Geldinstitute

(1) Inländische Geldinstitute haben der Deutschen Bundesbank in der Frist des § 71 Absatz 8 zu melden:

1. *Zahlungen für die Veräußerung oder den Erwerb von Wertpapieren und Finanzderivaten, die das Geldinstitut für eigene oder fremde Rechnung an Ausländer verkauft oder von Ausländern kauft, sowie Zahlungen, die das Geldinstitut im Zusammenhang mit der Einlösung inländischer Wertpapiere an Ausländer leistet oder von diesen erhält; in den Meldungen müssen die Angaben gemäß Anlage Z10 „Wertpapiergeschäfte und Finanzderivate im Außenwirtschaftsverkehr" enthalten sein;*

2. *Zins- und Dividendenzahlungen auf inländische Wertpapiere, die sie an Ausländer leisten oder von diesen erhalten; in den Meldungen müssen die Angaben gemäß Anlage Z11 „Zahlungen für Wertpapier-Erträge im Außenwirtschaftsverkehr" enthalten sein;*

3. *ein- und ausgehende Zahlungen für Zinsen und zinsähnliche Erträge und Aufwendungen, ausgenommen Wertpapierzinsen, die sie für eigene Rechnung von Ausländern entgegennehmen oder an Ausländer leisten; in den Meldungen müssen die Angaben gemäß Anlage Z14 „Zinseinnahmen und zinsähnliche Erträge im Außenwirtschaftsverkehr (ohne Wertpapierzinsen)" und Anlage Z15 „Zinsausgaben und zinsähnliche Aufwendungen im Außenwirtschaftsverkehr (ohne Wertpapierzinsen)" enthalten sein;*

4. *im Zusammenhang mit dem Reiseverkehr*

    a) *ein- und ausgehende Zahlungen aus Kartenumsätzen; in den Meldungen müssen die Angaben gemäß Anlage Z12 „Zahlungseingänge/Zahlungsausgänge im Reiseverkehr: Karten-Umsätze" enthalten sein,*

    b) *ein- und ausgehende Zahlungen aus dem An- und Verkauf von Sorten sowie Umsätze aus dem Verkauf oder aus der Versendung von Fremdwährungsreiseschecks; in den Meldungen müssen die Angaben gemäß Anlage Z13 „Zahlungseingänge/Zahlungsausgänge im Reiseverkehr: Sorten und Fremdwährungsreiseschecks" enthalten sein.*

(2) Geldinstitute im Sinne des Absatzes 1 sind

1. Monetäre Finanzinstitute nach Artikel 1 erster Gedankenstrich der Verordnung (EG) Nr. 25/2009 mit Ausnahme von Geldmarktfonds, (AWV)
2. sonstige Kreditinstitute nach § 1 Absatz 1 des Kreditwesengesetzes und
3. Finanzdienstleistungsinstitute nach § 1 Absatz 1a des Kreditwesengesetzes.

(3) Absatz 1 Nummer 1 und 3 ist nicht anzuwenden auf Zahlungen, die den Betrag von 12 500 Euro oder den Gegenwert in anderer Währung nicht übersteigen.

(4) Bei Meldungen nach Absatz 1 Nummer 1 sind die Kennzahlen der Anlage LV „Leistungsverzeichnis der Deutschen Bundesbank für die Zahlungsbilanz" und die Bezeichnungen der Wertpapiere, die internationale Wertpapierkennnummer sowie Nennbetrag oder Stückzahl anzugeben.

(5) Soweit Zahlungen nach Absatz 1 zu melden sind, ist § 67 nicht anzuwenden.

Abschnitt 4
Meldefristen, Meldestellen und Ausnahmen von der Meldepflicht

§ 71
Meldefristen

(1) Meldungen gemäß § 64 nach Anlage K3 sind einmal jährlich spätestens bis zum letzten Werktag des sechsten auf den Bilanzstichtag des Meldepflichtigen oder, soweit der Meldepflichtige nicht bilanziert, des sechsten auf den 31. Dezember folgenden Kalendermonats einzureichen.

(2) Meldungen gemäß § 65 nach Anlage K4 sind einmal jährlich spätestens bis zum letzten Werktag des sechsten auf den Bilanzstichtag des Meldepflichtigen oder, soweit es sich bei dem Meldepflichtigen um eine nicht bilanzierende inländische Zweigniederlassung oder Betriebsstätte eines ausländischen Unternehmens handelt, des sechsten auf den Bilanzstichtag des ausländischen Unternehmens folgenden Monats einzureichen.

(3) Meldungen gemäß § 66 Absatz 1 in Verbindung mit § 66 Absatz 2 nach Anlage Z5 sind monatlich bis zum zehnten Kalendertag des folgenden Monats nach dem Stand des letzten Werktages des Vormonats einzureichen.

(4) Meldungen gemäß § 66 Absatz 1 in Verbindung mit § 66 Absatz 3 nach Anlage Z5a Blatt 1 und Blatt 2 sind monatlich bis zum 20. Kalendertag des folgenden Monats nach dem Stand des letzten Werktages des Vormonats einzureichen.

(5) Meldungen gemäß § 66 Absatz 1 in Verbindung mit § 66 Absatz 4 nach Anlage Z5b sind bis zum 50. Kalendertag nach Ablauf eines jeden Kalendervierteljahres einzureichen.

(6) Die Anzeige gemäß § 66 Absatz 5 ist für die in § 66 Absatz 1 genannte Betragsgrenze bis zum 20. Kalendertag des darauf folgenden Monats, für die in § 66 Absatz 4 genannte Betragsgrenze bis zum 50. Kalendertag nach Ablauf des Kalendervierteljahres einzureichen.

(7) Meldungen gemäß § 67 Absatz 1 in Verbindung mit § 67 Absatz 4 Satz 1 nach Anlage Z4, Meldungen gemäß § 69 nach Anlage Z8 sowie Stornomeldungen nach § 68 Absatz 2 sind bis zum siebenten Kalendertag des auf die Leistung oder Entgegennahme der Zahlungen oder der Einfuhr oder Verbringung der Transithandelsware folgenden Monats einzureichen.

(AWV) *(8) Meldungen gemäß § 67 Absatz 1 in Verbindung mit § 67 Absatz 4 Satz 2 nach Anlage Z10 sowie Meldungen gemäß § 70 Absatz 1 nach den Anlagen Z10, Z11, Z12, Z13, Z14 und Z15 sind bis zum fünften Kalendertag des folgenden Monats einzureichen.*

§ 72
Meldestelle und Einreichungsweg

(1) Die Meldungen nach den §§ 64 bis 70 sind der Deutschen Bundesbank elektronisch einzureichen. Soweit die vorliegende Verordnung keine Formvorschriften enthält, sind dabei die von der Deutschen Bundesbank erlassenen Formvorschriften zu beachten.

(2) Die Deutsche Bundesbank übermittelt dem Bundesministerium für Wirtschaft und Technologie auf Verlangen die Angaben der Meldepflichtigen nach den §§ 64 und 65 in geeigneter Form.

(3) Meldungen können anstatt elektronisch auch in anderer Form abgegeben werden, sofern die Deutsche Bundesbank dies genehmigt hat und die erlassenen Formvorschriften beachtet werden.

§ 73
Ausnahmen

Die Deutsche Bundesbank kann

1. für einzelne Meldepflichtige oder für Gruppen von Meldepflichtigen vereinfachte Meldungen oder Abweichungen von Meldefristen oder Verfahren zulassen oder

2. einzelne Meldepflichtige oder Gruppen von Meldepflichtigen befristet oder widerruflich von einer Meldepflicht freistellen,

soweit dafür besondere Gründe vorliegen oder der Zweck der Meldevorschriften nicht beeinträchtigt wird.

Inhalt

	Rz.
A. Inhalt und Bedeutung	1–5
B. Verfahrensvorschriften (Abs. 1)	6–10
C. Meldevorschriften (Abs. 2, 3, 5)	11–28
I. Allgemeines	11–14
II. Ziel und Zweck der Meldepflichten	15–19
III. Gegenstand von Meldepflichten	20–26
1. Kapitalverkehr	21–23
2. Zahlungsverkehr	24–26
IV. Ausgestaltung der Meldepflicht	27–28
D. Aufzeichnungs- und Aufbewahrungspflichten (Abs. 4)	29

A. Inhalt und Bedeutung

Die Vorschrift des § 11 AWG dient als Ermächtigungsgrundlage für eine Vielzahl außenwirtschaftsrechtlicher Normen auf Verordnungsebene. Der weitreichende Rückgriff auf Verordnungen soll dem im Außenwirtschaftsrecht erhöhten Bedarf an flexiblen Handlungsmöglichkeiten Rechnung tragen.[1] Die Detailgenauigkeit der Ermächtigung ist den Voraussetzungen des Art. 80 GG geschuldet.

Die Vorschrift ist in 5 Absätze untergliedert, wovon Abs. 1 bis 4 Ermächtigungsgrundlagen enthalten. Abs. 1 bezieht sich auf Verfahrensregelungen. Abs. 2 betrifft Meldungen von Rechtsgeschäften und Handlungen im Außenwirtschaftsverkehr, Abs. 3 Bestandserhebungen bei grenzüberschreitenden Direktinvestitionen. Abs. 4 bezieht sich auf Aufzeichnungs- und Aufbewahrungspflichten. Obwohl genau zwischen Verfahrens-, Melde- und Aufbewahrungspflichten getrennt wird, kann die Grenze zwischen ihnen fließend verlaufen.[2] Abs. 5 regelt sodann Umfang, Auskunftspflicht und Geheimhaltung für die Meldevorschriften durch Verweis auf einzelne Regelungen des Bundesstatistikgesetzes.

Von der Grundlage des § 11 AWG wird vielfach Gebrauch gemacht. Insbesondere wurden die Verfahrens- und Meldevorschriften bzgl. Ausfuhr und Verbringung in §§ 12 bis 20 AWV sowie die umfangreichen Meldevorschriften im Kapital- und Zahlungsverkehr in §§ 63 bis 73 AWV auf dieser Grundlage erlassen. Die Präambel der AWV verweist daher ausdrücklich auch auf § 11 AWG. Für die nähere Ausgestaltung der Ausfuhrabfertigung und Ausnahmen zum Grundsatz der Gestellung verweist § 27 Abs. 4 AWG auf § 11 AWG.

§ 11 AWG ist eine der wichtigsten Verordnungsermächtigungen im AWG. Auch andere Vorschriften ermächtigen zum Erlass von Verordnungen. Nach § 4 Abs. 1 und 2 AWG können beispielsweise materielle Beschränkungen wie Genehmigungserfordernisse und Verbote von Handlungen und Rechtsgeschäften im Außenwirtschaftsverkehr erlassen werden. Außerdem sehen § 3 Abs. 3 sowie § 9 AWG Ermächtigungen zum Erlass von Verordnungen vor. Zuständigkeiten und Verfahren für den Erlass der Verordnungen werden in § 12 AWG geregelt.

§ 11 AWG wurde im Zuge der AWG-Novelle 2013 lediglich neu strukturiert, sie enthält keinerlei materiell-rechtliche Änderungen gegenüber § 26 AWG a.F.[3]

B. Verfahrensvorschriften (Abs. 1)

§ 11 Abs. 1 AWG ermächtigt zum Erlass von Verordnungen über das Verfahren bei der Vornahme von Rechtsgeschäften und Handlungen. In Verfahrensvorschriften *„soll z.B. festgelegt werden können, in welcher Form Anträge auf Erteilung von Genehmigungen einzureichen sind, welche Unterlagen beizufü-*

---

1) Friedrich in Hocke/Berwald/Maurer/Friedrich, § 26 AWG Rz. 2 (Dezember 2012).
2) Theobald in Schulz, 1965, § 26 AWG Rz. 3.
3) Vgl. Gesetzesbegründung, BT-Drucks. 17/11127, 24.

gen sind. Dadurch sollen auch Umgehungen der materiellen Beschränkungen verhindert werden."[1]

7 Gegenstand der Rechtsverordnungen ist das Verfahren bei der Vornahme von Rechtsgeschäften oder Handlungen. Rechtsgeschäfte in diesem Sinne sind alle Verpflichtungs-, und Verfügungsgeschäfte, auch einseitige Rechtsgeschäfte, insbesondere die Einfuhr, Durchfuhr, Gründung einer Niederlassung, Bearbeitung, Verarbeitung und Lagerung.[2]

8 Voraussetzung für den Erlass von Vorschriften ist, dass diese erforderlich zur Durchführung des AWG, der hierauf basierenden Rechtsverordnungen, des Rechts bzw. der Abkommen der Europäischen Union, oder zur Überprüfung der Vereinbarkeit mit diesen Regelungen sind. Das in der Vorschrift ausdrücklich genannte Kriterium der Erforderlichkeit soll dem Grundsatz der Außenwirtschaftsfreiheit Rechnung tragen. Grundsätzlich können Verfahrensbestimmungen auch für i.s.d. §§ 4 Abs. 1 i.V.m. 5 Abs. 1 AWG nicht beschränkte Güter eingeführt werden.[3] Unter Umständen können Verfahrensvorschriften die Freiheit der Wirtschaftsteilnehmer noch stärker belasten als materiell-rechtliche Genehmigungsvorbehalte.[4] Daher ist ein strenger Maßstab an die Erforderlichkeit anzulegen.

9 Was Verfahrensvorschriften betrifft, die der Überprüfung der Rechtsgeschäfte und Handlungen auf Rechtmäßigkeit i.s.d. AWG dienen, ist von der Überprüfung nach § 23 AWG abzugrenzen. Wie die Verfahrensvorschriften nach § 11 Abs. 1 AWG dient § 23 AWG zur Einhaltung des Außenwirtschaftsrechts. Dafür können nach § 23 Abs. 1 AWG Hauptzollamt, Bundesbank und BAFA Auskünfte und die Vorlage von Unterlagen verlangen. Unter Umständen kann es auch zu einer Prüfung des Unternehmens kommen. Im Rahmen des § 23 AWG wird ein konkreter Betrieb anlässlich eines Verdachts überprüft. Die Beweislast hinsichtlich der Rechtswidrigkeit einer Maßnahme obliegt bei der Prüfung der Verwaltung. Die Überprüfung i.s.d. § 11 Abs. 1 AWG ist eine routinemäßige Kontrolle der vorgelegten Unterlagen zur Abwicklung von Außenhandelsgeschäften.[5]

10 Weiter können nach § 11 Abs. 1 Nr. 3 AWG Vorschriften erlassen werden, die erforderlich zur Durchführung von EU-Recht sind. Buchst. a) nimmt dabei EU-Primärrecht, Buchst. b) die Abkommen der EU und Buchst. c) das EU-Sekundärrecht in Bezug.

C. Meldevorschriften (Abs. 2, 3, 5)

I. Allgemeines

11 Die Meldepflichten des § 11 Abs. 2 und Abs. 3 AWG sind vor dem Hintergrund währungs- und konjunkturpolitischer Zusammenhänge zu sehen.[6] Die statistischen Meldungen auf dem Gebiet des Zahlungsverkehrs dienen zur Erstellung

---

1) Gesetzesbegründung BT-Drucks. III/1285, 249.
2) Just in Hohmann/John, 2002, § 26 AWG Rz. 7.
3) Vgl. § 4 Abs. 4 AWG, Leonhardt in Schulz, 1965, § 26 AWG Rz. 2.
4) Leonhardt in Schulz, 1965, § 26 AWG Rz. 2.
5) Just in Hohmann/John, 2002, § 26 AWG Rz. 8.
6) Haug/Häge in Bieneck Handbuch Außenwirtschaftsrecht, 2. Aufl. 2005, § 15 Rz. 1 ff.

der Zahlungsbilanz der Bundesrepublik Deutschland.[1] Zudem werden die Meldungen herangezogen, um den deutschen Beitrag zur Zahlungsbilanz der Europäischen Union und der Europäischen Währungsunion zu erstellen.[2] Diese Bilanzen dienen wiederum als Grundlage für wirtschaftspolitische Entscheidungen. Der ausführlichen Regelung von Meldepflichten kommt auch eine dämmende Wirkung hinsichtlich des Ausmaßes von Meldepflichten zu.[3]

Andere außenwirtschaftliche Meldepflichten ergeben sich aus § 18 BBankG, der es der Bundesbank ermöglicht, Statistiken bei Kreditinstituten anzuordnen, und §§ 24 ff. KWG, u.a. für die Errichtung von Zweigniederlassungen in anderen Staaten des EWR oder in Drittstaaten sowie grenzüberschreitende Dienstleistungen. 12

Die Außenwirtschaftsverordnung enthält viele verschiedene Meldevorschriften, die auf der Grundlage von § 11 Abs. 2 und Abs. 3 AWG ergangen sind. §§ 64 ff. AWV enthalten verschiedene Meldevorschriften im Kapitalverkehr, wie von Vermögen von Inländern im Ausland (§ 64 AWV), von Ausländern im Inland (§ 65 AWV) sowie von Forderungen und Verbindlichkeiten (§ 66 AWV). § 67 AWV betrifft Zahlungen von Ausländern an Inländer und umgekehrt; § 70 AWV betrifft Zahlungen der Geldinstitute, § 68 AWV betrifft Zahlungen im Transithandel, § 69 AWV Zahlungen der Seeschifffahrtsunternehmen und § 70 Zahlungen der Geldinstitute. 13

Das Unterlassen einer Meldung bzw. eine unrichtige, unvollständige oder nicht rechtzeitige Meldung kann neben einem Zwangsgeld zur Verhängung eines Bußgelds führen.[4] 14

II. Ziel und Zweck der Meldepflichten

Im Einzelnen können Meldepflichten für die meldepflichtigen Objekte ergehen zur Realisierung von einem von vier verschiedenen Zielen. Das betrifft sowohl die Meldepflichten gem. § 11 Abs. 2 als auch durch Verweis diejenigen nach Abs. 3. 15

Meldepflichten gem. § 11 Abs. 2 Nr. 1 AWG sollen die Feststellung ermöglichen, ob Voraussetzungen für Anordnung oder Aufhebung von Beschränkungen vorliegen. In diesem Kontext ist eine Meldepflicht als milderes Mittel zum Verbot oder zur Genehmigungspflicht zu sehen.[5] In einer Testphase kann entweder erwogen werden, ob ein Eingriff in die Berufs- bzw. Handlungsfreiheit der Betroffenen intensiviert oder gelockert wird. Die Gesetzesbegründung selbst geht von einem geringen Anwendungsbereich dieses Tatbestands aus, da sich regelmäßig bereits aus der Zahlungsbilanz ergäbe, ob die Voraussetzungen vorliegen.[6] 16

---

1) Suntrup, Meldepflichten nach dem Außenwirtschaftsgesetz AW Prax 2003/180.
2) Deutsche Bundesbank, Erläuterungen der Deutschen Bundesbank zu den Meldevorschriften für den Zahlungs- und Kapitalverkehr mit dem Ausland nach §§ 56a ff. und §§ 59 ff. AWV a.F. Rz 1.
3) Friedrich in Hocke/Berwald/Maurer/Friedrich, § 26 AWG Rz. 11.
4) Vgl. § 19 Abs. 3 Nr. 1 Buchst. b AWG, § 81 Abs. 2 Nr. 19, vgl. auch Haug/Häge in Bieneck Handbuch Außenwirtschaftsrecht, 2. Aufl. 2005, § 15 Rz. 26 ff.
5) Friedrich in Hocke/Berwald/Maurer/Friedrich, § 26 AWG Rz. 12 (Dezember 2012).
6) BT Drucksache III/1285, 249.

17 Besondere Bedeutung kommt § 11 Abs. 2 Nr. 2 AWG zu. Diese Vorschrift erlaubt Meldepflichten, wenn sie erforderlich zur Erstellung der Zahlungsbilanz sind. Auf dieser Grundlage ist u.a. die praxisrelevante Vorschrift über die Meldung von Zahlungen nach § 67 AWV (Z-Meldungen[1]) ergangen. Die Zahlungsbilanz wird von der Deutschen Bundesbank erstellt und gibt Auskunft über die wirtschaftliche Verflechtung mit dem Ausland, indem sie wertmäßig für einen bestimmten Zeitraum alle wirtschaftlichen Transaktionen zwischen Gebietsansässigen und Gebietsfremden erfasst.[2] Neben dem AWG wird das Außenhandelsstatistikgesetz (AHStatGes) zur Erstellung der Zahlungsbilanz genutzt. Gegenstand des AHStatGes ist der grenzüberschreitende Warenverkehr.

18 Die Vorschrift des § 11 Abs. 2 Nr. 3 AWG sieht Meldepflichten vor, soweit dies zur Wahrnehmung außenwirtschaftspolitischer Interessen erforderlich ist. Dieser weite Tatbestand ist schwer mit dem eng auszulegenden Erforderlichkeitskriterium zu vereinen.[3] Durch den Verweis in der Gesetzesbegründung auf spezielle handelspolitische Interessen wird die Norm konkretisiert.[4]

19 Die Vorschrift des § 11 Abs. 2 Nr. 4 AWG ermöglicht es schließlich, Verpflichtungen aus zwischenstaatlichen Vereinbarungen oder internationalen Export-Kontrollregimen, wie etwa der Australischen Gruppe, des Missile Technology Control Regime, der Nuclear Supplier Group oder des Wassenaar Arrangement nachzukommen.

III. Gegenstand von Meldepflichten

20 Meldepflichten können sich gem. § 11 Abs. 2 AWG erstrecken auf aus Rechtsgeschäften und Handlungen erwachsende Forderungen und Verbindlichkeiten, Vermögensanlagen (Bestandsmeldungen), sowie die Leistung und Entgegennahme von Zahlungen (Zahlungsmeldungen). Die in § 11 Abs. 2 AWG aufgeführten Varianten haben nur beispielhaften und nicht abschließenden Charakter („insbesondere"). § 11 Abs. 3 AWG ermöglicht ferner Meldepflichten zu Stand und Positionen der Zusammensetzung von Vermögen. In der Regelungspraxis wird eine Vielzahl von Vorgängen von Meldepflichten erfasst.

1. Kapitalverkehr

21 Im Kapitalverkehr sieht § 64 AWV zunächst Meldungen des Vermögens sowie des Stands und ausgewählter Positionen der Zusammensetzung von folgendem Vermögen von Inländern im Ausland vor: Vermögen eines ausländischen Unternehmens, wenn dem Inländer mindestens 10 % der Anteile oder der Stimmrechte an dem Unternehmen zuzurechnen sind bzw. Vermögen eines ausländischen Unternehmens, wenn dem Inländer und seinen ausländischen verbundenen Unternehmen allein oder gemeinsam mehr als 50 % der Anteile oder Stimmrechte an diesem Unternehmen zuzurechnen sind sowie das Vermögen, das ausländischen Zweigniederlassungen und auf an Dauer angelegten Betriebsstätten eines inländischen Unternehmens zugeordnet ist.

---

1) http://www.bundesbank.de/Redaktion/DE/Standardartikel/Service/Meldewesen/meldevordrucke_z1_z4_und_z10.html.
2) http://www.bundesbank.de/Navigation/DE/Statistiken/Aussenwirtschaft/Zahlungsbilanz/zahlungsbilanz.html.
3) Just in Hohmann/John, 2002, § 26 AWG Rz. 21.
4) BT- Drucks. III/1285, 249; Sieg/Fahning/Kölling, 1963, § 26 Rz. 9.

Spiegelbildlich sind gem. § 65 AWV das Vermögen von Ausländern im Inland 22
zu melden. Ausnahmen bestehen gem. § 65 Abs. 4 AWV insoweit, als die Bilanzsumme der genannten Unternehmen 3 Mio. € nicht überschreitet bzw. das Betriebsvermögen das der Zweigniederlassung oder Betriebsstätte zugeordnet ist, 3 Mio. € nicht überschreitet. Von der Meldepflicht wird auch befreit, wenn dem Inländer Unterlagen, die er zur Erfüllung seiner Meldepflicht benötigt, aus tatsächlichen oder rechtlichen Gründen nicht zugänglich sind.

Daneben sind gem. § 66 AWV auch Forderungen und Verbindlichkeiten von 23
Inländern gegenüber Ausländern zu melden, wenn sie bei Ablauf eines Monats zusammen mehr als 5 Mio. € betragen. Forderungen oder Verbindlichkeiten aus Finanzierungen mit Ausländern, die mehr als 500 Mio. € bei Ablauf eines Quartals betragen, unterliegen gem. § 66 AWV weiteren Meldepflichten.

2. Zahlungsverkehr

Im Zahlungsverkehr bestehen nach der AWV folgende Meldepflichten: Gemäß 24
§ 67 Abs. 1 AWV müssen Inländer eingehende und ausgehende Zahlungen an und von Ausländern melden. Ausnahmen bestehen gem. § 67 Abs. 2 AWV für Zahlungen, die den Betrag von 12 500 € oder den Gegenwert anderer Währungen nicht übersteigen oder für die Ausfuhr, Einfuhr oder Verbringung von Waren gezahlt werden sowie Zahlungen, die Kredite mit einer ursprünglich vereinbarten Laufzeit oder Kündigungsfrist von nicht mehr als zwölf Monaten betreffen. Auch Aufrechnungen, Verrechnungen und Zahlungen mittels Lastschriftverfahren gelten gem. § 67 Abs. 3 Satz 1 AWV als meldepflichtige Zahlungen Das Einbringen von Sachen und Rechten in Unternehmen, Zweigniederlassungen und Betriebsstätten gilt gem. § 67 Abs. 3 Satz 2 AWV ebenfalls als Zahlung. Ob hieraus geschlossen werden kann, dass übrige Intra-Company-Zahlungen und -Verrechnungen nicht erfasst werden, ist strittig. Daneben bestehen Meldepflichten gem. § 68 AWV im Transithandel, gem. § 69 AWV für Inländer, die ein Seeschifffahrtsunternehmen betreiben bzw. gem. § 70 AWV für Geldinstitute.

Die Möglichkeit, Zahlungen über das Kreditinstitut bzw. den Zahlungsdienst- 25
leister mit Anlage Z1 zur AWV einzureichen, ist mit Inkrafttreten der AWG-Novelle 2013 weggefallen.[1] Hintergrund ist Art. 5 Abs. 1 der VO (EU) Nr. 924/2009, nachdem sich die Mitgliedstaaten verpflichtet haben, zahlungsbilanzstatistisch begründete innerstaatliche Pflichten der Zahlungsdienstleister zur Meldung von Zahlungsverkehrsdaten im Zusammenhang mit Zahlungen ihrer Kunden aufzuheben.[2]

Zuständigkeit, Verfahren und Ausnahmen von der Meldepflicht, sind in § 71 ff. 26
AWV geregelt. Formblätter für die Einreichung sind der AWV als Anlage beigefügt. Nach § 73 AWV ist die Bundesbank berechtigt, Ausnahmen von der Meldepflicht für Einzelne oder Gruppen vorzusehen.

IV. Ausgestaltung der Meldepflicht

Näheres zur Ausgestaltung der Meldepflichten gibt § 11 Abs. 5 AWG dem Ver- 27
ordnungsgeber durch Verweis auf einzelne Vorschriften des Bundesstatistikge-

---

1) Vgl. insofern noch § 60 Abs. 1 AWV.
2) Änderungen der AWV vgl. Bundesbank, Informationsblatt zu Umstellung der Meldungen zum Außenwirtschaftsverkehr zum Meldemonat September 2013, http://www.bundesbank.de.

setzes auf. Der Verweis auf § 9 BStatG sieht vor, dass Erhebungsmerkmale, Hilfsmerkmale, Art der Erhebung, Berichtszeitraum oder Berichtszeitpunkt, Periodizität und Kreis der zu Befragenden bestimmt werden müssen. § 15 BStatG verpflichtet den Verordnungsgeber zur Festlegung, ob und in welchem Umfang die Erhebung mit oder ohne Auskunftspflicht erfolgen soll. § 15 Abs. 6 BStatG sieht daneben vor, dass Widerspruch und Anfechtungsklage gegen die Aufforderung zur Auskunftserteilung keine aufschiebende Wirkung haben. § 16 BStatG schließlich enthält einzelne Regelungen zur Geheimhaltung. Über die Nutzung für statistische Zwecke hinaus gelten die Daten als vertraulich und dürfen nicht weitergegeben werden.

28 Vor der AWG-Novelle im Jahr 2013 enthielt dieser Absatz zusätzlich den Passus, dass Art und Umfang der Meldepflichten auf das Maß zu begrenzen sind, das notwendig ist, um einen der angegebenen, jeweils verfolgten Zwecke zu erreichen. Angesichts des aus dem Grundgesetz folgenden und ohnehin geltenden Verhältnismäßigkeitsgrundsatzes war dieser Zusatz lediglich klarstellend. Aus diesem Grund hat ihn der Gesetzgeber bei der AWG-Novelle weggelassen.[1] Weder aus dem Wegfall noch aus einem Umkehrschluss zu § 4 Abs. 4 AWG kann daher gefolgert werden, dass der Verhältnismäßigkeitsgrundsatz hier keine Anwendung findet.

D. Aufzeichnungs- und Aufbewahrungspflichten (Abs. 4)

29 § 11 Abs. 4 AWG ermöglicht es, in Verordnungen Aufzeichnungs- und Aufbewahrungspflichten vorzuschreiben. Damit soll eine Lücke zwischen § 11 Abs. 1 Nr. 2, und Abs. 2 und 3 AWG und § 23 AWG geschlossen werden, da es mangels aussagekräftiger Unterlagen häufig nicht möglich war, nachträglich die Rechtmäßigkeit außenwirtschaftlicher Vorgänge zu prüfen.[2] Die Vorschrift findet nur subsidiär zu handels- und steuerrechtlichen Vorschriften Anwendung. Somit sollen doppelte und widersprüchliche Pflichten verhindert werden. Maßgebliche Vorschriften sind dabei § 257 HGB und § 147 AO, die Aufbewahrungsfristen von sechs bzw. zehn Jahren beispielsweise für Handelsbücher, Inventare, Lageberichte und Jahresabschlüsse festlegen.

---

1) Gesetzesbegründung, BT-Drucks. 17/11127, 24, zu § 11.
2) Just in Hohmann/John, 2002, § 26 AWG Rz. 13.

§ 12
Erlass von Rechtsverordnungen

(1) ¹Rechtsverordnungen nach diesem Gesetz erlässt die Bundesregierung. ²Rechtsverordnungen nach § 4 Absatz 2 erlässt abweichend von Satz 1 das Bundesministerium für Wirtschaft und Technologie im Einvernehmen mit dem Auswärtigen Amt und dem Bundesministerium der Finanzen.

(2) Die Rechtsverordnungen bedürfen nicht der Zustimmung des Bundesrates.

(3) Bei Vorschriften, welche den Kapital- und Zahlungsverkehr oder den Verkehr mit Auslandswerten und Gold betreffen, ist das Benehmen mit der Deutschen Bundesbank herzustellen.

(4) ¹Die Rechtsverordnungen sind unverzüglich nach ihrer Verkündung dem Bundestag und dem Bundesrat mitzuteilen. ²Der Bundesrat kann binnen vier Wochen gegenüber dem Bundestag Stellung nehmen. ³Die Rechtsverordnungen sind unverzüglich aufzuheben, soweit es der Bundestag binnen vier Monaten nach ihrer Verkündung verlangt.

(5) Absatz 4 ist nicht anzuwenden auf Rechtsverordnungen, durch welche die Bundesregierung oder das Bundesministerium für Wirtschaft und Technologie gemäß § 4 Absatz 2 Beschränkungen des Güter-, Kapital- oder Zahlungsverkehrs mit dem Ausland angeordnet oder aufgehoben hat.

Inhalt

	Rz.
A. Inhalt und Bedeutung	1–6
B. Verordnungserlass	7–17
I. Zuständigkeit der Bundesregierung (Abs. 1 Satz 1)	7–9
II. Erlass durch das Bundesministerium für Wirtschaft und Technologie Abs. 1 Satz 2	10–12
III. Ausschluss der Zustimmungspflicht des Bundesrats (Abs. 2)	13–15
IV. Mitwirkung der Bundesbank (Abs. 3)	16–17
C. Mitwirkung von Bundesrat und Bundestag (Abs. 4)	18–28
I. Notifikationspflicht	18
II. Mitwirkungsmöglichkeiten des Bundesrats (Abs. 4 Satz 2)	19–20
III. Aufhebungsverlangen des Bundestages (Abs. 4 Satz 3)	21–28

A. Inhalt und Bedeutung

Die Vorschrift des § 12 AWG knüpft an die Ermächtigungsnormen des AWG und insbesondere an die §§ 4 und 11 AWG an. Sie regelt die Zuständigkeit und das Verfahren beim Erlass von Rechtsverordnungen.

Um das Spannungspotential der Norm zu erfassen, muss auch über 50 Jahre nach Verabschiedung des AWG der ursprüngliche Referentenentwurf beachtet werden. In diesem sollte die Bundesregierung unbeschränkt zum Erlass von Verordnungen ermächtigt werden. Damit sollte ihr ein Maximum an Flexibilität im Außenhandel eingeräumt werden. Die Bundesregierung hatte dieses Maß an Handlungsfreiheit gefordert, um bei internationalen Verhandlungen nicht auf Zustimmungen des Parlaments angewiesen zu sein und schnell handeln zu können, ohne ein aufwändiges Gesetzgebungsverfahren durchführen zu müssen.[1)]

3 Da diese weitgehende Delegierung, wenn auch verfassungsrechtlich nicht direkt zu beanstanden, zumindest aber als unvereinbar mit politischen Prinzipien der gesetzgebenden Körperschaften der Bundesrepublik Deutschland eingestuft wurde,[2)] sollte die Ermächtigung zum Verordnungserlass weiter begrenzt werden. Daher bewirkten der Bundesrat und der außenpolitische Ausschuss des Deutschen Bundestags, dass Verordnungen nicht vollkommen ohne parlamentarische Beteiligung erlassen werden. Als Form der Beteiligung wurden eine Notifizierungspflicht und ein Kassationsrecht festgelegt. Damit soll die außenpolitische Handlungsfreiheit der Bundesregierung gewahrt und gleichzeitig die Einbeziehung des Parlaments in wichtige Entscheidungen gewährleistet sein.[3)] Diese Regelungstechnik ist in Art. 80 GG nicht vorgesehen und stößt daher auf verfassungsrechtliche Bedenken. Gemeinhin gilt jedoch die Praktikabilität dieses Interessenausgleichs als bewährt.[4)]

4 Innerhalb dieses Entscheidungsgefüges kommt dem Bundesrat zur im Außenwirtschaftsrecht gebotenen Vereinfachung des Verfahrens eine geringere Bedeutung zu. Der Bundestag hingegen behält das letzte Wort über Verordnungen im Sinne dieser Vorschrift.

5 Das Gesetz differenziert zudem zwischen verschiedenen Regelungen, die jeweils unterschiedliche Verfahren und Zuständigkeiten innerhalb der Bundesregierung mit sich führen. Für den Erlass von Verordnungen im Kapital- und Zahlungsverkehr wird die Bundesbank mit Mitspracherechten ausgestattet.

6 Im Rahmen der AWG-Novelle im Jahre 2013 wurde diese Vorschrift neu strukturiert, inhaltlich jedoch nicht geändert.[5)]

B. Verordnungserlass

I. Zuständigkeit der Bundesregierung (Abs. 1 Satz 1)

7 Grundsätzlich ist gem. § 12 Abs. 1 Satz 1 AWG die Bundesregierung zum Erlass von Rechtsverordnungen nach dem AWG zuständig. Beschlüsse der gesamten Regierung sind grundsätzlich als Ausnahmen vom Ressortprinzip des Art. 65 Satz 2 GG zu verstehen. Im Außenwirtschaftsrecht ist der Erlass von Verordnungen durch einzelne Fachminister jedoch abschließend im Rahmen eines Ausnahmetatbestands geregelt.

8 Dies beruht laut der Gesetzesbegründung zu § 26 a.F. AWG darauf, dass Verordnungen im Außenwirtschaftsrecht erhebliche Bedeutung für die gesamte Volkswirtschaft sowie für die Außenpolitik haben können.[6)] Eine weitere Dele-

---

1) Leonhardt in Schulz, 1965, § 27 AWG Rz. 2.
2) BT-Drucks. III/2386, zu § 26.
3) Leonhardt in Schulz, 1965, § 27 AWG Rz. 9.
4) Friedrich in Hocke/Friedrich, § 27 AWG Rz. 14 (August 2006).
5) Vgl. Gesetzesbegründung, BT-Drucks 17/11127, zu § 12.
6) BT-Drucks. III/1285 zu § 26.

gation der Kompetenz, Verordnungen zu erlassen, müsste nach Art. 80 Abs. 1 Satz 4 GG ausdrücklich im Gesetz vorgesehen werden. In der aktuellen Version des AWG besteht eine solche Delegationsmöglichkeit nicht.

Bei der Entscheidung müssen alle Mitglieder der Regierung, nach Art. 62 GG Bundeskanzler und Bundesminister, miteinbezogen werden.[1] Der Erlass von Verordnungen im Umlaufverfahren nach § 20 Abs. 2 GOBReg wurde vom BVerfG nicht beanstandet, wohl aber eine Praxis, die einen Beschluss als entstanden ansieht, wenn kein Widerspruch eingelegt wurde.[2]

9

II. Erlass durch das Bundesministerium für Wirtschaft und Technologie (Abs. 1 Satz 2)

Rechtsverordnungen nach § 4 Abs. 2 AWG erlässt gem. § 12 Abs. 1 Satz 2 das Bundesministerium für Wirtschaft im Einvernehmen mit dem Auswärtigen Amt und dem BMF. Verordnungen besonderer Bedeutung müssen laut § 15 Abs. 1 lit. c GO BReg vom Kabinett beraten und beschlossen werden, auch wenn sie eigentlich von einer anderen Stelle erlassen würden. Diese Vorschrift muss vor dem Hintergrund ausgelegt werden, dass die Bundesregierung den Erlass von Rechtsverordnungen, für die das Bundesministerium für Wirtschaft und Technologie zuständig wäre, nicht an sich ziehen kann.

10

Einvernehmen im Sinne dieser Vorschrift bedeutet Zustimmung.[3] Diese Zustimmung muss vor Erlass der Verordnung erfolgen. Dies bedeutet, dass die beteiligten Ministerien, das Zustandekommen der Verordnung verhindern können. Ein Recht, am Inhalt der Verordnung mitzuwirken, besteht nicht. [4]

11

In der Praxis kommt es jedoch bei den in Rede stehenden Verordnungen nicht zu Konflikten. Die Verordnungen, für deren Erlass anstatt der gesamten nur ein Teil der Regierung zuständig ist, dürften sich auch nach der Änderung des Wortlauts von § 12 AWG im Rahmen der AWG-Novelle 2013 im Bereich der Umsetzung zwischenstaatlicher Vereinbarungen befinden. § 12 Abs. 1 Satz 2 AWG verweist nunmehr nicht mehr auf *„Rechtsverordnungen, die der Erfüllung von zwischenstaatlichen Vereinbarungen dienen"* sondern auf solche nach § 4 Abs. 2 AWG. § 4 Abs. 2 AWG listet in seinen vier Ziffern jedoch ausschließlich und abschließend solche zwischenstaatlichen Vereinbarungen auf. In diesen Fällen ist die Bundesrepublik Deutschland ohnehin dazu verpflichtet, die Verordnungen zu erlassen und der Spielraum des Verordnungsgebers ist eingeschränkt.[5]

12

III. Ausschluss der Zustimmungspflicht des Bundesrats (Abs. 2)

Eine Zustimmung des Bundesrats ist in § 12 Abs. 2 AWG ausdrücklich ausgeschlossen. Verordnungen bedürfen nach Art. 80 Abs. 2 GG nur in dort bestimmten Fällen der Zustimmung. Da das AWG zustimmungsbedürftig war, müssten

13

---
1) Friedrich in Hocke/Friedrich, § 27 AWG Rz. 3 (August 2006).
2) BVerfG vom 11.10.1994, 1 BvR 337/92, BVerfGE 91, 148; Friedrich in Hocke/Friedrich, § 27 AWG Rz. 3 (August 2006) m.w.N.
3) Hohmann in Hohmann/John, 2002, § 27 AWG Rz. 8.
4) Friedrich in Hocke/Friedrich, § 27 AWG Rz. 4 (August 2006).
5) Epping in Wolffgang/Simonsen/Tietje, § 27 AWG (2006) Rz. 7.

laut dieser Vorschrift auch die auf Grund des AWG erlassenen Verordnungen zustimmungsbedürftig sein.[1] Art. 80 Abs. 2 GG lässt aber eine einfachgesetzliche Abweichung von dieser Regelung zu. Dies hat der Gesetzgeber in § 12 AWG genutzt.[2]

14 Der Bundesrat hatte schon anlässlich der Verabschiedung des AWG Bedenken geäußert, dass die Gestaltung des Außenwirtschaftsrechts auch von großem Einfluss auf die Länder sei und sichergestellt werden müsse, dass nicht Interessen einzelner Länder bevorzugt berücksichtigt würden.[3] Durch die im Außenwirtschaftsrecht vorherrschende Regelungstechnik eines Rahmengesetzes, indem die Exekutive zur Regelung materieller Fragen ermächtigt wird, würde dem Bundesrat jeglicher Einfluss auf materielle Rechtsfragen genommen.[4] Die reduzierten Beteiligungsmöglichkeiten des Bundesrats sind eine Konsequenz des Bedürfnisses nach außenpolitischer Handlungsfreiheit.

15 In früheren Fassungen des AWG war gem. § 27 Abs. 3 Satz 2 AWG a.F. für Verordnungen nach § 28 Abs. 3 Satz 1 AWG a.F., mit denen die Zuständigkeit zum Erlass von Genehmigungen auf zentrale Stellen übertragen werden konnte, die Zustimmung des Bundesrats erforderlich. Dies rührte daher, dass so eine Kompetenzregelung zwischen Bund und Ländern geändert werden könnte.[5] Mit der Novellierung des AWG im Jahr 2013 wurde diese Vorschrift und als Konsequenz auch § 27 Abs. 1 Satz 3 AWG a.F. gestrichen. Damit sind Verordnungen nach § 12 AWG nie zustimmungsbedürftig.

IV. Mitwirkung der Bundesbank (Abs. 3)

16 Bei Verordnungen im Bereich des Verkehrs mit Auslandswerten und Gold sowie des Kapital- und Zahlungsverkehrs ist das Benehmen mit der Bundesbank herzustellen. Benehmen in diesem Sinne bedeutet weniger als Einvernehmen. Laut Gesetzesbegründung sollte die Bundesbank soweit wie möglich mitwirken.[6] Das heißt ihre Beteiligung sollte über eine Anhörung hinausgehen.[7] Eine Beteiligung in Form eines Einvernehmens wäre jedoch verfassungsrechtlich nicht möglich.[8] Somit kann die Bundesregierung, auch falls sich keine Zustimmung der Bundesbank herstellen lassen sollte, eine Verordnung erlassen.

17 Konflikte, die beim Herstellen des Benehmens auftreten könnten wurden schon zur Zeit des Erlasses des AWG als eher theoretischer Natur dargestellt. Damit wurde die Bedeutung der Unterscheidung zwischen Benehmen und Einvernehmen relativiert.[9] Tatsächlich wurde nach über 50 Jahren diese Prognose bestätigt. Darüber hinaus wird die Bedeutung von § 12 Abs. 3 AWG im Zuge

---

1) Leonhardt in Schulz, 1965, § 27 AWG Rz. 7.
2) Epping in Wolffgang/Simonsen/Tietje, § 27 AWG Rz. 9 (2006).
3) Sieg/Fahning/Kölling, 1965, § 27 AWG.
4) Hohmann in Hohmann/John, Ausfuhrrecht Kommentar § 27 AWG Rz. 3.
5) Hohmann in Hohmann/John, Ausfuhrrecht Kommentar § 27 AWG Rz. 8.
6) BT-Drucks. III/1285 zu § 26.
7) Epping in Wolffgang/Simonsen/Tietje AWR-Kommentar § 27 AWG Rz. 10.
8) Sieg/Fahning/Kölling, 1963, § 27 AWG Rz. 3.
9) Leonhardt in Schulz, 1965, § 27 AWG Rz. 16.

der Eingliederung der Deutschen Bundesbank in das System der Europäischen Zentralbanken als schwindend wahrgenommen.[1]

C. Mitwirkung von Bundesrat und Bundestag (Abs. 4)

I. Notifikationspflicht

In § 12 Abs. 4 Satz 1 AWG wird geregelt, dass Rechtsverordnungen unverzüglich dem Bundestag und dem Bundesrat mitzuteilen sind. Unverzüglich in diesem Sinne bedeutet ohne schuldhaftes Zögern i.s.d. § 121 BGB. 18

II. Mitwirkungsmöglichkeiten des Bundesrats (Abs. 4 Satz 2)

Der Bundesrat ist lediglich mit der Möglichkeit ausgestattet, innerhalb von vier Wochen dem Bundestag eine Stellungnahme zukommen zu lassen. Der Wortlaut macht nicht abschließend deutlich, ab wann die Frist zu laufen beginnt. Allerdings liegt es nahe, die Frist an die Zustellung der Rechtsverordnung durch die Bundesregierung zu knüpfen. Die Frist ist ohnehin kurz bemessen und eine Verzögerung der Vorlage durch die Bundesregierung würde sonst zu Lasten des Bundesrats erfolgen. 19

Bei der Möglichkeit zur Stellungnahme handelt es sich nur um eine Option. Der Bundesrat ist nicht zu ihr verpflichtet. Das Stellungnahmerecht des Bundesrats ist im Zusammenhang mit dem Kassationsrecht des Bundestags zu bewerten. Eine Stellungnahme des Bundesrats kann von Bedeutung dafür sein, ob der Bundestag von seinem Kassationsrecht Gebrauch macht. Da auch zu einem späteren Zeitpunkt der Bundesrat noch Stellung nehmen kann, muss die Stellungnahme während der vierwöchigen Frist eine besondere Rechtsfolge haben.[2] Diese liegt darin, dass der Bundestag verpflichtet wird, sich inhaltlich mit der Position des Bundesrats auseinander zu setzen.[3] 20

III. Aufhebungsverlangen des Bundestages (Abs. 4 Satz 3)

Die Beteiligungsmöglichkeit des Bundestags geht über die Möglichkeit einer Stellungnahme hinaus. Gemäß § 12 Abs. 4 Satz 3 AWG kann der Bundestag den Verordnungsgeber innerhalb von vier Monaten nach Verkündung der Verordnung dazu auffordern, die erlassene Verordnung aufzuheben. 21

Dieses Kassationsrecht des Bundestags ist verfassungsrechtlich umstritten. In Art. 80 GG sind Verordnungen, denen der Bundestag zustimmen muss, nicht vorgesehen. Wie das BVerfG geht auch das Schrifttum weitgehend von der Verfassungsmäßigkeit aus. Zentrales Argument hierfür ist ein de majore ad minus-Schluss.[4] Da grundsätzlich Gesetzgebung durch die Legislative zu erfol- 22

---

1) Epping in Wolffgang/Simonsen/Tietje, § 27 AWG Rz. 11 (2006).
2) Leonhardt in Schulz, 1965, § 27 AWG Rz. 20.
3) Epping in Wolffgang/Simonsen/Tietje, § 27 AWG Rz. 21 (2006).
4) Hohmann in Hohmann/John, 2002, § 27 AWG Rz. 12.

gen hat, führt Rechtsetzung durch die Exekutive zu einer Durchbrechung des Prinzips der Gewaltenteilung. Im Vergleich zu einer vollen Delegation, die Art. 80 Abs. 1 GG ermöglicht, stellt die Delegation mit Zustimmungsvorbehalt eine geringe Abweichung vom Prinzip der Gewaltenteilung dar. Teilweise wird auch die überwiegende Staatenpraxis als Indiz für die Zulässigkeit eines Kassationsvorbehalts angenommen.[1]

23 Um Klarheit in die Frage der Verfassungsmäßigkeit des Kassationsvorbehalts zu bringen, wird gefordert, ihn in Art. 80 GG aufzunehmen.[2]

24 In der Ursprungsfassung des AWG hatte die Kassation noch binnen drei Monaten zu erfolgen. In der aktuellen Fassung sind es vier Monate. Diese Frist beginnt mit Verkündung der Verordnung im BGBl. bzw. im Bundesanzeiger. Änderungsverordnungen zur AWV werden i.d.r. im Bundesanzeiger veröffentlicht.[3] Auf Grund dieses Anfangstermins hängt die Frist nicht vom Datum der Zuleitung ab und lässt sich auch von Dritten ermitteln.[4]

25 Gemäß § 27 Abs. 2 Satz 3 AWG kann der Bundestag die Aufhebung nur verlangen. Er kann sie nicht selbst herbeiführen. Zur Aufhebung der Verordnung muss der Verordnungsgeber selbst tätig werden und die Verordnung in einer weiteren Verordnung aufheben. Dies muss unverzüglich geschehen. Es steht dem Bundestag offen, ob er eine gesamte Verordnung oder nur einen Teil kassiert. Kommt der Verordnungsgeber dem Verlangen des Bundestags nicht nach, hat der Bundestag die Möglichkeit, den Regelungsgegenstand mit einem Gesetz, das nach der Normenhierarchie der Verordnung vorgeht, den Regelungsgegenstand wieder an sich zu ziehen. Der einschlägige Rechtsweg für einen Streit über die mangelnde Befolgung eines Aufhebungsverlangens wäre der Verwaltungsrechtsweg nach § 40 Abs. 1 VwGO.[5] Obwohl es sich um einen Streit zwischen Verfassungsorganen handelt, wäre es keine verfassungsrechtliche Streitigkeit, da die in Rede stehenden Rechte in § 12 AWG nur einfachgesetzlich verliehen werden.

26 Diskussionen zur Folge einer Nichtbeachtung eines Aufhebungsverlangens des Gesetzgebers sind lediglich theoretischer Natur, da es in der Praxis i.d.R. nicht zu Aufhebungsverlangen kommt. Dies liegt unter anderem daran, dass die Fraktionen der Regierungsparteien, die regelmäßig auch über die für ein Aufhebungsverlangen notwendigen Parlamentsmehrheiten verfügen, wenn erwünscht, bereits im Vorfeld des Verordnungserlasses in den Beratungsprozess einbezogen werden können.[6] Daher sind auch Anträge der Opposition, mit denen die Aufhebung einer Verordnung erzielt werden soll, wenig erfolgversprechend.

27 Gemäß § 12 Abs. 3 AWG gelten die Notifizierungspflicht, die Stellungnahmemöglichkeit des Bundesrats sowie der Kassationsvorbehalt des Bundestags nicht, wenn neue Rechtsverordnungen gem. § 4 Abs. 2 AWG erlassen werden. denen die gesetzgebenden Organe bereits per Bundesgesetz zugestimmt haben. Auf Grund des geringen Spielraums der Bundesrepublik Deutschland bei

---

1) Hohmann in Hohmann/John, 2002, § 27 AWG Rz. 13.
2) Epping in Wolffgang/Simonsen/Tietje, § 27 AWG (2006), Rz. 15.
3) Friedrich in Hocke/Friedrich, § 27 AWG Rz. 10 (August 2006).
4) Sieg/Fahning/Kölling, 1963, § 27 AWG Rz. 6.
5) Epping in Wolffgang/Simonsen/Tietje, § 27 AWG Rz. 23 (2006).
6) Epping in Wolffgang/Simonsen/Tietje, § 27 AWG Rz. 18 (2006).

der Umsetzung der in § 4 Abs. 2 AWG genannten zwischenstaatlichen Verpflichtungen ist in diesen Fällen das Interesse an einer weiteren Beteiligung von Bundesrat und Bundestag gering.

28 Gemäß § 4 Abs. 4 Satz 3 AWG sind Beschränkungen sobald wie möglich aufzuheben, nachdem der zu ihnen führende Grund weggefallen ist. Das Gleiche folgt aus dem Grundsatz der Verhältnismäßigkeit. Verordnungen, die die Aufhebung beschließen, müssen ebenfalls nach § 12 AWG erlassen werden. Die Aufhebung einer Verordnung erfolgt i.d.R. ex-nunc.

§ 13
Zuständigkeiten für den Erlass von Verwaltungsakten und für die Entgegennahme von Meldungen

(1) Für den Erlass von Verwaltungsakten und die Entgegennahme von Meldungen auf Grund dieses Gesetzes und der nach diesem Gesetz erlassenen Rechtsverordnungen sowie auf Grund von Rechtsakten des Rates oder der Kommission der Europäischen Union im Bereich des Außenwirtschaftsrechts ist das Bundesamt für Wirtschaft und Ausfuhrkontrolle (BAFA) zuständig, soweit in diesem Gesetz oder auf Grund einer nach diesem Gesetz erlassenen Rechtsverordnung nichts anderes bestimmt ist.

(2) Ausschließlich zuständig sind

1. die Deutsche Bundesbank im Bereich des Kapital- und Zahlungsverkehrs sowie des Verkehrs mit Auslandswerten und Gold, soweit im Folgenden nichts anderes bestimmt ist,

2. das Bundesministerium für Wirtschaft und Technologie

   a) im Fall des § 6 Absatz 1 im Einvernehmen mit dem Auswärtigen Amt und dem Bundesministerium der Finanzen; bei Maßnahmen, welche die Bereiche des Kapital- und Zahlungsverkehrs oder den Verkehr mit Auslandswerten und Gold betreffen, ist das Benehmen mit der Deutschen Bundesbank herzustellen,

   b) im Fall des § 7 im Einvernehmen mit dem Auswärtigen Amt und dem Bundesministerium für Verkehr, Bau und Stadtentwicklung,

   c) im Fall des § 4 Absatz 1 Nummer 4 in Verbindung mit § 5 Absatz 2 und einer auf Grund dieser Vorschriften erlassenen Rechtsverordnung; eine Untersagung oder der Erlass von Anordnungen in Bezug auf einen Erwerb im Sinne des § 5 Absatz 2 bedarf der Zustimmung der Bundesregierung,

   d) im Fall des § 4 Absatz 1 Nummer 1 in Verbindung mit § 5 Absatz 3 und einer auf Grund dieser Vorschriften erlassenen Rechtsverordnung im Einvernehmen mit dem Auswärtigen Amt und dem Bundesministerium der Verteidigung und im Fall des § 4 Absatz 1 Nummer 1 in Verbindung mit § 5 Absatz 3 Nummer 2 und einer auf Grund dieser Vorschriften erlassenen Rechtsverordnung darüber hinaus im Einvernehmen mit dem Bundesministerium des Innern,

3. das Bundesministerium für Verkehr, Bau und Stadtentwicklung für Anordnungen im Bereich des Dienstleistungsverkehrs auf dem Gebiet des Verkehrswesens nach § 4 Absatz 1 und 2 in Verbindung mit einer auf Grund dieser Vorschrift erlassenen Rechtsverordnung,

4. das Bundesministerium der Finanzen für Anordnungen im Bereich des Dienstleistungsverkehrs auf dem Gebiet des Versicherungswesens nach § 4 Absatz 1 und 2 in Verbindung mit einer auf Grund dieser Vorschrift erlassenen Rechtsverordnung,

5. die Bundesanstalt für Landwirtschaft und Ernährung für Anordnungen im Bereich des Waren- und Dienstleistungsverkehrs nach § 4 Absatz 1 und 2 in Verbindung mit einer auf Grund dieser Vorschrift erlassenen Rechtsver-

ordnung im Rahmen der gemeinsamen Marktorganisationen der Europäischen Union für Erzeugnisse der Ernährungs- und Landwirtschaft.

(3) In den Fällen des Absatzes 2 Nummer 3 und 4 kann das zuständige Bundesministerium seine Zuständigkeit für die dort genannte Aufgabenwahrnehmung auf eine Bundesoberbehörde oder Bundesanstalt seines Geschäftsbereichs übertragen.

Inhalt

	Rz.
A. Inhalt und Bedeutung	1–2
B. Normbereich	3–12
I. Grundsätzliche Zuständigkeit des BAFA (Abs. 1)	3–4
II. Ausschließliche Zuständigkeit durch Gesetz	5–11
1. Deutsche Bundesbank (Abs. 2 Nr. 1)	5
2. BMWi (Abs. 2 Nr. 2)	6–8
3. BMVI (Abs. 2 Nr. 3)	9
4. BMF (Abs. 2 Nr. 4)	10
5. BLE (Abs. 2 Nr. 5)	11
III. Übertragungsmöglichkeit (Abs. 3)	12

A. Inhalt und Bedeutung

1 § 13 AWG regelt, welche Behörden für den Erlass von Verwaltungsakten und für die Entgegennahme von Meldungen im Außenwirtschaftsverkehr zuständig sind. Dabei regelt die Vorschrift die Zuständigkeit zum Teil abschließend selbst (Abs. 1 und 2 Nr. 1, 2 und 5) oder belässt dem Bundesministerium für Verkehr und digitale Infrastruktur (BMVI)[1] und dem Bundesministerium der Finanzen (BMF) eine Übertragungsmöglichkeit (Abs. 2 Nr. 3 und 4).

2 § 13 AWG wurde seit seiner Entstehung mehrfach geändert. Während der ursprüngliche Regierungsentwurf eine generelle Bundeszuständigkeit vorsah, legten Bundesrat und Bundestag in § 28 AWG a.F. zunächst eine grundsätzliche Zuständigkeit der Landesbehörden vor.[2] In der Praxis spielte die Länderzuständigkeit jedoch keine Rolle mehr. In Abs. 2 und 3 von § 28 AWG a.F. war die ausschließliche Zuständigkeit von Bundesbank, der Bundesministerien und nachgeordneten Bundesbehörden vorgesehen. Dieser Umstand wurde im Rahmen der AWG-Novelle 2013 widergespiegelt. § 13 AWG sieht keine Zuständigkeit der Landesbehörden mehr vor. Vielmehr wird in Abs. 1 die grundsätzliche Zuständigkeit dem Bundesamt für Wirtschaft und Ausfuhrkontrolle (BAFA) zugewiesen. Daneben sind ebenfalls zuständig die Bundesbank, das Bundesministerium für Wirtschaft und Energie (BMWi)[3], das BMVI, das BMF sowie die Bundesanstalt für Landwirtschaft und Ernährung (BLE).[4] Eine frühere Fassung von § 28 AWG, bezog sich noch auf den Erlass von Genehmigungen und nicht auf den Erlass von Verwaltungsakten. Dies hat den Hintergrund, dass

---

1) Früher: Bundesministerium für Verkehr, Bau und Stadtentwicklung (BMVBS).
2) Vgl. Beutel in Wolffgang/Simonsen, § 28 AWG Rz. 3 (November 2011).
3) Früher: Bundesministerium für Wirtschaft und Technologie.
4) Vgl. Kollmann, AW-Prax 2013, 267, 274.

nach der Verteidigungsgüterrichtlinie 2009/43/EG die Möglichkeit einer Erteilung von Zertifikaten eingeführt wurde. Da der Begriff Zertifikat dem Begriff der Genehmigung nicht gleichsteht, wurde dies in § 13 entsprechend geändert.[1]

B. Normbereich

I. Grundsätzliche Zuständigkeit des BAFA (Abs. 1)

Gemäß § 13 Abs. 1 AWG besteht eine grundsätzliche Zuständigkeit für den Erlass von Verwaltungsakten und die Entgegennahme von Meldungen im Bereich des Außenwirtschaftsrechts für das BAFA. Das betrifft zunächst Verwaltungsakte und Meldungen auf Grund des AWG und der AWV. Das BAFA ist außerdem grundsätzlich zuständig für Verwaltungsakte und die Entgegennahme von Meldungen auf Grund von Rechtsakten des Rates oder der Kommission der Europäischen Union im Bereich des Außenwirtschaftsrechts. Dazu zählen z.B. die Dual-Use-Verordnung (EG) Nr. 428/2009 oder einzelne Länderembargos.

Die Tatsache, dass dem BAFA nunmehr die grundsätzliche Zuständigkeit anstelle der Landesbehörden übertragen wurde, dürfte in der Praxis keine neuen Aufgabenbegründungen für das BAFA mit sich ziehen. Denn § 13 Abs. 1 und 3 AWG behalten die Aufgabenzuweisung des § 28 Abs. 2 bis 3 AWG a.f. im Wesentlichen bei.[2] Die Veränderungen bei § 13 AWG n.F. gegenüber § 28 AWG a.F. stellen eine Anpassung an die tatsächlichen Gegebenheiten bereits vor der Reform dar. Bei der Zuständigkeit des BAFA handelt es sich nur um eine grundsätzliche Zuständigkeit, die nur gilt, soweit im AWG oder in der AWV nicht anderes bestimmt ist. Etwas anderes bestimmt ist beispielsweise in § 13 Abs. 2 AWG.

II. Ausschließliche Zuständigkeit durch Gesetz

1. Deutsche Bundesbank (Abs. 2 Nr. 1)

Gemäß § 13 Abs. 2 Nr. 1 AWG ist die Deutsche Bundesbank – vorbehaltlich anderer Bestimmungen – im Bereich des Kapital- und Zahlungsverkehrs sowie des Verkehrs mit Auslandswerten und Gold ausschließlich zuständig. Diese Aufgabenzuteilung wird als vereinbar gesehen mit den in Art. 88 GG bestimmten Hauptaufgaben und den in § 3 Bundesbankgesetz beschriebenen Aufgaben.[3] Insofern ist es folgerichtig, dass § 72 AWV anordnet, die Meldungen im Kapitalverkehr und von Zahlungen bei der Deutschen Bundesbank einzureichen. Folgerichtig ist auch die Deutsche Bundesbank zuständig für die Durchführung von Embargos auf dem Gebiet des Kapital- und Zahlungsverkehrs.[4]

---

1) Beutel in Wolffgang/Simonsen, § 28 AWG Rz. 2 (November 2011).
2) Vgl. Kollmann, AW-Prax 2013, 267, 274.
3) Vgl. Just in Hohmann/John, 2002, § 28 AWG Rz. 5.
4) Vgl. § 10 AWG Rz. 8 ff.

2. BMWi (Abs. 2 Nr. 2)

6 Das BMWi ist für verschiedene Verwaltungsakte gem. § 13 Abs. 2 Nr. 2 AWG zuständig. Darunter fallen Einzeleingriffe gem. § 6 Abs. 1 AWG und § 7 AWG. Diese Zuständigkeitsregelung war bisher in § 2 Abs. 2 AWG a.f. niedergelegt und wurde im Rahmen der AWG-Novelle 2013 aus systematischen Gründen in die allgemeine Zuständigkeitsregelung des § 13 aufgenommen.

7 Das BMWi kann im Rahmen dieser Zuständigkeiten in der Regel nicht allein entscheiden. Im Fall von Einzeleingriffen gem. § 6 Abs. 1 AWG muss es das Einvernehmen mit dem Auswärtigen Amt und dem BMF herstellen, bei Maßnahmen auf dem Gebiet des Kapital- und Zahlungsverkehrs oder dem Verkehr mit Auslandswerten und Gold mit der Deutschen Bundesbank. Bei Einzeleingriffen im Seeverkehr außerhalb des deutschen Küstenmeeres gem. § 7 AWG muss es das Einvernehmen mit dem Auswärtigen Amt und dem BMVI herstellen. Hintergrund hierfür ist, dass dieses über besondere Expertise im Bereich der Seeschifffahrt verfügt.[1] Die weiteren beiden Zuständigkeiten des BMWi betreffen Beschränkungen von ausländischen Direktinvestitionen gem. §§ 4 Abs. 1, 5 Abs. 2 sowie 5 Abs. 3 AWG i.V.m. §§ 55 ff. bzw. 60 ff. AWV. Im Fall der sektorübergreifenden Überprüfung des Erwerbs eines inländischen Unternehmens oder einer unmittelbaren oder mittelbaren Beteiligung an einem solchen Unternehmen durch einen Unionsfremden ist das BMWi grundsätzlich allein zuständig. Will es jedoch den Erwerb untersagen oder Anordnungen erlassen, so bedarf es der Zustimmung der Bundesregierung. Diese Abweichung vom Ressortprinzip unterstreicht den Ausnahmecharakter solcher Untersagungen oder Anordnungen. In der Praxis holt das BMWi jedoch auch in diesen Fällen die Auffassungen der sachlich betroffenen Ministerien ein.

8 Bei sektorspezifischen Überprüfungen des Unternehmenserwerbs durch Gebietsfremde muss das BMWi dagegen das Einvernehmen mit dem Auswärtigen Amt und dem Bundesministerium der Verteidigung herstellen. Falls die inländischen Unternehmen i.S.v. § 5 Abs. 3 Nr. 2 AWG Produkte mit IT-Sicherheitsfunktionen zur Verarbeitung von staatlichen Verschlusssachen oder für die IT-Sicherheitsfunktion wesentliche Komponenten solcher Produkte herstellen oder hergestellt haben, so muss darüber hinaus das Einvernehmen mit dem Bundesministerium des Inneren hergestellt werden. Hintergrund hierfür ist u.a., dass die Produkte mit Wissen des Unternehmens vom Bundesamt für Sicherheit in der Informationstechnik zugelassen wurden, einer nachgeordneten Behörde des Bundesministeriums des Inneren.

3. BMVI (Abs. 2 Nr. 3)

9 Gemäß § 13 Abs. 2 Nr. 3 AWG ist das BMVI für Anordnungen im Bereich des Dienstleistungsverkehrs auf dem Gebiet des Verkehrswesens zuständig. Diese Zuständigkeit bestand auch vor der AWG-Novelle im Jahr 2013 auf Grund einer gem. § 28 Abs. 3 Nr. 3 AWG a.F. ergangenen Rechtsverordnung.[2] Dem BMVI verbleibt gem. § 13 Abs. 3 AWG die Möglichkeit, die Zuständigkeit an eine nachgeordnete Behörde zu übertragen.

---

1) Vgl. Kollmann, AW-Prax 2013, 267, 274.
2) Gesetzesbegründung zu § 13 AWG, BT-Drucks. 17/11127, 24.

4. BMF (Abs. 2 Nr. 4)

Gemäß § 13 Abs. 2 Nr. 4 AWG ist das BMF zuständig für Anordnungen auf dem Gebiet des Versicherungswesens. Diese Vorschrift ist neu und entspricht der grundsätzlichen Zuständigkeit des BMF bzw. der dem BMF nachgeordneten Behörde der Bundesanstalt für Finanzdienstleistungsaufsicht (BaFin). Auch hier ist in Abs. 3 vorgesehen, dass das BMF seine Zuständigkeit auf eine Bundesoberbehörde oder Bundesanstalt seines Geschäftsbereichs übertragen kann.

5. BLE (Abs. 2 Nr. 5)

Gemäß § 13 Abs. 2 Nr. 5 AWG wird der Bundesanstalt für Landwirtschaft und Ernährung (BLE) die Zuständigkeit für Anordnungen im Bereich des Waren- und Dienstleistungsverkehrs im Rahmen der EU-Marktorganisationen für Agrarerzeugnisse zugewiesen. Diese Vorschrift ersetzt § 28 Abs. 2a und 2b AWG a.F., die mangels Praxisrelevanz komplett entfallen.[1] Die Bundesregierung begründete diese Änderung wie folgt: *„§ 13 Absatz 2 Nummer 5 AWG n.F. ersetzt § 28 Absatz 2a und 2b AWV a.F. § 28 Absatz 2a AWG a.F. entfällt, da das Bundesamt für Wirtschaft und Ausfuhrkontrolle (BAFA) keine Zuständigkeiten für Maßnahmen im Bereich Rohtabak, Flachs und Hanf wahrnimmt. Gemäß § 3 Absatz 1 des Gesetzes zur Durchführung der gemeinsamen Marktorganisation (MOG) ist die Bundesanstalt für Landwirtschaft und Ernährung (BLE) Marktordnungsstelle. Nach § 3 Absatz 2 MOG wird das Bundesministerium für Ernährung, Landwirtschaft und Verbraucherschutz ermächtigt, die Zuständigkeit des Bundesamtes für Wirtschaft und Ausfuhrkontrolle (BAFA) nach dem MOG für einzelne Aufgaben, Maßnahmen, Bereiche oder für bestimmte Marktordnungswaren abweichend von § 28 Absatz 2a AWG a.F. auf die Bundesanstalt für Landwirtschaft und Ernährung zu übertragen, soweit dies zur Wahrung des Sachzusammenhangs oder im Interesse der Wirtschaftlichkeit der Verwaltung erforderlich ist. Von dieser Ermächtigung hat das Bundesministerium für Ernährung, Landwirtschaft und Verbraucherschutz mit der Verordnung über die Einfuhr von Hanf aus Drittländern (Hanfeinfuhrverordnung) vom 14. Oktober 2002 (BGBl. I S. 4044) Gebrauch gemacht und diese Zuständigkeit für die Durchführung der gemeinsamen Marktorganisation für Faserflachs und -hanf der Bundesanstalt für Landwirtschaft und ernährung übertragen (vgl. dazu die Zuständigkeitsregelung in § 13 Absatz 2 Nummer 5 AWG n.F."*[2]

III. Übertragungsmöglichkeit (Abs. 3)

Die neue Vorschrift des § 13 AWG fasst die Übertragungsmöglichkeiten der zuständigen Bundesministerien auf Bundesoberbehörden oder Bundesanstalten ihrer Geschäftsbereiche einheitlich zusammen.[3] Das betrifft die Zuständigkeiten des BMVI gem. Abs. 2 Nr. 3 sowie des BMF gem. Abs. 2 Nr. 4.

---

1) Vgl. Kollmann, AW-Prax 2013, 267, 274.
2) Gesetzesbegründung zu § 13 AWG, BT-Drucks. 17/11127, 24.
3) Vgl. Kollmann, AW-Prax 2013, 268, 275.

§ 14
Verwaltungsakte

(1) ¹Verwaltungsakte nach diesem Gesetz oder nach einer aufgrund dieses Gesetzes erlassenen Rechtsverordnung können mit Nebenbestimmungen versehen werden. ²Die Verwaltungsakte sind nicht übertragbar, wenn in ihnen nicht etwas anderes bestimmt wird.

(2) Widerspruch und Anfechtungsklage haben keine aufschiebende Wirkung.

Inhalt

	Rz.
A. Allgemeines	1–8
B. Normbereich	9–26
I. Nebenbestimmungen (Abs. 1 Satz 1)	9–23
1. Befristung	12–14
2. Bedingung	15
3. Widerrufsvorbehalt	16–18
4. Auflagen	19–23
II. Keine Übertragbarkeit (Abs. 1 Satz 2)	24–25
III. Aufschiebende Wirkung (Abs. 2)	26

A. Allgemeines

§ 14 AWG ist im Zusammenhang mit § 8 AWG zu sehen. § 8 AWG sagt aus, dass Genehmigungen nach Vorschriften des AWG oder Rechtsverordnungen auf Grundlage des AWG erteilt werden sollen, wenn davon auszugehen ist, dass der Zweck der Vorschrift nicht oder nur unwesentlich gefährdet ist. Damit ist § 8 AWG auf die materielle Seite von Genehmigungen gerichtet. § 14 AWG hingegen setzt sich mit der formellen Seite auseinander.   **1**

Die Vorschrift des § 14 AWG wurde seit der ursprünglichen Fassung aus dem Jahre 1962 stark gekürzt. Dies liegt überwiegend an dem Erlass des Verwaltungsverfahrensgesetzes vom 25.5.1976 und des Gesetzes zur Bereinigung des Verwaltungsverfahrensrechts von 1986. Seither sind in § 14 AWG nur noch diejenigen Vorschriften belassen, die einer speziellen Regelung im Vergleich zum VwVfG des Bundes bedürfen.   **2**

Im Zuge dieser Bereinigung des Verwaltungsverfahrens wurden Regelungen zum Widerruf von Genehmigungen aus § 14 AWG gestrichen. Seitdem gelten §§ 48, 49 VwVfG für die Aufhebung außenwirtschaftsrechtlicher Genehmigungen.   **3**

In früheren Fassungen bezog sich § 14 AWG (§ 30 AWG a.F.) allein auf Genehmigungen. Andere Verwaltungsakte nach dem AWG ergingen damit nach allgemeinem Verwaltungsrecht.[1] Seit dem Gesetz vom 27.7.2011 beschäftigt sich § 30 AWG a.F. mit Verwaltungsakten allgemein. Das Gesetz vom 27.7.2011 diente der Umsetzung der Richtlinie 2009/43 EG zur Vereinfachung der Bedingungen für die innergemeinschaftliche Verbringung von Verteidigungsgü-   **4**

---

1) Friedrich in Hocke/Berwald/Maurer/Friedrich, § 30 AWG S. 2 (Dezember 2012).

tern.[1] Teil der Vereinfachung ist eine Zertifizierung von zuverlässigen Unternehmern. Da ein solches Zertifikat sich laut Gesetzesbegründung nicht unter den Genehmigungsbegriff subsumieren lässt, wurde die Vorschrift auf Verwaltungsakte ausgedehnt.[2] Die materiellen Voraussetzungen für Zertifizierungen ergeben sich aus § 2 AWV. Der neue Wortlaut des § 14 AWG lässt jedoch eine Beschränkung auf Genehmigung und Zertifikate nicht zu und umfasst sämtliche Verwaltungsakte im Bereich des Außenwirtschaftsrechts.[3]

5   Ebenfalls mit dem Gesetz vom 27.7.2011 wurde § 30 Abs. 2 AWG a.F. aufgehoben. Dieser sagte aus, dass Genehmigung, Ablehnung eines Antrags auf Erteilung einer Genehmigung, die Rücknahme und der Widerruf einer Genehmigung der Schriftform bedürfen. Heute ist die Form von Verwaltungsakten im Außenwirtschaftsrecht einheitlich in § 3 AWV geregelt. Laut Gesetzesbegründung soll die neue Regelung zu einer Entlastung von Unternehmen und einer Vereinfachung der Kommunikation durch Nutzung elektronischer Medien führen.[4]

6   Damit bleiben § 14 AWG drei wesentliche Regelungsgegenstände. § 14 Abs. 1 Satz 1 AWG sieht vor, dass Verwaltungsakte mit Nebenbestimmungen ergehen können. § 14 Abs. 1 Satz 2 AWG regelt die Übertragbarkeit von Verwaltungsakten. § 14 Abs. 2 AWG schließt die aufschiebende Wirkung von Widerspruch und Anfechtungsklage aus.

7   Für nicht speziell geregelte Fragen wird auf das jeweils anwendbare allgemeinere Verfahrensrecht zurückgegriffen. Europarechtliche Regelungen, wie die des Art. 6 Abs. 2 der Dual-Use-VO gehen § 30 AWG prinzipiell vor. Im Falle des Art. 6 Abs. 2 Dual-Use-VO kommt es jedoch zu keiner unterschiedlichen Handhabung. Die Vorschrift entspricht hinsichtlich Nebenbestimmungen dem § 14 AWG. Des Weiteren wurde mit Blick auf die Wirkung von Anfechtungsklage und Widerspruch sowie auf die Übertragbarkeit in der Dual-Use-VO keine spezielle Regelung getroffen. Auch eine ergänzende Anwendung nationalen Rechts wurde nicht ausgeschlossen.[5]

8   Die Materie ist geprägt durch die Genehmigungspraxis des BAFA. Aufgrund des Bedürfnisses nach schnellen Entscheidungen ist das Gebiet nicht nennenswerter Gegenstand von Rechtsprechung. In der Regel werden Verfahren nach der Entscheidung über einen Widerspruch nicht weiter betrieben.[6]

B. Normbereich

I. Nebenbestimmungen (Abs. 1 Satz 1)

9   § 14 Abs. 1 Satz 1 AWG besagt, dass Verwaltungsakte im Außenwirtschaftsrecht mit Nebenbestimmungen ergehen können. Die praktische Relevanz von Nebenbestimmungen im Außenwirtschaftsrecht ist sehr groß.[7] Sie erlauben

---

1) BGBl. I 2011, 1595.
2) Gesetzesbegründung zu Art. 1 Nr. 2, BT-Drucks. 17/5262, 14.
3) Epping in Wolffgang/Simonsen/Tietje, § 30 AWG Rz. 1 (November 2011).
4) Gesetzesbegründung, BT-Drucks. 17/5262, 13.
5) Just in Hohmann/John, 2002, § 30 AWG Rz. 6.
6) Ehrlich in Bieneck, Handbuch des Außenwirtschaftsrechts, 2005, § 18 AWG Rz. 1.
7) Just in Hohmann/John, 2002, § 30 AWG Rz. 4.

eine Feinjustierung bei der Abwägung zwischen der Außenwirtschaftsfreiheit und ordnungspolitischen Erwägungen. Im Gegensatz zu älteren Fassungen der Vorschrift wird nicht aufgeführt, welche Arten von Nebenbestimmungen ergehen können. Damit ist auf § 36 VwVfG zurückzugreifen. Der Begriff der Nebenbestimmung ist nicht legaldefiniert. In § 36 Abs. 2 VwVfG sind jedoch die wichtigsten Nebenbestimmungen aufgeführt. Diese unterscheiden sich in konstitutive und additive Nebenbestimmungen. Ihnen gemein ist jedoch, dass sie den eigentlichen Verwaltungsakt modifizieren.[1]

Gemäß § 36 Abs. 1 VwVfG darf ein Verwaltungsakt auf den ein Anspruch besteht nur mit einer Nebenbestimmung versehen werden, wenn diese die Tatbestandsvoraussetzungen des Anspruchs sichern soll. Nach § 36 Abs. 3 VwVfG darf eine Nebenbestimmung nicht dem Zweck eines Verwaltungsakts zuwiderlaufen. Die Erteilung einer Genehmigung i.S.d. § 3 Abs. 1 Satz 1 ist eine gebundene Entscheidung, wenn alle Tatbestandsvoraussetzungen vorliegen.[2] Dies ist nicht dadurch anders zu bewerten, dass auf Tatbestandsebene unbestimmte Rechtsbegriffe ausschlaggebend sind.[3] Im Ermessen der Behörde liegt es jedoch, ob Nebenbestimmungen erlassen werden, um fehlende Genehmigungsvoraussetzungen zu ergänzen. Der Grundsatz der Verhältnismäßigkeit kann jedoch dazu führen, dass eine Genehmigung mit Nebenbestimmungen einer Ablehnung der Genehmigung vorzugehen hat.[4]

Nebenbestimmungen müssen voneinander und von sonstigen Bestimmungen abgegrenzt werden. Nebenbestimmungen liegen nicht vor, wenn nur das Gesetz wiedergegeben wird. Eine Befristung auf ein Jahr, die im Gesetz vorgesehen wird, ist damit keine echte Nebenbestimmung.[5] In § 2a Abs. 3 AWV beispielsweise wird für dort vorgesehene Zertifizierungen die Dauer auf fünf Jahre begrenzt. Nebenbestimmungen sind immer als solche zu kennzeichnen.[6]

1. Befristung

Eine Befristung ist nach § 36 Abs. 2 Nr. 1 VwVfG eine *„Bestimmung, nach der eine Vergünstigung oder Belastung zu einem bestimmten Zeitpunkt beginnt, endet oder für einen bestimmten Zeitraum gilt."* Der Bereich des Außenwirtschaftsrechts ist in hohem Grade abhängig von sich ändernden rechtlichen und tatsächlichen Umständen. Eine Genehmigung daher über den Faktor Zeit zu begrenzen, bietet der Genehmigungsbehörde eine Möglichkeit, diesen Änderungen zu begegnen. Befristungen spielen demzufolge eine große Rolle in der Außenwirtschaft. In der Genehmigungspraxis des BAFA werden sämtliche Genehmigungen befristet erteilt.[7] Dabei belaufen sich Fristen grundsätzlich auf zwei Jahre. Für Genehmigungen von Gütern, die in Teil 1 der Ausfuhrliste

---

1) Tiedemann in Bader/Ronellenfitsch, Beck-OK, § 36 VwVfG Rz. 1 (1.7.2013).
2) Ehrlich in Bieneck, Handbuch des Außenwirtschaftsrechts, 2005, § 16 AWG Rz. 5; Friedrich in Hocke/Friedrich, § 30 AWG Rz. 2 (Dezember 2012); Just in Hohmann/John, 2002, § 30 AWG Rz. 10.
3) Ehrlich in Bieneck, Handbuch des Außenwirtschaftsrechts, 2005, § 16 AWG Rz. 7.
4) Ehrlich in Bieneck, Handbuch des Außenwirtschaftsrechts, 2005, § 18 AWG Rz. 2.
5) Friedrich in Hocke/Friedrich, § 30 AWG S. 3 (Dezember 2012).
6) Just in Hohmann/John, 2002, § 30 AWG Rz. 11.
7) Just in Hohmann/John, 2002, § 30 AWG Rz. 15.

geführt werden, beläuft sich die Genehmigung grundsätzlich auf sechs Monate.[1)]

13 Bei besonders komplexen Produkten kann es vorkommen, dass eine Genehmigung vor Auslieferung des Produkts ausläuft. Um den Genehmigungsbegünstigten zu entlasten, kann eine Befristung nach § 31 Abs. 7 Satz 1 VwVfG auch verlängert werden. Das bedeutet, dass bei gleich gebliebenen Umständen keine neue Überprüfung des Genehmigungsgegenstands vorgenommen werden muss. Das BAFA verlängert i.d.R. zweijährige Genehmigungen einmalig um weitere zwei Jahre. Sechsmonatsfristen können grundsätzlich dreimal um weitere sechs Monate verlängert werden.[2)] Nach § 31 Abs. 7 Satz 2 VwVfG kann dies auch nachträglich geschehen. Das BAFA verlangt jedoch, dass eine Verlängerung rechtzeitig vor Ablauf der Gültigkeitsdauer beantragt werden muss.

14 Die Praxis des BAFA, Ausfuhrgenehmigungen zu einem ausfuhrnahen Zeitpunkt zu bescheiden, widerspricht häufig den Interessen der Unternehmen.[3)] Ihnen ist i.d.R. gerade daran gelegen, ihre Vorhaben bereits genehmigt zu wissen, bevor sie in kostenintensivere Phasen des Beschaffungsvorgangs eintreten.

2. Bedingung

15 Bedingungen sind gem. § 36 Abs. 2 Nr. 2 VwVfG Bestimmungen, nach denen *„der Eintritt oder der Wegfall einer Vergünstigung oder einer Belastung von dem ungewissen Eintritt eines zukünftigen Ereignisses abhängt."* Es ist zu unterscheiden zwischen auflösenden und aufschiebenden Bedingungen. Im Außenwirtschaftsrecht sind i.d.r. Auskünften zur Güterliste auflösende Bedingungen beigefügt. Wenn sich die Rechtslage hinsichtlich der Führung auf der Güterliste ändert, wird der Bescheid automatisch unwirksam. Abgrenzungsschwierigkeiten ergeben sich zwischen Bedingungen und Auflagen. Das BAFA nutzt i.d.r. die Auflage, um etwas in Nebenbestimmungen zu regeln.

3. Widerrufsvorbehalt

16 Der Widerrufsvorbehalt, § 36 Abs. 2 Nr. 3 VwVfG, stellt den Verwaltungsakt unter den Vorbehalt eines späteren Widerrufs. Damit versucht die Verwaltung, sich ändernden Umständen gerecht zu werden. Das Vertrauen in die Wirksamkeit des Verwaltungsakts wird damit reduziert. Im Gegensatz zur Aufhebung nach §§ 48, 49 VwVfG entsteht bei einem unter der Nebenbestimmung des Widerrufsvorbehalts aufgehobenen Verwaltungsakt kein Kostenanspruch gegen die Behörde.

17 Im Außenwirtschaftsrecht besteht ein erhöhtes Interesse an Vertrauen in die Wirksamkeit des Verwaltungsakts. Unternehmen, die im Vertrauen auf eine Genehmigung Verträge über komplexe Leistungen abschließen, machen sich im Fall eines Widerrufs gegenüber ihren Vertragspartnern schadensersatzpflichtig.[4)] Aus § 2 Abs. 3, 4 AWG ergibt sich, dass Beschränkungen auf das Notwendige zu begrenzen sind und so wenig wie möglich in die wirtschaftliche

---
1) Friedrich in Hocke/Friedrich, § 30 AWG S. 4 (Dezember 2012).
2) Just in Hohmann/John, 2002, § 30 AWG Rz. 16.
3) Epping in Wolffgang/Simonsen/Tietje, § 30 AWG Rz. 17 (November 2011).
4) Epping in Wolffgang/Simonsen/Tietje, § 30 AWG Rz. 12 (November 2011).

Betätigung eingreifen dürfen. Danach muss auch im Rahmen von Nebenbestimmungen vermieden werden, dem Unternehmer untragbare Härten aufzuerlegen.

Folglich ist der Widerrufsvorbehalt im Außenwirtschaftsrecht nur restriktiv zu nutzen.[1)] Dies wurde bereits in der Gesetzesbegründung festgelegt.[2)] Wie die anderen Nebenbestimmungen auch, darf der Widerrufsvorbehalt von der gebundenen Verwaltung nur genutzt werden, um die Einhaltung der gesetzlichen Vorschriften sicherzustellen.[3)] Mithin ist die Sammelgenehmigung der einzige Bereich in der Praxis, bei dem der Widerrufsvorbehalt relevant wird. Um sich sonst ändernden Umständen der Außen- und Sicherheitspolitik Rechnung zu tragen, darf die Verwaltung nicht über die Aufhebungsmöglichkeiten hinausgehen, die §§ 48, 49 VwVfG bereitstellen.

18

4. Auflagen

Auflagen sind von Bedingungen und Befristungen abzugrenzen. Nach § 36 Abs. 2 Nr. 4 VwVfG handelt es sich bei einer Auflage um eine „Bestimmung, durch die dem Begünstigten ein Tun, Dulden oder Unterlassen vorgeschrieben wird." Der ergangene Verwaltungsakt wird wirksam, unabhängig davon, ob die Auflage erfüllt ist. Zudem ist die Auflage im Wege der Verwaltungsvollstreckung durchsetzbar. In der Wirksamkeit des Verwaltungsakts und der Durchsetzbarkeit der Auflage liegen die Hauptunterschiede zwischen Auflage und Bedingung.

19

Unabhängig davon, ob eine Auflage Teil eines Verwaltungsakts ist oder einen zusätzlichen Verwaltungsakt darstellt,[4)] ist sie eine Nebenbestimmung. Sie ist insoweit akzessorisch zum ergangenen Verwaltungsakt, als dass Bestand und Wirksamkeit von diesem abhängen.

20

Die Unterscheidung zwischen Auflagen und sonstigen Nebenbestimmungen ist auch für strafrechtliche Konsequenzen einer Zuwiderhandlung von Bedeutung.[5)] Der Verstoß gegen eine Bedingung führt zu einer genehmigungslosen Ausfuhr. Diese ist nach § 18 Abs. 2 AWG strafbar.

21

Auflagen im Außenwirtschaftsrecht ergehen häufig im Rahmen der Endverbleibsdokumentation.[6)] Der Endverbleib der Waren kann soweit möglich mit einem Delivery Verification Certificate (DVC) belegt werden. Werden im Empfangsstaat keine DVC ausgestellt, müssen Kopien von Zollpapieren den Eingang der Ware dokumentieren.[7)] Innerhalb der EU wird für Waren, die in Abschnitt A Ausfuhrliste geführt werden, verlangt, ein Intra-EU Warenbegleitpapier einzureichen.

22

Zudem können Auflagen eine Meldepflicht für getätigte Ausfuhren bei Sammelausfuhrgenehmigungen zum Gegenstand haben.[8)] Bei einem nur vorüber-

23

---
1) Just in Hohmann/John, 2002, § 30 AWG Rz. 18.
2) Gesetzesbegründung zu § 28 AWG a.F., BT-Drucks. III/1285, 251.
3) Ehrlich in Bieneck, Handbuch des Außenwirtschaftsrecht, 2005, § 18 AWG Rz. 3.
4) Epping in Wolffgang/Simonsen/Tietje, § 30 AWG Rz. 6 (November 2011).
5) Just in Hohmann/John, 2002, § 30 AWG Rz. 12.
6) Epping in Wolffgang/Simonsen/Tietje, § 30 AWG Rz. 14 (November 2011).
7) Ehrlich in Bieneck, Handbuch des Außenwirtschaftsrechts, 2. Aufl. 2005, § 18 AWG Rz. 7.
8) Ehrlich in Bieneck, Handbuch des Außenwirtschaftsrechts, 2. Aufl. 2005, § 18 AWG Rz. 10.

gehenden Export kann eine Ausfuhrgenehmigung unter der Auflage ergehen, dass die Ware zurück nach Deutschland gebracht werden muss (Rückverbringungsauflage).[1] In Fällen, in denen es dem Ausführer auf Grund von Zeitdruck nicht möglich ist, bereits bei der Ausfuhr Originaldokumente vorzulegen, ergehen Genehmigungen häufig mit der Auflage, Originaldokumente nachzureichen.[2]

II. Keine Übertragbarkeit (Abs. 1 Satz 2)

24 Gemäß § 14 Abs. 1 Satz 2 AWG sind Verwaltungsakte im Außenwirtschaftsrecht nicht übertragbar, wenn in ihnen nichts anderes bestimmt ist. Für Zertifizierungen ergibt sich dies bereits daraus, dass sie die Zuverlässigkeit eines bestimmten Unternehmens bescheinigen. Der Grund für die Nichtübertragbarkeit von Genehmigungen liegt im Wesentlichen im Einfuhrbereich.[3] Hier soll ein Lizenzhandel unterbunden werden. Eine andere Lesart der Vorschrift ist auf die Übertragbarkeit der Genehmigung fokussiert, für den Fall, dass diese bereits im Verwaltungsakt geregelt ist. Auch nach Erlass des Verwaltungsaktes soll es möglich sein, die Übertragbarkeit ergänzend anzuordnen.[4] Hiergegen bestehen keine Bedenken, da die genehmigende Behörde auch einen alten Verwaltungsakt durch einen günstigeren ersetzen kann.

25 Genehmigungen werden auf einen anderen Ausführer umgeschrieben, wenn ein Rechtsnachfolgeverhältnis besteht.[5]

III. Aufschiebende Wirkung (Abs. 2)

26 § 14 Abs. 2 AWG ordnet an, dass Widerspruch und Anfechtungsklage keine aufschiebende Wirkung haben. Damit ist diese Vorschrift eine in § 80 Abs. 2 Nr. 3 VwGO genannte Ausnahme zu § 80 Abs. 1 VwGO. Dieser legt fest, dass Widerspruch und Anfechtungsklage grundsätzlich aufschiebende Wirkung haben. Dies wird weitgehend damit begründet, dass Ein- und Ausfuhren endgültige Wirkung haben und dass kein Schwebezustand besteht, in dem eine aufschiebende Wirkung sinnvoll wäre.[6] Es bleibt die Möglichkeit, eine aufschiebende Wirkung über § 80 Abs. 4 bzw. Abs. 5 VwGO herzustellen.

---

1) Ehrlich in Bieneck, Handbuch des Außenwirtschaftsrechts, 2. Aufl. 2005, § 18 AWG Rz. 11.
2) Ehrlich in Bieneck, Handbuch des Außenwirtschaftsrechts, 2. Aufl. 2005, § 18 AWG Rz. 12.
3) Leonhardt in Schulz, 1965, § 30 AWG Rz. 16 f.
4) Sieg/Fahning/Kölling, 1963, § 30 AWG Rz. 10.
5) Ehrlich in Bieneck, Handbuch des Außenwirtschaftsrechts, 2. Aufl. 2005, § 18 AWG Rz. 16.
6) Friedrich in Hocke/Friedrich, § 30 AWG Rz. 8 f. (Dezember 2012).

§ 15
Rechtsunwirksamkeit

(1) ¹Ein Rechtsgeschäft, das ohne die erforderliche Genehmigung vorgenommen wird, ist unwirksam. ²Es wird vom Zeitpunkt seiner Vornahme an wirksam, wenn es nachträglich genehmigt wird oder das Genehmigungserfordernis nachträglich entfällt. ³Durch die Rückwirkung werden Rechte Dritter, die vor der Genehmigung an dem Gegenstand des Rechtsgeschäfts begründet worden sind, nicht berührt.

(2) Besteht für ein schuldrechtliches Rechtsgeschäft über den Erwerb eines inländischen Unternehmens oder einer unmittelbaren oder mittelbaren Beteiligung an einem inländischen Unternehmen ein Prüfrecht auf Grund von § 4 Absatz 1 Nummer 4 und § 5 Absatz 2 in Verbindung mit einer auf Grund dieser Vorschriften erlassenen Rechtsverordnung und ist dieses Prüfrecht verbunden mit einer Ermächtigung des Bundesministeriums für Wirtschaft und Technologie, nach Zustimmung der Bundesregierung den Erwerb innerhalb einer bestimmten Frist zu untersagen, so steht der Eintritt der Rechtswirkungen des Rechtsgeschäfts bis zum Ablauf des gesamten Prüfverfahrens unter der auflösenden Bedingung, dass das Bundesministerium für Wirtschaft und Technologie den Erwerb innerhalb der Frist untersagt.

(3) ¹Ein Rechtsgeschäft, das dem Vollzug des Erwerbs eines inländischen Unternehmens oder einer unmittelbaren oder mittelbaren Beteiligung an einem inländischen Unternehmen dient, ist schwebend unwirksam, wenn auf Grund von § 4 Absatz 1 Nummer 1 und § 5 Absatz 3 in Verbindung mit einer auf Grund dieser Vorschriften erlassenen Rechtsverordnung eine Meldepflicht besteht, die verbunden ist mit einer Ermächtigung der Bundesregierung, den Erwerb innerhalb einer bestimmten Frist zu untersagen. ²Das Rechtsgeschäft wird vom Zeitpunkt seiner Vornahme an wirksam, wenn das Bundesministerium für Wirtschaft und Technologie es schriftlich freigibt oder den Erwerb nicht innerhalb der Frist nach Satz 1 untersagt. ³Absatz 1 Satz 3 gilt entsprechend.

Inhalt

	Rz.
A. Inhalt und Bedeutung	1
B. Rechtsunwirksamkeit (Abs. 1)	2–9
I. Rechtsgeschäft ohne Genehmigung	2–5
II. Rechtslage während des Schwebezustands	6–8
III. Wirksamwerden	9
C. Auflösende Bedingung bei Prüfrecht (Abs. 2)	10–12
D. Wirksamkeit bei Meldepflicht	13

A. Inhalt und Bedeutung

§ 15 AWG bestimmt die zivilrechtlichen Folgen für Rechtsgeschäfte, die im Anwendungsbereich des AWG ohne erforderliche Genehmigung vorgenommen werden sowie die Rechtsfolgen eines Prüfverfahrens.[1] Außenwirtschaftliche Genehmigungserfordernisse werden somit durch zivilrechtliche Sanktionen abgesichert.[2] Die Vorschrift wurde durch die AWG-Novelle 2013 neu gefasst. § 15 Abs. 2 AWG entspricht jetzt § 31 Abs. 3 AWG a.F. und § 15 Abs. 3 AWG, § 31 Abs. 2 AWG a.f. Durch die veränderte Reihenfolge der Absätze 2 und 3 wird verdeutlicht, dass § 5 Abs. 3 AWG lex specialis zu § 5 Abs. 2 AWG ist.[3]

B. Rechtsunwirksamkeit (Abs. 1)

I. Rechtsgeschäft ohne Genehmigung

2 Genehmigungsbedürftige Geschäfte des Außenwirtschaftsrechts sind grundsätzlich unwirksam, wenn eine Genehmigung nicht vorliegt. Auch wenn dies in der Vorschrift nicht ausdrücklich bestimmt wird, so zielt § 15 Abs. 1 AWG darauf ab, dass Rechtsgeschäfte unter dem ausdrücklichen oder stillschweigenden Vorbehalt der Genehmigung geschlossen werden können.[4] Zwar enthalten auch die §§ 158 und 159 BGB grundsätzlich Bestimmungen zur zivilrechtlichen Wirksamkeit von Rechtsgeschäften, die unter einer Bedingung geschlossen wurden. Anders als in diesen Vorschriften vorgesehen, ist ein Rechtsgeschäft nach § 15 Abs. 1 Satz 2 AWG jedoch rückwirkend schon vom Zeitpunkt der Vornahme an wirksam und die Wirksamkeit tritt nicht erst ab Genehmigung des Rechtsgeschäfts ein. Demnach entspricht die Regelung des § 15 Abs. 1 Satz 2 AWG derjenigen in § 184 Abs. 1 BGB, die jedoch unmittelbar nur für zivilrechtliche Genehmigungen gilt.[5] Ein Regelungsbedürfnis im AWG ist daher gegeben.[6]

3 Die Vorschrift erfasst nur Rechtsgeschäfte im zivilrechtlichen Sinne, also zweiseitige Willenserklärungen und deren Vorfeldtatbestände (Options- und Vorverträge) sowie die darauf folgenden rechtsgeschäftlichen Erwerbstatbestände und einseitige Rechtsgeschäfte.[7] Falls nur die Durchführung des Rechtsgeschäfts oder eine Leistung genehmigungsbedürftig ist, wird bei Fehlen der Genehmigung das nicht genehmigungsbedürftige Verpflichtungsgeschäft nicht berührt.[8] Darüber hinaus kann faktisches Geschehen auch nicht unwirksam sein.[9]

4 Eine Genehmigung i.S.d. Vorschrift ist, unabhängig von deren Bezeichnung, jede regelnde Stellungnahme der zuständigen Behörde vor oder nach Vornahme des Rechtsgeschäfts.[10] Das Rechtsgeschäft muss tatsächlich und im kon-

---

1) Zur kollisionsrechtlichen Einordnung von § 15 AWG: Mankowski in Wolffgang/Simonsen/Tietje, § 31 AWG Rz. 49 ff. (2009).
2) Mankowski in Wolffgang/Simonsen/Tietje, § 31 AWG Rz. 1 (2009).
3) Gesetzesbegründung zu § 15 AWG, BT-Drucks. 17/11127, 25.
4) Gesetzesbegründung zu § 29 AWG a.F., BT-Drucks. III/1285, 251.
5) Bayreuther in Münchener Kommentar zum BGB, Bd. 6 (2012), vor §§ 182-185 Rz. 17.
6) Zweifelnd: Just in Hohmann/John, 2002, § 31 AWG Rz. 3.
7) Friedrich in Hocke/Friedrich, § 31 AWG Rz. 3 (November 2009); a.A. zu einseitigen Rechtsgeschäften: Schulz in Schulz, 1965, § 31 AWG Rz 7.
8) Sieg/Fahning/Kölling, AWG, 1963, § 31 III Anm. 2.
9) Mankowski in Wolffgang/Simonsen/Tietje, § 31 AWG Rz. 13 (2009).
10) Mankowski in Wolffgang/Simonsen/Tietje, § 31 AWG Rz. 14 f. (2009).

kreten Fall zum Zeitpunkt der Vornahme des Rechtsgeschäfts nach deutschem oder europäischem Außenwirtschaftsrecht genehmigungsbedürftig sein. Die fehlerhafte Vorstellung von der Genehmigungsbedürftigkeit ändert an den Rechtsfolgen des § 15 Abs. 1 AWG nichts.

Nach § 15 Abs. 1 Satz 1 AWG ist die Rechtsfolge der fehlenden Genehmigung eines Rechtsgeschäfts dessen schwebende Unwirksamkeit.[1] Die Nichtigkeit nach § 134 BGB ist hiermit nicht angeordnet, da diese nicht rückwirkend wieder beseitigt werden könnte.[2] Die Rechtsfolge der Unwirksamkeit tritt, soweit dies auch zivilrechtlich nach § 139 BGB zulässig ist, nur für den Teil eines Rechtsgeschäfts ein, auf den sich die Genehmigungspflicht erstreckt.[3] Das ungenehmigte Geschäft ist ausnahmsweise nach § 134 BGB nichtig, wenn gegen absolute Verbote ohne Genehmigungsvorbehalt verstoßen wird. Im Falle, dass die Genehmigungspflicht beiden Seiten bekannt ist, sie aber trotzdem vorsätzlich missachtet wird, ist eine Nichtigkeit nach § 138 BGB wegen Sittenwidrigkeit jedoch abzulehnen, da § 15 Abs. 1 AWG weder vom Wortlaut noch von der Zielrichtung her auf Unkenntnis der Genehmigungspflicht abstellt.[4] 5

II. Rechtslage während des Schwebezustands

Das ungenehmigte Rechtsgeschäft ist, wie sich aus § 15 Abs. 1 Satz 3 AWG ergibt, nicht nur relativ zwischen den Parteien, sondern auch gegenüber Dritten unwirksam. Ein Dritter behält daher diejenige Rechtsposition bei, die er während des Schwebezustands erlangt hat, unabhängig von der Kenntnis der weiterhin bestehenden Genehmigungsfähigkeit.[5] Ein zwischenzeitlicher Eigentumserwerb an einer Sache durch einen Dritten, auf die sich ein genehmigungsbedürftiges Verfügungsgeschäft bezieht, ist daher beispielsweise möglich und die Regeln zum Eigentumserwerb von einem Nichtberechtigten greifen nicht. 6

Darüber hinaus können sich aber während des Schwebezustands zivilrechtliche Pflichten der Parteien untereinander ergeben. Insbesondere sind die Parteien dazu verpflichtet, alles zu unterlassen, was die Erteilung der Genehmigung gefährden oder vereiteln könnte. Sie sind vielmehr dazu angehalten das Wirksamwerden des Vertrags durch aktives Vorantreiben des Genehmigungsverfahrens zu fördern.[6] Für den Fall der Verletzung solcher Rücksichtnahme- und Mitwirkungspflichten können sich für die andere Vertragspartei Schadensersatzansprüche ergeben, die sich auf das richten, was sie erhalten hätte, wenn der Vertragspartner die Genehmigung beantragt hätte.[7] Eine vertragliche Hauptleistung aus dem schwebend unwirksamen Vertrag kann jedoch hierdurch nicht beansprucht werden. 7

Die Vertragsparteien können vertraglich Pflichten für den Schwebezustand und ein fristgebundenes Recht zum Rücktritt oder eine auflösende Bedingung 8

---

1) BGH v. 7.7.1977, WM 1977, 1044, 1045.
2) Friedrich in Hocke/Friedrich, § 31 AWG Rz. 9 (November 2009).
3) Friedrich in Hocke/Friedrich, § 31 AWG Rz. 4 (November 2009).
4) Sieg/Fahning/Kölling, AWG, 1963, § 31 III Anm. 5; so aber Just in Hohmann/John, 2002, § 31 AWG Rz. 11.
5) Friedrich in Hocke/Friedrich, § 31 AWG Rz. 14 (November 2009).
6) Mankowski in Wolffgang/Simonsen/Tietje, § 31 AWG Rz. 20 f. (2009).
7) BGH v. 7.7.1977, WM 1977, 1044, 1046.

für den Fall des negativen Verlaufs des Genehmigungsverfahrens festlegen, um die Risiken des Schwebezustands kalkulierbar zu machen.[1]

III. Wirksamwerden

9 Nach § 15 Abs. 1 Satz 2 AWG führt die nachträgliche Genehmigung, rückwirkend auf den Zeitpunkt des Abschlusses des Rechtsgeschäfts, zu dessen zivilrechtlicher Wirksamkeit.[2] Bei einer Teilgenehmigung wird das Rechtsgeschäft, wiederum sofern dies mit § 139 BGB vereinbar ist, auch nur insoweit wirksam. § 15 Abs. 1 Satz 2 Halbs. 2 AWG stellt nunmehr klar, dass die Wirksamkeit des Rechtsgeschäfts auch dann eintritt, wenn das Genehmigungserfordernis nachträglich entfällt.[3] Wird die beantragte Genehmigung unangreifbar abgelehnt, entfällt die schwebende Unwirksamkeit des Rechtsgeschäfts und dieses wird endgültig unwirksam.[4]

C. Auflösende Bedingung bei Prüfrecht (Abs. 2)

10 § 15 Abs. 2 AWG betrifft die sektorübergreifende Prüfung von Unternehmenserwerben gem. §§ 4 Abs. 1 Nr. 4, 5 Abs. 2 AWG, §§ 55 ff. AWV und stellt in diesem Zusammenhang die Rechtswirkungen eines Rechtsgeschäfts unter auflösende Bedingung. Abgesehen von editorischen Änderungen, wurde die Vorschrift durch die AWG-Novelle materiell-rechtlich nicht verändert. Der Anwendungsbereich der Norm ist weder auf bestimmte Wirtschaftsbereiche noch auf bestimmte Erwerbsmodi beschränkt.[5] Der Wortlaut der Norm stellt nunmehr klar, dass auch der unmittelbare oder mittelbare Beteiligungserwerb an einem Unternehmen erfasst ist.

11 Schuldrechtliche Rechtsgeschäfte über den Erwerb eines Unternehmens, die nach §§ 4 Abs. 1 Nr. 4, 5 Abs. 2 AWG, §§ 55 ff. AWV dem Prüfrecht unterfallen, sind wirksam und bleiben es endgültig, wenn das Bundeswirtschaftsministerium (BMWi) nicht innerhalb von zwei Monaten nach § 59 Abs. 1 AWV, unter Zustimmung der gesamten Bundesregierung, den Erwerb untersagt. Untersagt das BMWi den schuldrechtlichen Erwerb fristgemäß und bestandskräftig, tritt, analog § 158 Abs. 2 BGB, die auflösende Bedingung ein und die Rechtsfolgen entfallen.[6] Eine Rückwirkung der Unwirksamkeit auf den Zeitpunkt der Vornahme des Rechtsgeschäfts ist vom Wortlaut, anders als in § 15 Abs. 1 Satz 2 AWG, nicht gedeckt und die auflösende Bedingung entfaltet ihre Wirkung daher ex nunc.[7] Ein vor Ablauf der Prüffrist vollzogenes, dingliches Rechtsgeschäft ist nach den Regeln der ungerechtfertigten Bereicherung, gem. § 812 Abs. 1 Satz 2 Alt. 1 BGB, rückabzuwickeln.[8]

---

1) Mankowski in Wolffgang/Simonsen/Tietje, § 31 AWG Rz. 38 f. (2009).
2) Friedrich in Hocke/Friedrich, § 31 AWG Rz. 11 (November 2009).
3) Hiermit wird die bestehende Praxis im Gesetzeswortlaut festgehalten (Vgl. BGH v. 9.11.1994, BGHZ 127, 368, 375).
4) BGH v. 11.2.1972, WM 1097, 1100.
5) Mankowski in Wolffgang/Simonsen/Tietje, § 31 AWG Rz. 78 f. (2009).
6) Gesetzesbegründung zu § 31 AWG a.F., BT-Drucks. 16/10730, 13.
7) So Mankowski in Wolffgang/Simonsen/Tietje, § 31 AWG Rz. 99 (2009); a.A Friedrich in Hocke/Friedrich, § 31 AWG Rz. 16 (Dezember 2012).
8) Friedrich in Hocke/Friedrich, § 31 AWG Rz. 17 (Dezember 2012).

Die Vertragsparteien können sich während des Schwebezustands Sicherheit verschaffen, indem sie eine Unbedenklichkeitsbescheinigung nach § 58 AWV beantragen.[1] Um eine Rückabwicklung zu vermeiden, wird in der Praxis in den Unternehmenskaufvertrag eine aufschiebende Bedingung der Wirksamkeit, etwa bezogen auf den ereignislosen Ablauf der Untersagungsfrist oder die Erteilung einer Unbedenklichkeitsbescheinigung, aufgenommen.[2] **12**

D. Wirksamkeit bei Meldepflicht

§ 15 Abs. 3 AWG bezieht sich auf den Vollzug von Unternehmenserwerben in den Bereichen Kriegswaffen, Getriebe und Motoren für militärische Nutzfahrzeuge und bestimmte Produkte mit IT-Sicherheitsfunktion, die der strengen Meldepflicht nach §§ 4 Abs. 1 Nr. 1, 5 Abs. 3 AWG, 60 AWV unterliegen. Während der Monatsfrist des § 62 AWV für die Untersagung eines meldepflichtigen Erwerbs durch das BMWi, ist das vollziehende Rechtsgeschäft nach Abs. 3 Satz 1 schwebend unwirksam. Das BMWi kann jedoch den Erwerb vor Ablauf der Prüffrist nach § 61 AWV freigeben und so das Verfahren beschleunigen und Rechtssicherheit schaffen.[3] Nach § 15 Abs. 3 Satz 2 AWG wird in diesem Fall oder wenn die Untersagung nicht rechtzeitig erfolgte, das Rechtsgeschäft endgültig wirksam. § 15 Abs. 3 AWG sieht in der neuen Fassung nunmehr vor, dass lediglich die Rechtsgeschäfte schwebend unwirksam sind, die dem Vollzug eines derartigen Unternehmens dienen, während die Wirksamkeit des schuldrechtlichen Grundgeschäfts unberührt bleibt.[4] Auch wird in § 15 Abs. 3 Satz 2 AWG nunmehr klargestellt, dass die Rechtswirksamkeit bei Nichterlass einer Untersagungsverfügung rückwirkend ab Vornahme des Rechtsgeschäfts eintritt. § 15 Abs. 3 Satz 3 ordnet in der neuen Fassung die entsprechende Anwendung von Abs. 1 Satz 3 AWG an. Rechte Dritter, die vor rückwirkendem Wirksamwerden begründet wurden, werden daher nachträglich nicht beschränkt, so dass nicht etwa nachträglich der Erwerb vom Berechtigten zu einem Erwerb vom Nichtberechtigten wird. **13**

---

1) Mankowski in Wolffgang/Simonsen/Tietje, § 31 AWG Rz. 84 f. (2009).
2) Mankowski in Wolffgang/Simonsen/Tietje, § 31 AWG Rz. 108 (2009).
3) Gesetzesbegründung zu § 15 AWG, BT-Drucks. 17/11127, 25.
4) Gesetzesbegründung zu § 15 AWG, BT-Drucks. 17/11127, 25.

§ 16
Urteil und Zwangsvollstreckung

(1) ¹Ist zu einer Leistung des Schuldners eine Genehmigung erforderlich, so kann ein Urteil vor Erteilung der Genehmigung nur dann ergehen, wenn in die Urteilsformel ein Vorbehalt aufgenommen wird, dass die Leistung oder Zwangsvollstreckung erst erfolgen darf, wenn die Genehmigung erteilt ist. ²Entsprechendes gilt für andere Vollstreckungstitel, wenn die Vollstreckung nur auf Grund einer vollstreckbaren Ausfertigung des Titels durchgeführt werden kann. ³Arreste und einstweilige Verfügungen, die lediglich der Sicherung des zugrunde liegenden Anspruchs dienen, können ohne Vorbehalt ergehen.

(2) ¹Ist zu einer Leistung des Schuldners eine Genehmigung erforderlich, so ist eine Zwangsvollstreckung nur zulässig, wenn und soweit die Genehmigung erteilt ist. ²Soweit Vermögenswerte nur mit Genehmigung erworben oder veräußert werden dürfen, gilt dies auch für den Erwerb und die Veräußerung im Wege der Zwangsvollstreckung.

Inhalt

	Rz.
A. Inhalt und Bedeutung	1–2
B. Vollstreckungstitel (Abs. 1)	3–6
I. Verurteilung zur Leistung	3–5
II. Andere Vollstreckungstitel und einstweilige Sicherungsmaßnahmen	6
C. Zulässigkeit der Zwangsvollstreckung (Abs. 2)	7–8

A. Inhalt und Bedeutung

§ 16 AWG befasst sich mit den prozessualen Folgen für Rechtsgeschäfte des Zivilrechts, die nach dem deutschen und europäischem Außenwirtschaftsrecht genehmigungsbedürftig sind und ermöglicht das Ergehen eines Urteils oder anderer Vollstreckungstitels unter Vorbehalt der Genehmigung. Die Regelung des § 15 AWG zur materiellen Wirksamkeit von Rechtsgeschäften wird durch § 16 AWG ergänzt. Eine behördliche Genehmigung soll nicht durch ein Zivilurteil ersetzt und eine Leistung somit erzwungen werden. Nach dem Willen des Gesetzgebers besteht jedoch kein Bedürfnis, den Erlass eines Urteils von der Genehmigungserteilung abhängig zu machen, sofern die Vollstreckung nicht vor Erteilung der Genehmigung erfolgen kann.[1]

Der Anwendungsbereich des § 16 AWG ist nach Wortlaut und dem gesetzgeberischen Willen auf genehmigungsbedürftige Erfüllungsgeschäfte oder Erfüllungshandlungen beschränkt.[2] Für unwirksame Verpflichtungsgeschäfte ergibt sich die Rechtsfolge schon aus dem systematischen Zusammenhang mit § 15 AWG: Eine Klage ist in diesem Fall als unbegründet abzuweisen, ohne

---

1) Gesetzesbegründung zu § 30 AWG a.F., BT-Drucks. III/1285, 251.
2) Vgl. Gesetzesbegründung zu § 30 AWG a.F., BT-Drucks. III/1285, 252; Für eine Ausweitung auf Verpflichtungsgeschäfte: Mankowski in Wolffgang/Simonsen/Tietje, § 32 AWG Rz. 5 ff. (2006).

dass es auf § 16 AWG ankommt.[1] Ein wirksamer Anspruch ist demnach Voraussetzung für die Anwendung von § 16 AWG. Auch bei einem absoluten Verbot oder bei bestandskräftiger Verweigerung der Genehmigung, ist ein Rechtsgeschäft unwirksam und eine Klage abzuweisen.[2]

B. Vollstreckungstitel (Abs. 1)

I. Verurteilung zur Leistung

3 Die Genehmigungsbedürftigkeit ist im Rahmen des § 16 AWG als Einwendung ausgestaltet und steht den Streitparteien nicht als Einrede zur Disposition.[3] Das Gericht hat kein Ermessen, die Genehmigungserteilung abzuwarten. Dies gilt trotz der Formulierung „kann" in § 16 Abs. 1 Satz 1 AWG. Bei Entscheidungsreife hat das Gericht das Erfordernis der Genehmigung von Amts wegen im Urteilstenor vorzubehalten. Da die ZPO für den Fall der fehlenden außenwirtschaftlichen Genehmigung keine Verurteilung unter Vorbehalt vorsieht, ist eine Regelung im AWG erforderlich.[4] Während das Vorbehaltsurteil in der Zivilprozessordnung (Anerkenntnis § 302 Abs. 2 ZPO und Urkundsverfahren § 599 Abs. 2 ZPO) eine auflösende Bedingung festlegt, handelt es sich in § 16 Abs. 1 Satz 1 AWG um eine aufschiebende Bedingung.[5] Das Urteil kann erst mit Bedingungseintritt, der Erteilung der Genehmigung, als Vollstreckungsgrundlage dienen.

4 Der Begriff des Urteils in § 16 Abs. 1 Satz 1 AWG umfasst, neben dem Urteil auf Grund streitiger Verhandlung, auch Anerkenntnis- und Versäumnisurteile, Grund- und Teilurteile, sowie Beschlüsse, aus denen die Vollstreckung einer Leistung betrieben werden kann.[6] Feststellungs- oder Gestaltungsurteile ohne Vollstreckungswirkung sowie Kostenfestsetzungsbeschlüsse (§ 795a ZPO) oder Vollstreckungsbefehle (§ 796 ZPO), die ohne vollstreckbare Ausfertigung vollstreckt werden können, sind hingegen nicht erfasst.[7]

5 Das zivilgerichtliche Urteil wirkt nur *inter partes*. Die Genehmigungsbehörde ist an ein rechtsfehlerhaftes, rechtskräftiges Urteil nicht gebunden und daher nicht verpflichtet, eine Genehmigung zu erteilen.[8] Gegen die rechtsfehlerhafte Verfügung eines Vorbehalts kann die beschwerte Partei jedoch mit Rechtsmitteln vorgehen.

---

1) Sieg/Fahning/Kölling, AWG, 1963, § 32 III Anm. 1.
2) Sieg/Fahning/Kölling, AWG, 1963, § 32 III Anm. 1.
3) Just in Hohmann/John, 2002, § 32 AWG Rz. 6.
4) Sieg/Fahning/Kölling, AWG, 1963, § 32 III Anm. 2.
5) Just in Hohmann/John, 2002, § 32 AWG Rz. 7.
6) Mankowski in Wolffgang/Simonsen/Tietje, § 32 AWG Rz. 12 (2006) und zur Vollstreckung ausländischer Leistungsentscheidungen Rz. 15ff.
7) Friedrich in Hocke/Friedrich, § 32 AWG Rz. 2 (Dezember 2012).
8) Friedrich in Hocke/Friedrich, § 32 AWG Rz. 1 (Dezember 2012).

II. Andere Vollstreckungstitel und einstweilige Sicherungsmaßnahmen

Andere Vollstreckungstitel gem. § 16 Abs. 1 Satz 2 AWG, sind vornehmlich die in § 794 ZPO genannten (gerichtliche Vergleiche, vollstreckbare Urkunden).[1] In diesen Fällen ist der Genehmigungsvorbehalt, wie beim Urteil, in den Titel aufzunehmen.[2] Nicht erfasst sind Fälle, für die eine vollstreckbare Ausfertigung nicht erforderlich ist, wie beim Vollstreckungsbescheid nach § 796 Abs. 1 ZPO, da hier das Vorliegen der Genehmigung vor der Vollstreckung gar nicht mehr überprüft werden könnte.[3] Der Arrest nach § 929 Abs. 1 ZPO und die einstweilige Verfügung nach § 936 ZPO sichern lediglich die zu Grunde liegenden Ansprüche und sind nicht auf endgültige Befriedigung gerichtet. Sie können daher nach § 16 Abs. 1 Satz 3 AWG ohne Vorbehalt erlassen werden.[4]

C. Zulässigkeit der Zwangsvollstreckung (Abs. 2)

§ 16 Abs. 2 AWG sichert als Pendant zu § 16 Abs. 1 AWG das Erfordernis der Genehmigungserteilung in der Zwangsvollstreckung und bringt § 726 Abs. 1 ZPO zur Anwendung. Hiernach darf die vollstreckbare Ausfertigung nur und nur soweit erteilt werden, wie die (Teil-)Genehmigung in Form eines Genehmigungsbescheids[5] dem zuständigen Vollstreckungsorgan als Beweis vorgelegt wird.[6] Dies gilt auch, wenn das Genehmigungserfordernis erst nach Erlass des Titels entstanden ist und zum Zeitpunkt der Zwangsvollstreckung besteht.[7]

Nach § 16 Abs. 2 Satz 2 dürfen Erwerb und Veräußerung im Wege der Zwangsvollstreckung nicht bestehende Genehmigungserfordernisse für Rechtsgeschäfte umgehen.[8] Diese Regelung ist demnach materiell-rechtlicher Natur und von allen Vollstreckungsorganen zu beachten.[9]

---

1) Schiedssprüche und der Anwaltsvergleich fallen nach Mankowski (in Wolffgang/Simonsen/Tietje, § 32 AWG Rz. 21 ff. [2006]) nicht unter § 16 Abs. 1 Satz 2 sondern unter Abs. 1 Satz 1 AWG.
2) Friedrich in Hocke/Friedrich, § 32 AWG Rz. 2 (Dezember 2012).
3) Just in Hohmann/John, 2002, § 32 AWG Rz. 8.
4) Mankowski in Wolffgang/Simonsen/Tietje, § 32 AWG Rz. 35 (2006).
5) Just in Hohmann/John, 2002, § 32 AWG Rz. 9.
6) Schulz in Schulz, 1965, § 32 AWG Rz. 12.
7) Mankowski in Wolffgang/Simonsen/Tietje, § 32 AWG Rz. 40 (2006).
8) Schulz in Schulz, 1965, § 32 AWG Rz 15.
9) Just in Hohmann/John, 2002, § 32 AWG Rz. 10.

Vorbemerkungen

Straf-, Bußgeld- und Überwachungsvorschriften

Inhalt

	Rz.
A. Überblick und Systematik	1–4
B. Blankettgesetze	5–8
I. Vereinbarkeit mit dem Grundgesetz	7
II. Irrtum über die Reichweite der Ausfüllungsnorm	8
C. AWG-Novelle 2013	9–13

A. Überblick und Systematik

Durch die Vorschriften im dritten Teil des AWG werden die Exportbeschränkungen des AWG und der AWV straf- und bußgeldrechtlich flankiert. Die **Strafvorschriften** sind in §§ 17 und 18 AWG enthalten. Der ehemalige Embargotatbestand des § 34 Abs. 4 AWG a.F. wurde durch die AWG-Novelle 2013 auf zwei Normen aufgeteilt: § 17 AWG Abs. 1 AWG betrifft Verstöße gegen EU- oder UN-Embargos, die in nationales Recht umgesetzt wurden. § 18 Abs. 1 AWG regelt die Fälle, in denen die EU das Embargo in einem unmittelbar geltenden Rechtsakt geregelt hat und es einer Umsetzung in nationales Recht folglich nicht bedarf. § 19 AWG ist die zentrale Vorschrift für **Ordnungswidrigkeiten** des novellierten AWG. 1

Ob die verbotene Handlung als Straftat oder als Ordnungswidrigkeit geahndet wird, richtet sich seit der AWG-Novelle 2013 nach dem Grad der Vorwerfbarkeit: **Vorsätzliche** Verstöße gegen Embargovorschriften werden grundsätzlich als Straftaten behandelt. **Fahrlässige** Embargoverstöße sowie – vorsätzliche und fahrlässige – Verstöße gegen **Verfahrens-** und **Formvorschriften** werden als Ordnungswidrigkeiten geahndet (→ Rz. 11). Für bestimmte Ordnungswidrigkeiten wurde mit der AWG-Novelle 2013 zudem die praktisch sehr bedeutsame Möglichkeit eingeführt, durch eine **Selbstanzeige** Bußgeldfreiheit zu erlangen (→ § 22 AWG Rz. 7 f.). 2

Das deutsche Außenhandelsrecht steht in einem zunehmend engen Zusammenhang zum europäischen und internationalen Recht (→ Einführung Rz. 2). Insbesondere die Einbettung in das EU-Recht schlägt sich auch im Außenwirtschaftsstrafrecht nieder. Da die Strafgewalt als Kernbereich nationaler Souveränität verstanden wird, ist sie dem supranationalen Bereich weitgehend entzogen. Die EU hat insbesondere keine Kompetenz zum Erlass strafrechtlicher Regelungen (→ § 18 AWG Rz. 6). Während Ausfuhrbeschränkungen inzwischen häufig durch unmittelbar geltendes EU-Recht geregelt werden, muss die Strafbewehrung weiterhin durch nationales Recht erfolgen. Zudem verbleiben im Außenwirtschaftsrecht dort nationale Regelungsbereiche, wo Schutzklauseln zu Gunsten der Mitgliedstaaten greifen (→ Einführung Rz. 31). Sie werden ebenfalls durch die Vorschriften im dritten Teil des AWG straf- und ordnungsrechtlich flankiert. 3

4 Nationales Strafrecht und zugrundeliegendes Völker- bzw. Europarecht beziehen sich jedoch auch in umgekehrter Richtung aufeinander. Die Reichweite der nationalen Strafrechtsnorm, die ein EU- oder UN-Embargo schützen soll, wird durch einen **Resolutions-** oder **GASP-Vorbehalt** (→ § 18 AWG Rz. 11) begrenzt. Die nationale Strafvorschrift darf in ihrem Regelungsgehalt nicht über die beschlossenen Sanktionsmaßnahmen hinausgehen (→ § 17 AWG Rz. 11).

B. Blankettgesetze

5 Die Straf- und Bußgeldtatbestände des AWG sind zu großen Teilen in Blankettgesetzen geregelt. Damit lassen sich einerseits die verschiedenartigen Quellen von Ausfuhrbeschränkungen (→ Rz. 3) straf- und ordnungsrechtlich absichern. Anderseits eröffnet es dem Gesetzgeber ein großes Ausmaß an **Flexibilität**. Das entspricht dem Bedürfnis, auch strafrechtlich schnell auf internationale Krisen reagieren zu können.

6 **Blankettnormen** geben ein Handlungsgebot bzw. Verbot vor, das weiter durch eine **Ausfüllungsvorschrift konkretisiert** wird. Ausfüllungsvorschrift kann eine Vorschrift der AWV inklusive der Ausfuhrliste oder eine unmittelbar geltende EU-Verordnung sein. Die Ausfüllung eines Blanketts durch eine nicht unmittelbar in Deutschland geltende europarechtliche oder völkerrechtliche Sanktion ist nicht zulässig. Solche Sanktionen werden zunächst in die AWV übernommen und durch ihre Übernahme in die AWV mittels Blankettstrafgesetzen straf- oder bußgeldbewehrt.

I. Vereinbarkeit mit dem Grundgesetz

7 Blankettnormen sind grundsätzlich **verfassungsrechtlich unbedenklich**. Denn Gesetz i.S.v. Art. 103 Abs. 2 GG ist nicht nur das förmliche Gesetz. Auch Rechtsverordnungen können Strafbestimmungen und Bestimmungen über Ordnungswidrigkeiten enthalten, wenn sie im Rahmen von Ermächtigungen ergangen sind, die Art. 80 Abs. 1 Satz 2 GG genügen.[1] Allerdings verlangt das **Bestimmtheitsgebot** des Art. 103 Abs. 2 GG, dass die Voraussetzungen der Strafbarkeit sowie Art und Maß der Strafe entweder im Blankettstrafgesetz selbst oder in einer anderen gesetzlichen Vorschrift, auf die das Blankettstrafgesetz Bezug nimmt, hinreichend deutlich umschrieben werden.[2] Der Adressat muss bereits aus der gesetzlichen Ermächtigung entnehmen können, welches Verhalten verboten ist und welche Sanktion ihm für den Fall des Verstoßes gegen das Verbot droht, nicht erst auf Grund der hierauf gestützten Verordnung.[3] Dem Verordnungsgeber dürfen daher lediglich gewisse Spezifizierungen des Straftatbestandes überlassen werden.

---

1) BVerfG, NJW 1974, 1860, 1862; BVerfG, NJW 1992, 2624; BVerfG, NJW 1993, 581; BVerfG, NVwZ 2012, 504, 505.
2) BVerfG, NJW 1987, 3175; BVerfG, NStZ 1991, 88; BVerfG, NJW 1993, 1909, 1910; BVerfG, NVwZ 2012, 504,505.
3) BVerfG, NJW 1992, 2624; siehe aber Walter, RIW 2012, 765, der die alte Rechtslage mit dem Gesetzesvorbehalt für unvereinbar hielt.

II. Irrtum über die Reichweite der Ausfüllungsnorm

Ein **Irrtum** über den **Inhalt** oder die **Reichweite** einer Ausfüllungsnorm, auf die ein Blankettstraftatbestand verweist, wird grundsätzlich als Verbotsirrtum gem. § 17 StGB angesehen, nicht aber als Tatbestandsirrtum, der nach § 16 StGB die Vorsatzstrafbarkeit entfallen ließe. Das ist z.b. der Fall, wenn der Täter irrigerweise davon ausgeht, dass Zahlungen aus humanitären Gründen nicht unter ein umfassendes, auf einem Embargo basierendes Zahlungsverbot fallen.[1] Gleiches soll für den Fall gelten, dass der Täter eine Außenwirtschaftsstraftat begeht, in dem er einer Person wirtschaftliche Ressourcen zur Verfügung stellt, von dessen Listung im Anhang einer Embargoverordnung er keine Kenntnis hatte.[2]

C. AWG-Novelle 2013

Die Strafvorschriften des Außenwirtschaftsgesetzes hatten sich seit den 1990er Jahren zu einem der unübersichtlichsten Gebiete des Nebenstrafrechts entwickelt.[3] Einige Vorschriften wurden zudem im Hinblick auf das Bestimmtheitsgebot als **verfassungsrechtlich** bedenklich eingestuft. Insofern war es ein verfassungsrechtlich gebotenes Ziel der AWG-Novelle 2013, die Strafvorschriften **übersichtlicher** zu gestalten.[4] Die Straf- und Bußgeldvorschriften wurden durch die Novelle grundlegend überarbeitet. Zu wesentlichen Änderungen hinsichtlich der Systematik und der Methodik hat das jedoch nicht geführt.[5] Eine Vereinfachung der Vorschriften wurde erreicht, in dem die teilweise „kaskadenartigen Verweisungsketten" gestrafft und auf verfassungsrechtlich bedenkliche, unbestimmte Rechtsbegriffe verzichtet wurde. In § 22 Abs. 4 AWG hat der Gesetzgeber zudem eine praktisch bedeutsame und rechtspolitisch sinnvolle Möglichkeit aufgenommen, durch eine Selbstanzeige Bußgeldfreiheit bei bestimmten Ordnungswidrigkeiten nach § 19 AWG zu erlangen.

Die neue Rechtslage zur Ahndung von Verstößen orientiert sich am Grad der Vorwerfbarkeit. Strafbewehrt ist mit einer Ausnahme (→ § 17 AWG Rz. 39) nunmehr nur noch der **vorsätzliche** Verstoß gegen Embargovorschriften, während der **fahrlässige** Verstoß grundsätzlich als Ordnungswidrigkeit geahndet wird. Die Strafbewehrung von vorsätzlichen Verstößen liegt nach der Gesetzesbegründung *„im Interesse einer wirkungsvollen Prävention von bewussten, mit hoher krimineller Energie ausgeführten Verstößen gegen das Außenwirtschaftsrecht."*[6]

Diese **Differenzierung** zwischen Straf- und Bußgeldbestimmungen anhand des subjektiven Tatbestands wird in der Literatur z.T. **kritisiert**. Dadurch würden bloße Arbeitsfehler bei der Exportkontrolle, die in der Realität den Regelfall

---

1) So BGH, NStZ 2007, 644, hinsichtlich eines Verstoßes gegen § 34 Abs. IV AWG a.F. i.V.m. § AWV § 69e Abs. IIc AWV.
2) BGH v. 15.11.2012, 3 StR 295/12, wistra 2013, 153; zu Recht hinterfragend, ob zumindest in diesem Fall nicht die Annahme eines Tatbestandsirrtums näher liegt: Krell, NZWiSt 2013, 114 f.
3) Wagner in Münchener Kommentar, Bd. VI/1, Vor §§ 34 AWG Rz. 1.
4) Siehe auch Alexander/Winkelbauer, ZWH 2013, 341 f.
5) Wolffgang, Ausschuss-Stellungnahme 2012, BT A-Drucks. 17(9)1057, 7.
6) BT-Drucks. 17/11127, 19.

eines Ausfuhrverstoßes darstellen, unverhältnismäßig kriminalisiert.[1] Das könne zu Unsicherheiten bei den exportierenden Unternehmen führen.[2] Exportverstöße seien häufig im Graubereich zwischen Fahrlässigkeit und Vorsatz angesiedelt. Die ohnehin bestehenden Abgrenzungsschwierigkeiten zwischen bedingtem Vorsatz und grober Fahrlässigkeit[3] würden dadurch erschwert, dass diese Verstöße rein interne Vorgänge betreffen.

12 Dagegen ist jedoch einzuwenden, dass die Abgrenzung von bedingtem Vorsatz und grober Fahrlässigkeit in Grenzfällen zwar schwer fallen kann, für Juristen jedoch bekanntes Terrain darstellt (zum **Vorsatz** → § 17 AWG Rz. 6; zur **Fahrlässigkeit** → § 19 AWG Rz. 6; zur **Leichtfertigkeit** → § 17 AWG Rz. 40).[4] Zudem dürften einige nunmehr unter Strafe gestellte Handlungen durchaus regelmäßig mit direktem Vorsatz begangen werden. Beispielsweise legen Verstöße gegen Genehmigungspflichten nach catch-all Bestimmungen der Dual-Use Verordnung regelmäßig eine Begehung mit direktem Vorsatz nahe. Denn nach der Struktur der Genehmigungstatbestände muss der Ausführer entweder positive Kenntnis von dem genannten Verwendungszweck haben oder sich bewusst über Unterrichtungen des BAFA hinsichtlich des Verwendungszwecks hinwegsetzen.[5]

13 Tatsächlich setzen die novellierten Bußgeld- und Strafvorschriften auf Seiten der exportierenden Unternehmen jedoch ein hohes Maß an **Sorgfalt** und Expertise voraus, um Verstöße zu vermeiden. Das gilt insbesondere für den Compliance-Beauftragten, den nach neuerer Rechtsprechung des BGH „*regelmäßig strafrechtlich eine Garantenpflicht i.S.d. § 13 Abs. 1 StGB [trifft], solche im Zusammenhang mit der Tätigkeit des Unternehmens stehende Straftaten von Unternehmensangehörigen zu verhindern.*"[6] Werden fahrlässige Verstöße im Wege der Eigenkontrolle aufgedeckt, haben die Unternehmen unter bestimmten Voraussetzungen die Möglichkeit, durch eine **Selbstanzeige** die Sanktionierungen zu vermeiden (→ § 22 AWG Rz. 7 f.).

---

1) Hohmann, Ausschuss-Stellungnahme 2012, BT A-Drucks. 17(9)1053, 10.
2) DIHK, Ausschuss-Stellungnahme 2012, BT A-Drucks. 17(9)1056.
3) Vgl. Joecks in Münchener Kommentar, Bd. I, § 16 StGB Rz. 30 ff. (Restunsicherheiten in Bezug auf die Abgrenzung zwischen bewusster Fahrlässigkeit und bedingtem Vorsatz); siehe auch Walter, RIW 2013, 208.
4) Niestedt/Trennt BB 2013, 2115, 2117; grundsätzlich die Differenzierung begrüßend: Volland, GWR 2013, 266.
5) Morweiser, Ausschuss-Stellungnahme 2012, BT A-Drs. 17(9)1049, 6; vgl. auch Bieneck, wistra 2008, 213: Die in den catch-all Vorschriften geforderte positive Kenntnis setzt strafrechtlich den direkten Vorsatz voraus.
6) BGH, NJW 2009, 3173, 3175, Rz. 27; s. auch Dann/ Mengel, NJW 2010, 3265, Schöppner, S. 176 f.

§ 17
Strafvorschriften

(1) Mit Freiheitsstrafe von einem Jahr bis zu zehn Jahren wird bestraft, wer einer Rechtsverordnung nach § 4 Absatz 1, die der Durchführung

1. einer vom Sicherheitsrat der Vereinten Nationen nach Kapitel VII der Charta der Vereinten Nationen oder

2. einer vom Rat der Europäischen Union im Bereich der Gemeinsamen Außen- und Sicherheitspolitik beschlossenen wirtschaftlichen Sanktionsmaßnahme

dient, oder einer vollziehbaren Anordnung auf Grund einer solchen Rechtsverordnung zuwiderhandelt, soweit die Rechtsverordnung sich auf Güter des Teils I Abschnitt A der Ausfuhrliste bezieht und für einen bestimmten Tatbestand auf diese Strafvorschrift verweist.

(2) Mit Freiheitsstrafe nicht unter einem Jahr wird bestraft, wer in den Fällen des Absatzes 1

1. für den Geheimdienst einer fremden Macht handelt oder

2. gewerbsmäßig oder als Mitglied einer Bande handelt, die sich zur fortgesetzten Begehung solcher Taten verbunden hat.

(3) Mit Freiheitsstrafe nicht unter zwei Jahren wird bestraft, wer in den Fällen des Absatzes 1 als Mitglied einer Bande, die sich zur fortgesetzten Begehung solcher Taten verbunden hat, gewerbsmäßig handelt.

(4) In minder schweren Fällen des Absatzes 1 ist die Strafe Freiheitsstrafe von drei Monaten bis zu fünf Jahren.

(5) Handelt der Täter in den Fällen des Absatzes 1 leichtfertig, so ist die Strafe Freiheitsstrafe bis zu drei Jahren oder Geldstrafe.

(6) In den Fällen des Absatzes 1 steht einem Handeln ohne Genehmigung ein Handeln auf Grund einer durch Drohung, Bestechung oder Kollusion erwirkten oder durch unrichtige oder unvollständige Angaben erschlichenen Genehmigung gleich.

(7) Die Absätze 1 bis 6 gelten, unabhängig vom Recht des Tatorts, auch für Taten, die im Ausland begangen werden, wenn der Täter Deutscher ist.

AWV

§ 80
Straftaten

Nach § 17 Absatz 1, Absatz 2 bis 5 des Außenwirtschaftsgesetzes wird bestraft, wer vorsätzlich oder leichtfertig

1. entgegen § 74, auch in Verbindung mit § 79, dort genannte Güter verkauft, ausführt, durchführt oder befördert,

2. entgegen § 75 Absatz 1, auch in Verbindung mit § 75 Absatz 2, jeweils auch in Verbindung mit § 79, ein handels- oder Vermittlungsgeschäft vornimmt oder

(AWV) 3. entgegen § 77 Absatz 1, auch in Verbindung mit § 77 Absatz 2, jeweils auch in Verbindung mit § 79, dort genannte Güter einführt, erwirbt oder befördert.

Inhalt

	Rz.
A. Überblick	1–2
B. Grundtatbestand (Abs. 1)	3–23
I. Allgemeines	3–7
II. Die Tatbestandsvoraussetzungen im Einzelnen	8–22
1. Rechtsverordnung nach § 4 AWG	8–9
2. Vollziehbare Anordnung aufgrund einer Rechtsverordnung	10
3. Durchführung einer Sanktionsmaßnahme	11
4. Bezug auf Güter des Teils I Abschnitt A der Ausfuhrliste	12–17
a) Begriff der Güter	13–14
b) Bezug auf Teil I Abschnitt A der Ausfuhrliste	15–17
5. Tathandlungen	18–22
III. Strafrahmen	23
C. Qualifikationen für geheimdienstliche, gewerbsmäßige oder bandenmäßige Begehung (Abs. 2)	24–35
I. Handeln für den Geheimdienst einer fremden Macht (Nr. 1)	24–28
1. Geheimdienst einer fremden Macht	26–27
2. Handlung	28
II. Gewerbsmäßige oder bandenmäßige Begehung (Nr. 2)	29–34
1. Gewerbsmäßigkeit	30–33
2. Bande	34
III. Strafrahmen	35
D. Qualifikation bei bandenmäßiger und gewerbsmäßiger Begehung (Abs. 3)	36–37
E. Minder schwerer Fall (Abs. 4)	38
F. Leichtfertige Begehung (Abs. 5)	39–40
G. Dem „Handeln ohne Genehmigung" i.S.d. § 17 Abs. 1 AWG gleichgesetzte Begehung (Abs. 6)	41–50
I. Allgemein	42–46
II. Tathandlungen	47–50
1. Drohung	47
2. Bestechung	48
3. Kollusion	49
4. Durch unrichtige oder unvollständige Angaben erschlichen	50
H. Geltung für Auslandstaten (Abs. 7)	51–57
I. Allgemein	51–52
II. Tatort	53–54
III. Täterschaft	55
IV. Deutscher	56–57

A. Überblick

§ 17 AWG stellt Verstöße gegen **nationale Waffenembargos** unter Strafe, die durch einen GASP-Beschluss von der EU oder durch einen Beschluss des Sicherheitsrats der Vereinten Nationen erlassen und durch Verordnung in nationales Recht umgesetzt worden sind. § 17 Abs. 1 AWG regelt den **Grundtatbestand** des Verstoßes. Abs. 2 und 3 regeln **Qualifikationen** für die geheimdienstliche, die bandenmäßige und die gewerbsmäßige Begehung, wobei Abs. 2 lediglich eine Erhöhung des oberen Strafrahmens vorsieht. Abs. 4 regelt einen **minder schweren Fall**. Abs. 5 stellt die **leichtfertige** Begehung unter Strafe und ist damit die einzige verbleibende Strafvorschrift bei fahrlässiger Begehungsweise. Abs. 6 stellt dem Handeln ohne Genehmigung im Fall des Abs. 1 das Handeln auf Grund einer durch Drohung, Bestechung oder Kollusion erwirkten oder durch unrichtige oder unvollständige Angaben erschlichenen Genehmigung gleich. Abs. 7 regelt **Auslandstaten**. 1

§ 17 AWG ist mit einem Mindeststrafrahmen von einem Jahr ein **Verbrechenstatbestand** (§ 12 StGB). In minder schweren Fällen (Abs. 4) und bei leichtfertiger Begehung (Abs. 5) liegt die Mindeststrafe jedoch unter einem Jahr. 2

B. Grundtatbestand (Abs. 1)

I. Allgemeines

§ 17 Abs. 1 AWG normiert den **Grundtatbestand** des Verstoßes gegen nationale Waffenembargos. Er ist als Blanketttatbestand ausgestaltet, der durch **Rechtsverordnungen nach** § 4 Abs. 1 AWG (→ Rz. 8) oder durch darauf ergehende **Anordnungen** (→ Rz. 10) ausgefüllt wird. Die Rechtsverordnung muss **der Durchführung von wirtschaftlichen Sanktionsmaßnahmen** dienen, die entweder vom Sicherheitsrat der Vereinten Nationen oder vom Rat der Europäischen Union im Bereich der Gemeinsamen Außen- und Sicherheitspolitik beschlossen wurden (→ Rz. 11). Sie muss sich zudem auf Güter des Teils I Abschnitt A der Ausfuhrliste beziehen, in dem Waffen, Munition und Rüstungsmaterial aufgeführt sind (→ Rz. 12). Durch diesen Bezug wird deutlich, dass es um Verstöße gegen **nationale Waffenembargos** geht. Die Ausfüllungsnorm muss schließlich eine Rückverweisung auf § 17 Abs. 1 AWG enthalten. Das ist notwendig, um den Anforderungen des Bestimmtheitsgebots des Art. 103 Abs. GG zu genügen. Momentan wird das Blankett des § 17 Abs. 1 AWG durch **§ 80 AWV** ausgefüllt. 3

Diese Regelungstechnik ermöglicht dem Verordnungsgeber die zügige **Anpassung der Straftatbestände**. Er kann international beschlossene Sanktionsmaßnahmen, die keine unmittelbare Wirkung im deutschen Recht entfalten, durch bloße Änderung der AWV in das nationale Strafrecht übernehmen. Zudem kann er damit strafrechtlich auf internationale Krisen reagieren, ohne ein langwieriges Gesetzgebungsverfahren abzuwarten.[1] 4

An einer unmittelbaren Wirkung im nationalen Recht fehlt es einerseits bei **UN-Sanktionen**. Gleiches gilt für **GASP-Beschlüsse** der EU, die Verbote und Untersagungen von Rüstungsgeschäften enthalten. Für den Bereich der Rüs- 5

---

[1] Wagner in Münchener Kommentar, Bd. VI/1, § 34 AWG Rz. 102, Walter, RIW 2013, 208, Morweiser in Wolffgang/Simonsen/Tietje, Bd. II, § 34 Abs. 4 AWG Rz. 5.

tungsgüter gilt ein nationaler Vorbehalt der Mitgliedstaaten.[1] Diese GASP-Beschlüsse können insofern nicht durch eine auf Art. 215 Abs. 1 AEUV gestützte EU-Verordnung umgesetzt werden, sondern bedürfen einer **Umsetzung durch die Mitgliedstaaten**. Das geschieht in Deutschland durch die AWV. Durch eine Rückverweisung auf § 17 Abs. 1 AWG kann der deutsche Verordnungsgeber Verstöße gegen diese Embargos mit Strafe bewehren. Verstöße gegen direkt in der Bundesrepublik geltende EU-Verordnungen werden hingegen durch § 18 Abs. 1 AWG strafbewehrt (→ § 18 Rz. 4 f.). Es steht einer Strafbewehrung durch § 17 Abs. 1 AWG i.V.m. der AWV allerdings nicht entgegen, wenn auf EU-Ebene eine unmittelbar geltende Verordnung erlassen wurde und sich der deutsche Verordnungsgeber dennoch für die Umsetzung in nationales Recht entscheidet[2] (zur Vereinbarkeit paralleler nationaler Vorschriften mit Europarecht → Einf. AWG Rz. 33 f.).

6 Auf subjektiver Seite setzt § 17 Abs. 1 AWG **Vorsatz** voraus.[3] Strafbar ist jede Form der vorsätzlichen Begehungsweise. Es ist ausreichend, wenn der Täter den Ausfuhrrechtsverstoß billigend in Kauf nimmt.[4] Da die **Abgrenzung** der bewussten Fahrlässigkeit zum **bedingten Vorsatz** teilweise fließend sein kann (→ Vor § 17 Rz. 12; zur Fahrlässigkeit → § 19 Rz. 6), sollten die exportierende Unternehmen angesichts der erheblichen Strafandrohung mit erhöhter Sorgfalt sicherstellen, dass die außenwirtschaftsrechtlichen Vorschriften eingehalten werden. Andernfalls drohen den beteiligten Personen empfindliche Strafen. Zum **Versuch** einer Begehung des § 17 Abs. 1 AWG → § 18 Rz. 79.

7 § 17 Abs. 1 AWG entspricht im Wesentlichen dem § 34 Abs. 4 Nr. 1 AWG a.F. Sein Regelungsgehalt geht darüber jedoch hinaus. Verstöße gegen UN- oder EU-Ausfuhrverbote durch Verkauf von Gütern des Teils I Abschnitt A der Ausfuhrliste waren vorher im Qualifikationstatbestand des § 34 Abs. 6 Nr. 3 AWG a.F. normiert. Sie werden nun vom Grundtatbestand des § 17 Abs. 1 AWG umfasst. Der Gesetzgeber begründet diese **Ausweitung** mit der Vergleichbarkeit des Unrechtsgehalts beider Taten.[5] Auch der Strafrahmen hat sich im Vergleich zur Vorgängervorschrift verändert. Die Norm ist mit einer Mindestfreiheitsstrafe von einem Jahr zum **Verbrechen** (§ 12 StGB) hoch gestuft worden (Einzelheiten zum Strafrahmen → Rz. 23).

II. Die Tatbestandsvoraussetzungen im Einzelnen

1. Rechtsverordnung nach § 4 AWG

8 Tatbestandsvoraussetzung von § 17 Abs. 1 AWG ist die **Zuwiderhandlung gegen eine Rechtsverordnung** nach § 4 Abs. 1 AWG. Genau genommen ist in

---

1) Nach Art. 346 Abs. 1 Buchst. b AEUV sind die Mitgliedstaaten ermächtigt, für die Produktion und den Handel von Waffen, Munition und Kriegsmaterial Maßnahmen zu ergreifen, die ihres Erachtens für die Wahrung ihrer wesentlichen Sicherheitsinteressen erforderlich sind; Einzelheiten bei Jaeckel in Grabitz/Hilf/Nettesheim, Art. 346 AEUV Rz. 14.
2) Morweiser in Wolffgang/Simonsen/Tietje, Bd. II, § 34 Abs. 4 AWG Rz. 26.
3) Das ergibt sich bereits aus § 15 StGB, s. Alexander/Winkelbauer, ZWH 2013, 343.
4) Siehe Einzelheiten bei Sternberg-Lieben in Schönke/Schröder, § 15 StGB Rz. 6 f.; Kühl in Lackner/Kühl, § 15 StGB Rz. 4 f. siehe zur Abgrenzung zur Fahrlässigkeit auch: Joecks in Münchener Kommentar, Bd. I, § 16 StGB Rz. 30 ff.
5) BT-Drucks. 17/11127, 26.

dieser Blankettnorm ein Verweis auf § 4 Abs. 1 i.V.m. § 4 Abs. 2 Nr. 1 bzw. Nr. 3 AWG zu sehen. Es wäre wünschenswert gewesen, wenn der Gesetzgeber das zur Verdeutlichung auch so in den Normtext des neuen § 17 Abs. 1 AWG aufgenommen hätte. § 4 Abs. 1 AWG – die allgemeine Verordnungsermächtigung – wird nämlich zum einen durch § 4 Abs. 2 Nr. 3 AWG konkretisiert, der eine Ermächtigung zum Erlass von Verordnungen zur Umsetzung von **Resolutionen des Sicherheitsrates der Vereinten Nationen** enthält. Er erfasst die Umsetzung von Verpflichtungen aus Resolutionen des Sicherheitsrates nach Kapitel VII der UN-Charta, insbesondere Sanktionsbeschlüsse nach Art. 41 UN-Charta (→ § 4 Rz. 20).[1] Dieser sogenannte Resolutionsvorbehalt ist Tatbestandsmerkmal des § 17 Abs.1 AWG (→ Rz. 11). Zum anderen wird § 4 Abs. 1 AWG durch § 4 Abs. 2 Nr. 1 AWG ergänzt. Dieser enthält eine Verordnungsermächtigung, um Verpflichtungen der Mitgliedstaaten der EU zur **Durchführung wirtschaftlicher Sanktionsmaßnahmen, die** im Bereich der GASP vorgesehen sind, durchzuführen (→ § 4 Rz. 19).

Die konkret in Bezug genommene Ausfüllungsnorm in der AWV ist **§ 80 AWV**, der wiederum auf einen Verstoß gegen §§ 74, 75 und 77 AWV, jeweils i.V.m. § 79 AWV verweist.

9

2. Vollziehbare Anordnung aufgrund einer Rechtsverordnung

Neu eingefügt in den Straftatbestand wurde die Tatbestandsvariante der Zuwiderhandlung gegen eine **vollziehbare Anordnung** auf Grund einer Rechtsverordnung nach § 4 Abs. 1 AWG. Das soll dem deutschen Verordnungsgeber ermöglichen, vollziehbare Anordnungen nach der AWV gem. § 17 Abs. 1 AWG mit Strafe zu bewehren.[2] Das ist verfassungsrechtlich zulässig, soweit das Gesetz Typus und Regelungsumfang der betreffenden Verwaltungsakte so weit festlegt, wie der Verstoß gegen die entsprechende Verhaltenspflicht strafbewehrt sein soll.[3] Der Verwaltungsakt muss zudem in seinem konkreten Regelungsgehalt hinreichend bestimmt sein.[4]

10

Momentan wird von dieser Möglichkeit kein Gebrauch gemacht (anders bei den Ordnungswidrigkeiten des § 19 Abs. 3 Nr. 1, 2 AWG → § 19 Rz. 12 f. und 22 f.). § 80 AWV als Ausfüllungsnorm des § 17 Abs. 1 AWG verweist nur auf Verbotsnormen der AWV (→ Rz. 9). Es ist jedoch nach neuer Gesetzeslage denkbar, dass der Verordnungsgeber einen Verweis auf eine vollziehbare Anordnung in die Ausfüllungsnorm mit aufnimmt, um einen Verstoß dagegen gem. § 17 Abs. 1 AWG unter Strafe zu stellen. Voraussetzung wäre eine Rückverweisung in der AWV-Norm auf den Straftatbestand des § 17 Abs. 1 AWG (→ Rz. 3).

3. Durchführung einer Sanktionsmaßnahme

Die Verordnungen, auf die § 17 Abs. 1 AWG Bezug nimmt, müssen der **Durchführung einer wirtschaftlichen Sanktionsmaßnahme** dienen, die entweder vom UN-Sicherheitsrat nach Kapitel VII UN-Charta oder einer vom Rat der EU im

11

---

1) BGHZ 125, 27; OLG Düsseldorf v. 8.9.1993, 3 Ws 504-505/93, NJW 1994, 1079, 1080.
2) Vgl. Alexander/Winkelbauer, ZWH 2013, 342.
3) BVerfG, NVwZ 2012, 504, 505.
4) BVerfG, NVwZ 2012, 504, 505.

Bereich der GASP beschlossen wurde.[1] Dieser **Resolutions- bzw. Beschlussvorbehalt** ergibt sich bereits aus dem verfassungsrechtlichen Bestimmtheitsgebot für Blankettstrafgesetze.[2] Das durch die Rechtsverordnung statuierte Verbot muss im strikten Regelungsbezug zu den vom UN-Sicherheitsrat oder dem Rat der EU verhängten Maßnahmen stehen und darf in seinem Regelungsgehalt nicht über die beschlossenen Sanktionsmaßnahmen hinausgehen. Enthält die Vorschrift der AWV hingegen ein Verbot, das in der Sanktionsmaßnahme keine Entsprechung findet, kann im Falle eines Verstoßes keine Bestrafung auf § 17 Abs. 1 AWG gestützt werden.[3]

4. Bezug auf Güter des Teils I Abschnitt A der Ausfuhrliste

12 Die Verordnung, auf welche § 17 Abs. 1 AWG Bezug nimmt, muss sich auf Güter des Teils I Abschnitt A der Ausfuhrliste beziehen. Insofern ergänzt § 17 Abs. 1 AWG den Vergehenstatbestand des § 18 Abs. 2 Nr. 1 AWG i.V.m. § 8 AWV (→ § 18 Rz. 36).

a) Begriff der Güter

13 Der Güterbegriff ist in § 2 Abs. 13 AWG legaldefiniert. **Güter** sind körperliche Waren, Technologie und Software. Der Güterbegriff hat die Funktion eines Oberbegriffs für körperliche und unkörperliche Gegenstände und ist weit gefasst (→ § 2 Rz. 52 ff.). Der Begriff der **Ware** wiederum hat in § 2 Abs. 22 AWG eine eigene Definition erfahren (→ § 2 Rz. 72). Unter den weiten Begriff der Waren fallen alle **beweglichen Sachen**, die Gegenstand des Handelsverkehrs sein können.

14 Unter **Software** versteht man – unter Hinzuziehung der Begriffsbestimmungen zur Ausfuhrliste – eine „Sammlung eines oder mehrerer „Programme" oder „Mikroprogramme", die auf einem beliebigen greifbaren (Ausdrucks-) Medium fixiert sind (→ § 2 Rz. 53). Der Begriff der **Technologie** stellt nach den Begriffsbestimmungen zur Ausfuhrliste spezifisches technisches Wissen dar, das für die „Entwicklung", „Herstellung" oder „Verwendung" eines Produkts notwendig ist. Technisches Wissen wird in Form von „technischen Unterlagen" oder „technischer Unterstützung" verkörpert (→ § 2 Rz. 53).

b) Bezug auf Teil I Abschnitt A der Ausfuhrliste

15 Aus der Ausfuhrliste in Abschnitt A der Anlage zur AWV ergibt sich der Umfang der nationalen Genehmigungspflichten für Rüstungsgüter. Abschnitt A enthält eine Liste für **Waffen, Munition und Rüstungsmaterial**. Hinsichtlich Waffen und Munition (Listenpositionen 0001 – 0004) ist die Einordnung i.d.R. unproblematisch. Es ist insofern zu überprüfen, ob das betreffende Gut in Teil I Abschnitt A der Ausfuhrliste gelistet ist. Bei **Dual-Use-Gütern**, enthält die Ausfuhrliste bei einigen Listenpositionen (z.B. 0005, 0006) das einschränkende

---

1) Siehe Einzelheiten zu den europarechtlichen Wirksamkeitsvoraussetzung und der Kompetenzverteilung bei Morweiser in Wolffgang/Simonsen/Tietje, Bd. II, § 34 Abs. 4 AWG Rz. 25 f.
2) BGH, NJW 1995, 2174, 2175.
3) BGH, NJW 1995, 2174, 2175; siehe zum Resolutionsvorbehalt auch John in Hohmann/John, 2002, § 34 AWG Rz. 224 f.; zu praktischen Problemen bei der Ausfüllung dieses Resolutionsvorbehalts Dannecker/Freitag, ZStW 116 (2004), 797, 807 f.

Merkmal, dass die Güter „besonders konstruiert für militärische Zwecke" sein müssen.[1]

Bei der Voraussetzung **„besonders konstruiert für militärische Zwecke"** handelt es sich um einen unbestimmten Rechtsbegriff, dessen Auslegung umstritten ist.[2] Der militärische Zweck des Bestandteils ist anhand von objektiven Kriterien zu beurteilen. Das Tatbestandsmerkmal „besonders konstruiert für militärische Zwecke" ist nicht schon dann erfüllt, wenn die Ware nach subjektiver Vorstellung des Herstellers militärisch genutzt werden soll.

16

Neben diesem subjektiven Element muss die Ware auch objektiv militärische Konstruktionsmerkmale aufweisen **(objektiver Ansatz)**.[3] Allein eine frühere Entscheidung des BGH – die allerdings diesbezüglich in sich widersprüchlich ist – scheint eine subjektive Vorstellung über den militärischen Zweck genügen zu lassen.[4] Der BGH hat aber mittlerweile die objektive Ansicht übernommen und fordert für die Auslegung des Tatbestandsmerkmals „besonders konstruiert für militärische Zwecke" eine Ausrichtung an objektiven Kriterien, die neben den subjektiven Verwendungszweck tritt.[5]

17

5. Tathandlungen

Die Tathandlungen ergeben sich nach der Novelle 2013 aus § 80 AWV. Diese Vorschrift konkretisiert den Begriff der **„Zuwiderhandlung"** aus § 17 Abs. 1 AWG. Danach wird nach § 17 Abs. 1, Abs. 2 bis 5 des AWG bestraft, wer vorsätzlich oder leichtfertig entgegen § 74 AWV, auch i.V.m. § 79 AWV, dort genannte Güter verkauft, ausführt, durchführt oder befördert (§ 80 Nr. 1 AWV), entgegen § 75 Abs. 1 AWV, auch i.V.m. § 75 Abs. 2 AWV, jeweils auch i.V.m. § 79 AWV, ein Handels- oder Vermittlungsgeschäft vornimmt (§ 80 Nr. 2 AWV), oder entgegen § 77 Abs. 1 AWV, auch i.V.m. § 77 Abs. 2 AWV, jeweils auch i.V.m. § 79 AWV, dort genannte Güter einführt, erwirbt oder befördert (§ 80 Nr. 3 AWV).

18

Die Reichweite der AWV-Ausfüllungsnorm wird durch den **Resolutions- bzw. GASP-Vorbehalt** determiniert (→ Rz. 11).[6] Deshalb sind die Tathandlungen des § 80 AWV auch stets im Lichte des zu Grunde liegenden Völker- bzw. Unionsrechtsakts auszulegen.[7] Vor der Novelle konnten die Begriffsbestimmungen des nationalen Rechts (§ 4c AWV a.F.) nur unter Berücksichtigung dieser Auslegungsmaßstäbe herangezogen werden. Da die Begriffsbestimmun-

19

---

1) Siehe für Beispiele BGH, NJW 2007, 1893, 1894; BGH, NJW 2010, 2365; VG Frankfurt v. 17.2.2005, 1 E 7512/03; juris.
2) BGH, NJW 2010, 2365, Rz. 44.
3) VG Frankfurt a.M. v. 17.2.2005, 1 E 7512/03; VGH Kassel v. 14.10.2009, 6 A 2113/08; Morweiser in Wolffgang/Simonsen/Tietje, Bd. II, § 34 Abs. 1 Rz. 40 ff.; Bieneck in Handbuch AWR, § 28 Rz. 18; Monreal in AWPrax 2001, 156, 234, 354, AWPrax 2003, 115; auch das BAFA vertritt diesen objektiven Ansatz, s. dazu BAFA (Hg.), HADDEX, Handbuch der deutschen Exportkontrolle, 81. Erg.lfg. 2012, Bd. 1, Rz. 114; BAFA, Praxis der Exportkontrolle, 2006, S. 48.
4) BGHSt 41, 348, wistra 1996, 145; zustimmend Holthausen, NStZ 1996, 285; ablehnend Kreuzer, NStZ 1996, 555.
5) BGH, NJW 2007, 1893, 1894; BGH, NJW 2010, 2365; siehe auch VGH Kassel, v. 14.10.2009, 6 A 2113/08, juris.
6) Morweiser in Wolffgang/Siemonsen/Tietje, § 70 AWV Rz. 7.
7) Diemer in Erbs/Kohlhaas, § 34 AWG Rz. 26.

gen im neuen § 2 AWG jedoch dem Unionsrecht angepasst wurden, dürfte der Resolutions- bzw. GASP-Vorbehalt in Zukunft eine geringere Rolle spielen.

20 Die Tatbestandsmerkmale des **„Verkaufens"** und **„Erwerbens"** meinen Rechtsgeschäfte im Sinne eines Leistungsaustauschs.

21 Die Begriffe der **Ausfuhr** (→ § 2 Rz. 12), **Durchfuhr** (→ § 2 Rz. 36) und **Einfuhr** (→ § 2 Rz. 45) sind in § 2 Abs. 3, 9 und 11 AWG legaldefiniert. Ein- und Ausfuhr verhalten sich zueinander komplementär. Sie bezeichnen die Lieferung von Waren aus Drittländern in das Inland oder die Übertragung von Software oder Technologie einschließlich ihrer Bereitstellung auf elektronischem Weg für natürliche und juristische Personen im Inland bzw. umgekehrt. Bei der Durchfuhr handelt es sich hingegen um eine kombinierte Ein- und Ausfuhr, bei der die Sachen durch das Inland **befördert** werden, ohne dass sie in den zollrechtlich freien Verkehr gelangen.

22 Ein Handels- und Vermittlungsgeschäft nach § 2 Abs. 14 AWG erfasst **Maklergeschäfte**, sofern der gemakelte Vertrag „Güter" i.S.d. § 2 Abs. 13 AWG erfasst und den Erwerb oder die Gebrauchsüberlassung dieser Güter betrifft. Die Vorschrift betrifft nicht nur die **Mitwirkung** am Abschluss eines solchen Rechtsgeschäfts, sondern auch Nachweise von Personen, die zum Abschluss derartiger Verträge bereit sind. Insbesondere müssen die Verhandlungen nicht zwingend zu einem Vertragsabschluss führen[1] (→ § 2 Rz. 54).

III. Strafrahmen

23 Die Norm ist mit einem **Mindeststrafrahmen von einem Jahr** als Verbrechenstatbestand i.S.v. § 12 StGB ausgestaltet. Der Gesetzgeber erachtet das für geboten, da *„Waffenlieferungen in Embargoländer in besonderer Weise geeignet sind, das friedliche Zusammenleben der Völker oder die auswärtigen Beziehungen der Bundesrepublik Deutschland erheblich zu stören."*[2] Im Vergleich zum früheren Strafrahmen des § 34 Abs. 4 Nr. 1 AWG a.F. von sechs Monaten bis fünf Jahren bedeutet das eine **Strafschärfung**. Allerdings ist zu berücksichtigen, dass die ehemalige Qualifikation des § 34 Abs. 4 Nr. 6 AWG a.F. mit ihrer Strafandrohung von mindestens zwei Jahren Freiheitsstrafe gestrichen wurde und von ihr erfasste Verstöße nur noch unter den Grundtatbestand des § 17 Abs. 1 AWG fallen. Für diese Fälle stellt sich die Änderung als Strafmilderung dar. In minder schweren Fällen findet gem. § 17 Abs. 4 AWG ein geringerer Strafrahmen von drei Monaten bis zu fünf Jahren Anwendung (→ Rz. 38).

---

1) Friedrich in Hocke/Friedrich, § 4c AWV Rz. 26.
2) BT-Drucks. 17/11127, 26; kritisch: Hohmann AW Prax 2013, 5; Walter, RIW 2013, 208; siehe auch Alexander/Winkelbauer, ZWH 2013, 343.

C. Qualifikationen für geheimdienstliche, gewerbsmäßige oder bandenmäßige Begehung (Abs. 2)

§ 17 Abs. 2 AWG regelt zwei verschiedene Qualifikationstatbestände.

I. Handeln für den Geheimdienst einer fremden Macht (Nr. 1)

§ 17 Abs. 2 Nr. 1 AWG enthält die neu eingeführte Qualifikation des Handelns für den **Geheimdienst einer fremden Macht**. Im Vergleich zum Grundtatbestand zielt sie auf einen anderen Täterkreis ab, nämlich den das Geschehen planvoll und professionell mit geheimdienstlichen Mitteln steuernden Beschaffer.[1] Der Gesetzgeber hat den Qualifikationstatbestand geschaffen, um auf die Rechtsprechung des BGH zu reagieren, dessen 3. Strafsenat in einigen Entscheidungen[2] den Anwendungsbereich des Tatbestands der **geheimdienstlichen Agententätigkeit** nach § 99 StGB bei Ausfuhrverstößen stark eingeschränkt hat. Damit entfiel in diesen Fällen die Möglichkeit der strafschärfenden Berücksichtigung, die sich aus der tateinheitlichen Verwirklichung von § 99 StGB und den Vorschriften des AWG ergeben hätte.

Durch die neu eingeführte Strafschärfung soll der **erhöhten Gefährlichkeit** von Beschaffungsoperationen bei geheimdienstlicher Steuerung Rechnung getragen werden. Nach Ansicht des Gesetzgebers sind Geheimdienste durch ihre professionelle Struktur besonders befähigt, Exportkontrollregime durch konspiratives Zusammenwirken zu unterlaufen. Außerdem sei die Organisation geheimdienstlicher Aktivitäten, das hierarchisch strukturierte, arbeitsteilige Zusammenwirken bei Planung, Vorbereitung und Ausführung der Tat, die Möglichkeit der Nutzung staatlicher Ressourcen sowie die Verwendung heimlicher Methoden geeignet, die Schutzgüter des Außenwirtschaftsrechts in besonderem Maße zu gefährden.[3]

1. Geheimdienst einer fremden Macht

In Anlehnung an das identische Tatbestandsmerkmal im Staatsschutzdelikt des § 99 Abs. 1 StGB fällt unter den Begriff des **Geheimdiensts einer fremden Macht** jede ständige Einrichtung im staatlichen Bereich, die insbesondere für die politische Führung Nachrichten systematisch unter Anwendung konspirativer Mittel sammelt, um v.a. die politische Lage fremder Mächte und deren militärisches und wirtschaftliches Potenzial abzuklären.[4] Sind Geheimdienste in der jeweiligen Struktur als staatliche Einrichtungen nicht mehr erkennbar, ist nach einhelliger Meinung eine **funktionale Betrachtungsweise** entscheidend.[5] Struktur und Organisation des Dienstes sind für die Tatbestandsmäßigkeit unerheblich, auch ein auf Ausspähung von Wirtschaftsgeheimnissen

---

1) Vgl. Morweiser, Ausschuss-Stellungnahme 2012, BT A-Drucks. 17(9)1049, 8.
2) BGH v. 14.7.2005, StB 9/05, juris; BGH v. 9.5.2006, StB 4/06, juris.
3) Begründung des Entwurfs eines Gesetzes zur Modernisierung des Außenwirtschaftsrechts vom 22.10.2012, BT-Drucks. 17/11127, 26; siehe zur Relevanz einer solchen Vorschrift bei Beschaffungsbemühungen auch Morweiser in Wolffgang/Simonsen/Tietje, Bd. II, § 37 AWG Rz. 24.
4) Lampe/Hegmann in Münchener Kommentar, Bd. III, § 99 StGB Rz. 6 m.w.N.
5) Paeffgen in Kindhäuser/Neumann/Paeffgen, § 99 StGB Rz. 13 f.; siehe auch BGH Ermittlungsrichter v. 21.12.2004, NStZ 2006, 160, m. Anm. Schmidt/Wolff.

spezialisierter, selbständig organisierter Dienst wird erfasst, ebenso Tarnorganisationen. Die Bezeichnung, unter der die Einrichtung operiert, ist dabei unerheblich.

27 Allerdings muss der Geheimdienst **staatlichen Zwecken** dienen, private Organisationen ohne staatlichen Auftrag scheiden aus. Es werden aber auch **private Firmen** erfasst, die in einen Geheimdienst integriert sind, von ihm gesteuert oder in ihrer Geschäftstätigkeit in einer Weise beaufsichtigt werden. Insofern kann die Lieferung militärisch sensitiver Waren an oder über ausländische Firmen tatbestandserfüllend sein. Jedoch müssen für die **geheimdienstliche Verstrickung** der Firma tragfähige Erkenntnisse vorliegen. Es reicht nicht aus, wenn die Strafverfolgungsbehörde lediglich geltend macht, dass Verbindungen der Firmen zu Geheimdienststellen ihres Heimatstaats nicht fernliegen.[1]

2. Handlung

28 § 17 Abs. 2 Nr. 1 AWG verlangt ein „Handeln für" den fremden Geheimdienst. Bei § 99 Abs. 1 Nr. 1 StGB wird insofern eine **funktionelle Eingliederung** in die Ausforschungsbestrebungen des fremden Nachrichtendiensts verlangt im Sinne eines „sich in den Dienst der anderen Seite stellen".[2] Das ist für § 17 Abs. 2 Nr. 1 AWG jedoch abzulehnen. Das ergibt sich aus einem Umkehrschluss aus § 99 Abs. 1 StGB, der im Gegensatz zu § 17 Abs. 2 AWG die Ausübung einer geheimdienstlichen Tätigkeit ausdrücklich verlangt.[3] Damit hat auch die Diskussion, die dieses Tatbestandsmerkmal in den letzten Jahren nach einigen umstrittenen Leitentscheidungen des BGH zu § 99 Abs. 1 StGB umgibt, keine Auswirkungen auf das Außenwirtschaftsstrafrecht.

II. Gewerbsmäßige oder bandenmäßige Begehung (Nr. 2)

29 Die Qualifikation der gewerbsmäßigen oder bandenmäßigen Begehung entspricht, bis auf den Strafrahmen, der des § 34 Abs. 6 Nr. 2 AWG a.F.

1. Gewerbsmäßigkeit

30 Gewerbsmäßigkeit liegt vor, wenn der Täter sich aus **wiederholter Tatbegehung** eine nicht nur vorübergehende Einnahmequelle von einigem Umfang verschaffen will.[4] Dabei reicht schon die **einmalige Betätigung** eines entsprechenden Vorsatzes durch eine Tat bereits aus, um Gewerbsmäßigkeit anzunehmen.[5] Zudem muss es sich nicht um die angestrebte Haupteinnahmequelle des Täters handeln.[6]

---

1) BGH v. 14.7.2005, StB 9/05, 12, NStZ 2006, 161, 162, mit Anm. Schmidt & Wolf, die diese Feststellung eine Selbstverständlichkeit nennen.
2) Lampe/Hegmann in Münchener Kommentar, Bd. III, § 99 StGB Rz. 7 m.w.N. siehe BGH v. 14.7.2005, StB 9/05, 13, BGHSt 24, 369, NStZ 06, 161; NStZ 2007, 93; insb. Sonderausschussbericht BT-Drucks. V/2860, 21; BVerfG v. 6.5.1981, 2 BvR 215/81, BVerfGE 57, 250, 265 ff.
3) „Wer […] eine geheimdienstliche Tätigkeit gegen die Bundesrepublik Deutschland […], die auf die Mitteilung oder Lieferung von Tatsachen, Gegenständen oder Erkenntnissen gerichtet ist".
4) BGH v. 25.7.1963, 3 StR 4/63, BGHSt 19, 63, 76; Fischer, vor § 52 Rz. 43 jeweils m.w.N.
5) BGH v. 29.1.1980, 1 StR 348/79, BGHSt 28, 89; Morweiser in Wolffgang/Simonsen/Tietje, Bd. II, § 34 Abs. 4 AWG Rz. 8; BGHSt 19, 63, 76; Hohmann/John, Rz. 343 m.w.N.
6) Erbs/Kohlhaas/Diemer, Rz. 33.

Insofern scheint Gewerbsmäßigkeit auf den ersten Blick im Fall von Verstößen gegen Ausfuhrverbote, die regelmäßig **aus Unternehmen** heraus begangen werden, stets vorzuliegen.[1] Dabei ist jedoch Folgendes zu beachten: Das Gewinnstreben des Täters muss eine gewisse Intensität aufweisen, sein Vorsatz gerade darauf gerichtet sein, sich eine nachhaltige Einnahmequelle aus der Straftat zu verschaffen.[2] Im Fall der Begehung aus einem Unternehmen heraus, insbesondere bei erst- bzw. einmaliger Begehung, wird Gewerbsmäßigkeit daher wohl nicht angenommen werden können.[3] Insbesondere ist im Bereich des Außenwirtschaftsrechts zwischen Gewerbsmäßigkeit und – regelmäßig vorliegendem – **gewerblichem Handeln** zu differenzieren. So wird ein bei einem Unternehmen beschäftigter Täter von einer Tat nach § 17 Abs. 1 AWG i.d.R. selbst materiell nicht profitieren und somit zwar gewerblich, aber nicht gewerbsmäßig handeln.[4] Auch in der Gesetzesbegründung heißt es ausdrücklich, dass „die Abgrenzung zwischen gewerblichem und gewerbsmäßigem Handeln bei außenwirtschaftsrechtlichen Verstößen im Einzelfall schwierig sein kann".[5] Insofern verlangt auch der Gesetzgeber „**hohe Anforderungen** an die Gewerbsmäßigkeit zu stellen".[6] Er hat diesen Umstand zudem – in rechtspolitisch außergewöhnlicher Weise – bei der Regelung des Strafrahmens berücksichtigt (→ Rz. 35). 31

Es bedarf einer genauen Prüfung des Einzelfalls, um eine **Ausuferung** des Verbrechenstatbestands zu vermeiden. Dabei kann dem **Umfang** des verbotenen Geschäfts erhebliche indizielle Bedeutung zukommen. So soll die Ausführung eines Auftrags zur Herstellung von illegal auszuführenden Gütern, die erhebliche Teile der Kapazität eines Unternehmens auf Monate hin auslastet, als gewerbsmäßig anzusehen sein.[7] 32

Auf die Gewerbsmäßigkeit als **besonderes persönliches Merkmal** findet die eingeschränkte Akzessorietät nach § 28 Abs. 2 StGB Anwendung. Das bedeutet, dass bei mehreren Tätern oder Teilnehmern nur derjenige nach § 17 Abs. 2 Nr. 2 AWG bestraft wird, bei dem sie tatsächlich vorliegt. Die anderen Täter sind hingegen nur nach dem Grunddelikt des § 17 Abs. 1 AWG zu bestrafen.[8] 33

2. Bande

Mit dem Begriff der Bande wurde ein weiteres Tatbestandsmerkmal aus dem Kernstrafrecht (etwa §§ 244 und 250 StGB) ins Außenwirtschaftsstrafrecht übernommen. Eine Bande setzt nach der Rechtsprechung den Zusammenschluss von **mindestens drei Personen** voraus, die sich mit dem Willen verbunden haben, künftig für eine gewisse Dauer mehrere selbständige, im Einzelnen 34

---

1) Niestedt/Trennt BB 2013, 2117.
2) Wagner in Münchener Kommentar, Bd. VI/1, § 34 AWG Rz. 138, Morweiser in Wolffgang/Simonsen/Tietje, Bd. II, § 34 Abs. 4 AWG Rz. 8, BGHSt 29, 189.
3) Vgl. auch Wagner in Münchener Kommentar, Bd. VI/1, § 34 AWG Rz. 138.
4) Morweiser in Wolffgang/Simonsen/Tietje, Bd. II, § 34 Abs. 4 AWG Rz. 8.
5) BT-Drucks. 17/11127, 26; siehe dazu auch Safferling, NStZ 2009, 604, 606, der das Tatbestandsmerkmal der Gewerbsmäßigkeit im Außenwirtschaftsstrafrecht für „äußerst problematisch" hält.
6) BT-Drucks. 17/11127, 26.
7) Wagner in Münchener Kommentar, Bd. VI/1, § 34 AWG Rz. 38 unter Hinweis auf OLG München v. 28.9.1992, 1 Ws 534–536/92 und 1 Ws 757–759/92 H, NStZ 1993, 243 (nicht vollständig abgedruckt).
8) BGHSt 12, 220; Morweiser in Wolffgang/Simonsen/Tietje, Bd. II, § 34 Abs. 4 AWG Rz. 9.

noch ungewisse Straftaten zu begehen.[1] Dabei muss die konkrete Tat mindestens durch ein Bandenmitglied in dieser Eigenschaft begangen werden und ein weiteres Bandenmitglied, zumindest durch Beihilfe, daran beteiligt sein.[2] Nicht erforderlich ist ein gefestigter Bandenwille oder ein Handeln im Bandeninteresse. Auch mehrere **Täter in einem Unternehmen** können eine Bande bilden.[3] Wird die Tat aus einem Unternehmen heraus begangen, ist jedoch nicht erforderlich, dass alle Bandenmitglieder dem Unternehmen auch angehören.[4] Auch hinsichtlich der Bandenmitgliedschaft gilt für die Täterschaft und Teilnahme die eingeschränkte Akzessorietät nach § 28 Abs. 2 StGB (→ Rz. 33).

III. Strafrahmen

35 Ein Verstoß gegen § 17 Abs. 2 AWG wird mit Freiheitsstrafe von mindestens einem Jahr geahndet. Im Vergleich zum Grundtatbestand des § 17 Abs. 1 AWG ergibt sich ein nur sehr geringer Unterschied in der Strafbewehrung der Qualifikation des § 17 Abs. 2 AWG, der sich auch erst aus einem Blick auf § 38 Abs. 2 StGB erschließt.[5] Danach beträgt das **Höchstmaß der Freiheitsstrafe** für einen Verstoß gegen die Qualifikation **15 Jahre**, während es bei einem Verstoß gegen den Grundtatbestand des § 17 Abs. 1 AWG **zehn Jahre** beträgt. Die Mindeststrafe von einem Jahr ist in beiden Fällen identisch. Damit hat der Gesetzgeber die Mindestfreiheitsstrafe für gewerbsmäßige oder bandenmäßige Verstöße von zwei Jahren auf ein Jahr abgesenkt. Die bisherige Mindestfreiheitsstrafe von zwei Jahren gem. § 34 Abs. 6 AWG a.F. wurde auf die Fälle des § 17 Abs. 3 AWG beschränkt (→ Rz. 37). Die **Absenkung des Strafrahmens** für gewerbsmäßiges Handeln soll der Tatsache Rechnung tragen, dass „die Abgrenzung zwischen gewerblichem und gewerbsmäßigem Handeln bei außenwirtschaftsrechtlichen Verstößen im Einzelfall schwierig sein kann" (→ Rz. 31).

D. Qualifikation bei bandenmäßiger und gewerbsmäßiger Begehung (Abs. 3)

36 Abs. 3 enthält eine neu eingeführte Qualifikation für die **kumulativ** vorliegende banden- (→ Rz. 34) und gewerbsmäßige (→ Rz. 30) Begehung. Die Kombination dieser beiden Qualifikationsmerkmale ist aus dem Betrugsstrafrecht bekannt.[6] Bei beiden Begehungsformen muss ein finales Element der Wiederholungsabsicht gegeben sein.[7] Insofern dürfte die Kombination beider Begehungsformen tatsächlich häufiger vorliegen.

37 Die Qualifikation nach § 17 Abs. 3 ist der einzig verbleibende Fall, in dem die bisherige Mindestfreiheitsstrafe von zwei Jahren gem. § 34 Abs. 6 AWG a.F. aufrecht erhalten wird. Die **höhere Strafdrohung** für gewerbs- und bandenmä-

---

1) BGH v. 22.3.2001, GSSt 1/00, BGHSt 46, 321, NJW 2001, 2266; BGH v. 22.8.2001, 3 StR 287/01, wistra 2002, 21.
2) Wagner in Münchener Kommentar, Bd. VI/1, § 34 AWG Rz. 139.
3) Morweiser in Wolffgang/Simonsen/Tietje, Bd. II, § 34 Abs. 4 AWG Rz. 11.
4) Wagner in Münchener Kommentar, Bd. VI/1, § 34 AWG Rz. 139.
5) Kritisch Morweiser, Ausschuss-Stellungnahme 2012, BT A-Drucks. 17(9)1049, 3: „nicht nachvollziehbar."
6) Vgl. §§ 263 Abs. 5 und § 264 Abs. 3 StGB.
7) Wagner in Münchener Kommentar, Bd. VI/1, § 34 AWG Rz. 139.

ßiges Verhalten wird im Vergleich zur Qualifikation des § 18 Abs. 7 Nr. 3 AWG (→ § 18 Rz. 85) als **nicht angemessen** kritisiert.[1]

E. Minder schwerer Fall (Abs. 4)

§ 17 Abs. 4 AWG regelt den minder schweren Fall eines Verstoßes gegen § 17 Abs. 1 AWG. Er soll nach der Gesetzesbegründung der Tatsache Rechnung tragen, dass auch bei Verstößen gegen Waffenembargos besondere Fallkonstellationen denkbar sind, in denen eine **hohe Freiheitsstrafe unangemessen** ist. Die „besonderen Fallkonstellationen" werden freilich vom Gesetzgeber nicht weiter konkretisiert. Vielmehr soll nach der Gesetzesbegründung das Gericht im **Einzelfall** unter Gesamtwürdigung aller für die Strafzumessung bedeutsamer Umstände prüfen, ob ein minder schwerer Fall vorliegt. Das sind in erster Linie die des § 46 Abs. 2 Satz 2 StGB, also u.a. die Beweggründe, die Ziele und die Gesinnung des Täters, das Maß der Pflichtwidrigkeit, die Art der Ausführung und die verschuldeten Auswirkungen der Tat, das Vorleben des Täters, seine persönlichen und wirtschaftlichen Verhältnisse sowie sein Verhalten nach der Tat, besonders sein Bemühen, den Schaden wieder gut zu machen. Abstrakt wird er im Bereich des Wirtschaftsstrafrechts angenommen, wenn nach Abwägung aller wesentlichen Tatumstände **die Intensität von Unrecht und Schuld** hinter derjenigen in erfahrungsgemäß vorkommenden Fällen wesentlich zurückbleibt.[2] Der **Strafrahmen** von drei Monaten bis zu fünf Jahren ist im Vergleich zum Grundtatbestand deutlich niedriger, was jedoch nichts an der Einstufung als Verbrechenstatbestand ändert.[3]

38

F. Leichtfertige Begehung (Abs. 5)

§ 17 Abs. 5 AWG ist der einzig verbliebene Fall, in dem der fahrlässige Verstoß gegen ein Ausfuhrverbot als Straftat und nicht als bloße Ordnungswidrigkeit geahndet wird. Im Bereich des § 18 AWG sind alle – auch die leichtfertigen – fahrlässigen Verstöße hingegen Ordnungswidrigkeiten. Der Unterschied wird damit gerechtfertigt, dass sich der Anwendungsbereich des § 17 Abs. 1 AWG – auf den § 17 Abs. 5 AWG verweist – sich auf den Umgang mit gelisteten Rüstungsgütern und damit auf einen **klar umgrenzten Regelungsbereich** grundsätzlich gefährlicher Güter beschränkt, der den Rechtsanwendern bekannt sein sollte.[4] § 18 AWG hingegen betrifft hauptsächlich nicht gelistete Dual-Use Güter, deren Handel grundsätzlich keinen Beschränkungen unterliegt.[5]

39

Strafbar ist nicht jeder fahrlässige Verstoß, sondern nur der leichtfertige. Das Kern- und Nebenstrafrecht verwendet den Begriff an verschiedenen Stellen, insbesondere bei erfolgsqualifizierten Delikten. Er beschreibt einen **erhöhten**

40

---

1) Morweiser, Ausschuss-Stellungnahme 2012, BT A-Drucks. 17(9)1049, 9.
2) Kummer in Wabnitz/Janovsky, Kapitel 18, Rz. 94.
3) § 12 Abs. 3 StGB; Folge ist, dass auch in diesen Fällen die Durchführung des Strafbefehlsverfahrens oder die Verfahrenseinstellung nach §§ 153 f. StPO nicht möglich ist, s. Alexander/Winkelbauer, ZWH 2013, 343.
4) Morweiser, Ausschuss-Stellungnahme 2012, BT A-Drucks. 17(9)1049, 9 f.
5) Morweiser, Ausschuss-Stellungnahme 2012, BT A-Drucks. 17(9)1049, 9 f.

Grad an bewusster oder unbewusster **Fahrlässigkeit**.[1] Nach der Rechtsprechung und der überwiegenden Auffassung in der Literatur setzt Leichtfertigkeit voraus, dass der Täter die sich ihm **aufdrängende** Möglichkeit der Tatbestandsverwirklichung aus besonderem Leichtsinn oder besonderer Gleichgültigkeit außer Acht lässt, obwohl er nach den besonderen Umständen des Falls und seinen persönlichen Fähigkeiten dazu verpflichtet und imstande ist.[2]

G. Dem „Handeln ohne Genehmigung" i.S.d. § 17 Abs. 1 AWG gleichgesetzte Begehung (Abs. 6)

41 § 17 Abs. 6 AWG stellt das Handeln auf Grund einer durch **Drohung, Bestechung oder Kollusion** erwirkten oder einer **durch unrichtige oder unvollständige Angaben** erschlichenen Genehmigung dem Handeln ohne Genehmigung in den Fällen des § 17 Abs. 1 AWG gleich. Das entspricht der Rechtslage nach der Vorgängervorschrift des § 34 Abs. 8 AWG a.F. Am Wortlaut der Vorschrift wurden lediglich redaktionelle Änderungen vorgenommen.[3] So ersetzt der Begriff „Kollusion" in der Neufassung in Anpassung an die mittlerweile übliche Terminologie das *„Zusammenwirken eines Amtsträgers mit dem Antragsteller zur vorsätzlichen Umgehung der Genehmigungsvoraussetzungen"* in § 34 Abs. 8 AWG a.F.[4]

Die Vorschrift hat einen begrenzten Anwendungsbereich. Sie bezieht sich auf Genehmigungen nach § 76 Abs. 1 AWV, auf den die Ausfüllungsvorschrift des § 80 AWV u.a. verweist (→ Rz. 9). Nach § 76 Abs. 1 AWV können der Verkauf, die Ausfuhr, die Durchfuhr sowie Handels- und Vermittlungsgeschäfte, die eigentlich einem Verbot gem. §§ 74,75 AWV unterliegen, ausnahmsweise genehmigt werden.

I. Allgemein

42 **Hintergrund** der Regelung ist, dass eine rechtsmissbräuchlich erlangte Genehmigung regelmäßig wirksam bleibt, auch wenn sie rechtswidrig und anfechtbar oder widerruflich ist.[5] Um ihr wenigstens die strafbefreiende Wirkung zu nehmen, lockert § 17 Abs. 6 AWG die **Verwaltungsakzessorietät** des Außenwirt-

---

1) Duttge in Münchener Kommentar, Bd. I, § 15 StGB Rz. 189; Kühl in Lackner/Kühl, § 15 StGB Rz. 55; Sternberg-Lieben in Schönke/Schröder, § 15 StGB Rz. 106.
2) Duttge in Münchener Kommentar, Bd. I, § 15 StGB Rz. 192; Kühl in Lackner/Kühl, § 15 StGB Rz. 55; kritisch jedoch Puppe in Kindhäuser/Neumann/Paeffgen, § 15 StGB Rz. 8, die als einzig mögliche Grundlage dieser zwischen Vorsatz und Fahrlässigkeit angesiedelten Zurechnungsform die vorsätzlichen Begehung eines Grunddelikts sieht.
3) Alexander/Winkelbauer, ZWH 2013, 343.
4) Vgl. z.B. § 330d StGB oder § 16 Abs. 4 des Ausführungsgesetzes zum Chemiewaffenübereinkommen. Kritisch zur Unschärfe des Begriffs der Bieneck in Wolffgang/Simonsen/Tietje, Bd. II, § 34 Abs. 8 Rz. 5.
5) Das ergibt sich aus §§ 43, 44 VwVfG. Nach § 43 Abs. 2 bleibt ein Verwaltungsakt *„wirksam, solange und soweit er nicht zurückgenommen, widerrufen, anderweitig aufgehoben oder durch Zeitablauf oder auf andere Weise erledigt ist."* Gemäß § 43 Abs. 3 VwVfG ist ein nichtiger Verwaltungsakt unwirksam. In § 44 VwVfG sind die Nichtigkeitsgründe im Einzelnen aufgeführt, die Rechtswidrigkeit zählt nicht dazu.

schaftsrechts und setzt in den Fällen des § 17 Abs. 1 AWG dem ungenehmigten Handeln das Handeln auf Grund einer rechtsmissbräuchlich erlangten Genehmigung gleich. Der Verstoß gegen § 17 Abs. 1 AWG muss dabei nicht vollendet worden sein. Es reicht aus, wenn er **versucht** worden ist.[1]

Die erlangte **Genehmigung** muss **rechtswidrig** sein. Das ergibt sich nicht unmittelbar aus dem Wortlaut der Vorschrift, aber aus der Intention des Gesetzgebers: Der Ausfuhrrechtsverstoß soll unter Strafe gestellt werden, nicht die dem Handeln ohne Genehmigung gleichgestellte Handlung an sich. Das ist nur der Fall, wenn auch die erlangte Genehmigung ihrerseits rechtswidrig ist.[2]

Der **Nullbescheid** als Entscheidung der Behörde über das Nichtbestehen einer Genehmigungspflicht ist nicht von der Vorschrift umfasst.[3] Er ist hinsichtlich seiner Rechtswirkungen und Voraussetzungen von einer Genehmigung zu unterscheiden. Das zeigt auch § 8 Abs. 2 AWG. § 8 Abs. 2 Satz 1 AWG trifft eine Regelung für Genehmigungen, dessen Geltung für Nullbescheide durch § 8 Abs. 2 Satz 2 AWG ausdrücklich angeordnet wird. Wenn verwaltungsrechtliche Wirkungen und Voraussetzungen von Nullbescheid und Genehmigung sich unterscheiden, muss erst Recht im Strafrecht zwischen beiden differenziert werden. Das Argument, dass nach Sinn und Zweck von § 17 Abs. 6 AWG auch der Nullbescheid von der Vorschrift umfasst sein muss,[4] greift angesichts der engen Grenzen des strafrechtlichen Analogieverbots insofern nicht durch.

Die Vorschrift verlangt, dass die Genehmigung „**durch**" das entsprechende Verhalten erwirkt wurde. Das bedeutet, dass die jeweils verwirklichte Begehungsform **kausal** für die Erlangung der rechtswidrigen Genehmigung gewesen sein muss.[5] Führt der Täter also eine der Tathandlungen aus, obwohl die Genehmigungsvoraussetzungen tatsächlich vorlagen, liegen die Voraussetzungen des § 17 Abs. 6 AWG nicht vor. Schutzgut der Vorschrift ist das materiell rechtmäßige Verwaltungshandeln, nicht das störungsfreie.[6]

Es reicht aus, wenn der Täter „**auf Grund**" einer rechtsmissbräuchlich erwirkten oder erschlichenen Genehmigung handelt. Der von der Genehmigung Gebrauch Machende muss sie nicht zwingend selbst erwirkt haben. Das kann auch durch einen **Dritten** geschehen sein. Der Täter muss jedoch von der der Rechtswidrigkeit der Genehmigung und von den Umständen ihres Zustandekommens gewusst haben.[7] Das Bestehen einer darüber hinaus gehenden Handlungspflicht des Täters, den Dritten von seinem Vorgehen abzuhalten, ist keine Voraussetzung des § 17 Abs. 6 AWG.[8] Das Verhalten des Täters muss sich im **Zeitpunkt der Antragstellung** noch fortwirken. Hat der Täter vor Abschluss des Genehmigungsverfahrens dafür gesorgt, dass die rechtsmiss-

---

1) Bieneck in Wolffgang/Simonsen/Tietje, Bd. II, § 34 Abs. 8 Rz. 2.
2) Wagner in Münchener Kommentar, Bd. VI/1, § 34 AWG Rz. 150.
3) John in Hohmann/John, 2002, § 35 AWG Rz. 347.
4) Bieneck in Wolffgang/Simonsen/Tietje, Bd. II, § 34 Abs. 8 Rz. 2.
5) Wagner in Münchener Kommentar, Bd. VI/1, § 34 AWG Rz. 150, vgl. Bieneck in Wolffgang/Simonsen/Tietje, Bd. II, § 34 Abs. 8 AWG Rz. 4, der für unrichtige oder unvollständige Angaben verlangt, dass sie „*für die Genehmigungsentscheidung von Bedeutung gewesen sein müssen*".
6) Bieneck in Wolffgang/Simonsen/Tietje, Bd. II, § 34 Abs. 8 Rz. 6.
7) Wagner in Münchener Kommentar, Bd. VI/1, § 34 AWG Rz. 156.
8) Wagner in Münchener Kommentar, Bd. VI/1, § 34 AWG Rz. 156 m.w.N.

bräuchliche Beeinflussung nicht mehr fortwirkt, liegen die Voraussetzungen des § 17 Abs. 6 AWG nicht vor.[1]

46 Alle Tathandlungen setzen auf subjektiver Tatbestandsseite **direkten Vorsatz** des Handelnden voraus. Das ergibt sich unmittelbar aus dem Wortlaut der Vorschrift: Eine Genehmigung kann nur durch zielgerichtetes Tun „erwirkt" oder „erschlichen" werden.[2] **Bedingter Vorsatz** ist somit nicht ausreichend, es sei denn, der Inhaber der Genehmigung ist gesetzlich dazu verpflichtet, falsche Angaben zu korrigieren.[3] Hat ein Dritter die gleichgestellte Handlung (direkt vorsätzlich) begangen und der Täter von der so erlangten Genehmigung Gebrauch gemacht, ist es ebenfalls ausreichend, wenn der Täter von der Rechtswidrigkeit der Genehmigung und von den Umständen ihres Zustandekommens wusste.[4]

II. Tathandlungen

1. Drohung

47 Zur Auslegung des Tatbestandmerkmals der **Drohung** kann auf die Grundsätze zu § 240 StGB zurückgegriffen werden. Drohung ist zunächst die Ankündigung eines künftigen Übels, auf dessen Eintritt der Drohende Einfluss hat oder zu haben vorgibt. Das kann durch ausdrückliche Äußerung sowie stillschweigend durch entsprechendes Verhalten geschehen.[5] Die bereits erfolgte Zufügung eines empfindlichen Übels kann die konkludente Drohung seiner Fortsetzung beinhalten, solange das Opfer durch die Furcht vor weiteren Leiden zu dem gewünschten Verhalten motiviert wird.[6] Auch von Dritten zugefügtes Leid kann zu einer stillschweigenden Drohung ausgenutzt werden.[7] Neben einer Strafbarkeit nach § 17 Abs. 6 AWG bleibt es in den Drohungsfällen auch bei einer Strafbarkeit nach § 240 StGB.[8]

2. Bestechung

48 Der Begriff der **Bestechung** wird definiert unter Heranziehung von § 334 StGB. Die Tatmodalitäten des § 334 Abs. 1 StGB sind das Anbieten, Versprechen oder Gewähren eines Vorteils dafür, dass ein Amtsträger eine Diensthandlung vorgenommen hat oder vornehmen werde und dadurch seine Dienstpflichten verletzt.[9] Für die Vollendung der Tat ist es nicht erforderlich, dass der Amtsträger oder Dritte den Vorteil nach einem Anbieten oder Versprechen später

---

1) Bieneck in Wolffgang/Simonsen/Tietje, Bd. II, § 34 Abs. 8 AWG Rz. 11.
2) John in Hohmann/John, 2002, § 35 AWG Rz. 352.
3) Wagner in Münchener Kommentar, Bd. VI/1, § 34 AWG Rz. 55, Bieneck in Wolffgang/ Simonsen/Tietje, Bd. II, § 34 Abs. 8 AWG Rz. 12.
4) Wagner in Münchener Kommentar, Bd. VI/1, § 34 AWG Rz. 56; Die Ansicht von Bieneck in Wolffgang/Simonsen/Tietje, Bd. II, § 34 Abs. 8 AWG Rz. 12, wobei auch das vorwerfbare Nichtwissen darunter fällt, ist auf die neue Gesetzeslage nicht übertragbar, da sie sich auf den Fahrlässigkeitsvorwurf bezieht, der nicht vom Verweis auf § 17 Abs. 1 AWG umfasst ist.
5) BGH, NJW 1989, 1289; Sinn in Münchener Kommentar, Bd. IV, § 240 StGB Rz. 70.
6) BGH, NStZ 2003, 424 f; Sinn in Münchener Kommentar, Bd. IV, § 240 StGB Rz. 27.
7) Kühl in Lackner/Kühl, § 240 StGB Rz. 12.
8) Bieneck in Wolffgang/Simonsen/Tietje, Bd. II, § 34 Abs. 8 AWG Rz. 6.
9) Heine in Schönke/Schröder, § 334 StGB Rz. 1 ff.

tatsächlich erhält. Ebenso wenig muss der Amtsträger das Ansinnen des Gewährenden erkennen.[1]

3. Kollusion

Das Tatbestandsmerkmal der Kollusion erfordert eine **Umgehung der Genehmigungsvoraussetzungen.** Die durch Kollusion erwirkte Genehmigung muss materiell rechtswidrig und durch ein gemeinschaftliches Zusammenwirken von Antragsteller und Amtsträger bewirkt worden sein. Eine Umgehung setzt ferner ein zielgerichtetes Handeln der Beteiligten voraus. Das Fehlen der Genehmigungsvoraussetzungen muss den handelnden Personen also positiv bekannt sein.[2]

49

4. Durch unrichtige oder unvollständige Angaben erschlichen

Die unrichtigen oder unvollständigen Angaben müssen sich auf Tatsachen beziehen. Irrtümlich oder wider besseres Wissen vorgetragene Rechtsansichten haben keine Relevanz. Angaben sind **unrichtig**, wenn sie nicht den Tatsachen entsprechen. **Unvollständig** sind Angaben, wenn sie für das Genehmigungsverfahren wesentliche Informationen nicht enthalten, insbesondere wenn die Genehmigungsbehörde sie ausdrücklich erbeten hat.[3] **Wesentlich** sind unrichtige oder unvollständige Angaben dann, wenn ihre Zugrundelegung zu einer Ablehnung des Antrags geführt hätte.[4] Die Angaben müssen kausal für die Erteilung der Genehmigung gewesen sein (→ Rz. 44). Unrichtige oder unvollständige Angaben, die für die Genehmigungsentscheidung ohne Bedeutung sind, werden von der Vorschrift nicht erfasst.[5] Die vom Genehmigungstext abweichende Ausfuhr ist **nicht genehmigt**. Wenn die unrichtigen oder unvollständigen Angaben also zum Inhalt der Genehmigung geworden sind, liegt ggf. ein direkter Verstoß gegen § 17 Abs. 1 AWG vor, ohne dass es eines Rückgriffs auf § 17 Abs. 6 AWG bedarf.[6]

50

H. Geltung für Auslandstaten (Abs. 7)

I. Allgemein

Nach § 17 Abs. 7 AWG gelten die Absätze 1 bis 6 auch für Taten, die ein **Deutscher im Ausland** begangen hat, unabhängig vom Recht des Tatorts. Indem die Vorschrift alleinig an die Staatsangehörigkeit des Täters anknüpft, ist sie Ausdruck des uneingeschränkten aktiven **Personalitätsprinzips.** Dadurch wird der Anwendungsbereich des Strafgesetzes, welches sich eigentlich nach dem als Ausdruck staatlicher Souveränität geltenden Territorialitätsprinzip richtet, ausgeweitet. § 17 Abs. 7 AWG ist Spezialvorschrift zu § 7 StGB, der die Geltung

51

---

1) Korte in Münchener Kommentar, Bd. IV, § 334 StGB Rz. 18.
2) Bieneck in Wolffgang/Simonsen/Tietje, Bd. II, § 34 Abs. 8 AWG Rz. 9.
3) John in Hohmann/John, 2002, § 35 AWG Rz. 358.
4) John in Hohmann/John, 2002, § 35 AWG Rz. 356; Bieneck in Wolffgang/Simonsen/Tietje, Bd. II, § 34 Abs. 8 AWG Rz. 10.
5) Bieneck in Wolffgang/Simonsen/Tietje, Bd. II, § 34 Abs. 8 AWG Rz. 4.
6) John in Hohmann/John, 2002, § 35 AWG Rz. 351; Bieneck in Wolffgang/Simonsen/Tietje, Bd. II, § 34 Abs. 8 AWG Rz. 4.

52 deutschen Strafrechts davon abhängig macht, dass die Tat am Tatort mit Strafe bedroht ist oder der Tatort keiner Strafgewalt unterliegt.[1]

52 Die Norm wurde eingeführt, um **Strafbarkeitslücken** zu schließen.[2] Wenn Deutsche im Ausland gegen Embargotatbestände des § 17 Abs. 1 AWG verstoßen und der Staat, in dem der Verstoß begangen wird, die Embargobeschränkung nicht anerkennt und daher nicht strafrechtlich sanktioniert, findet § 7 StGB keine Anwendung. Das ist beispielsweise der Fall bei der **Beteiligung Deutscher an Rüstungsprojekten** in Ländern, in denen sie nicht mit Strafe belegt sind, sondern im Gegenteil vielleicht gar begrüßt werden.

II. Tatort

53 Wenn die Tat im **Inland** begangen wurde, ergibt sich die Anwendung des § 17 AWG aus dem allgemeinen Territorialitätsprinzip und Abs. 6 kommt nicht zur Anwendung. **Tatort** i.S.d. § 9 StGB kann dabei einerseits der Ort der Tatvorbereitungs- oder Ausführungshandlung sein, aber auch der **Erfolgsort** oder bei Unterlassungsdelikten der Ort, an dem sich der Täter aufhält oder an dem er spätestens hätte handeln müssen, um den Erfolg noch rechtzeitig abzuwenden.[3] Liegt nur einer dieser Orte in Deutschland, ist die gesamte Tat nach den allgemeinen Regeln für Täter und Teilnehmer – unabhängig von deren Staatsangehörigkeit – nach deutschem Strafrecht zu beurteilen. Auch wenn nur ein Tatort von mehreren im Inland liegt, kommt für die gesamte prozessuale Tat nach § 264 StPO inklusive aller – auch ausländischer – Mittäter gem. § 9 Abs. 1 StGB das deutsche Strafrecht zur Anwendung.[4]

54 Daher ist der **Anwendungsbereich** des § 17 Abs. 7 AWG in der Praxis gering.[5] Das gilt insbesondere bei den – nicht von § 17 Abs. 1 AWG geregelten – Verstößen gegen Genehmigungserfordernisse, da diese Genehmigung im Regelfall bei einer deutschen Behörde zu beantragen ist und somit bereits ein Inlandstatort gegeben ist.[6] Anwendung findet § 17 Abs. 7 AWG etwa dann, wenn Deutsche im Ausland Dienstleistungen erbringen, die keinerlei Bezug zum Inland haben.[7]

III. Täterschaft

55 Voraussetzung der Anwendung des § 17 Abs. 7 AWG ist die **Täterschaft** eines im Ausland handelnden Deutschen. Das bedeutet, dass die **bloße Beteiligung**

---

1) Diemer in Erbs/Kohlhaas, § 35 AWG Rz. 1.
2) Die Frage der Verfassungsmäßigkeit der Vorschrift kann als geklärt angesehen werden und wird hier daher nicht weiter diskutiert; siehe Wagner in Münchener Kommentar, Bd. VI/1, § 35 AWG Rz. 2 m.w.N.
3) Kühl in Lackner/Kühl, § 9 StGB Rz. 2; Eser in Schönke/Schröder, § 9 StGB Rz. 5; Wagner in Münchener Kommentar, Bd. VI/1, § 35 AWG Rz. 3.
4) Diemer in Erbs/Kohlhaas, § 35 AWG Rz. 1; darüber hinaus kann ein Handeln im Ausland in bestimmten Konstellationen – etwa bei Täterschaft und Teilnahme sowie beim Versuch der Beteiligung (§ 30 StGB) – nach den allgemeinen Regeln des StGB wie eine Inlandstat behandelt werden; s. dazu Wagner in Münchener Kommentar, Bd. VI/1, § 35 AWG Rz. 7 f.
5) Bieneck in Wolffgang/Simonsen/Tietje, Bd. II, § 35 AWG Rz. 12 f.
6) Wagner in Münchener Kommentar, Bd. VI/1, § 35 AWG Rz. 4.
7) Diemer in Erbs/Kohlhaas, § 35 AWG Rz. 1.

an einer fremden, im Ausland verübten Tat eines Ausländers straflos ist, es sei denn, sie erfüllt gleichzeitig selbst einen Straftatbestand. Das ist in insofern konsequent, als es bei der Teilnahme an einer Auslandstat an einer im Inland strafbaren akzessorischen Haupttat fehlt.[1]

IV. Deutscher

Wer Deutscher im Sinne dieser Vorschrift ist, bestimmt sich nach **Art. 116 GG**: Deutscher ist, wer die deutsche **Staatsangehörigkeit** besitzt oder als Flüchtling oder Vertriebener deutscher Volkszugehörigkeit oder als dessen Ehegatte oder Abkömmling in dem Gebiete des Deutschen Reiches nach dem Stand vom 31.12.1937 Aufnahme gefunden hat. Der **Erwerb** der Staatsangehörigkeit richtet sich nach § 3 StAG.[2]

56

Der Täter muss die deutsche Staatsangehörigkeit zur **Tatzeit** besessen haben. Der Erwerb nach der Tat ist nicht ausreichend. Das ergibt sich aus einem Umkehrschluss aus § 7 Abs. 2 Nr. 1 StGB, der in der zweiten Alternative die spätere Erlangung der Staatsangehörigkeit ausreichen lässt. Eine solche Regelung enthält § 17 Abs. 7 AWG nicht. Eine Anwendung des § 7 Abs. 2 Nr. 1 StGB auf Straftaten nach dem AWG ist auf Grund des strafrechtlichen Analogieverbots unzulässig.[3]

57

---

1) Diemer in Erbs/Kohlhaas, § 35 AWG Rz. 1; Wagner in Münchener Kommentar, Bd. VI/1, § 35 AWG Rz. 3.
2) Siehe für Einzelheiten auch Böse in Kindhäuser/Neumann/Paeffgen, § 5 StGB Rz. 3 f. und Eser in Schönke/Schröder, Vor § 3 StGB Rz. 53 f.
3) Diemer in Erbs/Kohlhaas, § 35 AWG, Rz. 1; wie hier auch Wagner in Münchener Kommentar, Bd. VI/1, § 35 AWG Rz. 12.

§ 18
Strafvorschriften

(1) Mit Freiheitsstrafe von drei Monaten bis zu fünf Jahren wird bestraft, wer

1. einem

   a) Ausfuhr-, Einfuhr-, Durchfuhr-, Verbringungs-, Verkaufs-, Erwerbs-, Liefer-, Bereitstellungs-, Weitergabe-, Dienstleistungs- oder Investitionsverbot

   oder

   b) Verfügungsverbot über eingefrorene Gelder und wirtschaftliche Ressourcen eines im Amtsblatt der Europäischen Gemeinschaften oder der Europäischen Union veröffentlichten unmittelbar geltenden Rechtsaktes der Europäischen Gemeinschaften oder der Europäischen Union zuwiderhandelt, der der Durchführung einer vom Rat der Europäischen Union im Bereich der Gemeinsamen Außen- und Sicherheitspolitik beschlossenen wirtschaftlichen Sanktionsmaßnahme dient

   oder

2. gegen eine Genehmigungspflicht für

   a) die Ausfuhr, Einfuhr, Durchfuhr, Verbringung, einen Verkauf, einen Erwerb, eine Lieferung, Bereitstellung, Weitergabe, Dienstleistung oder Investition oder

   b) die Verfügung über eingefrorene Gelder oder wirtschaftliche Ressourcen

eines im Amtsblatt der Europäischen Gemeinschaften oder der Europäischen Union veröffentlichten unmittelbar geltenden Rechtsaktes der Europäischen Gemeinschaften oder der Europäischen Union verstößt, der der Durchführung einer vom Rat der Europäischen Union im Bereich der Gemeinsamen Außen- und Sicherheitspolitik beschlossenen wirtschaftlichen Sanktionsmaßnahme dient.

(2) Mit Freiheitsstrafe bis zu fünf Jahren oder mit Geldstrafe wird bestraft, wer gegen die Außenwirtschaftsverordnung verstößt, indem er

1. ohne Genehmigung nach § 8 Absatz 1, § 9 Absatz 1 oder § 78 dort genannte Güter ausführt,

2. entgegen § 9 Absatz 2 Satz 2 dort genannte Güter ausführt,

3. ohne Genehmigung nach § 11 Absatz 1 Satz 1 dort genannte Güter verbringt,

4. ohne Genehmigung nach § 46 Absatz 1, auch in Verbindung mit § 47 Absatz 1, oder ohne Genehmigung nach § 47 Absatz 2 ein Handels- und Vermittlungsgeschäft vornimmt,

5. entgegen § 47 Absatz 3 Satz 3 ein Handels- und Vermittlungsgeschäft vornimmt,

6. ohne Genehmigung nach § 49 Absatz 1, § 50 Absatz 1, § 51 Absatz 1 oder Absatz 2 oder § 52 Absatz 1 technische Unterstützung erbringt oder

AWG
§ 18

(AWG) 7. entgegen § 49 Absatz 2 Satz 3, § 50 Absatz 2 Satz 3, § 51 Absatz 3 Satz 3 oder § 52 Absatz 2 Satz 3 technische Unterstützung erbringt.

(3) Ebenso wird bestraft, wer gegen die Verordnung (EG) Nr. 2368/2002 des Rates vom 20. Dezember 2002 zur Umsetzung des Zertifikationssystems des Kimberley Prozesses für den internationalen Handel mit Rohdiamanten (ABl. L 358 vom 31.12.2002, S. 28), die zuletzt durch die Verordnung (EG) Nr. 1268/2008 (ABl. L 338 vom 17.12.2008, S. 39) geändert worden ist, verstößt, indem er

1. entgegen Artikel 3 Rohdiamanten einführt oder

2. entgegen Artikel 11 Rohdiamanten ausführt.

(4) Ebenso wird bestraft, wer gegen die Verordnung (EG) Nr. 1236/2005 des Rates vom 27. Juni 2005 betreffend den Handel mit bestimmten Gütern, die zur Vollstreckung der Todesstrafe, zu Folter oder zu anderer grausamer, unmenschlicher oder erniedrigender Behandlung oder Strafe verwendet werden könnten (ABl. L 200 vom 30.7.2005, S. 1, L 79 vom 16.3.2006, S. 32), die zuletzt durch die Verordnung (EU) Nr. 1352/2011 (ABl. L 338 vom 21.12.2011, S. 31) geändert worden ist, verstößt, indem er

1. entgegen Artikel 3 Absatz 1 Satz 1 dort genannte Güter ausführt,

2. entgegen Artikel 3 Absatz 1 Satz 2 technische Hilfe im Zusammenhang mit dort genannten Gütern leistet,

3. entgegen Artikel 4 Absatz 1 Satz 1 dort genannte Güter einführt,

4. entgegen Artikel 4 Absatz 1 Satz 2 technische Hilfe im Zusammenhang mit dort genannten Gütern annimmt oder

5. ohne Genehmigung nach Artikel 5 dort genannte Güter ausführt.

Soweit die in Satz 1 genannten Vorschriften auf Anhang II oder Anhang III der Verordnung (EG) Nr. 1236/2005 verweisen, finden diese Anhänge in der jeweils geltenden Fassung Anwendung.

(5) Ebenso wird bestraft, wer gegen die Verordnung (EG) Nr. 428/2009 des Rates vom 5. Mai 2009 über eine Gemeinschaftsregelung für die Kontrolle der Ausfuhr; der Verbringung, der Vermittlung und der Durchfuhr von Gütern mit doppeltem Verwendungszweck (ABl. L 134 vom 29.5.2009, S. 1, L 224 vom 27.8.2009, S. 21) verstößt, indem er

1. ohne Genehmigung nach Artikel 3 Absatz 1 oder Artikel 4 Absatz 1, 2 Satz 1 oder Absatz 3 Güter mit doppeltem Verwendungszweck ausführt,

2. entgegen Artikel 4 Absatz 4 zweiter Halbsatz Güter ohne Entscheidung der zuständigen Behörde über die Genehmigungspflicht oder ohne Genehmigung der zuständigen Behörde ausführt,

3. ohne Genehmigung nach Artikel 5 Absatz 1 Satz 1 eine Vermittlungstätigkeit erbringt oder

4. entgegen Artikel 5 Absatz 1 Satz 2 zweiter Halbsatz eine Vermittlungstätigkeit ohne Entscheidung der zuständigen Behörde über die Genehmigungspflicht oder ohne Genehmigung der zuständigen Behörde erbringt.

Soweit die in Satz 1 genannten Vorschriften auf Anhang I der Verordnung (AWG) (EG) Nr. 428/2009 verweisen, findet dieser Anhang in der jeweils geltenden Fassung Anwendung. In den Fällen des Satzes 1 Nummer 2 steht dem Ausführer eine Person gleich, die die Ausfuhr durch einen anderen begeht, wenn der Person bekannt ist, dass die Güter mit doppeltem Verwendungszweck ganz oder teilweise für eine Verwendung im Sinne des Artikels 4 Absatz 1 der Verordnung (EG) Nr. 428/2009 bestimmt sind.

(6) Der Versuch ist strafbar.

(7) Mit Freiheitsstrafe nicht unter einem Jahr wird bestraft, wer

1. in den Fällen des Absatzes 1 für den Geheimdienst einer fremden Macht handelt,

2. in den Fällen der Absätze 1 bis 4 oder des Absatzes 5 gewerbsmäßig oder als Mitglied einer Bande handelt, die sich zur fortgesetzten Begehung solcher Taten verbunden hat, oder

3. eine in Absatz 1 bezeichnete Handlung begeht, die sich auf die Entwicklung, Herstellung, Wartung oder Lagerung von Flugkörpern für chemische, biologische oder Atomwaffen bezieht.

(8) Mit Freiheitsstrafe nicht unter zwei Jahren wird bestraft, wer in den Fällen der Absätze 1 bis 4 oder des Absatzes 5 als Mitglied einer Bande, die sich zur fortgesetzten Begehung solcher Taten verbunden hat, gewerbsmäßig handelt.

(9) In den Fällen des Absatzes 1 Nummer 2, des Absatzes 2 Nummer 1, 3, 4 oder Nummer 6, des Absatzes 4 Satz 1 Nummer 5 oder des Absatzes 5 Satz 1 steht einem Handeln ohne Genehmigung ein Handeln auf Grund einer durch Drohung, Bestechung oder Kollusion erwirkten oder durch unrichtige oder unvollständige Angaben erschlichenen Genehmigung gleich.

(10) Die Absätze 1 bis 9 gelten, unabhängig vom Recht des Tatorts, auch für Taten, die im Ausland begangen werden, wenn der Täter Deutscher ist.

(11) Nach Absatz 1, jeweils auch in Verbindung mit Absatz 6, 7, 8 oder Absatz 10, wird nicht bestraft, wer

1. bis zum Ablauf des zweiten Werktages handelt, der auf die Veröffentlichung des Rechtsaktes im Amtsblatt der Europäischen Union folgt, und

2. von einem Verbot oder von einem Genehmigungserfordernis, das in dem Rechtsakt nach Nummer 1 angeordnet wird, zum Zeitpunkt der Tat keine Kenntnis hat.

AWV

§ 78
Genehmigungserfordernisse für die Ausfuhr bestimmter Ausrüstung

Die Ausfuhr von Ausrüstung für die Herstellung von Banknoten, Wertzeichen, Banknoten- oder Wertzeichenspezialpapieren bedarf der Genehmigung, wenn Käufer- oder Bestimmungsland die Demokratische Volksrepublik Korea ist.

(AWV)

§ 47
Genehmigungserfordernisse für Handels- und Vermittlungsgeschäfte in einem Drittland
Abgedruckt unter → § 8 AWG

§ 48
Einfuhrdokumente für Handels- und Vermittlungsgeschäfte
Abgedruckt unter → § 8 AWG

§ 49
Genehmigungserfordernisse für technische Unterstützung im Zusammenhang mit chemischen oder biologischen Waffen
Abgedruckt unter → § 8 AWG

§ 50
Genehmigungserfordernisse für technische Unterstützung im Zusammenhang mit einer militärischen Endverwendung
Abgedruckt unter → § 8 AWG

§ 51
Genehmigungserfordernisse für technische Unterstützung im Inland
Abgedruckt unter → § 8 AWG

§ 52
Genehmigungserfordernisse für technische Unterstützung im Zusammenhang mit der Errichtung oder dem Betrieb kerntechnischer Anlagen
Abgedruckt unter → § 8 AWG

Inhalt

		Rz.
A.	Überblick	1–3
B.	**Verstoß gegen unmittelbar geltende EU-Rechtsakte (Abs. 1 Nr. 1)**	4–31
	I. Allgemeines	4–5
	II. Unmittelbar geltender Rechtsakt der Europäischen Gemeinschaften oder der Europäischen Union	6–9
	III. Der Durchführung einer Sanktionsmaßnahme dienend	10–11
	IV. Veröffentlichung im Amtsblatt der EU oder der EG	12–13
	V. Tathandlungen	14–31
	1. Ausfuhrverbot	16
	2. Einfuhrverbot	17
	3. Durchfuhrverbot	18
	4. Verbringungsverbot	19
	5. Verkaufs- und Erwerbsverbot	20
	6. Lieferverbot	21
	7. Bereitstellungsverbot	22
	8. Weitergabeverbot	23
	9. Dienstleistungsverbot	24–25

	Rz.
10. Investitionsverbot	26
11. Umgehungsverbot	27–28
12. Verfügungsverbot über eingefrorene Gelder und wirtschaftliche Ressourcen	29–31

C. Verstoß gegen ein Genehmigungserfordernis eines Rechtsaktes der Europäischen Union (Abs. 1 Nr. 2) **32–33**

D. Verstoß gegen nationale Entscheidungs- und Genehmigungsvorbehalte (Abs. 2) **34–52**

- I. Allgemeines 34–35
- II. Genehmigung der Ausfuhr von Gütern der Ausfuhrliste und Gütern mit bestimmtem Verwendungszweck (Nr. 1) 36–37
- III. Entscheidungsvorbehalt bei Kenntnis über Verwendungszweck (Nr. 2) 38–40
- IV. Genehmigung für die Verbringung bestimmter Güter der Ausfuhrliste (Nr. 3) 41
- V. Genehmigung für bestimmte Handels- und Vermittlungsgeschäfte (Nr. 4) 42–44
- VI. Entscheidungsvorbehalt für bestimmte Handels- und Vermittlungsgeschäfte bei Kenntnis des Verwendungszwecks (Nr. 5) 45
- VII. Genehmigung für technische Unterstützung bei Unterrichtung über Verwendungszweck (Nr. 6) 46–50
- VIII. Entscheidungsvorbehalt bei technischer Unterstützung bei Kenntnis des Verwendungszwecks (Nr. 7) 51–52

E. Verstoß gegen die EU-Kimberley-VO (Abs. 3) **53–56**

- I. Allgemeines 53
- II. Tathandlungen 54–56

F. Verstoß gegen EU-Anti-Folter-VO (Abs. 4) **57–62**

- I. Tathandlungen 58–62

G. Verstoß gegen die Dual-Use-VO (Abs. 5) **63–78**

- I. Allgemeines 63–64
- II. Tathandlungen 65–78
  1. Nr. 1: Ausfuhr ohne Genehmigung 66–72
     - a) Ungenehmigte Ausfuhr gelisteter Güter 67
     - b) Ungenehmigte Ausfuhr nicht gelisteter Güter bei bestimmter Verwendungsbestimmung 68–70
     - c) Ungenehmigte Ausfuhr nicht gelisteter „Ersatzteile" 71–72
  2. Nr. 2: Ausfuhr ohne Entscheidung der Behörde 73–74
  3. Nr. 3: Vermittlungstätigkeit ohne Genehmigung 75–76
  4. Nr. 4 Vermittlungstätigkeit Entscheidungsvorbehalt 77
  5. Verweis auf die Dual-Use-VO 78

H. Versuchsstrafbarkeit (Abs. 6) **79–82**

AWG
§ 18 1–3

	Rz.
I. Qualifikationen (Abs. 7)	83–84
I. Nr. 1: Geheimdienst einer fremden Macht und Nr. 2 gewerbsmäßig oder als Mitglied einer Bande	83
II. Nr. 3: Proliferationsrelevante Embargoverstöße	84
J. Abs. 8: Qualifikation bei bandenmäßiger und gewerbsmäßiger Begehung	85
K. Rechtsmissbräuchlich erwirkte Genehmigung (Abs. 9)	86
L. Geltung für Auslandstaten (Abs. 10)	87
M. Persönlicher Strafaufhebungsgrund (Abs. 11)	88

A. Überblick

1 § 18 AWG ist die zweite **zentrale Strafvorschrift** des novellierten AWG. Sie erfasst alle **vorsätzlichen Verstöße** gegen das Außenwirtschaftsrecht mit Ausnahme der Verstöße gegen Waffenembargos nach § 17 AWG und der in § 19 Abs. 3–5 AWG normierten Ordnungswidrigkeiten. Fahrlässige Verstöße werden außer im Fall des § 17 Abs. 5 AWG grundsätzlich als Ordnungswidrigkeit geahndet.

2 Absatz 1–5 des § 18 AWG enthalten verschiedene **Grundtatbestände**. Sie sind, im Gegensatz zum Grundtatbestand des § 17 Abs. 1 AWG, als Vergehen ausgestaltet. Abs. 1 erfasst vorsätzliche Verstöße gegen **unmittelbar geltende Rechtsakte der Europäischen Union**, z.B. der Iran-Embargo Verordnung[1] (→ Rz. 4). Abs. 2 stellt Verstöße gegen **nationale Genehmigungserfordernisse**, die in der AWV geregelt sind, unter Strafe (→ Rz. 34). Nach Abs. 3 sind bestimmte Verstöße gegen die sogenannte **Kimberley-Verordnung** über den Handel mit Rohdiamanten strafbewehrt (→ Rz. 53). Nach Abs. 4 können Verstöße gegen die Verordnung betreffend den Handel mit bestimmten Gütern, die zur Vollstreckung der Todesstrafe, zu Folter oder zu anderer grausamer, unmenschlicher oder erniedrigender Behandlung oder Strafe verwendet werden können, geahndet werden (→ Rz. 57). Besondere **Praxisrelevanz** hat Abs. 5, der Verstöße gegen die Dual-Use-VO[2] zum Gegenstand hat (→ Rz. 63).

3 § 18 Abs. 6 AWG betrifft die **Versuchsstrafbarkeit** (→ Rz. 79). Abs. 7 und 8 enthalten **Qualifikationen** der Grundtatbestände der Abs. 1–4 (→ Rz. 83). Abs. 9 stellt dem Handeln ohne Genehmigung in einigen Fällen das Handeln auf Grund einer durch Drohung, Bestechung oder Kollusion **erwirkten** oder durch unrichtige oder unvollständige Angaben **erschlichenen Genehmigung** gleich (→ Rz. 86). Abs. 10 regelt die Strafbarkeit von **Auslandstaten** (→ Rz. 87). Abs. 1 enthält schließlich einen praktisch bedeutsamen persönlichen **Strafausschließungsgrund** für den Grundtatbestand der Abs. 1 und seiner Qualifikationen (→ Rz. 88).

---
1) Verordnung (EU) Nr. 267/2012 des Rates vom 23.3.2012 über restriktive Maßnahmen gegen Iran und zur Aufhebung der Verordnung (EU) Nr. 961/2010, Einzelheiten bei Prieß/Thoms, ZfZ 2013, 155.
2) Verordnung (EG) Nr. 428/2009 des Rates vom 5.5.2009 über eine Gemeinschaftsregelung für die Kontrolle der Ausfuhr, der Verbringung, der Vermittlung und der Durchfuhr von Gütern mit doppeltem Verwendungszweck.

B. Verstoß gegen unmittelbar geltende EU-Rechtsakte (Abs. 1 Nr. 1)

I. Allgemeines

§ 18 Abs. 1 Nr. 1 AWG stellt Verstöße gegen die dort aufgeführten, sich aus unmittelbar geltenden europäischen Rechtsakten ergebenden Verbots- und Genehmigungstatbestände unter Strafe. Er entspricht, mit einigen Änderungen, der Regelung des § 34 Abs. 4 Nr. 2 AWG a.f. Die folgenschwerste Änderung ist das Veröffentlichungserfordernis. Nach der alten Fassung musste die den Blanketttatbestand ausfüllende EU-Norm im Bundesanzeiger veröffentlicht werden. Nach der neuen Fassung ist eine **Veröffentlichung im Amtsblatt der Europäischen Gemeinschaften oder der Europäischen Union** ausreichend. Gleichzeitig wurde in § 18 Abs. 11 AWG ein eng damit zusammenhängender **Strafausschließungsgrund** geschaffen (→ Rz. 88). Als weitere Änderungen wurden die Tathandlungen des Verstoßes gegen Unterstützungs- und **Umgehungsverbote** gestrichen, wobei v.a. Letzteres materiell-rechtliche Auswirkungen hat (→ Rz. 27). Neu aufgenommen in den Tatbestand wurden Verstöße gegen Erwerbsverbote und gegen Verfügungsverbote über eingefrorene Gelder und wirtschaftliche Ressourcen in Buchst. b (→ Rz. 29). Die Strafobergrenze von fünf Jahren Freiheitsstrafe wurde beibehalten, der untere **Strafrahmen** von sechs Monaten Freiheitsstrafe wurde auf drei Monate herabgesetzt.

Wie alle Strafvorschriften des AWG ist auch § 18 Abs. 1 AWG eine **Blankettnorm** (→ Vor § 17 AWG Rz. 5), deren einzelne Tatbestandsmerkmale sich erst aus der jeweiligen Ausfüllungsnorm ergeben. Ein **Irrtum** über den **Inhalt** oder die **Reichweite** einer Ausfüllungsnorm, auf die ein Blankettstraftatbestand wie § 18 Abs. 1 Nr. 1 AWG verweist, wird grundsätzlich als Verbotsirrtum gem. § 17 StGB, nicht als Tatbestandsirrtum angesehen (→ Vor § 17 AWG Rz. 8).[1]

II. Unmittelbar geltender Rechtsakt der Europäischen Gemeinschaften oder der Europäischen Union

Im Vergleich zu § 17 Abs. 1 AWG regelt § 18 Abs. 1 Nr. 1 AWG Verstöße gegen im Rahmen der GASP beschlossene **EU-Embargos**, die nach der Kompetenzverteilung der EU durch eine Verordnung erlassen werden und daher gem. Art. 288 Abs. 2 AEUV **unmittelbare Geltung** in den Mitgliedstaaten erlangen. Sie bedürfen folglich keiner Umsetzung in nationales Recht, sondern sind über § 18 Abs. 1 Nr. 1 AWG bereits durch ihre Veröffentlichung im Amtsblatt der EU strafbewehrt. Eine Strafbewehrung von Verstößen gegen EU-Verordnungen ist wiederum durch das nationale Recht möglich. Die Union hat keine Befugnis zum Erlass strafrechtlicher oder bußgeldrechtlicher Sanktionen.[2]

Als Verordnungen sind die von § 18 Abs. 1 AWG erfassten Rechtsakte nach den allgemeinen Grundsätzen des Unionsrechts auszulegen.[3] Dazu zählt insbesondere die Pflicht zur **unionsrechtskonformen Auslegung**[4] sowie – je nach

---

1) BGH v. 15.11.2012, 3 StR 295/12, wistra 2013, 153; Krell, NZWiSt 2013, 114 f.
2) BGH, NJW 1995, 2174, 2175; siehe Einzelheiten bei Dannecker/Freitag, ZStW 116 (2004), 797, 799; John in Hohmann/John, 2002, § 34 AWG Rz. 216.
3) Morweiser in Wolffgang/Simonsen/Tietje, Bd. II, § 34 Abs. 4 AWG Rz. 67 f.
4) Zur unionsrechtskonformen Auslegung der Blankettstraftatbestände des AWG siehe Nestler, NStZ 2012, 672, 677.

Fallkonstellation die Möglichkeit oder die Pflicht – bei Zweifeln die Auslegungsfrage dem EuGH zur **Vorabentscheidung** nach Art. 267 AEUV vorzulegen.

8 EU-**Sanktionen** sind häufig **personen- und unternehmensbezogen** ausgestaltet. Die von den Sanktionen betroffenen Personen werden dabei in Anhängen aufgeführt, auf die bestimmte Vorschriften in den Verordnungen verweisen. So enthält Art. 23 Abs. 3 der Iran-Embargo Verordnung[1] ein Bereitstellungsverbot von Geldern und wirtschaftlichen Ressourcen an Personen und Unternehmen, die in Anhang VIII und IX aufgeführt sind. Dieses Verbot ist durch § 18 Abs. 1 Nr. 1 Buchst. a AWG strafbewehrt (→ Rz. 22).[2] Eine solche Listung geht entweder auf eine autonome Entscheidung der Union zurück (z.b. Anhang IX der Iran-Embargo-VO) oder sie wird in Erfüllung der völkerrechtlichen Pflichten der Mitgliedstaaten zur Umsetzung von sog. „smart sanctions" der UN vorgenommen (Anhang VIII Iran-Embargo-VO). In beiden Fällen ist die Listung durch das Gerichtssystem der Union anhand der Grundrechte der gelisteten Personen überprüfbar. So hat das EuG im „Volksmudschaheddin"-Fall eine EU-autonome Listung wegen Verfahrensmängeln, insbesondere wegen einer Verletzung des Anspruchs auf rechtliches Gehör, für nichtig erklärt.[3] Daraufhin wurde die gesamte Liste aufgehoben und unter Einhaltung der Verfahrensrechte der Betroffenen durch eine neue, fast identisch lautende Liste ersetzt.[4] Ähnlich hat der EuGH im Fall „Kadi" für eine UN-determinierte Liste entschieden.[5] Diese Entscheidungen haben auch Auswirkungen auf eine Strafbarkeit nach § 18 Abs. 1 Nr. 1 AWG. Eine fehlerhafte Listung ist nach der Rechtsprechung des EuGH demnach ungültig. Auf sie kann eine strafrechtliche Verurteilung nicht gestützt werden. Das gilt nach einer Folgeentscheidung des EuGH wegen des strafrechtlichen Rückwirkungsverbotes auch dann, wenn der Verstoß später geheilt wird.[6] Die Entscheidung betraf eine EU-autonome Listung, dürfte aber auch auf Fälle einer UN-determinierten Listung übertragbar sein.[7] Bei Zweifeln über die Gültigkeit einer Listung im Anhang einer Sanktionsverordnung hat das nationale Strafgericht, das über eine Strafbarkeit nach § 18

---

1) Verordnung (EU) Nr. 267/2012 des Rates vom 23.3.2012 über restriktive Maßnahmen gegen Iran und zur Aufhebung der Verordnung (EU) Nr. 961/2010.
2) Morweiser in Wolffgang/Simonsen/Tietje, Bd. II, § 34 Abs. 4 AWG Rz. 17 und 85 f.
3) EuG v. 12.12.2006, Organisation des Modjahedines du peuple d'Iran/Rat, T-228/02, EuGE 2006, II-4665; zur EU-Sanktionsverordnung gegen Birma/Myanmar siehe: EuGH v. 13.3.2012, Pye Phyo Tay Za, C-376/10 und Harings, AW-Prax Service Guide 2013, 16, 17. Siehe zur PJZS: EuGH v. 27.2.2007, Gestoras Pro Amnistía, C-354/04, EuGHE 2007, I-1579 und Kroker, EuR 2008, 378.
4) Beschluss 2007/445/EG des Rates vom 28.6.2007, zur Durchführung von Art. 2 Abs. 3 der Verordnung (EG) Nr. 2580/2001 über spezifische, gegen bestimmte Personen und Organisationen gerichtete restriktive Maßnahmen zur Bekämpfung des Terrorismus und zur Aufhebung der Beschlüsse 2006/379/EG und 2006/1008/EG.
5) EuGH v. 3.9.2008, Kadi und al Barakaat International Foundation, C-402/05 und C-415/05, EuGHE 2008, I-6351; ebenso für die erneute Listung des Klägers EuGH v. 18.7.2013, Kommission u.a./Kadi, C-584/10, juris; siehe auch Andersson in Cameron, S. 65 (74); ebenfalls zur Sanktionsverordnung gegen Osama bin Laden, Al-Qaida und die Taliban: EuG v. 11.6.2009, T-318/01, Othman/Rat und Kommission, EuGE 2009, II-01627; zur Iran-Embargo-VO: EuG v. 21.3.2012, Fulmen und Mahmoudian/Rat, T-439/10 und T-440/10, juris.
6) EuGH v. 29.6.2010, Strafverfahren gegen E und F, C-550/09, EuGHE 2010 I-6213, insb. Rz. 59.
7) Meyer, NJW 2010, 2397, 2399; Diemer in Erbs/Kohlhaas, § 34 AWG Rz. 35.

Abs. 1 Nr. 1 AWG zu entscheiden hat, die Frage folglich gem. Art. 267 AEUV dem EuGH zur Vorabentscheidung vorzulegen.[1] Bei Listungen, die zu einem späteren Zeitpunkt unter Einhaltung aller Verfahrensregeln erfolgt sind, dürfte hingegen davon auszugehen sein, dass sie formell und materiell wirksam sind.[2]
Die Listen werden regelmäßig durch Durchführungsverordnungen auf Beschluss des Rates hin geändert.[3] Eine entsprechende Ermächtigung dafür ist meist in den Verordnungen enthalten.[4] Die aktualisierten Listen haben somit an der **unmittelbaren Wirkung der Verordnung**, wie sie § 18 Abs. 1 Nr. 1 AWG verlangt, teil.[5]

9

III. Der Durchführung einer Sanktionsmaßnahme dienend

Das jeweilige Verbot, gegen das verstoßen wurde, muss der **Durchführung einer im Bereich der GASP beschlossenen wirtschaftlichen Sanktionsmaßnahme** dienen. GASP-Beschlüsse sind der Ausgangspunkt wirtschaftlicher Sanktionsmaßnahmen der EU. Sie entfalten jedoch keine unmittelbare rechtliche Wirkung, sondern bedürfen der Umsetzung, z.b. durch eine Verordnung.[6] Die spezielle und regelmäßig dafür herangezogene Rechtsetzungsbefugnis enthält Art. 215 Abs. 1 AEUV. Etwas anderes gilt für **Waffenembargos** der EU. GASP-Beschlüsse, die Verbote und Untersagungen für Rüstungsgeschäfte enthalten, werden nur ausnahmsweise als auf Art. 215 Abs. 1 AEUV gestützte EU-Verordnung erlassen.[7] Wegen eines nationalen Vorbehalts der Mitgliedstaaten[8] werden sie i.d.R. durch diese umgesetzt und nach § 17 Abs. 1 AWG strafbewehrt (→ § 17 AWG Rz. 4).

10

Die ausfüllenden Rechtsakte müssen der Durchführung der GASP-Beschlüsse **dienen**. Das bedeutet, dass die ausfüllende Rechtsverordnung nicht über die

11

---

1) Diemer in Erbs/Kohlhaas, § 34 AWG Rz. 33 f. und Meyer, NJW 2010, 2397, 2399, gehen bei gleichartigen Fällen sogar von einem „acte-claire" aus, der keiner Vorlage mehr bedarf.
2) Diemer in Erbs/Kohlhaas, § 34 AWG Rz. 33.
3) Siehe etwa Durchführungsverordnung (EU) Nr. 559/2013 des Rates vom 18.6.2013 zur Durchführung des Art. 11 Abs. 1 der Verordnung (EU) Nr. 377/2012 über restriktive Maßnahmen gegen bestimmte den Frieden, die Sicherheit und die Stabilität in der Republik Guinea- Bissau gefährdende Personen, Organisationen und Einrichtungen; europarechtlich ist dies unproblematisch, s. Cremer in Calliess/Ruffert, EUV/AEUV, 4. Aufl. 2011, Art. 215 Rz. 25.
4) Siehe z.B. Art. 7 Verordnung (EG) Nr. 881/2002 des Rates vom 27.5.2002 über die Anwendung bestimmter spezifischer restriktiver Maßnahmen gegen bestimmte Personen und Organisationen, die mit Osama bin Laden, dem Al-Qaida-Netzwerk und den Taliban in Verbindung stehen.
5) Morweiser in Wolffgang/Simonsen/Tietje, Bd. II, § 34 Abs. 4 AWG Rz. 65; a.A. Bieneck, NStZ 2006, 608, 613.
6) Morweiser in Wolffgang/Simonsen/Tietje, Bd. II, § 34 Abs. 4 AWG Rz. 26.
7) Siehe z.B. Verordnung (EG) Nr. 618/2007 des Rates vom 5.6.2007 zur Änderung der Verordnung (EG) Nr. 423/2007 über restriktive Maßnahmen gegen Iran. Siehe dazu auch Dannecker/Freitag, ZStW116 (2004), 797, 799.
8) Nach Art. 346 Abs. 1 Buchst. b AEUV sind die Mitgliedstaaten ermächtigt, für die Produktion und den Handel von Waffen, Munition und Kriegsmaterial Maßnahmen zu ergreifen, die ihres Erachtens für die Wahrung ihrer wesentlichen Sicherheitsinteressen erforderlich sind; Einzelheiten bei Jaeckel in Grabitz/Hilf/Nettesheim, Art. 346 AEUV Rz. 14.

Beschränkung des jeweiligen GASP-Beschlusses hinausgehen darf (GASP-Vorbehalt, zum Resolutionsvorbehalt → § 17 AWG Rz. 11).[1]

IV. Veröffentlichung im Amtsblatt der EU oder der EG

12 Das Erfordernis der **Veröffentlichung im Amtsblatt der EU** ist an die Stelle der Veröffentlichung im Bundesanzeiger gem. § 34 Abs. 4 Nr. 2 und 3 AWG a.F. getreten. Damit hat sich das verfassungsrechtliche Problem der alten Regelung, ob der ministerialen Entscheidung über die Veröffentlichung im Bundesanzeiger angesichts von Art. 103 Abs. 2 GG strafbarkeitsbegründender Charakter zukommen darf, erledigt.[2] Die Veröffentlichung durch europäische Publikationsorgane genügt grundsätzlich dem **verfassungsrechtlichen Publizitätserfordernis**.[3] Die Neuregelung wird in verfassungsrechtlicher Sicht insofern begrüßt.[4] Darüber hinaus führt die Anknüpfung an die Veröffentlichung im EU-Amtsblatt zur **Schließung** bisher bestehender **Strafbarkeitslücken**. Die nach alter Rechtslage erforderliche Veröffentlichung im Bundesanzeiger zog sich teilweise mehrere Wochen hin. Da sie nach der Rechtsprechung jedoch Strafbarkeitsvoraussetzung war, waren in der Zwischenzeit begangene, auch vorsätzliche Verstöße, straflos.[5]

13 In praktischer Hinsicht ist zu bedenken, dass die Anknüpfung an die Veröffentlichung im Amtsblatt der EU einen erheblichen **Mehraufwand für exportierende Unternehmen** mit sich bringt. Ihnen ist zu raten, regelmäßig das Amtsblatt der EU zu prüfen, ob neue außenwirtschaftsrechtliche Verbote oder Genehmigungserfordernisse eingeführt wurden.[6] Nach dem **Strafausschließungsgrund** des § 18 Abs. 11 AWG haben die Unternehmen jeweils **zwei Werktage** Zeit, um auf Änderungen des europäischen Exportkontrollrechts zu reagieren (→ Rz. 88).

V. Tathandlungen

14 Tathandlung ist die **Zuwiderhandlung**, also der Verstoß gegen einen EU-Rechtsakt. Art und Umfang der Tathandlung bestimmen sich nach den das Blankett des § 18 Abs. 1 Nr. 1 AWG ausfüllenden EU-Verordnungen.[7] Das hat zur Folge, dass die Tatbestandsmerkmale nach den Grundsätzen der **unionsrechtskonformen** Auslegung (→ Rz. 7) zu bestimmen sind. Die Aufzählung der möglichen Verstöße in § 18 Abs. 1 Nr. 1 Buchst. a und b AWG dient der Gewährleistung des Gesetzesvorbehalts und des Bestimmtheitsgrundsatzes.

15 Trotz einiger redaktioneller Änderungen durch die **Gesetzesnovelle** 2013 decken sich nach Ansicht des Gesetzgebers die erfassten Verbote mit Ausnahme

---

1) Morweiser in Wolffgang/Simonsen/Tietje, Bd. II, § 34 Abs. 4 AWG Rz. 28; Bieneck, NStZ 2006, 608, 613.
2) Siehe dazu BGH, NJW 1995, 2174, 2175, und bezüglich der Zweifel an der Verfassungsmäßigkeit der alten Vorschrift Walter, RIW 2012, 763, 765.
3) BVerfG v. 29.4.2010, 2 BvR 871/04 und 2 BvR 414/08, juris.
4) Walter, RIW 2013, 205, 209.
5) Morweiser, Ausschuss-Stellungnahme 2012, BT A-Drucks. 17(9)1049, S. 4; siehe Beispiele auch bei Walter, RIW 2012, 763, 767.
6) Walter, RIW 2013, 205, 209.
7) Morweiser in Wolffgang/Simonsen/Tietje, Bd. II, § 34 Abs. 4 AWG Rz. 71.

des Umgehungsverbots mit dem Katalog der von § 34 Abs. 4 Nr. 2 und 3 AWG a.f. erfassten Verbote und Genehmigungserfordernisse.[1]

1. Ausfuhrverbot

Sofern die in Frage stehende EU-Verordnung nicht ausnahmsweise eine abweichende Definition enthält, ist der Ausfuhrbegriff wie bei **Art. 2 Dual-Use-VO** zu verstehen.[2] Ein Verstoß gegen das Ausfuhrverbot liegt vor, wenn in der Verordnung die Ausfuhr von Gütern in ein bestimmtes Land oder an bestimmte Personen untersagt ist und der Täter Waren mit diesem Ziel **auf den Weg bringt**. Vollendung der Tat tritt in dem Moment ein, in dem die Ware die Außengrenze der Europäischen Union passiert.[3]

16

2. Einfuhrverbot

Die Einfuhr umfasst regelmäßig die Lieferung von Waren aus Drittländern in das Gebiet der Europäischen Union (→ § 2 AWG Rz. 43).[4] Je nach zu Grunde liegender Embargoverordnung (→ Rz. 14) kann davon aber auch die Lieferung nach Deutschland gemeint sein.[5]

17

3. Durchfuhrverbot

Wegen der i.d.R. europaweiten Geltung der Embargoverordnungen wird auch für die Durchfuhr vorbehaltlich einer eigenen Definition in der jeweiligen EU-Verordnung die Legaldefinition des Art. 2 Nr. 7 **Dual-Use-VO** heranzuziehen sein und nicht die Legaldefinition des § 2 Abs. 9 AWG, der Durchfuhren durch das Inland zum Gegenstand hat (→ § 2 AWG Rz. 34). Durchfuhr i.S.d § 18 Abs. 1 Nr. 1 AWG bedeutet die Beförderung nicht-unionaler Güter in und durch das Zollgebiet der EU zu einem Bestimmungsziel außerhalb der EU.

18

4. Verbringungsverbot

Verbringung meint nach der Definition in § 2 Abs. 21 AWG die **Lieferung von Waren** aus dem Inland in das übrige Zollgebiet der EU oder aus dem Gebiet der EU in das Inland. Damit sind von dieser Vorschrift Fälle der **innereuropäischen Verbringung** erfasst, in denen der Verbringer das endgültige Bestimmungsziel im Embargoland kennt (→ § 2 AWG Rz. 68 f.). Ein Verbringungsverbot ist beispielsweise in Art. 22 Abs. 1 Dual-Use-VO enthalten.

19

5. Verkaufs- und Erwerbsverbot

Anknüpfungspunkt des Verkaufs- und Erwerbsverbots ist der **Abschluss eines schuldrechtlichen Austauschvertrags**. Damit sind weder Realakte, wie in den übrigen Fällen des § 18 Abs. 1 AWG, noch einseitig verpflichtende Verträge, wie etwa die Schenkung, von diesen Verboten erfasst. Die Verbote beziehen

20

---

1) BT-Drucks. 17/11127, 27.
2) Morweiser in Wolffgang/Simonsen/Tietje, Bd. II, § 34 Abs. 4 AWG Rz. 73; Wagner in Münchener Kommentar, Bd. VI/1, § 34 AWG Rz. 115.
3) Wagner in Münchener Kommentar, Bd. VI/1, § 34 AWG Rz. 115, John in Hohmann/John, 2002, § 34 AWG Rz. 257.
4) Wagner in Münchener Kommentar, Bd. VI/1, § 34 AWG Rz. 116; vgl. auch John in Hohmann/John, 2002, § 34 AWG Rz. 265.
5) Morweiser in Wolffgang/Simonsen/Tietje, Bd. II, § 34 Abs. 4 AWG Rz. 74.

sich auf beide im Austauschverhältnis stehende Leistungspflichten eines Kaufvertrags. Ein Beispiel eines Verkaufsverbots findet sich in Art. 2 Abs. 1 der Iran-Embargo-VO.[1)] Die Pönalisierung des schuldrechtlichen Geschäfts hat eine **Vorverlagerung der Strafbarkeit** zur Folge. Im Fall des Verkaufsverbots müssen die zu liefernden Waren sich noch nicht einmal im Einflussbereich des Veräußerers befinden.[2)] Fehlen in der jeweiligen Verordnung genaue Anhaltspunkte, ab welchem Stadium der Vertragsverhandlungen die Norm greifen soll, ist die Norm in Ansehung des Bestimmtheitsgrundsatzes **einschränkend** auszulegen. Man wird dementsprechend verlangen müssen, dass das Geschäft bereits so hinreichend konkretisiert ist, dass die **wesentlichen Vertragsbestandteile** feststehen.[3)]

6. Lieferverbot

21 Eine eigenständige Bedeutung kommt der Tathandlung des Verstoßes gegen ein Lieferverbot neben der Ausfuhr nur bei **Drittlandsgeschäften** zu, also wenn Waren in ein Embargoland verbracht werden, ohne dass gleichzeitig eine Ausfuhr vorliegt. Das ist etwa dann der Fall, wenn Waren von außerhalb der EU in ein Drittland geliefert werden, die Lieferung aber **aus der EU heraus angewiesen** wurde.[4)] Ein Lieferverbot ist beispielsweise in Art. 2 der Iran-Embargo-VO enthalten.[5)]

7. Bereitstellungsverbot

22 Der Begriff der Bereitstellung ist im AWG nicht definiert. Er beschreibt einen tatsächlichen Vorgang im Sinne eines Zur-Verfügung-Stellens, der dazu führt, dass der gelisteten Person oder Einrichtung (→ Rz. 8) ein wirtschaftlicher Vorteil in der Form zu Gute kommt, dass sie unmittelbar darauf zugreifen kann.[6)] In den Embargoverordnungen wird dafür regelmäßig das Tatbestandsmerkmal des „**Zurverfügungstellens**" oder des „**Zugutekommenlassens**" verwendet.[7)] Diese Begriffe lassen sich begrifflich unter das Bereitstellungsverbot nach § 18 Abs. 1 AWG fassen. Obwohl sich der Wortlaut der Blankettnorm und der ausfüllenden Norm insoweit nicht decken (→ Rz. 14), ist der Sinngehalt der beiden Tatbestandsmerkmale identisch.[8)] Nach der Rechtsprechung des EuGH ist der Begriff des Zurverfügungstellens **weit auszulegen**. Er umfasst jede Handlung, die erforderlich ist, damit eine Person die Verfügungsbefugnis über den betref-

---

1) Verordnung (EU) Nr. 267/2012 des Rates vom 23.3.2012 über restriktive Maßnahmen gegen Iran und zur Aufhebung der Verordnung (EU) Nr. 961/2010.
2) Wagner in Münchener Kommentar, Bd. VI/1, § 34 AWG Rz. 119.
3) Morweiser in Wolffgang/Simonsen/Tietje, Bd. II, § 34 Abs. 4 AWG Rz. 77.
4) Morweiser in Wolffgang/Simonsen/Tietje, Bd. II, § 34 Abs. 4 AWG Rz. 78; Wagner in Münchener Kommentar, Bd. VI/1, § 34 AWG Rz. 120.
5) Verordnung (EU) Nr. 267/2012 des Rates vom 23.3.2012 über restriktive Maßnahmen gegen Iran und zur Aufhebung der Verordnung (EU) Nr. 961/2010.
6) Diemer in Erbs/Kohlhaas, § 34 AWG Rz. 28.
7) Siehe z.B. Art. 23. Abs. 3 Verordnung (EU) Nr. 267/2012 des Rates vom 23.3.2012 über restriktive Maßnahmen gegen Iran und zur Aufhebung der Verordnung (EU) Nr. 961/2010; für einen vergleichenden Überblick Schöppner, S. 63 f. und S. 175 f.
8) BGH, NJW 2010, 2370, Rz. 15.

fenden Vermögenswert erlangen kann.[1] Darunter fallen auch Mischformen des Kapital- und Zahlungsverkehrs wie das sog. **Hawala-Banking**.[2] Dabei werden z.b. in der Union gesammelte Gelder nicht direkt in das Embargogebiet überwiesen, sondern in dessen räumliche Nähe. Dort wird das Geld abgehoben und in das Embargogebiet verbracht.[3]

8. Weitergabeverbot

Das Weitergabeverbot ist als Auffangtatbestand zu verstehen, der dann erfüllt ist, wenn eine Person, die weder Verkäufer, Lieferant noch Ausführer ist, an einer **Kette von Übertragungen von Embargogütern** und in Kenntnis der Endbestimmung der Güter teilnimmt.[4] Das Tatbestandsmerkmal hat nur dann eigenständige Bedeutung, wenn nicht ein Verkaufs-, Lieferungs- oder Ausfuhrverbot einschlägig ist. Das ist z.b. bei **Transithandelsgeschäften**, etwa nach Art. 2 der Iran-Embargo-VO[5], der Fall.   23

9. Dienstleistungsverbot

Die Definition des Dienstleistungsverbots richtet sich nach der entsprechenden **Embargovorschrift** (→ Rz. 14). Häufig sind die Bestimmungen der Verordnung nicht eindeutig, so dass auf den **Zweck** des Embargos abzustellen ist.[6] Insbesondere bei einem sog. Totalembargo wird der Begriff umfassend zu verstehen sein als Verbot von Leistungen, unabhängig davon, ob diese nach deutschem Recht als Leistungen im Rahmen eines Dienst- oder Werkvertrages anzusehen sind.[7] Häufig wird nicht der Begriff Dienstleistung selbst, sondern die Begriffe „technische Hilfe" oder „Vermittlungsgeschäfte" in den Verordnungen genannt.[8]   24

Zur Auslegung von **Vermittlungsgeschäften** kann auf Art. 2 Nr. 5 der Dual-Use VO zurückgegriffen werden. Darunter fallen Verhandlungen über oder das Herbeiführen von Transaktionen zum Kauf, zum Verkauf oder zur Lieferung von Gütern mit doppeltem Verwendungszweck von einem Drittland in ein anderes Drittland, oder den Verkauf oder Kauf von Gütern mit doppeltem   25

---

1) EuGH v. 21.12.2011, Afrasiabi u.a., C-72/11, juris, Rz. 40; vgl. EuGH v. 11.10.2007, Möllendorf u.a., C-117/06, EuGHE 2007 I-8361, Rz. 51, sowie EuGH v. 29.6.2010, Strafverfahren gegen E und F., C-550/09, EuGHE 2010 I-6213 E und F, Rz. 67; siehe zum mittelbaren Bereitstellungsverbot nach der Iran-Embargo Verordnung auch Harings/Scheel, RdTW 2013, 185 ff.; Prieß/Thoms, ZfZ 2013, 155, 159 f.
2) BGH, NStZ-RR 2003, 55 f.; zur Frage, inwiefern Versicherungsverbote nach der Iran-Embargo Verordnung davon umfasst sind, siehe Wandt, VersR 2013, 257, 259.
3) Vgl. Wagner in Münchener Kommentar, Bd. VI/1, § 34 AWG Rz. 121; siehe im Hinblick auf die Iran-Embargo Verordnung auch Prieß/Thoms, ZfZ 2013, 155, 163.
4) Wagner in Münchener Kommentar, Bd. VI/1, § 34 AWG Rz. 123.
5) Verordnung (EU) Nr. 267/2012 des Rates vom 23.3.2012 über restriktive Maßnahmen gegen Iran und zur Aufhebung der Verordnung (EU) Nr. 961/2010.
6) Wagner in Münchener Kommentar, Bd. VI/1, § 34 AWG Rz. 124; vgl auch John in Hohmann/John, 2002, § 34 AWG Rz. 275; siehe speziell zu Versicherungsverboten: Prieß/Thoms, ZfZ 2013, 155, 163; Wandt, VersR 2013, 257, 259 f.
7) Wagner in Münchener Kommentar, Bd. VI/1, § 34 AWG Rz. 124.
8) Siehe z.B. Art. 5, 9, 15 Verordnung (EU) Nr. 267/2012 des Rates vom 23.3.2012 über restriktive Maßnahmen gegen Iran und zur Aufhebung der Verordnung (EU) Nr. 961/ 2010; Art. 7 und 8 Verordnung (EG) Nr. 194/2008 des Rates vom 25.2.2008 zur Verlängerung und Ausweitung der restriktiven Maßnahmen gegen Birma/Myanmar und zur Aufhebung der Verordnung (EG) Nr. 817/2006.

Verwendungszweck, die sich in Drittländern befinden, zwecks Verbringung in ein anderes Drittland (vgl. auch → § 2 AWG Rz. 52). **Technische Hilfe** wird in den entsprechenden Verordnungen zumeist beispielhaft definiert als Tätigkeit, welche die „Anleitung, Beratung, Ausbildung, Weitergabe von praktischen Kenntnissen oder Fähigkeiten oder in Form von Beratungsdiensten" umfasst, die *„i.V.m. der Reparatur, der Entwicklung, der Herstellung der Montage, der Erprobung, der Wartung, oder jeder anderen technischen Dienstleistung"* erfolgt (vgl. auch → § 2 AWG Rz. 60).[1]

10. Investitionsverbot

26 Das Investitionsverbot umfasst, je nach Ausgestaltung durch das Embargo (→ Rz. 14), den Erwerb oder die Erweiterung **einer Beteiligung an einem Unternehmen**, einschließlich des vollständigen Erwerbs von Unternehmen sowie des Erwerbs von **Anteilen und Wertpapieren** mit Beteiligungscharakter,[2] bzw. den **Transfer von Geldern** und anderen finanziellen Anlagen an bestimmte Personen im Embargoland, soweit diese Mittel der Herstellung einer **dauerhaften wirtschaftlichen Verbindung** mit diesem Staat, einschließlich des Immobilienerwerbs, dienen.[3]

11. Umgehungsverbot

27 Das Tatbestandsmerkmal des Verstoßes gegen ein in vielen Verordnungen enthaltenes Umgehungsverbot[4] wurde durch die Gesetzesnovelle gestrichen. Der Gesetzgeber reagiert damit auf Zweifel an dessen Verfassungsmäßigkeit.[5] Die früher vom Umgehungsverbot erfassten Tathandlungen sollen jedoch nach dem Willen des Gesetzgebers angesichts der **weiten Auslegung des Bereitstellungsverbots durch den EuGH** (→ Rz. 22) strafbar bleiben.[6] Danach sind vom Bereitstellungsverbot auch Aktivitäten erfasst, welche die Aushebelung des jeweiligen **Verbots** bezwecken oder bewirken, dabei aber unter dem **Deckmantel** einer Form vorgenommen werden, mit der ein Ausfuhrrechtsverstoß vermieden wird.[7]

28 Handlungen, die als Verstöße gegen das Umgehungsverbot angesehen werden könnten, können als **vollendete oder versuchte Bereitstellungen** qualifiziert

---

1) Siehe z.B. Art. 1 Nr. 1 Buchst. d der Verordnung (EG) Nr. 194/2008 des Rates vom 25.2.2008 zur Verlängerung und Ausweitung der restriktiven Maßnahmen gegen Birma/Myanmar und zur Aufhebung der Verordnung (EG) Nr. 817/2006.
2) Morweiser in Wolffgang/Simonsen/Tietje, Bd. II, § 34 Abs. 4 AWG Rz. 82 unter Verweis auf Art. 1 Buchst. e der früheren Iran-Embargo Verordnung (EU) Nr. 961/2010 des Rates vom 25.10.2010 über restriktive Maßnahmen gegen Iran und zur Aufhebung der Verordnung (EG) Nr. 423/2007; siehe nun Art. 17 Abs. 1 Buchst. b.
3) Wagner in Münchener Kommentar, Bd. VI/1, § 34 AWG Rz. 125.
4) Siehe z.B. Art. 41 der Verordnung (EU) Nr. 267/2012 des Rates vom 23.3.2012 über restriktive Maßnahmen gegen Iran und zur Aufhebung der Verordnung (EU) Nr. 961/2010.
5) Diese stützten sich in erster Linie auf die fehlende Bestimmtheit der Norm, vgl. BGH, NJW 2010, 2370, Rz. 30 ff.; siehe auch Diemer in Erbs/Kohlhaas, § 34 AWG Rz. 29; für eine verfassungskonforme Auslegung: Morweiser in Wolffgang/Simonsen/Tietje, Bd. II, § 34 Abs. 4 AWG Rz. 93a; zur Neuregelung siehe Niestedt/Trennt, BB 2013, 2115, 2217.
6) BT-Drucks. 17/11127, 27.
7) EuGH v. 21.12.2011, Afrasiabi u.a., C-72/11, juris, Rz. 68; siehe für die Auswirkungen auf die Entscheidungspraxis deutscher Gerichte: Nestler, NStZ 2012, 672, 677 f.

werden, je nach Einzelfall auch in **mittelbarer Täterschaft** oder als **Anstiftung**.[1] Ob dadurch einerseits alle strafrechtlich relevanten Umgehungslieferungen erfasst werden können und die Norm andererseits durch die Neufassung gleichzeitig an Bestimmtheit gewonnen hat, wird ihre Anwendung in der Rechtspraxis zeigen müssen, erscheint jedoch äußerst zweifelhaft.[2]

12. Verfügungsverbot über eingefrorene Gelder und wirtschaftliche Ressourcen

In § 18 Abs. 1 Nr. 1 Buchst. b AWG ist als weitere Tathandlung der Verstoß gegen Verfügungsverbote über eingefrorene Gelder und wirtschaftliche Ressourcen genannt. Sie wurde mit der Novelle 2013 neu in das AWG aufgenommen. Die Einfügung ist Ausdruck der neueren EU-Embargopraxis, die verstärkt **auf personen- bzw. unternehmensbezogene Sanktionen** und sog. „smart sanctions" setzt (→ Rz. 8).

Die Tatbestandsmerkmale Gelder und wirtschaftliche Ressourcen sind nach der Rechtsprechung des EuGH weit auszulegen.[3] **Gelder** werden in der Iran-Embargo-VO definiert als finanzielle Vermögenswerte und Vorteile jeder Art.[4] Darunter fallen auch Zahlungsansprüche und Forderungen.[5] Es spielt keine Rolle, wie sie erworben wurden und ob es sich um eigene Vermögenswerte handelt oder um solche, die bei Dritten gesammelt oder von ihnen erlangt wurden.[6] **Wirtschaftliche Ressourcen** sind nach der Iran-Embargo-VO Vermögenswerte jeder Art, unabhängig davon, ob sie materiell oder immateriell, beweglich oder unbeweglich sind, bei denen es sich nicht um Gelder handelt, die aber für den Erwerb von Geldern, Waren oder Dienstleistungen verwendet werden können.[7] Bei der Auslegung des Begriffs der wirtschaftlichen Ressourcen sind Sinn und Zweck der Bereitstellungsverbote zu berücksichtigen.[8] Durch die Bereitstellungsverbote soll die Entstehung von **Ersatzwährungen**

---
1) Einzelheiten BT-Drucks. 17/11127, 27; s. Niestedt/Trennt, BB 2013, 2115, 2218; siehe auch oben → Rz. 23
2) Kritisch insoweit Voland GWR 2013, 264, 266, und Morweiser, Ausschuss-Stellungnahme 2012, BT A-Drucks. 17(9)1049, 5.
3) EuGH v. 29.6.2010, Strafverfahren gegen E und F., C-550/09, EuGHE 2010 I-6213, Rz. 69.
4) Nach Art 1 Buchst. l der der Verordnung (EU) Nr. 267/2012 des Rates vom 23.3.2012 über restriktive Maßnahmen gegen Iran und zur Aufhebung der Verordnung (EU) Nr. 961/2010 zählen dazu Bargeld, Schecks, Geldforderungen, Wechsel, Zahlungsanweisungen und andere Zahlungsmittel, Einlagen bei Finanzinstituten oder anderen Einrichtungen, Guthaben auf Konten, Zahlungsansprüche und verbriefte Forderungen, öffentlich und privat gehandelte Wertpapiere und Schuldtitel einschließlich Aktien und Anteilen, Wertpapierzertifikate, Obligationen, Schuldscheine, Optionsscheine, Pfandbriefe und Derivate, Zinserträge, Dividenden und andere Einkünfte oder Wertzuwächse aus Vermögenswerten, Kredite, Rechte auf Verrechnung, Bürgschaften, Vertragserfüllungsgarantien und andere finanzielle Ansprüche, Akkreditive, Konnossemente, Übereignungsurkunden und Dokumente zur Verbriefung von Anteilen an Fondsvermögen oder anderen Finanzressourcen.
5) Schöppner, S. 133; auch der Anspruch auf Haftentschädigung ist nach dem VG München v. 13.12.2007, M 17 K 07.452, Rz. 40, juris, davon umfasst.
6) EuGH v. 29.6.2010, Strafverfahren gegen E und F., C-550/09, EuGHE 2010 I-6213, Rz. 69.
7) Siehe Art. 1 Buchst. h der Iran-Embargo Verordnung; dazu Prieß/Thoms, ZfZ 2013, 155, 159; Schlarmann/Spiegel, NJW 2007, 870, 871 f.
8) Schöppner, S. 127.

verhindert werden, um die gelisteten Personen umfassend wirtschaftlich zu isolieren.[1] Insoweit sind auch **Gegenstände, die lediglich für den persönlichen Gebrauch** bestimmt sind, wirtschaftliche Ressourcen i.S.d. Verbots, sofern sie von einer gelisteten Person dazu benutzt werden können, Gelder, Güter oder Dienstleistungen zu erwerben. Mittel, die nur für den **persönlichen Verbrauch** geeignet und somit nicht auf Dritte übertragbar sind, fallen hingegen nicht darunter.[2] Dazu zählen etwa Strom, Wasser und Gas.[3]

Auch bloße **Vertragsabschlüsse** fallen – anders als geldwerte Forderungen – grundsätzlich nicht unter den Begriff der wirtschaftlichen Ressource. Denn es bedeutet noch keinen materiellen Vorteil i.S.d. Bereitstellungsverbots für den gelisteten Empfänger, allein einen vertraglichen Anspruch zu erlangen, da dieser erst erfüllt werden muss.[4] Etwas anderes gilt dann, wenn der Anspruch durch den Gelisteten **abtretbar** und damit handelbar ist und er keiner Hoheitsgewalt eines Mitgliedstaates untersteht. In diesem Fall kann die Abtretung die materielle Situation des Gelisteten verbessern. Die durch den Vertragsschluss entstandene Forderung hat dann einen wirtschaftlichen Wert und stellt daher eine wirtschaftliche Ressource dar.[5]

Auch der Empfang von **Dienstleistungen** führt i.d.R. nicht zu einer unmittelbaren wirtschaftlichen Besserstellung des Gelisteten wie sie die EU-Embargo-Verordnung fordert, so dass Dienstleistungen i.d.R. nicht vom Begriff der wirtschaftlichen Ressource erfasst sind.[6] Insofern fällt auch der Abschluss und die Aufrechterhaltung eines Arbeitsvertrages nicht unter das Bereitstellungsverbot.[7]

31 Die Tatbestandsmerkmale des **Verfügungsverbots** und der **eingefrorenen Gelder** stehen in wechselseitiger Abhängigkeit zueinander. Denn eingefroren sind Gelder einer Person dann, wenn sie mit einem umfassenden Verfügungsverbot belegt wurden und das Verbot ausgesprochen wurde, dieser Person entsprechende Gelder und wirtschaftliche Ressourcen zufließen zu lassen. Dabei ist ohne Bedeutung, wie diese Gelder zur Verfügung gestellt werden.[8] Nach der

---

1) Vgl. EuGH vom 29.4.2010, M u.a., C 340/08, EuGHE I 3913, Rz. 54: Demnach ist Ziel der Regelung über das Einfrieren von Vermögenswerten aufgeführter Personen, zu der das in Art. 2 Abs. 2 der Verordnung Nr. 881/2002 aufgestellte Verbot des Zurverfügungstellens von Geldern gehört, zu verhindern, dass diese Personen Zugriff auf wirtschaftliche Ressourcen und Finanzmittel gleich welcher Art haben, die sie zur Unterstützung terroristischer Tätigkeiten einsetzen könnten.
2) Rat der EU, Bewährte Praktiken der EU, Dok. 8666/1/08; EuGH v. 8.5.2007, GA Mengozzi, Schlussanträge in Rs. C-117/06, Rz. 65, 67; Schöppner, S. 128 f.
3) Morweiser in Wolffgang/Simonsen/Tietje, Bd. II, § 34 Abs. 4 AWG Rz. 89; Schöppner, S. 129.
4) BGH, NJW 2010, 2370, 2372, Rz. 21.
5) Solange die Abtretung in einem Mitgliedstaat erfolgt, wird sie hingegen durch ein entgegenstehendes Bereitstellungsverbot verhindert. Sie kann daher nicht zum Erwerb von Geldern, Waren oder Dienstleistungen führen und ist keine wirtschaftliche Ressource i.S.d. § 18 Abs. 1 Nr. 1 AWG. Siehe hierzu Schöppner, S. 133 f.
6) Einzelheiten bei Schöppner, S. 130 f.; s. auch Wagner in Münchener Kommentar, Bd. VI/1, § 34 AWG Rz. 122.
7) Vgl. auch die Entscheidung des EuG v. 12.7.2006, Ayadi, Rs. T-253/02, EuGE 2006 II-1579, Rz. 131, in welcher das Gericht ausdrücklich auf Arbeitsentgelte abstellt, die ggf. unter den Begriff der Gelder fallen können, nicht jedoch auf das Arbeitsverhältnis als solches.
8) Wagner in Münchener Kommentar, Bd. VI/1, § 34 AWG Rz. 121.

Iran-Embargo-VO hat das **Einfrieren von Geldern** nicht nur die Verhinderung jeglicher Form der Bewegung, des Transfers, der Veränderung und der Verwendung von Geldern zur Folge, sondern auch die Verhinderung des Zugangs zu ihnen oder ihres Einsatzes, durch den das Volumen, die Höhe, die Belegenheit, das Eigentum, der Besitz, die Eigenschaften oder die Zweckbestimmung der Gelder verändert oder sonstige Veränderungen bewirkt werden, die eine Nutzung der Gelder einschließlich der Vermögensverwaltung ermöglichen.[1]

C. Verstoß gegen ein Genehmigungserfordernis eines Rechtsaktes der Europäischen Union (Abs. 1 Nr. 2)

Nach § 18 Abs. 1 Nr. 2 AWG macht sich strafbar, wer gegen ein Genehmigungserfordernis verstößt, das in einem unmittelbar geltenden EU-Rechtsakts geregelt ist. Die Vorschrift entspricht § 34 Abs. 4 Nr. 3 AWG a.F., welche erst 2009 mit dem **13. Änderungsgesetz** in das AWG aufgenommen wurde. Bis dahin waren Genehmigungsvorbehalte in EU-Rechtsakten nur dann strafbewehrt, wenn sie vom deutschen Verordnungsgeber durch die AWV ausgefüllt wurden und somit die Möglichkeit der Ahndung eines Verstoßes gem. § 17 Abs. 1 Nr. 2 AWG bestand. Die Vorschrift sieht einen **Strafrahmen** von drei Monaten bis zu fünf Jahren Freiheitsstrafe vor. **32**

Tathandlung ist der **Verstoß gegen eine Genehmigungspflicht**, wie sie in zahlreichen EU-Verordnungen geregelt ist.[2] Die Norm schützt neben den Schutzgütern des Außenwirtschaftsstrafrechts auch die Durchführung des in den Verordnungen vorgeschriebenen verwaltungsrechtlichen Genehmigungsverfahrens.[3] Der Täter verstößt gegen ein Genehmigungserfordernis, wenn das vorgenommene Ausfuhrgeschäft gar nicht oder nur z.T. **von einer Genehmigung gedeckt** ist. Das ist auch dann der Fall, wenn eine nicht übertragbare Genehmigung von einem Täter benutzt wird, dem sie nicht erteilt worden ist[4] oder wenn der Täter die erteilte Genehmigung **überschreitet**, also z.B. Waren in ein anderes Land ausführt, als das in der Genehmigungsurkunde als Endverbleib genannte Land.[5] Liegt eine Genehmigung vor, muss sie nach verwaltungsrechtlichen Maßstäben **wirksam** sein, um tatbestandsausschließende Wirkung zu haben. Wurde die Genehmigung vor der Tathandlung wirksam widerrufen, war sie von einer nicht eingetretenen Bedingung abhängig oder ist ihre Gültigkeit abgelaufen, so ist der Tatbestand des § 18 Abs. 1 Nr. 2 AWG **33**

---

1) Art. 1 Buchst. k Verordnung (EU) Nr. 267/2012 des Rates vom 23.3.2012 über restriktive Maßnahmen gegen Iran und zur Aufhebung der Verordnung (EU) Nr. 961/2010; nach OLG Hamburg v. 30.5.2012, W 17/12, juris, verpflichtet das Einfrieren von Geldern jedoch nicht zur Kündigung eines Geschäftskontos durch eine deutsche Bank; dazu: Harings, AW-Prax Service Guide 2013, 16, 17 f.
2) Beispiele für diese Genehmigungsvorbehalte finden sich etwa in Art. 3 f. der Verordnung (EG) Nr. 428/2009 des Rates vom 5.5.2009 über eine Gemeinschaftsregelung für die Kontrolle der Ausfuhr, der Verbringung, der Vermittlung und der Durchfuhr von Gütern mit doppeltem Verwendungszweck oder in Art. 3 und Art 5 Abs. 2 der Verordnung (EU) Nr. 267/2012 des Rates vom 23.3.2012 über restriktive Maßnahmen gegen Iran und zur Aufhebung der Verordnung (EU) Nr. 961/2010.
3) Morweiser in Wolffgang/Simonsen/Tietje, Bd. II, § 34 Abs. 4 AWG Rz. 10.
4) Diemer in Erbs/Kohlhaas, § 33 AWG Rz. 5, 10.
5) BGH, NStZ 1987, 565, 566.

erfüllt.[1] Bagatellfälle wie die Verwendung eines falschen Formvordrucks sollten angesichts der erheblichen Strafandrohung jedoch nicht von der Vorschrift erfasst werden. Tatmodalitäten und Systematik entsprechen denen des § 18 Abs. 1 Nr. 1 AWG. Insofern wird auf die dortigen Ausführungen verwiesen (→ Rz. 4 f.).

D. Verstoß gegen nationale Entscheidungs- und Genehmigungsvorbehalte (Abs. 2)

I. Allgemeines

34 § 18 Abs. 2 AWG stellt vorsätzliche Verstöße gegen **nationale Genehmigungserfordernisse und Entscheidungsvorbehalte** unter Strafe. Neben dem Schutz der Kernrechtsgüter des Außenwirtschaftsrechts, den Sicherheitsinteressen und den auswärtigen Beziehungen der Bundesrepublik Deutschland sowie dem Völkerfrieden, schützt § 18 Abs. 2 AWG die **Einhaltung des Genehmigungs- bzw. Entscheidungsverfahrens** und damit die Funktionsfähigkeit der staatlichen Exportkontrolle.[2] Die Vorschrift ist Ausdruck der **Verwaltungsakzessorietät** des Außenwirtschaftsstrafrechts. Die **Genehmigungsvorbehalte** sind Tatbestandselemente, eine erteilte Genehmigung hat also tatbestandsausschließenden Charakter.[3] Ein Verstoß gegen ein Genehmigungserfordernis liegt vor, wenn der Täter ohne Genehmigung handelt oder wenn sein Handeln nicht (mehr) von der Genehmigung gedeckt ist (→ Rz. 33). Andere Ausfuhrgeschäfte unterliegen einem **Entscheidungsvorbehalt** des BAFA (→ Rz. 33). Durch § 18 Abs. 2 AWG werden insofern Verbote strafbewehrt, das Ausfuhrgeschäft durchzuführen, bevor das BAFA es nach einer vorhergehenden **Unterrichtung** genehmigt hat oder entschieden hat, dass es keiner Genehmigung bedarf. Der Strafrahmen der Vorschrift ist weit. Er reicht von Geldstrafe bis zu einer Freiheitsstrafe von maximal fünf Jahren.

35 In § 18 Abs. 2 AWG sind der ehemalige Grundtatbestand des § 34 Abs. 1 AWG a.F. sowie das „Sammelbecken vielfältiger Verstöße"[4] des § 34 Abs. 2 i.V.m. § 33 Abs. 1 a.F. i.V.m. § 70 AWV a.F. aufgegangen. Dabei sind als **Folgeänderungen** verschiedene AWV-Strafbewehrungen entfallen.[5] Ferner wurde der **abstrakt-konkrete Gefährdungstatbestand** des § 34 Abs. 2 AWG a.F. aufgehoben. Insbesondere das Tatbestandsmerkmal der „erheblichen Gefährdung der auswärtigen Beziehungen der Bundesrepublik" in § 34 Abs. 2 Nr. 3 AWG a.F. wurde wegen seiner Unbestimmtheit in Rechtsprechung und Literatur kritisiert,[6] seine Aufhebung ist deshalb zu begrüßen.[7] Verstöße, die als Ordnungswidrigkeiten qualifiziert waren und die erst bei der Gefährdung einer der in § 34 Abs. 2 AWG a.F. genannten Rechtsgüter zur Straftat wurden, werden nun

---

1) Diemer in Erbs/Kohlhaas, § 33 AWG Rz. 5, 10.
2) Morweiser in Wolffgang/Simonsen/Tietje, Bd. II, § 33 Abs. 1 AWG Rz. 8.
3) BGH, NJW 1996, 1604; Diemer in Erbs/Kohlhaas, § 33 AWG Rz. 5.
4) Morweiser in Wolffgang/Simonsen/Tietje, Bd. II, § 34 Abs. 1 AWG, Rz. 1.
5) Einzelheiten s. BT-Drucks. 17/11127, 27.
6) BGH, NJW 2009, 1681, 1682: „[…] mit Blick auf das Bestimmtheitsgebot des Art. 103 II GG in hohem Maße problematisch"; BVerfG, NJW 2004, 2213, 2219; Safferling, NStZ 2009, 604, 606 f.
7) Vgl. auch Walter, RIW 2013, 205, 209.

grundsätzlich als Straftat geahndet, wenn sie vorsätzlich begangen werden, und bei fahrlässiger Begehungsweise als Ordnungswidrigkeit. Die verschiedenen Genehmigungs- und Entscheidungsvorbehalte werden ebenso wie die Tathandlungen einzeln in § 18 Abs. 2 Nr. 1–7 AWG aufgeführt mit Verweis auf ihre entsprechende Regelung in der AWV.

II. Genehmigung der Ausfuhr von Gütern der Ausfuhrliste und Gütern mit bestimmtem Verwendungszweck (Nr. 1)

§ 18 Abs. 2 Nr. 1 AWG schützt die Genehmigungsvorbehalte für die Ausfuhr von Gütern, die in Teil I Abschnitt A oder B der Ausfuhrliste genannt sind (§ 8 Abs. 1 AWV) und für die Ausfuhr von Gütern mit einem bestimmten Verwendungszweck (§ 9 Abs. 1 AWV). Für den Begriff der **Ausfuhr** siehe → § 2 AWG Rz. 12 f. **Teil I Abschnitt A der Ausfuhrliste** enthält eine Liste für Waffen, Munition und Rüstungsmaterial (→ § 17 AWG Rz. 15). **Abschnitt B** enthält national gelistete Dual-Use Güter, dabei entspricht er in seiner Gliederung Anhang I der Dual-Use-VO. 36

§ 9 Abs. 1 AWV betrifft Güter, die nicht in der Ausfuhrliste oder Anhang I der Dual-Use-VO genannt sind. Er stellt jedoch einen Genehmigungsvorbehalt für die Ausfuhr auf, wenn der Ausführer vom **BAFA** darüber **unterrichtet** worden ist, dass die Güter für die Errichtung oder den Betrieb einer Anlage für **kerntechnische Zwecke** i.S.d. Dual-Use-VO oder zum Einbau in eine solche Anlage bestimmt sind oder bestimmt sein können und das **Bestimmungsland** Algerien, Irak, Iran, Israel, Jordanien, Libyen, die Demokratische Volksrepublik Korea, Pakistan oder Syrien ist. 37

III. Entscheidungsvorbehalt bei Kenntnis über Verwendungszweck (Nr. 2)

Wird die Ausfuhr in eines der genannten **Bestimmungsländer** beabsichtigt,[1] hat der Ausführer das BAFA zu **unterrichten,** wenn ihm bekannt ist, dass die auszuführenden Güter für die Errichtung oder den Betrieb einer Anlage für kerntechnische Zwecke i.S.d. Dual-Use-VO oder zum Einbau in eine solche Anlage bestimmt sind oder bestimmt sein können, sofern sie weder in der Ausfuhrliste noch in Anhang I der Dual-Use-VO genannt sind. Das BAFA entscheidet dann darüber, ob die Ausfuhr einer Genehmigung bedarf und ob es sie genehmigt. Vorher dürfen die Güter nicht ausgeführt werden, § 9 Abs. 2 Satz 3 AWV. 38

Die Vorschrift soll den Entscheidungsvorbehalt des BAFA schützen, indem sie die vorzeitige Ausfuhr bestimmter Güter unter Strafe stellt. Dabei ist dem Gesetzgeber ein **Redaktionsversehen** unterlaufen. § 18 Abs. 2 Nr. 2 AWG verweist auf § 9 Abs. 2 Satz 2 AWV, welcher lediglich den Entscheidungsvorbehalt des BAFA statuiert. Das Verbot, Güter vor der Ausübung des Entscheidungsvorbehalts auszuführen, ergibt sich aus § 9 Abs. 2 Satz 3 AWV, auf den das Blankett nicht verweist. Der Bestimmtheitsgrundsatz des Art. 103 Abs. 2 GG verlangt aber, dass Blankett- und Ausfüllungsnorm in einer Gesamtschau das 39

---

1) Momentan Algerien, Irak, Iran, Israel, Jordanien, Libyen, die Demokratische Volksrepublik Korea, Pakistan oder Syrien.

verbotene Verhalten erkennen lassen müssen.[1] Das ist hier nicht der Fall. Insofern sollte davon ausgegangen werden, dass ein Verstoß gegen § 9 Abs. 2 Satz 3 AWV bis zur gesetzgeberischen Korrektur nicht gem. § 18 Abs. 2 Nr. 2 AWG strafbewehrt ist.

40 Die ansonsten tatbestandsmäßige **Kenntnis** („bekannt") meint positives Wissen über den Verwendungszweck der Güter, über das Käufer- oder das Bestimmungsland im Zeitpunkt der Ausfuhr. Nicht ausreichend ist, dass der Ausführer den Bestimmungszweck hätte kennen müssen.[2]

IV. Genehmigung für die Verbringung bestimmter Güter der Ausfuhrliste (Nr. 3)

41 § 18 Abs. 2 Nr. 3 AWG schützt den Genehmigungsvorbehalt nach § 11 Abs. 1 Satz 1 AWV für die Verbringung der dort im Einzelnen aufgeführten Güter des Teil I Abschnitt A der Ausfuhrliste, der eine Liste für Waffen, Munition und Rüstungsmaterial enthält (→ § 17 AWG Rz. 15). Zum Begriff der **Verbringung** (→ Rz. 19).

V. Genehmigung für bestimmte Handels- und Vermittlungsgeschäfte (Nr. 4)

42 § 18 Abs. 2 Nr. 4 AWG stellt die Vornahme von Handels- und Vermittlungsgeschäften ohne Genehmigung nach § 46 Abs. 1, ggf. i.V.m. § 47 Abs. 1 AWV oder nach § 47 Abs. 2 AWV unter Strafe. Nach der Definition in § 2 Abs. 14 AWG, die eng an Art. 2 Abs. 3 des Gemeinsamen Standpunkts 2003/468/GASP angelehnt ist, fällt unter ein **Handels- und Vermittlungsgeschäft** das Vermitteln eines Vertrags über den Erwerb oder das Überlassen von Gütern, der Nachweis einer Gelegenheit zum Abschluss eines solchen Vertrags oder der Abschluss eines Vertrags über das Überlassen von Gütern (→ § 2 AWG Rz. 54).

43 Ein Genehmigungserfordernis nach § 46 Abs. 1 AWV besteht, wenn das Geschäft Güter des **Teils I Abschnitt A der Ausfuhrliste** (→ § 17 AWG Rz. 15) betrifft, die Güter sich in einem Drittland befinden oder im Inland befinden und noch nicht einfuhrrechtlich abgefertigt sind und die Güter in ein anderes Drittland geliefert werden. Die Vorschrift findet nur Anwendung, wenn das Ausfuhrgeschäft einen Inlandsbezug hat.[3] § 47 Abs. 1 AWV erweitert den Genehmigungsvorbehalt auf Handels- und Vermittlungsgeschäfte, die in einem **Drittland** durch **Deutsche** mit Wohnsitz oder gewöhnlichem Aufenthalt im Inland vorgenommen werden, wenn sich das Handels- und Vermittlungsgeschäft auf bestimmte, im Einzelnen in § 47 Abs. 1 AWV und der Kriegswaffenliste aufgeführte **Kriegswaffen** bezieht.

44 Nach § 47 Abs. 2 AWV besteht ein Genehmigungserfordernis auch für Handels- und Vermittlungsgeschäfte (→ § 2 AWG Rz. 54) über **Dual-Use Güter** nach Anhang I der Dual-Use-VO. Voraussetzung ist zunächst, dass sich die Güter in einem Drittland befinden oder im Inland befinden und noch nicht einfuhrrechtlich abgefertigt sind und die Güter in ein anderes Drittland geliefert werden sollen. Ferner muss der Deutsche, der das Handels- und Vermitt-

---

1) BVerfG, NJW 2010, 754; Schmitz in Münchener Kommentar, Bd. I, § 1 StGB Rz. 53.
2) Einzelheiten bei Wagner in Münchener Kommentar, Bd. VI/1, § 34 AWG Rz. 38 f.
3) Wagner in Münchener Kommentar, Bd. VI/1, § 34 AWG Rz. 45.

lungsgeschäft in einem Drittland vornehmen will, vom BAFA darüber unterrichtet worden sein, dass diese Güter ganz oder teilweise für einen der Verwendungszwecke des Art. 4 Abs. 1 der Dual-Use-VO bestimmt sind oder sein können. Das ist der Fall, wenn eine Verwendung der Güter im Zusammenhang mit der Entwicklung, der Herstellung, der Handhabung, dem Betrieb, der Wartung, der Lagerung, der Ortung, der Identifizierung oder der Verbreitung von **chemischen, biologischen** oder **Kernwaffen** oder sonstigen **Kernsprengkörpern** oder zur Entwicklung, Herstellung, Wartung oder Lagerung von **Flugkörpern** für derartige Waffen möglich erscheint.

VI. Entscheidungsvorbehalt für bestimmte Handels- und Vermittlungsgeschäfte bei Kenntnis des Verwendungszwecks (Nr. 5)

§ 18 Abs. 2 Nr. 5 AWG sanktioniert Verstöße gegen das Verbot des § 47 Abs. 3 S. 3 AWV, bestimmte Handels- und Vermittlungsgeschäfte vorzunehmen, bevor das BAFA sie nach einer vorhergehenden **Unterrichtung** genehmigt hat oder entschieden hat, dass es keiner Genehmigung bedarf. Die Pflicht zur vorausgehenden Notifizierung trifft alle **Deutschen** mit Wohnsitz oder gewöhnlichem Aufenthalt im Inland, die ein Handels- und Vermittlungsgeschäft (→ § 2 AWG Rz. 54) in einem **Drittland** vornehmen wollen, wenn ihnen bekannt (→ Rz. 40) ist, dass die in Anhang I der Dual-Use-VO erfassten Güter, die sich in einem Drittland oder im Inland befinden und noch nicht einfuhrrechtlich abgefertigt sind und sie von dort ganz oder teilweise für einen der **Verwendungszwecke** des Art. 4 Abs. 1 der Dual-Use-VO (→ Rz. 44) in ein anderes Drittland geliefert werden sollen.

VII. Genehmigung für technische Unterstützung bei Unterrichtung über Verwendungszweck (Nr. 6)

§ 18 Abs. 2 Nr. 6 AWG betrifft Verstöße gegen **Genehmigungserfordernisse** für die Leistung technischer Unterstützung. Ein solcher Genehmigungsvorbehalt besteht, wenn das BAFA darüber unterrichtet hat, dass die Unterstützung zu einer exportkontrollrechtlich relevanten Verwendung bestimmt ist (→ Rz. 48). Einzelheiten werden in den Vorschriften der AWV geregelt, auf die § 18 Abs. 2 Nr. 6 AWG verweist (§ 49 Abs. 1, § 50 Abs. 1, § 51 Abs. 1 oder Abs. 2 und § 52 Abs. 1 AWV).

Der Begriff der **technischen Unterstützung** ist in § 2 Abs. 16 AWG durch die Aufzählung verschiedener Beispiele definiert, nämlich der Reparatur, der Entwicklung, der Herstellung, der Montage, der Erprobung und der Wartung. Es handelt sich also um **Technologietransfer**, der nicht unterlagengebunden ist, sowie um entsprechende Dienstleistungen.[1] Sie kann in Form von Unterweisung, Ausbildung, Weitergabe von praktischen Kenntnissen oder Fähigkeiten oder in Form von Beratungsleistungen erfolgen und erfasst auch mündliche, fernmündliche und elektronische Formen der Unterstützung (→ § 2 AWG Rz. 59).

---

1) Wagner in Münchener Kommentar, Bd. VI/1, § 34 AWG Rz. 49: hilfreich (obwohl noch zum alten Recht) ist in dieser Hinsicht der Leitfaden des BAFA, Technologietransfer und Non-Proliferation, April 2011.

48 Das mit dieser Vorschrift strafbewehrte Genehmigungserfordernis besteht einerseits dann, wenn das BAFA darüber informiert hat, dass die technische Unterstützung bestimmt ist zur **Verwendung im Zusammenhang mit** der Entwicklung, der Herstellung, der Handhabung, dem Betrieb, der Wartung, der Lagerung, der Ortung, der Identifizierung oder der Verbreitung von chemischen oder biologischen **Waffen oder Kernwaffen** oder sonstigen Kernsprengkörpern oder der Entwicklung, der Herstellung, der Wartung oder der Lagerung von Flugkörpern, die für die Ausbringung derartiger Waffen geeignet sind. Dies gilt nach § 49 Abs. 1 AWV, wenn ein **Deutscher** oder einen Inländer i.s.d. AWG in **Drittländern** die Leistung erbringen möchte. Nach § 51 Abs. 1 AWV gilt dies auch dann, wenn sie im **Inland** durch einen Inländer **gegenüber Ausländern** erbracht werden soll, die nicht in Australien, Japan, Kanada, Neuseeland, Norwegen, Schweiz, Vereinigte Staaten von Amerika oder in einem anderen Mitgliedstaat der Europäischen Union ansässig sind.

49 Des Weiteren besteht ein Genehmigungsvorbehalt, wenn mitgeteilt wurde, dass die technische Unterstützung im Zusammenhang mit **einer militärischen Endverwendung** steht und in einem Land i.s.d. Art. 4 Abs. 2 der Dual-Use-VO erfolgen soll. Das sind solche, gegen die ein **Waffenembargo der EU, der OSZE** oder den **UN** verhängt wurde. Unter Genehmigungsvorbehalt steht zum einen nach § 50 Abs. 1 AWV die Erbringung einer solchen Leistung in **Drittländern** durch einen **Deutschen** oder einen **Inländer**. Zum anderen gilt der Vorbehalt nach § 51 Abs. 2 AWV, wenn die Unterstützung im **Inland** durch einen Inländer gegenüber Ausländern erbracht wird, die in einem Land i.s.d. Art. 4 Abs. 2 der Dual-Use-VO ansässig sind.

50 Ein weiteres über § 18 Abs. 2 Nr. 6 AWG strafbewehrtes Genehmigungserfordernis enthält § 52 Abs. 1 AWV, wenn das BAFA darüber unterrichtet hat, dass die technische Unterstützung im Zusammenhang mit der Errichtung oder dem Betrieb von Anlagen für **kerntechnische Zwecke** i.S.d. Kategorie 0 des Anhangs I der Dual-Use-VO in den in § 9 Abs. 1 Satz 1 Nr. 2 genannten Ländern steht. Derzeit sind das Algerien, Irak, Iran, Israel, Jordanien, Libyen, die Demokratische Volksrepublik Korea, Pakistan oder Syrien.

VIII. Entscheidungsvorbehalt bei technischer Unterstützung bei Kenntnis des Verwendungszwecks (Nr. 7)

51 § 18 Abs. 2 Nr. 7 AWG sanktioniert die Verstöße gegen das Verbot, technische Unterstützung (→ Rz. 47) zu leisten, bevor nicht das BAFA darüber unterrichtet wurde und die technische Unterstützung genehmigt hat oder entschieden hat, dass es keiner Genehmigung bedarf. Die Unterrichtungspflicht trifft im Falle des § 49 Abs. 2 Satz 3 AWV Deutsche und Inländer i.S.d. AWG, die technische Unterstützung in Drittländern leisten möchten und denen bekannt (→ Rz. 40) ist, dass die Unterstützung bestimmt ist zur Verwendung im **Zusammenhang mit chemischen oder biologischen Waffen oder Kernwaffen** i.S.d. § 49 Abs. 1 AWV oder im Zusammenhang mit einer **militärischen Endverwendung** (§ 50 Abs. 2 Satz 3 AWV).

52 § 51 Abs. 3 Satz 3 AWV sieht eine solche Unterrichtungspflicht vor, wenn Inländer **im Inland** technische Unterstützung leisten wollen und Kenntnis (→ Rz. 40) davon haben, dass sie bestimmt ist zur Verwendung im Zusammenhang mit der Entwicklung, der Herstellung, der Handhabung, dem Betrieb, der Wartung, der Lagerung, der Ortung, der Identifizierung oder der Verbreitung von **chemi-**

schen oder **biologischen** Waffen oder **Kernwaffen** bzw. entsprechender **Trägersysteme** und sie gegenüber bestimmten **Ausländern** (→ Rz. 50) erbracht wird. Das Gleiche gilt, wenn die Unterstützung Leistenden Kenntnis davon haben, dass die Unterstützung im Zusammenhang mit einer **militärischen Endverwendung** steht und gegenüber Ausländern erbracht wird, die in einem Land i.S.d. Art. 4 Abs. 2 der Dual-Use-VO (→ Rz. 49) ansässig sind. Eine durch § 18 Abs. 2 Nr. 7 AWG strafbewehrte Unterrichtungspflicht statuiert § 52 Abs. 2 Satz 3 AWV auch für technische Unterstützung, bei welcher dem Erbringer bekannt ist, dass sie im Zusammenhang mit der Errichtung oder dem Betrieb **kerntechnischer Anlagen** durch einen Deutschen oder Inländer in den in § 9 Abs. 1 Satz 1 Nr. 2 AWV genannten Ländern steht.

E. Verstoß gegen die EU-Kimberley-VO (Abs. 3)

I. Allgemeines

§ 18 Abs. 3 AWG stellt Verstöße gegen die **Ein- und Ausfuhrverbote** der sogenannten Kimberley-VO[1] unter Strafe. Mit der Verordnung wurde ein unionsweites System zur Zertifizierung und zur Kontrolle der Ein- und Ausfuhren von **Rohdiamanten** geschaffen. Um den Handel mit sogenannten „Blutdiamanten" zu beschränken und den gewöhnlichen Handel mit Diamanten aus Krisenländern zu ermöglichen, haben sich produzierende Staaten und Abnehmerländer auf das „Zertifikationssystem des **Kimberley Prozesses**" geeinigt und weitere Voraussetzungen für den legalen Handel aufgestellt.[2] Die Vorschrift ersetzt die Strafbewehrung des § 70 Abs. 5j AWV a.F. i.V.m. § 34 Abs. 2, § 33 Abs. 1 AWG a.F. mit Ausnahme des Umgehungsverbots, das durch die Reform gestrichen wurde (→ Rz. 27). Das **Strafmaß** für Verstöße beträgt wie bei § 18 Abs. 2 AWG bis zu fünf Jahre Freiheitsstrafe oder Geldstrafe.   53

II. Tathandlungen

Strafbewehrt ist gem. § 18 Abs. 3 Nr. 1 AWG die Einfuhr unter Verstoß gegen Art. 3 der Kimberley-VO. **Einfuhr** meint gem. Art. 2 Buchst. j der Verordnung den physischen Eintritt oder die Verbringung in einen Teil des Gebiets eines Teilnehmerstaates des Kimberley-Prozesses. Diese Legaldefinition ist zum Zweck der **unionsrechtskonformen Auslegung** des Tatbestandsmerkmals zu berücksichtigen (→ Rz. 7). Die Einfuhr ist nach Art. 3 der Kimberley-VO nur dann zulässig, wenn die Rohdiamanten mit einem Kimberley-Zertifikat versehen sind, aus dem sich die Herkunft des Diamanten ergibt. Darüber hinaus müssen das Gewicht in Karat und der Wert in Dollar angegeben werden.[3] Der Diamant muss sich zudem in einem verschlossenen und versiegelten Behältnis befinden.   54

§ 18 Abs. 3 Nr. 2 AWG stellt die **Ausfuhr** von Rohdiamanten unter Verstoß gegen Art. 11 der Kimberley-VO unter Strafe. Der Begriff der Ausfuhr ist in   55

---
1) Verordnung (EG) Nr. 2368/2002 des Rates vom 20.12.2002 zur Umsetzung des Zertifikationssystems des Kimberley Prozesses für den internationalen Handel mit Rohdiamanten.
2) Siehe zum Hintergrund auch Bast in Hocke/Friedrich, Bd. I, § 69o AWV Rz. 2.
3) Bast in Hocke/Friedrich, Bd. I, § 69o AWV Rz. 2.

Art. 2 Buchst. k der Verordnung legal definiert und meint das physische Verlassen oder die Verbringung aus einem Teil des Gebiets eines Teilnehmers. Auch dieses Tatbestandsmerkmal ist insofern unter Berücksichtigung seiner **unionsrechtlichen Bedeutung** auszulegen (→ Rz. 7). Die Ausfuhr ist gestattet, wenn ein entsprechendes Zertifikat vorliegt. Der Diamant muss sich zudem in einem gegen Eingriffe geschützten Behältnis befinden.

56 § 18 Abs. 3 Nr. 2 AWG erfasst nur **vorsätzliche Verstöße**. Fahrlässige Verstöße gegen die Ein- und Ausfuhrverbote werden wegen ihres geringeren Unrechtsgehalts als **Ordnungswidrigkeiten** durch § 19 Abs. 1 AWG erfasst (→ § 19 AWG Rz. 5 f.).[1] Gleiches gilt für vorsätzliche und fahrlässige Verstöße gegen die Pflicht nach Art. 4 Abs. 1 der Kimberley-VO, Behältnisse und Zertifikate für Rohdiamanten nach ihrer Einfuhr vorzulegen. Ein Verstoß gegen das **Umgehungsverbot** des Art. 24 Abs. 2 der Kimberley-VO wird, anders als noch nach der Vorgängerregelung des § 70 Abs. 5 j AWV a.F., wegen seiner Unbestimmtheit (→ Rz. 27) weder als Straftat noch als Ordnungswidrigkeit geahndet.[2]

F. Verstoß gegen EU-Anti-Folter-VO (Abs. 4)

57 Nach § 18 Abs. 4 AWG werden mit der gleichen **Strafandrohung** wie in Abs. 2 und 3 bestimmte Verstöße gegen die sogenannte EU-Anti-Folter-VO[3] versehen. Strafbar sind **nur vorsätzliche Verstöße**. Fahrlässige Verstöße werden gem. § 19 Abs. 1 AWG als Ordnungswidrigkeiten geahndet (→ § 19 AWG Rz. 5 f.). Zweck in dieser Verordnung vorgesehenen Maßnahmen ist die Verhinderung der **Vollstreckung der Todesstrafe**, der **Folter** und anderer grausamer, unmenschlicher oder **erniedrigender Behandlung** oder Strafe in Drittländern. § 18 Abs. 4 AWG kommt der in der EU-Anti-Folter-VO enthaltenen Verpflichtung Deutschlands nach, verhältnismäßige und abschreckende Sanktionen für Verstöße gegen die EU-Anti-Folter-VO festzulegen.[4] Die Vorschrift ersetzt § 34 Abs. 2, § 33 Abs. 1 AWG a.F. i.V.m. § 70 Abs. 5q AWV a.F.

I. Tathandlungen

58 Die EU-Anti-Folter-VO enthält **Legaldefinitionen** der gem. § 18 Abs. 4 AWG strafbewehrten Tatbestandshandlungen der Einfuhr, der Ausfuhr und der technischen Hilfeleistung. Auch hier sind die Legaldefinitionen der EU-Anti-Folter-VO bei der Auslegung der Tatbestandsmerkmale zu berücksichtigen. Im Übrigen soll die EU-Anti-Folter-VO unter Berücksichtigung der Rechtsprechung zur EMRK, so einschlägigen, von der EU oder ihren Mitgliedstaaten angenommenen Texten und anhand der Begriffsbestimmungen des VN-Übereinkommens gegen Folter und andere grausame, unmenschliche oder erniedrigende Behandlung oder Strafe von 1984 ausgelegt werden.[5]

---

1) BT-Drucks. 17/11127, 28.
2) BT-Drucks. 17/11127, 28.
3) Verordnung (EG) Nr. 1236/2005 des Rates vom 27.6.2005 betreffend den Handel mit bestimmten Gütern, die zur Vollstreckung der Todesstrafe, zu Folter oder zu anderer grausamer, unmenschlicher oder erniedrigender Behandlung oder Strafe verwendet werden könnten.
4) 26. Erwägungsgrund der Verordnung (EG) Nr. 1236/2005.
5) 8. Erwägungsgrund der Verordnung (EG) Nr. 1236/2005.

Art. 2 Buchst. d der EU-Anti-Folter-VO definiert **Ausfuhr** als jede Verbringung von Gütern aus dem Zollgebiet der Union einschließlich der Verbringung von Gütern, für die eine Zollanmeldung abzugeben ist, und der Verbringung von Gütern nach Lagerung in einer Freizone. **Einfuhr** ist nach Art. 2 Buchst. e jede Verbringung von Gütern in das Zollgebiet der Union, einschließlich der vorübergehenden Lagerung und der Verbringung in eine Freizone. **Technische Hilfe** ist nach Art. 2 Buchst. f jede technische Unterstützung im Zusammenhang mit Reparaturen, Entwicklung, Herstellung, Erprobung, Wartung, Montage oder jeder anderen technischen Dienstleistung. Sie kann in Form von Anleitung, Beratung, Ausbildung, Weitergabe von praktischen Kenntnissen oder Fertigkeiten oder in Form von Beratungsdiensten erfolgen und schließt auch Hilfe in mündlicher Form und Hilfe auf elektronischem Wege ein. Gemäß Art. 1 Abs. 2 der EU-Anti-Folter-VO gilt sie jedoch nicht für die Leistung damit verbundener technischer Hilfe, wenn diese mit einem Grenzübertritt natürlicher Personen verbunden ist. **59**

Strafbewehrt ist nach § 18 Abs. 4 Nr. 1 AWG der Verstoß gegen Art. 3 Abs. 1 Satz 1 der EU-Anti-Folter-VO, welcher die Ausfuhr von den in **Anhang II aufgeführten Gütern** untersagt. Das sind solche, die konstruiert sind für die Hinrichtung von Menschen oder um auf Menschen Zwang auszuüben, z.B. elektrische Stühle oder Elektroschockgürtel. Damit ist die Ausfuhr von Gütern, die außer zur Vollstreckung der Todesstrafe oder zum Zwecke der Folter und anderer grausamer, unmenschlicher oder erniedrigender Behandlung oder Strafe keine praktische Verwendung haben, unabhängig von ihrer Herkunft verboten. Gem. § 18 Abs. 4 Nr. 3 AWG ist auch das **Einfuhrverbot** gem. Art. 4 Abs. 1 Satz 1 der EU-Anti-Folter-VO für diese Güter strafbewehrt. **60**

§ 18 Abs. 4 Nr. 2 AWG stellt das Verbot des Art. 3 Abs. 1 Satz 2 der EU-Anti-Folter-VO, **technische Hilfe** im Zusammenhang mit diesen in Anhang II aufgeführten Gütern zu **leisten**, unter Strafe. Dabei ist es irrelevant, ob die technische Hilfe gegen Entgelt oder kostenfrei erfolgt, so lange sie vom Zollgebiet der Union aus zu Gunsten von Personen, Organisationen oder Einrichtungen **in einem Drittland** geleistet wird. Entsprechendes gilt gem. § 18 Abs. 4 Nr. 4 AWG für das Verbot der **Annahme** technischer Hilfe nach Art. 4 Abs. 1 Satz 2 der EU-Anti-Folter-VO. **61**

Das von § 18 Abs. 4 Nr. 3 AWG unter Strafe gestellte Verbot des Art. 5 der EU-Anti-Folter-VO, eine Ausfuhr ohne eine dafür notwendige Genehmigung vorzunehmen, bezieht sich auf Güter nach **Anhang III** der EU-Anti-Folter-VO. Das sind solche Güter, die zur Fesselung von Menschen oder zur Bekämpfung von Ausschreitungen und Unruhen oder zum Selbstschutz konstruiert sind. Die bloße **Durchfuhr** solcher Güter durch das Unionsgebiet bedarf hingegen keiner Genehmigung. **62**

G. Verstoß gegen die Dual-Use-VO (Abs. 5)

I. Allgemeines

63 § 18 Abs. 5 AWG sanktioniert bestimmte Verstöße gegen die **Dual-Use-VO**.[1] Die Verordnung über Güter mit doppeltem Verwendungszweck stellt eine der **Säulen der EU-Exportkontrolle** dar und enthält eines ihrer umfangreichsten und in der Praxis bedeutsamsten Regelungswerke.[2] Die Dual-Use-VO ist seit ihrem ersten Inkrafttreten 1995 mehrmals grundlegend überarbeitet worden, zuletzt 2009. Sie regelt seit ihrer letzten Novellierung 2009 neben der Ausfuhr und Verbringung auch die Vermittlung und Durchfuhr von Gütern mit doppeltem Verwendungszweck. Dabei werden einige Verstöße gegen die Dual-Use-VO durch das AWG strafbewehrt (→ Rz. 65 ff.), andere werden als Ordnungswidrigkeiten verfolgt (→ § 19 AWG Rz. 5, 40). § 18 Abs. 5 AWG enthält einen **statischen Verweis** auf die Dual-Use-VO (anders für ihren Anhang I → Rz. 78). Das bedeutet, dass bei Änderung der Dual-Use-VO und gleichzeitiger Aufhebung der Altverordnung – wie etwa 2009 geschehen – zur Vermeidung von Strafbarkeitslücken eine Anpassung des § 18 Abs. 5 AWG notwendig ist.[3] Das **Strafmaß** für Verstöße reicht von Geldstrafe bis zu Freiheitsstrafe von fünf Jahren.

64 **Güter mit doppeltem Verwendungszweck** werden in Art. 2 Abs. 2 der Dual-Use-VO definiert als solche, die sowohl für zivile als auch für militärische Zwecke verwendet werden können. Dazu gehören auch alle Waren, die für nichtexplosive Zwecke und jedwede Form der Unterstützung bei der Herstellung von Kernwaffen oder sonstigen Kernsprengkörpern verwendet werden können. Diese Güter sind im Einzelnen in **Anhang I** der Dual-Use-VO aufgeführt, auf dessen jeweils geltende Fassung § 18 Abs. 5 Satz 2 AWG verweist (→ Rz. 78). Der Regelungsbereich der Dual-Use-VO bezieht sich darüber hinaus auf dort **nicht aufgeführte Güter**, wenn sie die Voraussetzungen des Art. 4 der Dual-Use-VO erfüllen (→ Rz. 68 f.).

II. Tathandlungen

65 Strafbewehrt sind die im Folgenden einzeln aufgeführten Tathandlungen der **Ausfuhr** und der **Vermittlungstätigkeit**. Verstöße gegen die Genehmigungserfordernisse von Durchfuhren nach Art. 6 Abs. 1 Satz 1 und Verbringungen nach Art. 22 der Dual-Use-VO werden wegen ihrer geringen strafrechtlichen Relevanz nicht von § 18 Abs. 5 AWG erfasst, sondern als Ordnungswidrigkeiten gem. § 19 Abs. 4 Satz 1 Nr. 1 AWG i.V.m. § 82 Abs. 9 AWV geahndet (§ 19 AWG Rz. 35 f.).[4]

---

1) Verordnung (EG) Nr. 428/2009 des Rates vom 5.5.2009 über eine Gemeinschaftsregelung für die Kontrolle der Ausfuhr, der Verbringung, der Vermittlung und der Durchfuhr von Gütern mit doppeltem Verwendungszweck.
2) Wagner in Münchener Kommentar, Bd. VI/1, vor §34 AWG, Rz. 10.
3) Morweiser, Ausschuss-Stellungnahme 2012, BT A-Drucks. 17(9)1049, 7.
4) BT-Drucks. 17/11127,S28; Wagner in Wagner in Münchener Kommentar, Bd. VI/1, § 34 AWG Rz. 68; früher waren derartige Verstöße von § 34 Abs. 2, § 33 Abs. 1 AWG a.F. i.V.m. § 70 Abs. 5a Nr. 6 und 7 AWV a.F. erfasst.

1. Nr. 1: Ausfuhr ohne Genehmigung

Nach § 18 Abs. 5 Nr. 1 AWG sind Verstöße gegen eine **Genehmigungspflicht** für die **Ausfuhr** von Gütern strafbewehrt. Dabei ist Ausfuhr immer als das Verbringen über die Außengrenzen der EU zu verstehen.[1]

a) Ungenehmigte Ausfuhr gelisteter Güter

Von der Strafbewehrung umfasst sind zunächst in **Anhang I** aufgeführte Güter, deren Ausfuhr in sämtliche Länder der Welt gem. Art. 3 Abs. 1 der Dual-Use-VO unter Genehmigungsvorbehalt steht.

b) Ungenehmigte Ausfuhr nicht gelisteter Güter bei bestimmter Verwendungsbestimmung

Daneben wird von § 18 Abs. 5 Nr. 1 AWG auch die Ausfuhr von nicht in Anhang I der Dual-Use-VO aufgeführten Gütern erfasst. Dabei handelt es sich um eine sogenannte **catch-all Klausel**. Das bedeutet, dass die Ausfuhr der Güter nicht anhand ihnen anhaftender Merkmale abstrakt durch Listung in Anhang I der Dual-Use-VO der Genehmigungspflicht unterworfen wird, sondern je nach ihrer **Verwendungsbestimmung**. Die Genehmigungspflicht des Art. 4 Dual-Use-VO knüpft an eine entsprechende **Unterrichtung** bezüglich der Verwendungsbestimmung durch die zuständigen Behörden an. Insofern handelt es sich um eine objektivierte catch-all Bestimmung. Die Verwendungs- bzw. Bestimmungseignung muss dabei im Einzelfall durch die Behörde festgestellt werden.[2]

Art. 4 Abs. 1 der Dual-Use-VO enthält einen Genehmigungsvorbehalt für die Ausfuhr von Gütern bei Unterrichtung über die Verwendungsbestimmung im Bereich **ABC-Waffen oder Trägertechnologie**. Dabei sollen nicht mehr allein solche Flugkörper erfasst werden, die unter das Missile Technology Control Regime (MTCR) fallen, sondern alle Raketen, die objektiv in der Lage sind, ABC-Waffen zu transportieren. Eine entsprechende Bestimmung der Flugkörper ist nicht erforderlich.[3]

Nach Art. 4 Abs. 2 Satz 1 der Dual-Use-VO besteht ein solcher Genehmigungsvorbehalt auch bei Unterrichtung über eine **militärische Endverwendung** der Güter in **Embargoländern**, d.h., wenn gegen das Käufer- oder Bestimmungsland ein Waffenembargo auf Grund eines vom Rat der EU festgelegten Gemeinsamen Standpunktes oder einer vom Rat verabschiedeten Gemeinsamen Aktion oder einer Entscheidung der OSZE oder auf Grund einer verbindlichen Resolution des Sicherheitsrates der Vereinten Nationen besteht.

c) Ungenehmigte Ausfuhr nicht gelisteter „Ersatzteile"

Ebenfalls strafbewehrt ist gem. § 18 Abs. 5 Nr. 1 AWG der Genehmigungsvorbehalt für Ausfuhren nach Art. 4 Abs. 3 der Dual-Use-VO für ungelistete Güter, wenn diese zuvor in illegal ausgeführte Waffen eingebaut werden können.

---

1) Wagner in Münchener Kommentar, Bd. VI/1, § 34 AWG Rz. 60; siehe auch Art. 2 Nr. 2 der Verordnung (EG) Nr. 428/2009 des Rates vom 5.5.2009 über eine Gemeinschaftsregelung für die Kontrolle der Ausfuhr, der Verbringung, der Vermittlung und der Durchfuhr von Gütern mit doppeltem Verwendungszweck.
2) Bieneck, wistra 2008, 208, 210.
3) Wagner in Münchener Kommentar, Bd. VI/1, § 34 AWG Rz. 62.

72 Damit soll verhindert werden, dass kritische Empfangsstaaten uneingeschränkt **Ersatzteile** für von ihnen **illegal erhaltene Rüstungsgüter** bekommen können.[1] § 18 Abs. 5 Nr. 1 AWG ist ein **Sonderdelikt**, das nur durch den **Ausführer** begangen werden kann.[2] Etwas anderes ergibt sich auch nicht aus dem im Vergleich zur Vorgängervorschrift weiter gefassten Wortlaut.[3] Das zeigt die direkte Bezugnahme auf Art. 4 der Dual-Use-VO mit seinem eindeutigen Wortlaut („wenn der Ausführer [...] unterrichtet worden ist [...]").

2. Nr. 2: Ausfuhr ohne Entscheidung der Behörde

73 § 18 Abs. 5 Nr. 2 AWG sanktioniert Verstöße gegen den Entscheidungsvorbehalt der zuständigen Behörde, wenn dem Ausführer ein **Verwendungszweck** i.S.d. Art. 4 Abs. 1, 2 und 3 der Dual-Use-VO (→ Rz. 69 f.) bekannt ist. Der **Entscheidungsvorbehalt** wurde zwar als Auffangtatbestand ausgestaltet, ist in der Praxis jedoch von großer Bedeutung.[4]

74 Das Tatbestandsmerkmal „bekannt" meint **positive Kenntnis** von einem der genannten Verwendungszwecke und setzt damit **direkten Vorsatz** voraus.[5] Es besteht insofern keine Nachforschungspflicht des Ausführers. Jedoch darf er offensichtliche Anhaltspunkte in dieser Hinsicht nicht ignorieren.[6] Die Kenntnis muss sich dabei auf die Tatsache beziehen, dass die Güter für einen sensitiven Zweck bestimmt sind, nicht bloß, dass sie es sein können.[7] Es kommt dabei auf das Wissen des **Ausführers** an. Bei Unternehmen sind das die Personen, die nach außen vertretungsberechtigt und intern für den Export zuständig sind. § 18 Abs. 5 S. 3 AWG bestimmt zudem, dass auch Täter sein kann, wer die tatbestandsmäßige Verwendungsbestimmung kennt ohne selbst Ausführer zu sein. Im Zweifel ist das Tatbestandsmerkmal **restriktiv** auszulegen, um das Strafbarkeitsrisiko des Ausführers im vertretbaren Rahmen zu halten.[8]

3. Nr. 3: Vermittlungstätigkeit ohne Genehmigung

75 Gemäß § 18 Abs. 5 Nr. 3 AWG ist der Genehmigungsvorbehalt für Vermittlungstätigkeiten nach Art. 5 Abs. 1 Satz 1 der Dual-Use-VO strafbewehrt. **Vermittlungstätigkeit** meint nach der Legaldefinition in Art. 2 Nr. 5 Dual-Use-VO die Aushandlung oder Abwicklung von Transaktionen zum Kauf, zum Verkauf oder zur Lieferung von Gütern mit doppeltem Verwendungszweck von einem Drittland in ein anderes Drittland, oder den Verkauf oder Kauf von Gütern mit doppeltem Verwendungszweck, die sich in Drittländern befinden, zwecks Verbringung in ein anderes Drittland.

---

1) Pietsch in Morweiser in Wolffgang/Simonsen/Tietje, Bd. I, Art 4 Dual-Use Verordnung, Rz. 48; siehe auch Karpenstein, EuZW 2000, 677, 678.
2) Siehe auch Wagner in Münchener Kommentar, Bd. VI/1, § 34 AWG Rz. 62 m.w.N.
3) Statt „obwohl er von der zuständigen Behörde entsprechend unterrichtet worden ist" des § 70 Abs. 5a Nr. 3 AWV a.F., welcher die Blankettstrafnorm ausfüllte, lautet § 18 Abs. 5 Nr. 1 AWG „wer [...] ohne Genehmigung [...] ausführt".
4) Bieneck, wistra 2008, 208, 210.
5) Bieneck, wistra 2008, 208, 213.
6) Pietsch in Morweiser in Wolffgang/Simonsen/Tietje, Bd. I, Art. 4 Dual-Use VO Rz. 49; Karpenstein, EuZW 2000, 677, 678.
7) Bieneck, wistra 2008, 208, 210; Pietsch in Morweiser in Wolffgang/Simonsen/Tietje, Bd. I, Art. 4 Dual-Use VO Rz. 49.
8) Bieneck, wistra 2008, 208, 213.

Die Genehmigungspflicht besteht, wenn der Vermittler von der zuständigen Behörde darüber **unterrichtet** worden ist, dass sich die im Anhang I der Dual-Use-VO gelisteten Güter, auf die sich seine Vermittlungstätigkeit bezieht, im Bereich der ABC-Waffen oder der Trägertechnologie verwendet werden oder verwendet werden können. Es handelt es sich insofern um ein **Sonderdelikt**, das nur vom Vermittler begangen werden kann (→ Rz. 72).[1] **76**

4. Nr. 4: Entscheidungsvorbehalt bei Vermittlungstätigkeit

Durch § 18 Abs. 5 Nr. 4 AWG ist der Entscheidungsvorbehalt der nationalen Behörde nach Art. 5 Abs. 1 Satz 2 Halbs. 2 der Dual-Use-VO strafbewehrt. Er bezieht sich auf Vermittlungsgeschäfte für Güter in **Anhang I** der Dual-Use-VO, bei denen der Vermittler **Kenntnis** davon hat, dass die Güter für einen der in Art. 4 Abs. 1 genannten Verwendungszwecke (→ Rz. 68) bestimmt sind. Zur Kenntnis des Vermittlers gelten die Ausführungen zu § 18 Abs. 5 Nr. 2 AWG entsprechend (→ Rz. 74). **77**

5. Verweis auf die Dual-Use-VO

Im Gegensatz zum statischen Verweis auf die Dual-Use-VO hinsichtlich der einzelnen Tatbestandsmerkmale (→ Rz. 63) enthält § 18 Abs. 5 Satz 2 AWG einen **dynamischen Verweis auf den Anhang I** der Dual-Use-VO. Dieser findet in seiner jeweils geltenden Fassung Anwendung, sofern einer der durch § 18 Abs. 5 AWG strafbewehrten Artikel der Dual-Use-VO auf ihn verweist. Der statische Verweis in § 18 Abs. 5 Satz 1 AWG auf die Dual-Use-VO selbst zeigt, dass der Gesetzgeber die **verfassungsmäßigen Zweifel** an einem dynamischen Verweis nicht gänzlich für ausgeräumt hält.[2] Trotzdem hat er sich – angesichts der häufigeren Änderung des Anhang I – zu einem dynamischen Verweis entschieden.[3] **78**

H. Versuchsstrafbarkeit (Abs. 6)

§ 18 Abs. 6 AWG regelt die Versuchsstrafbarkeit. Bei der Bestimmung des **Versuchsbeginns** gelten die allgemeinen Regeln des § 22 StGB. Eine Tat nach § 18 Absatz 1–5 AWG ist dann versucht, wenn der Täter nach seiner Vorstellung von der Tat zur Verwirklichung des Tatbestandes unmittelbar ansetzt. Das ist der Fall, wenn der Täter eine Handlung vornimmt, die nach dem Tatplan im ungestörten Fortgang unmittelbar in die Tatbestandsverwirklichung münden soll und das geschützte Rechtsgut bereits unmittelbar gefährdet.[4] **79**

Wegen der Vielfalt der einzelnen Tathandlungen sind generelle Aussagen über den **Versuchsbeginn** nur schwer zu treffen. Er ist gesondert für die einzelnen **80**

---

1) Wagner in Münchener Kommentar, Bd. VI/1, § 34 AWG Rz., 66; s. zum Begriff des Vermittlers die Legaldefinition in vgl. Art. 2 Nr. 6 Dual-Use Verordnung.
2) Diese Zweifel teilt Morweiser, Ausschuss-Stellungnahme 2012, BT A-Drucks. 17(9)1049, 7 nicht; siehe auch Morweiser in Wolffgang/Simonsen/Tietje, Bd. II, § 34 Abs. 1 AWG Rz. 10.
3) An der Verfassungsmäßigkeit der bestehenden Regelung zweifelnd: Friedrich in Hocke/Friedrich, § 70 AWV Rz. 30. Siehe hierzu auch Safferling, NStZ 2009, 604, 610, der dynamischer Verweisungen „als solche bereits höchst problematisch" findet, m.w.N.
4) Herzberg/Hoffmann-Holland in Münchener Kommentar, Bd. I, § 22 StGB Rz. 102 f.; Eser in Schönke/Schröder, § 17 StGB Rz. 17 f.

Tathandlungen zu bestimmen.[1] Das Problem der vollendeten Tathandlungen, bei denen sich der Versuch nur auf nur auf die Gefährdungseignung gem. § 34 Abs. 2 AWG a.f. bezog, ist durch die Streichung des abstrakten Gefährdungstatbestands (→ Rz. 35) entfallen.

81 Sowohl bei der **Ein-** als auch bei der **Ausfuhr** ist für den Versuchsbeginn auf die konkrete **Gefährdung des Rechtsguts** abzustellen.[2] Sie liegt vor, wenn die Ware nach dem Transportplan endgültig **auf den Weg gebracht** ist. Bei der Ausfuhr ist das nach der Rechtsprechung der Fall, wenn der Transportvorgang eingeleitet wurde. Das wird dann angenommen, wenn die Waren auf ein Fahrzeug verladen wurden, um sie demnächst über die Grenze zu bringen.[3] Bei der Einfuhr nimmt die Rechtsprechung einen Versuch an, wenn die Ware in unmittelbarer Nähe der Grenzübergangsstelle gebracht worden ist und sie jederzeit über die Grenze verbracht werden kann.[4] Dem Kriterium der **zeitlichen und räumlichen Nähe zur Grenze** sollte dabei lediglich indizielle Bedeutung zukommen. Wegen seiner Unschärfe ist es kein taugliches Abgrenzungskriterium zwischen Versuchs- und Vorbereitungsstadium.[5] Bei arbeitsteiliger Warenverbringung ist ein Versuch anzunehmen, wenn die eigenverantwortliche Verfügungsgewalt über die Ware auf die Transportperson übertragen wurde.[6] **Tatvollendung** tritt bei der Einfuhr ein, wenn die Ware die Grenze des deutschen Wirtschaftsgebiets passiert, unabhängig von der Art der Grenzabfertigung und zwar auch dann, wenn die Ware bei der Grenzkontrolle entdeckt wird.[7]

82 Der Versuchsbeginn des **Zur-Verfügung-Stellens** von Geldern oder wirtschaftlichen Ressourcen bei Embargovorschriften ist auf den Zeitpunkt festzusetzen, in dem der Täter die Ressourcen auf den Weg gebracht und damit die uneingeschränkte Verfügungsmacht über diese Werte aus der Hand gegeben hat.[8]

I. Qualifikationen (Abs. 7)

I. Nr. 1: Geheimdienst einer fremden Macht und Nr. 2 gewerbsmäßig oder als Mitglied einer Bande

83 Die Qualifikationen des § 18 Abs. 7 Nr. 1 und Nr. 2 AWG decken sich mit den Qualifikationen des § 17 Abs. 2 Nr. 1 und Nr. 2 AWG (→ § 17 AWG Rz. 25 f., 29 f.). Bemerkenswert ist jedoch, dass die Qualifikation der gewerbsmäßigen oder bandenmäßigen Begehung gem. § 18 Abs. 7 Nr. 2 AWG bei **allen Grundtatbeständen des § 18 Absätze 1 bis 5 AWG** Anwendung findet. Die geheim-

---

1) Wagner in Münchener Kommentar, Bd. VI/1, § 34 AWG Rz. 134.
2) Wagner in Münchener Kommentar, Bd. VI/1, § 34 AWG Rz. 133; Bieneck in Wolffgang/Simonsen, Nr. 611, § 34 Abs. 5 AWG Rz. 8.
3) BGH, NJW 1965, 769, 770.
4) BGH, NJW 1953, 1840, 1840 f.
5) Bieneck in Wolffgang/Simonsen, Nr. 611, § 34 Abs. 5 AWG Rz. 6 m.w.N.; Wagner in Münchener Kommentar, Bd. VI/1, § 34 AWG Rz. 133; vgl. auch Diemer in Erbs/Kohlhaas, § 34 AWG Rz. 41.
6) Bieneck in Wolffgang/Simonsen, Nr. 611, § 34 Abs. 5 AWG Rz. 8.
7) BGH, NStZ 1986, 274; BGH, NJW 1994, 61.
8) Wagner in Münchener Kommentar, Bd. VI/1, § 34 AWG Rz. 134.

dienstliche Begehung bildet hingegen nur im Fall des § 18 Abs. 1 AWG einen Qualifikationstatbestand.[1]

II. Nr. 3: Proliferationsrelevante Embargoverstöße

Neu eingeführt wurde die Qualifikation des § 18 Abs. 7 Nr. 3 AWG. Sie findet Anwendung auf Straftaten nach § 18 Abs. 1 AWG, die sich auf Entwicklung, Herstellung, Wartung oder Lagerung von Flugkörpern für chemische, biologische oder Atomwaffen beziehen. Damit übernimmt die Norm die Tatbestandsmerkmale des letzten Halbsatzes von Art. 4 Abs. 1 der Dual-Use-VO wortgleich.[2] § 18 Abs. 7 Nr. 3 AWG erfasst mithin Embargoverstöße nach § 18 Abs. 1 AWG mit **Massenvernichtungswaffenrelevanz**. Damit statuiert § 18 Abs. 7 Nr. 3 AWG erstmalig die Strafbarkeit von Verstößen im Bereich der Trägertechnologie, die nicht von den §§ 19 ff. KWKG erfasst werden.[3] Wegen ihrer hohen Gefährlichkeit hielt der Gesetzgeber eine erhöhte Strafandrohung als nach § 18 Abs. 1 oder Abs. 5 AWG für geboten.[4]

84

J. Abs. 8: Qualifikation bei bandenmäßiger und gewerbsmäßiger Begehung

§ 18 Abs. 8 AWG entspricht der Qualifikation des § 17 Abs. 3 (→ § 17 AWG Rz. 36). Die Norm sieht eine Freiheitsstrafe von nicht unter zwei Jahren vor, die höchste Mindeststrafe nach dem AWG.[5]

85

K. Rechtsmissbräuchlich erwirkte Genehmigung (Abs. 9)

Siehe hierzu die Ausführungen zu § 17 Abs. 6 AWG (→ § 17 AWG Rz. 41).

86

L. Geltung für Auslandstaten (Abs. 10)

Siehe hierzu die Ausführungen zu § 17 Abs. 7 AWG (→ § 17 AWG Rz. 51 f.).

87

---

1) Kritisch diesbezüglich Morweiser, Ausschuss-Stellungnahme 2012, BT A-Drucks. 17(9)1049, 9: „nicht nachvollziehbar".
2) Siehe insofern zu den Einzelheiten Pietsch in Morweiser in Wolffgang/Simonsen/Tietje, Bd. I, Art. 4 Dual-Use-VO, Rz. 14 (Entwicklung), Rz. 15 (Herstellung), Rz. 18 (Wartung), Rz. 19 (Lagerung), Rz. 30 (biologische und chemische Waffen, Kernwaffen), Rz. 31 (Flugkörper).
3) Morweiser, Ausschuss-Stellungnahme 2012, BT A-Drucks. 17(9)1049, 9 hält die Neuregelung insofern für „unverzichtbar".
4) BT-Drucks. 17/11127, 28.
5) Morweiser, Ausschuss-Stellungnahme 2012, BT A-Drucks. 17(9)1049, 9 kritisiert, dass der Strafrahmen im Vergleich insbesondere zur Qualifikation der proliferationsrelevanten Embargoverstöße des § 18 Abs. 7 Nr. 3. AWG der besonderen Gefährdung der Rechtsgüter des Außenwirtschaftsrechts (§ 4 AWG) nicht angemessen sei.

M. Persönlicher Strafaufhebungsgrund (Abs. 11)

88 Die Einführung des persönlichen Strafaufhebungsgrundes des § 18 Abs. 11 AWG ist eine Folge davon, dass Rechtsakte der Europäischen Union nun unmittelbar mit der **Veröffentlichung im Amtsblatt** der EU wirksam werden (→ Rz. 12). Die Unternehmen brauchen jedoch eine gewisse Zeit, um auf **Rechtsänderungen zu reagieren** und sie in ihre internen Kontrollmechanismen einzupflegen. Dieser Tatsache soll § 18 Abs. 11 AWG Rechnung tragen, in dem er bestimmt, dass nicht strafbar nach § 18 Abs. 1 AWG ist, wer innerhalb von zwei Werktagen nach der Veröffentlichung des EU-Rechtsakts im Amtsblatt der EU handelt, wenn er von der Vorschrift, gegen die er verstoßen hat, keine Kenntnis hatte.[1] Das gilt auch für versuchte, qualifizierte oder aus dem Ausland begangene Taten. Wird ein Embargo in einer gewöhnlichen Arbeitswoche an einem Montag im Amtsblatt der EU veröffentlicht, macht sich ab Donnerstag nach § 18 Abs. 1 AWG derjenige strafbar, der (in Unkenntnis des Embargos) dagegen verstößt. Die Existenz der Regelung ist zwar grundsätzlich zu begrüßen, die Frist von zwei Werktagen ist jedoch **deutlich zu kurz** und geht an der Wirklichkeit vorbei.[2]

---

1) BT-Drucks. 17/11127, 28 f.; kritisch zum Kriterium der Kenntnis Hohmann, AW-Prax 2013, 3, 6.
2) Deutscher Industrie- und Handelskammertag, Stellungnahme für den Bundestag, Ausschuss für Wirtschaft und Technologie, A-Drucks. 17(9)1056,2.; Niestedt/Trennt, BB 2013, 2115, 2117. Hohmann, AW-Prax 2013, 3, 6, geht davon aus, dass eine detaillierte Umsetzung neuer EU-Embargos mindestens sieben Tage in Anspruch nimmt.

§ 19
Bußgeldvorschriften

(1) Ordnungswidrig handelt, wer eine in § 18 Absatz 1 bis 4 oder Absatz 5 bezeichnete Handlung fahrlässig begeht.

(2) Ordnungswidrig handelt, wer entgegen § 8 Absatz 5, auch in Verbindung mit § 9 Satz 2, eine Angabe nicht richtig oder nicht vollständig macht oder nicht richtig oder nicht vollständig benutzt.

(3) Ordnungswidrig handelt, wer vorsätzlich oder fahrlässig

1. einer Rechtsverordnung nach

   a) § 4 Absatz 1 oder

   b) § 11 Absatz 1 bis 3 oder Absatz 4 oder

   einer vollziehbaren Anordnung auf Grund einer solchen Rechtsverordnung zuwiderhandelt, soweit die Rechtsverordnung für einen bestimmten Tatbestand auf diese Bußgeldvorschrift verweist und die Tat nicht in § 17 Absatz 1 bis 4 oder Absatz 5 oder § 18 Absatz 2 mit Strafe bedroht ist,

2. einer vollziehbaren Anordnung nach § 7 Absatz 1, 3 oder Absatz 4 oder § 23 Absatz 1 oder Absatz 4 Satz 2 zuwiderhandelt,

3. entgegen § 27 Absatz 1 Satz 1 Waren nicht, nicht richtig, nicht vollständig oder nicht rechtzeitig vorzeigt,

4. entgegen § 27 Absatz 3 eine Erklärung nicht, nicht richtig, nicht vollständig oder nicht rechtzeitig abgibt oder

5. entgegen § 27 Absatz 4 Satz 1 eine Sendung nicht, nicht richtig, nicht vollständig oder nicht rechtzeitig gestellt.

(4) Ordnungswidrig handelt, wer vorsätzlich oder fahrlässig einer unmittelbar geltenden Vorschrift in Rechtsakten der Europäischen Gemeinschaften oder der Europäischen Union über die Beschränkung des Außenwirtschaftsverkehrs zuwiderhandelt, die inhaltlich einer Regelung entspricht, zu der die in

1. Absatz 3 Nummer 1 Buchstabe a oder

2. Absatz 3 Nummer 1 Buchstabe b

genannten Vorschriften ermächtigen, soweit eine Rechtsverordnung nach Satz 2 für einen bestimmten Tatbestand auf diese Bußgeldvorschrift verweist und die Tat nicht in § 18 Absatz 1, 3 bis 5, 7 oder Absatz 8 mit Strafe bedroht ist. Das Bundesministerium für Wirtschaft und Technologie wird ermächtigt, soweit dies zur Durchführung der Rechtsakte der Europäischen Gemeinschaften oder der Europäischen Union erforderlich ist, durch Rechtsverordnung ohne Zustimmung des Bundesrates die Tatbestände zu bezeichnen, die als Ordnungswidrigkeit nach Satz 1 geahndet werden können.

(5) Ordnungswidrig handelt, wer vorsätzlich oder fahrlässig einem im Amtsblatt der Europäischen Gemeinschaften oder der Europäischen Union veröffentlichten unmittelbar geltenden Rechtsakt der Europäischen Gemeinschaften oder der Europäischen Union, der der Durchführung einer vom Rat der Europäischen Union im Bereich der Gemeinsamen Außen- und Sicherheitspo-

§ 19 AWG § 81 AWV

(AWG) litik beschlossenen wirtschaftlichen Sanktionsmaßnahme dient, zuwiderhandelt, indem er

1. eine Information nicht, nicht richtig, nicht vollständig oder nicht rechtzeitig übermittelt,
2. eine Vorabanmeldung nicht, nicht richtig, nicht vollständig, nicht in der vorgeschriebenen Weise oder nicht rechtzeitig abgibt,
3. eine Aufzeichnung von Transaktionen nicht oder nicht für die vorgeschriebene Dauer aufbewahrt oder nicht oder nicht rechtzeitig zur Verfügung stellt oder
4. eine zuständige Stelle oder Behörde nicht oder nicht rechtzeitig unterrichtet.

(6) Die Ordnungswidrigkeit kann in den Fällen der Absätze 1, 3 Nummer 1 Buchstabe a und des Absatzes 4 Satz 1 Nummer 1 mit einer Geldbuße bis zu fünfhunderttausend Euro, in den übrigen Fällen mit einer Geldbuße bis zu dreißigtausend Euro geahndet werden.

AWV

AWV

§ 81
Ordnungswidrigkeiten – Verstöße gegen Bestimmungen der Außenwirtschaftsordnung

(1) Ordnungswidrig im Sinne des § 19 Absatz 3 Nummer 1 Buchstabe a des Außenwirtschaftsgesetzes handelt, wer vorsätzlich oder fahrlässig

1. *entgegen § 7 eine Boykott-Erklärung abgibt,*
2. *ohne Genehmigung nach § 10 Absatz 1 Satz 1 oder Absatz 2 Satz 1 eine dort genannte Ware ausführt,*
3. *ohne Genehmigung nach § 11 Absatz 2 dort genannte Güter verbringt,*
4. *entgegen § 11 Absatz 4 Satz 3 dort genannte Güter verbringt,*
5. *entgegen § 29 Satz 2 eine Ware verwendet,*
6. *einer vollziehbaren Anordnung nach § 44 Absatz 3, § 59 Absatz 1 Satz 1 oder Absatz 2 Nummer 1 oder § 62 zuwiderhandelt oder*
7. *entgegen § 54 Absatz 1 eine Zahlung oder eine sonstige Leistung bewirkt.*

(2) Ordnungswidrig im Sinne des § 19 Absatz 3 Nummer 1 Buchstabe b des Außenwirtschaftsgesetzes handelt, wer vorsätzlich oder fahrlässig

1. *entgegen § 5 Absatz 1 Satz 1 eine Urkunde nicht oder nicht rechtzeitig zurückgibt,*
2. *entgegen § 6 Absatz 1 eine Urkunde nicht oder nicht mindestens fünf Jahre aufbewahrt,*
3. *entgegen § 12 Absatz 1, auch in Verbindung mit § 20, eine Ausfuhrsendung nicht, nicht richtig oder nicht rechtzeitig gestellt,*
4. *entgegen § 13 Absatz 1 ein Ladungsverzeichnis nicht, nicht richtig oder nicht rechtzeitig einreicht,*
5. *entgegen § 13 Absatz 5 eine Erklärung nicht, nicht richtig, nicht in der vorgeschriebenen Weise oder nicht rechtzeitig abgibt,*

6. entgegen § 14 Absatz 3 oder Absatz 4, jeweils auch in Verbindung mit § 20, eine Ware entfernt, entfernen lässt, verlädt oder verladen lässt,

7. entgegen § 15 Absatz 1 oder § 17 Absatz 4, auch in Verbindung mit § 20, eine dort genannte Angabe nicht, nicht richtig, nicht vollständig oder nicht rechtzeitig macht,

8. entgegen § 17 Absatz 5 Satz 1, auch in Verbindung mit § 20, eine dort genannte Ausfuhranmeldung nicht, nicht richtig, nicht vollständig oder nicht rechtzeitig abgibt,

9. entgegen § 22 Absatz 1 den Empfänger nicht, nicht richtig, nicht vollständig oder nicht rechtzeitig informiert,

10. entgegen § 22 Absatz 2 Satz 1 oder § 26 Absatz 1 Satz 1 ein Register oder eine Aufzeichnung nicht, nicht richtig oder nicht vollständig führt,

11. entgegen § 23 Absatz 1 Satz 2 nicht sicherstellt, dass die Ausfuhrgenehmigung vorhanden ist,

12. entgegen § 23 Absatz 1 Satz 3 die Ausfuhrgenehmigung nicht oder nicht rechtzeitig übermittelt,

13. entgegen § 23 Absatz 5 Satz 2 oder § 25 Absatz 1 die Ausfuhrgenehmigung oder ein dort genanntes Dokument nicht oder nicht rechtzeitig vorlegt,

14. entgegen § 29 Satz 1 eine Mitteilung nicht, nicht richtig, nicht vollständig oder nicht rechtzeitig macht,

15. entgegen § 30 Absatz 3 Satz 1, auch in Verbindung mit § 48 Satz 2, einen Nachweis nicht, nicht richtig, nicht vollständig oder nicht rechtzeitig erbringt,

16. entgegen § 30 Absatz 3 Satz 2, auch in Verbindung mit § 48 Satz 2,

    a) eine Anzeige nicht, nicht richtig, nicht vollständig oder nicht rechtzeitig erstattet oder

    b) eine Bescheinigung nicht oder nicht rechtzeitig zurückgibt und eine Mitteilung nicht, nicht richtig, nicht vollständig oder nicht rechtzeitig macht,

17. entgegen § 32 Absatz 1 Satz 1 nicht sicherstellt, dass ein dort genanntes Dokument vorhanden ist,

18. entgegen § 32 Absatz 3 ein dort genanntes Dokument nicht, nicht richtig oder nicht rechtzeitig vorlegt,

19. entgegen § 64 Absatz 1, § 65 Absatz 1, § 66 Absatz 1 oder Absatz 4 Satz 1, § 67 Absatz 1, auch in Verbindung mit § 68 Absatz 1, entgegen § 69 oder § 70 Absatz 1 eine Meldung nicht, nicht richtig, nicht vollständig oder nicht rechtzeitig macht oder

20. entgegen § 68 Absatz 2 eine Anzeige nicht, nicht richtig, nicht vollständig oder nicht rechtzeitig erstattet.

§ 82
Ordnungswidrigkeiten – Verstöße gegen Rechtsakte der Europäischen Union

(1) Ordnungswidrig im Sinne des § 19 Absatz 4 Satz 1 Nummer 1 des Außenwirtschaftsgesetzes handelt, wer vorsätzlich oder fahrlässig entgegen

(AWV) 1. *Artikel 2 Absatz 1 der Verordnung (EWG) Nr. 3541/92 des Rates vom 7. Dezember 1992 zum Verbot der Erfüllung irakischer Ansprüche in Bezug auf Verträge und Geschäfte, deren Durchführung durch die Resolution 661 (1990) des Sicherheitsrates der Vereinten Nationen und mit ihr in Verbindung stehende Resolutionen berührt wurde (ABl. L 361 vom 10.12.1992, S. 1),*

2. *Artikel 2 Absatz 1 der Verordnung (EG) Nr. 3275/93 des Rates vom 29. November 1993 zum Verbot der Erfüllung von Ansprüchen im Zusammenhang mit Verträgen und Geschäften, deren Durchführung durch die Resolution 883 (1993) des Sicherheitsrates der Vereinten Nationen und mit ihr in Verbindung stehende Resolutionen berührt wurde (ABl. L 295 vom 30.11.1993, S. 4),*

3. *Artikel 2 Absatz 1 der Verordnung (EG) Nr. 1264/94 des Rates vom 30. Mai 1994 über das Verbot der Erfüllung von Ansprüchen der haitischen Behörden im Zusammenhang mit Verträgen und Geschäften, deren Durchführung durch die Maßnahmen auf Grund der Resolutionen 917 (1994), 841 (1993), 873 (1993) und 875 (1993) des Sicherheitsrates der Vereinten Nationen berührt wurde (ABl. L 139 vom 2.6.1994, S. 4),*

4. *Artikel 2 Absatz 1 der Verordnung (EG) Nr. 1733/94 des Rates vom 11. Juli 1994 zum Verbot der Erfüllung von Ansprüchen im Zusammenhang mit Verträgen und Geschäften, deren Durchführung durch die Resolution 757 (1992) des Sicherheitsrates der Vereinten Nationen und mit ihr in Verbindung stehende Resolutionen berührt wurde (ABl. L 182 vom 16.7.1994, S. 1), oder*

5. *Artikel 38 Absatz 1 der Verordnung (EU) Nr. 267/2012 des Rates vom 23. März 2012 über restriktive Maßnahmen gegen Iran und zur Aufhebung der Verordnung (EU) Nr. 961/2010 (ABl. L 88 vom 24.3.2012, S. 1, L 332 vom 4.12.2012, S. 31), die zuletzt durch die Verordnung (EU) Nr. 971/2013 (ABl. L 272 vom 12.10.2013, S. 1) geändert worden ist,*

einen dort genannten Anspruch erfüllt. Soweit die in Satz 1 Nummer 5 genannte Vorschrift auf die Anhänge VIII und IX der Verordnung (EU) Nr. 267/2012 verweist, finden diese Anhänge in der jeweils geltenden Fassung Anwendung.

(2) Ordnungswidrig im Sinne des § 19 Absatz 4 Satz 1 Nummer 2 des Außenwirtschaftsgesetzes handelt, wer gegen die Verordnung (EWG) Nr. 2454/93 der Kommission vom 2. Juli 1993 mit Durchführungsvorschriften zu der Verordnung (EWG) Nr. 2913/92 des Rates zur Festlegung des Zollkodex der Gemeinschaften (ABl. Nr. L 253 vom 11.10.1993, S. 1) die zuletzt durch die Verordnung (EU) Nr. 1063/2010 (ABl. L 307 vom 23.11.2010, S. 1) geändert worden ist, verstößt, indem er vorsätzlich oder fahrlässig

1. *einer mit einer Bewilligung nach Artikel 282 Absatz 1 in Verbindung mit Artikel 262 Absatz 1 Satz 2 verbundenen vollziehbaren Auflage über den Inhalt oder die Frist der ergänzenden Zollanmeldung zuwiderhandelt,*

2. *einer mit einer Bewilligung nach Artikel 283 Satz 1 in Verbindung mit Artikel 287 Absatz 1 Satz 1 Buchstabe d verbundenen vollziehbaren Auflage über den Inhalt eines Begleitdokuments zuwiderhandelt,*

3. *einer mit einer Bewilligung nach Artikel 283 Satz 1 in Verbindung mit Artikel 287 Absatz 1 Satz 1 Buchstabe e verbundenen vollziehbaren Auflage*

über die Vorlage der ergänzenden Zollanmeldung oder die Frist für ihre Abgabe zuwiderhandelt, (AWV)

4. entgegen Artikel 285 Absatz 1 Buchstabe a die Ausfuhrzollstelle nicht, nicht richtig, nicht vollständig oder nicht rechtzeitig benachrichtigt,

5. entgegen Artikel 792a Absatz 1 Satz 1 die Ausfuhrzollstelle nicht, nicht richtig oder nicht rechtzeitig unterrichtet,

6. ohne Zustimmung nach Artikel 792a Absatz 2 Satz 1 den geänderten Beförderungsvertrag erfüllt,

7. einer mit einer Befreiung nach Artikel 285a Absatz 1 Satz 2 Buchstabe a verbundenen vollziehbaren Auflage über die Benachrichtigung von einem Warenabgang zuwiderhandelt,

8. einer mit einer Befreiung nach Artikel 285a Absatz 1 Satz 2 Buchstabe c verbundenen vollziehbaren Auflage über das Anschreiben von Waren in seiner Buchführung vor Abgang aus den in Artikel 253 Absatz 3 oder Artikel 283 Satz 1 genannten Orten zuwiderhandelt oder

9. als Anmelder vor dem Ausgang der Waren aus dem Zollgebiet der Europäischen Union entgegen Artikel 793 Absatz 1, auch in Verbindung mit Artikel 841 Absatz 1, das Exemplar Nummer 3 des Einheitspapiers oder das Ausfuhrbegleitdokument der Ausgangszollstelle nicht vorlegt oder die zur Ausfuhr überlassenen Waren dieser Zollstelle nicht oder nicht richtig gestellt.

(3) Ordnungswidrig im Sinne des § 19 Absatz 4 Satz 1 Nummer 2 des Außenwirtschaftsgesetzes handelt, wer vorsätzlich oder fahrlässig ohne Genehmigung nach Artikel 3 Absatz 2 Satz 1 der Verordnung (EG) Nr. 517/94 des Rates vom 7. März 1994 über die gemeinsame Regelung der Einfuhren von Textilwaren aus bestimmten Drittländern, die nicht unter bilaterale Abkommen, Protokolle, andere Vereinbarungen oder eine spezifische gemeinschaftliche Einfuhrregelung fallen (ABl. L 67 vom 10.3.94, S. 1), die zuletzt durch die Verordnung (EU) Nr. 1165/2012 (ABl. L 336 vom 8.12.2012, S. 55) geändert worden ist, eine dort genannte Einfuhr in den freien Verkehr der Gemeinschaft überführt.

(4) Ordnungswidrig im Sinne des § 19 Absatz 4 Satz 1 Nummer 1 des Außenwirtschaftsgesetzes handelt, wer vorsätzlich oder fahrlässig entgegen Artikel 5 Absatz 1 der Verordnung (EG) Nr. 2271/96 des Rates vom 22. November 1996 zum Schutz vor den Auswirkungen der extraterritorialen Anwendung von einem Drittland erlassener Rechtsakte sowie von darauf beruhenden oder sich daraus ergebenden Maßnahmen (ABl. L 309 vom 29.11.1996, S. 1, L 179 vom 8.7.1997, S. 10), die durch die Verordnung (EG) Nr. 807/2003 (ABl. L 122 vom 16.5.2003, S. 36) geändert worden ist, einer dort genannten Forderung oder einem dort genannten Verbot nachkommt. Soweit die in Satz 1 genannten Vorschriften auf den Anhang der Verordnung (EG) Nr. 2271/96 verweisen, findet dieser Anhang in der jeweils geltenden Fassung Anwendung.

(5) Ordnungswidrig im Sinne des § 19 Absatz 4 Satz 1 Nummer 2 des Außenwirtschaftsgesetzes handelt, wer vorsätzlich oder fahrlässig entgegen Artikel 4 Absatz 1 der Verordnung (EG) Nr. 2368/2002 des Rates vom 20. Dezember 2002 zur Umsetzung des Zertifikationssystems des Kimberley-Prozesses für den internationalen Handel mit Rohdiamanten (ABl. L 358 vom 31.12.2002, S. 28), die zuletzt durch die Verordnung (EG) Nr. 1268/2008 (ABl. L 338 vom 17.12.2008, S. 39) geändert worden ist, ein Behältnis oder ein dazu gehöriges Zertifikat nicht oder nicht rechtzeitig einer Gemeinschaftsbehörde zur Prüfung vorlegt.

AWG
§ 19 § 82 AWV

(AWV) *(6) Ordnungswidrig im Sinne des § 19 Absatz 4 Satz 1 Nummer 1 des Außenwirtschaftsgesetzes handelt, wer vorsätzlich oder fahrlässig entgegen Artikel 9a Buchstabe a Satz 1 der Verordnung (EG) Nr. 560/2005 des Rates vom 12. April 2005 über die Anwendung spezifischer restriktiver Maßnahmen gegen bestimmte Personen und Organisationen angesichts der Lage in der Republik Côte d'Ivoire (ABl. L 95 vom 14.4.2005, S. 1), die zuletzt durch die Verordnung (EU) Nr. 193/2012 (ABl. L 71 vom 9.3.2012, S. 5) geändert worden ist, eine Schuldverschreibung oder ein Wertpapier erwirbt, vermittelt oder an der Ausgabe mitwirkt.*

(7) Ordnungswidrig im Sinne des § 19 Absatz 4 Satz 1 Nummer 1 des Außenwirtschaftsgesetzes handelt, wer gegen die Verordnung (EG) Nr. 329/2007 des Rates vom 27. März 2007 über restriktive Maßnahmen gegen die Demokratische Volksrepublik Korea (ABl. L 88 vom 29.3.2007, S. 1), die zuletzt durch die Verordnung (EU) Nr. 696/2013 (ABl. L 198 vom 23.7.2013, S. 22) geändert worden ist, verstößt, indem er vorsätzlich oder fahrlässig

1. *entgegen Artikel 5a Absatz 1 Buchstabe a ein neues Bankkonto eröffnet,*

2. *entgegen Artikel 5a Absatz 1 Buchstabe b eine neue Korrespondenzbankbeziehung aufnimmt,*

3. *entgegen Artikel 5a Absatz 1 Buchstabe c eine neue Repräsentanz eröffnet oder eine neue Zweigniederlassung oder Tochtergesellschaft gründet,*

4. *entgegen Artikel 5a Absatz 1 Buchstabe d ein neues Gemeinschaftsunternehmen gründet,*

5. *entgegen Artikel 5a Absatz 1 Buchstabe e eine Korrespondenzbankbeziehung aufrechterhält,*

6. *entgegen Artikel 5a Absatz 2 Buchstabe b eine Vereinbarung schließt, die die Eröffnung einer Repräsentanz oder die Gründung einer Zweigniederlassung oder Tochtergesellschaft betrifft,*

7. *entgegen Artikel 9a Buchstabe a oder Buchstabe b eine staatliche oder staatlich garantierte Anleihe kauft oder Vermittlungsdienste im Zusammenhang mit dem Kauf einer staatlichen oder staatlich garantierten Anleihe erbringt oder*

8. *entgegen Artikel 11a Absatz 1 Buchstabe b die Ausführung einer Transaktion nicht ablehnt.*

(8) Ordnungswidrig im Sinne des § 19 Absatz 4 Satz 1 Nummer 2 des Außenwirtschaftsgesetzes handelt, wer vorsätzlich oder fahrlässig entgegen Artikel 2 Absatz 1 Satz 2 der Verordnung (EG) Nr. 1340/2008 des Rates vom 8. Dezember 2008 über den Handel mit bestimmten Stahlerzeugnissen zwischen der Europäischen Gemeinschaft und der Republik Kasachstan (ABl. L 348 vom 24.12.2008, S. 1) eine Einfuhrgenehmigung nicht oder nicht rechtzeitig vorlegt.

(9) Ordnungswidrig im Sinne des § 19 Absatz 4 Satz 1 Nummer 1 des Außenwirtschaftsgesetzes handelt, wer gegen die Verordnung (EG) Nr. 428/2009 des Rates vom 5. Mai 2009 über eine Gemeinschaftsregelung für die Kontrolle der Ausfuhr, der Verbringung, der Vermittlung und der Durchfuhr von Gütern mit doppeltem Verwendungszweck (ABl. L 134 vom 29.5.2009, S. 1, L 224 vom 27.8.2009, S. 21), die zuletzt durch die Verordnung (EU) Nr. 388/2012 (ABl. L 129 vom 16.5.2012, S. 12) geändert worden ist, verstößt, indem er vorsätzlich oder fahrlässig

1. einer vollziehbaren Anordnung nach Artikel 6 Absatz 1 Satz 1 zuwiderhandelt oder (AWV)

2. ohne Genehmigung nach Artikel 22 Absatz 1 Satz 1 Güter mit doppeltem Verwendungszweck innergemeinschaftlich verbringt.

Soweit die in Satz 1 genannten Vorschriften auf Anhang I oder Anhang IV der Verordnung (EG) Nr. 428/2009 verweisen, finden diese Anhänge in der jeweils geltenden Fassung Anwendung.

(10) Ordnungswidrig im Sinne des § 19 Absatz 4 Satz 1 Nummer 1 des Außenwirtschaftsgesetzes handelt, wer gegen die Verordnung (EU) Nr. 36/2012 des Rates vom 18. Januar 2012 über restriktive Maßnahmen angesichts der Lage in Syrien und zur Aufhebung der Verordnung (EU) Nr. 442/2011 (ABl. L 16 vom 19.1.2012, S.1, L 259 vom 27.9.2012, S.7), die zuletzt durch die Verordnung (EU) Nr. 363/2013 (ABl. L 111 vom 23.4.2013, S. 1, L 123 vom 4.5.2013, S. 28, L 127 vom 9.5.2013, S. 27) geändert worden ist, verstößt, indem er vorsätzlich oder fahrlässig

1. entgegen Artikel 24 Buchstabe a oder Buchstabe b eine staatliche oder staatlich garantierte Anleihe kauft oder Vermittlungsdienste im Zusammenhang mit dem Kauf einer staatlichen oder staatlich garantierten Anleihe erbringt,

2. entgegen Artikel 25 Absatz 1 ein neues Konto eröffnet, eine Korrespondenzbankbeziehung aufnimmt, eine neue Repräsentanz eröffnet oder eine Zweigniederlassung, Tochtergesellschaft oder ein neues Joint Venture gründet oder

3. entgegen Artikel 25 Absatz 2 Buchstabe b eine Vereinbarung schließt, die die Eröffnung einer Repräsentanz oder die Gründung einer Zweigniederlassung oder Tochtergesellschaft betrifft.

(11) Ordnungswidrig im Sinne des § 19 Absatz 4 Satz 1 Nummer 1 des Außenwirtschaftsgesetzes handelt, wer gegen die Verordnung (EU) Nr. 267/2012 des Rates vom 23. März 2012 über restriktive Maßnahmen gegen Iran und zur Aufhebung der Verordnung (EU) Nr. 961/2010 (ABl. L 88 vom 24.3.2012, S. 1, L 332 vom 4.12.2012, S. 31), die zuletzt durch die Verordnung (EU) Nr. 1264/2012 (ABl. L 356 vom 22.12.2012, S. 55) geändert worden ist, verstößt, indem er vorsätzlich oder fahrlässig,

1. entgegen Artikel 22 die Gewährung eines Darlehens oder eines Kredits, eine Beteiligung oder ein Joint Venture akzeptiert oder genehmigt,

2. entgegen Artikel 30 Absatz 3 Buchstabe a Satz 2 oder Absatz 6 Buchstabe d Satz 1, Artikel 30a Absatz 1 Buchstabe a Satz 2 oder Buchstabe b Satz 2 oder Artikel 31 Absatz 1 eine Meldung nicht, nicht richtig, nicht vollständig, nicht in der vorgeschriebenen Weise oder nicht rechtzeitig macht,

3. ohne Genehmigung nach Artikel 30 Absatz 3 Buchstabe b Satz 1 oder Buchstabe c Satz 1 oder Artikel 30a Absatz 1 Buchstabe c einen Geldtransfer durchführt,

4. entgegen Artikel 30 Absatz 6 Buchstabe b die Durchführung einer Transaktion nicht ablehnt,

5. entgegen Artikel 33 Absatz 1 Buchstabe a ein neues Bankkonto eröffnet,

6. entgegen Artikel 33 Absatz 1 Buchstabe b eine Korrespondenzbankbeziehung aufnimmt,

(AWV) 7. entgegen Artikel 33 Absatz 1 Buchstabe c eine neue Repräsentanz eröffnet oder eine Zweigniederlassung oder eine Tochtergesellschaft gründet,

8. entgegen Artikel 33 Absatz 2 Buchstabe b eine Vereinbarung schließt, die die Eröffnung einer Repräsentanz oder die Gründung einer Zweigniederlassung oder Tochtergesellschaft betrifft, oder

9. entgegen Artikel 34 Buchstabe a oder Buchstabe b eine staatliche oder staatlich garantierte Anleihe kauft oder Vermittlungsdienste im Zusammenhang mit dem Kauf einer staatlichen oder staatlich garantierten Anleihe erbringt.

Soweit die in Satz 1 genannten Vorschriften auf Anhang I bis VIIb der Verordnung (EU) Nr. 267/2012 verweisen, finden diese Anhänge in der jeweils geltenden Fassung Anwendung.

Inhalt

	Rz.
A. Überblick	1–3
B. Fahrlässige Begehung der Taten nach § 18 Abs. 1 bis 5 AWG (Abs. 1)	4–6
I. Verstöße gegen § 18 Absatz 1 bis 5 AWG	5
II. Fahrlässigkeit	6
C. Unrichtige Angaben in Genehmigungsverfahren (Abs. 2)	7–9
I. Allgemeines	7
II. Verweis auf § 8 Abs. 5 und § 9 Satz 2 AWG	8
III. Tathandlungen	9
D. Verstöße gegen § 81 AWV, gegen Einzelfallanordnungen und gegen Pflichten beim Verbringen von Waren (Abs. 3)	10–34
I. Allgemeines	10
II. Zuwiderhandlung gegen Rechtsverordnungen oder vollziehbare Anordnungen (Nr. 1)	11–21
1. Rechtsverordnung nach § 4 Abs. 1 AWG (Buchst. a)	13–14
2. Rechtsverordnung nach § 11 Abs. 1 bis 3 oder Abs. 4 AWG (Buchst. b)	15–21
a) Verstöße im Zusammenhang mit Urkunden verkörpernden Verwaltungsakten (§ 81 Abs. 2 Nr. 1, 2 AWV)	16
b) Verstöße gegen Verfahrens- und Meldevorschriften für Ausfuhr und Wiederausfuhr (§ 81 Abs. 2 Nr. 3 bis 8 AWV)	17
c) Verstöße gegen Verfahrens- und Meldevorschriften für die genehmigungsbedürftige Ausfuhr (§ 81 Abs. 2 Nr. 9 bis 13 AWV)	18
d) Verstöße gegen Beschränkungen und allgemeine Verfahrensvorschriften bei der Einfuhr (§ 81 Abs. 2 Nr. 15 und 16 AWV)	19
e) Verstöße betreffend Einfuhrdokumente (§ 81 Abs. 2 Nr. 17 und 18 AWV)	20
f) Verstoß gegen Meldevorschriften im Kapital und Zahlungsverkehr (§ 81 Abs. 2 Nr. 19 und 20 AWV)	21
III. Verstoß gegen vollziehbare Anordnungen (Nr. 2)	22–30
1. Vollziehbare Anordnungen	24–25
2. ... nach § 7 Abs. 1, 3 oder 4 AWG	26–27
3. ... nach § 23 Abs. 1 oder Abs. 4 Satz 2 AWG	28–30

	Rz.
IV. Verstoß gegen Pflichten zur Überwachung des Fracht-, Post- und Reiseverkehrs (Nr. 3–5)	31–34
E. **Verstoß gegen unmittelbar geltende EU-Rechtsakte nach AWV (Abs. 4)**	35–41
I. Allgemein	35–37
II. Unmittelbar geltende Vorschriften des Europarechts	38–41
F. **Verstoß gegen Verfahrensvorschriften in EU-Sanktionsverordnungen (Abs. 5)**	42–45
G. **Rechtsfolgen (Abs. 6)**	46–48

A. Überblick

§ 19 AWG enthält die Ordnungswidrigkeitentatbestände des AWG. Die mit der AWG-Novelle 2013 vorgenommene Neustrukturierung der Straf- und Bußgeldvorschriften ist darauf ausgelegt, bloße **Arbeitsfehler** zu **entkriminalisieren**. Sie können einem grundsätzlich rechtstreuen Unternehmen im Bereich des Außenwirtschaftsrechts selbst dann unterlaufen, wenn es Vorkehrungen zu ihrer Vermeidung getroffen hat. Weniger schwerwiegende Verstöße gegen das Außenwirtschaftsrecht werden daher nach § 19 AWG lediglich als Ordnungswidrigkeit geahndet.[1] Dazu gehören alle **fahrlässigen Verstöße** gegen das Außenwirtschaftsrecht mit Ausnahme von leichtfertigen Embargoverstößen, die gem. § 17 Abs. 5 AWG als Straftat geahndet werden (→ § 17 AWG Rz. 39). Ebenso zählen bestimmte vorsätzliche Verstöße gegen Form- und Verfahrensvorschriften zu den Ordnungswidrigkeiten. 1

Die mangelnde **Zuverlässigkeit** eines Antragstellers nach einem Verstoß kann zudem bei einem zukünftigen Genehmigungsverfahren berücksichtigt werden (→ § 8 AWG Rz. 23). Die an eine Ordnungswidrigkeit geknüpfte Geldbuße wird häufig lediglich als eine nachdrückliche **Pflichtenmahnung** angesehen, die keine ins Gewicht fallende Beeinträchtigung des Ansehens des betroffenen Unternehmens zur Folge hat. Mit der Kriminalstrafe wird hingegen ein autoritatives Unwerturteil verbunden.[2] Dennoch sollten die Folgen fahrlässiger Verstöße von den Unternehmen nicht vernachlässigt werden.[3]

Die Bußgeldvorschriften sind als Folge der grundlegenden Neuordnung der Strafvorschriften durch die **AWG-Novelle 2013** leicht verändert worden.[4] Der Regelungsgehalt des § 33 AWG a.F. ist bestehen geblieben und wurde um Handlungen ergänzt, die vorher in der AWV geregelt waren. § 19 Abs. 1 AWG betrifft fahrlässige Verstöße gegen die Ausfuhrbeschränkungen, die in § 18 Abs. 1 bis 5 AWG (→ § 18 AWG Rz. 4 f.) bei vorsätzlicher Verletzung strafbewehrt sind. § 19 Abs. 2 AWG sanktioniert unrichtige Angaben im verwaltungsrechtlichen Genehmigungsverfahren. § 19 Abs. 3 AWG stellt Verstöße gegen sich aus dem AWG, der AWV oder darauf basierenden Verwaltungsakten ergebende Pflichten unter Bußgeldandrohung. § 19 Abs. 4 AWG sanktioniert be- 2

---
1) BT-Drucks. 17/11127, 25.
2) BVerfG NJW 1969, 1619, 1622.
3) Niestedt/Trennt, BB 2013, 2118.
4) BT-Drucks. 17/11127, 26; siehe auch Walter, RIW 2013, 847, 850.

stimmte Verstöße gegen unmittelbar geltende **EU-Rechtsakte**. § 19 Abs. 5 AWG normiert Ordnungswidrigkeitentatbestände bei Verstößen gegen **Verfahrensvorschriften** in EU-Sanktionsverordnungen. In § 19 Abs. 6 AWG sind die **Rechtsfolgen** der Ordnungswidrigkeiten im Einzelnen geregelt.

3 Es werden nur noch **vollendete Ordnungswidrigkeiten** sanktioniert. § 33 Abs. 7 AWG a.f., nach dem auch der **Versuch** einer Ordnungswidrigkeit in einigen Fällen mit einer Geldbuße geahndet wurde, wurde unter Hinweis auf seinen geringen Unrechtsgehalt gestrichen.[1]

B. Fahrlässige Begehung der Taten nach § 18 Abs. 1 bis 5 AWG (Abs. 1)

4 Durch § 19 Abs. 1 AWG werden fahrlässige Verstöße gegen die **Tatbestände der § 18 Absatz 1–5 AWG** bußgeldbewehrt. Die Norm ist Ausdruck des § 10 OWiG, nach dem im Ordnungswidrigkeitenrecht grundsätzlich nur vorsätzliches Handeln geahndet werden kann, es sei denn, ein Gesetz bedroht fahrlässiges Handeln ausdrücklich mit Geldbuße. Für Ordnungswidrigkeiten nach § 19 Abs. 1 AWG besteht **keine** Möglichkeit der **bußgeldbefreienden Selbstanzeige** nach § 22 Abs. 4 AWG (→ § 22 AWG Rz. 11). Die zuständige Stelle kann das Verfahren wegen Verstoßes gegen § 19 Abs. 1 AWG jedoch aus Opportunitätsgründen gem. § 47 OWiG einstellen.[2] Ein Verstoß gegen § 19 Abs. 1 AWG kann gem. § 19 Abs. 6 AWG mit **Geldbuße** bis zu 500 000 € geahndet werden (→ Rz. 46 f.).

I. Verstöße gegen § 18 Absatz 1 bis 5 AWG

5 Tatbestandshandlung des § 19 Abs. 1 AWG ist die fahrlässige Begehung eines in § 18 Abs. 1 bis 5 AWG normierten Embargoverstoßes. Diese sind im Einzelnen:

- Verstöße gem. § 18 Abs. 1 Nr. 1 AWG gegen **unmittelbar geltende EU-Rechtsakte,** → § 18 AWG Rz. 4;
- Verstöße gegen **Genehmigungserfordernisse eines Rechtsaktes der EU** nach § 18 Abs. 1 Nr. 2 AWG, → § 18 AWG Rz. 32;
- Verstöße gegen **nationale Genehmigungserfordernisse** nach § 18 Abs. 2 AWG, → § 18 AWG Rz. 34;
- Verstöße gegen die **EU-Kimberley-VO** nach § 18 Abs. 3 AWG, → § 18 AWG Rz. 53;
- Verstöße gem. § 18 Abs. 4 AWG gegen die **EU-Anti-Folter-VO,** → § 18 AWG Rz. 57;
- Verstöße gegen die **EU-Dual-Use-VO** nach § 18 Abs. 5 AWG, → § 18 AWG Rz. 63.

---

1) BT-Drucks. 17/11127, 29.
2) Dazu auch → § 22 AWG Rz. 28; Einzelheiten siehe bei Bohnert in Bohnert, § 47 OWiG und Gürtler in Göhler, § 47 OWiG.

II. Fahrlässigkeit

§ 19 Abs. 1 AWG erfasst die **fahrlässige Begehung** der genannten Tatbestände. **6** Die einzelnen Elemente des Fahrlässigkeitsbegriffs sind **umstritten**. Das gilt jedoch v.a. für seine theoretischen Grundlagen und führt in der Praxis selten zu abweichenden Ergebnissen.[1] Nach der ganz überwiegend vertretenen Ansicht setzt Fahrlässigkeit eine **objektive Sorgfaltspflichtverletzung** und **die objektive Voraussehbarkeit der Tatbestandsverwirklichung** voraus. Dabei ist zwischen bewusster und unbewusster Fahrlässigkeit zu unterscheiden. **Unbewusst fahrlässig** handelt, wer die Tatbestandsverwirklichung nicht erkennt, weil er die Sorgfalt außer Acht lässt, zu der er nach den Umständen und seinen persönlichen Verhältnissen verpflichtet und fähig ist. Wer die Tatbestandsverwirklichung für möglich hält, jedoch pflichtwidrig und vorwerfbar im Vertrauen darauf handelt, dass sie nicht eintreten werde, handelt **bewusst fahrlässig**.[2] Abzugrenzen davon ist der **bedingte Vorsatz**, der angenommen wird, wenn der Täter die Tatbestandsverwirklichung billigend in Kauf nimmt (→ § 17 AWG Rz. 6; siehe zur Leichtfertigkeit als besonderer Form der Fahrlässigkeit → § 17 AWG Rz. 40).

C. Unrichtige Angaben in Genehmigungsverfahren (Abs. 2)

I. Allgemeines

Nach § 19 Abs. 2 AWG wird sanktioniert, wer vorsätzlich unrichtige Angaben **7** im Genehmigungsverfahren macht. Die Norm ersetzt § 33 Abs. 5 Nr. 1 AWG a.F. Für einen Verstoß ist es bereits ausreichend, wenn der Handelnde unrichtige oder unvollständige Angaben tatsächlicher Natur gemacht hat. Die **Erteilung der begehrten Genehmigung** ist anders als in den in § 17 Abs. 6 und § 18 Abs. 9 AWG (→ § 17 AWG Rz. 41) geregelten Verstößen keine Tatbestandsvoraussetzung.[3] Der Täter muss mindestens mit bedingtem Vorsatz gehandelt, also mit den Auswirkungen der falschen Angaben gerechnet und diese billigend in Kauf in Kauf genommen haben.[4] Der Versuch einer Ordnungswidrigkeit nach § 19 Abs. 2 AWG kann nicht geahndet werden (→ Rz. 3).[5] Die maximale Bußgeldhöhe für einen Verstoß gegen § 19 Abs. 2 AWG beträgt gem. § 19 Abs. 6 AWG 30 000 € (→ Rz. 46 f.).

II. Verweis auf § 8 Abs. 5 und § 9 Satz 2 AWG

§ 19 Abs. 2 AWG schützt die Durchführung des **verwaltungsrechtlichen Ge- 8 nehmigungsverfahrens**.[6] Er gilt, wie der Verweis auf § 8 Abs. 5 AWG verdeut-

---

1) Kühl in Lackner/Kühl, StGB, 27. Aufl. 2011, § 15 Rz. 35; Sternberg-Lieben in Schönke/Schröder, StGB, 28. Aufl. 2010, § 15 Rz. 110.
2) Siehe für Einzelheiten: Sternberg-Lieben in Schönke/Schröder, StGB, 28. Aufl. 2010, § 15 Rz. 111; Kühl in Lackner/Kühl, StGB, 27. Aufl. 2011, § 15 Rz. 36 ff.; Bohnert, OWiG, 3. Aufl. 2010, § 10 Rz. 16 ff.
3) BT-Drucks. 17/11127, 29.
4) Diemer in Erbs/Kohlhaas, § 33 AWG Rz. 23.
5) Siehe § 13 Abs. 2 OWiG. Insofern hat sich an der Rechtslage nichts geändert, da auch § 33 Abs. 5 Nr. 1 AWG a.F. nicht von § 33 Abs. 7 AWG a.F. erfasst war.
6) Morweiser in Wolffgang/Simonsen/Tietje, Bd. II, § 33 AWG Rz. 46.

licht, einerseits im Rahmen des Genehmigungsverfahrens für **Rechtsgeschäfte** oder **Handlungen**, die unmittelbar nach dem AWG oder auf Grund einer Regelung in der AWV einer **Genehmigung bedürfen**. Des Weiteren schützt § 19 Abs. 2 AWG auch das **Verfahren zur Erteilung von Zertifikaten** nach der EU-Richtlinie zur Vereinfachung der Bedingungen für die innergemeinschaftliche Verbringung von Verteidigungsgütern.[1] Das stellt § 9 Satz 2 AWG klar, auf den § 19 Abs. 2 AWG verweist. Auf Angaben zur Erlangung einer Bescheinigung des BAFA, dass für ein bestimmtes Vorhaben keine Genehmigung erforderlich ist (sog. **Nullbescheid**), ist § 19 Abs. 2 AWG hingegen nicht anwendbar (→ § 17 AWG Rz. 43).

III. Tathandlungen

9 Der Wortlaut der Norm hat sich durch die AWG-Novelle 2013 leicht verändert.[2] Der Regelungsgehalt der Norm ist jedoch gleich geblieben. **Unrichtige oder unvollständige Angaben** i.S.d. § 19 Abs. 2 AWG macht der Täter, wenn er einen Sachverhalt entweder objektiv falsch darstellt oder Umstände, zu deren Offenbarung er verpflichtet ist, verschweigt.[3] **Benutzen** ist das Gebrauchmachen von unrichtigen oder unvollständigen Tatsachen, die der zuständigen Behörde anderweitig bekannt geworden sind.[4]

§ 19 Abs. 2 AWG ist **kein Sonderdelikt**.[5] Der Tatbestand kann durch jede an der Genehmigungserlangung beteiligte Person erfüllt werden. Die Neufassung stellt nun klar, dass der Tatbestand alleine mit **Vornahme der Tathandlungen erfüllt** ist und es einer Erteilung der Genehmigung oder der begehrten Bescheinigung nicht bedarf, was bereits zur a.f. überwiegend vertreten wurde.[6] Ein besonderes Vorstellungsbild vom Erfolg seiner Tat muss der Täter bei Tatbegehung nicht haben.[7] Die Tathandlung ist bereits bei Zugang der unrichtigen Angaben bei der zuständigen Behörde vollendet. Sie muss noch keine Kenntnis von ihnen genommen haben.[8]

---

1) Art. 9 der Richtlinie 2009/43/EG des Europäischen Parlaments und des Rates vom 6.5.2009 zur Vereinfachung der Bedingungen für die innergemeinschaftliche Verbringung von Verteidigungsgütern (ABl.EU 2009 Nr. L 146, 1).
2) § 33 Abs. 5 Nr. 1 AWG a.F. lautete „wer [...] unrichtige oder unvollständige Angaben [...] macht oder benutzt [...]" und lautet nun „wer [...] eine Angabe nicht richtig oder nicht vollständig macht oder nicht richtig oder nicht vollständig benutzt [...].".
3) Diemer in Erbs/Kohlhaas, § 33 AWG Rz. 24, Morweiser in Wolffgang/Simonsen/Tietje, Bd. II, § 33 AWG Rz. 46.
4) Morweiser in Wolffgang/Simonsen/Tietje, Bd. II, § 33 AWG Rz. 46.
5) Diemer in Erbs/Kohlhaas, § 33 AWG Rz. 24.
6) John in Hohmann/John, § 33 AWG Rz. 53.
7) Der Wortlaut des § 33 Abs. 5 Nr. 1 a.F., der verlangte, dass der Täter handelte, „um eine Genehmigung oder eine Bescheinigung [...] zu erschleichen" wurde so interpretiert, dass der Täter sich den Erfolg seiner Tat vorstellen oder mit diesem rechnen musste. Siehe Morweiser in Wolffgang/Simonsen/Tietje, Bd. II, § 33 AWG Rz. 46; vgl. auch BGH, NStZ 1985, 367, 368. Diese Voraussetzung dürfte durch die Neufassung entfallen sein.
8) John in Hohmann/John, § 33 AWG Rz. 53; Diemer in Erbs/Kohlhaas, § 33 AWG Rz. 24.

D. Verstöße gegen § 81 AWV, gegen Einzelfallanordnungen und gegen Pflichten beim Verbringen von Waren (Abs. 3)

I. Allgemeines

§ 19 Abs. 3 AWG sanktioniert verschiedene Verstöße gegen Pflichten, die sich z.t. aus der AWV, z.t. aus dem AWG selbst und z.t. aus darauf beruhenden Verwaltungsakten ergeben. § 19 Abs. 3 Nr. 1 AWG betrifft Verstöße gegen die AWV und darauf gestützte Anordnungen. § 19 Abs. 3 Nr. 2 AWG bezieht sich auf vollziehbare Anordnungen, die auf Grund des AWG selbst erlassen wurden. § 19 Abs. 3 Nr. 3 bis 5 AWG betreffen Verstöße gegen Pflichten der an Ausfuhren, Einfuhren und Durchfuhren Beteiligten gegenüber den Zollbehörden bei der Überwachung des Fracht-, Post- und Reiseverkehrs. Vorsätzliche Verstöße gegen § 19 Abs. 3 Nr. 1 Buchst. a AWG können gem. § 19 Abs. 6 AWG mit **Bußgeldern** bis zu 500 000 €, fahrlässige Verstöße mit bis zu 250 000 € Euro geahndet werden. Das maximale Bußgeld für alle übrigen Verstöße gegen § 19 Abs. 3 AWG beträgt im Fall der vorsätzlichen Begehung 30 000 €, bei fahrlässiger Begehung 15 000 € (Einzelheiten → Rz. 46 f.).

10

II. Zuwiderhandlung gegen Rechtsverordnungen oder vollziehbare Anordnungen (Nr. 1)

In § 19 Abs. 3 Nr. 1 AWG sind die Regelungen des § 33 Abs. 1, Abs. 3 und Abs. 5 Nr. 2 AWG a.F. aufgegangen. Danach werden Verstöße gegen Rechtsverordnungen, die auf Grund des AWG erlassen wurden sowie gegen darauf basierende vollziehbare Anordnungen sanktioniert. Die Rechtsverordnung, die die **Blankettnorm** ausfüllt, kann eine solche nach § 4 Abs. 1 AWG (→ Rz. 13) oder nach § 11 Abs. 1 bis 3 oder Abs. 4 AWG (→ Rz. 15) sein. § 19 Abs. 3 Nr. 1 AWG wird momentan durch die in **§ 81 AWV** normierten Tatbestände ausgefüllt. Die dort im Einzelnen benannten Ordnungswidrigkeiten müssen auf § 19 Abs. 3 Nr. 1 AWG verweisen. Durch diese **Rückverweisungsklausel** wird der Tatbestand der Ordnungswidrigkeit **konkretisiert**. Dadurch erhöht sich die Vorhersehbarkeit der Ahndung eines entsprechenden Außenwirtschaftsverstoßes i.S.d. Bestimmtheitsgrundsatzes der Art. 103 Abs. 2 GG.[1] Die ausfüllende Norm der AWV muss sich zudem **im Rahmen des Blanketts** halten. Das bedeutet, dass sie einen Bezug zu den Zwecken der in § 19 Abs. 3 Nr. 1 AWG genannten Verordnungsermächtigungen haben muss.[2]

11

Der Tatbestand kann auch durch eine **vollziehbare Anordnung** auf Grund der AWV ausgefüllt werden. Dadurch wird sichergestellt, dass auch der Verstoß gegen auf der Grundlage von § 81 Abs. 1 Nr. 6 AWV erlassenen Anordnungen nach § 59 Abs. 1 und § 62 AWV vom Blankett gedeckt ist. Die Norm umfasst **vorsätzliche** und **fahrlässige** Verstöße. Durch die **Subsidiaritätsklausel** im letzten Halbsatz des § 19 Abs. 3 Nr. 1 AWG wird aber klargestellt, dass vorsätzliche Verstöße nur geahndet werden, sofern sie **nicht bereits** eine **Straftat** nach §§ 17 Absätze 1 bis 5 (→ § 17 AWG Rz. 3 f.) oder § 18 Abs. 2 AWG (→ § 18 AWG Rz. 24 f.) darstellen. § 19 Abs. 3 Nr. 1 AWG verweist in Buchst. a und b auf zwei

12

---

1) Morweiser in Wolffgang/Simonsen/Tietje, Bd. II, § 33 AWG Rz. 25, m.w.N. zur Verfassungsmäßigkeit des Blanketts.
2) Morweiser in Wolffgang/Simonsen/Tietje, Bd. II, § 33 AWG Rz. 24.

im AWG enthaltene Ermächtigungen zum Erlass von Verordnungen, um das Blankett auszufüllen:

1. Rechtsverordnung nach § 4 Abs. 1 AWG (Buchst. a)

13 Der Verweis auf die Rechtsverordnung nach § 4 Abs. 1 AWG in § 19 Abs. 3 Nr. 1 Buchst. a AWG bezieht sich auf die **Ermächtigung, Rechtsverordnungen zu erlassen**, durch welche Rechtsgeschäfte und Handlungen aus außenpolitischen Zwecken und Gründen im Außenwirtschaftsverkehr beschränkt werden können (→ § 4 AWG Rz. 2).

14 Konkret ausgestaltet wird der Blanketttatbestand des § 19 Abs. 3 Nr. 1 Buchst. a i.V.m. § 4 Abs. 1 AWG durch **§ 81 Abs. 1 AWV**. Danach sind folgende vorsätzliche und fahrlässige Verstöße bußgeldbewehrt:

- Abgabe einer **Boykotterklärung** nach § 7 AWV (§ 81 Abs. 1 Nr. 1 AWV);
- **Ausfuhr ohne Genehmigung** nach § 10 Abs. 1 Satz 1 oder Abs. 2 Satz 1 AWV von dort genannten Waren (§ 81 Abs. 1 Nr. 2 AWV);
- **Verbringung ohne Genehmigung** nach § 11 Abs. 2 AWV der dort genannten Güter (§ 81 Abs. 1 Nr. 3 AWV);
- **Verbringung ohne Unterrichtung** nach § 11 Abs. 4 Satz 3 AWV bei endgültigem Bestimmungsziel außerhalb der EU (§ 81 Abs. 1 Nr. 4 AWV);
- **Verstoß gegen Verwendungsbeschränkungen** nach § 29 Satz 2 AWV, wenn die Einfuhr einer Ware unter der Voraussetzung zugelassen oder unter der Auflage genehmigt wurde, dass die Ware nur in bestimmter Weise verwendet werden darf (§ 81 Abs. 1 Nr. 5 AWV);
- **Verstoß gegen vollziehbare Einzelfallanordnungen** nach § 44 Abs. 3, § 59 Abs. 1 Satz 1 oder Abs. 2 Nr. 1 oder § 62 AWV, welche einerseits getroffen werden können für die Durchfuhr von Gütern, wenn die Güter ganz oder teilweise für einen der Verwendungszwecke des Art. 4 Abs. 1 der **Dual-Use-VO** bestimmt sind oder bestimmt sein können, und andererseits für Fälle des **Erwerbs eines inländisches Unternehmen** oder einer unmittelbaren oder mittelbaren Beteiligung an einem inländischen Unternehmen durch einen Ausländer (§ 81 Abs. 1 Nr. 6 AWV);[1)]
- **Verstoß gegen ein Zahlungsverbot** nach § 81 Abs. 1 Nr. 7 AWV, wenn entgegen § 54 Abs. 1 AWV, welcher das Abkommens vom 27.2.1953 über deutsche Auslandsschulden[2)] zum Gegenstand hat, eine Zahlung oder eine sonstige Leistung bewirkt wird.

2. Rechtsverordnung nach § 11 Abs. 1 bis 3 oder Abs. 4 AWG (Buchst. b)

15 Als Ordnungswidrigkeiten geahndet werden gem. § 19 Abs. 3 Nr.1 Buchst. b AWG darüber hinaus Verstöße gegen eine Rechtsverordnung nach § 11 Abs. 1 bis 3 oder Abs. 4 AWG. Die dort geregelte Verordnungsermächtigung betrifft **Verfahrens-, Melde-, Aufzeichnungs- und Aufbewahrungsvorschriften**. Die einzelnen Ordnungswidrigkeiten sind in **§ 81 Abs. 2 AWV** genannt:

---

1) Siehe dazu Walter, RIW 2013, 847, 848.
2) BGBl. II 1953, 331.

a) *Verstöße im Zusammenhang mit Urkunden verkörpernden Verwaltungsakten (§ 81 Abs. 2 Nr. 1, 2 AWV)*

Dazu gehören: **16**

- die fehlende oder nicht rechtzeitige Rückgabe einer solchen Urkunde entgegen § 5 Abs. 1 Satz 1 AWV (§ 81 Abs. 2 Nr. 1 AWV) sowie
- der Verstoß gegen die Aufbewahrungspflicht von fünf Jahren nach § 6 Abs. 1 AWV (§ 81 Abs. 2 Nr. 2 AWV).

b) *Verstöße gegen Verfahrens- und Meldevorschriften für Ausfuhr und Wiederausfuhr (§ 81 Abs. 2 Nr. 3 bis 8 AWV)*

Davon erfasst wird: **17**

- wenn entgegen § 12 Abs. 1 AWV eine **Ausfuhrsendung** nicht, nicht richtig oder nicht rechtzeitig gestellt wird (§ 81 Abs. 2 Nr. 3 AWV); für den Begriff der **Gestellung** (→ Art. 4 Nr. 19 ZK),[1]
- wenn entgegen § 13 Abs. 1 AWV ein **Ladungsverzeichnis** nicht, nicht richtig oder nicht rechtzeitig eingereicht wird (§ 81 Abs. 2 Nr. 4 AWV),
- wenn entgegen § 13 Abs. 5 AWV eine **Erklärung** für das Gestellungs- und Anmeldeverfahren von **Seeschiffen** nicht, nicht richtig, nicht in der vorgeschriebenen Weise oder nicht rechtzeitig abgegeben wird (§ 81 Abs. 2 Nr. 4 AWV),
- wenn entgegen § 14 Abs. 3 oder Abs. 4 AWV bei **zollamtlicher Behandlung** eine Ware vor Abschluss der Prüfung durch die Ausfuhrzollstelle **entfernt** oder **verladen** wird (§ 81 Abs. 2 Nr. 6 AWV),
- wenn entgegen § 15 Abs. 1 oder § 17 Abs. 4 AWV bei **Zollanmeldung** und **vereinfachtem Anmeldeverfahren** eine **Angabe** nicht, nicht richtig, nicht vollständig oder nicht rechtzeitig gemacht wird (§ 81 Abs. 2 Nr. 7 AWV),
- wenn entgegen § 17 Abs. 5 Satz 1 AWV, eine **ergänzende elektronische Ausfuhranmeldung** i.S.d. § 12 Abs. 3 Satz 1 AWV bei einstufigem Ausfuhrverfahren nicht, nicht richtig, nicht vollständig oder nicht rechtzeitig abgegeben wird (§ 81 Abs. 2 Nr. 8 AWV).

c) *Verstöße gegen Verfahrens- und Meldevorschriften für die genehmigungsbedürftige Ausfuhr (§ 81 Abs. 2 Nr. 9 bis 13 AWV)*

Verstöße gegen Verfahrens- und Meldevorschriften für die genehmigungsbedürftige Ausfuhr nach § 81 Abs. 2 Nr. 9 bis 13 AWV begeht, wer **18**

- entgegen § 22 Abs. 1 AWV den Empfänger nicht, nicht richtig, nicht vollständig oder nicht rechtzeitig informiert über **Beschränkungen** bei der Ausfuhr von in **Teil I Abschnitt A der Ausfuhrliste** genannten Gütern (§ 81 Abs. 2 Nr. 9 AWV),
- entgegen § 22 Abs. 2 Satz 1 oder § 26 Abs. 1 Satz 1 AWV ein **Register** oder eine **Aufzeichnung** nicht, nicht richtig oder nicht vollständig führt (§ 81 Abs. 2 Nr. 10 AWV),
- entgegen § 23 Abs. 1 Satz 2 AWV nicht sicherstellt, dass eine **Ausfuhrgenehmigung vorhanden** ist (§ 81 Abs. 2 Nr. 11 AWV),

---

1) Siehe auch Kock in Dorsch, Zollrecht, Bd. I, Art. 40 ZK Rz. 8; Friedrich in Hocke/Friedrich, § 9 AWV Rz. 4.

- entgegen § 23 Abs. 1 Satz 3 AWV die **Ausfuhrgenehmigung** nicht oder nicht rechtzeitig **übermittelt** (§ 81 Abs. 2 Nr. 12 AWV),
- entgegen § 23 Abs. 5 Satz 2 AWV oder § 25 Abs. 1 AWV die **Ausfuhrgenehmigung** oder ein dort genanntes Dokument nicht oder nicht rechtzeitig **vorlegt** (§ 81 Abs. 2 Nr. 13 AWV).

d) Verstöße gegen Beschränkungen und allgemeine Verfahrensvorschriften bei der Einfuhr (§ 81 Abs. 2 Nr. 15 und 16 AWV)

19 Diese Verstöße begeht, wer

- entgegen § 29 Satz 1 AWV als Veräußerer einer Ware, dessen **Einfuhr** unter der Auflage einer **Verwendungsbeschränkung** zugelassen oder genehmigt wurde, diese Verwendungsbeschränkung bei der Veräußerung dem Erwerber der Ware nicht, nicht richtig, nicht vollständig oder nicht rechtzeitig nachweisbar **mitteilt** (§ 81 Abs. 2 Nr. 15 AWV),
- entgegen § 30 Abs. 3 Satz 1, ggf. i.V.m. § 48 Satz 2 AWV, einen **Nachweis** bzgl. Bestätigungen über **internationale Einfuhrbescheinigungen** und **Wareneingangsbescheinigungen** nicht, nicht richtig, nicht vollständig oder nicht rechtzeitig erbringt (§ 81 Abs. 2 Nr. 15 AWV),
- entgegen § 30 Abs. 3 Satz 2, ggf. i.V.m. § 48 Satz 2 AWV, eine damit zusammenhängende **Anzeige** nicht, nicht richtig, nicht vollständig oder nicht rechtzeitig **erstattet** oder eine **Bescheinigung** nicht oder nicht rechtzeitig **zurückgibt** und eine **Mitteilung** nicht, nicht richtig, nicht vollständig oder nicht rechtzeitig **macht** (§ 81 Abs. 2 Nr. 16 AWV).

e) Verstöße betreffend Einfuhrdokumente (§ 81 Abs. 2 Nr. 17 und 18 AWV)

20 Diese Verstöße begeht, wer

- entgegen § 32 Abs. 1 Satz 1 AWV nicht **sicherstellt**, dass dort genannte **Dokumente** wie die Rechnung oder sonstige Unterlagen, aus denen das Einkaufs- oder Versendungsland und das Ursprungsland der Waren ersichtlich sind, sowie ggf. weitere Dokumente, **vorhanden** sind (§ 81 Abs. 2 Nr. 17 AWV),
- entgegen § 32 Abs. 3 AWV ein dort genanntes **Dokument** nicht, nicht richtig oder nicht rechtzeitig **vorlegt** (§ 81 Abs. 2 Nr. 17 AWV).

f) Verstoß gegen Meldevorschriften im Kapital und Zahlungsverkehr (§ 81 Abs. 2 Nr. 19 und 20 AWV)

21 Gegen § 81 Abs. 2 Nr. 19 AWV verstößt, wer

- entgegen § 64 Abs. 1 AWV eine Meldung von **Vermögen von Inländern im Ausland**,
- entgegen § 65 Abs. 1 AWV eine Meldung von **Vermögen von Ausländern im Inland**,
- entgegen § 66 Abs. 1 oder Abs. 4 Satz 1 AWV, § 67 Abs. 1 AWV, auch i.V.m. § 68 Abs. 1 AWV eine Meldung von **Zahlungen, auch im Transithandel**, oder
- entgegen § 69 oder § 70 Abs. 1 AWV eine Meldung von **Zahlungen der Seeschiffahrtsunternehmen**, bzw. der **Geldinstitute**,

nicht richtig, nicht vollständig oder nicht rechtzeitig macht (§ 81 Abs. 2 Nr. 19 AWV).

Gegen § 81 Abs. 2 Nr. 20 AWV verstößt, wer

- entgegen § 68 Abs. 2 AWV eine Anzeige nicht, nicht richtig, nicht vollständig oder nicht rechtzeitig erstattet (§ 81 Abs. 2 Nr. 20 AWV).

III. Verstoß gegen vollziehbare Anordnungen (Nr. 2)

Vollziehbare Anordnungen § 19 Abs. 3 Nr. 2 AWG regelt die Bußgeldbewährung von Verstößen gegen **vollziehbare Anordnungen**, die auf Grund des § 7 Abs. 1, 3 oder 4 oder § 23 Abs. 1 oder Abs. 4 Satz 2 AWG erlassen wurden. Die Norm enthält **eigenständige Ordnungswidrigkeiten**, die allerdings auf andere Vorschriften des AWG Bezug nehmen.[1] § 7 AWG enthält eine Ermächtigungsgrundlage für **Einzeleingriffe betreffend den Seeverkehr** außerhalb des deutschen Küstenmeeres. Die Norm wird durch die weitere Verweisung auf § 4 Abs. 1 und § 5 AWG konkretisiert (→ Rz. 25 f.). Des Weiteren sanktioniert § 19 Abs. 3 Nr. 2 AWG seit der AWG-Novelle 2013 auch Verstöße gegen Anordnungen, die im Zusammenhang mit der **allgemeinen Auskunftspflicht** gem. § 23 AWG (früher § 44 AWG a.F.) ergangen sind.

22

§ 19 Abs. 3 Nr. 2 AWG entspricht im Wesentlichen dem § 33 Abs. 2 Nr. 1 AWG a.F. und einigen Tatbestandsvarianten des § 33 Abs. 5 Nr. 3 AWG a.F.[2] Die Bußgeldandrohung für die **Verletzung von handels- und steuerrechtlichen Buchführungs- oder Aufbewahrungspflichten** des § 33 Abs. 5 Nr. 4 AWG a.F. ist mit der AWG-Novelle 2013 entfallen. Das begründet der Gesetzgeber damit, dass eine Bußgeldbewehrung im Außenwirtschaftsrecht nicht erforderlich ist, da sie in einschlägigen handels- oder steuerrechtlichen Spezialgesetzen ausreichend geregelt ist.[3]

23

1. Vollziehbare Anordnungen

Die Norm sanktioniert Verstöße gegen **Verwaltungsakte** und ist damit Ausdruck der Verwaltungsrechtsakzessorietät des Außenwirtschaftsrechts. Voraussetzung einer Zuwiderhandlung ist, dass der Verwaltungsakt **wirksam** ist, **rechtmäßig** muss er nicht sein.[4] Denn auch ein rechtswidriger Verwaltungsakt bleibt bis zu seiner Aufhebung zunächst wirksam und ggf. vollziehbar, solange er nicht nichtig ist.[5] Die Wirksamkeit setzt die Bekanntgabe des Verwaltungsaktes voraus. Sie hat gegenüber dem Betroffenen zu erfolgen. Dieser muss die **Möglichkeit der Kenntnisnahme** von der Anordnung gehabt haben.[6] Bei einer Allgemeinverfügung ist eine Veröffentlichung im Bundesanzeiger notwendig.[7]

24

Die **Vollziehbarkeit** des Verwaltungsaktes richtet sich nach den allgemeinen verwaltungsrechtlichen Regeln des § 6 Abs. 1 VwVG. Nach dieser Vorschrift

25

---

1) Vgl. Morweiser in Wolffgang/Simonsen/Tietje, Bd. II, § 33 AWG Rz. 28.
2) Vorher waren Verstöße gegen Auskunfts- und Duldungspflichten unabhängig von einem im Zusammenhang damit ergangenen Verwaltungsakt bußgeldbewehrt.
3) BT-Drucks. 17/11127, 29.
4) Morweiser in Wolffgang/Simonsen/Tietje, Bd. II, § 33 AWG Rz. 39; Friedrich in Hocke/Friedrich, Außenwirtschaftsrecht, § 33 AWG Rz. 55.
5) Vgl. §§ 44, 43 Abs. 2, 3 VwVfG.
6) Friedrich in Hocke/Friedrich, Außenwirtschaftsrecht, § 33 AWG Rz. 56, Morweiser in Wolffgang/Simonsen/Tietje, Bd. II, § 33 AWG Rz. 30.
7) Friedrich in Hocke/Friedrich, Außenwirtschaftsrecht, § 33 AWG Rz. 56, Morweiser in Wolffgang/Simonsen/Tietje, Bd. II, § 33 AWG Rz. 30.

kann ein Verwaltungsakt vollzogen, also mit Zwangsmitteln durchgesetzt werden, wenn er unanfechtbar ist, wenn sein sofortiger Vollzug angeordnet wurde[1] oder wenn einem Rechtsmittel dagegen keine aufschiebende Wirkung zukommt. Letzteres regelt § 14 Abs. 2 AWG ausdrücklich, in dem er statuiert, dass Widerspruch und Anfechtungsklage gegen Verwaltungsakte nach dem AWG keine aufschiebende Wirkung haben.[2] Damit sind **Verwaltungsakte nach dem AWG regelmäßig vollziehbar** i.S.d. § 19 Abs. 3 Nr. 2 AWG.

2. ... nach § 7 Abs. 1, 3 oder 4 AWG

26 § 19 Abs. 3 Nr. 2 Var. 1 AWG sanktioniert Verstöße gegen **Einzeleingriffe im Seeverkehr** außerhalb des deutschen Küstenmeeres gem. § 7 Abs. 1, 3 oder 4 AWG. Sie entspricht mit Wesentlichen der Regelung des § 33 Abs. 2 Nr. 1 AWG a.F. Allerdings ist nur der Verstoß gegen vollziehbare Anordnungen nach § 4 Abs. 1 AWG bei Gefahren, die seewärts der Grenze des deutschen Küstenmeeres durch die Beförderung von Gütern an Bord eines die Bundesflagge führenden **Seeschiffs** verursacht werden, bußgeldbewehrt. Wie sich aus der abschließenden Aufzählung in § 7 Abs. 1 Halbs. 2 AWG ergibt, zählen dazu Maßnahmen zur **Lenkung, Beschleunigung** und **Beschränkung** der Beförderung der Güter sowie ihres Umschlags und ihrer Entladung (Einzelheiten → § 7 AWG Rz. 10 f.). Der Verweis auf § 4 **Abs. 1 AWG** bedeutet, dass die Anordnung nur zu den **dort aufgeführten Zwecken** getroffen werden darf, nämlich zur Gewährleistung der wesentlichen nationalen Sicherheitsinteressen, zur Verhütung der Störung des friedlichen Zusammenlebens der Völker und der auswärtigen Beziehungen der Bundesrepublik, zur Gewährleistung der nationalen öffentlichen Ordnung oder Sicherheit und, um dem Schutz vor einer Gefährdung der Deckung des lebenswichtigen Bedarfs entgegenzuwirken (Einzelheiten → § 4 AWG Rz. 4 f.).

27 Die Bußgeldbewährung von Verstößen gegen § 7 Abs. 1, 3 oder 4 AWG wird weiter konkretisiert durch § 5 AWG. Danach können Anordnungen gem. § 4 Abs. 1 (i.V.m. § 7 Abs. 1 AWG) insbesondere ergehen für Rechtsgeschäfte und Handlungen in Bezug auf **Waffen, Munition und sonstige Rüstungsgüter** (Abs. 1), auf den Erwerb von inländischen Unternehmen („**asset deal**") oder von Anteilen an solchen („**share deal**") durch Unionsfremde (Abs. 2), auf den Erwerb von inländischen Unternehmen der **Rüstungs-** und der **Informations- und Kommunikationssicherheitsbranche** (Abs. 3) sowie zur Sicherstellung der **nationalen Bedarfsdeckung** zum Schutz der Gesundheit und des Lebens von Menschen (Abs. 4). Durch diese Konkretisierung will der Gesetzgeber die Bußgeldbewehrung auf die besonders **praxisrelevanten** Fälle des § 5 AWG beschränken und Verstöße gegen § 4 Abs. 2 AWG, also zur Umsetzung völker- und europarechtlicher Maßnahmen, durch die Androhung von Zwangsgeldern verhindern.[3]

---

1) Das kann die Behörde gem. § 80 Abs. 2 Nr. 4 VwGO tun, wenn die sofortige Vollziehung im öffentlichen Interesse oder im überwiegenden Interesse eines Beteiligten liegt.
2) So richtigerweise Morweiser in Wolffgang/Simonsen/Tietje, Bd. II, § 33 AWG Rz. 30 und Diemer in Erbs/Kohlhaas, § 33 Rz. 9; das verkennen Friedrich in Hocke/Friedrich, Außenwirtschaftsrecht, § 33 AWG Rz. 55 und John in Hohmann/John, § 33 AWG Rz. 29 f.
3) BT-Drucks. 17/11127, 29.

3. ... nach § 23 Abs. 1 oder Abs. 4 Satz 2 AWG

Des Weiteren sanktioniert § 19 Abs. 3 Nr. 2 AWG Verstöße gegen die **Anordnung eines Auskunftsverlangens** nach § 23 Abs. 1 S. 1 AWG oder eines **Verlangens** nach § 23 Abs. 1 Satz 2 oder Abs. 4 Satz 2 AWG. Die **Duldung von Prüfungen** und die damit zusammenhängende Duldung des Betretens von Geschäftsräumen nach § 23 Abs. 2 AWG ist von der Bußgeldbewährung nach dieser Vorschrift nicht mehr umfasst.[1]

Nach § 23 Abs. 1 Satz 1 AWG können Hauptzollamt, Bundesbank, BAFA und BLE **Auskünfte verlangen**, die erforderlich sind, um die Einhaltung von Pflichten nach dem AWG, der AWV oder außenwirtschaftsrechtlicher Bestimmungen der EU zu überwachen. Gem. § 23 Abs. 1 Satz 2 AWG kann die Behörde zu diesem Zweck auch verlangen, dass ihr die geschäftlichen Unterlagen vorgelegt werden. Kommt der Adressat einer entsprechenden vollziehbaren Anordnung nicht nach, handelt er ordnungswidrig. Des Weiteren ist auch der Verstoß gegen Anordnungen zur **automatischen Auswertung** oder zum **Bereitstellen eines maschinell verwertbaren Datenträgers** mit gespeicherten Daten gem. § 23 Abs. 4 Satz 2 AWG bußgeldbewehrt. Eine solche Anordnung können Verwaltungsbehörde und Bundesbank im Rahmen einer Prüfung dann treffen, wenn Unterlagen nach § 23 Abs. 1 AWG unter Einsatz eines Datenverarbeitungssystems erstellt worden sind.

Adressat ist jeweils der **Auskunftspflichtige**.[2] Das ist nach § 23 Abs. 5 AWG, wer unmittelbar oder mittelbar am Außenwirtschaftsverkehr teilnimmt. Das umfasst jede natürliche und juristische Person, die eine Handlung vornimmt, oder ein Rechtsgeschäft abschließt, das sich auf den Außenwirtschaftsverkehr bezieht.[3] Die Vorschrift betrifft damit insbesondere **Spediteure, Makler, Finanzierungsinstitute, Versicherungen, Lieferanten und Abnehmer**. Nicht erfasst werden dagegen solche Personen, die nur mit ausdrücklicher Zustimmung der Beteiligten tätig werden wie **Rechts-, Steuer- oder Wirtschaftsberater**.[4] Der Auskunftspflichtige kann gem. § 23 Abs. 6 AWG die **Auskunft** auf solche Fragen **verweigern**, deren Beantwortung ihn selbst oder einen Angehörigen der Gefahr aussetzen würde, wegen einer Straftat oder Ordnungswidrigkeit verfolgt zu werden.

IV. Verstoß gegen Pflichten zur Überwachung des Fracht-, Post- und Reiseverkehrs (Nr. 3–5)

§ 19 Abs. 3 Nr. 3 bis 5 AWG stellen Verstöße gegen Pflichten nach § 27 AWG zur **Überwachung des Fracht-, Post- und Reiseverkehrs** unter Bußgeldandrohung. Sie dienen der Sicherung der Ermächtigung der Zollbehörden, Sachen bei der Ein-, Aus- und Durchfuhr zu kontrollieren. Insofern können sich Über-

---

1) Nach alter Rechtslage waren Verstöße gegen Auskunfts- und Duldungspflichten des § 44 AWG a.F. unmittelbar bußgeldbewehrt nach § 33 Abs. 5 Nr. 3 Alt. 1 und 2 AWG a.F. Nun sind die bußgeldbewehrten Handlungen gem. der Nachfolgeregelung des § 23 AWG als vollziehbare Anordnungen ausgestaltet worden, so dass der Bußgeldtatbestand unter § 19 Abs. 3 Nr. 2 AWG gefasst wurde.
2) Friedrich in Hocke/Friedrich, Außenwirtschaftsrecht, § 33 AWG Rz. 81.
3) Diemer in Erbs/Kohlhaas, § 44 AWG Rz. 9.
4) Diemer in Erbs/Kohlhaas, § 44 AWG Rz. 9; Morweiser in Wolffgang/Simonsen/Tietje, Bd. II, § 33 AWG Rz. 51.

schneidungen mit zollrechtlichen Zuwiderhandlungen ergeben.[1] Die Vorschriften entsprechen inhaltlich § 33 Abs. 5 Nr. 3 AWG a.f. und wurden lediglich redaktionell umgestaltet.[2]

32 Durch § 19 Abs. 3 Nr. 3 AWG wird der Verstoß gegen die Verpflichtung aus § 27 Abs. 1 Satz 1 AWG bußgeldbewehrt. Danach sind **Waren**, die ausgeführt, verbracht, eingeführt oder durchgeführt werden, auf Verlangen **vorzuzeigen**. Er entspricht § 33 Abs. 5 Nr. 3 Alt. 2 i.V.m. § 46 Abs. 1 AWG a.F. Allerdings verweist die Vorschrift nicht mehr auf den gesamten § 27 Abs. 1 AWG, sondern nur auf die in Satz 1 geregelte Vorzeigepflicht. Der Verstoß gegen die **Duldung einer Beschau oder Untersuchung** ist damit nicht mehr bußgeldbewehrt. Die Pflichten nach § 27 Abs. 1 Satz 1 AWG treffen den Ein-, Aus- oder Durchführer. Die Vorschrift nimmt insofern Bezug auf eine besondere Pflichtenstellung und ist damit **Sonderdelikt**.[3] Inhalt der Pflicht ist es, die Sachen so vorzuzeigen, dass die Zollstelle ihre Überwachungsrechte nach dem AWG wahrnehmen kann.

33 § 19 Abs. 3 Nr. 4 AWG sanktioniert Verstöße gegen **Erklärungspflichten im Reiseverkehr** nach § 27 Abs. 3 AWG. Wer aus dem Inland ausreist oder in das Inland einreist, hat auf Verlangen zu erklären, ob er Waren mit sich führt, deren Ausfuhr, Einfuhr, Durchfuhr oder Verbringung nach dem AWG oder der AWV beschränkt ist. Die Regelung entspricht § 33 Abs. 5 Nr. 3 Alt. 3 AWG a.F. mit dem Verweis auf § 46 Abs. 2 AWG a.F.

34 § 19 Abs. 3 Nr. 5 AWG regelt die Bußgeldbewährung der **Gestellungspflicht** bei der Ausfuhr. Der **Anwendungsbereich** der Vorschrift ist jedoch gering, da die Gestellungspflicht des § 27 Abs. 4 AWG, auf den die Vorschrift verweist, durch vorrangige europarechtliche Regelungen des Zollkodex und der ZK-DVO überlagert wird.[4] Die Regelung entspricht § 33 Abs. 5 Nr. 3 Alt. 4 i.V.m. § 46 Abs. 3 AWG a.F.

E. Verstoß gegen unmittelbar geltende EU-Rechtsakte nach AWV (Abs. 4)

I. Allgemein

35 § 19 Abs. 4 AWG ersetzt § 33 Abs. 4 AWG a.F. mit geringen redaktionellen Anpassungen, mit denen aber keine materiell-rechtliche Änderung verbunden ist.[5] Es ist eine **Blankettnorm**, mit der bestimmte Verstöße gegen einige unmittelbar geltende **EU-Rechtsakte** sanktioniert werden. Allerdings wird die Norm nicht, wie § 18 Abs. 1 oder § 19 Abs. 5 AWG, unmittelbar durch die bußgeldbewehrten Unionsrechtsakte ausgefüllt. Ausfüllende Norm ist **§ 82 AWV**, welcher einerseits die Tathandlungen und die einzelnen EU-Rechtsakte genau umschreibt und andererseits eine Rückverweisung auf § 19 Abs. 4 AWG enthält. § 19 Abs. 4 Satz 2 AWG enthält die **Ermächtigungsgrundlage** für den Erlass

---

1) Friedrich in Hocke/Friedrich, Außenwirtschaftsrecht, § 33 AWG Rz. 85.
2) BT-Drucks. 17/11127, 29.
3) Morweiser in Wolffgang/Simonsen/Tietje, Bd. II, § 33 AWG Rz. 54.
4) Friedrich in Hocke/Friedrich, Außenwirtschaftsrecht, § 33 AWG, Rz. 85; Morweiser in Wolffgang/Simonsen/Tietje, Bd. II, § 33 AWG Rz. 55.
5) BT-Drucks. 17/11127, 29, siehe auch Friedrich in Hocke/Friedrich, Außenwirtschaftsrecht, § 33 AWG Rz. 72.

dieser Verordnung. Das entspricht dem Bedürfnis nach einer flexiblen Regelung. Denn die Vielzahl der europarechtlichen Vorschriften und ihre fortlaufenden Änderungen machen eine schnelle Anpassung ohne langwieriges nationales Gesetzgebungsverfahren notwendig, um die entsprechenden europarechtlichen Bestimmungen mit Bußgeld bewähren zu können.

Trotz des insoweit nicht eindeutigen Wortlauts („[…] wird ermächtigt, […] die Tatbestände zu bezeichnen") steht es nicht im Ermessen des Verordnungsgebers, die entsprechende europarechtliche Norm durch Bußgeldbewährung zu schützen. Vielmehr ergibt sich diese **Verpflichtung** unmittelbar aus den Unionsrechtsakten sowie aus dem in Art. 4 Abs. 2 AEUV geregelten „effet utile-Prinzip".[1] Dem **Bestimmtheitsgrundsatz** des Art. 103 Abs. 2 GG wird insofern entsprochen, als dass die Sanktion wegen eines Außenwirtschaftsverstoßes schon auf Grund des § 19 Abs. 4 AWG hinreichend vorhersehbar ist. Durch die Rückverweisung in der AWV wird der Tatbestand weiter konkretisiert.[2] 36

Verstöße gegen EU-Rechtsakte, durch welche Rechtsgeschäfte und Handlungen aus außenpolitischen Zwecken und Gründen im Außenwirtschaftsverkehr beschränkt werden (→ Rz. 39), können gem. § 19 Abs. 6 AWG bei **vorsätzlicher Begehungsweise** mit einem **Bußgeld** i.H.v. bis zu 500 000 € sanktioniert werden. Bei **fahrlässiger Begehung** beträgt das Bußgeld bis zu 250 000 € (→ Rz. 46 f.). Verstöße gegen Verfahrens-, Melde-, Aufzeichnungs- und Aufbewahrungspflichten aus den bußgeldbewehrten EU-Rechtsakten (→ Rz. 39) können bei **fahrlässiger Begehung** mit einem **Bußgeld** von höchstens 15 000 €, bei **vorsätzlicher Begehung** von bis zu 30 000 € geahndet werden (→ Rz. 46 f.). 37

II. Unmittelbar geltende Vorschriften des Europarechts

Die Norm schützt unmittelbar anwendbares EU-Recht, in erster Linie **Verordnungen** i.S.d. Art. 288 Abs. 2 AEUV. In Betracht kommen auch **Beschlüsse** zur Durchführung von Verordnungen, da auch sie nach Art. 288 Abs. 4 AEUV unmittelbare Geltung haben.[3] Trotz der unmittelbaren Geltung und des Vorrangs des Unionsrechts ist eine Bußgeldbewährung nur nach nationalem Recht möglich, da die Union **keine Befugnis**[4] zur Regelung von straf- oder bußgeldrechtlichen Sanktionen hat. Wie bei § 18 Abs. 1 AWG müssen die EU-Rechtsakte nach europarechtlichen Grundsätzen ausgelegt und bei Unklarheiten ein Vorabentscheidungsverfahren nach Art. 267 AEUV vor dem EuGH durchgeführt werden (→ § 18 AWG Rz. 8). 38

Der geschützte Unionsrechtsakt muss bestimmten **inhaltlichen Anforderungen** genügen. Nach § 19 Abs. 4 AWG muss es sich um einen Unionsrechtsakt zur **Beschränkung des Außenwirtschaftsrechts** handeln. Das bedeutet, dass EU-Regulierungen, die sich nicht oder nur mittelbar über die Grenzen der einzelnen Mitgliedstaaten hinaus auswirken, nicht zur Ausfüllung geeignet sind.[5] Der EU-Rechtsakt, welcher durch § 19 Abs. 4 AWG bußgeldbewehrt werden soll, 39

---

1) Morweiser in Wolffgang/Simonsen/Tietje, Bd. II, § 33 AWG Rz. 37.
2) Morweiser in Wolffgang/Simonsen/Tietje, Bd. II, § 33 AWG Rz. 36.
3) Friedrich in Hocke/Friedrich, Außenwirtschaftsrecht, § 33 AWG Rz. 72.
4) BGH, NJW 1995, 2174, 2175; Diemer in Erbs/Kohlhaas, Vorbem. AWG Rz. 7; Morweiser in Wolffgang/Simonsen/Tietje, Bd. II, § 33 AWG Rz. 35, Friedrich in Hocke/Friedrich, Außenwirtschaftsrecht, § 33 AWG Rz. 71.
5) Morweiser in Wolffgang/Simonsen/Tietje, Bd. II, § 33 AWG Rz. 40.

muss zudem inhaltlich einer Regelung entsprechen, zu der § 4 Abs. 1 und § 11 Abs. 1 bis 3 oder 4 AWG ermächtigen. Das bestimmt § 19 Abs. 4 AWG seit der AWG-Novelle 2013 ausdrücklich. Im Fall des § 4 Abs. 1 AWG sind das Regelungen, durch welche **Rechtsgeschäfte und Handlungen aus außenpolitischen Zwecken und Gründen** im Außenwirtschaftsverkehr beschränkt werden können (→ Rz. 13). Die Verordnungsermächtigung nach § 11 Abs. 1–3 oder Abs. 4 AWG betrifft **Verfahrens-, Melde-, Aufzeichnungs- und Aufbewahrungspflichten.**

III. Rechtsverordnung zur Durchführung der EU-Rechtsakte

40 Die nationale, das Blankett ausfüllende Verordnung muss die Normen der EU-Rechtsakte genau **benennen.**[1] Die Verordnungsermächtigung des § 19 Abs. 4 Satz 2 AWG geht zudem nur soweit, wie dies zur Durchführung der EU-Rechtsakte „**erforderlich**" ist. Das bedeutet, dass der Tatbestand der Ordnungswidrigkeit nicht über die unionsrechtliche Regelung hinausgehen darf.[2]

41 **Ausgefüllt** wird die Blankettnorm momentan durch **§ 82 AWV**, der in insgesamt elf Absätzen Verweise auf **EU-Embargoverordnungen**, den **Zollkodex** sowie weitere außenwirtschaftsrelevante Verordnungen wie die **Kimberley-VO** und die **Dual-Use-VO** enthält. Dabei sind die **Verweise** auf die EU-Rechtsakte selbst **statischer** Natur, während die Verweise auf die Listen in den Anhängen zu einigen Verordnungen **dynamisch** ausgestaltet sind.[3]

F. Verstoß gegen Verfahrensvorschriften in EU-Sanktionsverordnungen (Abs. 5)

42 § 19 Abs. 5 AWG sanktioniert Verstöße gegen **Verfahrensvorschriften** in EU-Sanktionsverordnungen, welche die Durchführung oder die Überprüfung der Einhaltung der jeweiligen Verordnung ermöglichen sollen. Die Vorschrift wurde mit der **AWG-Novelle 2013** neu in das Gesetz **eingeführt**. Sie ersetzt Regelungen, die vorher in verschiedenen Absätzen des § 70 AWV a.f. verstreut waren. Dort waren Verstöße gegen die Sanktionsverordnungen für jedes Land gesondert bußgeldbewehrt.[4] Die neue Vorschrift fasst die maßgeblichen Verstöße abstrakt zusammen..[5]

43 Dazu gehören nach § 19 Abs. 5 Nr. 1 AWG zunächst Pflichten zur **Informationsübermittlung**. Sie finden sich beispielsweise in Art. 4 Abs. 1 Terrorismus-VO[6] für Finanzinstitute und Versicherungen bezüglich Konten und Finanztransaktionen, die vom Anwendungsbereich der Verordnung umfasst sind. Weitere

---

1) Friedrich in Hocke/Friedrich, Außenwirtschaftsrecht, § 33 AWG Rz. 72.
2) Morweiser in Wolffgang/Simonsen/Tietje, Bd. II, § 33 AWG Rz. 37.
3) Vgl. z.B. den Verweis in § 82 Abs. 9 AWV auf die Anhänge I und IV der Dual-Use-VO oder auf die Anhänge I bis VIIb der Iran Embargo-VO 267/2012 in Abs. 11.
4) Dazu Morweiser, Stellungnahme zum Gesetzesentwurf der Bundesregierung zur Modernisierung des Außenwirtschaftsrechts, BT A-Drucks. 17(9) 1049, 10: „[...] § 70 AWV [a.F.], der an Unübersichtlichkeit nicht zu übertreffen war."
5) BT-Drucks. 17/11127, 29.
6) Verordnung (EG) Nr. 2580/2001 des Rates vom 27.12.2001 über spezifische, gegen bestimmte Personen und Organisationen gerichtete restriktive Maßnahmen zur Bekämpfung des Terrorismus.

Beispiele finden sich in Art. 5 Abs. 1 Buchst. a der Al-Qaida-VO[1] zur Einhaltung der Verordnung über eingefrorene Konten und Guthaben sowie in Art. 40 Abs. 1 Buchst. a Iran-Embargo-VO[2] bezüglich eingefrorener Konten und Beträge.

Vorabanmeldungspflichten i.S.d. § 19 Abs. 5 Nr. 2 AWG sind beispielsweise in Art. 182 Abs. 1 oder 182d Abs. 3 des ZK enthalten. Pflichten zur **Aufbewahrung und Zurverfügungstellung von Aufzeichnungen** über Transaktionen, deren Verstoß nach § 19 Abs. 5 Nr. 3 AWG strafbewehrt ist, sind beispielsweise in Art. 30 Abs. 6 Buchst. c Iran-Embargo-VO für Kredit- und Finanzinstitute bei Geldtransfers geregelt. **Unterrichtungspflichten** i.S.d. § 19 Abs. 5 Nr. 4 AWG enthält die Iran-Embargo-VO z.B. in Art. 30 Abs. 3 Buchst. a Satz 2 für die Genehmigung von Geldtransfers sowie in Art. 30 Abs. 6 Buchst. c für verdächtige Transaktionen.   44

Die Veröffentlichung im BGBl. ist wie bei § 18 Abs. 1 AWG keine Voraussetzung der Bußgeldbewehrung. Die einschlägigen EU-Sanktionsverordnungen sind unmittelbar mit der **Veröffentlichung im Amtsblatt der EU** bußgeldbewehrt (→ § 18 AWG Rz. 12). Die Norm stellt den **vorsätzlichen** und den **fahrlässigen** Verstoß unter Bußgeldandrohung. Bußgelder für einen fahrlässigen Verstoß können gem. § 19 Abs. 6 AWG eine Höhe von bis zu 15 000 €, für vorsätzliche Verstöße von bis zu 30 000 € erreichen (Einzelheiten → Rz. 46).   45

G. Rechtsfolgen (Abs. 6)

Die Rechtsfolgen von Verstößen gegen die Bußgeldtatbestände des § 19 AWG sind in § 19 Abs. 6 AWG geregelt. Danach werden die des § 19 AWG im Regelfall mit einer **Geldbuße von bis zu 30 000 €** geahndet. Damit wurde die Bußgeldgrenze des § 33 Abs. 6 AWG a.f. um 5 000 € angehoben. Eine **Geldbuße von bis zu 500 000 €** kann verhängt werden in den Fällen des § 19 Abs. 1 AWG (fahrlässige Begehung der Taten nach § 18 Abs. 1–5 AWG), § 19 Abs. 3 Nr. 1 Buchst. a AWG (Verstöße gegen § 81 Abs. 1 AWV) und § 19 Abs. 4 Satz 1 Nr. 1 AWG (Verstöße gegen unmittelbar geltende EU-Vorschriften über die Beschränkung des Außenwirtschaftsverkehrs, die inhaltlich Regelungen nach § 81 Abs. 1 AWV entsprechen). Zudem sind die allgemeinen Grundsätze des § 17 OWiG bei Bemessung der Höhe des Bußgelds zu berücksichtigen.[3] Insofern verringert sich gem. § 17 Abs. 2 OWiG **das Höchstmaß** des angedrohten Bußgelds bei **fahrlässiger** Begehung um die Hälfte, wenn sowohl die vorsätzliche als auch die fahrlässige Begehung sanktioniert werden. Die Geldbußen können demnach wie folgt zusammengefasst werden: 46

---

[1] Verordnung (EG) Nr. 881/2002 des Rates vom 27.5.2002 über die Anwendung bestimmter spezifischer restriktiver Maßnahmen gegen bestimmte Personen und Organisationen, die mit Osama bin Laden, dem Al-Qaida-Netzwerk und den Taliban in Verbindung stehen, und zur Aufhebung der Verordnung (EG) Nr. 467/2001 des Rates über das Verbot der Ausfuhr bestimmter Waren und Dienstleistungen nach Afghanistan, über die Ausweitung des Flugverbots und des Einfrierens von Geldern und anderen Finanzmitteln betreffend die Taliban von Afghanistan.
[2] Verordnung (EU) Nr. 267/2012 des Rates vom 23.3.2012 über restriktive Maßnahmen gegen Iran und zur Aufhebung der Verordnung (EU) Nr. 961/2010.
[3] Diemer in Erbs/Kohlhaas, § 33 AWG Rz. 33, 37.

47	Geldbuße bis 500 000 €	
	Fahrlässige Begehung der Taten nach § 18 Abs. 1–5 AWG	§ 19 Abs. 1 AWG
	Vorsätzliche Verstöße gegen § 81 Abs. 1 AWV	§ 19 Abs. 3 Nr. 1 Buchst. a AWG
	Vorsätzliche Verstöße gegen § 82 Abs. 1, 4, 6, 7, 9, 10, 11 AWV	§ 19 Abs. 4 Satz 1 Nr. 1 AWG
	Geldbuße bis 250 000 €	
	Fahrlässige Verstöße gegen § 81 Abs. 1 AWV	§ 19 Abs. 3 Nr. 1 Buchst. a AWG
	Fahrlässige Verstöße gegen § 82 Abs. 1, 4, 6, 7, 9, 10, 11 AWV	§ 19 Abs. 4 Satz 1 Nr. 1 AWG
	Geldbuße bis 30 000 €	
	Unrichtige Angaben im Genehmigungsverfahren	§ 19 Abs. 2 AWG
	Vorsätzliche Verstöße gegen § 81 Abs. 2 AWV	vorsätzliche Taten nach § 19 Abs. 3 Nr. 1 Buchst. b AWG
	Vorsätzliche Verstöße gegen vollziehbare Anordnungen und gegen Pflichten zur Überwachung des Fracht-, Post- und Reiseverkehrs	§ 19 Abs. 3 Nr. 2–5 AWG
	Vorsätzliche Verstöße gegen § 81 Abs. 2, 3, 5, 8 AWV	§ 19 Abs. 4 Satz 1 Nr. 2 AWG
	Vorsätzliche Verstöße gegen die Dual-Use-VO	§ 19 Abs. 5 AWG
	Geldbuße bis 15 000 €	
	Fahrlässige Verstöße gegen § 81 Abs. 2 AWV	§ 19 Abs. 3 Nr. 1 Buchst. b AWG
	Fahrlässige Verstöße gegen vollziehbare Anordnungen und gegen Pflichten zur Überwachung des Fracht-, Post- und Reiseverkehrs	§ 19 Abs. 3 Nr. 2–5 AWG
	Fahrlässige Verstöße gegen § 81 Abs. 2, 3, 5, 8 AWV	§ 19 Abs. 4 Satz 1 Nr. 2 AWG
	Fahrlässige Verstöße gegen die Dual-Use-VO	§ 19 Abs. 5 AWG

Grundlage für **die Zumessung der Geldbuße** sind nach § 17 Abs. 3 OWiG die Bedeutung der Ordnungswidrigkeit, der Vorwurf, der den Täter trifft und seine wirtschaftlichen Verhältnisse. Bei der Bemessung der Geldbuße ist ebenfalls zu berücksichtigen, dass die Geldbuße den **wirtschaftlichen Vorteil**, den der Täter aus der Ordnungswidrigkeit gezogen hat, **übersteigen** soll. Dazu kann auch das gesetzliche Höchstmaß überschritten werden.[1] Ist die Verhängung einer Geldbuße nicht möglich, kann ein aus der Tat erwachsener wirtschaftlicher Vorteil ggf. nach § 29a OWiG abgeschöpft werden. Im Ordnungswidrigkeitenrecht gibt es zudem die Möglichkeit, eine **Unternehmensgeldbuße nach § 30 OWiG** zu verhängen, die auch bei Außenwirtschaftsverstößen in Betracht kommt.[2]

---

1) Siehe Einzelheiten bei Bohnert in Bohnert, § 17 OWiG Rz. 25 f.
2) Siehe dazu Bohnert in Bohnert, § 30 OWiG; Morweiser in Wolffgang/Simonsen/Tietje, Bd. II, § 33 AWG Rz. 64.

§ 20
Einziehung und Erweiterter Verfall

(1) Ist eine Straftat nach § 17 oder § 18 oder eine Ordnungswidrigkeit nach § 19 begangen worden, so können folgende Gegenstände eingezogen werden:
1. Gegenstände, auf die sich die Straftat oder die Ordnungswidrigkeit bezieht, und
2. Gegenstände, die zu ihrer Begehung oder Vorbereitung gebraucht worden oder bestimmt gewesen sind.

(2) § 74a des Strafgesetzbuches und § 23 des Gesetzes über Ordnungswidrigkeiten sind anzuwenden.

(3) In den Fällen des § 17 Absatz 2 Nummer 2 oder Absatz 3, jeweils auch in Verbindung mit Absatz 7, und des § 18 Absatz 7 Nummer 2 oder Absatz 8, jeweils auch in Verbindung mit Absatz 10, ist § 73d des Strafgesetzbuches anzuwenden.

Inhalt

	Rz.
A. Überblick	1
B. Einziehung (Abs. 1)	2–6
C. Erweiterte Einziehung (Abs. 2)	7
D. Erweiterter Verfall (Abs. 3)	8–9

A. Überblick

§ 20 AWG enthält Bestimmungen zu den **Nebenfolgen** bei Verstößen gegen das AWG. Die Norm stimmt inhaltlich mit der Vorgängervorschrift des § 36 AWG a.F. überein. Sie verweist im Wesentlichen auf **die allgemeinen Vorschriften im StGB und im OWiG**, enthält jedoch einige außenwirtschaftsrechtliche Besonderheiten.[1]

1

B. Einziehung (Abs. 1)

§ 20 Abs. 1 AWG betrifft die Einziehung als Nebenfolge von Straftaten und Ordnungswidrigkeiten nach dem AWG. Die Einziehung ist in § 22 OWiG und §§ 74 f. StGB geregelt, welche grundsätzlich auch auf Straftaten und Ordnungswidrigkeiten nach dem AWG Anwendung finden. Bei Ordnungswidrigkeiten darf die Einziehung gem. § 22 OWiG nur angeordnet werden, wenn ein **Gesetz es ausdrücklich zulässt**. Diese Funktion erfüllt § 20 Abs. 1 AWG. Die Vorschrift erweitert zudem den Anwendungsbereich der Einziehung im Fall von Strafta-

2

---

1) Siehe zum StGB Kühl in Lackner/Kühl, §§ 73 ff. StGB; Joecks in Münchener Kommentar, Bd. II, §§ 73 ff. StGB; Eser in Schönke/Schröder, §§ 73 ff. StGB. Zum OWiG siehe Mitsch in Karlsruher Kommentar, §§ 22 ff. OWiG; Bohnert in Bohnert, §§ 22 ff. OWiG; siehe auch Schmidt, Gewinnabschöpfung im Straf- und Bußgeldverfahren, 2006.

ten. § 74 Abs. 1 StGB sieht die Möglichkeit der Einziehung nur bei vorsätzlichen Taten vor. Eine solche Einschränkung enthält § 20 Abs. 1 AWG nicht. Die Einziehung kann also auch im Fall der **fahrlässigen Begehung** einer Straftat (→ § 17 AWG Rz. 39) oder Ordnungswidrigkeit angeordnet werden.[1]

3 Nach § 20 Abs. 1 Nr. 1 AWG können alle Gegenstände eingezogen werden, auf die sich die Straftat oder die Ordnungswidrigkeit **bezieht**. Damit ist der Kreis der Gegenstände, die der Einziehung unterliegen für Straftaten nach dem AWG weiter als nach dem StGB. Nach § 74 Abs. 1 Alt. 1 StGB unterliegen nur Gegenstände der Einziehung, die durch die Straftat „hervorgebracht" worden sind. Sinn der Vorschrift ist es, das Objekt der Zuwiderhandlung dem Zuwiderhandelnden zu entziehen und ihn dadurch zusätzlich zu treffen.[2] Unter die Norm fallen alle **Sachen und Rechte, die Gegenstand der außenwirtschaftlichen Rechtsgeschäfte** und Handlungen sind, die den Straftatbestand des AWG erfüllen, ohne dass sie als Mittel zur Verwirklichung der Tat eingesetzt werden.[3] Darunter können im Außenwirtschaftsrecht insbesondere die ungenehmigt oder **verbotswidrig ausgeführten Güter** fallen, nicht aber Gewinne aus dem verbotswidrigen Geschäft. Sie können jedoch dem Verfall unterliegen (→ Rz. 8).[4]

4 In § 20 Abs. 1 Nr. 2 AWG findet sich die zweite Alternative des § 74 Abs. 1 StGB wortgleich wieder. Danach können auch alle zur **Begehung oder Vorbereitung** der Straftat oder der Ordnungswidrigkeit gebrauchten oder bestimmten Gegenstände eingezogen werden. Darunter können neben Beförderungsmittel, mit denen Güter ungenehmigt transportiert wurden, auch Handys und Laptops oder Geldbeträge fallen, mit denen der Außenwirtschaftsverstoß finanziert werden sollte.[5]

5 Neben § 20 Abs. 1 AWG bleiben die **allgemeinen Einziehungsvorschriften** mit ihren Voraussetzungen (insbesondere § 74 Abs. 2 StGB und § 22 Abs. 2 OWiG) anwendbar. Es kann also auch die Einziehung des **Wertersatzes** nach § 74c StGB bzw. § 25 OWiG angeordnet werden. Das Gericht kann zudem die Einziehung des Gegenstands oder des Wertersatzes nach § 27 OWiG **selbständig** anordnen, wenn wegen der Ordnungswidrigkeit aus tatsächlichen Gründen keine bestimmte Person verfolgt oder eine Geldbuße gegen eine bestimmte Person nicht festgesetzt werden kann.[6] Zu beachten sind in diesem Zusammenhang ebenfalls § 75 StGB und § 29 OWiG, nach denen einige Vorschriften über Einziehung oder Wertersatz auch auf **juristische Personen**, nicht rechtsfähige Vereine oder Personengesellschaften Anwendung finden können, wenn ein Vertreter für sie gehandelt hat.

---

1) Wagner in Münchener Kommentar, Bd. VI/1, § 36 AWG Rz. 7.
2) Friedrich in Hocke/Friedrich, § 36 AWG Rz. 5.
3) Diemer in Erbs/Kohlhaas, § 36 AWG Rz. 2; Morweiser in Wolffgang/Simonsen/Tietje, Bd. II, § 36 AWG Rz. 11.
4) Friedrich in Hocke/Friedrich, § 36 AWG Rz. 6; Wagner in Münchener Kommentar, Bd. VI/1, § 36 AWG Rz. 8.
5) Friedrich in Hocke/Friedrich, § 36 AWG Rz. 6; Morweiser in Wolffgang/Simonsen/Tietje, Bd. II, § 36 AWG Rz. 13.
6) Nicht eindeutig geklärt ist, ob die Behörde davon auch im Fall einer Selbstanzeige nach § 22 Abs. 4 AWG (→ § 22 AWG Rz. 7 ff.) Gebrauch machen kann. Das scheint nach §§ 22, 27 Abs. 3, 47 Abs. 1 OWiG der Fall zu sein, widerspräche aber der Intention des Gesetzgebers, Anreize für die Selbstanzeige zu schaffen. Siehe dazu Voland, GWR 2013, 267.

Die Einziehung nach § 20 Abs. 1 AWG steht im **Ermessen** der Behörde oder 6
des Gerichts, soweit sie über die Einziehung nach den Vorschriften des StGB
und des OWiG hinausgeht. Bei der Ausübung des Ermessen ist der Grundsatz
der **Verhältnismäßigkeit** zu beachten (§ 74 b StGB, § 24 OWiG).[1] Die in § 26
OWiG und § 74e StGB geregelte **Wirkung der Einziehung** ist, dass das Eigentum an der Sache oder das eingezogene Recht mit der Rechtskraft der Entscheidung auf den Staat übergeht.

C. Erweiterte Einziehung (Abs. 2)

§ 20 Abs. 2 AWG erweitert den von der Einziehung betroffenen **Personenkreis**. 7
Er enthält den für die Anwendung der § 74a StGB und § 23 OWiG notwendigen
Rückverweis auf diese Vorschriften. Insofern können bei Vorliegen der dort
statuierten Voraussetzungen Gegenstände, die einem **Dritten** gehören, **eingezogen** werden, wenn dieser sich „quasischuldhaft" verhalten hat.[2] Das kann
denjenigen treffen, der dazu beigetragen hat, dass Sachen oder Rechte als
Mittel für die Handlung oder ihre Vorbereitung verwendet wurden. Ebenfalls
kann betroffen sein, wer Gegenstände in Kenntnis der Umstände, welche die
Einziehung zugelassen hätten, in verwerflicher Weise erworben hat.

D. Erweiterter Verfall (Abs. 3)

§ 20 Abs. 3 AWG ordnet für bestimmte Straftaten nach dem AWG den erweiter- 8
ten Verfall nach § 73d StGB an. Der **Verfall** dient der Abschöpfung dessen,
was der Täter für die Tat oder aus der Tat erlangt hat. Er ist in § 73 StGB
geregelt. Maßgeblich ist insofern der **wirtschaftliche Wert** des Vorteils, den der
Täter bei der Tat erzielt hat.[3] Dabei sind Gegenleistungen oder Kosten des
Täters, die bei der Tat entstanden sind, nicht in Abzug zu bringen. Es soll der
gesamte Vorteil, der sich aus dem Veräußerungsgeschäft oder dessen Erfüllung ergibt, abgeschöpft werden.[4] Hat sich der Täter strafbar gemacht, indem
er einen **Genehmigungsvorbehalt nach dem AWG** umgangen hat, etwa in
Fällen des § 18 Abs. 2 Nr. 1, 3, 4 oder 6 AWG, ist dabei jedoch zu differenzieren:
Wenn erst durch die Umgehung des Genehmigungsvorbehalts der Abschluss
oder die Durchführung des Exportgeschäfts ermöglicht wurde, wird durch Anordnung des Verfalls alles abgeschöpft, was als Vorteil aus diesem Geschäft
erwachsen ist. Hatte der Täter aber einen **Anspruch auf die Genehmigung**,
sind lediglich die Aufwendungen, die der Täter dadurch erspart, dass er die
erforderliche Genehmigung nicht einholte, vom Verfall betroffen.[5]

Der **erweiterte Verfall** nach § 73d StGB, wie ihn § 20 Abs. 3 AWG anordnet, 9
geht darüber hinaus. Danach unterliegen auch Gegenstände dem Verfall, die
nicht, oder zumindest nicht nachweisbar, für oder aus der Tat erlangt worden

---
1) Diemer in Erbs/Kohlhaas, § 36 AWG Rz. 6; Friedrich in Hocke/Friedrich, § 36 AWG Rz. 5.
2) Morweiser in Wolffgang/Simonsen/Tietje, Bd. II, § 36 AWG Rz. 16.
3) BGH, NStZ 2012, 265; Wagner, NStZ 2012, 381.
4) Bruttoprinzip, siehe dazu BGH, NStZ 2012, 265; siehe auch Morweiser in Wolffgang/
Simonsen/Tietje, Bd. II, § 36 AWG Rz. 27 f.
5) BGH, NStZ 2012, 265, zustimmend Wagner, NStZ 2012, 381, 382 f.; siehe dazu auch:
Rönnau/ Krezer, NWiSt 2012, 147.

sind, welche Gegenstand des konkreten Strafverfahrens ist. Es genügt, dass die Gegenstände nach den Umständen von irgendwelchen **anderen rechtswidrigen Taten herrühren**.[1] Der erweiterte Verfall, der in der Rechtsprechung und Literatur umstritten ist,[2] muss durch das Gesetz angeordnet werden. Er dient der Bekämpfung der **organisierten Kriminalität**, weshalb sich ein Verweis in Normen findet, die der Gesetzgeber unter dem Gesichtspunkt ausgewählt hat, ob sie typischerweise in einem für die organisierte Kriminalität milieutypischen Bereich begangen werden.[3] § 20 Abs. 3 AWG ordnet die Anwendung des erweiterten Verfalls für die **gewerbsmäßige und/oder bandenmäßige Begehung** von Straftaten nach § 17 Abs. 1 und § 18 Abs. 1–5 AWG (→ § 17 AWG Rz. 29–37) an.

---

1) Zu den Voraussetzungen im Einzelnen: Kühl in Lackner/Kühl, § 73d StGB Rz. 4; Wolffgang/Simonsen/Tietje, Bd. II, § 36 AWG Rz. 35.
2) Siehe zur Kontroverse wegen Verstoßes gegen die Unschuldsvermutung und zur Verfassungsmäßigkeit der Vorschrift BVerfG, NJW 2004, 2073; Kühl in Lackner/Kühl, § 73d StGB Rz. 1; Morweiser in Wolffgang/Simonsen/Tietje, Bd. II, § 36 AWG Rz. 35.
3) Kühl in Lackner/Kühl, § 73d StGB Rz. 2.

§ 21
Aufgaben und Befugnisse der Zollbehörden

(1) Die Staatsanwaltschaft kann bei Straftaten und Ordnungswidrigkeiten nach den §§ 17 bis 19 dieses Gesetzes oder nach § 19 Absatz 1 bis 3, § 20 Absatz 1 und 2, § 20a Absatz 1 bis 3, jeweils auch in Verbindung mit § 21, oder nach § 22a Absatz 1 Nummer 4, 5 und 7 des Gesetzes über die Kontrolle von Kriegswaffen Ermittlungen nach § 161 Absatz 1 Satz 1 der Strafprozessordnung auch durch die Hauptzollämter oder die Zollfahndungsämter vornehmen lassen. Die Verwaltungsbehörde im Sinne des § 22 Absatz 3 Satz 1 kann in den Fällen des Satzes 1 Ermittlungen auch durch ein anderes Hauptzollamt oder die Zollfahndungsämter vornehmen lassen.

(2) Die Hauptzollämter und die Zollfahndungsämter sowie deren Beamte haben auch ohne Ersuchen der Staatsanwaltschaft oder der Verwaltungsbehörde Straftaten und Ordnungswidrigkeiten der in Absatz 1 bezeichneten Art zu erforschen und zu verfolgen, wenn diese die Ausfuhr, Einfuhr, Verbringung oder Durchfuhr von Waren betreffen. Dasselbe gilt, soweit Gefahr im Verzug ist. § 163 der Strafprozessordnung und § 53 des Gesetzes über Ordnungswidrigkeiten bleiben unberührt.

(3) In den Fällen der Absätze 1 und 2 haben die Beamten der Hauptzollämter und der Zollfahndungsämter die Rechte und Pflichten der Polizeibeamten nach den Bestimmungen der Strafprozessordnung und des Gesetzes über Ordnungswidrigkeiten. Sie sind insoweit Ermittlungspersonen der Staatsanwaltschaft.

(4) In den Fällen der Absätze 1 und 2 können die Hauptzollämter und Zollfahndungsämter sowie deren Beamte im Bußgeldverfahren Beschlagnahmen, Durchsuchungen und Untersuchungen vornehmen sowie sonstige Maßnahmen nach den für Ermittlungspersonen der Staatsanwaltschaft geltenden Vorschriften der Strafprozessordnung ergreifen. Unter den Voraussetzungen des § 111l Absatz 2 Satz 2 der Strafprozessordnung können auch die Hauptzollämter die Notveräußerung anordnen.

Inhalt

	Rz.
A. Überblick	1
B. Abgeleitete Zuständigkeit der Zollbehörden (Abs. 1)	2–4
C. Eigenständige Zuständigkeit der Zollbehörden (Abs. 2)	5–7
D. Rechte und Pflichten der Zollbehörden bei Ausübung der Ermittlungen (Abs. 3 und 4)	8–9

A. Überblick

§ 21 AWG beschreibt die **sachliche Ermittlungszuständigkeit** von Hauptzollämtern und Zollfahndungsämtern. Er entspricht § 37 AWG a.F. § 21 Abs. 1 AWG enthält die Ermächtigung der Staatsanwaltschaft oder der Verwaltungsbehörde, durch ein entsprechendes Ersuchen an die Zollbehörden deren Zuständigkeit für Ermittlungen zu begründen. § 21 Abs. 2 AWG regelt selbständige Ermittlungsbefugnisse der Zollbehörden. § 21 Abs. 3 und 4 AWG regeln die Rechte, die die genannten Zollbehörden bei der Ausübung der Ermittlung nach Abs. 1 oder Abs. 2 haben. Neben § 21 AWG enthalten §§ 23, 25 und 27 AWG weitere Befugnisse, die im Vorfeld oder im Rahmen von Ermittlungen von AWG-Verstößen relevant werden können.

B. Abgeleitete Zuständigkeit der Zollbehörden (Abs. 1)

2 § 21 Abs. 1 AWG ermächtigt die **Staatsanwaltschaft**, bei bestimmten Straftaten auch die **Hauptzollämter und Zollfahndungsämter** mit der Durchführung der Ermittlungen zu beauftragen. Die gleiche Befugnis hat bei Ordnungswidrigkeiten die „**Verwaltungsbehörde**" i.S.d. § 22 Abs. 3 Satz 1 AWG, also das **Hauptzollamt**. Das Hauptzollamt kann die Ermittlungen daher auch durch ein anderes Hauptzollamt oder die Zollfahndungsämter vornehmen lassen. Daneben bleibt die allgemeine abgeleitete Zuständigkeit der Polizei gem. § 161 Abs. 1 Satz 2 StPO bestehen. Die ersuchende Behörde hat also ein Wahlrecht, wen sie mit den Ermittlungen beauftragt.[1]

3 In der Praxis ermitteln bei den in § 21 AWG genannten Verstößen fast ausschließlich die **Zollfahndungsämter**. Sie sind reine Ermittlungsbehörden, während das **Hauptzollamt** eher als Bußgeldbehörde von Bedeutung ist.[2] Zollfahndungsämter und Zollkriminalamt bilden den **Zollfahndungsdienst**.[3] Wenn Straftaten von übergeordneter Bedeutung vorliegen, kann auch das **Zollkriminalamt** mit Ermittlungen beauftragt werden. Das ergibt auch aus § 4 des Zollfahndungsdienstgesetzes.[4]

4 Ein Ersuchen nach § 21 Abs. 1 AWG können Staatsanwaltschaft und Verwaltungsbehörde nicht nur bei Verstößen gegen die Straf- und Ordnungswidrigkeitentatbestände der §§ 17–19 AWG stellen. Es ist auch möglich bei **bestimmten Straftaten nach dem KWKG**, die im Zusammenhang mit ABC-Waffen und dem grenzüberschreitenden Verkehr mit Kriegswaffen stehen.[5] Liegt ein Ersuchen der Staatsanwaltschaft nach § 21 Abs. 1 AWG vor, ist die ersuchte Behörde gem. § 161 Abs. 1 StPO verpflichtet, diesem Folge zu leisten.[6] **Staatsanwalt-**

---

1) Das verdeutlicht auch der Wortlaut des § 19 Abs. 1 AWG, nach dem die Staatsanwaltschaft „auch" die Zollfahndungsbehörden mit den Ermittlungen beauftragen kann; vgl. Friedrich in Hocke/Friedrich, § 37 AWG Rz. 4; Ricke in Wolffgang/Simonsen/Tietje, Bd. II, § 21 AWG 2013 Rz. 7.
2) Vgl. Ricke in Wolffgang/Simonsen/Tietje, Bd. II, § 21 AWG 2013 Rz. 19, der vorschlägt, das HZA als Ermittlungsbehörde aus § 21 AWG zu streichen.
3) § 1 Abs. 1 ZFdG; Einzelheiten zu Aufbau und Geschichte des ZFD bei Ricke, Präventive Maßnahmen bei der Ausfuhr von Gütern, S. 84 f.
4) Siehe auch Nr. 265 Abs. 1 Satz 1 RiStBV: In Verfahren wegen Straftaten nach dem Außenwirtschaftsgesetz (1) und der Außenwirtschaftsverordnung (2) kann der Staatsanwalt Ermittlungen auch durch die Hauptzollämter oder die Zollfahndungsämter und in Fällen überörtlicher Bedeutung auch durch das Zollkriminalamt vornehmen lassen. Friedrich in Hocke/Friedrich, § 37 AWG Rz. 4 befürwortet insofern die Regelung der Aufgaben des ZKA in § 21 AWG.
5) Vgl. § 19 Abs. 1 bis 3 AWG, § 20 Abs. 1, 2 und § 22a Abs. 1 Nr. 4, 5, 7 KWKG.
6) Friedrich in Hocke/Friedrich, § 37 AWG Rz. 6.

schaft i.S.d. § 21 AWG kann in den Fällen des § 120 Abs. 2 Nr. 4 GVG auch der **Generalbundesanwalt** sein.[1]

C. Eigenständige Zuständigkeit der Zollbehörden (Abs. 2)

§ 21 Abs. 2 AWG enthält eine Ermächtigung der Zollfahndungsämter und Hauptzollämter, auch **eigenständig**, also ohne Ersuchen der Staatsanwaltschaft, Ermittlungen wegen eines Verstoßes gegen die in § 21 Abs. 1 AWG genannten Vorschriften durchzuführen. Das ist nach § 21 Abs. 2 Satz 1 AWG zum einen dann möglich, wenn die in § 21 Abs. 1 AWG bezeichneten Straftaten und Ordnungswidrigkeiten die **Ausfuhr, Einfuhr, Verbringung oder Durchfuhr von Waren** betreffen. Der Wortlaut der Vorschrift wurde insofern durch die AWG-Novelle 2013 verändert, als dass vorher nur das „Verbringen" als Handlung genannt war. Es handelt sich dabei jedoch lediglich um eine Anpassung an die präzisierte Terminologie des § 2 AWG, mit der keine materiellrechtliche Änderung verbunden ist.[2] Zu den einzelnen Begriffen wird auf die Kommentierung zu § 2 AWG verwiesen (Ausfuhr → § 2 AWG Rz. 12 f., Einfuhr → § 2 AWG Rz. 45 f., Verbringung → § 2 AWG Rz. 69 f., Durchfuhr → § 2 AWG Rz. 38 f.). 5

Nach § 21 Abs. 2 Satz 2 AWG besteht eine originäre Ermittlungszuständigkeit der genannten Zollbehörden zum anderen auch dann, wenn **Gefahr in Verzug** ist. Sie ist dann anzunehmen, wenn die Aufklärung und Verfolgung des Außenwirtschaftsverstoßes durch die Verzögerung, welche die Erwirkung eines Ersuchens der Staatsanwaltschaft mit sich bringen würde, **gefährdet** wäre.[3] Das ist etwa dann der Fall, wenn damit gerechnet werden muss, dass Beweismittel vernichtet oder beiseite geschafft oder Zeugen oder Tatbeteiligte beeinflusst werden.[4] Die Annahme einer Gefahr im Verzug muss mit auf den Einzelfall bezogenen Tatsachen begründet werden. 6

Der Hinweis auf § 163 StPO und § 53 OWiG in § 21 Abs. 2 Satz 3 AWG bedeutet, dass die Vorschrift die **Zuständigkeit der Polizei** unberührt lässt. Auch die eigenständige Zuständigkeit nach § 21 Abs. 2 Satz 1 und 2 AWG tritt also nur **neben** die allgemeine Zuständigkeit der Polizei (für die abgeleitete Zuständigkeit → Rz. 3). 7

D. Rechte und Pflichten der Zollbehörden bei Ausübung der Ermittlungen (Abs. 3 und 4)

Liegt eine abgeleitete oder eine selbständige sachliche Zuständigkeit der Zollbehörden nach § 21 Abs. 2 AWG vor, so bestimmt § 21 Abs. 3 AWG, dass Haupt- 8

---

1) Einzelheiten bei Ricke in Wolffgang/Simonsen/Tietje, Bd. II, § 21 AWG 2013 Rz. 5, 22 ff.
2) BT-Drucks. 12/1117, 29.
3) Vgl. Nack in Karlsruher Kommentar, § 98 StPO Rz. 13 m.w.N.; zu weit geht insoweit die Auffassung von Ricke in Wolffgang/Simonsen/Tietje, Bd. II, § 21 AWG 2013 Rz. 34, der bereits „Nachteile für die Aufklärung und Verfolgung des Außenwirtschaftsdelikts" ausreichen lässt.
4) Friedrich in Hocke/Friedrich, § 37 AWG Rz. 13.

zollämter und Zollfahndungsämter die **gleichen Aufgaben und Befugnisse wie die Polizei** haben. Das bedeutet insbesondere, dass sie alle Straftaten grundsätzlich und alle einschlägigen Ordnungswidrigkeiten nach pflichtgemäßem Ermessen zu erforschen haben. Zudem haben sie alle keinen Aufschub gestattenden Anordnungen zu treffen, um die Verdunkelung der Sache zu verhindern.[1] Des Weiteren haben sie ihre Ermittlungen ohne Verzug der Staatsanwaltschaft, bei Ordnungswidrigkeiten der Verwaltungsbehörde zu übergeben.[2]

9 Gemäß § 21 Abs. 3 Satz 2 AWG sind die Hauptzollämter und Zollfahndungsämter bei ihren Ermittlungen **Ermittlungspersonen der Staatsanwaltschaft**. Das gilt allerdings nur im Rahmen ihrer gegebenen und im Vergleich zur Polizei eingeschränkten sachlichen Zuständigkeit nach § 21 Abs. 1 und 2 AWG.[3] Das bedeutet, dass sie gem. § 152 Abs. 1 GVG in dieser Eigenschaft verpflichtet sind, den Anordnungen der Staatsanwaltschaft Folge zu leisten. Nach § 21 Abs. 4 AWG können die Zollbehörden insofern Maßnahmen nach den für Ermittlungspersonen der Staatsanwaltschaft geltenden Vorschriften der StPO vornehmen. Dazu zählen insbesondere Beschlagnahmen, Durchsuchungen und Untersuchungen,[4] bei Gefahr im Verzug auch ohne richterliche Anordnung.[5]

---

1) Vgl. § 163 Abs. 1 Satz 1 StPO, § 53 Abs. 1 Satz 1 OWiG.
2) Vgl. § 163 Abs. 2 StPO, § 53 Abs. 1 Satz 3 OWiG.
3) S. den Wortlaut der Vorschrift: „insoweit Ermittlungsbeamte". Friedrich in Hocke/Friedrich, § 37 AWG Rz. 15, Diemer in Erbs/Kohlhaas, § 37 AWG Rz. 4.
4) Siehe dazu im Einzelnen Griesbaum in Karlsruher Kommentar, § 163 StPO Rz. 11 ff.
5) Ricke in Wolffgang/Simonsen/Tietje, Bd. II, § 21 AWG 2013 Rz. 32.

§ 22
Straf- und Bußgeldverfahren

(1) Soweit für Straftaten nach den §§ 17 und 18 das Amtsgericht sachlich zuständig ist, liegt die örtliche Zuständigkeit bei dem Amtsgericht, in dessen Bezirk das örtlich zuständige Landgericht seinen Sitz hat. Die Landesregierung kann durch Rechtsverordnung die örtliche Zuständigkeit des Amtsgerichts abweichend regeln, soweit dies mit Rücksicht auf die Wirtschafts- oder Verkehrsverhältnisse, den Aufbau der Verwaltung oder andere örtliche Bedürfnisse zweckmäßig erscheint. Die Landesregierung kann diese Ermächtigung auf die Landesjustizverwaltung übertragen.

(2) Im Strafverfahren gelten die §§ 49, 63 Abs. 2 und 3 Satz 1 sowie § 76 Abs. 1 und 4 des Gesetzes über Ordnungswidrigkeiten über die Beteiligung der Verwaltungsbehörde im Verfahren der Staatsanwaltschaft und im gerichtlichen Verfahren entsprechend.

(3) Verwaltungsbehörde im Sinne dieses Gesetzes und des § 36 Abs. 1 Nummer 1 des Gesetzes über Ordnungswidrigkeiten ist das Hauptzollamt. Das Bundesministerium der Finanzen kann durch Rechtsverordnung, die nicht der Zustimmung des Bundesrates bedarf, die örtliche Zuständigkeit des Hauptzollamts als Verwaltungsbehörde gemäß Satz 1 abweichend regeln, soweit dies mit Rücksicht auf die Wirtschafts- oder Verkehrsverhältnisse, den Aufbau der Verwaltung oder andere örtliche Bedürfnisse zweckmäßig erscheint.

(4) Die Verfolgung als Ordnungswidrigkeit unterbleibt in den Fällen der fahrlässigen Begehung eines Verstoßes im Sinne des § 19 Abs. 2 bis 5, wenn der Verstoß im Wege der Eigenkontrolle aufgedeckt und der zuständigen Behörde angezeigt wurde sowie angemessene Maßnahmen zur Verhinderung eines Verstoßes aus gleichem Grund getroffen werden. Eine Anzeige nach Satz 1 gilt als freiwillig, wenn die zuständige Behörde hinsichtlich des Verstoßes noch keine Ermittlungen aufgenommen hat. Im Übrigen bleibt § 47 des Gesetzes über Ordnungswidrigkeiten unberührt.

Inhalt

		Rz.
A.	Überblick	1
B.	Abs. 1: Örtliche Zuständigkeit der Amtsgerichte	2–4
C.	Abs. 2: Beteiligungsrechte der Verwaltungsbehörden im Strafverfahren	5
D.	Abs. 3: Zuständigkeit des Hauptzollamts	6
E.	Abs. 4: Selbstanzeigemöglichkeit	7–29
	I. Allgemeines	7
	II. Persönliche Reichweite	8
	III. Fahrlässige Begehung eines Verstoßes i.S.d. § 19 Abs. 2 bis 5	9–17
	1. Fahrlässige Begehungsweise	9–10
	2. Ordnungswidrigkeiten nach § 19 Abs. 2 bis 5 AWG	11–12
	3. Anwendung auf Ordnungswidrigkeiten nach § 30 oder § 130 OWiG	13–15
	4. Anwendung auf Altfälle	16–17
	IV. Aufdeckung im Wege der Eigenkontrolle	18–20

	Rz.
V. Anzeige bei der zuständigen Behörde	21
VI. Angemessene Maßnahmen zur Verhinderung eines Verstoßes aus gleichem Grund	22–24
VII. Freiwilligkeit der Anzeige	25–27
VIII. Verweis auf § 47 OWiG	28–29

A. Überblick

1 § 22 AWG enthält Zuständigkeits- und Verfahrensbestimmungen im Straf- und Bußgeldverfahren sowie die rechtspolitisch und in der Praxis bedeutsame Selbstanzeigemöglichkeit[1]. Die Norm entspricht bis auf die Einfügung des Abs. 4 dem § 38 AWG a.f. Die Abs. 1 bis 3 regeln verfahrensrechtliche Besonderheiten, die eine einheitliche und kompetente Sachbehandlung gewährleisten sollen.[2] So bestimmt Abs. 1 die örtliche Zuständigkeit der Amtsgerichte, Abs. 2 die Beteiligungsrechte der Verwaltungsbehörde in Strafverfahren. Abs. 3 regelt die Zuständigkeit des Hauptzollamts als Verwaltungsbehörde. Abs. 4 enthält mit der Möglichkeit einer bußgeldbefreienden Selbstanzeige für bestimmte fahrlässige Verstöße eine der wichtigsten Neuheiten des novellierten AWG.

B. Abs. 1: Örtliche Zuständigkeit der Amtsgerichte

2 § 22 Abs. 1 Satz 1 AWG regelt die örtliche Zuständigkeit bei **Straftaten**, wenn nach den allgemeinen Regeln des GVG sachlich das **Amtsgericht** zuständig ist, also wenn eine Freiheitsstrafe von bis zu 4 Jahren zu erwarten ist (§ 24 Abs. 1, 2, § 74 Abs. 1 GVG) und nicht die Staatsanwaltschaft wegen der besonderen Bedeutung des Falls gem. § 24 Abs. 1 Nr. 3 GVG zum Landgericht anklagt. In diesem Fall ordnet § 22 Abs. 1 AWG zum **örtlichen Zuständigkeit** des Amtsgerichts an, in dessen Bezirk das übergeordnete Landgericht seinen Sitz hat. Das bedeutet für den Landgerichtsbezirk Frankfurt a.M. beispielsweise, dass das Amtsgericht Frankfurt auch dann zuständig ist, wenn die Straftat im Amtsgerichtsbezirk Bad Homburg begangen wurde, der im gleichen Landgerichtsbezirk liegt. Damit wird die Sachkunde für das Außenwirtschaftsstrafrecht in einem Amtsgericht pro Landgerichtsbezirk gebündelt.[3] Diese Zuständigkeitskonzentration gilt allerdings nur für das Hauptverfahren und für Zustimmungen zu Verfahrenseinstellungen nach §§ 153 ff. StPO.[4] Die funktionale Zuständigkeit des Amtsrichters oder des Schöffengerichts ergibt sich weiterhin aus §§ 25, 28 GVG.

3 Die Zuständigkeit des **Landgerichts** bleibt von dieser Vorschrift unberührt. Sie folgt in sachlicher Hinsicht aus § 74 Abs. 1 GVG, wobei, ebenfalls aus Gründen der Bündelung der Sachkenntnis für Straftaten nach dem AWG eine Strafkam-

---

1) Siehe dazu Krause/Prieß, NStZ 2013, 688 f.
2) Ricke in Wolffgang/Simonsen/Tietje, § 22 AWG 2013 Rz. 1.
3) Friedrich in Hocke, Friedrich, § 38 AWG Rz. 3.
4) Ricke in Wolffgang/Simonsen/Tietje, Bd. II, § 22 AWG 2013 Rz. 3.

mer als Wirtschaftsstrafkammer zuständig ist.[1] Nach § 120 Abs. 2 Satz 1 Nr. 4 GVG sind die **Oberlandesgerichte** zuständig, wenn der Generalbundesanwalt wegen der besonderen Bedeutung die Verfolgung der Tat übernommen hat und die Tat nach den Umständen bestimmt und geeignet ist, die äußere Sicherheit oder die auswärtigen Beziehungen der Bundesrepublik Deutschland erheblich zu gefährden oder das friedliche Zusammenleben der Völker zu stören. Das mit der Reform 2013 aus den AWG-Vorschriften gestrichene (→ § 18 AWG Rz. 35) Tatbestandsmerkmal der Gefährdung bestimmter Rechtsgüter ist somit bei der Bestimmung der sachlichen Zuständigkeit weiterhin von Bedeutung.[2]

Gemäß § 22 Abs. 1 Satz 2 AWG kann die Landesregierung die örtliche Zuständigkeit abweichend durch **Rechtsverordnung** regeln und z.B. bestimmen, dass ein Amtsgericht für mehrere Landgerichtsbezirke zuständig ist. Diese Ermächtigung kann durch die Landesregierung mittels Rechtsverordnung auf die Landesjustizbehörden übertragen werden. Bei Ordnungswidrigkeiten richtet sich die Zuständigkeit nach den allgemeinen Regeln des § 68 Abs. 1 OWiG. Danach entscheidet bei einem Einspruch gegen den Bußgeldbescheid das Amtsgericht, in dessen Bezirk das Hauptzollamt, welches das Bußgeld erlassen hat, seinen Sitz hat. **4**

C. Abs. 2: Beteiligungsrechte der Verwaltungsbehörden im Strafverfahren

§ 22 Abs. 2 AWG ordnet die entsprechende Geltung einiger Vorschriften des OWiG über die **Beteiligung der Verwaltungsbehörde** in staatsanwaltlichen und gerichtlichen Strafverfahren nach §§ 17, 18 AWG an. Verwaltungsbehörde im Sinne dieser Vorschrift sind die Hauptzollämter (→ Rz. 6). Durch ihre Beteiligung soll der Sachverstand und die Erfahrung der Behörde für das Strafverfahren genutzt werden. Im Einzelnen verweist § 22 Abs. 3 AWG auf das Recht auf Akteneinsicht gem. § 49 Abs. 2 OWiG, die Mitteilung der Anklageschrift bzw. des Antrags auf Erlass eines Strafbefehls nach § 63 Abs. 2 OWiG sowie das Recht auf Anhörung vor einer Einstellung durch die Staatsanwaltschaft (§ 63 Abs. 3 Satz 1 OWiG).[3] Der Verwaltungsbehörde ist der Termin der Hauptverhandlung durch das Gericht mitzuteilen (§ 76 Abs. 1 S. 3 OWiG). Im gerichtlichen Verfahren hat das Hauptzollamt das Recht, seinen Standpunkt vorzutragen, auf Verlangen auch in der Hauptverhandlung (§ 76 Abs. 1 Satz 4 OWiG). Das Urteil und andere das Verfahren abschließende Entscheidungen sind ihr mitzuteilen (§ 76 Abs. 4 OWiG).[4] **5**

---

1) § 74c Abs. 1 Nr. 3 GVG.
2) Für eine entsprechende Anpassung insofern Morweiser, Stellungnahme des Oberstaatsanwalts beim BGH zum Gesetzentwurf der Bundesregierung zur Modernisierung des Außenwirtschaftsrechts im Ausschuss des Deutschen Bundestags für Wirtschaft und Technologie, A-Drucks. 17(9)1049, 7.
3) Siehe dazu Bohnert, § 49 OWiG Rz. 9 und § 63 OWiG Rz. 11 ff.; siehe auch Nr. 275 Abs. 5 Satz 2 RiStBV.
4) Einzelheiten bei Senge in Karlsruher, § 76 OWiG Rz. 5 ff. und 21 f. sowie bei Bohnert, § 76 OWiG Rz. 1 f.

D. Abs. 3: Zuständigkeit des Hauptzollamts

6 § 22 Abs. 3 AWG bestimmt, dass **Verwaltungsbehörde** i.S.d. AWG einzig das **Hauptzollamt** ist. Damit gilt diese Definition für das gesamte AWG und die AWV. Regelmäßig beziehen sich die Regelungen jedoch nicht auf die Verwaltungsbehörde, sondern direkt auf das Hauptzollamt. In der AWV taucht der Begriff der Verwaltungsbehörde gar nicht auf, dort wird regelmäßig nur das Hauptzollamt genannt. Selbständige Bedeutung hat die Definition in § 22 Abs. 3 AWG jedoch im Hinblick auf den Verweis auf § 36 Abs. 1 Nr. 1 OWiG. Das Hauptzollamt ist damit grundsätzlich für alle Fragen des außenwirtschaftlichen Ordnungswidrigkeitenrechts sachlich zuständig. Die weitere sachliche Zuständigkeit für das Hauptzollamt im Außenwirtschaftsverkehr ergibt sich aus dem Zollverwaltungsgesetz.

E. Abs. 4: Selbstanzeigemöglichkeit

I. Allgemeines

7 Die in Abs. 4 geregelte Möglichkeit einer bußgeldbefreienden Selbstanzeige für bestimmte fahrlässige Verstöße gegen das Außenwirtschaftsrecht gehört zu **den wichtigsten Neuerungen** der AWG-Novelle 2013. Ziel der Regelung ist es, *„Unternehmen stärker als bisher [zu] motivier[en], ihre interne Überwachung zu verbessern und Arbeitsfehler dem Zoll oder dem Bundesamt für Wirtschaft und Ausfuhrkontrolle zu melden".*[1] Es ist dem Gesetzgeber durch die Einführung der Vorschrift zwar gelungen, für Unternehmen einen **Anreiz** zu schaffen, fahrlässige Pflichtverstöße offenzulegen und durch das Ergreifen von Compliance-Maßnahmen Ahndungsfreiheit zu erlangen. Jedoch hat er es versäumt, eine einfache und klare Regelung zu treffen. Das mag daran liegen, dass die Einführung dieses Instruments bis zum Ende des Gesetzgebungsverfahrens offen war und die Koalitionsfraktion erst am Vorabend der abschließenden Beratung hierzu ihren Entwurf vorlegte.[2] Ungeachtet mancher **Unklarheiten** ist eine dogmatisch belastbare und praktisch handhabbare Auslegung der gesetzlichen Regelung, die dem Ansinnen des Gesetzgebers Wirkung verschafft, dennoch möglich. Dafür müssen einige unklar gestaltete Tatbestandsmerkmale im Licht der **gesetzgeberischen Zielvorstellung** und unter Heranziehung **vergleichbarer Regelungen,** wie beispielsweise § 378 Abs. 3 AO einer tragfähigen praktikablen Auslegung zugeführt werden.[3]

II. Persönliche Reichweite

8 Die Selbstanzeige ist – ebenso wie § 378 Abs. 3 AO und § 371 AO – ein sog. **persönlicher Straf- bzw. Ahndungsaufhebungsgrund.**[4] Dabei scheint der

---

1) BT-Drucks. 17/11127, 13.
2) BT-Drucks. 17/11127, 3; siehe dazu auch Prieß/Arend, AWPrax 2013, 71.
3) Siehe auch bereits Krause/Prieß, NStZ 2013, 688, 693.
4) Vgl. Walter RIW 2013, 205; Krause/Prieß, NStZ 2013, 688, 693; a.A. sind Niestedt/Trennt, BB 2013, 2115, 2119, ebenso wohl BMF, Rundschreiben an die Bundesfinanzdirektionen zur Selbstanzeige nach § 22 Abs. 4 AWG vom 12.2.2014, Gz III B 3 – A 0303/11/10003, 2, die von einem Verfolgungshindernis ausgehen.

Auf die Kenntnis des Betroffenen von der Einleitung der Ermittlungen soll es nach dem Gesetzeswortlaut nicht ankommen.[1]

Gegen eine solch strenge Auslegung bestehen hingegen **Bedenken**. Denn sie stünde nicht in Einklang mit dem Begriffsverständnis desselben Terminus in anderen, ähnlichen Vorschriften, z.B. § 24 Abs. 1 StGB. Nach allgemeinem Verständnis zu **§ 24 Abs. 1 StGB** ist ein Verhalten freiwillig, solange es aus autonomen Beweggründen erfolgt; d.h. der Handelnde also gleichsam „Herr seiner Entschlüsse" bleibt.[2] Für diese Freiwilligkeit ist ohne Bedeutung, ob ein Dritter – z.b. eine Behörde – Kenntnis vom Verhalten des Handelnden erlangt hat, solange der Handelnde dies nicht weiß bzw. ihm keine Umstände bekannt werden, die einen Rückschluss darauf nahe legen. Die Tatsache, dass der Handelnde die Entdeckung fürchtet bzw. bereits entdeckt wurde, schließt die Freiwilligkeit des Vorgehens nicht zwingend aus, auch wenn i.d.R. derjenige, der sich entdeckt weiß oder glaubt, häufig unfreiwillig handelt.[3] 26

Hiernach ist im vorliegenden Kontext die Selbstanzeige als freiwillig erstattet anzusehen, solange der Betroffene **keine Kenntnis** von Ermittlungen der Behörde erlangt hat. Mit anderen Worten: Die Selbstanzeige kann erst im Moment des Bekanntwerdens der Ermittlungen der Behörde nicht mehr freiwillig erstattet werden. Ein **systematischer Vergleich** mit der bußgeldbefreienden Selbstanzeige im **Abgabenrecht** nach § 378 Abs. 3 AO bestätigt dieses Ergebnis. Nach § 378 Abs. 3 AO kann eine Selbstanzeige bis zu dem Zeitpunkt wirksam durch den Betroffenen erstattet werden, *„bis ihm oder seinem Vertreter die Einleitung eines Straf- oder Bußgeldverfahrens wegen der Tat bekannt gegeben worden ist"*. Nichts anderes kann im Ergebnis für die Selbstanzeige im Außenwirtschaftsrecht gelten, denn diese bezieht sich ebenso wie § 378 Abs. 3 AO auf eine Anzeige von Ordnungswidrigkeiten. Eine andere Auffassung, wonach bei der Auslegung des Begriffs der Freiwilligkeit nicht auf das deutsche Rechtsverständnis, sondern auf die Parallelvorschrift in den USA abgestellt wird, muss unter Hinweis auf die Einheit der Rechtsordnung abgelehnt werden. Maßgeblich ist allein das deutsche Verständnis von „Freiwilligkeit", zumal die Gesetzesmaterialien keine Anhaltspunkte dafür enthalten, dass § 22 Abs. 4 AWG nach dem Vorbild der Selbstanzeige in den USA eingeführt wurde. Vor diesem Hintergrund muss die Selbstanzeige nach § 22 Abs. 4 AWG auch nach Einleitung der Ermittlungen noch bis zur Kenntnis des Anzeigenden freiwillig und damit rechtzeitig sein. 27

VIII. Verweis auf § 47 OWiG

§ 22 Abs. 4 Satz 3 AWG verweist auf den das Ordnungswidrigkeitenrecht prägenden **Opportunitätsgrundsatz** des § 47 OWiG. Der Verweis ist im Zusammenhang mit der personellen und materiellen Reichweite der Ahndungsfreiheit zu sehen. Die Verfolgung von Ordnungswidrigkeiten steht im Ermessen der zuständigen Verwaltungs-/Finanzbehörden. Solange das Verfahren bei ihr 28

---

1) So wohl auch Niestedt/Trennt, BB 2013, 2115, 2119; Alexander/Winkelbauer, ZWH 2013, 347; Ricke in Wolffgang/Simonsen/Tietje, § 22 AWG 2013 Rz. 16.
2) St. Rspr. seit BGH v. 14.4.1955, 4 StR/16/55 und zuletzt BGH v. 8.2.2007, 3 StR 470/60, NStZ 2007, 399, 400; weitere Nachweise Herzberg/Hoffmann-Holland in MüKo-StGB, 2. Aufl. 2011, § 24 Rz. 103.
3) Kühl in Lackner/Kühl§ 25 StGB Rz. 21; Eser in Schönke/Schröder, § 24 StGB Rz. 50–53.

anhängig ist, kann sie das Verfahren einstellen. Die **Einstellung** nach § 47 OWiG kann zwar die ganze Tat im prozessualen Sinne erfassen, aber auch – vergleichbar mit §§ 154, 154a StPO – auf abtrennbare oder selbständige Taten beschränkt werden.[1] § 47 OWiG eröffnet der Verwaltungsbehörde die Möglichkeit einer Verfahrenseinstellung auch in den Fällen, in denen die **Voraussetzungen** für die Ahndungsfreiheit **nach § 22 Abs. 4 Satz 1 und 2 AWG nicht vollständig erfüllt sind**, weil etwa die zur Vermeidung künftiger Verstöße getroffenen Maßnahmen noch nicht ausreichend sind oder die Anzeige verspätet erfolgte.[2] Der Gesetzgeber wollte **die Offenlegung und Berichtigung von Arbeitsfehlern honorieren** und stellt als Anreiz hierfür eine Befreiung von einer Bußgeldbewehrung in Aussicht. Im Übrigen gilt grundsätzlich, dass die Sanktionen im Ordnungswidrigkeitenrecht darauf ausgerichtet sind, bestimmte Verhaltensordnungen dadurch zu stabilisieren, dass sie den Sanktionsadressaten dazu anhalten sollen, seine Sphäre so zu organisieren, dass Normverstöße künftig unterbleiben.[3] Vor diesem Regelungshintergrund spricht in den angesprochenen Fällen viel dafür, das „kann" in § 47 OWiG als „soll" zu lesen.[4] Die Verwaltungsbehörde kann sich in diesen Fällen durch § 22 Abs. 4 Satz 3 AWG ausdrücklich abgesichert sehen.

29 Etwas anderes gilt hingegen für den Fall, dass die Verwaltungs- bzw. Ermittlungsbehörden zu einer vom Anzeigenden abweichenden Würdigung der subjektiven Seite gelangen und von einem **vorsätzlichen Handeln** ausgehen. In diesem Fall ist der Anwendungsbereich des § 22 Abs. 4 AWG nicht mehr eröffnet. Jedoch dürfte in derartigen Fällen bei Vorliegen der übrigen Voraussetzungen des § 22 Abs. 4 AWG eine Einstellung des einzuleitenden Ermittlungsverfahrens nach den **Opportunitätsvorschriften** (§§ 153, 153a StPO) in Betracht zu ziehen sein.[5]

---

1) Bohnert, § 47 OWiG Rz. 7.
2) Ebenso BMF, Rundschreiben an die Bundesfinanzdirektionen zur Selbstanzeige nach § 22 Abs. 4 AWG vom 12.2.2014, Gz III B 3 – A 0303/11/10003, 4.
3) Gürtler in Göhler, Vor § 1 OWiG Rz. 9 und § 47 OWiG Rz. 11.
4) So auch Voland, GWR 2013, 264.
5) BMF, Rundschreiben an die Bundesfinanzdirektionen zur Selbstanzeige nach § 22 Abs. 4 AWG vom 12.2.2014, Gz III B 3 – A 0303/11/10003, 4.

§ 23
Allgemeine Auskunftspflicht

(1) Das Hauptzollamt, die Deutsche Bundesbank, das Bundesamt für Wirtschaft und Ausfuhrkontrolle (BAFA) und die Bundesanstalt für Landwirtschaft und Ernährung können Auskünfte verlangen, die erforderlich sind, um die Einhaltung dieses Gesetzes und der auf Grund dieses Gesetzes erlassenen Rechtsverordnungen und Anordnungen sowie von Rechtsakten des Rates oder der Kommission der Europäischen Union im Bereich des Außenwirtschaftsrechts zu überwachen. Zu diesem Zweck können sie verlangen, dass ihnen die geschäftlichen Unterlagen vorgelegt werden.

(2) Das Hauptzollamt und die Deutsche Bundesbank können zu dem in Absatz 1 genannten Zweck auch Prüfungen bei den Auskunftspflichtigen vornehmen; das Bundesamt für Wirtschaft und Ausfuhrkontrolle (BAFA) und die Bundesanstalt für Landwirtschaft und Ernährung können zu den Prüfungen Beauftragte entsenden. Zur Vornahme der Prüfungen dürfen die Bediensteten dieser Stellen und deren Beauftragte die Geschäftsräume der Auskunftspflichtigen betreten. Das Grundrecht des Artikels 13 des Grundgesetzes wird insoweit eingeschränkt.

(3) Die Bediensteten des Bundesamtes für Wirtschaft und Ausfuhrkontrolle (BAFA) dürfen die Geschäftsräume der Auskunftspflichtigen betreten, um die Voraussetzungen für die Erteilung von Genehmigungen nach § 8 Absatz 2 oder für die Erteilung von Zertifikaten nach § 9 zu überprüfen. Das Grundrecht des Artikels 13 des Grundgesetzes wird insoweit eingeschränkt.

(4) Sind die Unterlagen nach Absatz 1 unter Einsatz eines Datenverarbeitungssystems erstellt worden, so dürfen die Verwaltungsbehörde und die Deutsche Bundesbank im Rahmen einer Prüfung Einsicht in die gespeicherten Daten nehmen und das Datenverarbeitungssystem zur Prüfung dieser Unterlagen nutzen. Sie können im Rahmen einer Prüfung auch verlangen, dass die Daten nach ihren Vorgaben automatisiert ausgewertet oder ihnen die gespeicherten Unterlagen auf einem maschinell verwertbaren Datenträger zur Verfügung gestellt werden. Dazu ist sicherzustellen, dass die gespeicherten Daten während der Dauer der gesetzlichen Aufbewahrungsfristen verfügbar sind sowie dass sie unverzüglich lesbar gemacht und unverzüglich automatisiert ausgewertet werden können. Die Auskunftspflichtigen haben die Verwaltungsbehörde und die Deutsche Bundesbank bei der Ausübung der Befugnisse nach den Sätzen 1 und 2 zu unterstützen und die Kosten zu tragen.

(5) Auskunftspflichtig ist, wer unmittelbar oder mittelbar am Außenwirtschaftsverkehr teilnimmt.

(6) Der Auskunftspflichtige kann die Auskunft auf solche Fragen verweigern, deren Beantwortung ihn selbst oder einen der in § 383 Absatz 1 Nummer 1 bis 3 der Zivilprozessordnung bezeichneten Angehörigen der Gefahr aussetzen würde, wegen einer Straftat oder Ordnungswidrigkeit verfolgt zu werden.

§ 24
Übermittlung von Informationen durch das Bundesamt für Wirtschaft und Ausfuhrkontrolle (BAFA)

(1) Das Bundesamt für Wirtschaft und Ausfuhrkontrolle (BAFA) darf die Informationen, einschließlich personenbezogener Daten, die ihm bei der Erfüllung seiner Aufgaben

1. nach diesem Gesetz,
2. nach dem Gesetz über die Kontrolle von Kriegswaffen oder
3. nach Rechtsakten der Europäischen Union im Bereich des Außenwirtschaftsrechts

bekannt geworden sind, an andere öffentliche Stellen des Bundes übermitteln, soweit dies zur Verfolgung der Zwecke des § 4 Absatz 1 und 2 oder zur Zollabfertigung erforderlich ist.

(2) Informationen über die Versagung von Genehmigungen dürfen abweichend von Absatz 1 nur übermittelt werden, soweit dies zur Verfolgung der Zwecke des § 4 Absatz 1 und 2 erforderlich ist.

(3) Die Empfänger dürfen die nach den Absätzen 1 und 2 übermittelten Informationen, einschließlich personenbezogener Daten, nur für die Zwecke verwenden, für die sie übermittelt wurden oder soweit es zur Verfolgung von Straftaten oder Ordnungswidrigkeiten nach diesem Gesetz oder einer Rechtsverordnung nach diesem Gesetz oder nach dem Gesetz über die Kontrolle von Kriegswaffen erforderlich ist.

§ 25
Automatisiertes Abrufverfahren

(1) Das Zollkriminalamt ist berechtigt, Informationen, einschließlich personenbezogener Daten, die nach § 24 Absatz 1 und 2 übermittelt werden dürfen, im Einzelfall in einem automatisierten Verfahren abzurufen, soweit dies für die Zwecke des § 24 Absatz 1 oder zur Verhütung von Straftaten oder zur Verfolgung von Straftaten oder Ordnungswidrigkeiten erforderlich ist.

(2) Das Zollkriminalamt und das Bundesamt für Wirtschaft und Ausfuhrkontrolle (BAFA) legen bei der Einrichtung des Abrufverfahrens Anlass und Zweck des Abrufverfahrens sowie die Art der zu übermittelnden Daten und die nach § 9 des Bundesdatenschutzgesetzes erforderlichen technischen und organisatorischen Maßnahmen schriftlich fest.

(3) Die Einrichtung des Abrufverfahrens bedarf der Zustimmung des Bundesministeriums der Finanzen und des Bundesministeriums für Wirtschaft und Technologie. Über die Einrichtung des Abrufverfahrens ist der Bundesbeauftragte für den Datenschutz und die Informationsfreiheit unter Mitteilung der Festlegungen nach Absatz 2 zu unterrichten.

(4) Die Verantwortung für die Zulässigkeit des einzelnen Abrufs trägt das Zollkriminalamt. Abrufe im automatisierten Verfahren dürfen nur von Bediensteten vorgenommen werden, die von der Leitung des Zollkriminalamtes hierzu besonders ermächtigt sind.

(5) Das Bundesamt für Wirtschaft und Ausfuhrkontrolle (BAFA) prüft die Zulässigkeit der Abrufe nur, wenn dazu Anlass besteht. Es hat zu gewährleisten, dass die Übermittlung personenbezogener Daten zumindest durch geeignete Stichprobenverfahren festgestellt und überprüft werden kann.

§ 26
Übermittlung personenbezogener Daten aus Strafverfahren

(1) In Strafverfahren wegen Verstoßes gegen dieses Gesetz oder gegen eine Rechtsverordnung auf Grund dieses Gesetzes oder gegen das Gesetz über die Kontrolle von Kriegswaffen dürfen Gerichte und Staatsanwaltschaften obersten Bundesbehörden personenbezogene Daten zur Verfolgung der Zwecke des § 4 Absatz 1 und 2 übermitteln.

(2) Die nach Absatz 1 erlangten Daten dürfen nur zu den dort genannten Zwecken verwendet werden.

(3) Der Empfänger darf die Daten an eine nicht in Absatz 1 genannte öffentliche Stelle nur weiterübermitteln, wenn

1. das Interesse an der Verwendung der übermittelten Daten das Interesse des Betroffenen an der Geheimhaltung erheblich überwiegt und

2. der Untersuchungszweck des Strafverfahrens nicht gefährdet werden kann.

§ 27
Überwachung des Fracht-, Post- und Reiseverkehrs

(1) Waren, die ausgeführt, verbracht, eingeführt oder durchgeführt werden, sind auf Verlangen vorzuzeigen. Sie können einer Beschau und einer Untersuchung unterworfen werden.

(2) Beförderungsmittel, Gepäckstücke und sonstige Behältnisse können darauf geprüft werden, ob sie Waren enthalten, deren Ausfuhr, Einfuhr, Verbringung oder Durchfuhr beschränkt ist.

(3) Wer aus dem Inland ausreist oder in das Inland einreist, hat auf Verlangen zu erklären, ob er Waren mit sich führt, deren Ausfuhr, Einfuhr, Durchfuhr oder Verbringung nach diesem Gesetz oder nach einer auf Grund dieses Gesetzes erlassenen Rechtsverordnung beschränkt ist.

(4) Wer Waren ausführen will, hat die Sendung den zuständigen Zollstellen zur Ausfuhrabfertigung zu gestellen. Das Nähere wird durch eine Rechtsverordnung nach § 11 bestimmt. Zur Erleichterung des Post-, Fracht- und Reiseverkehrs können durch Rechtsverordnung Ausnahmen zugelassen werden, soweit hierdurch der Überwachungszweck nicht gefährdet wird.

(5) Die Zollbehörden überwachen die Einhaltung

1. der Vorschriften dieses Gesetzes,

2. der zu diesem Gesetz erlassenen Rechtsverordnungen und

3. der Rechtsakte der Europäischen Union im Bereich des Außenwirtschaftsverkehrs

(AWG) über die Ausfuhr, Einfuhr, Verbringung und Durchfuhr. Das Bundesministerium des Innern bestimmt die Behörden der Bundespolizei, die für die Überwachung der Ausfuhr von Waffen und Sprengstoff zuständig sind; Satz 1 bleibt unberührt.

AWG

§ 28
Kosten

(1) Die Zollbehörden können bei der Durchführung der Vorschriften dieses Gesetzes oder der zu diesem Gesetz erlassenen Rechtsverordnungen über die Ausfuhr, Verbringung, Einfuhr oder Durchfuhr sowie der Rechtsakte der Europäischen Union im Bereich des Außenwirtschaftsverkehrs Kosten (Gebühren und Auslagen) erheben für

1. die Abfertigung außerhalb des Amtsplatzes oder außerhalb der Öffnungszeiten,

2. die Ausstellung und Nachprüfung von Bescheinigungen oder

3. die Untersuchung von Waren.

(2) In den Fällen des Absatzes 1 gelten für die Bemessung der Kosten und für das Verfahren zu ihrer Erhebung die Vorschriften über Kosten, die auf Grund des § 178 der Abgabenordnung erhoben werden.

Stichwortverzeichnis

Die Fundstellen sind mit Paragraphennummer und Vorschrift (fett) sowie mit Randziffer angegeben.

Abgrenzung zu § 8 AWG 14 AWG 1

Akzessorietät der Nebenbestimmung
- eigenständiger Verwaltungsakt 14 AWG 20

Antrag auf Verlängerung
- Dauer der Verlängerung 14 AWG 13

Aufhebung eines Verwaltungsakts
- Anwendung des Verwaltungsverfahrensgesetzes 14 AWG 3

Auflösende Bedingung
- Abgrenzung zur Auflage 14 AWG 15
- aufschiebende Bedingung 14 AWG 15
- sektorübergreifende Prüfung 15 AWG 10

Aufschiebende Wirkung
- Ausnahmeregelung 14 AWG 26

Ausfuhrverantwortlicher
- Ablauforganisation 8 AWG 41
- Anzahl 8 AWG 36
- Anzahl, Konzern 8 AWG 35
- Aufbauorganisation 8 AWG 40
- Aufgaben 8 AWG 39 ff.
- Auswahlpflicht 8 AWG 42
- Bestellung 8 AWG 31, 37 f.
- Mitwirkung, Ausfuhrgenehmigung 8 AWG 45
- Person 8 AWG 33 f.
- Überwachungspflicht 8 AWG 44
- Weiterbildungspflicht 8 AWG 43

Ausfuhrverantwortlicher
- Person 8 AWG 32
- Zuverlässigkeit 8 AWG 28 f.

Auslandswerte
- Gold 1 AWG 12

Außenwirtschaftsfreiheit
- Anwendungsbereich 1 AWG 1
- Beschränkung 1 AWG 13 ff.
- Beschränkung, weitere Regelungen 1 AWG 17 f.
- Entstehungsgeschichte 1 AWG 2
- Europäische Union 1 AWG 34 f.
- Grundrechte 1 AWG 3
- sachlicher Geltungsbereich 1 AWG 4

Außenwirtschaftsrecht
- Atomwaffensperrvertrag Einf. AWG 39
- Australische Gruppe Einf. AWG 46
- Begriff Einf. AWG 4, 8 f.
- Biowaffenübereinkommen Einf. AWG 40
- Chemiewaffenübereinkommen Einf. AWG 41
- Europäische Union Einf. AWG 29
- Exportkontrolle Einf. AWG 38, 42
- Gesetze Einf. AWG 27
- im engeren Sinn Einf. AWG 5, 7
- im weiteren Sinn Einf. AWG 6
- internationale Einflüsse Einf. AWG 29
- internationales Recht Einf. AWG 38
- Kernmaterial Einf. AWG 45
- Raketentechnologie Einf. AWG 47
- UN-Resolutionen Einf. AWG 48
- Vertrag über den Waffenhandel Einf. AWG 41.1
- Wassenaar Arrangement, Gentlemen's Agreement Einf. AWG 44

Außenwirtschaftsstraftaten
- Ausfuhrliste, Güterbegriff 17 AWG 13
- Ausfuhrliste, Software und Technologie 17 AWG 14
- Ausfuhrliste, Teil I Abschnitt A 17 AWG 15 ff.
- Ausfuhrliste-Verweis 17 AWG 12
- Ausfuhrverbot 18 AWG 16
- Auslandstaten 17 AWG 51 ff.; 18 AWG 87
- AWG-Novelle 2013 17 AWG 7; 18 AWG 15
- AWV-Verweis 17 AWG 8 f.
- Bereitstellungsverbot 18 AWG 22
- Blankettgesetz 18 AWG 5
- Dienstleistungsverbot 18 AWG 24 f.
- Dual-Use-VO 18 AWG 63 ff., 78
- Dual-Use-VO, Ausfuhr ohne Entscheidung der Behörde 18 AWG 73 f.

Seite 1

Außenwirtschaftsstraftaten — Stichwortverzeichnis

- Dual-Use-VO, Ausfuhr ohne Genehmigung **18 AWG** 66 ff.
- Dual-Use-VO, Entscheidungsvorbehalt bei Vermittlungstätigkeit **18 AWG** 77
- Dual-Use-VO, Vermittlungstätigkeit ohne Genehmigung **18 AWG** 75 f.
- Durchfuhrverbot **18 AWG** 18
- Einfuhrverbot **18 AWG** 17
- Entscheidungsvorbehalt, national, Handels- und Vermittlungsgeschäfte **18 AWG** 45
- Entscheidungsvorbehalt, national, technische Unterstützung **18 AWG** 51 f.
- EU-Anti-Folter-VO **18 AWG** 57 ff.
- EU-Kimberley-VO **18 AWG** 53 ff.
- EU-Rechtsakte **18 AWG** 4
- EU-Rechtsakte, Auslegung **18 AWG** 7
- EU-Rechtsakte, Durchführung eines GASP-Beschlusses **18 AWG** 10 f.
- EU-Rechtsakte, Sanktionslisten **18 AWG** 8 f.
- EU-Rechtsakte, unmittelbare Geltung **18 AWG** 6
- EU-Rechtsakte, Veröffentlichung **18 AWG** 12 f.
- Genehmigungsvorbehalt EU **18 AWG** 32 f.
- Genehmigungsvorbehalt, national, Ausfuhrliste **18 AWG** 41
- Genehmigungsvorbehalt, national, Handels- und Vermittlungsgeschäfte **18 AWG** 42 ff.
- Genehmigungsvorbehalt, national, technische Unterstützung **18 AWG** 46 ff.
- Genehmigungsvorbehalt, national wg. Kenntnis des Verwendungszwecks **18 AWG** 38 ff.
- Genehmigungsvorbehalt, national wg. Verwendungszweck **18 AWG** 36 f.
- Genehmigungsvorbehalte, national **18 AWG** 34 f.
- Grundtatbestand **17 AWG** 3
- Investitionsverbot **18 AWG** 26
- leichtfertige Begehung **17 AWG** 39 f.
- Lieferverbot **18 AWG** 21
- minder schwerer Fall **17 AWG** 38
- persönlicher Strafaufhebungsgrund **18 AWG** 88
- Qualifikation **17 AWG** 29
- Qualifikation: Bandenmäßige Begehung **17 AWG** 34
- Qualifikation: Bandenmäßige und gewerbsmäßige Begehung **17 AWG** 36 f.
- Qualifikation: Gewerbsmäßigkeit **17 AWG** 30 ff.
- Qualifikation: Handeln für den Geheimdienst einer fremden Macht **17 AWG** 24 ff.
- Qualifikationen **18 AWG** 83, 85
- Qualifikationen: proliferationsrelevante Embargoverstöße **18 AWG** 84
- rechtsmissbräuchlich erwirkte oder erschlichene Genehmigung **17 AWG** 41 ff.
- Rechtsmissbräuchlich erwirkte oder erschlichene Genehmigung **18 AWG** 86
- Regelungstechnik **17 AWG** 4
- Resolutionsvorbehalt **17 AWG** 11, 19
- Strafrahmen **17 AWG** 23
- Strafrahmen der Qualifikation **17 AWG** 35
- Tatbestand, subjektiver **17 AWG** 6
- Tatbestandsmerkmal „Handels- und Vermittlungsgeschäft" **17 AWG** 22
- Tatbestandsmerkmale „Ausfuhr", „Durchfuhr" und „Einfuhr" **17 AWG** 21
- Tatbestandsmerkmale „Verkaufen" und „Erwerben" **17 AWG** 20
- Tathandlung „Zuwiderhandlung" **17 AWG** 18
- Überblick **17 AWG** 1; **18 AWG** 1 ff.
- Umgehungsverbot **18 AWG** 27 f.
- unionsrechtskonforme Auslegung **18 AWG** 14
- UN-Sanktionen und GASP-Beschlüsse **17 AWG** 5
- Verbringungsverbot **18 AWG** 19
- Verfügungsverbot, eingefrorene Gelder und wirtschaftliche Ressourcen **18 AWG** 30 f.
- Verfügungsverbot. eingefrorene Gelder und wirtschaftliche Ressourcen **18 AWG** 29
- Verkaufs- und Erwerbsverbot **18 AWG** 20
- Versuchsstrafbarkeit **18 AWG** 79 ff.
- Verwaltungsakt **17 AWG** 10
- Weitergabeverbot **18 AWG** 23

Außenwirtschaftsstraftaten und -ordnungswidrigkeiten

- Blankettgesetze **17v AWG** 5 f.

Stichwortverzeichnis	Beschränkungsgegenstand

- Blankettgesetze, Bestimmtheitsgebot **17v AWG** 7
- Blankettgesetze, Irrtümer **17v AWG** 8
- Einziehung **20 AWG** 2 ff.
- Einziehung, erweiterte **20 AWG** 7
- europäisches und internationales Recht **17v AWG** 3 f.
- Nebenfolgen **20 AWG** 1
- Systematik **17v AWG** 1 f.
- Verfall **20 AWG** 8
- Verfall, erweiterter **20 AWG** 9

AWG Einf. AWG 23

- Änderungen **Einf. AWG** 14
- Entstehungsgeschichte **Einf. AWG** 10
- internationales Recht **Einf. AWG** 35
- Internationales Recht **Einf. AWG** 36
- Rahmengesetz **Einf. AWG** 19
- Unionsrecht **Einf. AWG** 30

AWG, AWV

- Aufbau, Struktur **Einf. AWG** 22

AWG-Novelle 2013

- Ordnungswidrigkeiten **19 AWG** 2
- Straf und OWi-Vorschriften, Überblick **17v AWG** 10 f.
- Straf- und OWi-Vorschriften, Reformbedarf **17v AWG** 9
- Straf- und OWi-Vorschriften, Überblick **17v AWG** 12 f.

AWV

- Aufbau, Struktur **Einf. AWG** 24

BAFA 14 AWG 1

- Zuständigkeit **13 AWG** 3

BAFA-Bescheinigung

- Arten **8 AWG** 48
- Auskunft zur Güterliste **8 AWG** 50
- Nullbescheid **8 AWG** 49
- Voranfrage **8 AWG** 51 f.
- Wirkung **8 AWG** 47

Begriff der Auflage

- Abgrenzung zur Bedingung **14 AWG** 19
- Abgrenzung zur Befristung **14 AWG** 19

Begriff der Nebenbestimmung

- Praxisrelevanz **14 AWG** 9

Beschränkungen des Außenwirtschaftsverkehrs 4 AWG 39 f., 42 ff.

- Ermächtigungsgrundlagen **4 AWG** 1 ff.
- Ermächtigungsgrundlagen, auswärtige Beziehungen **4 AWG** 6 f.
- Ermächtigungsgrundlagen, auswärtige Beziehungen, Bestimmtheit **4 AWG** 8
- Ermächtigungsgrundlagen, Sicherheitsinteresse **4 AWG** 4
- Ermächtigungsgrundlagen, Zusammenleben der Völker **4 AWG** 5
- internationale Zusammenarbeit **4 AWG** 17
- lebenswichtiger Bedarf **4 AWG** 10 ff.
- öffentliche Sicherheit, öffentliche Ordnung **4 AWG** 9
- Rat der Europäischen Union, Gemeinsame Außen- und Sicherheitspolitik **4 AWG** 18
- Resolution des Sicherheitsrats **4 AWG** 20
- Verhältnismäßigkeit **4 AWG** 35 ff.
- wirtschaftliche Sanktionsmaßnahmen **4 AWG** 19
- zwischenstaatliche Vereinbarungen **4 AWG** 21 f., 28
- zwischenstaatliche Vereinbarungen, Gentlemen's Agreement **4 AWG** 27
- zwischenstaatliche Vereinbarungen, Umsetzung **4 AWG** 26
- zwischenstaatliche Vereinbarungen, Verwaltungsabkommen **4 AWG** 25

Beschränkungen des Außenwirtschaftsverkehrs, Altverträge 4 AWG 39, 42 ff.

- Altverträge **4 AWG** 40
- Entschädigungspflicht **4 AWG** 48
- erhebliche Gefährdung **4 AWG** 41
- unechte Rückwirkung **4 AWG** 45 f.
- Verfassungsmäßigkeit **4 AWG** 49
- Vertrauensschutz, Entschädigungspflicht **4 AWG** 47
- zeitliche Geltung **4 AWG** 51 f.
- zeitliche Geltung, Verhältnismäßigkeit **4 AWG** 50

Beschränkungsbegriff

- Verbot, Genehmigung **4 AWG** 30 f.
- Verbot, Genehmigungserfordernis **4 AWG** 29, 32 ff.

Beschränkungsgegenstand 5 AWG 1, 3

- Auslandsaktivitäten **5 AWG** 10

Seite 3

- IT-Sicherheitsfunktion **5 AWG** 8
- militärische Aktionen **5 AWG** 5
- übrige Güter **5 AWG** 9
- Unternehmenserwerb **5 AWG** 6 f.
- Waffen, Munition, Rüstungsgüter **5 AWG** 4
- zeitliche Anwendung, Historie **5 AWG** 2

BLE
- Zuständigkeit **13 AWG** 11

BMF
- Zuständigkeit **13 AWG** 10

BMVI
- Zuständigkeit **13 AWG** 9

BMWi
- Zuständigkeit **13 AWG** 6

Dauer der Befristung
- Genehmigungspraxis **14 AWG** 12

Deutsche Bundesbank 10 AWG 1
- Auskunftsrechte **10 AWG** 5
- Meldestelle **10 AWG** 6
- Zuständigkeit **13 AWG** 5

Dienstleistungsverkehr
- Definition **1 AWG** 6 f.

Dual-Use-Verordnung
- doppelter Verwendungszweck **1 AWG** 42
- Genehmigungspflicht **1 AWG** 43 ff.
- nationale Rechtsvorschriften **1 AWG** 46

Eigenkontrolle 22 AWG 18, 22

Einführung Außenwirtschaftsrecht
- Bedeutung, Zweck **Einf. AWG** 1

Einvernehmen
- Einzeleingriffe **13 AWG** 7
- sektorspezifische Überprüfung **13 AWG** 8
- sektorübergreifende Überprüfung **13 AWG** 7
- Zustimmung **13 AWG** 7

Einzeleingriff
- gesetzgeberische Intention **6 AWG** 3
- Handlungsform, Verwaltungsakt, Allgemeinverfügung **6 AWG** 5
- Rechtsverordnung **6 AWG** 8
- verordnungsvertretende Verwaltungsakte **6 AWG** 6 f.

- Verwaltungsakt, Einzelermächtigung **6 AWG** 1 f.
- Voraussetzung, Gefahrenbegriff **6 AWG** 4
- Widerspruch **6 AWG** 9 ff.
- Wirkungsdauer, Außerkrafttreten **6 AWG** 12

Endgültige Wirksamkeit
- Unwirksamkeit ex nunc **15 AWG** 11

Endverbleibsdokumentation
- Delivery Verification Certificate (DVC) **14 AWG** 22

Entstehungsgeschichte
- AWG-Novelle 2013 **13 AWG** 2

Erfüllungsgeschäfte
- unwirksame Verpflichtungsgeschäfte **16 AWG** 2

Ermächtigungsgrundlage 11 AWG 1 ff.

EU-Richtlinie, UN-Resolution 1 AWG 29

EU-Verordnung
- Nr. 260/2009, Nr. 1061/2009, Nr. 428/2009 **1 AWG** 28

Finanzsanktionen 10 AWG 8

Gebundene Entscheidung
- Ermessensentscheidung **14 AWG** 10

Genehmigung 8 AWG 1
- Amtsermittlungsgrundsatz, Beweislast **8 AWG** 10
- BAFA-Bescheinigung **8 AWG** 46
- Beschränkungszweck **8 AWG** 8
- Beweislast **8 AWG** 11 f.
- Ermessen **8 AWG** 16
- Erteilung **8 AWG** 5 f.
- freie Erlaubnis **8 AWG** 13
- Gefahrenbegriff **8 AWG** 9
- gesamtwirtschaftliches Interesse **8 AWG** 14 f.
- Historie **8 AWG** 2
- Kontingentierung **8 AWG** 53
- Modalität **8 AWG** 17 f.
- Norminhalt **8 AWG** 3
- Normzusammenhang **8 AWG** 4
- persönliche Voraussetzungen **8 AWG** 22
- Pflichten **8 AWG** 58 f.
- sachliche Voraussetzungen **8 AWG** 21

Stichwortverzeichnis — Marktorganisation

- Verstoß **8 AWG** 60
- Zertifizierung **14 AWG** 4
- Zuverlässigkeit **8 AWG** 19 f., 23 ff.

Genehmigung, Ausfuhrverantwortlicher
- Ausfuhrverantwortlicher **8 AWG** 27

Genehmigungsbedürftigkeit
- fehlerhafte Vorstellung **15 AWG** 4

Genehmigungspflicht 1 AWG 31

Genehmigungspraxis
- Widerspruchsverfahren **14 AWG** 8
- Zeitpunkt der Genehmigung **14 AWG** 14

Grundsätzliche Zuständigkeit
- BAFA **13 AWG** 4

Güterverkehr
- Transithandel **1 AWG** 5

Internationale Übereinkommen 1 AWG 25 f.

Kapitalverkehr, Zahlungsverkehr 1 AWG 8

Keine Konzentrationswirkung, Genehmigungserfordernis 1 AWG 30

Kontingentierung
- Beurteilungsspielraum **8 AWG** 54 ff.

Kreditwesengesetz 1 AWG 21

Kriegswaffenkontrollgesetz 1 AWG 19

Kulturschutzgesetz 1 AWG 23

Legaldefinition
- abweichende Definitionen **2 AWG** 4
- Ausfuhr **2 AWG** 12 ff.
- Ausführer **2 AWG** 5 ff.
- Ausfuhrsendung **2 AWG** 17 ff.
- Ausländer **2 AWG** 20 ff.
- Auslandswerte **2 AWG** 23 ff.
- Auslandswerte, Forderungen **2 AWG** 26
- Auslandswerte, Zahlungsmittel **2 AWG** 27
- Bestimmungsland **2 AWG** 28
- Bestimmungsland, Bearbeitung, Verarbeitung **2 AWG** 31
- Bestimmungsland, Dual-Use-Verordnung **2 AWG** 33
- Bestimmungsland, Gebrauch **2 AWG** 29
- Bestimmungsland, Verbrauch **2 AWG** 30
- Drittländer **2 AWG** 34
- Durchfuhr **2 AWG** 36 ff.
- Einfuhr **2 AWG** 45 ff.
- Einfuhr, Freizone, Nichterhebungsverfahren **2 AWG** 48
- Einführer **2 AWG** 41 f.
- Einführer, Lieferung **2 AWG** 43
- Einführer, Unionsfremde **2 AWG** 44
- Einkaufsland **2 AWG** 49 ff.
- Geltung **2 AWG** 2
- Güter **2 AWG** 52
- Güter, Software **2 AWG** 53.1
- Güter, Technologie **2 AWG** 53.2
- Güter, Waren **2 AWG** 53
- Handelsgeschäft, Vermittlungsgeschäft **2 AWG** 54
- Inländer **2 AWG** 55 f.
- Inländer, juristische Personen, Personengesellschaften **2 AWG** 58
- Inländer, natürliche Personen **2 AWG** 57
- Inländer, Zweigniederlassung, Betriebsstätte **2 AWG** 59
- technische Unterstützung **2 AWG** 60 f.
- technische Unterstützung, Wissenstransfer **2 AWG** 62
- Transithandel **2 AWG** 63 ff.
- Unionsansässiger **2 AWG** 67
- Unionsansässiger, Unionsfremder **2 AWG** 66
- Unionsfremder **2 AWG** 68
- Verbringer, Verbringung **2 AWG** 69 f.
- Verbringung **2 AWG** 71
- Vereinheitlichung **2 AWG** 3
- Waren **2 AWG** 72
- Waren, Geldmünzen, Geldscheine **2 AWG** 73
- Warenwert **2 AWG** 75 f.
- Warenwert, Stückelungsverbot **2 AWG** 77
- Warenwert, Wert eines Guts **2 AWG** 74
- Wertpapiere **2 AWG** 78, 80
- Wertpapiere, obligatorische Ansprüche **2 AWG** 79
- Zielsetzung, Entstehungsgeschichte **2 AWG** 1
- Zollgebiet der Europäischen Union **2 AWG** 82

Marktorganisation 1 AWG 22

Meldepflicht

- endgültige Wirksamkeit **15 AWG** 13
- Rechte Dritter **15 AWG** 13
- Rückverbringungsauflage **14 AWG** 23
- Vollzug des Rechtsgeschäfts **15 AWG** 13

Meldepflichten

- Kapitalverkehr **11 AWG** 21
- Verhältnismäßigkeit **11 AWG** 28
- Zahlungsverkehr **11 AWG** 24

Meldevorschriften 11 AWG 11

Ordnungswidrigkeiten

- Blankettgesetz **19 AWG** 11
- Bußgeld Zumessung **19 AWG** 48
- Bußgeldhöhe **19 AWG** 37, 46
- Bußgeldhöhe, Tabelle **19 AWG** 47
- EU-Rechtsakte, Blankettnorm § 82 AWV **19 AWG** 35 f., 41
- EU-Rechtsakte, Durchführung **19 AWG** 40
- EU-Rechtsakte, inhaltliche Anforderungen **19 AWG** 39
- EU-Rechtsakte, unmittelbare Geltung **19 AWG** 38
- EU-Sanktionsverordnungen, Veröffentlichung **19 AWG** 45
- fahrlässige Begehung der Taten nach § 18 Abs. 1 bis 5 AWG **19 AWG** 4 f.
- Fahrlässigkeit **19 AWG** 6
- Pflichten zur Überwachung des Fracht-, Post- und Reiseverkehrs **19 AWG** 31 ff.
- Rechtsverordnung, § 81 Abs. 1 AWV **19 AWG** 13 f.
- Rechtsverordnung, § 81 Abs. 2 AWV, Beschränkungen und allgemeine Verfahrensvorschriften bei Einfuhr **19 AWG** 19
- Rechtsverordnung, § 81 Abs. 2 AWV, Einfuhrdokumente **19 AWG** 20
- Rechtsverordnung, § 81 Abs. 2 AWV, in Urkunden verkörperte Verwaltungsakte **19 AWG** 16
- Rechtsverordnung, § 81 Abs. 2 AWV, Meldevorschriften Kapital und Zahlungsverkehr **19 AWG** 21
- Rechtsverordnung, § 81 Abs. 2 AWV, Verfahrens-, Melde-, Aufzeichnungs- und Aufbewahrungsvorschriften **19 AWG** 15
- Rechtsverordnung, § 81 Abs. 2 AWV, Verfahrens- und Meldevorschriften **19 AWG** 17 f.

- Überblick **19 AWG** 1, 10
- unrichtige Angaben in Genehmigungsverfahren **19 AWG** 7 ff.
- Verfahrensvorschriften in EU-Sanktionsverordnungen **19 AWG** 42
- Verfahrensvorschriften in EU-Sanktionsverordnungen, Informationsübermittlung **19 AWG** 43
- Verfahrensvorschriften in EU-Sanktionsverordnungen, Vorabanmelde- und Aufbewahrungspflichten **19 AWG** 44
- Versuch **19 AWG** 3
- Verwaltungsakt, siehe Vollziehbare Anordnungen **19 AWG** 22
- vollziehbare Anordnung **19 AWG** 12
- vollziehbare Anordnungen **19 AWG** 22 ff.
- vollziehbare Anordnungen, Auskunftsverlangen **19 AWG** 28 ff.
- vollziehbare Anordnungen für Rechtsgeschäfte in Bezug Rüstungsgüter **19 AWG** 27
- vollziehbare Anordnungen im Seeverkehr **19 AWG** 26

Rechtsgeschäfte

- Durchführung **15 AWG** 3
- Verpflichtungsgeschäft **15 AWG** 3

Rechtsnachfolge

- Umschreibung **14 AWG** 25

Rechtsverordnung

- BMWi **12 AWG** 10
- Bundesbank **12 AWG** 16
- Bundesrat **12 AWG** 13
- Bundesregierung **12 AWG** 7
- Verfahren **12 AWG** 1

Reexport 1 AWG 32 f.

Regelungsbereich 14 AWG 6

- AWG **13 AWG** 1
- AWG-Novelle 2013 **15 AWG** 1
- prozessuale Folgen **16 AWG** 1

Restriktive Anwendung des Widerrufs

- Sammelgenehmigung **14 AWG** 18

Rücksichtnahme- und Mitwirkungspflichten

- Schadensersatzansprüche **15 AWG** 7

Rückwirkung der Genehmigung

- Entfallen des Genehmigungserfordernisses **15 AWG** 9

Stichwortverzeichnis

- Teilgenehmigung **15 AWG** 9

**Schadensersatzpflicht bei Widerruf
14 AWG** 17

Schriftform 14 AWG 5

Schwebende Unwirksamkeit

- Nichtigkeit **15 AWG** 5

Seeverkehr 7 AWG 21

- Adressat **7 AWG** 13
- Ausrüster **7 AWG** 15
- BBC China **7 AWG** 11
- Beschleunigung **7 AWG** 10
- Beschränkung der Beförderung **7 AWG** 10
- Charterer **7 AWG** 16
- Eigentümer **7 AWG** 14
- Eingriffsbefugnis **7 AWG** 5
- Entladung **7 AWG** 10
- Flaggenstaatsprinzip **7 AWG** 3
- Gefahrbegriff **7 AWG** 6
- Informationspflicht **7 AWG** 19 f.
- Küstenmeer **7 AWG** 7
- Lenkung **7 AWG** 10
- lex specialis **7 AWG** 4
- Maßnahmen **7 AWG** 8
- MS Iran Adalat **7 AWG** 12
- Notwendigkeit **7 AWG** 9
- Praxis **7 AWG** 11 f.
- Reeder **7 AWG** 14
- Schiffsführer **7 AWG** 17
- Seerechtsübereinkommen der Vereinten Nationen **7 AWG** 7
- SRÜ **7 AWG** 7
- tatsächliche Gewalt **7 AWG** 18
- Umschlag **7 AWG** 10
- Zweck **7 AWG** 10

Seeverkehr, Beschränkung

- Historie **7 AWG** 2
- Schiffe **7 AWG** 1

Selbstanzeige 22 AWG 7

- Anwendung auf Altfälle **22 AWG** 16 f.
- Anwendung auf Verbandsgeldbuße und Aufsichtspflichtverletzung **22 AWG** 13 f.
- Auswirkungen auf Einziehung **22 AWG** 15

Vereinigtes Königreich

- Compliance, siehe auch Eigenkontrolle **22 AWG** 18, 22
- Eigenkontrolle **22 AWG** 18 ff.
- Freiwilligkeit **22 AWG** 25 ff.
- Opportunitätsgrundsatz **22 AWG** 28 f.
- Reichweite, persönliche **22 AWG** 8
- Reichweite, sachliche **22 AWG** 9 ff.
- Verhinderung zukünftiger Verstöße **22 AWG** 22 ff.
- zuständige Behörde **22 AWG** 21

Sonstige Bestimmungen

- Kennzeichnung **14 AWG** 11

Sonstiger Wirtschaftsverkehr 1 AWG 9

Strafbarkeit

- Verstoß gegen eine Bedingung **14 AWG** 21

Territorialer Geltungsbereich

- Ausland **1 AWG** 10
- personaler Ansatz **1 AWG** 11

Übertragbarkeit von Verwaltungsakten

- ergänzende Anordnung **14 AWG** 24
- Lizenzhandel **14 AWG** 24

Übertragung der Zuständigkeit 13 AWG 12

Umgehung von Genehmigungserfordernissen

- Rechtsnatur der Regelung **16 AWG** 8

Unbedenklichkeitsbescheinigung

- aufschiebende Bedingung **15 AWG** 12

Unwirksamkeit

- rückwirkende Wirksamkeit **15 AWG** 2
- Vorbehalt der Genehmigung **15 AWG** 2

Unwirksamkeit gegenüber Dritten

- Rechte Dritter **15 AWG** 6

Urteilsbegriff

- Vollstreckungswirkung **16 AWG** 4

USA

- Ausfuhrbeschränkungen **1 AWG** 55 ff.
- Außenhandel **1 AWG** 53
- Beschränkungen **1 AWG** 61
- Gesetze **1 AWG** 54
- ITAR **1 AWG** 59
- Notstandskompetenz **1 AWG** 60

Vereinigtes Königreich 1 AWG 47

- Ausfuhr **1 AWG** 49 ff.

Vereinigtes Königreich

- Einfuhr **1 AWG** 52
- Historie **1 AWG** 48

Verhältnis zum Verwaltungsverfahrensgesetz

- Lex specialis **14 AWG** 2
- Verhältnis zum Europarecht **14 AWG** 7

Verordnung Nr. 1061/2009

- Ausfuhr **1 AWG** 39
- Ausfuhr, Schutzmaßnahme **1 AWG** 40 f.

Verordnung Nr. 260/2009

- Einfuhr **1 AWG** 36
- Einfuhr, Schutzmaßnahmen **1 AWG** 37 f.

Verteidigungsgüter 14 AWG 1

Vertragliches Rücktrittsrecht

- auflösende Bedingung **15 AWG** 8

Verwaltungsbehörde

- Zuständigkeit **22 AWG** 6

Verwaltungsbehörde

- Beteiligung am Strafverfahren **22 AWG** 5

Vollstreckungstitel nach § 794 ZPO

- Arrest und einstweilige Verfügung **16 AWG** 6
- vollstreckbare Ausfertigung **16 AWG** 6

Vollziehbare Anordnungen 19 AWG 23 ff.

Vorbehaltsurteil

- aufschiebende Bedingung **16 AWG** 3
- Einwendung **16 AWG** 3

Widerrufsvorbehalt

- Kosten nach Aufhebung **14 AWG** 16

Wirkung des Zivilurteils

- Bindung der Genehmigungsbehörde **16 AWG** 5

Zertifikat, Zertifizierung

- Allgemeingenehmigung **9 AWG** 3, 9 ff.
- Ermächtigung **9 AWG** 4 f.
- Historie **9 AWG** 2
- Praxis **9 AWG** 8 ff.
- Verteidigungsgut **9 AWG** 5
- Verteidigungsgüterrichtlinie **9 AWG** 1, 3
- Vorgaben **9 AWG** 7

Zollbehörde

- Rechte und Pflichten bei Ermittlung von Außenwirtschaftsstraftaten und -ordnungswidrigkeiten **21 AWG** 8 f.

Stichwortverzeichnis

- Zuständigkeit zur Ermittlung von Außenwirtschaftsstraftaten und -ordnungswidrigkeiten **21 AWG** 1 ff.

Zollrecht 1 AWG 20

Zuständigkeit BAFA

- Meldungen nach AWG oder AWV **13 AWG** 3
- Rechtsakte der EU **13 AWG** 3
- Verwaltungsakte nach AWG oder AWV **13 AWG** 3

Zuständigkeit BLE

- Agrarerzeugnisse **13 AWG** 11
- ausschließliche Zuständigkeit **13 AWG** 11

Zuständigkeit BMF

- ausschließliche Zuständigkeit **13 AWG** 10
- Versicherungswesen **13 AWG** 10

Zuständigkeit BMVI

- ausschließliche Zuständigkeit **13 AWG** 9
- Verkehrswesen **13 AWG** 9

Zuständigkeit BMWi

- ausschließliche Zuständigkeit **13 AWG** 6

Zuständigkeit der Deutschen Bundesbank

- ausschließliche Zuständigkeit **13 AWG** 5
- Kapital- und Zahlungsverkehr **13 AWG** 5
- Verkehr mit Auslandswerten und Gold **13 AWG** 5

Zuständigkeit, gerichtliche

- abweichende Regelung **22 AWG** 4
- Landgericht und OLG **22 AWG** 3
- örtliche **22 AWG** 2

Zwangsvollstreckung

- Erteilung einer vollstreckbaren Ausfertigung **16 AWG** 7

Zweigniederlassung, Betriebsstätte

- Fiktion **3 AWG** 5
- Fiktion, Abweichungsermächtigung **3 AWG** 8 ff.
- Norminhalt **3 AWG** 1
- Norminhalt, Abweichungsermächtigung **3 AWG** 2 ff.

Zwischenstaatliche Einrichtungen

- Unionsrecht **1 AWG** 27